刑部比照加减成案

（清）许梿 熊莪 纂辑
何勤华 沈天水 等点校

法律出版社

前　言

大清一朝，从顺治三年至乾隆五年，共用了近百年时间，修成了一部《大清律例》。清统治者在定律之外，复设条例，其原意是使律例互为补充，使百姓"畏而知警，免罹刑辟"。但增修律例的结果，使得律与例之间不尽统一，更由于条例的繁多，造成了在司法实践中罪同而判异的现象层出不穷。更有大量的犯罪在《大清律例》中均无明确的处罚规定，只能比照律例中的相关条文用酌量加减的方法对之进行处罚，这就形成了刑部档案中大量比照加减成案。①

道光十四年，海宁许梿和安陆熊莪取刑部档案中比照加减成案考订异同，补阙删歧，经数月的努力编成了《刑部比照加减成案》三十二卷。道光二十三年许梿又以一人之力，经"蚤夜研究，悉心去取"，编成了《刑部比照加减成案续编》三十二卷。该书问世之后，《刑部比照加减成案》与《刑部比照加减成案续编》六十四卷，共成一完整系统，收录了起自嘉庆元年迄至道光十四年三十九年间共 2992 例比照加减成案。其中嘉庆年间比照加减成案 1167 例，道光年间比照加减成案 1825 例。

二书收录的所有成案均按照《大清律例》的编纂体例分为名例、吏律、户律、礼律、兵律、刑律、工律七门，每一门中也均按照《大清律例》的条目依次编排，其中尤以户律、刑律两门收录的成案数量最为巨大，可见即使在中国古代社会中也是民事和刑事这两大类犯罪在所有的犯罪中占了绝大的比例。作者认为"今时律之外有例，则已备

① 关于清代适用律、例以及成案的详细介绍和评述，可参阅"清代法律渊源考"一文，载何勤华著：《法律文化史谭》，商务印书馆 2004 年版，第 3～47 页。

上下之比，而仍不能尽入于例，则又因案以生例而其法详焉，故断狱尤视成案"。"比照加减成案，事略而尽，文简而核，可以辅律例之所未备也。"所以他们寄希望该二书的问世有助于"令人人知为百姓造命"，许梿并断言"执已成之案，以断未成之狱，吾能必案之无畸重畸轻"。

可见，作者编辑该二书的目的是希望"例之所不能尽而有成案，是书出而治狱者可以知所宗矣"(以上引文均见该书作者自叙)，为天下治狱者在比照办案时建立一个相对科学客观的裁判标准，以改变当时治狱畸重畸轻的现象。用今天的话来说，就是为法官在运用自由裁量权时建立一定的参照系。当然封建社会中的比照加减成案处处渗透着封建司法理念，反映出那一特定时期特有的种种法律关系，在160多年后的今天未必仍然适用，但当时人通过编辑比照加减成案建立一个相对科学客观的裁判标准，力图改变司法实践中畸轻畸重，"情事同而判罪异"的现象，对我们今天还是具有一定的启示和借鉴意义的。

作者许梿，初名映涟，字叔夏，号珊林。道光十三年进士，以直隶知县荐修国子监，后改授山东平度州知州，在任七载，共审结新旧案一万三千六百余件，屡谳邻县，狱多平反。其治狱时尤留心尸伤痕损，著《洗冤录详义》四卷。① 擢升镇江时，适洪水泛滥，他亲率舟楫，往赈分给衣食，活三万六千余人。不久调徐州，时徐州多盗，他擒其首，置之法。史称许梿吏事精敏，公余不废学，并熟谙钟鼎文字，著书甚多，尝著有《说文解字统笺》、《读说文记》、《六朝文絜》等书。熊莪，事迹无考，从作者自叙中可知曾在刑部任职十余年。

现该二书的点校以《刑部比照加减成案》道光十四年刻本和《刑部比照加减成案续编》道光二十五年刻本为底本，参校了《续四库全书》中影印的《刑部比照加减成案》道光十四年刻本和浙江图书馆所藏的《刑部比照加减成案续编》道光二十三年刻本，在点校中发现了异同舛漏之处均在校勘记中作了说明。

有清一代，说得更为宽泛一点，在整个中国古代，大部头多卷本的判案汇编共有三种：一是祝庆琪纂修、鲍书芸参定《刑案汇览》；二是全士潮等纂修《驳案新编》；三是本书。现在，《刑案汇览》已有多个点校重刊本面世，唯有《驳案新编》和《刑部比照加减成案》还未有简体字点校本出版。

华东政法学院法律史研究中心，以弘扬祖国传统法律文化遗产，为我国法律工作

① 《洗冤录详义》对中国古代法医学有重要贡献。关于该书的详细评述，参见何勤华著：《中国法学史》(第2卷)，法律出版社2000年版，第392~402页。

者更好地利用、借鉴中国古代司法实践的经验和智慧作出贡献的态度，经过两年时间的艰苦努力，终于完成了《驳案新编》和本书的点校、勘正工作。

由于我们的古文底子不够深厚，专业知识不够扎实，点校本可能存在各种问题，此点务必请读者诸君予以谅解，并请批评指正。在点校过程中，我们得到了华东政法学院张伯元教授的全力帮助，也得到了法律出版社的大力支持，对此均表示我们一片诚挚的谢意。

何勤华 沈天水
于上海·华东政法学院
法律史研究中心
2009年元月

目录

刑部比照加减成案

叙(许梿) 3

叙(熊莪) 4

卷一

名例 6

赎刑 6

犯罪免发遣 6

当赦所不原 6

流犯在道会赦 7

犯罪存留养亲 7

工乐户及妇人犯罪 8

徒流人又犯罪 9

老小废疾收赎 11

犯罪自首 11

二罪俱发以重论 12

犯罪事发在逃 13

本条别有罪名 14

徒流迁徙地方 14

卷二

吏律职制 16

官员袭荫 16

滥设官吏 16
贡举非其人 16
举用有过官吏 18
交结近侍官员 19
吏律公式 20
讲读律令 20
制书有违 21
弃毁制书印信 22
户律户役 23
人户以籍为定 23
收留迷失子女 23
赋役不均 24

卷三

户律田宅 26
盗卖田宅 26
户律婚姻 28
典雇妻女 28
逐婿嫁女 28
居丧嫁娶 29
强占良家妻女 30

卷四

户律婚姻 40
出妻 40
嫁娶违律主婚媒人罪 40
户律仓库 40
多收税粮斛面 40
那移出纳 41
户律课程 41

盐法 41
匿税 43
户律钱债 44
违禁取利 44
费用受寄财产 44
户律市厘 44
私充牙行埠头 44
把持行市 45
礼律祭祀 45
毁大祀邱坛 45
禁止师巫邪术 46
礼律仪制 48
上书陈言 48
匿父母夫丧 48
兵律宫卫 49
冲突仪仗 49
越城 49
门禁锁钥 49
兵律军政 50
军人替役 50
卷五
兵律军政 52
激变良民 52
私藏应禁军器 53
从征守御官军逃 54
夜禁 54
兵律关津 55
关津留难 55

私出外境及违禁下海 55
兵律厩牧 56
牧养畜产不如法 56
宰杀马牛 56
畜产咬踢人 57
兵律邮驿 57
递送公文 57
刑律贼盗 58
谋反大逆 58
造妖书妖言 58
盗大祀神御物 59
盗制书 60
盗园陵树木 60
监守自盗仓库钱粮 60
常人盗仓库钱粮 61

卷六

刑律贼盗 64
强盗 64
劫囚 68

卷七

刑律贼盗 74
白昼抢夺 74
窃盗 77

卷八

刑律贼盗 84
盗田野谷麦 84
亲属相盗 84
恐吓取财 85

卷九

刑律贼盗 98
　诈欺官私取财 98
　略人略卖人 100

卷十

刑律贼盗 108
　发冢 108

卷十一

刑律贼盗 116
　夜无故入人家 116
　盗贼窝主 119
　共谋为盗 121

卷十二

刑律人命 126
　谋杀人 126
　谋杀祖父母父母 130

卷十三

刑律人命 136
　杀死奸夫 136

卷十四

刑律人命 150
　杀一家三人 150
　造畜蛊毒杀人 156
　斗殴及故杀人 157

卷十五

刑律人命 164
屏去人服食 164
戏杀、误杀、过失杀 164
夫殴死有罪妻妾 165
杀子孙及奴婢图赖人 166
弓箭伤人 168
庸医杀伤人 169
窝弓杀伤人 170

卷十六

刑律人命 174
威逼人致死 174

卷十七

刑律人命 186
威逼人致死 186

卷十八

刑律人命 196
尊长为人杀私和 196
同行知有谋害 197
刑律斗殴 198
斗殴 198

卷十九

刑律斗殴 206
保辜限期 206
宫内忿争 208
宗室觉罗以上亲被殴 209
殴制使及本管长官 209

殴受业师　213
威力制缚人　213
良贱相殴　214
奴婢殴家长　214

卷二十

刑律斗殴　218
妻妾殴夫　218
同姓亲属相殴　220
殴大功以下尊长　220
殴期亲尊长　223

卷二十一

刑律斗殴　230
殴祖父母父母　230
妻妾与夫亲属相殴　233
殴妻前夫之子　233
父祖被殴　234
刑律骂詈　235
骂制使及本管长官　235

卷二十二

刑律诉讼　238
越诉　238

卷二十三

刑律诉讼　248
投匿名文书告人罪　248
诬告　248

卷二十四

刑律诉讼 258

诬告 258

干名犯义 265

卷二十五

刑律诉讼 270

子孙违犯教令 270

教唆词讼 276

卷二十六

刑律受赃 280

官吏受财 280

在官求索借贷人财物 287

因公科敛 287

卷二十七

刑律诈伪 290

诈为制书 290

诈传诏旨 291

对制上书诈不以实 291

伪造印信时宪书等 291

私铸铜钱 292

诈假窨 295

诈称内使等官 295

诈病死伤避事 297

诈教诱人犯法 298

卷二十八

刑律犯奸 302

犯奸 302

纵容妻妾犯奸 307
亲属相奸 308

卷二十九

刑律犯奸 312
奴及雇工人奸家长妻 312
奸部民妻女 312
居丧及僧道犯奸 313
买良为娼 313
刑律杂犯 315
拆毁申明亭 315
赌博 315
失火 318

卷三十

刑律杂犯 322
放火故烧人房屋 322
不应为 324
刑律捕亡 324
罪人拒捕 324

卷三十一

刑律捕亡 334
狱囚脱监及反狱在逃 334
徒流人逃 335
主守不觉失囚 338
知情藏匿罪人 340
盗贼捕限 340

卷三十二

刑律断狱 342
故禁故勘平人 342
陵虐罪囚 343
与囚金刃解脱 343
主守教囚反异 345
狱囚衣粮 346
官司出入人罪 346
决罚不如法 346
工律营造 347
造作不如法 347
织造违禁龙凤纹段匹 347
工律河防 348
侵占街道 348
盗决河防 348
督捕则例 348
理藩院则例 349
蒙古则例 349
比引条例 349

刑部比照加减成案续编

叙 353

卷一

名例 356

常赦所不原 356

犯罪存留养亲 356

工乐户及妇人犯罪 358

徒流人又犯罪 359

老小废疾收赎 362

给没赃物 364

犯罪自首 364

犯罪事发在逃 366

亲属相为容隐 367

本条别有罪名 368

徒流迁徙地方 368

卷二

吏律职制 372

官员袭荫 372

贡举非其人 372

举用有过官吏 372

吏律公式 373

制书有违 373

弃毁制书印信 375

户律户役 376
人户以籍为定 376
立嫡子违法 376
收留迷失子女 377
禁革主保里长 378
卑幼私擅用财 378
户律田宅 378
盗卖田宅 378
典买田宅 380
盗耕种官民田 380
弃毁器物稼穑等 380

卷三

户律婚姻 384
男女婚姻 384
典雇妻女 384
逐婿嫁女 385
居丧嫁女 386
娶亲属妻妾 387
娶部民妇女为妻妾 387
强占良家妻女 388
出妻 394

卷四

户律仓库 398
多收税粮斛面 398
冒支官粮 399
户律课程 399
盐法 399
户律钱债 402

违禁取利 402
费用受寄财产 402
户律市廛 403
私充牙行埠头 403
把持行市 403
礼律祭祀 404
禁止师巫邪术 404
礼律仪制 406
失仪 406
兵律宫卫 406
宫殿门擅入 406
兵律军政 407
擅调官军 407
激变良民 407
私藏应禁军器 408
从征守御官军逃 409
兵律关津 410
私越冒渡关津 410
诈冒给路引 410
盘诘奸细 411
私出外境及违禁下海 411
兵律厩牧 412
畜产咬踢人 412
兵律邮驿 412
多乘驿马 412
公事应行稽程 413
卷五
刑律贼盗 416

谋反大逆 416
谋叛 416
造妖书妖言 417
盗大祀神御物 418
盗印信 418
盗内府财物 418
盗园陵树木 418
监守自盗仓库钱粮 420
常人盗仓库钱粮 420
强盗 421

卷六

刑律贼盗 430
劫囚 430
白昼抢夺 432

卷七

刑律贼盗 440
窃盗 440
盗牛马畜产 448
盗田野谷麦 449
亲属相盗 451

卷八

刑律贼盗 454
恐吓取财 454

卷九

刑律贼盗 468
恐吓取财 468

卷十

刑律贼盗 482

诈欺官私取财 482

略人略卖人 485

卷十一

刑律贼盗 496

发冢 496

夜无故入人家 502

盗贼窝主 508

共谋为盗 510

卷十二

刑律人命 514

谋杀人 514

谋杀祖父母父母 518

杀死奸夫 521

卷十三

刑律人命 528

杀死奸夫 528

卷十四

刑律人命 540

杀一家三人 540

卷十五

刑律人命 550

造畜蛊毒杀人 550

斗殴及故杀人 550

屏去人服食 559

卷十六

刑律人命 562
戏杀、误杀、过失杀伤人 562
夫殴死有罪妻妾 566
杀子孙及奴婢图赖人 566
弓箭伤人 568
车马杀伤人 570
庸医杀伤人 571

卷十七

刑律人命 574
威逼人致死 574

卷十八

刑律人命 588
威逼人致死 588
尊长为人杀私和 598
同行知有谋害 601

卷十九

刑律斗殴 604
斗殴 604

卷二十

刑律斗殴 616
保辜限期 616
殴制使及本管长官 618
威力制缚人 620
良贱相殴 621
奴婢殴家长 622
妻妾殴夫 623

卷二十一

刑律斗殴 628

　殴大功以下尊长 628

　殴期亲尊长 633

卷二十二

刑律斗殴 640

　殴祖父母父母 640

　妻妾与夫亲属相殴 644

　父祖被殴 645

卷二十三

刑律诉讼 648

　越诉 648

　投匿名文书告人罪 658

卷二十四

刑律诉讼 662

　诬告 662

卷二十五

刑律诉讼 674

　诬告 674

卷二十六

刑律诉讼 682

　干名犯义 682

　子孙违犯教令 683

　教唆词讼 690

　诬告充军及迁徙 693

卷二十七

刑律受赃　696

官吏受财　696

官吏听许财物　700

有事以财相求　701

在官求索借贷人财物　701

克留盗赃　702

刑律诈伪　702

诈为制书　702

诈传诏旨　703

伪造印信时宪书等　703

私铸铜钱　705

诈假官　708

诈称内使等官　709

诈病死伤避事　710

诈教诱人犯法　710

卷二十八

刑律犯奸　712

犯奸　712

纵容妻妾犯奸　718

亲属相奸　719

诬执翁奸　721

奴及雇工人奸家长妻　721

良贱相奸　722

买良为娼　722

卷二十九

刑律杂犯　724

拆毁申明亭　724

赌博 725
私和公事 728
放火故烧人房屋 728

卷三十

刑律杂犯 732
不应为 732

卷三十一

刑律捕亡 744
应捕人追捕罪人 744
罪人拒捕 744
狱囚脱监及反狱在逃 751
徒流人逃 751

卷三十二

刑律捕亡 756
主守不觉失囚 756
知情藏匿罪人 758
刑律断狱 759
囚应禁而不禁 759
陵虐罪囚 759
与囚金刃解脱 760
主守教囚反异 762
狱囚诬指平人 762
决罚不如法 762
工律营造 765
虚费工力采取不堪用 765
比引律条(附) 765

后记 767

刑部比照加减成案

叙

余读《吕刑》有上下比罪之文,盖三代时即有律,而案情棼如不能尽入于律,故以上下比之。古言“上下”,犹今言“加减”也。今时律之外有例,则已备上下之比,而仍不能尽入于例,则又因案以生例而其法详焉,故断狱尤视成案。余少尝有志读律,及来京师,识诸城李君方赤、天门熊君壁臣。二君并官刑部,方赤充律例馆提调官,综核庶狱。言谳事者,必推方赤。壁臣亦能稽比鞫疑,卓然有声。二君每为余言比照加减之法,剖析入毫芒。昨岁余通籍,将有民社之责。一日,过壁臣寓,见所校加减成案,丹黄烂然。壁臣云:“此当世决谳金针也。”因携之归。会余以预修《国子监志》,不暇竟读。今方赤、壁臣并以上考将出守,余亦以《监志》成,议叙得州牧。爰取壁臣手校本,并借得方赤本,暨归安姚君圣常本,与壁臣参互考订,异同者正之,阙者补之,事之易涉歧误者删之。于是旁分句读,复提其要领,迭圈点识之。俾读者晓然,知用法之意,凡数月蒇事,遂付剞劂。宜黄熊君墨樵,夙善刑名之学,时与余同修《监志》,议叙得县令。校雠之事,厥功为多,刻既竣,开卷秩然,无小大狱皆可依类折衷矣。虽然案者,狱之已成者也;狱者,案之未成者也。执已成之案,以断未成之狱,吾能必案之无畸重畸轻,而不能必狱之无有枉滥,则所谓哀敬折狱者又自有本矣。

道光甲午斗指亥之月,杭州许梿叙于京师嘉量斋

叙

始余驱驰南北，见今世折狱者，明敏仁恕，多不乏人。至于援律定案，辄委诸幕客，窃疑其不可恃。顾余方事帖括，博进取，于刑名之学亦未暇习也。已而试京兆屡踬，丙子几得元，旋复被落，乃喟然叹曰："是区区者而不余畀命也。吾不能为一己造命，要当为百姓造命耳。"乃尽取律例善本，详阅而精核之，務合于矜恤之旨。十余年来，服官刑部，遂得纵观说帖诸书。说帖者，皆诸曹旧案，疏其罪名之所以出入而著为说者也。第卷帙浩繁，未易翻阅。其最善者，莫如比照加减成案，事略而尽，文简而核，可以辅律例之所未备，尝手录一过，以资省览。盖律例为有定之案，而成案为无定之律例。同一罪犯也，比诸重则过，比诸轻则不及，权轻重而平其衡，案也，律例也。同一轻重也，比诸彼则合，比诸此则否，汇彼此而析其义，案也，律例也。尝取而譬之，律例，题也；案，文也。题一而已，作文者不啻万焉。文不同而同如其题，案不同而同如其律例。题之所未言而见诸文，不读文无以尽题之蕴。律例之所未有而见诸案，不绎成案无以观律例之通。夫天下情伪多矣，即成案亦乌足以穷其变。然引而伸之，触类而长之，可以顜若画一。故曰：成案者，无定之律例也。称此以为断，其于民命庶无枉滥矣乎！海昌许君珊林闻余言而韪之，就余索是书去，且曰："吾将布诸当世，令人人知为百姓造命。"因取他本，与余往复论究，删讹订谬，勒为成书，而余叙其大略如此。

道光十四年十月朔，安陆熊莪

《刑部比照加减成案》卷一

名例

赎刑

犯罪免发遣

当赦所不原

流犯在道会赦

犯罪存留养亲

工乐户及妇人犯罪

徒流人又犯罪

老小废疾收赎

犯罪自首

二罪俱发以重论

犯罪事发在逃

本条别有罪名

徒流迁徙地方

名　例

赎刑

陕西司 ○ 嘉庆二十二年

陕督咨:武生腾殿邦于总督轿前冲突行走,经随从武弁推阻。该生复向扭殴,并未成伤。查腾殿邦身立胶庠,当知宪舆之前,理应谨肃,乃不迴避,辄敢冲突行走,迨经随从武弁推阻,复敢扭结向殴。腾殿邦照"生员不守学规、问发为民例",革去衣顶,依"不应重律"杖八十,不准收赎。

犯罪免发遣

陕西司 ○ 嘉庆二十年

本部奏:平四负欠不还,致令伊姊与人争殴涉讼。该犯不行阻止,反为捏词诬告,挟制官长,教唆觉罗,刁抗狡赖。及奉旨缉获,犹敢潜匿不出,实属藐法,将平四比照"旗员诬告讹诈、行同无赖不顾行止者",发黑龙江三姓等处当差。

山西司 ○ 嘉庆二十一年

察哈尔奏:已革蒙古捕盗官忠禄,身为职官,犯奸宿娼,妄拿良民,复挟嫌诬控,冀图讹诈。该都统将忠禄照"棍徒扰害例"拟遣。

经本部,以职官而引民人棍徒之条,殊未允当,将忠禄改依"旗员如有诬告讹诈行同无赖者"发黑龙江三姓等处当差。

当赦所不原

浙江司 ○ 嘉庆二十一年

浙抚咨:陈永发因触犯伊母金氏呈送发遣,在配闻知伊母病故,私自逃回治丧,在家哭泣,有地保可证。虽哀痛非在配所,而追悔迫切之情,易地皆然。例无明文,可否依“闻丧哀痛”之例释放？咨请部示。

经本部，以该犯逃回治丧，与“在配闻丧哀痛”之例不符，其在配私逃究由赶回治丧之故，自应酌予减免。陈永发免其逃罪，仍发原配。

流犯在道会赦

直隶司 ○ 嘉庆二十三年

东陵咨：福隆窃赃一两，销除本身旗档。其妻子无庸销档，如福隆愿与伊妻子过度，听其自便。嗣福隆添生一女，年至五岁，福隆之妻呈恳添食口米。经该衙门以应否载入册档，添食口米，咨请部示。

本部查福隆现生之女，系在销除旗档以后所生，已与民人无异，未便载入册档，亦无庸添食口米。

犯罪存留养亲

四川司 ○ 嘉庆十九年

西城移送：李张氏一案，因与僧悟量通奸，致奸情败露，羞忿自尽。悟量依“因奸酿命例”，满徒加二等，拟杖一百，流二千五百里，仍枷号两个月，勒令还俗。因该犯之母，年逾七十，准其留养。

浙江司 ○ 道光元年

本部奏：樊魁先因与伊弟樊沅争闹，用刀吓砍，经其母王氏趋夺，自行划伤，当将该犯依例拟以斩决。奉旨改为斩监，后入于情实，二次未勾，改入缓决。嗣王氏赴部呈称，伊守节二十余年，第三子樊实病故，次子樊沅业已呈送发遣，未卜存亡，且系不孝之徒即释回亦属枉然，呈请将樊魁留养等因查明属实。惟子伤父母，情轻改缓，人犯应否留养，例无明文，援引浙江省龚奴才成案，请旨定夺。

奉旨：准其留养。

安徽司 ○ 嘉庆二十二年

安抚咨：沈太和因大功堂弟沈太祥纵妻王氏与陈太华通奸，该犯曾向理斥。嗣沈太祥在陈太华房内身死。该犯疑系因奸谋毒，用簪探试，带有黑色，怀疑不释具控，致尸身两遭蒸检。该抚将该犯依“尊长诬告人命并非挟仇、只以误执伤痕告官蒸检律”

拟流加徒，亲老丁单不准留养等因咨部。

经本部，查沈太和之怀疑妄控事出有因，所得拟流加徒之罪系诬执伤痕告官蒸检，与诬告反坐者有间，该犯如果亲老丁单，准其留养。

安徽司 ○ 嘉庆二十二年

安抚咨：邢太平殴伤大功堂弟邢太盛身死，罪应拟流。已死邢太盛系属独子，虽该犯母老丁单，应不准其留养。

本部以杀人例不应抵之犯，例无查明被杀之人是否独子明文，今邢太平殴死大功堂弟，罪止满流，自不得与应拟死罪人犯并论。邢太平如果母老丁单，仍应准其留养。

贵州司 ○ 嘉庆二十年

贵抚咨：刘阿常因争斗殴死张添富，刘阿常、张添富均系独子。李益良率以张添富父母俱故，混行具结，将刘阿常留养。李益良应比照"军流等犯本非独子、邻族人等假捏出结减本犯二等例"，于刘阿常绞罪上减二等，拟以满徒。

四川司 ○ 嘉庆二十年

川督奏：余长安原因屡次滋事，照棍徒拟军。该犯本有弟兄，并非独子，辄捏亲老丁单。在配，遣女余酉州赴京具控，仰蒙圣恩。以该犯父母年逾八旬，无人侍奉，并因幼女远赴京师具呈，情甚可悯，加恩将该犯释放。乃于回籍后，复更名捐监，刁唆词讼，图诈钱文，实属怙恶不悛。其词内擅称伊女系奉旨旌表孝女，本属诈传。惟原奉恩旨内曾有伊女年甫十一岁，不远千里，来京申诉，其情甚属可悯等谕，尚非平空捏造，固未便遽拟斩候。若照本律量减一等，及诬告人徒罪于满徒上加三等，罪止满流，将余长安比照"军流徒犯捏报留养、本犯仍发原配"之例量加一等问拟，情罪本属相符。惟原系烟瘴少轻，改发极边足四千里之犯，今量加一等，应发极边烟瘴充军。查例内烟瘴少轻与极边烟瘴，同以足四千里为限。惟在配脱逃者，烟瘴少轻之犯改发新疆为奴。今该督将该犯拟发烟瘴少轻地方充军，设将来有在配脱逃等事，加等问拟，则轻重迥属悬殊。余长安应改极边烟瘴充军，仍以足四千里为限。

工乐户及妇人犯罪

河南司 ○ 嘉庆二十三年

河抚咨：朱氏于前夫张见才故后，卖与韩孝东为妾，字据确凿。韩孝东因其悍泼，复转卖与张骡子为妻。乃嫌张骡子家贫,图返韩孝东家,不遂所欲。辄捏称继室,诬控韩孝东前妻之子韩驴子夫妇殴伤诓卖。如果所告属实,韩驴子罪干重辟。今审属虚诬,自应反坐,朱氏依"诬告人死罪未决律"杖流加徒。该犯妇悍泼异常,久为母族、夫家所共弃。现复以逆伦重情,赴京捏控,实属女流中之败类,且照例收赎,亦无人承领,应将朱氏实发驻防为奴。

徒流人又犯罪

山东司 ○ 嘉庆二十四年

东抚咨:王元先因拟绞减流,遇赦减徒,脱逃加等问拟总徒。在配复逃,迭窃六次。查该犯系免死减流、累减拟徒之犯,与因窃拟徒、在配复窃者不同,未便照积猾拟遣。例内并无总徒人犯在配脱逃、复犯徒罪治罪明文,将王元于原犯总徒四年上,酌加一等,准徒五年。

奉天司 ○ 嘉庆二十年

黑龙江咨:遣奴郝忠青行窃,拒伤事主马刀儿。案内之回民马德系因结伙持械抢窃、发遣为奴之犯。兹复在配结伙行窃,拒伤事主,伤轻平复。若照"窃盗拒捕本例",仅止边远充军,其结伙持械肆窃亦止改发烟瘴,俱与原犯本罪较轻。若依"遣奴在配叠次行窃"之条,拟以枷号一年,则与未经拒捕者无所区别,应酌量再加枷号一年。

广东司 ○ 道光元年

广抚咨:陈太前经结拜拟流,在配逃回,复被纠入伙结拜。该犯结拜聚众未及四十人,罪止拟流。其脱逃被获,例应加等,发附近充军。未便将该犯仅照逃流调发,应于附近军罪上酌加一等,发近边充军。

奉天司 ○ 嘉庆二十三年

黑龙江咨:王金锁发遣黑龙江为奴,在配复窃,枷号一年,改发呼伦贝尔为奴,复窃牛宰杀。若仅照"寻常遣犯在配行窃二次例",枷号二年,不足示惩,可否将王金锁照例枷号,满日改发新疆?

经本部,查例内遣犯在配行窃,分别次数递加枷号,并无"改发"字样,王金锁枷满之日,应仍交伊主严加管束。

山东司 ○ 嘉庆二十三年

东抚咨:王五于因窃拟军,在逃复窃,发极边烟瘴充军之后,复逃行窃一次。例无治罪明文,惟查有寻常极边烟瘴充军人犯脱逃,改发新疆当差,自应比例加等问拟。王五应改发新疆,酌拨种地当差,再加枷号三个月,照例刺字。

浙江司 ○ 嘉庆二十四年

浙抚咨:流犯宋大木偷窃衙署服物,赃未满贯,与寻常窃盗问拟流罪、在配行窃一二次、赃未满贯之罪相等,应从一科断,将宋大木依"窃盗问拟流罪、在配行窃一二次、赃未满贯例"改发云贵、两广极边烟瘴充军,以极边足四千里为限。

江苏司 ○ 嘉庆二十五年

苏抚咨:孟文才前犯系偷窃蒙古四项牲畜拟遣,今在配听从伙窃二次,应比照"寻常窃盗问拟军流、在配行窃一二次、赃未满贯军罪复犯"改发云贵、两广极边烟瘴充军。

广西司 ○ 嘉庆二十五年

提督咨送:李三因积匪拟军,停遣在监,辄敢起意,令伊妻陈氏向董八等吓称平日存下贼赃,讹诈得银五十两,计赃罪应拟徒,应比照"军犯在配复犯、徒一年者",枷号一个月。咨送兵部转发到配,枷号一个月。陈氏罪坐夫男,应免置议。

奉天司 ○ 嘉庆二十二年

吉林咨:塔添僧因酗酒滋事发遣,脱逃多次,复又逃回窃人马牛,委系不安本分。例内并无旗人在配脱逃后、窃人马牛作何治罪明文,塔添僧应比照"八旗逃人匪类发配安置、不知改悔者、发云贵两广安置",仍依"窃盗本律"刺臂,销除旗档。

奉天司 ○ 嘉庆二十二年

吉林咨:回民马四系纠伙三人抢夺拟遣,在配盗牛宰杀。例内并无寻常为奴之犯复犯军罪应拟何罪专条,马四应比照"改发极边烟瘴充军之犯在配复窃、犯该军罪者",枷号三年。民人赵良虽未同行,惟知情帮宰,分钱使用,即属为从,应于"盗宰耕牛、枷号一个月、附近军罪"上,减一等,枷号二十五日,满徒。

山东司 ○ 嘉庆十八年

东抚咨:流犯王士麟在配复犯徒罪,比照"军犯复犯徒罪"分别枷号。本部改照"已流而又犯徒、科以后犯之罪",在配拘役三年。

浙江司 ○ 嘉庆二十二年

浙抚咨:莫阿多前因伙窃胡振芳家,首赃未尽,照"自首不实不尽、计赃科罪"拟杖八十,徒二年,免刺。与犯窃刺字、拟徒者不同,应仍照“逃徒本律”问拟。莫阿多除行窃计赃拟杖九十轻罪不议外,应依“逃徒”杖一百,从新拘役,刺臂。

浙江司 ○ 嘉庆二十年

浙抚咨:徒犯沈阿小逃后伙窃三次,若照逃徒复窃三次,应发烟瘴充军。但其前次行窃族兄沈宗潮家,拟徒在逃,复窃杨立诚家。因原犯亲属相盗,与刺字窃盗不同,仍发原配安置。奉准部覆:此次行窃若仍照逃徒问拟,则该犯前次罪虽拟徒,例得免刺,应照再犯计赃杖责枷号、刺面,仍发原配。将来复犯,照三犯科断。

老小废疾收赎

福建司 ○ 道光二年

福抚题:林聪起意纠人,将无服族侄林由谋死,主令林起诬告李暖致死,图泄私忿。该犯旋即脱逃被获,将该犯依“谋杀律”斩候。脱逃三年就获,照例改为立决,恭逢恩诏,免其逃罪。原犯系谋杀造意,不准援免,仍拟斩候。惟该犯年已八十,于疏内声明,请旨准其免死,将该犯减为满流,仍照律收赎。

河南司 ○ 嘉庆二十二年

河抚咨:叶世晓因诱拉王毛拟绞,缓决减等,发黑龙江为奴。两目双瞽成笃,自应照例收赎。惟例无遣犯收赎银数明文,将叶世晓比照“满流收赎例”免其发遣。

犯罪自首

湖广司 ○ 嘉庆二十二年

北抚奏:吴士齐等聚众谋杀刘廷扬等十三命内,芦添华等三人系属一家。查案内同谋加功之罗扬才闻拿投首。该抚以该犯有畏罪之心,应于“杀一家三人为从加功斩决律”上,量减拟以斩候具奏。

经本部,查罗扬才听从同谋加功惨杀多命,未便因其闻拿投首遽寻量减,应仍依“杀一家非死罪三人、为从加功律”斩决。姚坤等各持木棍在场助势,未便仅照“不加功律”拟流,应从重发新疆为奴。

云南司 ○ 嘉庆二十二年

云抚题:李发枝听纠共殴李正身死尸,妻李李氏贪贿私和,例应杖流。嗣李发枝等烧毁尸棺，该氏始行呈首，第该氏呈首系在牌甲访查禀报之后，未便照自首免罪，将李李氏比照“知人欲告而自首减罪二等律”，于满流上减二年，杖九十，徒二年半，系妇人收赎。

浙江司 ○ 嘉庆二十五年

浙抚咨：外结赌博内张方氏因夫张允然赌博输钱争吵，被夫嗔斥，气忿自尽。张允然于伊妻自缢后，始行呈明，与自首不同，应照“知人欲告而自首者减罪二等律”，于赌博本罪上减二等，枷号五十日，杖八十。

广东司 ○ 嘉庆二十三年

广抚题：陈亚受听从行劫，入室搜赃，罪应斩决，与盗首厥罪惟均。陈亚受闻拿投首，应比照“未伤人之首盗闻拿投首例”发云贵、两广极边烟瘴充军。

陕西司 ○ 嘉庆二十三年

陕督题：军犯张恂在配行窃，因被事主陈九柱子瞥见，扭住所窃衣衫喊骂。该犯情急图脱，拾石拒殴，致伤事主陈九柱子身死。携赃而逸，实属临时拒捕，依例应拟斩决。惟该犯于尸亲未经告发以前自行投首，免其所因行窃之罪，科以杀人本法。查该犯拒捕由于图脱，并未有意欲杀，仍照“斗杀律”拟绞监候。

浙江司 ○ 嘉庆二十四年

浙抚咨：蔡汝增诬控蔡性善等抢夺洋钱五百四十圆，旋即悔惧，具结呈明，将蔡汝增比照“犯罪知人欲告而自首者、减罪二等例”，于诬告人死罪未决、杖流加徒罪上，减二等，杖一百，徒三年。

山东司 ○ 嘉庆二十四年

东抚咨：田四、大刀等听从秦三孟抢夺周氏，尚未嫁卖，旋即首还。除秦三孟前经本部改照“未伤人首盗闻拿投首例”发极边烟瘴充军外，田四、大刀合依“聚众伙谋抢夺路行妇女已成、为从绞监候罪”上，比照“强盗人财物、知人欲告、财主处首还、减罪二等律”杖一百，徒三年。

二罪俱发以重论

安徽司 ○ 嘉庆二十三年

安抚题：张涛先与胞侄之妻赵氏通奸，迨赵氏悔过拒绝，该犯因续奸不遂，将赵氏故杀。该犯与侄媳通奸,已罪犯绞决,未便仅照“故杀律”拟以斩候,应请旨即行斩决。

安徽司 ○ 嘉庆二十三年

安抚题:牛志发与李杜氏通奸,经伊妻李氏撞破争闹,将李氏搭死。又恐杜氏之夫李金万知觉奸情,与之不依,起意将其致死,乘间推跌李金万落水毙命,以致李杜氏悔恨自缢身死,将牛志发依“奸夫起意杀死亲夫例”拟斩立决。该犯因奸谋毙二命,复致自尽一命,情罪较重,应枭首示众。

江苏司 ○ 嘉庆二十三年

苏抚咨:张瑞方与蒋春大之妻蒋庄氏通奸,本夫奸所获奸,非登时杀死奸妇并幼女二命,复又自刎身死,将张瑞方比依“本夫闻奸数日杀死妇例”拟杖一百,徒三年。惟因奸致死三命,应依“命案不应拟抵徒犯、致死三命以上加一等例”,于满徒罪上加一等,杖一百,流三千里。

犯罪事发在逃

河南司 ○ 嘉庆二十五年

河抚咨:查现任职官以职守所系为重,故一经脱逃被获,即应拟以重遣。至候补试用人员,无印信典守之职,原与现任有间。第既试用候补,即应听差委,如欲他往,亦须禀达上司,不能来去自由。若私自不告而去,即属擅离,已有应得之罪,而获咎潜逃,更不能稍从宽贷。兹把总冀大荣以求缺未遂,辄敢向上司咆哮,本有应得之罪。迨该镇欲行咨送究办,该犯尤敢远遁他省,希图幸免,实属罔知忌惮,应比照“现任职官负罪潜逃绞候”上,量减一等,满流。

湖广司 ○ 嘉庆二十五年

北抚题:把总曾绍绩因汛兵董万兴诬良为窃犯案,供伊主使诬拿,被县详请解任,心怀不服,私自赴省,欲行禀诉,旋被拿获。该抚将曾绍绩照“现任职官无故私自逃走被获例”发黑龙江当差。

本部以该弁私自赴省,欲行禀诉,其罪止于不先禀明上司,擅离职守。若遽科以无故逃走,则其被控欲诉不得谓之无故,即私自赴省,亦不得谓之脱逃,与拟遣之例不符,驳令另拟。遵驳改正,将曾绍绩比照“现任职官无故私自逃走被获发遣例”,量减一等,满徒。

河南司 ○ 嘉庆二十五年

河抚咨:李泳盛系将教匪刘之协首获赏给把总,曾经补缺,告病痊愈,拨营候补。该犯因求考未准,辄向上司咆哮。迨南镇欲行咨送究办,复敢私自潜逃。第该犯究系候补人员,非现任可比,应比照"现任文武职官负罪潜逃、犯该军流以下改为绞候例"上,量减一等,满流。

本条别有罪名

陕西司 ○ 嘉庆十八年

陕抚题:张帼一黑夜捕贼,误伤胞兄张帼成身死,照"过失杀胞兄律"拟流。本部驳改,本应罪重而犯时不知者,依"凡人斗杀律"拟绞监候。

徒流迁徙地方

山西司 ○ 嘉庆十九年

提督咨送:五格供出伊侄安幅同妻私自典身,尚未立契。查安幅偕妻找寻雇主佣工,本属甘心下贱。惟经伊叔五格查知留住,尚未与人服役,与业已受雇佣工、不顾颜面者有间,将安幅于"旗人逃后甘心下贱受雇佣工、发黑龙江管束例"减一等,满徒。

陕西司 ○ 道光二年

喀什噶尔咨:阿克密尔杂等抢夺马匹。案内之回民色依特阿里听从抢夺,按例止应照"抢夺为从"杖九十,徒二年半。惟外夷回子在新疆地方,犯该徒罪,例无作何办理明文,该参赞大臣将该犯加重发伊犁当差,系属例外加重。应将色依特阿里比依"乌鲁木齐等处兵民犯该徒罪者、照犯罪免发遣例",加一等,折枷号四十日,满日责释。

安徽司 ○ 嘉庆二十一年

正蓝满怡亲王门上呈送:太监王进德酗酒不法,将王进德比照"下五旗包衣人经王府门上送部发遣例"发打牲乌拉充当苦差。

《刑部比照加减成案》卷二

吏律职制

官员袭荫

滥设官吏

贡举非其人

举用有过官吏

交结近侍官员

吏律公式

讲读律令

制书有违

弃毁制书印信

户律户役

人户以籍为定

收留迷失子女

赋役不均

吏律职制

官员袭荫

湖广司 ○ 道光二年

南抚咨：外结徒犯内赵子厚与阵亡外委赵奇同姓不宗，因闻赵奇有补给恩骑尉世职，无人袭荫。辄为侄赵名教，诈冒承袭，即与自行冒袭无异。今甫经具禀，尚未到官承袭，应酌减问拟，将赵子厚比照"世职用财买嘱、已经到官袭过者、照乞养子冒袭例发边远充军例"上，量减一等，满徒。

滥设官吏

浙江司 ○ 嘉庆二十二年

浙抚咨：沈玉堂捏名朦充抚辕代书，又因贪得笔资，假捏诡名，兼充府代书。尚无把持索诈增减及包揽教唆情事，应比照"坐粮厅役以一身而充两三役例"杖八十，徒二年。

贡举非其人

陕西司 ○ 嘉庆十八年

顺尹奏送：查出士子张象森代倩情弊，案内号军李云祥当张象森嘱令传递文字，即应立时举首，乃藉此挟制，多索银两，设非被巡员拿获，伊即作成弊端。惟事属未成，赃未入手，将李云祥照"夫匠军役人等受财传递拟军例"上，量减一等，满徒。

河南司 ○ 嘉庆二十一年

顺天乡试监临奏：贡生唐金门入场，为伊徒岷德代做诗稿，讯因师徒关切，并非受贿代倩，与积惯枪手不同。唐金门应照"应试举监生员用财雇倩传递军罪例"上，量减一等，满徒。

湖广司 ○ 嘉庆二十一年

北抚咨：童生黎政坤倩令逸犯刘道生代作文字，尚未完篇，即被查获。事尚未成，将黎政坤照"越舍与人换写文字军罪例"上，量减一等，满徒。

江苏司 ○ 道光二年

本部奏：陈玉铭系司经局洗马，赴考试差，因病后荒工，将平日所看之经书、诗本装入匣中，冀图剿袭。惟陈玉铭以开坊翰林，恭应廷试，辄敢怀挟经书、诗本。比之科场夹带者情罪较重，将陈玉铭依"应试官吏人等怀挟文字当场搜出、枷号一个月、杖一百例"上，加一等，杖六十，徒一年。

安徽司 ○ 嘉庆二十二年

安抚奏：吴邦苏因子吴宝琪赴试，未邀录取，即于稠人中喊嚷求补。许进等亦随同喊求，搅扰推拥，致将牌示挤毁。吴邦苏比依"下第诸生不安义命、混行搅闹例"发附近充军。许进等照"为从"减一等，满徒。

贵州司 ○ 嘉庆十九年

贵抚咨：考试童生王万钟因礼书向索卷银，压搁不给，纠众于考棚门首，争吵殴打，比照"下第诸生不安义命、逞凶滋闹"发附近充军。

湖广司 ○ 嘉庆二十一年

湖督奏：李定连因县试题目与家存旧文符合，恳令县役代取入场。与用财预倩枪手作传递者有间，将李定连于"用财雇倩夹带传递军罪例"上，量减一等，满徒。许登泮于李定连传递，讯不知情，惟讹夺文稿抄写，应比照"生儒怀挟文字"枷号一个月，杖一百，

浙江司 ○ 嘉庆二十一年

浙抚题：郑球因应童试，临场与认识之李德元连号，央为讲解，许给洋钱倩为更改。与越舍换写文字、换卷者有间，将郑球、李德元均比照"越舍与人换写文字"，均于军罪上，量减一等，满徒。

江西司 ○ 嘉庆二十四年

江西抚咨：曾文炘入场患病，投缴白卷。迨出场之时，因与乐培元甥舅关切，越赴号舍，探问文字优劣。乐培元将业已誊完之试卷，恳伊参改。曾文炘应允，尚未动笔，

即被拿获。核与越舍与人换写文字者不同,将曾文焮、乐培元均比照"越舍与人换写文字军罪"上,量减一等,满徒。

江西司 ○ 嘉庆二十四年

江西抚咨:彭为政于进场后,央李大观换卷,甫在商议,即被查获。事属未成,将彭为政、李大观均依"生儒临时换卷、用财雇倩、发近边充军例"上,量减一等,满徒。

举用有过官吏

江苏司 ○ 嘉庆二十二年

江督咨:张韶钧京控孙源湘等包漕各情,讯系怀疑所致,并非平空妄控。惟其报捐主簿之后,伊父曾充长随,究属有玷名器。张韶钧应比照"隐匿公私过名、以图选用军罪例"上,量减一等,满徒。

直隶司 ○ 嘉庆二十五年

直督奏:李二黑先经犯窃拟徒,留养枷责有案。复违例改名,认充捕役。若仅比照"违制及革役复充"之例问拟,俱止满杖,尚属轻纵,应照"违制律"杖一百,量加一等,杖六十,徒一年。

江苏司 ○ 嘉庆二十五年

苏抚咨:濮尚忠曾充地总,因被周德耀等以钻充把持禀县示革,嗣又复充。现因奉差追缴钱文,辄以找寻不见。纠人搜寻,毁坏器物,并因妇女拒殴,捆缚其手,实属藉端滋事,应比照"书办退役之后、倘有更名重役者"杖一百,再加枷号两个月。

山西司 ○ 道光二年

晋抚咨:车国士前捐从九品职衔,业经犯罪,拟杖斥革。乃该犯希图顶带荣身,辄敢讳罪冒籍,复捐职衔,实属滥邀名器。例无治罪明文,将车国士照"斥革监生易名复捐者、照违制律"杖一百。

湖广司 ○ 嘉庆二十年

南抚咨:武举罗协海因调戏妇女,详革后私自进京,隐匿犯事斥革情由,托同乡官出结会试拣选,应比照"文职举贡为事问革、例不入选、隐匿公私过名、以图选用未除授者"发附近充军。

浙江司 ○ 嘉庆二十年

浙抚奏：方景太先充库书，因县民冯显选向林廷子赊买药料不遂，诬告局赌系方景太承行。缮票时，将冯显选列为赌犯，冯显选生气不依，被方景太之妻殴伤，方景太回家将冯显选扭送本县。将方景太枷责革役后，复帮办库务。虽非改名复充，迹涉盘踞，应比照"衙役犯罪、复入原衙门应役例"满徒。

山东司 ○ 嘉庆二十一年

东抚咨：马藏珍更名马蕴斋，在京隐匿过名，报捐封典。与易名复捐监生无异，应比依"斥革监生易名复捐者照违制律"杖一百。

河南司 ○ 嘉庆二十年

提督咨：正蓝旗包衣笔贴式缘事革职拟徒。奏准赎罪之伍灵阿并不呈明前案，辄以俊秀报捐监生，比照"易名复捐者照违制律"杖一百，鞭责发落。

交结近侍官员

湖广司 ○ 嘉庆二十年

台湾镇奏：内监林表之戚刘碧玉假藉内监名色捏造部照、图充噶玛兰业户、并于刘碧玉家起出大内膳单、仪注单及福字横披单条、象牙图章等物等情一折。此案林表、林显以逆犯子嗣，闽割充当内监。林表于伊戚刘碧玉托伊营办噶玛兰业户一事，虽讯未允为经手，辄敢容留外省奸徒，在福园门外花洞住宿数日之久。私相馈送，致将大内膳单、戏单被其携回台地，情同泄漏。林显信系监政织造资助银两，虽讯无夤缘别情，而嘱令伊弟林玛定出入盐关衙门，告助盐费，往来原籍，以致刘碧玉等艳羡声势，来京请托。且该犯等招伊弟林玛定来京取妻，希图生子立后，将伊父林达设牌奉持。林玛定系逆犯林达之子，林达犯案后，始将该犯继与堂弟林琴为嗣，漏网未经缘坐。兹复来京娶妻卢氏，欲为林达立后，并将刘碧玉所与噶玛兰田簿交林寅登探听设法打点。并将膳单、戏单令刘碧玉带至台湾。

种种狂悖，林表、林显、林玛定均应比照"与内官互相交结泄漏事情、夤缘作弊者皆斩监候律"俱拟斩监候。林表应请旨即行正法，以昭炯戒。林显、林玛定均应赶入本年朝审情实办理。其林玛定应与刘碧玉质讯之处，俟刘碧玉到日，再行质审明确，分别议奏。林寅登以现任二等侍卫，与逆犯子嗣林玛定往还，并于林玛定将噶玛兰田簿交伊设法办理，并不即时送官究办，转将田簿携回。林寅登应于林玛定斩罪上减一等，杖一百，流三千里，交顺天府定地发配。至刘碧玉在台，林表所给象牙图章，统俟刘碧玉到案后讯办。已革候补郎中吴春贵代林玛定稍[1]带家信，尚无不合。其与太监林表往来写信借马，实属违制，应照律杖一百，业经革职，应毋庸议。庆琛在圆明园当差有年，因与林显熟识，曾给纱料一件，未经收受。三等侍卫关敏前赴扬州时，林显托带伊父信物，并未携交，均无不合，应毋庸议。徐综观、王廷栋讯无代刘碧玉营谋情事，其带寄书信，尚无不合，应免置议。所有林表、林显、林玛定房屋产业据查抄入官等因，嘉庆二十年七月十八日具奏。

本日奉旨：此案林表、林显、林玛定均系台湾逆匪林达之子，例应缘坐。林表、林显因年未及岁，解京阉割充当内监，本属免死之犯，理宜安静守法，乃唤令伊弟林玛定来京，又擅留伊戚刘碧玉在花洞居住，将大内膳单、戏单听其携至台湾，借势招摇。林玛定漏网，幸免缘坐。林表等辄为娶妻，冀图生子延后。林玛定复将刘碧玉留给噶玛兰田簿托人打点。种种不法，林表、林显、林玛定均着照律斩监候，归入本年朝审情实办理。已革侍卫林寅登身系职官，与林表等往还，并将林玛定所交噶玛兰田簿携回寓所，不行送官究办，仅拟杖流，尚觉轻纵。林寅登着改发伊犁，俟刘碧玉等解到质讯，再行发遣。已故织造和明之子、内务府员外郎庆琛曾给林显纱料，候补主事普琳于林玛定过苏州时付给银三十两，均属不合。庆琛着降为主事，普琳着降为笔贴式。余依议，钦此。

吏律公式

讲读律令

山东司 ○ 嘉庆二十二年

本部奏：已革巡视西城御史萧镇听从贿嘱，将崇文门酒税章程妄思更改，混行渎奏。除萧镇依"官吏人等挟诈欺公、妄生异议变乱成法律"拟斩监候外，已革捐职未入流余铨与陈世维商令鲍士恭贿嘱萧镇，更改酒税章程，希图渔利。查余铨营求御史条陈，陈世维立票，贿求鲍士恭夤缘嘱托。该三犯同恶相济，厥罪惟均，未便仅照"以财行求及说事过钱、与受同科、无禄人减等之例”拟徒，均应于萧镇斩罪上，量减一等，满徒。

制书有违

安徽司 ○ 嘉庆二十三年

南城移送：马甲穆隆阿与宗室那斯浑移居城外，均照“违制律”杖一百。

浙江司 ○ 嘉庆二十三年

南城移送：杜张氏看香医病骗钱，针扎苏氏身死，讯据失手太重，误行致伤，并非有心故害。惟以女流不思安分，辄起意看香治病，冀图骗钱，若仅依“庸医杀人科断律”，止收赎不足示惩。杜张氏应照“违制律”杖一百，不准收赎，折责发落。

直隶司 ○ 嘉庆二十五年

直督奏：长垣县县丞曹自辉违例剃发，例无治罪明文。查乾隆十三年间，奉天锦州府知府金文淳等因违例剃发，奉旨拟以斩立决。嗣因金文淳等尚非大吏，免死，派修城工赎罪，完结在案。今曹自辉身为职官，于国服大事，并不确查典礼，辄因误闻遗诏到日、始不剃发之语，冒昧糊涂，违例剃发。核与金文淳之案，情罪相似，未便以佐杂微员，无心误犯，稍为宽纵，将曹自辉问拟斩决，恭候圣裁。其景小二系曹自辉部民，于本官令其剃发，势难理阻。既经责惩，应免重科。

奏奉谕旨：已革县丞曹自辉于国服百日内，违例剃发，情罪重大，但该犯本系佐杂微员，不谙禁令，误听遗诏到日、始不剃发之言，冒昧犯法。且于剃发后，仍照常出署，随同大众哭临，以致被人揭告。其为陷于不知，并非虚捏。较之乾隆年间知府金文淳免死之案，情尤可悯。曹自辉着免其斩决，发往新疆效力赎罪。余依议，钦此。

山西司 ○ 嘉庆二十五年

提督咨送：僧人虔诚于国孝百日期内，擅行剃发，魏二辄为代剃，均照“违制律”杖一百。

山西司 ○ 嘉庆二十四年

晋抚咨：陈旺等私烧硫磺，卖与弓平等，俱在五十斤以下，将陈旺与弓平等均照“违制律”杖一百。

江西司 ○ 嘉庆二十二年

江西抚咨:刘振摇因庆祝许真人寿诞演戏,并在东山设台点放烟火,集人往观。嗣因火毕后,忽天降大雨,往看之人各皆乱奔。因山坡陡窄,一时拥挤,以致挤倒多人,踩毙十七命。查刘振摇庆祝真人寿诞,并非迎神赛会,即踏毙人命,亦在放毕烟火之后。惟该犯黉夜设台点放烟火,致集多人观看,应比照"违制律"杖一百,枷号一个月。余忠谟等听从买放,应照"为从"减一等,杖九十,枷号二十五日。

直隶司 ○ 嘉庆二十年

直督咨:刘洛瑞兴贩妇女为婢,文生段永安咆哮公堂。查段永安当段振刚将姐儿等领至伊家,告知被刘洛瑞等贩卖娼家为婢缘由。该生因姐儿等年俱幼稚,不忍其陷于下贱,遂尔收养。一经访闻,即赴县禀首,尚无不合。惟欲将姐儿等作为义女,因不遂其欲,辄向该县当堂顶撞,应照"违制律"杖一百,衣顶业已斥革,应毋庸议。

弃毁制书印信

四川司 ○ 嘉庆二十五年

川督咨:外结徒犯内武生戴廷彪既已连名具禀,应即赴县听审,辄敢传唤不服,扯毁印票,应比照"弃毁官文书律"杖一百。

湖广司 ○ 嘉庆二十四年

北抚咨:府书李正暹于县详到府时,并不将卷宗归档,混行夹入已结卷内。迨奉行催,因检查未获。惧干究处,并不禀明,辄行隐匿。虽未受贿规避,应比照"弃毁官文书律"杖一百,该犯延搁不办,应再加一等,杖六十,徒一年。

直隶司 ○ 嘉庆二十二年

本部咨:户部书吏韩怀书经手公文,因值役满,未即办理,亦未嘱令接手书吏赶办,以致日久。漏未咨覆,即与遗失无异。韩怀书应比照"遗失官文书律"杖七十,自行投首,减一等,杖六十。

户律户役

人户以籍为定

江苏司 ○ 嘉庆二十一年

苏抚咨：外结徒犯内俞金门诬告马三连系伊旧仆之孙，将俞金门比照“旗下奴仆其本主因家奴之同族、少有产业、诬告投充之子孙者、照冒认良人为奴仆律”满徒。

浙江司 ○ 嘉庆二十三年

户部咨：陈溪因向伊主图克唐阿索欠无偿，辄即出言顶撞，已属不合。迨被控到官，谂知图克唐阿现无伊等卖身契据，复敢捏称系朋成公庄头。饰词狡展，实属钻营欺压，将陈溪比照“八旗家奴有钻营势力、欺压孤幼例”发驻防给兵丁为奴。

福建司 ○ 嘉庆二十年

提督咨：李国泰系瑞龄家生奴仆，辄因瑞龄年幼庸懦，谋买产业，肆行顶撞。并将瑞龄揪拉上车，实属欺压图占产业。该犯并未开户，应从重比照“八旗家奴钻营势力、欺压孤幼赎身例”发驻防为奴，妻子仍交伊主管束。

收留迷失子女

云南司 ○ 道光二年

中城移送：方三因汪徐氏黑夜找人，即起意收留，欲与伊子为妻，实属收留在逃子女。惟尚未成婚，应酌量问拟，将方三依“收留在逃子女为妻妾、子孙者杖八十、徒二年律”，减一等，杖七十，徒一年半。汪徐氏应于方三罪上，减一等，杖六十，徒一年。

陕西司 ○ 嘉庆十八年

提督咨送：刘大收留迷失幼女双姐，欲行嫁卖为婢，正欲寻媒嫁卖，即被拿获。与业经卖出者有间，将刘大依“收留良人迷失子女、不送官司而卖为奴婢者满徒律”上，酌减一等，徒二年半。

江西司 ○ 嘉庆十九年

提督咨送：王忠于使女玉凤逃往伊家，怜其两腿带伤，收留转聘，并非图得财礼。第系在逃使女，辄行收留，依“得在逃奴婢而卖减良人一等、杖七十、徒一年半律”上，量减一等，杖六十，徒一年。

陕西司 ○ 嘉庆二十三年

陕抚咨：孔全因马氏迷失道径，走至伊家借宿，该犯即将马氏配与伊子为妻，将孔全比照“收留迷失子女为妻妾律”杖九十，徒二年半。

赋役不均

直隶司 ○ 嘉庆十九年

顺尹咨：牛良玉因县役余恺于未经奉文之先，预为科派包办差徭渔利。该乡保等虑及误差，经该犯出面担保，讯无通同渔利。该尹以余恺擅自科敛入己，依“棍徒计赃”拟绞。牛良玉依“豪猾之徒、买嘱书吏、承揽害民例”发附近充军。

部议：牛良玉因与余恺素好，欲作成包差渔利，即属为从，未便一事两引，改拟满徒。

校勘记：

①稍：应作“捎”。

《刑部比照加减成案》卷三

户律田宅

盗卖田宅

户律婚姻

典雇妻女

逐婿嫁女

居丧嫁娶

强占良家妻女

户 律 田 宅

盗卖田宅

安徽司 ○ 嘉庆二十二年

顺尹咨:张泳存因开张煤窑之李升素有疯病,托伊经管煤窑。该犯以在窑办事,并无凭据,诓令李升立给送窑字据。复私改合同,诱令窑伙张天锡等画押,以作霸窑凭据,殊属刁诈。惟该犯经管煤窑,原系李升嘱托,且李升实有写给送窑字据,似与倚恃势力、凭空强占有间,张泳存应于"强占山场流罪"上,量减一等,满徒。

安徽司 ○ 嘉庆二十二年

户部咨:周廷福因贪王朝佐未经绝卖之地膏腴,即仿照原典契,另行誊写,添捏"无力回赎、听凭投税"字样,混行投税,希图杜绝回赎,即与冒认田亩虚钱实契无异。惟王朝佐之地实系伊家先行承典,并非平空捏造,全行冒认。周廷福应于"冒认他人田宅、虚写钱数、实立文契、典卖一亩以下笞五十、每五亩加一等、罪止杖八十、徒二年罪"上,减一等,杖七十,徒一年半。

江苏司 ○ 嘉庆二十一年

江督咨:卞仪晖将洲滩地亩得价盗卖,复摭拾妄控,惟该县一经示禁,即行中止,不敢复行占卖,究与恃强久占有间,卞仪晖应照"强占官民山场、芦荡杖流律"上,减徒。

江苏司 ○ 嘉庆二十三年

苏抚咨:徐宝舟等明知胡觉文盗卖祖遗报明升科洲地,贪利故买。虽盗卖田宅,律内并无买主知情作何治罪明文。惟查重复典卖田宅,其典买之人知情与犯人同罪,则盗买亦应一体科断。按买地亩数目,照"盗卖律"科罪。

奉天司 ○ 嘉庆二十四年

本部奏:包衣高君锡本系富增额各房公用之人,因查地亩明知五房富增额之庄头，私行出典。该犯辄怂恿七房奉国将军明嵩出名控追，即与将他人田产朦混投献势要无异。惟究系伊家主祖业较他人田产有间，将高君锡比照“将他人田产朦混投献官豪势要满徒律”上，减一等，杖九十，徒二年半。虽年逾七十，不准收赎。

贵州司〇 道光二年

宗人府咨送：屈进喜系宗室吉勒章阿看坟家人，辄敢将伊主坟旁祭田二十五亩盗典得价。惟律例内并无家人盗典主人坟地治罪明文，将屈进喜比照“子孙盗典祖遗祀产不及五十亩例”杖六十，徒一年。

浙江司〇 道光二年

提督咨送：翕临系已革候补笔贴式，该革员诬告汪本申占产喝殴，复违例戴用五品顶带，按律罪止杖责。惟该革员将伊父博兴自置坟茔二顷十亩私自盗卖，虽伊父尚未安葬，与祖宗坟山有间，而例内盗祀产五十亩，即与盗卖坟山一律拟军，则翕临盗卖伊父未葬之茔地，其情较重于祀产，计数已在五十亩以上，应比依“子孙盗卖祖遗祀产至五十亩、照毁卖祖坟山地例”发边远充军。该革员历次滋事，图利忘亲，情节较重，应请旨发往乌鲁木齐效力赎罪。

直隶司〇 嘉庆二十五年

直督咨：安其所佃种公主府之地，系奉旨赏给公主府为业，即属官田。经沈守押令退地交租，乃胆敢乘间脱逃，屡次抗传不到。数年以来，竟将地亩私霸为己业，并不交租，复阻止众佃，不许交纳，以致众皆观望，计地九十九亩，应比照“占种屯田五十亩以上、不纳子粒者”发近边充军。

江西司〇 嘉庆二十五年

江西抚咨：胡学连与刘多燧两家祖坟俱葬在牛尾坝山，嗣因争山讦讼。两造所执系前明废纸，例不为凭断，令不许添葬。迨后刘多燧将伊父刘初申尸棺安葬该山，胡学连等闻知前往，将棺木挖起，抬匿别处。胡学连合依“发掘他人坟冢、见棺椁为首”发近边充军。刘多燧比照“强占官民山场满流律”上，量减一等，满徒。

福建司〇 嘉庆十八年

镶黄满咨送：额驸家世袭佐领玉堂管理公主坟茔事务，将所收祭银一千六百两私行侵用无存，与子孙盗卖祖遗祀产无异。其侵用银一千六百两，核计在五十亩以上，将玉堂比照“子孙盗卖祀产五十亩以上例”发边远充军，折枷。

安徽司 ○ 嘉庆二十二年

顺尹咨：内务府汉军佟五私卖投充入官地亩，查佟五既已将地报充入档，即同官产，不准私相盗典。乃佟五始而借给建房，继复捏称民地价卖，应比照"盗卖他人田、一亩笞五十律"，系官者，加二等。

户律婚姻

典雇妻女

湖广司 ○ 嘉庆十八年

北抚咨：李怀志将妻范氏捏作其妹，改嫁廖志德为媳。嗣廖志德因子身故，将媳改嫁于陈锡德为妻。李怀志捏称被拐，向索钱文，复起意纠众抢回，希图勒赎。例无治罪明文，将李怀志比照"将妻作姊妹嫁人、聚众行凶、邀抢人财例"发近边充军。

贵州司 ○ 嘉庆二十年

贵抚题：蔡有新殴死吴文灿。案内严氏被伊夫捏称弟妇嫁卖，应比照"将妻妾作姊妹嫁人者、妻妾杖八十例"杖八十，离异。

山东司 ○ 嘉庆二十年

东抚题：朱马诱拐朱得路之妾武氏为妻，伊父朱子荣知情纵容。嗣朱得路纠人往抢，致朱马之父被朱毛扎死，朱马依"子犯奸盗致纵容之父被杀"拟绞监候。武氏听从诱拐，武氏系该犯之女，究与凡人不同，得受朱得路财礼，应比照"将亲女嫁卖与人、骗财后公然领去者"，计赃准窃盗论。武氏给朱得路亲属领回。

逐婿嫁女

山东司 ○ 山东道光二年

东抚题：赵谔子等共殴王四身死。案内之刘松因伊婿王振犯窃，将女刘氏接回，私行主婚改嫁。例内并无治罪明文，将刘松比照"逐婿嫁女律"杖一百。

湖广司 ○ 嘉庆二十四年

南城移送:张大因伊女张氏常被其夫傅保打骂,即起意将张氏接回,欲行改嫁,尚未成婚,将张大依"逐婿嫁女杖一百、未成婚减五等律"笞五十。

居丧嫁娶

云南司 ○ 嘉庆十八年

云抚咨:外结徒犯内李灿图财逼嫁孀妹李氏,并串娶王谢颖纠抢未成,将李灿依"尊属图财强卖卑幼系期功杖流、未成婚者减等满徒例"上,量减一等,杖九十,徒二年半。

湖广司 ○ 嘉庆二十二年

北抚题:老周黄氏听从周垂照怂恿,强嫁孀妇小周黄氏,致该氏不甘失节,因而自尽,将老周黄氏照"夫之父母应得满徒罪"上,酌减一等,杖九十,徒二年半。

奉天司 ○ 道光二年

吉林咨:刘文成听从伊父刘安,抢夺堂嫂刘高氏,卖与宗有才成婚,得受身价。实缘伊父刘安因贫养赡所致,并非专图财礼,自应照"强嫁例"定拟。惟核其情节亦有贪图财礼之意,若仅拟以杖九十、徒二年半,似觉情浮于法,将刘文成依"孀妇自愿守志、夫家抢夺强嫁以致被污者、大功卑幼杖九十、徒二年半罪"上,加一等,满徒。

李存功被刘安诱同入室,并未动手,因落后被应捕人高成揪住辫梢,回头咬伤高成左手背,应加拒捕罪二等。例无被诱入室并未动手强抢、被获拒捕治罪明文,将李存功比照"抢夺良家妻女中途夺回为从者、被诱帮同扛抬、照不应重律"杖八十,减一等,杖七十;仍加拒捕罪二等,杖九十。

浙江司 ○ 嘉庆十八年

西城移送:李氏系与色克当阿先奸后娶,又系居丧改嫁,应照"军民相奸"问拟。而李氏本应离异,惟伊母家并前夫刘大家皆无亲属,且色克当阿成婚多年,生子年尚幼稚,情殊可悯,免其离异。

强占良家妻女

安徽司 ○ 嘉庆二十二年

安抚题：卢荣琪强嫁孀居弟妇余氏与林得荣为妻，余氏不从吵闹，被林得荣殴伤后自缢身死，除[①]卢荣琪依"图财强卖卑幼妇女不甘失节因而自尽例"，期功尊长发近边充军。查林得荣临时既知余氏不愿，仍买娶抬回，冀图劝允，即属知情故娶。嗣因余氏不依吵闹，辄将余氏迭殴多伤，致令抱忿自尽。若仅照"娶主知情"问拟，核与故娶而未殴伤者无所区别，应照"娶主减正犯罪一等满徒"上，酌加一等，杖一百，流二千里。

陕西司 ○ 道光二年

陕抚咨：史益元与阮胡氏通奸，因闻本夫阮太欣将胡氏嫁卖与骆荣贵之弟骆长贵为妻。骆荣贵雇骡送往与伊弟成亲，史益元起意纠允同添发等，赶至中途将胡氏抢至家内奸宿，致骆荣贵情急自尽。例无抢夺犯奸妇女、致其亲属自尽治罪明文，将史益元照"聚众伙谋抢夺犯奸妇女已成、首犯发烟瘴充军例"上，加一等，发新疆为奴。同添发听从帮抢，应依例满流。

山东司 ○ 嘉庆二十三年

东抚咨：阚文德始欲将官石氏拐卖，继因该氏不从，持刀吓逼，卖与王道卓为妾。迨经该氏之姑找获欲控，即行赎回。查官石氏卖与王道卓为妾并未成亲，自应减等问拟。阚文德依"强夺良人妻女卖与他人为妾拟绞监候、照知人欲告而于财主处首还减二等律"，于绞罪上减二等，杖一百，徒三年。

江苏司 ○ 嘉庆二十三年

苏抚题：刘照吉与谢陈氏通奸，欲将谢陈氏带逃，谢陈氏不允。刘照吉邀同亦与谢陈氏奸好之张罄强抢拉走，同伙仅止二人，与聚众伙谋抢夺犯奸妇女有间，将刘照吉照"强夺良家妻女奸占绞候律"上，量减一等，满流。

江苏司 ○ 嘉庆二十三年

苏抚咨：羌贡扬因李茂淋与犯奸之施氏成婚被保邻阻止，该犯事不干己，始则主使李茂淋纠同抢回，继复教唆施李氏捏控保邻讹诈，以图抵制。惟唆保邻串诈，情节较轻，其主使抢回之施氏，究由氏母施李氏改许李茂淋为妻，与平空强抢犯奸妇女有间。羌贡扬应于“聚众伙谋抢夺犯奸妇女已成、首犯发回城为奴例”上，量减一等，满徒。李茂淋初无抢夺施氏之意，乃听从羌贡扬主使，应于羌贡扬满徒罪上减一等，杖九十，徒二年半。

江苏司 ○ 道光二年

苏抚咨：郭镛与陈许氏通奸败露，先经焦泰运等私和寝息，后郭镛复与续旧。嗣因许氏夫祖陈铨闻知指控，辄敢令焦泰运将许氏送藏王卜五家一月之久，显系有意霸留。虽讯无恃势强夺情事，其串嘱藏匿情同奸占，应酌量问拟，将郭镛于“强夺良家妻女奸占为妻妾绞候”上，量减满流。

福建司 ○ 嘉庆二十四年

福抚奏：詹锦因詹叶两姓械斗有嫌，追见叶姓之叶陈氏等在伊村经过，该犯等即主令詹叶氏拦回家内，交与凶手，致被奸污。本非该犯等意料所及，惟叶陈氏等均被污辱，究由该犯等主令拦留所致，将詹锦于“抢夺妇女奸污律”上，量减一等，满流。詹叶氏并无主使强奸情事，惟已听从拦留，应于詹锦等所得流罪上再减一等，满徒。

江苏司 ○ 嘉庆二十四年

苏抚咨：朱顺中强抢应娥，尚未奸污。查朱顺中本与应娥之故父江潮涌亲戚交好，当时江潮涌口许朱顺中为婚，亲手书给庚贴，即属父命，似与仅止媒说未允因而强夺尚未奸污者有间。第究未行聘，亦与强娶已经聘定之妻不同，将朱顺中于“素有瓜葛之家先经媒说未允、因而强夺尚未奸污例”上，量减一等，满徒。应娥给江张氏领回，听其择配。

安徽司 ○ 嘉庆十八年

安抚题：秦广欲娶王揽之妻姜氏为妾，邀张狗等媒说不允，起意强抢。张狗等跑出，秦广喝住不许走开，秦广将姜氏拉走，吓逼张狗等架送回家，将秦广依“先经媒说未允因而纠抢、仍按强夺良家妻女占为妻妾律”拟绞监候。

本部以姜氏本系有夫之妇，并非待聘之人，秦广遽欲买娶为妾，遣人说谋，核与以礼求婚者迥不相同。驳令改拟，将秦广改照“聚众伙谋于素无瓜葛之家、入室抢夺妇女已成、为首例”拟斩立决。张狗先代秦广媒说，系因畏凶，不敢推辞，及见秦广欲行强抢，当即跑走，被其喝住，追后帮同架送，亦因被秦广吓逼允从，改照“聚众伙谋抢夺妇女已成、为从绞监候律”上，量减一等，满流。

安徽司 ○ 嘉庆十八年

江督奏：周泳太先与孙幗柱之妻傅氏通奸，系孙幗柱纵容。孙幗柱因其不能多给钱文，屡次争闹，控县传讯，孙幗柱因系纵奸，不敢到案。旋即外出，迨后回家，周泳太与傅氏不肯留住，孙幗柱怀忿，捏以周泳太"习教谋逆"重情控告。讯明周泳太并无入教等重情，惟孙幗柱诬累多人，系由周泳太奸占其妻所致，将周泳太于"强抢犯奸妇女已成、发遣为奴罪"上，量减一等，满徒。

直隶司 ○ 嘉庆二十二年

直督咨：桑洛卜与娼妇郑氏通奸，虑恐高洛朋谋娶，辄行抢娶为妻。惟尚无聚众伙抢，自应酌量问拟，桑洛卜应照"聚众伙谋抢夺犯奸妇女已成遣罪"上，量减一等，满徒。

湖广司 ○ 嘉庆二十二年

北抚咨：万明翠因刘大昇行船遭风，喊令救援，许给谢资。嗣刘大昇等给钱过少，该犯索钱未遂，起意将妇女夺留，冀图多增钱文，该抚将该犯依"行船遭风乘时抢夺财物律"定拟咨部。

经本部，以万明翠夺留妇女，冀图多增谢资，并未抢夺财物，自应照"抢夺妇女本例"，核其情节轻重，酌量定拟等因咨驳。续据遵驳，将万明翠改照"强夺良人妻女、卖与他人为妻妾绞候"上，量减一等，满流。

福建司 ○ 嘉庆二十二年

提督咨送：屈大先与陈五之妻张氏通奸，陈五利资纵容。嗣屈大因奸情热，起意奸占为妻，遂吓逼陈五将张氏并子女送至伊家。查屈大之奸占由于陈五之纵容，核其情节，究与强占良家妇女为妻妾者有间，应于"强占良家妻女、奸占为妻妾"上，量减一等，满流。

张氏系陈五纵容与人通奸，例应离异，惟陈五纵妻犯奸，系畏奸夫强暴，情固出于勉强。并据陈五供称，如将子女给伊领回，伊系只身穷苦，不能抚养。子女幼小，将来必至失所，情亦可悯，原情酌断，应将张氏并子女仍给陈五领回完聚。

河南司 ○ 嘉庆十八年

河抚咨：外结徒犯内张柱纠抢邵氏，希图勒赎，尚未奸污，闻控首还，将张柱比照"窃盗知人欲告而于财主处首还减罪二等律"，于"强夺良家妻女尚未奸污、照已被奸占律减一等、拟流例”上,再减二等,杖九十,徒二年半。

云南司 ○ 嘉庆二十一年

云抚题:李小羊强夺普耿氏成婚。查普耿氏欲行改嫁,夫族无人,应归母家主婚。普蒲氏系普耿氏夫家疏远亲属,非例应主婚之人,虽曾接受李小羊聘礼,不得即为李小羊聘定未婚之妻。惟普蒲氏曾经受聘,李小羊强夺成亲,事尚有因,核与平空强夺奸占者不同,将李小羊照“强夺良家妻女、奸占为妻妾绞监候律”上,量减满流。

山东司 ○ 嘉庆十八年

东抚咨:外结徒犯内李梓图娶孀妇张李氏,先向氏父李永祥说允,收受财礼,因长子李仁劝止李永祥,令次子李三送还,李三仍私自收回。李梓因闻李永祥欲将张李氏送往找工,心疑另嫁,前往截抢,尚未成婚。例内并无未收婚柬仅接礼物、纠抢妇女尚未成婚作何治罪明文,将李梓比照“先经媒说未允因而纠抢未成、照强夺良家妻女尚未奸污为首流罪”上,量减一等,满徒。

山西司 ○ 嘉庆十九年

晋抚题:郭世邦图谋遗产,逼勒孀居之大功弟妻傅氏改嫁,致氏不甘失节自尽。该犯仅止空言吓逼,与用强抢卖逞凶毙命者有间,依“缌麻尊长用强抢卖卑幼之妇因而自尽绞候例”上,量减一等,满流。

山东司 ○ 嘉庆二十三年

东抚咨:赵二先与王小鸡奸,嗣王小逃依王立业为义子,赵二纠众闯入王立业屋内,将王小抢去,赵二应依“伙众抢夺犯奸妇女已成例”改发烟瘴充军。

安徽司 ○ 嘉庆二十三年

安抚题:李照因詹起山之女青姐未嫁媒说不允,纠众往抢,詹起山畏其凶恶,闭门不理。该犯在外声言踢门强抢,青姐虑恐被抢污辱,投缳殒命,应比照“强夺良家妻女未被奸污而自尽例”拟绞监候。

安徽司 ○ 嘉庆二十三年

安抚题:潘发因潘世珍有婢女春梅,欲行配人,该犯图娶媒说未允,随纠梁贵等强抢春梅至家,尚未奸污。查潘发系潘世珍无服族侄孙,谊属同宗,即与素有瓜葛无异。春梅系潘世珍婢女,虽与良家妻女有间,惟例内诱拐子女不分良人奴婢,抢夺重于略诱,应将潘发照“素有瓜葛之家先经媒说未允、因而纠众强抢例”拟绞监候。

江苏司 ○ 嘉庆二十三年

苏抚题：孟衍书纠众抢夺路氏已成，拒伤本夫韩贵，复因路氏乘间逃跑，拦住殴打，致路氏被殴情急自尽，将孟衍书比照"伙众抢夺妇女、拒捕杀人者下手杀人之犯"拟斩决，枭示。

山东司 ○ 道光二年

东抚咨：张雪起意纠同杨淑孟等，抢夺无服族叔祖之妾图卖，尚未嫁卖，亦无奸污情事，将张雪依"疏远无服亲族抢卖尊长卑幼绞监候"，未成婚减一等，满流。杨淑孟听从同抢，例无疏远亲属抢卖尊长为从系凡人治罪明文，惟抢夺亲属条内"娶主知情同抢得减正犯罪一等"，应比照问拟，杨淑孟应于张雪流罪上减一等，满徒。

江苏司 ○ 道光二年

江督奏：王忠贵因在家演戏，将戏旦苏翠林鸡奸，复率众在途将苏翠林抢夺。苏翠林年止十二，惟系优伶下贱，且被人奸宿在先，于"和奸幼童绞罪"上减一等，罪止拟流。应从重将王忠贵比照"强抢犯奸妇女已成首犯"发烟瘴充军。

江苏司 ○ 道光二年

苏抚咨：严幗喜与犯奸妇女朱胡氏通奸，逼胁至伊家内，强占为妻。迨本夫朱二乘伊外出，将氏带走，该犯复敢持刀追回，将严幗喜比照"抢夺犯奸妇女已成例"发烟瘴充军。

直隶司 ○ 嘉庆二十三年

直督咨：董二小强夺娼妇张李氏为妻，仅止一人独抢，比照"聚众伙谋抢夺犯奸妇女已成者首犯"改发烟瘴充军。

江苏司 ○ 嘉庆二十四年

苏拟咨：宋良田与李张氏通奸情密，纠同伊弟将李张氏抢回奸宿。查宋良田既未聚众伙谋，又与强夺良家妻女奸占者不同，应将宋良田比照"强夺良家妻女奸占为妻者绞监候律"上，量减一等，满流。

直隶司 ○ 嘉庆二十四年

本部咨：善庆因觊觎故兄缘庆财产，乘伊孀嫂边氏与人有奸，即藉捉奸为名，将边氏捉获，锁禁呈送。查该犯系藉奸图产，并非激于义忿，将善庆比照"谋占资财抢卖兄妻拟绞例”上,量减一等,满流。

湖广司 ○ 道光元年

北抚咨:萧贵纠伙抢夺彭世芝,诱拐幼女张二女,卖为奴婢,与在良家抢夺不同,比照“抢夺犯奸妇女例”发烟瘴充军。

河南司 ○ 道光元年

河抚咨:王俊图娶素有瓜葛之喻梅氏,先经媒说未允,听从氏族叔喻万仓纠众在途截抢,未经抢获。经喻梅氏之母闻知情由,赴汛禀报,该汛弁当饬营兵刘俊,将王俊、喻万仓查传。喻万仓不服传讯,与营兵挣扎,致擦伤喻万仓发际。嗣伤已结痂,因伤处发痒,喻万仓自将伤痂抓落,以致伤口进风,溃烂身死。王俊听从纠众强抢,未经抢获,较之业已强抢、中途夺回者为轻,依“强夺良家妻女、中途夺回为从满徒”上,量减一等,杖九十,徒二年半。

刘俊奉差传唤,用铁链将喻万仓擦伤,在正馀限外,因风身死。例无兵丁拘唤罪人致伤限外身死治罪明文,第营兵与番役无异,私用铁链锁拿,即与私拷相同,比依“番役将死罪人犯私拷者枷号一个月、杖一百、杖罪递加三等”,于应枷号一个月、杖一百上加三等,枷号四十五日,杖八十,徒二年。

直隶司 ○ 道光元年

顺尹咨:张三凭媒聘定周玉庭之女喜姐为媳,嗣周玉庭悔盟另嫁,张三将喜姐抢回,尚未成婚。例无先经聘定因女家悔婚允退、复行强抢治罪明文,比照“抢夺良家妻女、尚未奸污减等拟流”再减一等,满徒。

江苏司 ○ 道光元年

苏抚题:邵有朋图娶孀妇王西氏为妻,因财礼无措,起意纠同李炳等乘夜强抢,经西氏夫兄知觉准备,未被抢获,王西氏羞忿自尽,比照“强抢良家妇女未被奸污因而自尽例”绞候。

江苏司 ○ 嘉庆二十年

苏抚题:刘三听从逸犯赵泳真,抢夺史凌汉之妾陈氏。查陈氏欲回母家,看视伊母,经史凌汉以如欲回去,不必再来,被工人金二麻误听史凌汉不欲陈氏作妾,遇见赵泳真等告以前情。赵泳真因无妻室,邀允金二麻、刘三等中途抢夺,史凌汉报县差缉。金二麻闻知,告知各犯,以史凌汉未将陈氏休退,各犯畏惧,将陈氏送回,并未奸污。

金二麻系事主雇工，听从纠抢家长之妾，仅照“为从”拟流，殊无区别，应加枷号三个月，仍监候待质。

嗣经续获从犯刘三到案，刘三比照“闻拿投首于为从绞候”上，减一等，满流。金二麻毋庸再行监候待质。

江苏司 ○ 嘉庆二十二年

苏抚咨：殷如林因缌麻服婶殷冀氏向其诉苦，辄疑欲嫁，即为主婚改嫁，尚未成婚，并因氏子外出擅自收受财礼。惟该犯嫁卖服婶，究因该氏先向诉苦误会所致，财礼虽收，一经氏子回归，即行送回，与图财抢卖不同。殷如林应比照“贪图聘礼、缌麻卑幼抢卖尊属未成婚例”，流罪上减一等，满徒。

河南司 ○ 嘉庆二十一年

河抚题：康金科因见孔照明同妻丁氏行走，问知觅主改嫁情由，该犯起意邀同冯良贵将丁氏抢卖。惟丁氏先经本夫卖休后，复图改嫁，并非良妇，该犯纠伙二人同抢，未便依“抢夺良家妇女”科罪，将康金科比照“抢夺路行妇女、并非伙众、但卖与人为妻者绞监候例”上，量减一等，满流。

山东司 ○ 嘉庆二十五年

东抚咨：外结徒犯内张氏因伊夫张兆林外出，起意改嫁，以致被姑老张氏卖与张殿为妾。经张兆林告官断回，既隳其节，复失其身，实与犯奸之妇无别。魏山、贾荣将其抢卖，仅止二人，并非伙众，应比照减等问拟。系在逃之贾荣为首，获日应比照“抢夺犯奸妇女”问拟，满徒；魏山系为从，减一等，杖九十，徒二年半。

山东司 ○ 嘉庆二十二年

东抚咨：石小嘴等听从伙谋，抢夺曾经犯奸之王祝氏，卖与沙幰幅为妾，沙幰幅知情故买。除石小嘴依例拟流外，查抢夺曾经犯奸妇女、知情买娶者，例无明文，将沙幰幅比照“伙众抢夺路行妇女、知情故买、名减正犯罪一等例”满徒。

湖广司 ○ 嘉庆二十二年

北抚题：朱一栢等听从行劫，仅止扳住客船，复听从伙抢妇女已成，该抚将该犯等依“强盗律”斩决，声明法所难宥等因具题。

经本部，以朱一栢听从行劫一次之外，仍有盗劫别案，则当专计行劫次数按律拟罪。如仅止行劫一次，听从抢夺一次，自未便将抢夺之案与盗劫之案合并计算等因。

题驳去后,续据遵驳更正,将朱一栢等改依“二罪俱发以重论、均依聚众伙谋抢夺路行妇女已成例”为从绞监候。

贵州司 ○ 嘉庆二十一年

贵抚咨:周应玥因向袁吴氏聘定其女袁二妹与伊子为婚,吴氏之夫袁宗名在外生理,早已将女许给杨姓,控官断明应从先许之家,令周应玥退婚。周应玥起意强抢,纠人至袁宗名门首,嚷称欲抢袁二妹与伊子为婚,讵袁二妹在内听闻,情急投缳殒命。惟周应玥仅止在外声喊,并未入室抢获,应将周应玥比照“抢夺良家妻女、中途夺回、未被奸污因而自尽者绞候例”上,量减满流。

山西司 ○ 嘉庆二十年

晋抚咨:阎恭将妻阎氏休回母家,得受妻母阎杨氏银两,写立休书。知阎氏改嫁与王贵连为妻,辄因往找财礼不给,纠邀高贵富等将阎氏强抢,并拒捕殴伤王贵连。惟王贵连虽将财礼如数付给,而阎恭究因误信阎杨氏捏称王贵连财礼未经给足所致,且抢回之后,并未与阎氏奸宿。惟既经休回,先得银两,阎氏不得为该犯之妻,应照“强夺良家妻女、尚未奸污、照已被奸占律减等满流例”上,量减一等,满徒;加拒捕罪二等,杖一百,流二千五百里。高贵富被胁听从帮抢,应照“抢夺妇女为从者、如被逼诱随行、止于帮同扛抬、照不应重律杖八十”上,量减一等,杖七十。

贵州司 ○ 嘉庆十七年

贵抚题:韦世荣图得身价,将非契买投身为奴之韦阿元孀居儿媳韦氏夺回嫁卖,比照“期功尊属图财、强卖卑幼例”满流。

福建司 ○ 嘉庆十九年

南城移送:李二因与张邢氏故夫张幅素好,张幅临死时,嘱其照应家务。该犯随与其妻邢氏通奸,复捏邢氏坐产招夫,与邢氏俨成夫妇,比照“强夺良家妻女奸占为从律”满流。

广西司 ○ 道光元年

广西抚题:龙学柽听纠强抢妇女,至期该犯因病未往,经首犯伙众抢获妇女,尚未嫁卖,即被拿获。龙学柽比照“共谋为盗、因病不行、事后分赃例”杖一百,徒三年。

四川司 ○ 嘉庆二十年

川督题:向世宽殴伤姜有万身死。查姜有万欲娶向世宽之侄女甲寅为妻,先经媒说未允,旋往强抢,被向世宽戳伤左腿,姜有万转身跑走,扑跌下坡,磕伤顶心,向世宽将甲寅夺回,姜有万越二十八日身死。姜有万顶心被磕,系致命之处,其为死于跌伤无疑。若死由被戳奔走,并未逾时,似不得谓死系向世宽追殴所致。查被殴贼犯致死,例止杖徒,姜有万抢人处女,较黑夜行窃尤重,死在馀限之内,在凡斗应拟死罪,奏请减流。况系罪人,亦当示以区别,该督将向世宽依"擅杀"拟绞。

本部驳经改拟,比照"事主因贼犯黑夜偷窃、追捕殴打致死满徒例"上,量减一等,杖九十,徒二年半。

校勘记:

①除:该字应为衍文。

《刑部比照加减成案》卷四

户律婚姻
出妻
嫁娶违律主婚媒人罪
户律仓库
多收税粮斛面
那移出纳
户律课程
盐法
匿税
户律钱债
违禁取利
费用受寄财产
户律市廛
私充牙行埠头
把持行市
礼律祭祀
毁大祀邱坛
禁止师巫邪术
礼律仪制
上书陈言
匿父母夫丧
兵律宫卫
冲突仪仗
越城
门禁锁钥
兵律军政
军人替役

户律婚姻

出妻

福建司 ○ 道光二年

中城移送:贾氏因伊夫陈美功赴口外种地,误信陈桂林告以伊夫病故之言,改嫁赵七。例无误闻夫死擅自改适治罪专条,惟贾氏辄因伊夫年余并无音信,无钱养赡,即擅自改嫁,将贾氏比照"因夫逃亡三年之内不告官司而擅自改嫁者"杖一百。

嫁娶违律主婚媒人罪

浙江司 ○ 道光元年

镶黄旗咨:已故都司明喜之女骆驼姐被伊嫡母卖与民人为女,后经李老儿媒合,转卖与娼家贾富贵为义女。李老儿不知骆驼姐系属旗人,且骆驼姐并未卖奸,李老儿应于"买良为娼、媒合人减一等罪"上,再量减一等,杖八十,徒二年。

户律仓库

多收税粮斛面

奉天司 ○ 嘉庆二十四年

本部奏:李十系太平仓役满花户,因花户任成系接充伊子之缺,即向任成抽分个儿钱文,虽核与已革花户在现充花户身后,影射把持,情节相仿,而向花户抽分官钱,与向关米人勒索得银者究属有间。查该犯所得钱文在一两以上、五两以下,应依"已革花户在现充花户身后影射把持、向关米人勒索得财一两至五两满徒例”上，量减一等，杖九十，徒二年半。

那移出纳

山东司 ○ 道光二年

提督奏：内务府掌仪司所管果房，每年津贴该司银三千两，丰盛额等分用银三百四十两，该员等以津贴衙门公用私分入己，未便照“那移例”办理。例无侵盗非仓库钱粮治罪专条，应将郎中丰盛额等革职，俱照“那移库项五千两以下”拟杂犯流，总徒四年，照例监追。

河南司 ○ 嘉庆二十二年

河抚奏：县丞茹仁祚因修理仓廒等项，共那用库银九千余两，参革监追，三年限外全完。查那移例内并无限外全完作何治罪明文，将茹仁祚比照“侵盗钱粮三年限外全完、照二年全完减一等例”，于那移库银五千两以上满流，减一等，满徒。

户律课程

盐法

湖广司 ○ 嘉庆二十五年

南抚奏：张百乐等各自贩私，并未拒捕伤人，惟因私盐被获，复敢听从抢盐。侯惟一等讯未贩私拒捕，惟听从抢盐，目击张百桂等拒捕，在场助势，应照“贩私拒捕下手未伤人之犯”发近边充军。侯点古讯止听从抢盐，并未贩私，拒捕时先已逃走，应于张百乐等军罪上量减一等，满徒。

江苏司 ○ 嘉庆二十年

苏抚咨：张一瀊等十余人起意纠约与贩私盐，因无盐斤，向贩私之李光节售买不允，各带刀枪，将李光节之妻父袁宗伦殴伤，并非拒捕，张一瀊等照“凶器伤人”拟军。

刁当魁等照“兵民聚众十人以上、带有军器、兴贩私盐、不曾拒捕为从流罪”上，量减一等，满徒。

湖广司 〇 嘉庆二十五年

湖督奏：已革把总高士经于私盐过境，与兵丁通同纵放，得受钱二十四千。该副将查知，将其送府审办，辄挟嫌摭拾多款，将副将讦告，审明俱无切实凭据。查该革弁受贿纵私，已干法纪，复敢挟嫌讦告该本管官，希图挟制，惟所控各款尚无重情，应依“巡缉私盐知情故纵、与犯人同罪律”满徒，量加一等，杖一百，流二千里。

湖广司 〇 嘉庆二十五年

北抚咨：曹幅选商同曹玉明收买脚盐，设灶私煎，货卖获利，讯明先后煎盐共九百余斤。因安仁县不知姓名人，向伊店内买得私盐挑回，被巡役朱和盘获，央免禀送未允，辄行挟嫌，藉索旧欠为由，纠人寻闹，致卡房旗扁被人碰毁。又因被控怀忿，纠同曹玉明，各将朱和殴伤，固非庇护私盐拒捕，将曹幅选依“犯无引私盐徒罪”上，量加一等，杖一百，流二千里。曹玉明为从，减等满徒。

江西司 〇 嘉庆二十五年

江西抚咨：汛兵傅庭选得受规利，纵放私贩，应比照“捕役勾通窃贼坐地分赃例”改发极边烟瘴充军。傅连英等照“为从”拟徒，俱刺字。外委胡兴讯出营兵得受包庇，因傅庭选愿将得过规利缴出充公，代为容隐，应照“故纵同罪律”改发烟瘴充军。

山东司 〇 嘉庆二十三年

东抚咨：贩私拒捕案内刘祥等随同助势，虽在十人以上，首犯未带军器，例无十人以上、未带军器、拒伤一人、未曾下手者作何治罪明文，应将刘祥等均照“十人以下、拒捕止伤一人、其不曾下手者、均照私盐律”满流。

浙江司 〇 道光元年

浙抚咨：高淙孝纠同高廷泳等收买有引肩盐，贩至别县售卖，时将一载，已卖一万七八千斤，未卖积至五千余斤之多，实属私枭。例无囤贩有引盐斤治罪专条，将高淙孝比照“越境兴贩引盐至三千斤以上例”发附近充军。

湖广司 〇 嘉庆二十四年

湖督咨：刘恒傅每次贩私，虽止五六十斤及一二百斤，惟该犯贩私，已及二十载，系属积惯，将刘恒傅比照“兴贩官司引盐至三千斤以上例”发附近充军。

江苏司 ○ 嘉庆二十五年

苏抚咨:外结徒犯内倪小素麻子囤积私盐二千八百余斤转卖,应比照"贩无引私盐"满徒。

江苏司 ○ 嘉庆二十年

苏抚咨:范炳泰与张明松等合伙贩私,每次数百斤或千余斤不等,该犯不能将卖盐人姓名供出,按例已应拟流。乃复敢得受小伙私贩钱文,往来照应包庇,号称仗头,应比照"盐场无藉之徒诈害客商、犯该徒罪以上"发近边充军。

江苏司 ○ 嘉庆二十年

苏抚咨:张奎光贩私入万余斤,尚未越境,即被拿获,应比照"越境兴贩官司引盐三千斤以上例"发附近充军。

江苏司 ○ 嘉庆二十二年

苏抚咨:刘阿耕因见卢三私盐价贱,遂向买得四千余斤,欲图贩卖。查该犯兴贩私盐四千余斤之多,未便仅照"私贩本律"拟徒,应比照"越境兴贩官司引盐至三千斤以上例"发附近充军。

安徽司 ○ 嘉庆二十二年

安抚题:宿添从等曾受车揽头曾尚文雇伊等牛车,载运引盐,嗣因途次盘费不敷,宿添从起意将盐盗卖,计赃在一两以上,宿添从应比照"船户偷卖商盐例",依窃盗赃一两至一十两,杖七十。张怀远等各照"为从"减一等,杖六十,讯非售卖整包商盐,均免枷号。曾尚文应比照"埠头保雇不实例"杖八十。

匿税

奉天司 ○ 嘉庆二十二年

崇文门咨送:马三先屡次贩卖私酒,偷漏税课,经崇文门拿获罚税,并枷责释放。乃该犯不知悛改,辄复来京偷漏贩卖私酒,至五万斤之多,未便仅照"匿税律"拟以笞责。核计隐匿税银一百二十两,马三应比照"应纳税课而隐匿肥己者计赃准窃盗论"杖一百,满流。

户 律 钱 债

违禁取利

广东司 ○ 嘉庆二十二年

广东抚咨:谢宗仁因凌观华欠租不交,强伐其树作抵,计银三十两零,若照"毁伐人树计赃准窃盗论"应杖九十。惟究因欠租不交,砍树作抵,与凭空砍伐有间,将谢宗仁比照"以私债强夺人畜产律"杖八十。

费用受寄财产

山西司 ○ 嘉庆二十二年

晋抚咨:李全守经王府遣伊收租,该犯将租银建盖房屋费用,将李全守照"费用受寄财物律"办理。

户 律 市 廛

私充牙行埠头

安徽司 ○ 嘉庆二十三年

安抚咨:程慎思曾充婺源县典吏,役满退卯,捐纳从九职衔。因茶牙程广禀退,即以伊孙程启元出名,领帖顶充,自行主持行务,藉挟茶商程芳口角微嫌,不即给引放行,并嘱同业之谢庆万,故意留难。虽讯无额外多索情弊,实属朋比扰累商旅,将程慎思比照"各衙门胥役更名捏姓、兼充牙行例"杖一百。

奉天司 ○ 道光二年

提督奏送:马添路私充牙行,买卖马匹。查马添路等所买马匹,均经纳税,虽无隐漏情事。惟京城买卖马匹,向来均应在左右两翼官设马市售卖,马添路辄在并无牙行处所,私行交易,应将马添路等均比照"私充牙行"杖八十。

把持行市

山东司 ○ 嘉庆二十四年

东抚咨:孙成兰以空身作本,与李琯合伙开店,并不善为经理,以致亏折。始则捏账冀图侵用,继又令李琯更换店号,致李琯受愚畏累自尽。虽无诓骗侵吞情事,惟以店货外欠作抵,亏空累累,难保其非昧良肥己,将孙成兰比照"牙行侵欠控追之案、讯系分散客店并无中饱、数在一千两以上例",将该犯照例严追,如果不完,加等杖责发落,欠银仍追给主。

安徽司 ○ 嘉庆十八年

户部奏:宝泉局匠役郝忠等向刘文光等索分料价,勒写字据。查匠役李四等索分炉头增复料价,经该侍郎等允给三成,郝忠等抗不遵谕,仍声言定欲索分,兼欲代还上年奏借工银,实属藐法。李四、郝忠等均比照"粮船雇觅短纤、棍徒勒价、聚众攒殴、审实为首及下手伤人例"发近边充军,该犯等在官厂滋事,情节较重,发黑龙江为奴,各枷号两个月。

礼律祭祀

毁大祀邱坛

浙江司 ○ 嘉庆二十四年

浙抚咨:生员叶林先因犯事斥革衣顶,复因私欠钱债,被父逐出,即擅入文庙哭诉,以致碰损至圣先师牌位,将叶林比照"大祀邱坛毁损律"拟流。

禁止师巫邪术

江西司 ○ 嘉庆二十三年

江西抚奏：阙曾亮投拜添弟会为师，改立会名。案内彭应高等被诱入会，止图免人欺侮，传授口决并未领受布贴，与实在为从者有间，于“为从遣罪”上，量减一等，满徒。

直隶司 ○ 嘉庆二十三年

江西抚咨：张继妹等听诱入会，止图免人欺侮，并无谋为不轨。及辗转纠人，领受布贴情事，与实在为从者有间，将张继妹等于“传习白阳等邪教、习念荒诞不经咒语、拜师传徒惑众、为从遣罪”上，减一等，满徒。

奉天司 ○ 嘉庆二十四年

提督奏送：僧人增亮被僧人戒宽并吕玉山先后鸡奸，因将戒宽殴伤，听从吕玉山改扮女装私逃，复听嘱如被控到官，即捏称于十二岁时即被戒宽鸡奸，图减罪名。向来办理男扮女装之案，如审有奸淫妇女，惑众敛钱，均照“左道惑众律”拟绞。今增亮并无图奸妇女，及惑众敛钱情事，惟以僧人甘受污辱，故为诡异，将增亮依“左道惑众绞罪”上，量减一等，满流，仍尽本法枷号两个月，勒令还俗。

吕玉山与增亮鸡奸复主使改装，并教令到案捏供，如增亮十二岁时被戒宽鸡奸属实，戒宽罪应拟绞，将吕玉山依“教唆词讼以主唆之人为首、诬轻为重、至死未决律”满流。

浙江司 ○ 道光元年

提督咨：王李氏因贫欲图给人看病骗钱，诡托𩮪髻山娘娘，令催香火，给人治病。患病之人求治焚香，该氏点香念弥陀，供奉清水，令病人饮服，并无符咒，与圆光画符者不同，于“邪术医人、未致死满流”上，量减一等，满徒，收赎。

奉天司 ○ 道光元年

古北口提督奏送：昝发先经听从崔得恭学习八卦旧教，嗣复听从吴得荣学习八卦新教，该犯两次习教，传徒多人，在家上供。未便照“为从”拟遣，又未便照“为首”拟以绞决，应酌量拟绞候，许荣贵等讯止坐功运气，随同上供，并未念经，于“为从遣罪”上，酌减一等，满徒。

江苏司 ○ 嘉庆二十年

江督咨:僧觉清图得香资,以打七念佛为名,聚众烧香,并借打七饿七名色,动人听信,连宵达旦,男女混杂。第打七念佛系僧家相沿旧习,与左道惑众者有间,应于“左道异端煽惑人民为首绞罪”上,量减一等,满流,勒令还俗。

直隶司 ○ 嘉庆二十一年

直督奏:马杨氏等传习红阳教,将马杨氏依“红阳教拜师授徒例”发乌鲁木齐为奴,虽系妇女,年逾七旬,应行实发。李吉氏等听从入教,应减一等,满徒,俟监禁一二年后,如果实心改悔,再行收赎。李四八子存留经卷,系伊母李刘氏取回,并非该犯自行收藏,自应衡情酌减,应于“收藏红阳教经卷军罪”上,减一等,满徒。杨思陇邀马杨氏等至家念经,照“违制律”杖一百,加枷号一个月。

直隶司 ○ 嘉庆二十一年

直督咨:王起美等本系大乘教会首,于免罪后复妄听煽惑,出钱买旗。第该犯不知逆情,委系受人愚弄,且一经访闻,即行自首,尚知畏法。王起美等照“左道惑人为从遣罪”上,减一等,满徒。

福建司 ○ 嘉庆二十二年

闽督奏:结会抢劫案内郑家维系被胁入会,旋即走回,将分给卦布、谶语烧毁,应与受雇煮饭之马又松均于“为从遣罪”上,量减一等,满徒。

河南司 ○ 嘉庆二十二年

提督咨送:冯张氏供奉伊姑所遗纸像,复用茶叶、抱龙丸等物给人治病,讯止图骗钱文,并无各项教会名目。惟称有武当老祖,并涂画假符疗病,殊属妄诞,应照“红阳教供奉飘高老祖、边远充军例”上,减一等,满徒,不准收赎。

福建司 ○ 嘉庆十九年

闽督奏:汪陈保听从熊老入会未成,惟收寄逆书。该犯目不识字,于“知情隐藏绞罪”上,减一等,满流。余光华入会未成,亦无收藏符书,于“左道异端为从遣罪”上,量减一等,满徒。

四川司 ○ 道光二年

川督题:宋大德因听从已正法之徐鉴牧习教,受有铎德名号,该犯究止为徐鉴牧所惑，尚不听传徒惑众，与转相传习并私立名号惑众者不同。惟该犯受名号而未传徒，与传徒而未受名号者，所犯虽殊，其情相等，应将宋大德比照“传徒煽惑、人数不多、亦无名号例”拟绞监候。

浙江司 ○ 嘉庆十九年

浙督咨：姜士芳因病拜师，更名入会，茹素念经，并未传徒及收藏经卷，比照“虽未传徒、曾收藏经卷例”量减一等，满徒。

礼律仪制

上书陈言

湖广司 ○ 嘉庆二十一年

都察院奏：王锡以缘事发遣释回之废员，辄思条陈事宜，希图录用，未便仅照“希求进用律”拟杖，应量加一等，杖六十，徒一年。

匿父母夫丧

安徽司 ○ 嘉庆二十四年

安抚咨：胡临庄因伊父为其冒籍报捐，该犯彼时远在广东游学，并不知情。嗣伊父自京回籍身故，该犯在粤，闻讣成服，旋即回家检出捐照，其时丧服已满，愚昧不知，不行补报丁忧，将胡临庄所捐职衔斥革，比照“匿丧不举哀者杖六十、徒一年罪”上，量减一等，杖一百。

浙江司 ○ 道光二年

浙抚奏：革监邵霁呈请应试时，尚在母丧未满期内，即与冒哀从仕无异，应将邵霁比照“丧制未终、冒哀从仕律”杖八十。

兵律宫卫

冲突仪仗

山东司 ○ 嘉庆二十年

大学士奏:捐职徒九品黄国安所控历城县浮收勒折等情,系因收书蔡添祥向其借端需索所致,事出有因,尚非平空诬告。惟该犯系征未职员,妄希进用,辄敢摭拾浮词,擅写折稿,谎骗提塘寄京,在英和宅内投递。若按"投递密折例"应发边远充军,今所递系属折稿,尚与实封密折有间,应量免加等,照"冲突仪仗、妄行奏诉例"发近边充军。

越城

奉天司 ○ 嘉庆二十年

提督咨送:崔保因进城买米,适城门关闭,见水门修理栅栏,尚未安妥,即从水门钻出,并无别故。其所买稜米,委系舂过细米,且止二斗,亦不违例,惟从水门走出,究与越城有间,应照"越京城满流律"上,量减一等,满徒。

门禁锁钥

山西司 ○ 道光二年

晋抚咨:外结徒犯内侯富身充营兵,时误差操,不听训练,因本官训斥,把持众兵当差,阻关城门,实属玩法。例无治罪明文,将侯富照"各处城门非时擅关闭者杖一百律"上,加一等,杖六十,徒一年。

陕西司 ○ 嘉庆二十一年

镶红旗汉军奏:无名男子在阜城门坠城身死。查瑞祥等系专管马道门军,乃于马道栅栏并不按时关锁,以致闲人混入城上,坠城身死,将瑞祥等均比照"各处城门非时擅开者"杖一百,京城门加一等,各杖六十,徒一年。

兵律军政

军人替役

广东司 ○ 道光元年

广抚咨:军犯黄见北与同配军犯王重魁互相顶替安插,例无明文,该犯等俱系正身,比照"军人已遣、不亲身出征、雇人代替者正身杖一百例"再加枷号二个月。

《刑部比照加减成案》卷五

兵律军政
激变良民
私藏应禁军器
从征守御官军逃
夜禁
兵律关津
关津留难
私出外境及违禁下海
兵律厩牧
牧养畜产不如法
宰杀马牛
畜产咬踢人
兵律邮驿
递送公文
刑律贼盗
谋反大逆
造妖书妖言
盗大祀神御物
盗制书
盗园陵树木
监守自盗仓库钱粮
常人盗仓库钱粮

兵律军政

激变良民

福建司 ○ 嘉庆二十五年

闽督奏：陈得胜因盐价加增，强行出头，敛钱构讼，刑贴告白，约会赴盐馆吵闹揪殴。嗣被县差拘带，复敢走脱，纠众至四十余人，嘱令赴县具保，将陈得胜依"刁民假地方公事、强行出头、逼勒平民、敛钱构讼、聚众至四五十人、尚无哄堂塞署殴官者、照光棍为首"拟斩立决。

邱必发等讯无同谋敛钱、辗转纠人情事，其至县署嚷闹，系因岳廷幅闯入宅门窥探，被差拿获所致。若照"光棍为从"概拟缳首，未免情轻法重，应于陈得胜斩罪上量减一等，满流。黄奉祥见县差拘带陈得胜经过，因时届岁暮，并非命盗重案，出街拦劝，尚非有心截抢。第恃兵干预，未便轻纵，应于邱必发等流罪上，量减一等，满徒。

陕西司 ○ 嘉庆二十五年

陕抚题：王济普因徐忍亏短社仓粮石，经官拿究，该犯辄行出头，商允薛大章，纠同钟三儿等十二人，乘该州赴乡，拦舆代求免追，未经允准。该犯起意挟制，将该州住宿店门反扣，声称准后始行放走，薛大章亦随声附和，均属藐法，厥罪惟均。惟一经蔡汝为等告以利害，即畏罪将门扣扳开逃逸，自应酌减问拟，均应于"刁民假地方公事、强行出头、聚众抗粮、照光棍斩决例"上，量减一等，改发伊犁为奴。

江苏司 ○ 道光三年

苏抚题：吴学虔因钟国球约会抗粮，被县拿获，该犯纠约图民，赴县挟制，欲求保释。嗣因闻拿情急，复定期传单纠众，赴县求赈挟制，是该犯两次纠众滋事，实属情凶势恶，将吴学虔照"凶恶棍徒例"发极边足四千里安置。钟国球身充里运，因虑催征受比，起意约会抗粮，旋被访拿，事尚未行，即经劝完，尚有畏惧之心，与实在聚众抗粮者不同，将钟国球依"刁民约会抗粮、聚众联谋、照光棍例斩罪"上，量减一等，满流。

河南司 ○ 道光二年

河抚奏:巩广信因王芹被人挤跌,辄唆令王芹之父王吉昌赴县咆哮,经学官将王吉昌传去申饬,该犯辄起意罢考,约会廪保不从,即行中止。例无罢考未成治罪专条,将巩广信依"刁民借事罢考为首斩决例"上,量减一等,发新疆充当苦差。

陕西司 ○ 嘉庆二十四年

陕抚题:李学瀍等因铺邻马元德被贼供扳,经县传讯,呈恳保释不准,该犯等倡率罢市。惟该处铺户共有二百余家,内仅该犯等八家将铺关闭,系属罢市未成,将李学瀍等于"刁民借事罢市斩决例"上,量减满流。

直隶司 ○ 嘉庆二十年

直督奏:武生张廷枢因南乐县立法催追钱粮,不能遂其拖欠包揽之计,辄生怨忿,与生员张景清勾串王鹤赴京呈控之后,嘱令敛钱帮讼,该犯虑恐控案审虚,起意传贴罢考挟制。清丰县生员王敬思亦因事被县戒饬,并挟催追钱粮过严之嫌,闻风效尤,起意散贴罢考,希图挟制。审明阻考未成,钱尚未敛,且共谋仅止二三人,究与聚众业经罢考敛钱者有间,将张廷枢、王敬思均照"刁民因事罢考为首斩决例"上,量减一等,发遣新疆伊犁等处充当苦差。生员李秉哲、李鸣珂、任一璞,武生董正、革生昝璧,或同谋代写阻考传贴,或帮同分散,均照"为从绞候"上,减一等,满流。儒学自行会拿,免其开参。

陕西司 ○ 嘉庆十八年

陕督题:刘克壮、李正荣因欠带征粮石,逞刁架词,求免迟征,以致欠粮无知愚民随声附和,亦各走散。讯无预谋约会情事,即花户接踵而散,亦非刘克壮等意料所及,但各花户之效尤,皆由该二犯抗违不服所致。例无并非约会抗粮而各花户附和违比作何治罪明文,将刘克壮、李正荣比照"刁民约会抗粮首犯斩决例"上,量减拟流,再加枷号三个月。

私藏应禁军器

山东司 ○ 嘉庆二十一年

东抚咨:外结徒犯内陈全贵等私贩土硝,均在一百斤以下,未便照一百以上科断,将陈全贵等均照"违制律杖一百罪"上,量加一等,各杖六十,徒一年。

河南司 ○ 嘉庆二十一年

河南抚咨:孙南等私造抬枪,售卖图利,而抬枪尺寸长大,倍于鸟枪,点放可及百步,非寻常火器可比,孙南等应于"私铸炮位斩罪"上,减一等,满流。

陕西司 ○ 嘉庆二十一年

陕抚咨:外结徒犯内赵过儿打造凶器顺刀售卖,虽凶器非军器可比,惟贪利济恶,究属不法,将赵过儿比照"私造军器加私有一等、罪止满流律"上,量减一等,满徒。

江苏司 ○ 嘉庆二十一年

苏抚咨:周文贵辄敢纠同赵克礼等私贩硝斤至三千七百斤之多,未便照"寻常贩硝百斤以上例"拟徒,应比照"贩私盐三千斤以上例"发附近充军。

广东司 ○ 嘉庆二十年

广东抚咨:外结徒犯内冯学周商同罗会全等私制火药,欲卖获利,尚未售卖,即被拿获,将冯学周比照"合成火药卖与盐徒、发近边充军例"上,减一等,满徒。

从征守御官军逃

安徽司 ○ 嘉庆二十五年

提督奏:逃兵高德印赴京冒认兵部尚书松筠为亲,讯系听从伊父指使,冒认亲戚。高德印冒昧来京,指认在京大臣为伊亲戚,讯明实系听从伊父高生亭主使,并非该犯自行冒认,该犯止应照"不应重律"杖八十,惟身充营兵,并不告假,应依"在伍兵丁脱逃缉获者"杖一百,枷号一个月,刺字。

夜禁

湖广司 ○ 嘉庆二十四年

提督咨送:李明前经犯窃问拟杖刺,递籍脱逃,来京犯夜。经营兵邵奎将伊推跌倒地,该犯情急,拔刀吓令松放,邵奎向伊夺刀,至被刀尖划伤手指,将李明依"犯夜拒捕杖一百律"上,加一等,杖六十,徒一年。

兵律关津

关津留难

奉天司 ○ 嘉庆十九年

盛刑咨:边门章京翔凤因朝鲜货物到边,故意耽延,图索土物,按关津把守之人无故阻当,罪止拟笞,应照"违制律"满杖,加枷号三个月。

私出外境及违禁下海

浙江司 ○ 嘉庆二十五年

提督奏送:张幅起意怂令吴幅,将其父吴彦食剩鸦片烟,挑出七八钱售卖,冀图牟利。烟虽出自吴幅之手,实由该犯怂恿售卖,且起出余烟,亦仅止七八两,核与大伙兴贩者不同,张幅应于"兴贩鸦片烟枷号充军"上,量减一等,满徒。吴幅照"为从"杖九十,徒二年半。吴彦获日另结。

安徽司 ○ 嘉庆二十五年

安抚奏:已革未入流李芳荣系试用职官,违禁买食鸦片烟,其将食尽烟膏五两,卖给他人。虽讯系缺乏盘费,并非兴贩渔利,惟既转卖,应于"兴贩鸦片烟本例"上,量减一等,满徒,仍枷号一个月。

山西司 ○ 嘉庆二十五年

晋抚咨:冯济杰因病买吃鸦片烟,迨吃服不效,将烟转卖与人,固与仅止买食者不同,亦与兴贩图利者有间。惟查律例并无买吃鸦片烟因而转卖作何治罪明文,将冯济杰比照"兴贩鸦片例枷号一个月、发近边充军罪"上,减一等,满徒;闻拿投首,再减一等,杖九十,徒二年半。

山西司 ○ 道光元年

提督咨:张四自粤来京,买带鸦片烟泥,讯系自行食用,嗣因人向购觅,该犯陆续卖出十一两，连起获剩烟共计十六两。核与大伙兴贩有间，于“兴贩鸦片烟枷号一个月、发近边充军例”上，量减一等，满徒。

广东司 ○ 嘉庆二十五年

广东抚咨：曾广明用糖向夷人易换硝砂转卖，计重一万余斤，作硫磺五千余斤。该犯系于海面私贩夷硝，与附近苗疆兴贩无异，曾广明比照“附近苗疆五百里以内民人兴贩硝磺事发、多至一百斤以上例”发近边充军。

兵律厩牧

牧养畜产不如法

江西司 ○ 嘉庆二十五年

内务府奏：虎城走失虎只一案。查园户德泰系是日看守虎城正班之人，虽铁幪朽，曾经禀报该管苑副等查勘，但未赶紧禀请修理，是夜又不加意防守，致有走失，并现经啮毙人命，实由该园户等疏忽所致。且虎城近在禁园，所关匪细，若仅照“拴系不如法因而杀人律”，准“过失杀”收赎，固属轻纵。比照“牧养官马损失律”满徒，加等拟流，尚不足以示惩，应将德泰枷号两个月，发吉林当差。奉旨加恩免其发遣，着加枷号两个月。

宰杀马牛

山东司 ○ 道光二年

东抚咨：吕傻子等行窃骡马案内之韩让等，明知吕傻子所卖骡头系属窃赃，辄敢图利故买，伙开汤锅，先后宰杀赃骡三头。若仅依“屠户将窃盗所偷牲畜不上税买去宰杀、与窃盗一体治罪律”拟杖，似觉情浮于法，应将韩让等比照“开设汤锅、宰杀堪用马三匹例”杖六十，徒一年。

江苏司 ○ 嘉庆二十四年

提督奏：杨四开设汤锅，宰杀堪用马九匹。案内之王三明知杨四宰卖马匹，代买马七匹。按五匹以上计算,尚未及四匹加等之数,将王三比照"牙行及卖马之人减一等例",于"宰杀堪用马四匹徒一年例"上,减一等,杖一百。

畜产咬踢人

陕西司 ○ 道光二年

陕抚咨:吴保娃因赶驴驮炭与文黄氏撞遇,路途窄狭,文黄氏雇工刘世湖喊令让避,该犯仍驱策前进,并非耳目所不周、思虑所不及,将吴保娃比照"畜主故放令杀伤人者减斗杀一等律"满流。

兵律邮驿

递送公文

陕西司 ○ 道光元年

陕督奏:外委宋炳喜递送折奏要件,在途遗失,非寻常官文书可比,于临水驿站枷号三个月。

四川司 ○ 嘉庆二十五年

顺尹奏送:良乡县马夫史玉于兵部递到公文,既经兵书申自添告知件数,乃忙未检点,致遗漏一件,未经递送,嗣查获原封,并未损动。讯明实系无心遗漏,惟系军机处紧要公文,未便仅黑[①]平常公文问拟,应比照"沉匿军情机密文书、马夫杖六十、徒一年"上,量减一等,杖一百。

刑律贼盗

谋反大逆

直隶司 ○ 嘉庆二十二年

提督奏送:高允升先拜程毓蕙为师,入大乘教,随已具结改悔,乃又听从李荣等围炉烧香,出给钱文。虽未传徒,实属不知悛改,应照原奏于李荣等遣罪上,量减一等,满徒。

贵州司 ○ 嘉庆十八年

提督咨送:陇林保系叛逆案内缘坐分赏为奴之犯,据伊主呈明,因该犯饮酒懒惰,情愿不恶,未便仍给领回。惟例无专条,应比照“叛逆缘坐案内给功臣为奴之犯、其有伊主呈明、不能养赡例”改发新疆为奴。

湖广司 ○ 嘉庆二十二年

提督咨送:陆烈儿系叛逆案内缘坐分赏为奴之犯,乘伊主令其取当时,该犯乘间脱逃,旋即畏罪投回,尚知畏法。惟伊主不愿领回,将陆烈儿比照“乾隆四十一年为奴犯妇常汰妹之案”发往黑龙江为奴。

造妖书妖言

河南司 ○ 嘉庆二十一年

河抚咨:革生杨英辰因醉后自思娶妾,指称洪沟出有娘娘等语,实属邪言妄布,将杨英辰依“妄布邪言不及众例”发新疆为奴。本部驳令妥拟,该抚研讯杨英辰实系醉后戏言,并无心存不轨,传播惑人情事,将杨英辰于“妄布邪言不及众、发新疆例”上,量减拟徒。

奉天司 ○ 嘉庆十八年

都察院奏送:陈乐德因募化修庙,书写谬妄呈词,赴都察院呈递,将陈乐德照“造妖书妖言、惑人不及众拟遣例”量减一等，满徒。

陕西司 ○ 嘉庆二十年

陕抚咨：僧倪道元因伊故徒在外游方回归，带有不经谣帖，该犯并不即时呈首，复借给抄写传布，将倪道元比照“谶纬妖书妖言惑众发遣例”上，量减一等，满徒。

湖广司 ○ 嘉庆二十年

北抚咨：周文才希图免灾，向逸犯李正才抄写不经字帖，携往邻县传抄。讯无有心惑人，亦非自造，应比照“造妖书妖言、不及众遣罪”上，量减一等，满徒。被惑之人照“违制”杖一百，加枷号一个月。

贵州司 ○ 嘉庆二十一年

北城移送：由中矩控告宋三令高六捏写奏折，如果属实，宋三例应拟流，今审系虚诬，应行反坐。惟由中矩起意欲控，究因高六将检护远年报底，混写充数，所控尚属有因，将由中矩于“抄房捏造言语、录报各处满流”上，量减一等，满徒。

云南司 ○ 道光二年

云抚咨：周小四于已故胡世保家内，得有符咒妖书，私行藏匿，并画符治病，诓骗银钱。若仅照“藏匿妖书”拟以杖徒，与止于收藏未经诓骗者无所区别，应比例酌加问拟，将周小四比照“他人造传私有妖书、隐匿不送官者满徒律”上，量加一等，杖一百，流二千里。

湖广司 ○ 嘉庆二十一年

湖督奏：朱有年传布邪言，查该犯听从陈么儿，将荒诞歌词刊刻刷卖。讯[②]止图利，并无煽惑人心，勾结匪徒情事，将朱有年比依“妄布邪言煽惑人心、为首斩立决例”上，量减满流。

浙江司 ○ 嘉庆二十二年

浙抚奏：刘孔易买得抄写符书，画符医病，复教演拳棒，诓骗钱文，比照“造妖书妖言、传用不及众例”改发回城为奴。

盗大祀神御物

奉天司 ○ 嘉庆二十年

盛刑奏：郭亮起意商允张文贵，偷窃官庙显佑宫，将神像内所藏银什用刀挖孔窃取,并偷窃关帝神像、银什供器。恭查关帝虽未载在大祀,为我朝崇敬,较之神祇御用为重,应比照"盗大祀神御等物律"不分首从,拟斩立决,奉旨改为斩候,入于秋审情实办理。

奉天司 ○ 嘉庆二十年

行在刑部咨盛刑奏:吉二偷窃堂子黄缎,依"盗大祀祭器等物律"拟斩立决。奉旨,吉二著即处斩,钦此。

云南司 ○ 嘉庆二十一年

提督咨送:已革乐舞生邵亨瀣私运天坛木料等物一案。查邵亨瀣系乐舞生,因欲将伊师祖所遗天坛内坍塌屋料私售未成。迨革逐后,雇车将木料砖瓦等项私运出售,虽经查明伊祖房屋,并非官为建盖。惟天坛重地,应将邵亨瀣比照"盗大祀祭器品物、未进神御及其余官物满徒"上,减一等,杖九十,徒二年半。

盗制书

安徽司 ○ 嘉庆二十年

西陵承办衙门咨:已革尚膳副雅图窃取易州收文回投印票,改作米票,诓骗得钱。雅图除"诓骗计赃罪"止杖七十、轻罪不议外,比照"盗官文书"杖一百,免刺。

盗园陵树木

贵州司 ○ 嘉庆二十五年

内务府咨:庆瑞因贫难度,将伊族中公共祖茔旁余地盗卖得钱,计赃三十五两,应比照"子孙盗卖坟茔之房屋碑石计赃、准窃盗加一等例"杖一百。

监守自盗仓库钱粮

江苏司 ○ 嘉庆十八年

江督咨:柜书张廷元革役后,仍在地丁房帮办事务,实有监守之责,先后私收花户银米,侵欺人已将旧存废串,捏为新串,欺骗乡愚,计侵欺银六两有零,应照"监守盗仓库钱粮五两律"杖一百。该犯另挟花户高文璞等八户未补银色之嫌,涂抹册内销戳,将已完捏作未完,朦混造串,交柜征收,致高文璞等受重征之累,情节较重,于杖一百罪上量减一等,杖六十,徒一年。限内完赃,不准免罪。

云南司 ○ 嘉庆十九年

云督咨:都司陈鹤年听从营书侵蚀兵粮,洗改文移,审照“监守自盗律杖一百、流二千里、增减官文书有所规避”,于本罪上加二等,杖一百,流三千里。今该员等于一年限内,应交银两,全数完缴。其监守自盗之罪,例准宽免其加罪二等系因本罪相因,而及应否并免,例无明文,咨请部示。

部覆:陈鹤年所加罪名系由侵盗而起,并无别犯他罪,自应准其一并宽免。

四川司 ○ 嘉庆十八年

顺尹奏送:李云鹏身充袋厂经纪,隐匿新袋,希图肥己,即属监守自盗,完赃不准免罪,将李云鹏照“监守盗一百两以上、杖一百、流三千里例”上,量减一等,满徒。

陕西司 ○ 嘉庆二十四年

陕督奏:守备郭对杨因马倒毙四十余匹,陆续买补。迨因马价无偿,私将废厂价卖,得银偿还,未便因无侵蚀情弊,仅照“盗卖官田本律”问拟,将郭对杨比照“监守盗钱粮入己、至三百三十两例”杖一百,流二千里。勒限一年,追缴地价,限满照例办理。

常人盗仓库钱粮

奉天司 ○ 嘉庆二十四年

盛京将军奏:已革兵丁哈付那捏写说帖,诓取灾册,私行改添户口二千余口,并领催周继得奉委办理灾册,私行改添户口五百余口,均系图冒赈米,尚未关领入己,旋即破案。查明因灾冒赈未经得财,例无专条,将哈付那等均比照“窃盗仓贮漕粮、未经得财为首满徒例”上,量加一等,杖一百,流二千里。系旗人,发驻防当差。

湖广司 ○ 嘉庆二十二年

湖督奏:云南同知邵翔领运京铜,行至湖北地方,被家丁帅贵串通船户沈正顺等,盗卖官铜一万二千斤,沉溺船底逃逸。沈正顺等应照“窃盗库贮钱粮至一百两以上为从例”满流。买主刘钊桂明知官铜,伙买至一万二千斤之多,与寻常知窃盗赃而故买者,情节较重,应与为从之沈正顺等一例问拟,满流。说合之何志安应于刘钊桂满流上减一等,满徒。

江苏司 ○ 嘉庆二十年

户部咨:车夫李大偷窃户部应交崇文门变价之残废盐引,先由户部拉运赃罚库,李大于中途偷卖,照"常人盗仓库钱粮并赃论罪一两至五两律"杖八十。

直隶司 ○ 嘉庆二十四年

直督奏:陈炳和身充饷房贴书,胆敢捏造文领,嘱令左营字识石太,盗用都司钤记,并将册领交给石太贴改,冒领俸饷十四次,共银一千四百余两,该犯分用银七百余两,追石太向其拒绝,犹敢独自冒领。私刻都司钤记,系饷房贴写,并无典守银两之责,即与常人无异,将陈炳和比照"窃盗库贮银钱、但经得财之首犯、数至一百两以上例"绞候。该犯于司书虚收舞弊严惩之后,复敢冒领俸饷,实属愍不畏法,相应请旨,即行正法。

石太充当左营字识,辄敢听从盗用都司钤记,将册领贴改添造银数,节次冒领俸饷,该犯分用银六百余两。惟该犯起意冒领,实由陈炳和首先嘱令所致,且一闻访查,即行拒绝,尚知畏法,应照"为从",于陈炳和死罪上减一等,满徒。系书吏知法犯法,加重发黑龙江为奴,先枷号两个月。

湖广司 ○ 道光二年

北抚咨:贼犯陈元等于省会重地,坠入月城,并拧断城门锁链,行窃事主郭添顺钱文,计赃八十四两二钱,未便仅照"寻常窃案计赃定拟,致滋轻纵,将陈元比照"窃匪穿穴壁封、窃盗库贮银钱一百两以下例"发极边烟瘴充军。刘二等均依"为从一两至八十两例"准徒五年。

江苏司 ○ 道光二年

江督奏:沈华锡因轮当工头,防护民埝,适该处官闸开启,减泄河水,溜势涌激,致将该防护处所堤根冲塌,一时料物无措。该犯情切救护田庐,随将官厂料物搬抢,以应民埝之用,估值价银二百四十两。该犯纠抢为防护起见,与得财入已者有间。惟是工厂存贮料物均关帑项,与仓库钱粮无异,例无专条,应将沈华锡比照"窃盗库贮银钱首犯、数至一百两以上绞候"上,量减满流。

校勘记:

①黑:据《续四库全书》本应作"照"。

②讥:据《续四库全书》本应作"讯"。

《刑部比照加减成案》卷六

刑律贼盗

强盗

劫囚

刑律贼盗

强盗

奉天司 ○ 道光二年

北城奏送：贼犯张三听从在逃之徐大，行窃事主苗允儿屋内衣服，因苗允儿之父苗大畏惧，向其央恳，开门掷给京钱两吊。徐大复向索添，苗大指称钱在柜下，听伊自取，徐大辄令该犯张三入室，持火照亮，取钱跑走。讯明该犯实系听从徐大入室取钱，并无入室搜赃情事，惟该犯入室仅将事主指称柜下之钱取出，并未搜劫赃物，尚属情有可原。若律以临时行强，概拟骈首，未免与伙众行强、入室搜赃者无所区别，将张三照“共谋为盗、临时行强不分首从斩罪”上，量减一等，满流。

河南司 ○ 道光二年

河抚咨：连怀玉因伙贼侯金城被事主李万泉拉衣不放，该犯恐被拿获，用刀帮割衣服，事主之妻刘氏帮捕夺刀，致被划伤手指。该犯实系护伙图脱割衣，致将事主之妻误行划伤，并无拒捕之心，将连怀玉依“窃盗临时盗所拒捕刃伤者斩监候例”上，量减发新疆为奴。

广西司 ○ 嘉庆二十年

广西抚咨：外结徒犯内蔡亚养听从在逃之陈麻子，商谋为盗，尚未行劫，即被拿获，与强盗已行而不得财者有间，将蔡亚养比照“强盗已行而不得财满流律”上，减一等，满徒。

广东司 ○ 嘉庆二十一年

钦差章等奏：曾一诚以窃报强，复添捏贼铳连天等词，上控挟制，又听从黄光裕教令，央恳衿老多人联名代告希图证实。若仅照例拟杖，未免轻纵，惟伊家究经被窃，尚无捏告，将曾一诚比照“奸棍豪绅捏盗讹诈拟流加徒例”上，酌减一等，总徒四年。

广西司 ○ 嘉庆十九年

广西抚咨:杨有丙听从行劫,未经上盗,被兵役盘获。查强盗已行不得财,系指已入主家未经得财而言,该犯等虽有行劫之心,尚无行劫之实,应酌量减一等,满徒。

广东司 ○ 嘉庆二十五年

广东抚题:凌亚谐听从行窃,复临时听从行强入室搜赃,旋即闻拿投首,将凌亚谐比照"伙盗曾经伤人、闻拿投首例"实发烟瘴充军。

广西司 ○ 嘉庆二十五年

广西抚题:贺原忠因听从潘友端等行窃萧大振家衣物,业已携赃逃逸,该犯因见伙犯朱老四被事主揿按,见而帮护,用所点火把烧伤事主,将朱老四松放。伤经平复,应照"折伤"问拟,将贺原忠依"窃盗已经逃走、因见伙犯被获帮拒、伤人未死、如折伤以上拟绞例"拟以绞候。

四川司 ○ 嘉庆二十五年

川督题:罗联科与罗名受之妾罗刘氏在房行奸,经罗名受听闻捉拿,罗联科将罗名受拒伤逃逸,罗名受转向罗刘氏用刀砍戳,被罗刘氏格殴身死。除罗刘氏依"妾殴夫死者与妻殴夫罪同律"拟斩立决外,将罗联科比照"窃盗临时盗所拒捕、伤非金刃例",首犯改发边远充军。

广东司 ○ 嘉庆二十三年

广抚题:陈昌势听从行劫搜赃,闻拿投首。例无专条,惟搜赃伙盗与伙盗曾经伤人及行劫二次以上之犯,均系例应斩决。罪无等差,将陈昌势比照"伙盗曾经伤人及行劫二次以上、闻拿投首例"实发烟瘴充军。

广西司 ○ 道光二年

广西抚咨:外结徒犯陈友德起意行劫,虽制有油捻,结伙同行,但未执有器械,亦无指劫之家,是该犯等仅有图劫之心,并无上盗之实。惟伙同行劫,既未得财,又未上盗,例无治罪明文,将陈友德比照"强盗已行而未得财罪"上,量减一等,满徒。崔学凤等依"为从"再减一等,杖九十,徒二年半。

湖广司 ○ 道光二年

南抚题:盗犯龙老卯等听从行劫,入室搜赃,法所难宥,律应不分首从拟斩。今闻拿投首，未便照"未伤人伙盗例"，于"情有可原发遣罪"上，减等拟徒，应比照"未伤人首盗、闻拿投首例"实发烟瘴充军。

浙江司 ○ 道光二年

浙抚奏：盗犯案内之邱耀金等各在船接赃，闻拿投首。例内并无洋盗接赃一次、闻拿投首治罪明文，将邱耀金等均照"未伤人之伙盗、闻拿投首"，于遣罪上，减一等，满徒。

广西司 ○ 道光二年

广西抚咨：外结咨销内杨蒙升起意用药迷窃，致事主杨钟琪受毒毙命。虽未得财，与已得财而未杀人者情罪相同，杨蒙升应比照"用药迷窃、得财为首例"拟斩立决。

贵州司 ○ 嘉庆二十四年

贵抚题：明思焕起意纠同伊子明九陇等用药迷窃李士试家银两，旋即闻拿投首。查明思焕并未同行，惟药系该犯合成，给与明九陇等下手，业已得赃，将明思焕比照"已伤人首盗、伤轻平复、闻拿投首例"拟斩监候。明九陇听从下手，已将事主迷倒，应比照"伙盗曾经伤人、闻拿投首例"实发烟瘴充军。

山东司 ○ 嘉庆二十四年

东抚题：程二先经窃取赃物，携往庄外藏放，因复行窃，经事主惊觉起捕，追至门外被获。该犯情急图脱，用刀扎伤事主而逸。查该犯手无赃物，无赃可护。核与伙贼携赃、先遁后逃之贼、被追拒捕相同，将程二比照"窃盗伙贼携赃、先遁后逃之贼、被获拒捕刃伤未死例"绞候。

福建司 ○ 道光元年

福抚题：陈粒伙同陈马等行窃，因被事主刘启玉等追捕，陈粒放铳，打伤刘启玉，陈马亦用刀拒伤刘猪，均经平复。查例内并无贼犯放铳伤事主治罪明文，自应援引"保辜律"内烫火与刃伤并列之条，仍比照"刃伤事主例"，与陈马均依"被追拒捕刃伤事主例"绞候。

山东司 ○ 道光二年

东抚题：赵六听纠行窃，临时行强，该犯在外把风一次，系属情有可原盗犯。该犯于劫得赃物，因逃走落后，被事主邻佑人等追捕情急，即用绳鞭拒伤而逸，系属已离盗所、被追拒捕。该犯罪已外遣，无可复加，仍照"情有可原例"发新疆为奴。

直隶司 ○ 道光元年

直督咨:庄海因入室行窃,碰落炕上窗户,致碰伤事主唇吻,比照"窃盗临时拒捕、伤非金刃、伤轻平复例"上,量减一等,满徒。

贵州司 ○ 道光元年

贵抚题:唐子成探知张节高积有银钱,纠同王潮沅、施立瀌用药将张节高迷倒,搜无钱物,将张节高丢岩致死,剥取衣服。原拟依"图财害命例"斩决,并声明唐子成仍照"强盗杀人例"枭示。查用药迷窃杀人,例应照强盗杀人办理。今唐子成起意下手,用药迷窃,王潮沅、施立瀌听往迷窃。如唐子成仅止得财,未经伤人,罪止斩决,王潮沅等亦罪止发遣,将该三犯依"图财害命例"斩决,系属错误,应该照"强盗杀人例"斩枭。

奉天司 ○ 道光元年

吉林题:蓝得偷窃农伸布毡包跑走,被事主殴打,夺回赃物。该犯挣不脱身,用刀将事主戳伤,当时并不弃赃,与护赃无异,依"窃盗护赃格斗、拒捕刃伤例"拟以斩候。

部议,该犯行窃毡包已经跑走,系属已离盗所、被事主追获殴夺,该犯虽未弃赃,而赃经夺回,已无赃可护,因被事主揪扭,挣不脱身情急拒捕,应改依"窃盗逃走、被事主追逐、拒捕刃伤例"拟绞监候。

江西司 ○ 嘉庆二十二年

江西抚咨:丁汉棕纠邀丁井仔行窃丁步理家,被喊逸出门外,经丁步理将伙贼丁井仔揪住,丁汉棕护伙,用扁担打伤丁步理,复因丁步理声言明日指名报官,该犯起意致死灭口,将丁步理殴搭殒命,丁汉棕依"窃盗弃财逃走、因见伙犯被获、帮护拒捕因而杀人者",首犯斩候。丁井仔为从帮殴,"伤非金刃又非折伤例"发附近充军。

福建司 ○ 嘉庆十八年

闽督奏:守备许廷进给信盗匪吴属,劝谕投首,并添写吴属为兄,律无治罪正条,将许廷进比照"汛兵与巨盗交结往来、奉差缉拿、走漏消息、照本犯之罪治罪例",于吴属原犯死罪上,量减一等,拟流。

奉旨:许廷进著在闽省枷号三个月,满日责处三十板,发往黑龙江充当苦差。

江苏司 ○ 嘉庆十九年

苏抚题:谈玉才等听纠行劫,在途等候,与实在上盗劫赃有间,但盗后分赃,至满数目，已应拟军。该犯等被纠入伙，并非畏惧不行，事后又分赃二百余两之多，比照“情有可原伙盗例”问拟。

广东司 ○ 嘉庆十九年

广东抚题：船户周亚易串盗行劫船内客货，虑事主看破，未经上盗，其应分赃银业经伙盗收贮，因查拿严紧不敢往取。与畏惧不行、又不分赃者不同，与盗首主意欲劫、听从引路者无异，应比照“情有可原盗犯例”发遣。

河南司 ○ 嘉庆二十年

河抚题：宋年听从行窃，在院接赃，被事主谢守礼扭获，未离盗所，用刀将谢守礼扎伤，应各以为首论。惟该犯于被获时，即将起意行窃、拒捕杀人为首之寇犁逃匿所在告知事主谢守礼，即将寇犁拿获。核与伙盗供出盗首逃匿所在、限内拿获无异，惟例止斩候，与法所难宥盗犯不同。未便减发烟瘴充军，应照“免死盗犯、供出伙盗减流例”拟以满流。

经本部，以该犯罪应斩候，秋审入实，与例应免死减等之伙盗究属稍重，改照“伙盗供出盗首例”发烟瘴充军。

山东司 ○ 嘉庆二十一年

东抚咨：孙兰台窃得事主郭郑氏家钱文逃出，因郭郑氏起捕，辄敢用言吓禁，将孙兰台比照“窃盗虽离盗所、临时护赃格斗、未经成伤”，首犯发近边充军。

劫囚

广西司 ○ 道光二年

广西抚咨：卢玉强起意纠同梁亚晚等中途夺犯，因兵役人众，打夺未成，究与夺犯已成者有间，将卢玉强照“聚众夺犯虽未伤人、首犯亦照因而伤人律拟绞例”上，量减一等，满流。

直隶司 ○ 嘉庆二十四年

顺尹奏：姜四拖欠官租潜匿，经差锁拿，该犯大声喊救，以致姜广才等闻声竞集，执持凶械各将官差殴伤捆逐。惟衅起一时，尚与预谋纠众者有间，若竟照“官司勾摄罪人在家拿获、为首纠谋聚众、持械打夺伤差律”拟绞，未免过重。若照“一时争闹、拒殴致伤、照本律加拒捕罪”问拟，又觉轻纵。且该处民人于官地旗租，十数年效尤抗欠,习以为常,而该犯姜四竟至夺犯伤差,尤为藐法,将姜四于“聚众夺犯伤差绞罪例”上,量减拟流,发黑龙江给披甲人为奴,以儆顽梗。

江西司 ○ 道光元年

江西抚咨:阮献达诬告俞斗仁等殴毙伊父,致尸遭蒸检,阮献达被获解审,伊叔阮丙燧虑阮献达审虚坐诬,起意纠众夺犯,经地保拦阻,即畏惧不敢追夺。例无夺犯未成明文,照“官司捕获罪人、但系聚众夺犯、虽未伤人律”,绞罪上减一等,满流。

湖广司 ○ 嘉庆二十一年

南抚咨:余满伢因素好之赖振先行窃被获,辄纠约多人,前往打夺,嗣因闻捕逃回,犯未夺获。惟查聚众打夺至十人为首拟斩之律,系指犯已夺获者而言,自应酌减,将余满伢依“聚众中途打夺至十人为首斩候律”上,量减一等,满流。袁大光等依“为从”减等,满徒。

直隶司 ○ 嘉庆二十一年

直督题:申二纠众中途夺犯,案内从犯申会等旋即畏惧走避,并未帮殴助势,照“伤差为从满流”上,量减拟徒。

广东司 ○ 嘉庆十九年

广东抚题:邹赞被差拿获,经伊兄纠众打夺,该犯乘伊兄与差争殴,即行走脱,依“聚众夺犯为从满流罪”上,减一等,满徒。

湖广司 ○ 嘉庆二十二年

北抚咨:僧照西屡次扰害案内之张发,因差役将张连等传唤,该犯起意邀同夺犯,惟首从不及三人,应于“官司差人捕获罪人、聚众中途打夺满流律”上,量减一等,满徒。

浙江司 ○ 嘉庆二十三年

浙抚奏:吕沅听从夺犯,先经同往,旋即避回,并未在场帮殴,应于“官司差人捕获罪人、聚众中途打夺伤差、未致死者为从满流例”上,量减一等,满徒。

山东司 ○ 嘉庆二十年

东抚咨:朱恒因见差役孙殿魁锁拿伊堂侄朱廷举,辄敢令工人孙建云等将孙殿魁拉住两手,致应捕罪犯朱廷举乘间脱逃,并将差役捆缚。惟该犯初不知该役系奉差批缉，以为越境拘拿犯禁，其意止图拦开理论，不期致犯兔脱，尚无公然打夺情状。且闻关拘，即行来省投审，与倚众逞凶、拒捕夺犯者有间，应依"聚众打夺拟绞例"上，量减一等，满流。

浙江司 ○ 嘉庆二十五年

浙抚咨：何高焕等明知何世充伙众强抢胡四妹已成，经差获解，辄听从逸犯何高德聚至十二人，中途夺犯，何高焕又复拾石掷伤差役，较之未伤人之犯尤为逞强，未便一律科断。惟查中途夺犯聚至十人、又复伤差、其下手之犯，例无治罪明文，何高焕应于"官司差人捕获罪人、中途打夺聚至十人为从满流"上，量加一等，发附近充军。何良法等均仍依"为从"满流。

浙江司 ○ 嘉庆二十四年

浙抚奏：王五老窝留贼匪王四等行窃，旋经委员带同捕役，将王四等拿获。该犯虑恐王四等到案供扳受累，即聚众同伙九人中途打夺，致伤官役二人，将王五老依"官司差人捕获罪人、聚众中途打夺、因而伤差律"绞监候。惟该犯明知官长，藐法殴伤，与仅止伤差不同，请旨即行正法。郭二等听纠助势殴伤委员，情节较重，均于"为从本律满流"上，加一等，发附近充军。

直隶司 ○ 道光元年

直督咨：马得林因逃徒张五十三被营兵盘获，经张五十三之父张洪儒闻知，邀同该犯赶往探视。张洪儒向营兵查询争闹，该犯帮同揪殴，致张五十三脱逃。讯无预谋夺犯，第张五十三乘隙脱逃，由该犯殴差所致，比照"聚众夺犯伤差为从律"拟流。

安徽司 ○ 嘉庆二十三年

安抚咨：徐步因王加来偷窃主簿衙署银物，经该主簿差获，王加来管押头门空屋，欲行添差解县。徐步纠伙至署，将王加来抢回。惟例内并无抢夺押犯作何治罪明文，将徐步比照"官司差人捕获罪人、但经聚众夺犯虽未伤人、首犯亦照因而伤人律"，从重拟绞监候。

四川司 ○ 嘉庆二十二年

川督咨：宋二等均系窃匪，因伙贼林九绺窃，被事主胥在明获住，约同邻佑赵临光等将林九送究。周老八闻知，纠同该犯等十六人在途打夺，致赵临光、胥庭柏二人均被殴戳毙命。该犯等随同用刀帮截有伤，均比照"官司差人捕获罪人、中途打夺杀人、及聚至十人律”，为从于为首斩罪上，减一等，拟流。

湖广司 ○ 嘉庆二十二年

北抚咨：陈八儿等因弁兵王定国等巡查贼盗，将旧匪罗有志拿获带走。该犯等以罗有志前虽行窃犯案，现已改过自新，随起意纠同伙犯将罗有志打夺，并拒伤兵丁王定国。查罗有志既已改过自新，原不在应捕之例，但究系旧匪与平人有间。陈八儿辄敢纠众中途打夺，应比照“官司差人捕获罪人、聚众中途打夺、因而伤差者绞监候”上，量减一等，满流。

广西司 ○ 嘉庆二十年

广西抚题：谢上业挟仇诬告人命，致蒸检缌麻弟谢庭荫尸身。案内之谢上业恐检明尸伤，反坐谢上业之罪，起意商同谢普德等于检验时，纠抢尸首藏匿。律无乘机纠抢尸首治罪明文，将谢上郁比照“聚众夺犯至十人为首斩候”上，量减一等，拟流。谢普德等各减一等，拟徒。

湖广司 ○ 嘉庆二十年

湖督题：马先贵与解省发回之绞决犯妇刘余氏同住一店，因刘余氏哀求救命，辄敢商串窃逃，将马先贵依“私窃放囚人逃走律”，与囚同罪致死减一等，满流；闻拿投首，不准减等。

《刑部比照加减成案》卷七

刑律贼盗

白昼抢夺

窃盗

刑律贼盗

白昼抢夺

广西司 ○ 嘉庆十九年

广西抚咨：外结徒罪内莫亚英等因施广用假金抵折赌账，索换不允，将其所赢银物夺回。与平空抢夺不同，照"抢夺本律满徒"上，量减一等，杖九十，徒二年半。

河南司 ○ 嘉庆二十年

河抚咨：外结徒犯内张富一犯听从张会宗等谋抢盐车未成，毁抢梅光礼饭铺。该犯亦未同往，惟事后分赃，应将张富依"粮船水手抢夺为从"，于流罪上，量减一等，满徒。

江苏司 ○ 嘉庆二十一年

提督咨送：李四因燕李氏家失火，辄敢乘机偷窃，若仅依窃盗计赃问拟，不足示惩。惟该犯私行窃取，究与抢夺有间，自应量减问拟，李四应照"因失火乘机抢夺得财流罪"上，量减拟徒。

河南司 ○ 道光二年

河抚咨：外结赌博内李兴泰纠索王骆驼赌钱，误将王廷连等牲畜抢夺抵欠，计赃四十六两。衅出有因，与平空抢夺人财物者不同，将李兴泰依"白昼抢夺人财物满徒"上，量减一等，杖九十，徒二年半。

四川司 ○ 嘉庆二十三年

提督咨送：蒋泰呈控刘五抢伊银两。查刘五夺获蒋泰银两，固属罪有应得，惟该犯与蒋泰交好，因向蒋泰再三央借不允，始行抢夺，究与平空抢夺不同。刘五应于"白昼抢夺人财物例"上，减一等，杖九十，徒二年半，免刺。

四川司 ○ 嘉庆二十一年

川督咨：田年逢等抢夺案内为从刘顺，讯系被胁同行。例内并无被胁抢夺治罪明文,将刘顺于“川省匪徒在野拦抢四人至九人遣罪例”上,量减拟徒。

陕西司 ○ 嘉庆二十一年

陕抚咨:外结徒犯内欧朋顺纠约滕加爵等,往向梅冬盛索讨工钱争吵,该犯起意强抢。是强抢因索欠口角而起,并非无故纠抢,欧朋顺应比照“与人斗殴、因而窃取财物、计赃准窃盗论、夺去者加二等、于窃盗赃七十两杖八十、徒二年律”上,加二等,满徒。

陕西司 ○ 嘉庆十九年

陕抚奏:王占魁因岁歉粮贵,恐铺户不肯出借,书写揭帖,诈称抢夺,骇俗惊众,比照“不法之徒乘地方歉收、伙众抢夺扰害、照光棍斩决例”上,量减一等,满流。

河南司 ○ 嘉庆十九年

河抚题:竹科年因向季淳化借贷不遂,纠众强抢季淳化之妾勒赎。被纠之李老九将竹科年所藏鸟枪携往施放,将季淳化族叔致伤。原拟李老九依“抢夺折伤以上为从”发近边充军,部改依“抢夺伤人折伤以上为首者”斩候。

湖广司 ○ 嘉庆十九年

北抚咨:张添贵因见黄士陇背负布包沉重,料有银物,纠伙乘其不备,用布帕从后赶上,扪住黄士陇两眼,抢物逃走,比照“抢夺伤人、伤非金刃、伤轻平复例”拟军。

山东司 ○ 嘉庆二十二年

东抚咨:马振邦因窝盗拟军,在配脱逃,复听从抢夺牛驴。查例内并无窝盗拟军、复犯抢夺作何治罪明文,将马振邦比照“抢夺问拟军流徒罪、在配脱逃、复抢一、二次例”实发烟瘴充军。

四川司 ○ 嘉庆二十二年

川督题:刘老么途遇康茂谦背负钱文,向索欠钱不给争夺。康茂谦斥伊打抢。该犯因见钱多,即起意抢夺,将钱夺获。康茂谦拢夺,并言告官究治。该犯畏惧,起意致死,用刀戳伤康茂谦身死。该督将该犯依“抢夺杀人例”问拟斩决。

经本部,以刘老么系索欠起衅,并非平空抢夺等因题驳。去后据遵驳更正,改依“与人斗殴、因而夺去财物、若有杀伤者、各从故斗论律”,故杀者斩监候。

安徽司 ○ 嘉庆十八年

安抚咨:船户陆有田等揽载客货,当沿江旷野之处,诱逼客商上岸,抢夺钱搭,驾船开行,尽取货物,将陆有田等比照"川省匪徒在野拦抢止二三人、犯该徒罪以上不分首从拟军例",俱发云贵、两广极边烟瘴充军。

直隶司 ○ 道光元年

直督咨:王学礼因年岁歉收,纠同王允,在野拦抢过客行李。例无明文,比依"川省匪徒在野拦抢止二三人者、不分首从"发云贵、两广烟瘴充军。

安徽司 ○ 道光二年

安抚咨:李槚纠邀朱立魁等执持器械,强抢事主王克光家牲口勒赎。李槚因妻李张氏雇与王克光家佣工潜逃,恳其帮助盘费找寻,因其不允,以致纠抢,究与平空抢夺有间,将李槚比照"聚众十人以上抢夺、依粮船水手伙众抢夺、为首照强盗治罪例",于斩罪上,量减一等,满流。

江苏司 ○ 嘉庆二十四年

苏抚咨:苗泳青将犯奸之解张氏诱卖与吕魁明为妾,复纠抢拒捕,枪伤吕魁明。虽抢犯奸之妇女条内,并无拒捕伤人作何治罪明文。惟既系抢夺,自应照"抢夺伤人"科断,将苗泳青照"抢夺伤人未死例",如刃伤者,首犯拟斩监候。

广西司 ○ 嘉庆二十四年

广西抚咨:梁进江起意纠同黄亚七等,持械抢夺。案内钟十二听从纠抢,因与事主认识,不敢同行,事后分赃,将钟十二于从犯黄亚七等所得流罪上,量减一等,满徒。

广东司 ○ 嘉庆二十四年

广抚题:谢亚海抢夺无服族叔谢帼安衣服被追,用刃拒伤谢帼安平复。例内并无卑幼抢夺、拒伤尊长治罪明文,惟抢窃事同一例。卑幼窃盗尊长财物致有杀伤,例内既照"凡盗伤"科断,抢夺拒伤亦应照"凡人"定拟,将谢亚海依"白昼抢夺伤人未死例",如金刃伤人者,首犯仍照本律拟斩监候。

福建司 ○ 道光二年

福抚咨:外结徒犯内许振昆系许调义子,恩养年久,配有家室。该犯因私欠无还,纠抢义父许调布匹,当钱还欠,应照例即同子孙问拟。惟无子孙抢夺父母财物治罪明文,查抱养义子于养父母身故,例应持服一年,与期亲服子相同。亲属无抢夺之文,应比照"期服以上自相恐吓、卑犯尊以凡人论,"将许振昆照"恐吓取财、计赃准窃盗论加一等律",于窃盗赃一两、杖七十律上,加一等,杖八十。

河南司 ○ 嘉庆二十三年

提督咨送:马成林呈控张熙抢割麦子。查张熙因马成林在伊已赎地内盗种麦子,既在户部涉讼,应凭官惩示,乃辄将未赎马成林地内麦子率行抢割。张熙应革去监生,照"抢夺人财物律"拟徒。惟该犯业将典价呈缴户部,误认为价已交官,地应属己,以致率行抢取,究与平空抢割稍有区别。该犯系旗人,应仍折枷发落。

窃盗

江苏司 ○ 嘉庆二十一年

江苏抚题:王琐窃取顾懋淋银两逾贯,顾懋淋呈控后,经伊母查知,将赃赔还,即同自首。惟首还已在事主报官之后,核与知人欲告而自首者有间,未便仍减二等,将王琐依"窃盗赃一百二十两以上绞罪律"上,量减拟流。

直隶司 ○ 嘉庆二十四年

顺尹咨:捕役马七因贼犯赵赏儿犯窃责刺后,未经行窃,不复察究。嗣赵赏儿复窃皮袄当钱,将当票卖与马七之子马二格,知情收买,当即取赎,给与马七穿用。马七盘出情由,将马二格斥骂,欲将赵赏儿送究,旋经官人将马七、赵赏儿一并获送。查马七身充捕役,缉贼是其专责,于伊子马二格收买贼赃,知情后查拿首报,虽非坐家分赃,而身穿皮袄即系赃物,将马七依"捕役勾通窃贼、坐家分赃、豢窃一二名充军例"上,量减一等,满徒。

山东司 ○ 道光二年

东抚咨:外结徒犯内邹沅泷明知邹兆佳行窃李克泰家骡马,辄敢乘机贪图分肥,逼令事主出钱赎赃。惟说合未成,尚未得赃,将邹沅泷依"匪徒明知窃情、逼令事主出钱赎赃杖流例"上,减一等,满徒。

贵州司 ○ 道光二年

提督奏送:尼僧道寿行窃在伊庵内居住之白广幅银一千两,讯明实因白广幅通奸,许银四百未给,始行窃银到手。事由白广幅以淫诲盗,道寿恃奸揹窃,与平空起意行窃逾贯者有间,将道寿照"窃盗赃一百二十两以上绞监候律"上,量减满流。系妇人犯奸盗,杖罪的决,流罪收赎。

河南司 ○ 嘉庆二十三年

河抚咨:五和尚等行窃事主朱跻云驴头,曾玉化勒令事主出钱赎回,并未分赃。曾玉化依"强盗窝主不行、又不分赃杖流律",减一等,满徒。

湖广司 ○ 嘉庆二十年

北抚咨:开张盐行之刘谦和因图便宜,收买船户逸犯黄士昌盗卖商盐六千包,致官盐缺额。与伙同盗卖无异,未便照"知情故买"问拟,应将刘谦和比照"窃盗赃一百二十两以上绞",为从满流。

江西司 ○ 嘉庆十八年

江西抚咨:黄明斗乘火抢夺学院衙署衣物,比照"贼匪偷窃衙门服物、发烟瘴充军例"上,酌加一等,拟发黑龙江为奴,照新例改发新疆当差。

云南司 ○ 嘉庆十九年

云抚咨:秦老三行窃,被事主李添锡拿获,用带拴其项颈拉走。该犯失跌落河,致事主拉跌河内淹毙。查事主之溺毙,由该犯拉跌,而该犯之失跌由事主之拴缚,比照"窃盗逃走、事主追捕、失足身死、照因奸酿命例"满徒。

陕西司 ○ 嘉庆二十一年

本部奏:步甲保得在东直门楼上该班,因该处前楼存贮旧废炮车,该犯先后纠同另户步甲四儿,四次偷窃车上铁钉一百余斤,共卖得京钱二千余文分用。查该犯系属守卫官人,辄敢勾通外人,肆窃官物,未便仅按"监守自盗本律"计赃拟杖。将保得销除旗档,比照"兵丁为窃、照捕役勾窃分赃、豢窃一二名拟军例"上,量减一等,满徒,仍枷号两个月,刺"盗官物"三字。四儿应销除旗档,依"常人盗仓库等物、一两至五两律"杖八十,加枷号一个月,刺"盗官物"。

湖广司 ○ 嘉庆二十年

东城移送:贼犯张二审将张二依"积匪猾贼"拟军。捕役李泰与张二同院多年,查知窃情,徇情容隐,事后借用钱文,与勾通窃贼者有间,应照"捕役坐地分赃拟军例"上,量减拟徒。

河南司 ○ 嘉庆二十一年

河抚咨:杜如陇代杜迎升出典地亩,冒名诓骗价银逃走,致杜迎升窘迫自尽,将杜如陇比照“窃盗逃走、事主失财、窘迫自尽例”满徒。

浙江司 ○ 嘉庆二十一年

浙抚咨:陈全身充岙长,有缉捕之责,胆敢在洋坐地分赃,实属不法,应将该犯比照“捕役勾通窃贼、坐地分赃例”发极边烟瘴充军。

安徽司 ○ 嘉庆二十二年

安抚咨:回民杨大榜听从民人杨大怀等行窃,计赃在十两以上,同伙六人内,惟该犯系属回民。该抚将该犯照“回民行窃结伙三人以上徒手例”拟徒。

经本部,查该犯系听从行窃,较回民独窃之案,情节尤轻,应改依“窃盗赃十两以上律”杖七十。

直隶司 ○ 嘉庆二十三年

直督咨:回民王三等邀同回民杨大宝伙窃,杨大宝初不允从。常三欲图分赃,怂恿杨大宝行窃,将常三依“教诱人犯法、与犯法之人同罪例”,应与杨大宝俱照“回民结伙三人、执持器械行窃例”拟军。

陕西司 ○ 嘉庆二十四年

陕抚咨:李来幅自幼跟随通判张约服役十有余载,配有妻室。嗣张约奉委外出,留李来幅在署照应。李来幅乏钱使用,潜取箱内貂皮统当钱花用,将李来幅依“窃盗衙署服物例”发烟瘴充军,仍照“名例”,以四千里为限。

广东司 ○ 道光元年

广抚咨:周亚木行窃无服族弟周潮位地瓜,被追拒捕,致伤周潮位身死,该抚依“罪人拒捕杀人律”斩候。本部改依“亲属相盗、与服制杀伤卑幼从重例”,依斗杀律绞候。

浙江司 ○ 道光元年

浙抚题:吴麻二行窃逾贯。案内禁卒林树于贼犯吴五进监时,搜获原赃当票,私自隐匿中饱,并嘱吴五不将伙窃王志凝供出,比照“捕役私自搜赃以致中饱者、与窃盗同科例”,于吴五伙窃王志凝本案罪应满流上,减一等,满徒。

山西司 ○ 道光元年

晋抚咨:杨观收受贼犯王家等送给赃物,代为镕化分赃,嗣王家等恐被差拿,复容留隐藏。若仅照“盗后分赃”，罪止拟杖，应照“窝留积匪之家未经造意、又不同行、分得些微财物、减本犯罪一等例”，再酌减一等，于王家逾贯绞罪上，量减二等，满徒。

广东司 ○ 嘉庆二十四年

广东抚题：罗亚四听从抢夺赖春华船内财物逃走，事主赖金先出船喊捕，失足落河淹毙，将罗亚四比照“窃盗逃走、事主仓惶失足身死满徒例”上，加一等，拟流，为从满徒。

云南司 ○ 嘉庆二十四年

云抚咨：白良玉向胞兄之妻许氏借贷不遂，强割田麦，以致许氏抱忿自尽，将白良玉比照“窃盗逃走、事主失财、窘迫自尽例”满徒。

江西司 ○ 嘉庆二十四年

江抚咨：刘特盛见谭进明挑卖草席，起意诓骗，邀允许老五等入伙，向谭进明买席，将席捆交许老五等肩回。刘特盛诓令谭进明同伊往取钱文，行至河边，该犯凫水逃走。谭进明下水追赶，误入深处，沉溺毙命，将刘特盛比照“窃盗逃走、事主仓惶追捕身死、赃少罪轻者照因奸酿命例”满徒。许老五等听从诓骗，先已肩席先回，其于刘特盛凫水酿命之时，并未在场，将许老五等仍照“诓骗计赃”杖七十，为从减一等，杖六十。

河南司 ○ 道光二年

河抚咨：徐梅偷窃徐张氏麦禾，经人告知。徐张氏向问，该犯赖称诬窃，寻衅不依，以致徐张氏气忿投井身死。徐张氏因被窃气忿轻生，实与窘迫自尽相同，将徐梅比照“窃盗逃走、事主窘迫自尽例”满徒。

直隶司 ○ 道光二年

直督咨：刘殿臣等听从曹六行窃。案内之马富贵系属革捕，因曹六向其雇车出外行窃，辄因许分赃物，将车雇与，事后分赃，将马富贵比依“捕役勾通窃贼、坐地分赃、豢窃一二名拟军例”上，量减满徒。

江西司 ○ 道光二年

江西抚咨：仇喜牙丢包诓取财物，致事主祝盛昭因失财窘迫，自尽身死，将仇喜牙比照“窃盗逃走、事主失财、窘迫自尽例”满徒。该犯丢包诓窃，本应满徒，今致事主自尽，应酌加一等，拟流。

浙江司 ○ 道光二年

浙抚咨:刘才进因王咬脐之妹王氏嫁与陈广才次子陈建元为妻,刘才进之弟刘才保与王氏通奸被获,控县枷责。因陈建元不愿将妻领回,断令离异,陈广才告知王咬脐许还伊妹妆奁。刘才进唆令王咬脐赶车往搬,免致翻悔。同至陈广才家,时陈广才尚未回家,其长子陈建和不允付给。刘才进声言妆奁不给,取物作抵,王咬脐等即将其家衣物并其母陈钱氏寿衣一并搬回。讵陈钱氏因寿衣被失,忧窘莫释,投缳殒命,将刘才进比照"窃盗逃走、事主失财、窘迫自尽例"满徒。王咬脐等依"为从"减一等,杖九十,徒二年半。

四川司 ○ 道光二年

川督咨:范成禄系户书,因与典吏梁曹仁不睦挟嫌,辄起意窃藏案卷,欲令受责,以致梁曹仁因此自缢,将范成禄比照"事主失财、窘迫自尽例"满徒,系书吏,加一等,拟流。

直隶司 ○ 嘉庆二十三年

热河咨:吕士陇于王三等告知抢夺情由,转令刘天保等代卖赃骡马匹,得钱分用。该犯曾充快役,与乡愚不同,若仅照"知窃盗后分赃",罪止杖责。惟贼犯王三与该犯系属亲谊,究与现充捕役通贼分赃者有间,将吕士陇比照"捕役勾通窃贼、坐地分赃、豢养一二名拟军例"上,量减一等,满徒。

直隶司 ○ 嘉庆二十三年二

热河咨:朝阳县差役赵美等欲将贼犯李五等十余名查拿送究,并未执有签票,私行往捕,情同挟制。迨李玉等闻捕畏惧,给与酒食盘费。该犯等辄敢徇私免拿,讯明系由李五等赎赃钱文内拨出分给收受,实与豢贼分肥无异,将赵美等比照"捕役豢贼至五名例"实发烟瘴充军。

奉天司 ○ 嘉庆二十三年

吉林咨:回民王勇升纠邀回民马甫、刘进才等行窃,王勇升、任大、任二、杨五各持木棍,马甫、刘进才徒手。王勇升因被事主高仲拉住,用木棍向殴,高仲未经成伤,将王勇升依"窃盗临时拒捕、未经成伤为首例"发近边充军。马甫、刘进才依"为从例"拟徒。

直隶司 ○ 嘉庆二十五年

直督咨:防夫魏启奉差看管徒犯,辄贪图分赃,故纵徒犯李狗等行窃。虽无造意同行分赃情事,先既同谋,且在逃之门二既已得赃,亦不得为并未得财,应以为从科断。该犯系在官人役,应比照"捕役行窃罪应拟杖之案、加枷号两个月、窃盗赃一两以上、为从"应杖六十,刺臂。

《刑部比照加减成案》卷八

刑律贼盗

盗田野谷麦

亲属相盗

恐吓取财

刑律贼盗

盗田野谷麦

直隶司 ○ 道光二年

热河咨：拿获偷砍木植张发财等，案内之全四身系旗人。全五先曾犯案销档，乃因卡房坍塌无人看守，辄起意讵令马四、刘定安等进园偷砍木植，未便仅照所得钱物，计赃科罪。全四应销除旗档，与全五均比依“窃盗窝主造意不行、但分赃者为首论、照盗砍木植百斤以上例”，各枷号一个月，拟徒。

奉天司 ○ 嘉庆二十年

行在刑部咨：议覆盛京将军奏佐领乌尔图舞弊，谋杀防御海宁阿。案内之贼犯张得占、樊嵅、樊茂、樊教结伙出边，打枪挖参。其所得参两，并无确数，未便按照“偷刨人参本例”计赃定拟，应比照“偷伐木植雇倩多人例”均拟满流。

广东司 ○ 嘉庆二十二年

广东抚咨：蔡炘淑等听从盗挖官煤，计赃逾贯，将蔡炘淑等比照“盗掘矿砂、计赃准窃盗一百二十两以上绞罪”上，减一等，满流；为从，再减一等，满徒。

浙江司 ○ 嘉庆二十二年

浙抚咨：范汝浮在禁山盗掘铁砂，私煎铁斤，经差拿获，复敢持械拒捕，应比照“盗掘铜锡等矿砂、在山洞捉获、持仗拒捕、不论人数砂数多寡例”发边远充军。

亲属相盗

浙江司 ○ 嘉庆二十一年

浙抚咨：吴卸的等行窃。案内之吴有魁系前经两次犯窃，此次复犯系亲属相盗，律应免刺。并非实犯窃盗，即不得科以三犯之罪。该省将该犯依“窃盗三犯、赃至五十两以上”拟绞，系事主无服族叔，减等拟流。

本部将吴有魁改依“听从行窃逾贯绞罪上减一等满流、仍按亲属相盗无服减一等本律”杖一百，徒三年。

广东司 ○ 嘉庆二十三年

广抚咨：卫亚操行窃素无周恤之无服族叔卫杨和家首饰，估值银十两零。事后用刀拒伤更夫卫渐声、卫益和，伤轻平复。查卫渐声、卫益和均系该犯无服族兄，卫亚操依“刃伤人”杖八十，徒二年；卑犯尊加等，杖九十，徒二年半；加拒捕罪二等，杖一百，流二千里。

陕西司 ○ 道光二年

北城送：陈仁捏造票据，侵用王王氏银二千两，系属诓骗。王王氏系该犯姑母之女，业经出嫁，与该犯并无服制，亦不在律载无服亲属图内，不得以亲属相盗论。惟该犯得受劳金，在王王氏家帮理家务，即属同居雇工，与常人设计诓骗者不同，将陈仁比照“同居雇工、盗家长财物、减凡盗罪一等律”，于诓骗罪止满流罪上，减一等，满徒。

恐吓取财

直隶司 ○ 嘉庆二十三年

直督咨：王洛忠因知胡兆琫曾与时刘氏通奸贿和，嗣王洛忠欲将地亩当给胡兆琫不遂，起意指奸讹诈，以致胡兆琫情急自缢。事出有因，与无端肇衅，平空讹诈者有间，将王洛忠依“刁徒讹诈、致被诈之人自尽绞罪”上，量减一等，满流。

四川司 ○ 嘉庆二十五年

南城移送：王四因见赵三懦弱可欺，乘其妹夫游士龙来家居住，该犯即起意讹诈。黉夜踢门入室，索诈钱文，赵三等走避，该犯即将衣包携回。若仅照“恐吓取财”，计赃准窃盗加一等，尚觉轻纵，将王四依“棍徒扰害例”上，量减一等，满徒；仍于犯事地方，枷号一个月，以示惩儆。

安徽司 ○ 嘉庆二十五年

安抚咨：檀赏宗见檀陈氏与檀思定在家晤谈，因知其平日有奸，遂起意藉端讹诈。辄捏续奸污屋，逼令陈氏给钱改换门梁。檀陈氏叩求饶恕，檀赏宗坚执不允，檀陈氏被诈情急，投缳殒命。系起意讹诈逼死人命，与因事威逼致死者不同。第该氏犯奸属实，该犯讹诈即非无端肇衅，檀赏宗应比照“刁徒讹诈、致被诈之人自尽绞监候”上，量减一等，满流。檀思定与无服族嫂檀陈氏通奸败露，以致檀赏宗得以藉端讹诈，是檀陈氏之被诈自缢，究由该犯和奸败露所致。檀思定应照“和奸之案奸妇因奸情败露、羞愧自尽例”杖一百，徒三年。

奉天司 ○ 嘉庆二十二年

盛刑咨：王金宽与卜三达子之女小妞通奸，复将小妞拐逃。卜三达子旋将该犯寻获，欲行送官，经该犯之父央求寝息。嗣王金宽闻知小妞在卜三达子之婿沈士库家借住，屡至沈士库家要人。经沈士库等将王金宽捆缚，唤同卜三达子，欲将王金宽送交伊叔管束。至中途，王金宽辱骂不止，卜三达子气忿，用铁锥将其两眼戳瞎而散。该侍郎将王金宽依“和诱”拟军。卜三达子依“瞎人两目律”减一等，满徒。沈士库等依“馀人律”杖一百。

经本部，将王金宽改依“凶恶棍徒例”拟遣，业已成笃，照律收赎。卜三达子改依“擅杀罪人、至折伤以上、按其擅杀之罪止应满徒例”，于瞎人两目流罪上，减二等，杖九十，徒二年半。沈士库等改依“不应”重杖。

四川司 ○ 嘉庆二十年

川督咨：万逢清将低银一锭，约重二两，托唐上才向彭绍先押钱一千，约期取赎。嗣因无钱，向彭绍先加钱不允，彭绍先即凭唐上才将原银看过，交万逢清查收，并无掉换。越日彭绍先取讨钱文不给向斥，万逢清吓称用假银掉换原银。彭绍先畏惧走回，万逢清至彭绍先铺内，将其家其[①]打毁，希图恐吓，不敢催讨。彭绍先因银钱无著，复被打毁，情急用刀砍伤囟门后自缢身死，将万逢清照“刁徒讹诈、致被诈之人自尽拟绞例”上，量减一等，满流。

陕西司 ○ 嘉庆十九年

陕抚题：张世荣因陶泳祥误收假银，赴铺兑换，该犯见而讹诈，致陶泳祥窘迫自尽。事非平空，依“刁徒平空讹诈、致被诈之人自尽绞罪”上，量减一等，满流。

直隶司 ○ 嘉庆二十五年

直督咨：外结徒犯内刘景滗赶回徐秉衡家放青走失猪只，狡赖不还，复挟徐秉衡不允借钱之嫌，欲令拆墙修庙，并借用夏文珠马匹倒毙不赔。虽屡次滋事，但猪只系自行走失，即马匹亦系借用，究非无故扰害，应照“棍徒”量减拟徒。

江西司 ○ 嘉庆二十三年

江西抚咨：陈羊古因挟谢元科借贷之嫌，见其懦弱可欺，忆及十九年间伊堂侄陈万华向谢老六之妻陈氏续奸不允、被谢老六见斥欲控、陈万华服毒自尽旧案，起意捏出陈万华系被谢元科串同谢老六诬奸逼死，随邀陈建贵向谢元科讹诈洋银使用。谢元科等不依斥骂，陈羊古喝令将谢元科捉住，用绳捆缚。谢元科乘间挣断绳索，逃至河边，凫水过渡，误入深处，被溺身死。系属死于失足，并非被诈情急自尽，将陈羊古依"刁徒平室[②]讹诈、被诈之人因而自尽拟绞例"上，酌减一等，满流。

江苏司 ○ 道光元年

提督咨送：刘六屡次向人讹诈，并因事逼死伊妻及诬告人欠钱，均事在大赦以前，应免并计。该犯又向杨二借钱不遂，即捏欠向讹，辄揪住杨二头顶，将其右耳咬落，吞咽入肚，依"凶恶棍徒"量减满徒。

陕西司 ○ 道光元年

陕抚题：梅奉池因见尹帼治买食蒙古盐斤，并非买自领帖铺户，藉端向诈不遂，拉同送官，以致尹帼治之母侯氏情急投崖身死。情虽讹诈，事出有因，与平空讹诈逼命者有间，应于"刁徒平空讹诈、致被诈之人自尽绞候例"上，量减一等，满流。

山西司 ○ 道光元年

晋抚咨：鲍总娃因鲍更六行窃有案，向鲍更六挟借，鲍更六恐被张扬借给。嗣鲍辛酉心怀不平，扬言欲殴鲍总娃出气。鲍总娃勒令鲍更六诬扳鲍辛酉伙窃，冀鲍辛酉畏惧，不敢纠殴。鲍更六不依争闹，讵鲍更六之母称欲拼命，即投井身死。鲍总娃比照"刁徒平空讹诈、致被诈之人自尽绞候例"上，量减一等，满流。

直隶司 ○ 道光元年

直督咨：王大滏因张二胖愚傻，起意诱同偷窃张二胖小功服叔张凤翔家粮食，商令吴秋挟制赎赃。复因得钱无几，即以张二胖伙同行窃，欲赴官首告之言吓诈，致张二胖愁急自尽。例无诱人行窃、复藉端吓诈、致令自尽作何治罪明文，应照"刁徒平空讹诈、致被诈之人自尽绞候例"上，量减一等，满流。

云南司 ○ 道光二年

云抚题：褚应藻因伊母舅杨灿宇为媒，将褚应雄之妻李氏招赘常二为夫。该犯起意藉端吓诈，将杨灿宇殴伤，致杨灿宇情急自缢身死。例内并无卑幼吓诈功服尊属致死作何治罪明文，其殴伤又非深重，与逼迫尊长自尽、殴有重伤之例不符。查期亲以下自相恐吓，卑犯尊以凡论，则吓诈致毙亦应照"凡人"定拟。惟杨灿宇将有夫之妇媒合改嫁,本属罪人,该犯并非平空讹诈,将褚应藻依"刁徒平空讹诈、致被诈之人自尽绞监候例"上,量减满流。

江苏司 ○ 道光二年

苏抚题:顾绍行等讹诈,致被诈之杨云川自尽。案内之胡惟陇听从顾绍行索诈,追顾绍行复至杨云川家,拉取猪只,该犯并未同往。是杨云川瞥见猪只被拉,取刀自刎,其事与该犯无干。若竟照"被诈之人因而自尽为从律"拟以满流,与在场帮同索诈毙命者无所区别,将胡惟陇于"刁徒平空讹诈、致被诈之人自尽为从满流例"上,再减一等,满徒。

河南司 ○ 道光二年

河抚咨:革生李鹤田因挟宋学端投充地方、未经知会列名之嫌,辄因其失察私埋病毙乞丐,知情不报,又因催纳行税,疑系科敛具控。经李端木等调处,令宋学端帮给该犯钱文,以致宋学端无措,愁急自缢身死,将李鹤田照"刁徒平空讹诈、致被诈之人自尽绞罪例"上,量减一等,满流。

江苏司 ○ 道光二年

苏抚题:曹遂保行窃败露,致纵容之母自尽。案内之侯四身充更夫,因向曹遂保等盘出窃情,往向吓诈,以致曹遂保之母杨氏情急自尽。惟曹遂保实有行窃情事,并非无端肇衅,与平空讹诈者不同,将侯四照"刁徒平空讹诈、致被诈之人自尽绞罪"上,量减满流。

江苏司 ○ 嘉庆二十四年

苏抚题:费三沅因代蔡邹氏家倒粪,将马桶放在门首。经沈沈氏路过,将桶窃去。嗣费三沅等查知,即往沈沈氏家将原桶取回。沈沈氏往蔡邹氏家,捏称系向乞丐所买,索还钱文争吵。费三沅声言捆缚送究,经人将沈沈氏劝回。费三沅起意诈钱,跟向沈沈氏索钱沽饮,并吓称如不给钱,寻见其夫告知,定行处治。沈沈氏哭泣前行,路过桥边,投河自尽。费三沅比照"刁徒平空讹诈、致被诈之人自尽绞监候例"上,量减一等,满流。

安徽司 ○ 嘉庆二十四年

西城移送:小张四因不肯开车让路,先与陈三揪扭,复纠同张茂薰等拦路殴打。张茂薰明知陈三所赶系巡城察院内眷车辆,辄敢倚众攒殴,致将陈三并拉劝之张三、李二一并殴踢多伤。小张四首先纠殴张茂薰,下手逞凶,厥罪惟均,将该二犯俱依"棍徒"量减拟徒。

福建司 ○ 嘉庆二十四年

提督咨送:王二先与袁杨氏通奸,迨本夫袁大同袁杨氏移居避匿,该犯辄敢找往不依,并向袁大索诈钱文,致袁大畏其强横,欲将袁杨氏嫁卖。情近扰害,惟系本夫纵奸,且仅止图诈,并无殴打行强情事,将王二依"棍徒"量减拟徒。

江西司 ○ 嘉庆二十四年

江西抚咨:革监张衡与范氏通奸,经本夫张肇智查知,欲将范氏嫁卖。张衡教令范氏剪落头发,使其不能嫁卖,以便续奸。张肇智不依,控县饬差邹贵传唤。张衡将邹贵殴伤,张衡之父张其林恐子坐罪,即控邹贵打毁傢伙抵制。除张其林身故勿议,将张衡依"棍徒"量减拟徒。

何天衢于醉后赴县署寻人争闹,经官传讯,辄敢恃酒咆哮,复詈骂官长,将何天衢革去生员,依"部民骂知县律"杖一百。

山西司 ○ 嘉庆二十四年

晋抚咨:何世贵占种李先治等地亩被控,断令各管各业,该犯违抗不遵,复强夺其羊群卖钱,并先后殴伤邓子全等,将何世贵依"棍徒"量减满徒。何久清不服审讯,咆哮公堂,照"违制律"杖一百。

直隶司 ○ 嘉庆二十四年

直督咨:高大庆因疑高继三招娼,即欲令傅张氏等陪酒,实属毫无忌惮,将高大庆依"棍徒"量减满徒。

直隶司 ○ 嘉庆二十四年

直督咨:张三先因纠邀赌博未允争殴,枷责发落之后不思悛改,复敢恃醉赴外委寓所吵骂,将张三依"棍徒"量减满徒。

直隶司 ○ 嘉庆十九年

提督咨送:张二包揽运米出城,迨兵丁拦阻,复纠人攒殴,依"棍徒"量减拟徒。

直隶司 ○ 嘉庆二十二年

直督咨:贾双喜先因刃伤人拟徒,援减责释,复因高杜氏被夫嫁卖,在宝彦儒家借住，即纠人将杜氏并身价抢回，又两次拴缚宝彦儒吓诈得钱，并因伊族人被窃嚷骂，复将族人殴伤，应依“棍徒”量减满徒。

江西司 ○ 嘉庆二十二年

江西抚咨：刘品上私取刘汉明家契据粮串，图占鱼塘。后因不能管占，复行勒赎得赃。虽与实在偷窃财物、逼令事主赎赃不同，惟欺侮幼孩指契诈财，迹涉扰害，刘品上应照“棍徒”量减满徒。

浙江司 ○ 嘉庆二十年

浙抚咨：外结徒犯内王大华抢夺王大凤等家衣物，并未执有凶器。查被抢之王大凤等四家，均系该犯之小功服弟。计赃惟王大凤家二十三两为重，未便以恐吓科断，依“棍徒”量减拟徒。

安徽司 ○ 嘉庆二十二年

安抚咨：陆书绅因赊米不遂，起意争闹。讯系偶然逞忿，平日并无凶恶劣迹，应照“棍徒”量减满徒。罗世元于讯断时，辄敢不守堂规，在旁乱言，黄绍基等相帮打闹，复同声附和，均照“为从例”减一等，杖九十，徒二年半。

奉天司 ○ 嘉庆十八年

吉林咨：徐名和纠约王可原等，各携破衣赴当，强当钱文不遂，持刀恐吓，将徐名和照“棍徒扰害例”拟军。为从之王可原等，减等拟徒。

本部将徐名和改照“恐吓取财律”，计赃拟杖八十，加枷号一个月。王可原等减，为杖七十。

山西司 ○ 嘉庆二十二年

提督咨送：柳新手扶枪架，被柳大拉跌，误将枪架带倒，与逞凶扳倒者有间。惟该犯先经屡向柳大等借钱争殴，递藉潜逃，时向柳大寻衅，并与杨四鸡奸，平空将高三等诬告，拟徒援减。复与柳大揪扭，致将官厅枪架带倒，未便拘以从前所犯各案。既经拟徒，不加重科，柳大应照“棍徒”量减满徒。

山东司 ○ 嘉庆二十二年

东抚咨：县役窦学兰先与杨希尧争殴，互控革役，嗣与杨希尧之子文生杨楷途遇，该犯挟嫌拖拉殴打，甚至粉涂面目，泄溺污人，将窦学兰依“棍徒”量减满徒。

山东司 ○ 嘉庆二十二年

东抚奏:耿二坠、刘升听从周化南等强抢田张氏已成。该二犯同谋,未经同抢,将耿二坠、刘升依"聚众伙谋抢夺妇女已成、为从绞监候例"上,量减一等,满流。刘泳来等明知田张氏系属强抢之妇,辄听从窝留,复先后将该氏逼迫奸污,刘泳来应依"棍徒扰害例"拟军。

福建司 ○ 嘉庆十九年

北城移送:李四胯子前因刃伤人拟徒,在逃行窃,仍发原配,遇赦释回。后复与人争殴,藉端攫取衣包抵欠,经北城断结枷杖。该犯乘间将枷磕破脱逃,被获送部。讯无不法别情,惟节次刁顽,照"棍徒"量减满徒。

云南司 ○ 嘉庆二十一年

云抚题:费和零因周刘氏等拐卖妇女,该犯向周刘氏吓诈钱文,致该氏情急自尽。惟周刘氏本系有罪之人,该犯藉端讹诈,与平空讹诈者有间,将费和零照"刁徒平空讹诈、致被诈之人自尽绞候"上,减一等,满流。

陕西司 ○ 嘉庆十九年

陕督题:李万日保因徐存良窃其蜂蜜,追获捆缚。适杨大礼经见,以李万日保诬良为窃,欲行扭控,希冀吓诈,致李万日保被逼投崖殒命。李万日保缚贼私讯,本有不合,该犯杨大礼尚非平空讹诈,依"刁徒平空讹诈、致被诈之人自尽绞罪"上,量减满流。

山西司 ○ 嘉庆十八年

晋抚题:潘通因向小功堂兄潘生法抱养之子潘四小子索讨借钱争闹,起意将潘四小子告逐归宗,图得财产,致潘四小子气忿自缢,将潘通依"刁徒平空讹诈、致被诈之人自尽绞罪"上,减一等,满流。

浙江司 ○ 嘉庆二十年

浙抚咨:竺大成先与夏氏通奸,乘间往向续旧。适竺藩宰与夏氏在房行奸,竺大成瞥见欲喊,竺藩宰许钱二千文,嘱勿声张。越日竺藩宰给钱一千,其余约期再付。嗣竺大成向索前欠,竺藩宰不允找给,竺大成不依,彼此争扭。竺大成因竺藩宰执不付钱,即以定向本夫告知控究之言吓逼。讵竺藩宰无处可措,虑及到官问罪,无颜见人,旋即投缳殒命。虽自尽由于诈逼,而诈逼究非无因,依"平空讹诈因而自尽绞监候"上,量减一等,满流。

直隶司 ○ 嘉庆二十一年

直督咨:刘小保因见辛魁元偷窃,讹诈未遂,声言欲控,致辛魁元自尽。查刘小保因辛魁元偷窃,向其讹诈,事出有因。辛魁元并非良民,与无端肇衅、平空讹诈者不同,刘小保应照"刁徒平空讹诈、致被诈之人自尽绞候"上,量减满流。

安徽司 ○ 嘉庆二十四年

提督咨送:郭大起意纠同李四等掉换当物,讹诈当铺钱文,因其不给,遂令李四赴官喊告。经该铺伙畏惧,给钱寝事。嗣该犯等另向当铺讹诈四次,实属恐吓取财。核其所讹钱文,计赃均在一两以下,应从一科断,将郭大依"恐吓取财、计赃准窃盗加一等、于窃盗赃一两以上杖七十律",加一等,杖八十,免刺。该犯讹诈多次,为害闾阎,再加枷号一个月。李四等均依"为从"减一等,杖七十。

山西司 ○ 嘉庆十九年

晋抚题:侯同乐子引诱刘成娃宿娼,因刘成娃家道殷实,串通杨攀寿等设计诈钱,勒写借约,嗣向索不给,将刘成娃殴死。原拟斗杀绞候,声明请旨即行正法。部改"恶棍设法索诈不遂、竟行殴死例"斩候。

四川司 ○ 嘉庆二十三年

川督咨:李相权藉端讹诈彭受先钱文,彭受先情急身死。查彭受先嘱央李相权作词,诬告王之良为窃,其时该犯并不知彭受先诬告。旋遇王之良以误买赃衣相告,该犯知系彭受先有心诬窃,曾代作呈词。起意诈钱使用,尚属事出有因,与无端肇衅者不同。惟彭受先自缢,究由该犯讹诈情急所致。例无作何治罪明文,将李相权于"刁徒无端肇衅、平空讹诈、致被诈之人因而自尽拟绞例"上,量减一等,满流。

四川司 ○ 嘉庆二十五年

川督咨:漆兴椿因见无服族侄漆大科向刘邢氏调奸,刘邢氏不依喊骂,漆兴椿将其拿住,勒令给钱方肯了事。漆大科许给钱十六千文,始行释放。漆大科被诈,情急自尽,应比照"刁徒平空讹诈、致被诈之人自尽绞候"上,量减一等,满流。

湖广司 ○ 嘉庆二十五年

北抚咨:徐世远窝留魏么行窃分赃,魏恒因徐世远之兄徐世有未经送究,藉端讹诈,致徐世有之妻陈氏情急自尽。惟徐世有于伊弟窝匪本已失察,魏恒向其讹诈,究非无端肇衅,应比照"刁徒平空讹诈、致被诈之人自尽绞候"上,量减一等,满流。

湖广司 ○ 嘉庆十八年

南抚题：蔡正帮于潘钲加捉获奸拐伊妻之田红溃，剪辫释放，与蔡正帮毫无干涉。因潘钲加懦弱可欺，带同其子，将潘钲加捆缚吓诈，致潘钲加情急自尽，将蔡正帮依“棍徒扰害例”拟军。本部驳令改照“刁徒无端肇衅、平空讹诈、欺压乡愚、被诈之人自尽例”拟绞监候。

江苏司 ○ 嘉庆二十四年

苏抚咨：逃徒谈三戳伤蒋克明。查谈三因窃拟绞，缓决减军，遇赦减等，在配逃回，向蒋克明借钱不遂，用刀戳破蒋克明衣服拟杖，仍发原配，从新拘役。在配复逃回籍，蒋克明适与撞遇，虑其记恨报仇，即行扭获，欲图送究。谈三情急，拔刀戳伤蒋克明并帮获之张齐玉，二人平复，将谈三比照“棍徒”量减拟徒。

湖广司 ○ 嘉庆二十四年

北抚咨：革监涂增藻在庙看戏，因县委弹压之典史范炽饬令跟役稽查喧挤，涂增藻误为范炽吆喝，即向争闹。迨范炽详究涂增藻即架词擅受各款，具控搪抵。经县提讯，涂增藻复于公堂肆意咆哮，除范炽违例擅受业已革职外，将涂增藻比照“棍徒”量减拟徒。

直隶司 ○ 嘉庆十九年

奉尹咨：张俊保与张孝之妻郑氏通奸，商同氏母谋娶为妻。经氏母逼令张孝休弃，迎娶成婚。张孝邀同贺宗孝往向理论，该犯复将贺宗孝揪扭。原拟郑氏既非良妇，未便按强夺良家妻女科断。其愿从为妻，即与和诱无异，照“和诱知情例”拟军。郑氏减等拟徒。郑陈氏听从张俊保许财逼勒休书，应照“不应”重杖。

部议：该犯谋娶郑氏，许给郑陈氏财礼，嘱令张孝休弃，情非和诱。惟本系奸淫罪人，辄敢商同郑陈氏逼令本夫休弃，复与贺宗孝揪扭，改依“棍徒扰害”拟军。郑陈氏逼勒伊婿休弃，恩义已绝，屡次捏词诬控，应依“为从”满徒。

安徽司 ○ 嘉庆二十一年

安抚咨：宋潜挟嫌诬告大功兄宋实颖、宋加樑跨籍朦捐，致令俱被讼累，抱忿成病，均系抬回身死。二人俱系该犯大功服兄，与诬告平人在外身死不同。惟该犯叠次挟嫌，造伤诬告，并纠众登门寻闹，复自装伤捏告，实与棍徒扰害无异，宋潜应依“棍徒扰害例”拟军。

江苏司 ○ 嘉庆二十年

苏抚奏:周幅观所种禾稼,均属有收。该犯自行变卖食用,嗣因无力完漕,听从施朗观入城禀求,其意止图缓征,并非抗粮。迨至前厅周垣寓所,欲进内面禀,被家人陈顺拦阻,致相揪扭,亦非哄闹公堂。惟因书史檀秀芳、朱南枝以例无米贵缓漕之言向斥,辄敢迁怒,即与施朗观等将两家门窗什物,肆行打毁,实属逞凶,将周幅观照"棍徒扰害"拟军。施朗观等减一等,拟徒。

浙江司 ○ 嘉庆二十年

浙抚咨:王阿超与周良成等抢夺李明宇谷石洋钱,又将李明宇拉至周良成家,关禁勒赎,经官访获,将王阿超依"棍徒"拟军。周良成等依"为从"满徒。

安徽司 ○ 嘉庆二十年

安抚题:王秀挟嫌串同捕役朱正,嘱令刘绍南诬控王勉买赃,致王勉之子王景运戳死朱正,将王景运依"擅杀罪人"拟绞具题。

本部以衙役虽经奉票,如有籍差吓诈情事,致被殴毙者,各照"平人谋故斗杀本律"科罪。今王景运戳伤捕役朱正身死,虽事由朱正图诈起衅,第系奉有官票,并非假差,亦未便科王景运以擅杀之条驳饬。

旋据遵驳更正,将王景运改依"藉差吓诈、致被殴毙本例"拟绞监候。王秀挟王勉自设渡船、占其生意之嫌,起意串同捕役朱正,嘱令刘绍南诬控正[③]勉买赃,希图拖累,以致王勉之子王景运抱忿戳伤朱正身死,实属险恶,将王秀比照"棍徒"拟军。刘绍南听嘱诬扳,于王秀军罪上,减一等,拟徒。

安徽司 ○ 嘉庆十九年

安抚咨:外结徒犯内崔恺因与石登书之妻通奸,该氏畏夫责打逃出,崔恺容留在家奸宿。后闻石登书有卖休之语,即图买作妾,不给身价,依"棍徒"量减满徒。

江苏司 ○ 嘉庆十九年

江督奏:胡容贵因董捷高藉荒纠众,强索铺户钱文,饬差拘拿拒捕。经该县亲往弹压,获犯审讯。恃众袒护,出言挟制,以致旁观之人随声附和,同时喧哗,几致酿成重案,比照"棍徒扰害例"拟军。

广东司 ○ 嘉庆十八年

广东抚咨:苏广华掳捉无服族弟苏峻登勒赎,比照"亲属相盗、尊长犯卑幼、于勒赎初犯为首斩候罪"上,减一等,满流。

直隶司 ○ 嘉庆十八年

直督题:史学因子史万镒强奸赵雨幼女真姐已成,畏罪自尽。史学以子死家贫,欲图诈钱营葬,致赵雨抱忿自缢,将史学依"刁徒平空讹诈、致被诈之人因而自尽、拟绞监候例"上,量减拟流。本部驳令改照本例,拟绞监候。

校勘记:

①其:据《续四库全书》本应作"具"。

②室:据《续四库全书》本应作"空"。

③正:据《续四库全书》本应作"王"。

《刑部比照加减成案》卷九

刑律贼盗

诈欺官私取财

略人略卖人

刑律贼盗

诈欺官私取财

贵州司　○　道光二年

中城移送：王殿元怂令王泳和典倒钱铺，因见所存本钱无几，不敷开发，遂起意商同张三将铺关闭。虽系有心诓骗，究因本钱太少，难以开发尚属事出有因，亦未侵吞入己。该犯亏缺钱数计银在二百二十两以上，王殿元应于“钱铺管事之人、起意诓骗、数逾一百二十两以上、发附近充军罪”上，量减一等，满徒。

山西司　○　嘉庆二十五年

晋抚咨：王四、张四身充门丁，因刘明质报充盐商，奉文行查，辄敢商同指官撞骗刘明质银二千七百两。惟一闻本官欲将刘明质解赴河东，即令退还原银，究属赃未入手，王四、张四均应照“指称打点名色、诓骗财物拟军例”上，量减一等，满徒。

直隶司　○　嘉庆二十三年

直督咨：外结徒犯内龚鸣凤听从苏洛云代荐枪手，辄图利辗转说合，雇觅苏洛云顶名入场。龚鸣凤、李秉义实止听从代雇，讯无包揽情事，应于“包揽之人与枪手同罪拟军例”上，量减一等，满徒。

直隶司　○　道光元年

直督咨：任邱县皂役范东来因金鹏飞违例朦考，该犯藉称打点，诓骗银一千两，未经收受，依“指称衙门打点名色、诓骗财物拟军例”上，量减一等，满徒。

安徽司　○　嘉庆二十一年

东城咨送：姜佩安将自置坍塌房间废契影射富宅，押给萨宅，借得京钱三百三十吊。惟系对铺收租，已陆续还过京钱九十一吊，与平空设局诓骗者有间，将姜佩安于“诓骗满流”上，量减一等，满徒。

江西司 ○ 嘉庆二十年

江西抚咨：外结徒犯内王正光依"随棚代考枪手"拟军加枷，系闻拿投首，减一等，杖一百，徒三年。廪生曾光显明知枪手冒保入场，赃未入手，已有确数，照"枉法赃"，无禄人减一等。

广西司 ○ 嘉庆十八年

广西抚咨：叶元枝带病进场，与黄浒连号，嗣叶元枝忽然呕吐，支持不住，私向黄浒商量雇倩代作，许以如能入学谢银四十两。黄浒应允，正与代作，即经查出拿获，将黄浒、叶元枝均依例拟军。

本部以黄浒既据该抚审明，并非积惯枪手，与叶元枝素不认识，其因场内坐号相连，适叶元枝病发，雇倩代为作文，究属偶然会遇。若竟依律枷号拟军，似与在外营干顶名入场者未免无所区别，黄浒、叶元枝应于"代倩已成、枷号三个月充军、雇倩之生童与枪手同罪例"上，各减一等，满徒。

山西司 ○ 嘉庆十八年

晋抚咨：吴辅清诬告乔发文撞骗银五百两，于未经审讯之先，投递悔呈，于"诬告指称衙门打点名色、诓骗财物、犯该徒罪以上拟军例"上，量减一等，满徒。

河南司 ○ 嘉庆十八年

河抚咨：外结徒犯内雷季先因吴法用雇倩赵老玉顶名入场换卷，雷季先图谢作保，于赵老玉等军罪上，量减一等，满徒。

福建司 ○ 道光二年

福抚奏：知县秦友苏与游击许双冠互讦。案内之府司狱刘文焕奉委密查，并赍带告示到县，既知秦友苏浮折属实，即应遵札贴示，乃羁留数日，始则私向秦友苏将密示泄漏，继复自写私信，札致秦友苏回县相商。核其信内语句，调停说合，隐约其词，是其意图诓骗得财藉以周旋，情弊显然。若比照"规避处分、诓骗未有定数例"止杖责，不足示惩，将刘文焕比照"指称规避处分、诓骗未成、议有定数、财未接受、杖一百、徒三年、枷号两个月例"拟徒，系职官，免其枷号。

江苏司 ○ 嘉庆二十四年

苏抚咨：丁泳春因被耿育仁诱骗鸡奸，许银不给，乘间将托管箱物，捲取走逃。计赃四百八十余两，皆由耿育仁奸骗所致，与寻常窃盗不同，将丁泳春比照"拐带人财物、计赃准窃盗论”拟流。

山东司 ○ 嘉庆二十一年

提督咨：许桌高偷窃伊师铺内缎疋等物，计赃二十两以上，该衙门以许桌高系王著元之徒，有犯应照大功科断，计赃拟笞五十。

本部以徒窃师财，例无减等之文，学业之徒与师既无服制，不得滥引宽减。惟许桌高将伊师所交货物挪用，即与诈欺官私取财无异，将许桌高依“诈欺官私取财计赃”拟杖九十。

山东司 ○ 嘉庆二十年

按察司奏：已革保正李林帮办编查保甲，辄乘该县患病，起意舞弊，将该庄病故逃亡一百九十二户，仍造入册内，并添捏诡名一百七十户虚票，于初赈二赈冒领银一百二十九两。若依“冒支军粮入己、军已逃故、不行扣除、照常人盗仓库钱粮论、并部内遇有灾伤、里长甲首朦混供报害民”均罪止拟徒，应比照“诈欺官私取财律”杖一百，流三千里。

略人略卖人

湖广司 ○ 嘉庆十八年

北抚咨：沈开科听从邓双等，积惯窝囤嫁卖妇女，并非伙众开窑，例无专条，比照“和诱知情为从满徒”上，量减一等，杖一百，流二千里。

山西司 ○ 嘉庆二十年

直督咨：赵玉奸拐刘陈氏，系本夫纵奸，赵玉依“和诱知情拟军例”上，量减一等，满徒。该犯本系兵丁，因误差革退，复犯奸拐，应加一等，杖一百，流二千里。刘陈氏于满徒上，减一等，杖九十，徒二年半。

山西司 ○ 嘉庆十九年

晋抚题：赵韩氏因不生育，偷抱幼孩，欲为子嗣，因幼孩啼哭，虑被听闻，用手按口，致气闭身死，原拟依“斗杀律”绞候，驳改“略诱良人为子孙因而杀人律”斩候。

山东司 ○ 道光元年

东抚咨：外结徒犯内孙玉将杜了之妻萧氏诱拐，意图嫁卖。第闻杜了访查紧急，即将萧氏送至杜了母舅家，转送杜了收领。其畏法悔过，究与拐逃无踪者有间，于“和诱知情为首军罪”上，量减一等，满徒。

浙江司 ○ 嘉庆二十四年

浙抚咨：徐思成奸拐韩荣之妻潘氏同逃，经伊父徐世林查知，韩荣欲告，即将徐思成追交，与犯罪知人欲告而自首之律相符，将徐思成依“和诱知情为首拟军例”上，减二等，杖九十，徒二年半。潘氏依被诱之人满徒。

奉天司 ○ 嘉庆二十四年

提督咨送：徐大因与王氏通奸情密，商同王山儿将其拐出，送至王氏母家暂住，意图迟日带回。嗣闻本夫魏四找寻不见涉讼，该犯畏惧，令王山儿带同其子虎儿前往接回送还。因王氏患病未回，复闻魏四呈告送部，该犯愈加恐惧，与王山儿并虎儿同去，将王氏接回，又因中途遇雨，未经将王氏送还本家。惟业已带领虎儿与其母王氏见面，即与知人欲告首还无异，将徐大比照“知人欲告而于财主处首还者减罪二等律”，于“和诱知情拟军罪”上，减二等，杖九十，徒二年半。王山儿为从，与被诱之王氏均于首犯徐大罪上，减一等，杖八十，徒二年。

江苏司 ○ 嘉庆二十三年

苏抚咨：朱大狮子与王氏通奸拐逃，伊弟朱二闻知王郑氏报案，旋即投保访闻，差缉获解，与知人欲告自首无异，将朱大狮子于“和诱知情为首军罪”上，减二等，杖九十，徒二年半。王氏拟杖八十，徒二年。

直隶司 ○ 嘉庆二十三年

直督咨：刘根诚与张孝之妻何氏通奸，何氏因伊夫禁止往来，央求伊父何九生带领同逃，寄信刘根诚前往居住，非该犯起意拐逃，将刘根诚依“和诱知情为首军罪”上，量减一等，满徒。何氏于刘根诚例上，减一等，杖九十，徒二年半。

直隶司 ○ 嘉庆二十五年

直督咨：外结徒犯内吴大有与许董氏通奸，后因本夫许添祥出外，辄将该氏拐至家内奸宿。闻本夫查知被控，即令该氏回归，尚有畏法之心，将吴大有于“和诱知情为首军罪”上，量减一等，满徒。许董氏于满徒上，减一等，杖九十，徒二年半。

浙江司 ○ 道光二年

浙抚咨：外结徒犯内姚一青将无服族人姚田氏诱典与陆金魁为妻，系本夫姚遇良自行交托寻工，觅无雇主所致，与平空诱拐者有间，将姚一青照“和诱知情为首军罪例”上,量减一等,满徒。姚田氏系被诱之人减等例,杖九十,徒二年半。

直隶司 ○ 道光二年

西城移送:王五因私向马氏借当其后夫脱僧衣物,经脱僧查知,逼令马氏取讨无偿,将马氏打骂,马氏被殴难堪,起意逃走,仍跟前夫黄玉过度。该犯希冀马氏逃后,所借当物便无对证,可以赖欠,并可令伊表兄黄玉完聚,随约期往接马氏逃走,与实在和诱者有间,将王五依“和诱知情为首军罪”上,量减一等,满徒。马氏应减一等,杖九十,徒二年半。讯明无宗可归,当官嫁卖。惟查该氏所生幼子,年甫周龄,若将该氏当官嫁卖,势必母子分离,在马氏系卖休之妇固不足恤,惟年甫周龄之幼孩骤夺其母,必致失所。且该氏前夫卖休之由,实因贫病交迫,出于无奈,衡情定断,应将马氏仍给前夫黄王[①]完聚,以昭矜恤。

直隶司 ○ 道光二年

顺尹咨:扰害案内之励幅儿与常石氏通奸,被王文昭撞遇欲殴,起意将常石氏诱至伊家躲避,并未拐逃出境,将励幅儿依“和诱知情为首军罪”上,量减满徒。常石氏照“为从”减等,杖九十,徒二年半。

河南司 ○ 道光二年

河抚咨:外结徒犯内杨三禄与无服族兄杨三福之妻杨王氏通奸,因奸怀孕,虑恐败露,潜逃该犯家相依,并非该犯拐逃。惟该犯既将王氏捏为妻室,留与同居,未便仅科奸罪,将杨三禄于“和诱知情为首军罪”上,量减一等,杖一百,徒三年。杨王氏依“为从”减一等,杖九十,徒二年半。

湖广司 ○ 嘉庆二十一年

江督咨:安冯氏系安申氏次子未婚之妻,童养多年,恩义本重,安申氏因次子夭亡,将冯氏改嫁与张文仓为妻,复起意将冯氏拐卖。例内并无故夫父母诱拐已经遣嫁之媳治罪专条,应照“和诱知情”酌减问拟。该氏畏罪自尽,其子安太讯系知情,俟获日照例治罪,冯氏仍照“被诱之人减等”拟徒。

山东司 ○ 嘉庆二十四年

东抚咨:郭存智因见同姓不宗之郭氏在陈付家卖娼,即将郭氏诱卖与人为妾,仍嘱越日逃回,情同诓骗。惟郭氏究系被该犯和同诱拐,未便转引诓骗之条,郭氏系卖娼之妇,亦与良民不同,将郭存智依“和诱知情为首军罪”上,量减一等,杖一百,徒三年。

山西司 ○ 嘉庆二十四年

晋抚奏:已革未入流丁荣将内侄女张女子捏作使女,卖与徐沟县门丁陈升为妾,并未向张女子告知实情,与设计诱卖者无异。第张女子自幼父母双亡,托交该员恩养年久,且其母临终时,言明长大成人,听凭择配。若照"常人诱拐"拟绞,未免无所区别,将丁荣于"诱拐绞罪例"上,量减一等,满流。惟丁荣身系职官,将内侄女捏称使女,价卖与长随作妾,殊属卑鄙,请旨发往新疆充当苦差;张女子另行择配。

山西司 ○ 嘉庆二十五年

提督咨:程进忠因范氏托伊寻觅佣工地方未妥,并不即时送回,辄商同范氏潜逃居住,计期已及一载有余,系属和诱。惟程进忠身系太监,其和诱郑范氏仅图服事起意,并无别故。迨因贫苦不能养赡,范氏欲觅伊夫郑六,即将范氏送回夫家,情尚可原,应于"和诱知情军罪"上,量减一等,满徒,札发顺天府定地充徒。郑范氏为从,减一等,徒二年半。

直隶司 ○ 嘉庆二十二年

直督咨:许景瀊与月娥通奸情热,主令赵大名将月娥拐至家内。惟查月娥属娼妓,未便与奸拐良妇一律拟军,许景瀊合依"和诱知情为首拟军例"上,量减一等,满徒。赵大名听从主使,应与月娥均照"为从"杖九十,徒二年半。

云南司 ○ 嘉庆十九年

北城移送:张二奸拐李宗氏,讯因李宗氏夫故,与张二同主佣工,调戏成奸,移往同住。嗣因不能养赡,复将宗氏媒合,嫁与李三为妻。迨李三外出,该犯复携带宗氏另住,较与有心奸拐有间,于"和诱军罪"上,量减一等,满徒。

江苏司 ○ 嘉庆二十年

苏抚题:许添沅拐卖张徐氏未成,被诱之人不知情,应拟绞候;闻拿投首,应减一等,满流。

江苏司 ○ 嘉庆二十二年

提督咨送:杨二先与周氏通奸,系本夫李仁纵容,嗣李仁将周氏卖休与杨二为妻,其幼女喜儿,周氏带往抚养,并非李仁一并卖与杨二。周氏系卖休之妇,律应离异,伊女喜儿与杨二应同凡论。杨二将喜儿卖为使女,仅止交给媒人,尚无买主,杨二应于

“略卖良人为奴婢杖流律”上，量减一等，满徒。

山东司 ○ 嘉庆十八年

东抚题：张伦扎死刘名祥。案内张文玉和卖小功侄孙童养之妻吕氏，属令刘名祥领卖。刘名祥将吕氏价卖为婢，张文玉止系起意价卖，其卖为婢，实系刘名祥专主，将张文玉照“和卖缌麻以上亲之妻为婢满徒律”上，量减一等，杖九十，徒二年半。

奉天司 ○ 嘉庆十九年

奉尹咨：李学贵因高氏被正妻凌虐逃出，与该犯途遇，诱拐同逃。高氏旋与李学贵素好往来之李明通奸，又被李明拐逃，李学贵依“和诱”量减满徒。李明照“诱拐为从”杖九十，徒二年半。

江苏司 ○ 嘉庆二十三年

苏抚咨：外结徒犯内史发将出嫁胞姊史氏诱逃，卖与黄松茂为妻，系降服大功，例无专条。第卖为奴婢，既同凡论，则卖为妻妾，亦应照“和诱良人为妻妾律”杖九十，徒二年半。

江西司 ○ 嘉庆二十三年

江西抚咨：张文佩因闻陶和茂窝顿闵腾鳌兴贩犯奸之妇叶氏，起意纠抢，误将陶和茂之妻喻氏一同抢去。后因喻氏哭诉，该犯始知误抢，辄用言吓禁嫁卖，即与略卖无异，将张文佩照“诱拐妇女典卖与人为妻、被诱之人不知情例”拟绞监候。李坤等听从抢夺，照“诱拐为从”满流。

直隶司 ○ 道光二年

直督奏：霍大麻子图骗钱文，将刘唤姐指卖，致刘唤姐闻知，羞忿自尽。查霍大麻子因李二托其买妾，辄捏称刘路氏愿将孙女刘唤姐给人为妾，托其价卖，以致刘唤姐闻知，气忿自尽。该犯只系向李二谎指空言，图骗钱文，并非设计诱卖，将霍大麻子比依“略卖良人为妻妾、因而杀人斩候律”上，量减一等，满流。

浙江司 ○ 道光二年

北城移送：王二因已经出嫁之女五儿被夫休回，并不另配，图得身价钱文，卖给赵张氏为义女。例内并无和卖子孙与人作为义女治罪明文，应将王二比照“略卖子孙为奴婢杖八十、和卖者减一等律”上，再减一等，杖六十。

浙江司 ○ 道光二年

浙抚咨:外结徒犯内闻上达诱卖三姑为婢。查闻上达因三姑之母吕杨氏,托交傅革玉转托该犯找主,该犯乘机诱卖,与凭空诱拐者有间,将闻上达照"和诱知情为首军罪"上,量减一等,拟徒。三姑依被诱之人,减一等,杖九十,徒二年半。

浙江司 ○ 嘉庆二十四年

浙抚咨送:周仲山嫁卖养媳夏氏。查周仲山先聘夏氏为媳,立有婚书,过门童养,名分已定,乃因夏氏双目患障,将夏氏捏作己女,转卖与蔡善庆为媳,将周仲山比照"略卖子孙之妇为奴婢律"上,减一等,杖七十,徒一年半。邬长春明知周仲山将媳转嫁,图分财礼,冒名为媒,应照"为从律"杖六十,徒一年。夏氏给伊父领回,听其另行择配。蔡善庆讯不知情,应免置议。

直隶司 ○ 嘉庆二十五年

直督题:杨二小因裴赶营明知刘氏系该犯之妻,用财买娶,本属有罪之人。该犯用鸟枪将其放伤身死,应照"擅杀罪人"拟绞监候。刘五将期亲出嫁降服大功之侄女杨刘氏,和卖与裴赶营为妻,例无明文,应按凡人科断,将刘五依"和诱人卖为妻妾律"杖九十,徒二年半。被诱之杨刘氏减一等。

江苏司 ○ 嘉庆二十年

苏抚咨:马启安抢夺稍贩妇女,因例无专条,咨请部示。本部查妇女首重名节,甘心任听贩卖转嫁,两易其夫,即不得谓之良妇,一经匪徒纠抢,自应比照科断。本部查嘉庆十七年湖北省咨熊三元等抢夺高贵所贩妇女一案,比照"伙众抢夺犯奸妇女"发遣等因在案,核与马启安之案,情事相同,自应将首犯比照"聚众伙谋抢夺曾经犯奸妇女已成例",发回城给伯克回子为奴;为从,拟以杖流。

江苏司 ○ 嘉庆二十二年

苏抚题:张贵略卖子女,洪老七不知拐情,买为养媳。旋向被拐之许女子问出被拐情由,洪老七恐许姓找寻不依,即将许女子转卖与人为义女,情同兴贩,洪老七应比照"兴贩子女与他人为子孙例"满徒。

安徽司 ○ 嘉庆十九年

安抚咨:郑兴瀓因伊弟郑德瀓诱拐张氏嫁卖,嘱该犯送往,讯未同诱分赃,惟不查来历,听嘱帮送。例无明文,比照"并无和同诱拐、暂容留数日例"枷号发落。

浙江司 ○ 嘉庆二十一年

浙抚咨:徐贵奸拐家长之妾谢氏。查雇工奸拐家长之妾,例无专条,将徐贵比照“略卖家长之期功以下亲属、和者发遣例”,发极边足四千里充军。

广东司 ○ 嘉庆二十年

广东抚题:余林氏听从李亚邦,诱拐旧主朱许氏功服侄女谭亚娇,例无专条,依“凡人诱拐为从律”拟徒。

山东司 ○ 嘉庆二十一年

东抚咨:姜才子奸拐义妹张氏同逃。查例无奸拐义妹治罪明文,应以凡论,将姜才子依“和诱为首”拟军。张氏减一等,满徒。

湖广司 ○ 嘉庆二十一年

北抚咨:逸犯李光魁诱拐邓谭氏,卖与张榜安为妻。邓谭氏被诱改嫁,旋因思念伊子,心生追悔,告知娶主,经张榜安呈首,该氏应准免罪。

福建司 ○ 嘉庆二十二年

提督咨送:杨名子因三儿之母王王氏曾两次托伊妻刘氏,代三儿找主安身,该犯遂将三儿带出,捏造三儿之父王恒太出名价卖字据,转辗售卖。其事尚出有因,究与诱拐略卖人有间,杨名子应于“和诱知情为首军罪”上,量减一等,满徒。

校勘记:

①王:据《续四库全书》本应作“玉”。

《刑部比照加减成案》卷十

刑律贼盗

发冢

刑律贼盗

发冢

江西司 ○ 道光元年

江抚题：张氏因与张观受并夫前妻之子宁广受通奸，致张观受妬奸，将宁广受故杀。该氏商同残毁死尸，到官顶认拒奸致毙。虽讯无预谋加功，第其淫凶狡悍，未便照"毁死尸律"拟流收赎，应实发驻防为奴。

河南司 ○ 道光二年

河抚题：苏七刨窃郭得时等坟冢，剥取尸衣至七次之多，凶残已极，将该犯依"发掘他人坟冢、开棺见尸律"拟绞监候，从重，拟以立决。

江苏司 ○ 嘉庆二十二年

苏抚咨：县役顾华奉差看押犯奸之陈步堂，并不小心看守，致令坠链自尽，又不据实禀报，辄图免究，移尸捏作脱逃，比照"地界内有死人、不报官司检验、辄移他处律"杖八十，再加枷号一个月。周华等听从移尸，于顾华罪上减一等，杖七十，酌加枷号一个月。

四川司 ○ 嘉庆十九年

川督题：孙癸娃因伊嫂与陈纬通奸谋杀伊胞兄，该犯被胁听从埋尸灭迹。查毁缌麻以上尊长死尸，罪应拟斩；弃而不失，减一等；为从，又减一等，应拟满徒。惟该犯于伊嫂杀死胞兄，并不首告，反随从弃尸，应酌加一等，杖一百，流二千里。

山西司 ○ 嘉庆二十一年

提督奏：侯四起意纠同金大发掘僧塔，偷窃盛骨磁罐。砖塔系僧人安放磁罐之所，与常人坟冢无异，将侯四依"发冢开棺见尸律"拟绞监候。该犯发掘塔内所葬骨殖百数十具，几于弃毁殆尽，残忍已极，应请旨即行正法。

江苏司 ○ 嘉庆二十一年

苏抚咨:外结徒犯内刘步书将家奴李明得未埋尸棺盗开图诈。查李明得系刘步书家世仆,惟例内并无家长盗奴婢之子孙未埋尸棺治罪明文,刘步书应比照"听从缌麻尊长盗卑幼未埋尸柩、开棺见尸者、依发卑幼坟冢开棺见尸满徒"上,减一等,杖九十,徒二年半。

湖广司 ○ 嘉庆二十三年

南抚咨:文相辅听从胡晚行窃旷绍美家,因火煤未经踩熄,以致延烧事主房屋尸棺。讯系一时失火,并非有心放火。惟因行窃,以致烧毁事主尸棺,法难轻纵,将文相辅比照"残毁他人死尸律"满流。

广东司 ○ 嘉庆二十四年

广东抚题:黄中举纠众发掘谢黄氏坟冢,盗骸勒赎,未经得财。查例内并无盗骨勒赎治罪明文,核与发冢起棺、索财取赎相同,将黄中举比照"纠众发冢起棺、索财取赎、未经得财律"拟斩立决。

广东司 ○ 嘉庆二十三年

广东抚咨:外结徒犯内严映光等听从严茂堂,发掘金氏坟冢。严映光等仅止被胁帮抬,并随同发掘,将严映光等比照"地界内有死人不报官司、而辄移他处埋藏律"杖八十。

江西司 ○ 嘉庆二十五年

江西抚咨:外结徒犯内陶佑名欲葬父棺,误认梁周氏穿陷坟冢为伊家废穴,挖土探视,因冢内棺木年远,朽烂无存,该犯挖至圹灰钉钚,即行歇手,应依"发年久穿陷之冢、未开棺槨例"满徒。

直隶司 ○ 嘉庆二十五年

直督奏:刘志智不候结案,辄将检过之白士能尸匣,移抬出铺,以致骨殖失少,应比照"地界内有死人、辄移他处残毁者"杖六十,徒一年。

直隶司 ○ 嘉庆二十年

直督咨:吴皮敬偷窃韩霍氏等浮厝尸棺,凿孔窃取首饰,虽未开棺见尸,第迭窃在三次以上,查盗未殡未埋尸棺,未开棺槨者,定例罪止满徒。此案情节较重,应比例问拟,吴皮敬比照“发冢见棺、锯缝凿孔抽取衣物首饰、并非显露尸身者”发近边充军,刺字。

直隶司 ○ 嘉庆二十一年

直督奏:高学儿等发掘李来城尸骨。案内之李洛盛系李来城义父,例内并无义父发掘义子坟冢治罪明文,李洛盛比照“发掘期亲卑幼坟冢见尸律”杖七十,徒一年半。

直隶司 ○ 嘉庆十九年

直督咨:李昭晖因被控经县传讯,该犯不服拘拿,复恐到官受罪,将祖母停棺旧有开裂处所,撬损图赖,比依“盗祖父母未埋尸柩、未开棺椁例”拟军。

江西司 ○ 嘉庆十八年

江西抚咨:外结徒犯内周绍先图卖坟地,发掘八世祖周训夫妇年久穿陷坟冢,例无明文,比照“子孙盗祖父母未殡未埋尸柩、开棺见尸律”拟斩立决。周祥占等系别房支裔,听从帮刨,依“发年久穿陷之冢、开棺见尸为从一次例”总徒四年。

江苏司 ○ 嘉庆十八年

苏抚咨:外结徒犯内张富观误听伊妻病中谵语,疑系僵尸,将张维凝浮厝尸棺撬开棺盖,尚未见尸,张富观比照“盗未殡未埋尸柩、未开棺椁例”拟徒。

奉天司 ○ 嘉庆十八年

奉天府咨:慰德砍挖刘班氏未埋尸棺,掏窃衣饰,并未显露尸身,与盗未埋尸柩、开棺见尸不同。与发冢见棺、锯缝凿孔有间,比照“发冢见棺、锯缝抽取衣物例[①]、发极边充军例”上,量减一等,满徒。

江苏司 ○ 嘉庆十九年

苏抚咨:李张氏听从伊夫,盗雇主期亲服属未埋尸柩。例无明文,惟雇工人发掘家长坟冢,开棺见尸为从,与有服卑幼发掘尊长坟冢,开棺见尸为首,罪名相同。则雇工盗开家长期亲未埋尸柩见尸为从,似应比照“期功卑幼盗尊长未埋尸柩、见尸为首”发极边烟瘴充军。

安徽司 ○ 嘉庆二十一年

安抚咨:吕海青挟吕怀珍不允借贷之嫌、将野兽残食之尸头、弃置吕怀珍园内移害一案,将吕海青比照“弃他人尸于水中、弃而不失律”满徒。

广西司 ○ 嘉庆二十二年

广西抚咨：黄有新喝令黄扬等放枪，致将匪徒梁蛮、邱亚仁、陈老三放伤毙命。查梁蛮邀同邱亚仁、陈老三等抢卖妇女已成，并挟保正黄有新捕送之嫌，捉拿勒赎，均罪犯应死。黄有新本有应捕之责，因梁蛮等拒捕，喝令黄扬等施放鸟枪，致毙梁蛮、邱亚仁、陈老三三命，实属擅杀应死罪人。复因梁蛮等系悬赏缉拿之犯，令黄扬等将尸头割落，意欲赴官请赏，迨闻毁尸有罪，将头置放而逸。该抚将黄有新依"残毁他人死尸律"满流、黄扬等减等拟徒咨部。

本部以黄有新令黄扬等割落尸头，意在请赏，与怀仇恨逞凶残毁者不同，将黄有新改于"毁弃死尸满流律"上，减一等，满徒。黄扬等为从，减一等，杖九十，徒二年半。

浙江司 ○ 嘉庆二十五年

浙抚咨：李刘氏之故夫白契所买婢女彩宝恩养未久，未配室家，应以雇工人论，李刘氏将其殴伤，在正馀限外身死，殴非折伤，律得勿论。惟烧尸灭迹，弃骨水中，例无家长毁弃雇工人死尸作何治罪明文。查家长殴雇工人致死，与伯叔殴杀侄同科满徒，家长毁弃雇工人死尸，自可比照问拟，李刘氏应比照"毁弃缌麻以上卑幼死尸、各依凡人递减一等律"，于凡人满流罪上，减四等，杖七十，徒一年半。

陕西司 ○ 嘉庆二十二年

陕抚题：马成贵因伊家宅不安、伊妻患病沉重，疑系已死雇工陕贵及借葬伊地之杜贺氏阴魂作祟，先将陕贵坟角刨掘窟窿，用灰水灌入镇压，复将杜贺氏坟冢刨掘烧尸，殊属妄诞。例无专条，将马成贵比照"指称旱魃刨坟掘尸例"，为首照"发冢开棺见尸律"拟绞监候；讯无嫌隙，秋审入于缓决。

陕西司 ○ 嘉庆二十二年

陕抚题：李家果因母棺停放屋内，适房樑断折，将棺盖压破，该犯即由棺盖破处，抽取棺内浮盖衣裙，意欲当钱买棺另殓。虽系情切殓母，与盗取有间，究属忍心害理。例无父母棺被破压、其子抽取棺内浮盖衣裙、欲行卖钱买棺另殓作何治罪明文，将李家果比照"子孙盗父母未葬未埋棺槨、事属已行、确有显迹拟绞例"上，量减一等，满流。

湖广司 ○ 嘉庆二十二年

湖督咨：王逢世于久经合族议禁不许添葬之祖山坟地，辄因图谋风水，将父棺切近远祖坟旁盗葬，致被族人王耀林等掘移他处，将王逢世比照"切近坟旁盗葬尚无侵犯、致被地主发掘例"满徒。王耀林等不候审断押迁，辄行发掘，照"地界内有死人、不报官司、辄移他处律"杖八十。

江苏司 ○ 嘉庆十八年

苏抚题：张张氏听从吴毛七，发掘何锦堂家祖坟三冢。何刘氏一冢，业已开棺见尸；何徐氏、何陵氏二冢，石坑已开，露出二棺朽烂，骨殖无存。声明若尸骨尚存，亦已暴露，即与见尸无异，将张张氏从一科断，依"为从一次例"拟军。本部驳令改照"为从例"拟绞监候。

安徽司 ○ 嘉庆二十三年

江督咨：马利贞因公共祖坟向不禁止添葬，在于祖坟余地内挖圹葬亲，以致误伤无服族祖棺角，与有心发掘者有间，将马利贞照"发掘他人坟冢见棺满流律"上，减一等，满徒。

江苏司 ○ 道光元年

苏抚题：唐自谦与子唐万庆纠人发掘雇主阮钟瑗家祖坟五棺，撇撒骨殖。该犯系雇给阮钟瑗家看管坟茔，依"雇工发掘家长坟冢、毁弃撇撒死尸者"，不分首从，拟斩立决。该犯等迭次发掘，凶残已极，应加枭示。唐自猛身充乡地，于发掘重情知而不拿，迨事主查获向告，犹不协报，以致伙犯远扬，比照"知情藏匿罪人、减罪人罪一等律"上，量减一等，满徒。

陕西司 ○ 嘉庆二十四年

陕抚咨：姚德茂因子媳刘氏物故棺殓时，氏父勒逼将伊父绸褥铺入棺内，该犯主使李水生子等，于临埋之时开棺抽取原褥，暴露媳尸。查刘氏尸柩尚未掩埋，仍与未埋无异。该犯主使开棺，应以为首论，将姚德茂比照"发子孙坟冢开棺见尸律"杖八十，未埋者酌减一等，杖七十。李水生子等听从开棺见尸，应照凡人论，均依"盗未埋尸柩、开棺见尸为从一次例"总徒四年。

江西司 ○ 嘉庆二十五年

江西抚咨：陈红毛孜听从已故之钟德林挖窃杨文元坟冢，先经同行，后闻犬吠走回，与在场帮同开棺见尸者有间，第事后业已分赃，应于"开棺见尸为从军罪"上，量减一等，满徒。

湖广司 ○ 嘉庆二十五年

湖南抚咨:欧阳贵元等因欧阳光崽在山开穴葬棺,恐碍伊祖坟脉,控官断明,欧阳光崽不肯遵断,仍将父棺安葬原穴。欧阳贵元等催令起迁不允,将棺发掘,应照"发掘常人坟冢见棺椁、为首军罪"上,量减一等,满徒。

直隶司 ○ 嘉庆二十一年

热河都统咨:巴什掷伤绳格尔图身死。案内尸妻诰尔吉玛受贿私和,复任听将夫尸焚烧。查毁弃夫尸,应拟斩候。该犯妇系属为从,应于斩候上,减一等,满流。

安徽司 ○ 嘉庆二十二年

安抚咨:姚胜林将已经迁葬坟山,卖与陈明光造圹,因该山与方姓毗连,未经清界,又因年久错记原迁处所,以致误将方姓久经穿陷之冢,错认废穴误挖,迨见有棺木,不即掩埋,辄以棺已塌卸,检骨另葬。惟先非有心发掘,应于"盗发年久穿陷之冢、开棺见尸一次、为首发边远充军例"上,量减一等,满徒。陈明光听从雇人误挖,应照"为从",于姚胜林满徒上,减一等,杖九十,徒二年半。

陕西司 ○ 嘉庆二十一年

陕督题:许志禄偷窃张幅等坟冢开棺剥衣。案内之许志祥经伊兄许志禄纠同发掘张幅故父坟冢,该犯先本不允,被伊兄殴詈,勉强随至坟所,不敢动手帮刨,尚属畏法。若照甘心偕往从犯一律拟军,似无区别,许志祥应于"发冢开棺见尸为从一次军罪例"上,量减一等,满徒。

陕西司 ○ 嘉庆二十一年

陕抚咨:李作华因听信阴阳,将伊父迁葬,抽取棺盖,虽无洗检毁弃重情,第已取盖露尸。例无治罪明文,将李作华比依"愚民惑于风水、将已葬父母骸骨发掘检视、以毁弃论",于毁弃父母死尸斩罪上,减一等,满流。

浙江司 ○ 道光元年

东城移送:白八受雇抬送戴四之女尸棺,因见棺盖后钉脱,起意窃取棺内鞋只,扳启盖缝,用手摸得,不期手势过重,致将棺盖前钉一并带脱,趁势摘去该尸耳钚,仍将棺盖钉好,并无剥脱尸衣,显露尸身,于"盗未埋尸柩、开棺见尸一次、为首军罪"上,量减一等,满徒。

贵州司 ○ 道光元年

贵抚题:罗羊金调戏罗应坤之女五妹,经罗应坤纠邀素好之沈开太,帮同将罗羊金捆缚送官,行至沈开成门首,罗羊金向沈开太嚷骂,被沈开太迭殴致毙。沈开成因罗羊金死在伊家门首,恐致连累,嘱罗应坤帮同抬尸灭迹。除沈开太依"擅杀"拟绞外,沈开成起意弃尸不失,并未在场帮殴,且死系调奸罪人,依"弃尸不失满徒罪"上,再减一等,徒二年半。罗应坤擅杀调奸罪人,殴非折伤,律得勿论。惟该犯帮同弃尸,其在场共殴,系律得勿论之馀人,仍依"止于听从抬埋杖六十、徒一年、不失尸者减一等例"杖一百。

江西司 ○ 嘉庆二十一年

江西抚题:周仁节发掘穿陷祖坟、致见尸骸一案。查周仁节图得地价,发掘八世祖年久穿陷之坟冢,致见尸骸,例内并无发掘祖父母年久坟冢治罪专条,应比照问拟,周仁节应比照"子孙盗祖父母未殡未埋尸棺、开棺见尸例"拟斩立决。

江苏司 ○ 嘉庆二十五年

南城移送:范重棨因悯钱二襁褓无依,收养为子,取名范思义。本生父母已故,范重棨并非乞养异姓乱宗,实与收养遗弃小儿无异,例得准。范思义即从其姓,并酌量分受家产,兹范重棨之孙范土藩以范思义究系他姓,不合在继祖讣闻内列名,核与不得遂立为嗣之例意相符,尚无不合。惟范思义妻子棺木,浮厝在范姓坟地内,系奉范重棨之命。范重棨之共祖堂弟范元杲,何得因范思义不肯挪移并未听候官断,即喝令工役挪出墙外。查坟茔切近被人盗葬,本家辄行发掘者,尚应以"地界内有死人不告官司、而辄移置他处律"科罪。今范元杲擅开浮厝砖椰,挪移尸棺,固与发掘坟冢者有间,而范思义妻子棺木实非盗葬,应比照"切近坟旁盗葬、本家辄行发掘者、依地界有死人不报官司、辄移他处律"杖八十;系职官,纳赎。尸棺已据范士藩另为安厝,俟范思义觅有茔地迁葬。

校勘记:

①例:该字应为衍文。

《刑部比照加减成案》卷十一

刑律贼盗

夜无故入人家

盗贼窝主

共谋为盗

刑律贼盗

夜无故入人家

安徽司 ○ 嘉庆十九年

安抚咨：刘奉山因金维白日挑窃旷野摊晒粟秸，该犯追捕，互相格斗，致伤金维身死。刘奉山并未拘获迭殴，迨致命一伤，金维手持之仗已被格落，比照"夜无故入人家偷窃、被事主殴打至死例"满徒。

山东司 ○ 嘉庆二十二年

东抚咨：张保因石四与伊母张张氏有奸，迨经张张氏拒绝，石四复夤夜入室图奸，张保忿激将其殴毙，系奸所获奸，非登时而杀。查子捉母奸，殴死奸夫，并无治罪明文，比照"夜无故入人家、已就拘执而擅杀律"满徒。

福建司 ○ 嘉庆十八年

福抚咨：黄凝泰因素不认识之刘幅邦疯病复发，夤夜无故至黄凝泰家，撞门攻击，形同强劫，黄凝泰等将其殴伤身死，将黄凝泰依"夜无故入人家、已就拘执而擅杀律"拟徒。

江苏司 ○ 嘉庆二十一年

苏抚咨：孙毓根砍死伊母奸夫章笙。查例内并无子捉母奸、杀死奸夫治罪明文，应比依有服亲属科断。孙毓根虽曾从章笙读书，章笙奸污其母，恩义已断，应凡同论，将孙毓根依"夜无故入人家、已就拘执而擅杀律"满徒。

云南司 ○ 嘉庆十九年

云抚咨：郭小二听从甘时高追拿贼犯，甘时高因贼谩骂，堆积茅草，逼令郭小二等将贼四人均抬去火内烧毁，原拟该犯帮同下手，烧毙四命，未便仅照"馀人"拟杖，比照"擅杀罪人绞罪"上，减一等，满流。

部议，该犯帮同烧毙四命，情节凶惨，只应于"馀人满杖"上，酌加一等，杖六十，徒一年。

贵州司 ○ 嘉庆二十五年

贵抚咨:陆钟奎奸所获奸、登时殴砍搭伤与伊母通奸之杨愈芳身死一案。本部查定例本妇、本夫、伯叔兄弟及有服亲属皆许捉奸,并无子捉母奸之文,诚以子捉母奸系彰母之丑,故不明立科条。但为人子者,目击其母与人通奸,忿恨交集,与寻常亲属不同,若因而致毙奸夫,自应分别奸所登时,照"擅杀罪人例"定拟。此案陆钟奎先经伊弟陆老五撞遇杨愈芳与伊母胡氏在山沟行奸,向该犯告知,经该犯跪劝其母,与杨愈芳拒绝。胡氏复约杨愈芳至家奸宿,该犯闻声气忿,携刀往拿,将杨愈芳殴倒后,搭其咽喉毙命。该抚将该犯照"本夫、本妇、有服亲属捉奸登时杀死奸夫例"拟徒,罪名尚属相当,惟以母子而比照本夫亲属,于名义实属未协,陆钟奎应改照"夜无故入人家、已就拘执而擅杀律"杖一百,徒三年。

湖广司 ○ 道光元年

南抚咨:伍尹松聘娶黎应信堂妹再醮之黎氏为妻,经该氏翁父主婚改嫁,黎应信图索财礼不给,抢牵牛只。伍尹松邻人伍武起在场经见,帮同追捕,因黎应信强横不能拿获,仓猝用枪吓扎,适伤致毙,比照"邻佑因贼犯白日偷窃、贼势强横、不能力擒、仓猝致毙例"满徒。

湖广司 ○ 道光元年

南抚咨;龚青九被彭鸣心抢夺,登时追捕,用棍殴伤致死,例无致死抢夺之犯治罪明文,比照"事主因贼犯白日偷窃财物、登时追捕、殴打致死例"满徒。

湖广司 ○ 道光二年

北抚咨:胡鎔等砍伤贼犯赵亚三身死,该抚将胡鎔依"事主因贼犯黑夜偷窃、登时殴打致死例"拟徒。帮殴之李清依"馀人例"杖八十。

经本部,查赵亚三行窃事主胡鎔家,经胡鎔喊同工人起捕,赵亚三辄敢持刀拒捕。迨被李清将刀格落,复揪住事主发辫揿按不放,情殊强横,未便将胡鎔依"登时追捕致死例"拟徒。惟赵亚三之刀已被事主抢拾,系属徒手,若将胡鎔照"持仗拒杀"勿论,亦与例意稍有未符,应酌量问拟,将胡鎔改依"不应"重杖,李清照"不应"轻笞。

湖广司 ○ 道光二年

南抚咨:杨帼潮因李名周抢夺伊牛只,该犯登时追捕,将其殴伤身死。例无事主登时追捕、殴毙抢犯治罪明文，将杨帼潮比依"事主因贼犯白日入人家内偷窃、登时追捕、殴打致死例"拟徒。

广西司 ○ 道光二年

广西抚咨：雷在喜因王七夤夜潜赴伊塘内窃鱼，该犯惊觉起捕，与雷在配等将王七两手胐脉捆缚，致王七两手胐脉，并十指皮肉均浮肿溃烂身死。例无缚伤窃贼致死治罪明文，将雷在喜比照"事主因贼犯黑夜偷窃、登时追捕、殴打致死例"拟徒。

直隶司 ○ 嘉庆二十四年

直督咨：张习珍因景保与伊妹张氏通奸，将景保奸所捉获，殴打捆缚。复因景保败坏门风，一时气忿，将其两目挖出，致成笃疾。例无本夫有服亲属奸所获奸、奸夫致成笃疾治罪明文，张习珍比照"夜无故入人家、已就拘执而擅伤者、减斗伤罪二等律"，于瞎人两目满流上，减二等，杖九十，徒二年半。景保系犯奸罪人，毋庸断给财产。

江苏司 ○ 嘉庆二十一年

江苏抚咨：唐凤殴伤奸夫马德方身死。查该犯之妻张氏先与马德方有奸，经该犯查知禁止，嗣马德方复行强奸，该犯将其殴毙，固非奸所登时杀奸。而马德方实系奸犯，亦不得谓之强奸罪人，律无正条，唐凤应比照"夜无故入人家、已就拘执而擅杀律"拟徒。

江苏司 ○ 嘉庆二十一年

江苏抚咨：张荣因朱三宝与伊邻人顾振生之妻沈氏夤夜续奸，被本夫听闻喊捕，该犯闻声接应赶至，用棍将朱三宝殴毙。讯明张荣，但知捕贼，及至殴伤之后始知其为奸犯，例无明文，应比照"夜无故入人家、已就拘执而擅杀律"拟徒。

江西司 ○ 嘉庆十八年

提督咨送：谢六行窃树株，巡夜马兵连坤因闻事主声喊有贼，将谢六拿获，后因谢六乘间欲逃，连坤赶拢掌批其颊，致谢六失跌身死。例无官兵登时捕贼、致伤身死治罪专条，将连坤比照"事主因贼犯黑夜偷窃、登时追捕、殴打致死例"拟徒。

河南司 ○ 嘉庆二十年

河抚咨：时三瀌因曹玉抢夺牛只，拒伤逃逸，事后撞遇殴毙，应比照"事主殴死窃贼"问拟，将时三瀌照"事主因贼犯市野偷窃、有人看守财物、事后殴打致死照擅杀"

拟绞监候。

河南司 ○ 嘉庆二十一年

河南抚咨:张九如纠抢石狗买休之妻、被石狗殴伤身死一案。查例无黑夜纠抢妇女拒捕、事主登时追捕殴死作何治罪明文,惟抢窃事同一例,将石狗比照"事主因贼犯黑夜偷窃、登时追捕、殴打致死例"杖一百,徒三年。

江苏司 ○ 嘉庆二十四年

苏抚咨:张蔡淋追戳抢犯俞彩淋身死一案。查张蔡淋因邻人东遇春向彭茂兰借欠无偿,业经身故,其继子东晋朝本属外姓,不知原委。乃俞彩淋事不干己,辄图彭茂兰谢礼,代向索讨,东晋朝不认,俞彩淋纠人抢牛作抵。虽与平空抢夺有间,而张蔡淋系东晋朝邻佑,不知索债起衅,一闻喊捉,即直前追捕,吓戳致毙,实属犯时不知,将张蔡淋比照"邻佑人等因贼犯白日入人院内偷窃、携赃逃遁、直前追捕、登时仓猝致毙例"杖一百,徒三年。

盗贼窝主

广东司 ○ 嘉庆二十四年

广东抚咨:黄亚晚起意纠抢,因病不行,在寮坐分赃银,将黄亚晚比照"窃盗窝主、造意不行而分赃者为首论律",抢夺为首,杖一百,徒三年。

安徽司 ○ 嘉庆二十四年

安抚题:周学孟起意纠劫,临时因病不行,事后分得赃物,将周学孟比照"强盗窝主、造意不行、但分赃者律"拟斩立决。

云南司 ○ 嘉庆二十四年

云抚咨:柘老四听从抢夺,畏惧不行,事后分受赃物,计银二十两,将柘老四比照"知人强窃、盗后而分赃者、计所分赃、准窃盗为从论律",窃赃二十两,杖八十,为从减一等,杖七十。

山西司 ○ 嘉庆二十四年

晋抚题:白二因侯城娃图财谋命,该犯并无同谋加功情事,于事后知情,隐匿分赃,将白二照"知强窃盗后而分赃者、计所分赃、准窃盗为从论"。

广西司 ○ 嘉庆十八年

广西抚题：钟梁氏、彭新立明知钟亚沅等抢劫妇女，容留住宿，即与窝主无异，将钟梁氏等比照"强盗窝主、并非造意、又不同行分赃、但知情存留三人以上者"发极边足四千里充军。梁氏仍收赎。

直隶司 ○ 嘉庆二十年

直督奏：石谨因窝窃拟徒，释回，复窝顿匪类，纵子肆窃勒赎，至十二案之多，为害地方，情同盗劫。例无治罪明文，应照"造意分赃之窝主、统计各主之赃数、在一百二十两以上者绞监候例"，请旨即行正法。

直隶司 ○ 嘉庆二十三年

热河都统咨：王添得查知马登山窝匪抢夺，并不驱逐送究，辄图利分肥，徇情容隐。虽讯系典房在先，初不知马登山系属贼匪，惟贪利容留抢夺匪犯，坐地分赃，亦属藐法。第该犯究与实在窝留者有间，王添得于"窝藏窃盗军罪例"上，量减一等，满徒。

江西司 ○ 道光二年

江西抚题：赖世学等行劫案内之袁从四，事后知情，代卖赃物，并无勾引窝藏情事。惟该犯开设轿行，容留匪类在行抬轿，复贪利容隐，销赃均分，将袁从四照"窝藏强盗二名以上、坐家分赃、近边军罪例"上，量减满徒。

福建司 ○ 嘉庆十八年

福抚咨：麻阿叔揽载抢犯陈彩等，其时陈彩等尚未起意抢夺，与窝藏不同。迨陈彩等起意抢夺，告知实情，麻阿叔并不阻止，复又得赃，将麻阿叔比照"窝藏窃盗五名以上拟军例"，量减一等，满徒。

广东司 ○ 嘉庆二十一年

广东抚咨：盗犯林大只有案内之梁云新，讯止知情容留盗犯林大只有数日，得受赃钱三百五十文。例内并无窝留强盗数日、并未造意同行、仅得些微财物治罪明文，梁云新比照"窝留积匪之家未经造意、但窝留些须财物、减本犯一等治罪例"，于林大只有斩罪上，减一等，满流；系窝留强盗，仍如一等，发附近充军。

山东司 ○ 嘉庆二十一年

东抚咨：外结徒犯内杨世魁窝留王廷干等五人迭次行劫，讯系冯太清等自行投托,并无勾引情事,与实在勾引窝藏窃盗、坐地分赃者有间,应酌量问拟。杨世魁依“军民窝藏窃盗五名以上、坐家分赃军罪例”上,量减一等,满徒。

福建司 ○ 嘉庆二十四年

福抚咨:薛罗大等抢夺逾贯。案内林茄子巴明知抢夺,事后窝留分赃,未便仅照知窃盗后分赃,科以杖责,应照“窝留积匪、未经造意同行、但经窝留分得些微财物、减本犯一等治罪例”上,再量减一等,满徒。

共谋为盗

奉天司 ○ 道光元年

吉林咨:乌金保起意纠同大名阿谋窃张文得马匹,大名阿因与张文得认识,嘱乌金保纠人同抢。乌金保复邀孙大海等抢夺张文得马匹,临时乌金保因事不行,旋被拿获,起获原赃。例无明文,查强盗已行得财,律应斩决;造意不行,又不分赃者,杖流;伙盗不行,又不分赃者,杖一百。今乌金保起意谋窃,其后抢夺,由大名阿嘱令所致,大名阿于“抢夺本律”减一等,杖九十,徒二年。乌金保临时既不同行,又不分赃,拟以杖九十,仍照本例刺“抢夺”二字。

广东司 ○ 道光二年

广东抚咨:赵阿崇等抢夺。案内之马阿班等听从抢夺,临时畏惧不行,事后分赃,例内并无共谋抢夺伙犯、不行分赃作何治罪明文,应将马阿班等均比照“共谋为盗伙犯、临时畏惧不行、事后分赃例”拟徒。

四川司 ○ 嘉庆二十四年

川督咨:何贵等听从在逃之谢长林行劫,同至事主门首,谢长林等打开大门,进内行劫。何贵等畏惧走回,事后分得赃物,将何贵等比照“共谋为盗伙犯、临时畏惧不行、而行者仍为强盗、不行之犯但事后分赃例”满徒。

直隶司 ○ 嘉庆二十四年

察哈尔咨:索特巴将揽送货物盗卖与郭世全。查郭世全明知索特巴盗卖揽送之货,该犯贪图价贱买取,旋即转卖,得余利银五百余两。核其情节与分赃无异,且查张家口铺户向雇蒙古驼脚送货,从不跟人,亦从无盗卖盗买等弊,似此与脚夫朋比为奸,实为地方商民之害,将郭世全比照“知窃盗后而分赃、准窃盗为从论律”,计赃一百二十两以上为从,满流。

河南司 ○ 嘉庆二十一年

河抚题:陈焕章等伙抢妇女。案内之陈三等听从同谋未行,事后亦未得财。核与共谋为盗、临时不行、事后不分赃之例相符,将陈三等均比照"共谋为盗、临时不行、事后不分赃例"拟徒。刘松齐知情代为说卖,即与牙保无异,应比照"略卖人牙保减一等律",于知情故卖流罪上,减一等,拟徒。

经本部,以刘松齐一犯明知蔡陆氏系强抢之妇,图分财礼,代为转卖,即与牙保无异。律称牙保减犯人罪一等,系指正犯而言,该抚将刘松齐依"知情故卖流罪"上,减等拟徒,殊属错误。刘松齐应改照"略卖良人为妻妾、牙保减犯人一等律",于本犯韩长斩罪上,减一等,满流。

广西司 ○ 嘉庆十八年

广西抚题:覃老凭听纠抢劫事尚未行,即被盘获,比照"伙盗不行、又不分赃律"杖一百。

广东司 ○ 嘉庆二十一年

广抚题:郑阿恰等抢劫。案内之邱拔周等听从抢夺,临时畏惧不行,事后分赃。例无明文,惟伙众肆抢,本与强盗无殊,将邱拔周等均比照"共谋为盗伙犯、临时畏惧不行、事后分赃例"拟徒。

陕西司 ○ 道光二年

陕督奏:马五九子等抢夺拒伤事主身死。案内之张伏海起意抢夺,未经同行,讯止事后分赃。例无治罪明文,惟共谋为窃盗律,临时不行,造意者曾分赃,并以窃盗首论,抢窃事同一律,将张伏海依"抢夺为首律"拟徒。

贵州司 ○ 嘉庆二十年

川督奏:廖老九等纠伙肆抢,杨应等听纠入伙,比照"共谋为强盗、因别故不行、事后不分赃例"满徒。

广东司 ○ 嘉庆二十年

广东抚题:黎西七听从伊弟黎黄保,起意纠劫,临时畏惧不行,事后分得赃物。例无专条,照"强盗同居父兄知情而又分赃杖流罪"上,量加一等,发附近充军。

陕西司 ○ 道光元年

陕抚题:鲍盛有行窃临时行强。案内伙犯吴文有听纠同往,迨临时一闻行强,即畏惧先逃,仅于事后分得赃物。若与情有可原之犯一律拟遣,未免无所区别,依“共谋为盗、畏惧不行、事后分赃例”满徒。

《刑部比照加减成案》卷十二

刑律人命

谋杀人

谋杀祖父母父母

刑 律 人 命

谋杀人

山西司 ○ 嘉庆十九年

晋抚题：张吉生因胞弟张三小子屡窃任振浩家财物，听从任振浩谋勒致毙，该犯因玷辱祖宗起见，听从谋勒，帮同揿按，依"馀人律"满杖。

湖广司 ○ 嘉庆二十二年

南抚题：陈邵氏因陈储氏教令伊子行窃，事后畏罪，起意自尽，逼令陈邵氏抱扶上吊，核与谋杀加功无异。查陈邵氏系陈储氏子买休之妻，律应离异，有犯应照"凡人"科断，陈邵氏应依"谋杀人从而加功律"绞候。

奉天司 ○ 嘉庆二十二年

黑龙江咨：富尼善听从伊兄富津保商允李赞行窃，旋经窃得银物，尚未分赃，富津保私与富尼善商量，欲将李赞谋死。富尼善始则阻止，继被逼勉从，富津保用鸟枪将李赞放伤身死，嗣因破案，富津保畏罪自戕。该将军将该犯依"谋财害命不行而分赃例"拟军，经本部改依"谋杀人从而不加功律"拟流。

奉天司 ○ 嘉庆十九年

吉林将军咨：翟文魁听从奸妇谋杀本夫，伤而不死，例无明文，仍照"谋杀人伤而不死律"拟绞。赵王氏明知其女与人通奸，并不阻止，反听从谋杀加功，依"谋杀从而加功律"满流，不准收赎。

直隶司 ○ 嘉庆二十一年

直督题：黄亭与黄方姐通奸，嗣黄方姐因夫家迎娶有期，不愿另嫁，甘心自尽，向该犯商谋同死。该犯听从下手，给食信毒毙命，该犯自行服毒而未死，该督将该犯依"谋杀人造意律"拟斩监候。

经本部，以案系奸妇起意求死，先向该犯密商，该犯听从下手，将该犯改依"谋杀加功律"绞候(现定新例有专条)。

浙江司 ○ 道光元年

浙抚题:刘海倌租雇施志学船只,与水手钟清茶、吴阿五出洋捕鱼,施志学因其船租未清,屡向索讨,该犯怀恨,乘施志学睡熟,用斧向砍致伤。施志学惊起跑出船边,该犯乘势将其推跌落海,施志学遇救得生。该犯恐钟清茶首告,复起意杀死灭口,逼令水手蔡正相帮,将钟清茶殴砍致伤,扛弃海内溺毙。吴阿五见而叫喊,该犯又用斧吓砍,吴阿五畏惧,逃入海内淹死。查该犯谋杀施志学伤而未死,并吓砍吴阿五致跳海溺毙,均罪止绞候。其将钟清茶致死灭口,应从重照"谋杀人律"拟斩监候。蔡正从而加功,绞候。

陕西司 ○ 道光元年

陕抚咨:严文潮因屈斗儿之女百花儿许给该犯之子严黑儿为妻,童养过门。嗣屈斗儿图奸该犯之妻未成,复扬言传播,该犯气忿,欲拉送官,因被辱骂,起意杀死,复将屈斗儿之子平安儿并其女百花儿扎死灭口,原拟依"杀一家非死罪二人律"拟斩立决,枭示。

部议,该犯故杀童养子媳百花儿,罪止拟流。至屈斗儿与其子平安儿固属一家,惟屈斗儿系图奸伊妻未成罪人,该犯将其杀死,依"擅杀律"止绞候,与故杀平人不同,不得以故杀平人一家二命论。该犯故杀无辜之平安儿,罪应斩候,应从重改依"故杀律"斩候。

河南司 ○ 道光三年

河抚题:张二狗纵容伊妹张氏与杜老四通奸,嗣杜老四欲行谋害本夫,图奸张氏,向该犯告知情由,嘱将前买毒虫砒霜找出,交给张氏得以乘机下手,旋经张氏将夫毒毙。该抚将张二狗依"从而不加功律"拟流。

部议,张氏毒死本夫张圈之时,该犯固未在场帮助,惟砒霜系必杀人之物,毒药既已入口,即与加功无异。且查谋杀人以致下手之犯,误杀旁人,例内既将下手伤重之犯与知情卖药者同一拟流。则真正谋杀案内知情给药之犯,应与帮同下手者并以加功论,将张二狗改依"从而加功律"绞候。

奉天司 ○ 嘉庆二十五年

盛刑题:佟怀玉用尖刀谋戳陶佟氏,逾五十七日身死,该侍郎以死在正馀限外,将佟怀玉照"谋杀人伤而未死律"拟绞。

经本部，以谋杀之案例不保辜，驳令改拟。嗣据遵驳更正，将佟怀玉仍依“谋杀人”拟斩监候。

直隶司 ○ 道光元年

直督咨：高洪良因与杨王氏通奸谋勒伊妻，伤而未死。例无明文，惟妻之与夫其名分与子孙于祖父母父母并重，比照“尊长谋杀卑幼、依故杀法伤而未死减一等律、于夫殴妻致死故杀亦绞律”上，减一等，满流。该犯恩义已绝，且讯明伊妻，情愿离异，不准收赎。

贵州司 ○ 嘉庆二十四年

贵抚题：尚二弟听从奸妇同谋纵奸本夫，嗣胆小未经同行。查律例并无听从奸妇、同谋致死纵奸本夫、不同行之奸夫作何治罪明文，若照“凡人谋杀从者不行律”拟以满徒，究系因奸谋杀，与凡人同科未免轻纵，将尚二弟依“谋杀人从而不加功律”拟流。

江苏司 ○ 嘉庆十九年

苏抚咨：张张氏因前夫之子范香屡犯偷窃，管教不悛，该氏起意谋死，用信和面做饼两个，恐家中儿女分食，嘱其背地独吃。范香揣入怀中，至附近庙内自吃一个，分给住庙之程铎、程善父子同食一个，均毒发殒命，将该氏依“谋杀而误杀旁人一家二命例”斩决。惟程铎父子二命之死，非该氏意料所及，其谋杀亲子，罪止满徒。声明请旨定夺，奉改斩候。

奉天司 ○ 嘉庆十九年

盛刑咨：齐碌听从巴碌纠邀，谋杀曹文智，未经加功，事后帮同弃尸，原拟照“弃尸为从”满徒。部驳，齐碌既经在场目睹谋杀，即未下手，亦属从而不加功。嗣经遵驳，改流。

山东司 ○ 嘉庆二十年

东抚咨：唐刘氏因纵子唐小九行窃，被控畏累，商同伙贼闫护本送至事主地内树上缢死图赖。闫护本代为将绳悬挂，唐刘氏因绳高攀援不着，复令闫护本扑地，用脚蹈其背上，投缳殒命。该抚将闫护本照“因令亲故自杀、依斗杀论”，经部驳照“谋杀从而加功”绞候。唐小九不知伊母自缢情由，照“子犯盗纵容后畏罪自尽例”发遣为奴。

四川司 ○ 嘉庆十八年

川督咨:章泳芳因闻许全氏咒诅许么儿跌死,章泳芳乘机骗钱,随称伊有符咒,能将许么儿咒死。许全氏嘱令咒死,许谢钱文,章泳芳因不能咒死,将许么儿搭毙。许全氏依"造魇魅符书咒诅欲以杀人、已行未伤、依为从杖一百律"上,加一等,杖六十,徒一年。本部改照"谋杀人从而不加功律"拟流。

浙江司 ○ 嘉庆十九年

浙抚题:汤元隆因与朱吉成之母闫氏通奸,将女配给朱吉成为妻。嗣朱吉成窥破奸情,时向吵闹,闫氏商同汤元隆将朱吉成致死。汤元隆因年老力衰,嘱伊子帮同闫氏将朱吉成勒毙,原拟依"从而不加功律"拟流。部议,该犯令子代往,即与自行无异,改依"从而加功律"绞候。

安徽司 ○ 道光元年

安抚咨:朱善行因妾悍泼,商同伊妻张氏将妾谋杀。例无明文,仍照"夫殴妾致死律"杖一百,徒三年。张氏听从其夫,谋杀其妾,首从本属分别,似难以听从其夫,再为减等,比照"妻殴妾与夫殴妻罪同谋杀妻之案、如系他人起意、本夫听从加功",于绞罪上,减一等,拟流。

湖广司 ○ 嘉庆十八年

南抚题:彭定魁听从成定达,图财谋杀黄逢安等一家二命,该犯加功分赃,系伊胞叔彭正举究出实情,连赃首送。如罪人自首,得免所因,仍从本杀伤法,依"谋杀人从而加功律"拟绞监候。

河南司 ○ 嘉庆二十年

河抚题:王思敬图财谋死郭太和,尸亲报验后,该犯父究出首送,律得免其所因,按"谋杀人"拟斩监候。

山西司 ○ 道光元年

库伦办事大臣咨:衮布扎布挟嫌商令乌巴什,作法咒诅本官哈斯巴雅尔,又山都布多尔济因挟分产不均,商令在逃之那旺等,作法咒诅胞兄哈斯巴雅尔并继母索诺杌勒。咒诅后,哈斯巴雅尔及索诺木丕勒先后病故。该将军将衮布扎布、山都布多尔济均拟斩候,乌巴什拟以绞候,咨请部示。

部议,符咒既非造自本身,而代行之人只属意图诓骗,与真能咒诅杀人者有间,自不得以谋杀已行科断，应照“谋杀已行律”量减问拟。咒诅之人照“为从”减等科断。

山西司 ○ 嘉庆二十年

晋抚题：贾万瀣谋杀张成章身死并砍伤其妻张马氏子媳张郝氏、张郭氏一死三伤，依“谋杀”斩候，请旨即行正法。

云南司 ○ 嘉庆十八年

云抚奏：韩九挟周有旺被殴微嫌，辄打刀欲图谋杀泄忿，实属凶险。韩九依“谋杀人已行、未伤人、为首满徒罪”上，量加一等，杖一百，流二千里。

广西司 ○ 嘉庆二十二年

广西抚题：韩照常因乞丐蒋杜氏等强讨撒赖，捉获捆缚，继因丐伙蒋老八等受伤身死，起意商同梁特四，将蒋杜氏等五人一并致死灭口。除首犯韩照常病故外，将梁特四依“谋杀人从而加功律”拟绞监候，惨毙五命，情甚凶残，请旨即行正法。

四川司 ○ 嘉庆二十四年

川督题：黄生榜因伊妻李氏病苦难忍自求早死，用带绕项央求代勒，该犯初未应允，迨因再三央求，勉从下手，拉勒李氏毙命，将黄生榜比照“夫谋杀妻、系他人起意、本夫仅止听从加功、于绞罪”上，减一等，拟流。

河南司 ○ 嘉庆十八年

河抚题：李小听从周满杀死一家二命，伊父送案投首，律得免其所因，图财之罪仍从本杀伤科断，照“谋杀人从而加功律”拟绞监候。

山西司 ○ 道光二年

晋抚咨：丁万年因妻柴氏两脚肿烂疼痛难受，决不欲生，屡求将伊活埋，该犯怜其痛楚难忍，勉从将丁柴氏活埋致死，将丁万年依“夫谋杀妻、系他人起意、本夫听从加功、于绞罪”上，减等拟流。

谋杀祖父母父母

直隶司 ○ 嘉庆十八年

直督题：宋二行窃外祖父牛得林衣物，因被殴辱挟嫌，谋杀牛得林。惟伊母牛氏已因夫死改嫁，将宋二比照“为人后者、与本生之父母有犯、即照卑幼犯本宗小功尊属律”，谋故杀均拟斩立决。

奉天司 ○ 嘉庆十八年

盛刑咨：张伏明商同伊子张廷义殴勒童养子妇王三儿身死，张廷义并未加功，将张廷义比照“谋杀妻、他人起意、本夫仅止听从加功拟流例”，量减一等，满徒。

浙江司 ○ 嘉庆二十年

浙抚咨：吴华三醉后调奸同居子媳汪氏未成，汪氏告知伊母向其理论，服理寝息。嗣汪氏因夫外出归宁，旋因麦熟，邀同伊弟汪乐亭，仍回夫家，偕往收割。经氏母汪卢氏嘱女与吴华三言明，按日给米，令其独住。吴华三不依，从此怀恨，旋将汪氏谋扎致毙，将吴华三除调奸子媳轻罪不议外，比照“姑谋杀子妇之案、情节凶残显著例”发伊犁给兵丁为奴。

福建司 ○ 嘉庆二十年

闽督奏：叶张氏与无服族侄叶世旺通奸败露，被翁姑夫殴骂，叶张氏将翁姑夫全行毒毙，将该氏凌迟处死。叶世旺并不知毒情，比照“因奸酿命例”拟徒。

山东司 ○ 嘉庆十八年

东抚咨：张李氏挟嫌谋毒嗣子张思宗并嗣媳等一家三命，毙嗣孙张小周一命，于“谋杀子孙之妇已伤律、杖一百、徒三年罪”上，加一等，杖一百，流二千里。

四川司 ○ 嘉庆二十一年

提督奏送：宝瑛听从伊母老刘氏投河，被救得生。查例内并无父母起意自尽、其子情愿同死致令父母毙命、其子被救得生作何治罪明文，案关伦纪，未便轻纵，将玉瑛比照“上年陕西倪胜儿之案”拟斩立决，恭候钦定。

直隶司 ○ 嘉庆十八年

直督题：苏氏谋杀夫蔡黑小，将从而加功之氏兄苏有林拟绞监候，仍照“谋杀期亲尊长为从加功之犯”，请旨即行正法。

贵州司 ○ 道光二年

贵抚奏：姜袁氏被伊翁姜起顺逼胁成奸，旋经拒绝。嗣伊翁姜起顺因子姜三妹碍眼，将其殴毙以便与该氏往来，该氏查知伊夫被伊翁殴毙，忿激随将伊翁谋杀身死。惟该氏杀死渎伦伤化之翁，若将该氏拟以寸磔，实与谋杀无辜尊长漫无区别，且该氏系伊翁逼胁成奸，可否由“谋杀夫之父母凌迟处死罪”上量减为斩决之处？恭候钦定。

奉旨：姜袁氏著照刑部所议，改为斩决。

陕西司 ○ 道光二年

陕督奏：番民业格血起意商同加大，将加大之祖囊加致死，图诈番民柔第钱文，随同伊子丹巴占血并邻人鲁禄，将加大之祖囊加一同勒毙。该督将先获之加大依“谋杀祖父母律”凌迟处死，将鲁禄依“助逆加功例”拟绞立决，正法在案。兹续获业格血、丹巴占血父子二人，将业格血依“谋杀律”拟斩监候，以该犯造意谋命图诈，陷人逆伦，请旨即行正法。将丹巴占血依“子孙谋杀祖父母案内助逆加功例”拟绞立决。

经本部，以丹巴占血究系听从父命，较业已正法鲁禄听从平人助逆者有间，且衅起伊父起意谋命，并非加大起意致死其祖，与旁人听从子孙起意谋杀其亲者，情亦有别。本案斩、绞、凌迟已有三抵，丹巴占血可否量减为绞监候，入于秋审缓决之处，恭候钦定。

奉旨：丹巴占血依拟著改为绞监候，入于秋审缓决等因，钦此。

贵州司 ○ 嘉庆二十三年

贵抚题：刘老满听从伊父刘应生谋杀罪犯应死胞兄刘子桂身死。查刘应生因刘子桂顶撞，并掷石殴伤额颅，刘应生喊同刘老满往拿刘子桂送究，刘子桂持刀拼命，刘老满将刀夺获。刘应生用绳拴住刘子桂拉走，刘子桂不肯行走，将刘应生拉跌倒地。刘应生忿恨，起意致死，令刘老满将刘子桂抬丢入井，刘老满代为求饶，刘应生不依，并称如不帮抬，即行寻死。刘老满被父吓逼无奈，帮同将刘子桂抬至井边，刘应生将刘子桂推入井内淹毙。刘老满虽系迫于父命，究属伦纪攸关，将刘老满拟以凌迟，夹签声请。

奉旨：九卿议奏，改斩监候。

江苏司 ○ 嘉庆二十年

提督奏送：常山与刘氏通奸，听从刘氏谋杀胞兄文德。查常山先与刘氏通奸，本夫宝善利资纵容，嗣被伊兄文德挟制刘氏成奸，并欲将刘氏霸占。刘氏与常山恋奸情密，起意商允常山、宝善将文德勒死。常山听从加功，合依“谋杀期亲尊长、不分首从已杀者”凌迟处死，俟立秋后绑赴市曹正法。刘氏依“谋杀人造意”斩候。惟查谋杀期亲尊长正犯，罪应凌迟处死；案内加功之犯，例应绞决。今刘氏因奸起意，商同常山谋杀胞兄文德，以致常山罪于寸磔，该氏系造意为首之犯，与为从加功者，情节更重，应请旨即行正法,俟产后百日行刑。宝善照"从而不加功"满流,系寡廉鲜耻,锁档发配,将来产生男女,交宝善之母杨氏抚养。

江苏司 ○ 嘉庆十九年

苏抚奏:殷希贤与张体仁谋杀伊母,商与讹诈分肥,虽未造意加功,第该犯因张体仁之母自愿缢死,无须帮同下手,是其共谋助逆,与同行无异,照"谋杀人从而不加功律"满流。而逆伦案内助逆加功之人,律应绞决,今该犯从而不加功,亦未便仅拟满流,应发往新疆给兵丁为奴。

广东司 ○ 道光元年

广东抚题:小张王氏因被林翰清等拐逃嫁卖,经本夫张荣先指名控县,林翰清等狡不承认。该县差传张荣先质讯,适张荣先外出生理,该差向其兄张亚然查询争闹,张亚然之母老张王氏闻声趋视,被差碰到,张亚然气忿,即喝令妇女将差捆殴关禁,恐虑到官治罪,即搭死伊母,诬告差役致毙。查小张王氏被林翰清等拐逃,致兄捆差畏罪,搭死伊姑诬告。第无奸情,与犯奸致未纵容之姑被杀者不同,未便遽拟缳首。惟因该氏被诱拐逃致酿重案,若仅比例减流收赎,实属轻纵,应酌发驻防兵丁为奴。

《刑部比照加减成案》卷十三

刑律人命

杀死奸夫

刑律人命

杀死奸夫

湖广司 ○ 嘉庆十八年

湖督奏：马桐贵与刘杨氏通奸，听从刘杨氏谋杀氏翁。例无治罪明文，照“因奸同谋杀死亲夫例”拟斩监候。该犯恋奸助逆，较之平人助逆加功，情罪尤重，请旨即行斩决。

江西司 ○ 道光元年

江苏抚咨：外结徒罪内蔡恒喜，因无服族兄蔡大荣与伊妻通奸，该犯将蔡大荣奸所捉获，因其混骂，用磁片划伤蔡大荣两目成笃，依“擅伤罪人减斗伤二等、于瞎人两目满流”上，减二等，杖九十，徒二年半。

浙江司 ○ 道光元年

浙抚咨：外结徒罪内周子刚，因邓明洪与伊胞姊通奸，将邓明洪捉获捆缚，擦瞎两目。例无有服亲属捉奸非登时、致伤奸夫作何治罪明文，固未便照“登时致伤奸夫”予以勿论，亦未便照“擅伤减二等”问拟，应照“斗殴瞎人两目满流罪”上，量减一等，满徒。

四川司 ○ 嘉庆二十年

川督题：安县民陈柱因王世熊图奸伊侄媳蹇氏未成，越日喊同路过之绍信禄，将王世熊拉至庙内殴打。因其坐地辱骂，陈柱主使绍信禄将王世熊活埋致毙。陈柱应照“擅杀”拟绞，绍信禄于未经结案之先取保，在店病故，应准抵命，将陈柱照“馀人病故”，于绞候上减为满流，年逾七十收赎。

浙江司 ○ 道光二年

浙抚咨：郭庭绶因胞弟郭庭双强奸伊妻郑氏未成，该犯撞见忿激，将其勒死。例无明文，若照“卑幼图奸有服亲属、尊长忿激致死、于殴死期亲弟例”上，减一等，满徒，则与平人强奸未成、被本夫有服亲属登时杀死同问满徒无所区别，自应参酌问拟，将郭庭绶于“擅杀图奸卑幼满徒例”上，减二等，杖八十，徒二年。

直隶司 ○ 道光二年

直督题：耿喜因小功服叔耿来勤与伊母通奸，嗣耿来勤前往该犯家拨门，欲图续奸，该犯闻知忿激，将其殴伤毙命，将耿喜依“殴死小功尊属律”拟斩立决，夹签声请。

奉旨：九卿议奏，以例内只有本夫本妇之祖父母捉奸杀死犯奸功服尊长，减为满流，并无子捉母奸、杀死犯奸功服尊长治罪明文。惟子之于母，较之祖父母及本夫，尤属天伦激切，自应比例量从末减，将耿喜量减为满流。

山东司 ○ 道光元年

东抚题：康秉安因小功服兄康秉善与伊妻通奸，该犯于奸所捉获，登时殴砍致毙，量减满流。

山西司 ○ 嘉庆二十二年

晋抚题：史正花因与史正耀之妻邢氏通奸，被史正耀禁令拒绝，该犯续奸不遂，挟恨将史正耀砍死。除史正花依“奸夫谋杀亲夫例”拟斩立决外，查邢氏先已悔过拒绝，与始终恋奸、致本夫被害者有间。邢氏应于“奸夫自杀其夫、奸妇不知情事、后即行首告减流例”上，再减一等，满徒。

河南司 ○ 道光元年

河抚咨：李保因乔应富与伊母任氏通奸，拐至废窑内居住，该犯往捕，将乔应富殴瞎一目，殴折一肢，致成笃疾。废窑即属奸所，捕殴又在登时。查有服亲属捉奸例内，凡称伤者勿论，应照例勿论。

直隶司 ○ 嘉庆二十五年

直督咨：外结徒犯内申聪因缌麻服弟申兴与妻李氏通奸，登时追出门外，将申兴殴死。查卑幼犯奸，罪不至死。本夫于奸所非登时而杀，例得于常人满徒上减二等，则逐至门外而杀，亦应于凡人杖八十上减二等，杖六十。

四川司 ○ 道光元年

川督咨：孙哲仲黉夜在王李氏卧房续奸，经王李氏之子王子受撞获，殴打致毙，系属奸所登时。惟王子受系子捉母奸，例无专条，比依“夜无故入人家、已就拘执而擅杀律”拟徒。

四川司 ○ 嘉庆二十三年

川督咨:周金贵因杨登沅与伊母周杨氏通奸,周金贵奸所获奸,登时将杨登沅殴伤身死。例内并无子捉母奸、登时杀死奸夫作何治罪明文,将周金贵比照"本妇有服亲属捉奸、登时杀死奸夫、依夜无故入人家、已就拘执而擅杀律"拟徒。

直隶司 ○ 嘉庆二十五年

顺尹咨:刘五因伊妻王氏与张通奸好被获,听从妻父王好善,将王氏勒毙。张通应照"非奸所捉奸杀死奸妇"杖一百,徒三年。刘五听从妻父,勒死其妻,应照"为从于本夫应拟满徒"上,减一等,杖九十,徒二年半。王好善应毋庸议。

山东司 ○ 嘉庆二十五年

东抚咨:赵小根因撞见葛二与伊母赵孙氏通奸,登时追捕致毙。例无专条,第本夫、本妇有服亲属捉奸,比照"夜无故入人家、已就拘执而擅杀律"拟徒。则奸妇之子,同一义忿,应依律拟以满徒。

直隶司 ○ 嘉庆二十五年

直督咨:武绪撞捉田文明与伊妻张氏在炕行奸,往唤伊弟武全等,将其捉获。田文明持刀拒捕,武绪等将刀夺获,揿按迭殴致伤,越日身死。系属奸所登时,又系拒捕罪人,应均免置议。张氏因忆及田文明强逼成奸,用刀扎伤田文明,系罪人而杀罪人,仍按凡斗,应照"刃伤人"杖八十,徒二年。

山东司 ○ 嘉庆二十三年

东抚咨:吴五因妻刘氏教令其女与鞠二通奸,登时致毙,将其女扎伤。查刘氏因贫图鞠二资助,教令其女吴氏与之通奸,迨吴五风闻查询,犹复用言支饰。刘氏实属罔顾廉耻之妇。吴五因刘氏袒护奸夫、奸妇,不令捉拿,因而登时将刘氏扎伤毙命,实属激于义忿,自不得照寻常杀妻者拟以绞抵。但刘氏虽教令其女犯奸,究非犯奸之妇,未便遽行照例拟杖,自应酌量问拟。吴五比照"闻奸数日杀死奸妇、将本夫照已就拘执而擅杀例"拟徒。

山东司 ○ 嘉庆二十三年

东抚题:张兴周同族弟张兴和均与缌麻服伯张士荣之媳李氏通奸。张士荣查知,将李氏殴责。张兴周等与李氏恋奸情密,听从李氏,将张士荣谋勒毙命。张兴和系张士荣无服族侄,照"凡人谋杀人从而加功罪"应绞候。张兴周系助逆加功,应从重比照

"子孙谋杀祖父母父母、案内如有旁人助逆加功者"拟绞立决。

江苏司 ○ 嘉庆二十二年

苏抚题:陈日林因嫂王氏与史仲发通奸,纠同石老五等捉获,将王氏勒死。石老五等听从陈日林纠往捉奸帮勒,例内并无非应许捉奸之外人、听从有服亲属纠往捉奸、杀伤奸妇明文。惟奸夫、奸妇事同一律,将石老五等比照"有服亲属杀死奸夫案内听从加功例"拟杖一百。

江苏司 ○ 道光二年

提督咨:王三因妻崔氏患病,延医王文举调治。王文举图向崔氏通奸,二次帮给买药钱文。该犯心疑王文举与崔氏有奸,向崔氏追问,用刀将崔氏戳死。讯明王文举图奸未成,该犯疑奸逼供而杀。将王三依"非奸所获奸、将奸妇逼供而杀、审无奸情确据",仍照"夫殴妻致死律"拟绞候。王文举图奸崔氏未成,固与已成有间。惟该犯图奸,致崔氏死于非命,例无治罪明文,将王文举依"本夫闻奸杀死奸妇例",奸夫杖一百,徒三年。

四川司 ○ 道光二年

川督咨:黄碧珏因大功堂弟黄碧祚强奸伊嫁女杨黄氏未成,该犯事后捉拿,将其殴伤身死。例内并无尊长殴毙强奸有服亲属未成之卑幼作何治罪明文,将黄碧珏比依"卑幼图奸有服亲属、被尊长忿激致死",按服制于殴杀卑幼本律上减一等,应于殴大功弟满流上减一等,满徒。

江西司 ○ 嘉庆二十四年

江西抚咨:汪以政与无服族侄妇汪余氏通奸,共坐戏谑,被氏子汪聘三走至撞见气忿,誓不与汪以政干休。嗣汪余氏与邻妇在房闲谈,汪聘三疑系续奸,前往捉拿,喊称厨房火起。汪余氏出看,被汪聘三刀砍身死。查汪以政并未在汪余氏房内,究因该犯与汪余氏通奸,以致酿成逆伦重案,将王[①]以政比照"本夫有服亲属捉奸、杀死奸妇如非登时、将奸夫拟徒例"加一等,杖一百,流二千里。

四川司 ○ 嘉庆二十四年

川督咨:魏机匠与吴世柏之妻吴樊氏通奸,经氏翁撞见逃跑。迨氏翁向吴世柏告知,吴世柏气忿,将吴樊氏勒毙。魏机匠、吴世柏均比照"奸所获奸杀死奸妇奸夫、到官供认不讳例"各杖一百,徒三年。

陕西司 ○ 嘉庆二十四年

陕督题:刘丙望与贺三均与荀孙氏奸好,嗣贺三起意谋害本夫,该犯同谋,临时并未同行,将刘丙望比照"加功之人亦系奸夫于斩候例"上,量减一等,满流。亲老丁单,不准留养。

江西司 ○ 道光元年

江西抚咨:刘景云因妻王氏先与李茂发通奸,经伊兄控官,照例责惩,给伊领回。嗣王氏恋奸逃走,被该犯追回致死。虽与获奸不同,而杀奸实由义忿,比照"本夫闻奸数日杀死奸妇、照已就拘执而擅杀律"拟徒。

陕西司 ○ 道光元年

陕督咨:强他行因妻赵氏与强选儿通奸,该犯奸所撞获,经众劝释,将赵氏送回母家。该犯当日被父专制,不敢违拗。越日,赵氏由母家回归,该犯瞥见忿激,将赵氏推入井内淹死,比照"闻奸数日杀死奸妇例"拟徒。

直隶司 ○ 道光元年

直督奏:魏荣礼因与鲁宋氏并氏姑鲁葛氏通奸,嗣鲁宋氏怀妒斥骂,商同魏荣礼,将鲁葛氏致死。例无因奸听从奸妇谋杀其姑专条,比照"谋杀本夫之案、其为从加功之奸夫"斩监候。该犯助逆加功,请旨即行正法。

安徽司 ○ 道光元年

安抚题:陈四楞因与杨泰孜之妻胡氏通奸,听从奸妇谋杀本夫。该犯预买信毒,杨胡氏下毒后,因本夫吐出不食,用刀将夫迭砍致毙。杨泰孜虽死于伤,不死于毒,究由该犯商谋所致,未便因本夫非死于该犯所给之信,稍宽其因奸谋杀之罪,依"因奸同谋杀死亲夫律"斩候。

江苏司 ○ 道光元年

苏抚咨:张还因与徐瑞陇之女贵姐通奸,产生私孩,经徐瑞陇将女殴死,张还比照"闻奸数日杀死奸妇",奸夫拟徒。徐瑞陇例不科罪。

河南司 ○ 嘉庆二十五年

河抚咨:刘奉先与刘玉林之女刘女和奸,尚未成奸,被刘玉林撞获,刘奉先逃走。越日,刘玉林将刘女勒死。刘奉先应比照"本夫非奸所获奸、或闻奸数日杀死奸妇者”,奸夫拟徒。刘玉林因女无耻,忿激致死,应毋庸议。

河南司 ○ 嘉庆二十五年

河抚咨:王朋生与赵中元之女棒姐通奸,被赵中元撞见,王朋生逃跑。赵中元将女棒姐用绳套入咽喉,背至王朋生院内,以致气绝殒命,应将王朋生比照“闻奸数日杀死奸妇者”,奸夫拟徒。赵中元免议。

直隶司 ○ 嘉庆二十一年

直督奏:朱亮与滕蒯氏通奸、起意商同奸妇谋杀其姑滕王氏身死一案,将朱亮比照“奸夫起意杀死亲夫例”斩决。

江苏司 ○ 嘉庆二十一年

苏抚咨:冯水与黄氏通奸,被本夫王存捉获,将奸妇黄氏非登时勒死。查例内并无本夫奸所获奸非登时、将奸妇杀死、奸夫作何治罪明文,将冯水照“本夫闻奸数日杀死奸妇”,奸夫拟徒。王存勒死奸妇,究系奸所获奸,杀由义忿,又系听从父命,应酌减科断,王存应照“不应”轻笞。

江苏司 ○ 嘉庆二十一年

苏抚咨:于六保因撞见于松与伊妻张氏通奸,上前捉拿,被脱逃走,经该犯之兄于惠文劝令隐忍。嗣被妻母张于氏护短村斥,该犯忿恨,主令于惠文将妻殴毙。事越七日,杀非登时,例无明文。于六保比照“闻奸数日杀死奸妇奸夫、供认不讳、将本夫照已就拘执而擅杀例”满徒。于惠文听从帮殴,应改依“馀人例”杖八十。

四川司 ○ 嘉庆二十年

川督咨:王思恭因小功堂弟王思连与伊未过门之媳魏丁女通奸,将王思连殴毙。王思恭比照“卑幼图奸有服亲属、被尊长忿激致死、于殴杀小功卑幼罪”上,减等拟流。魏丁女依“奸缌麻以上亲之妻”拟徒。

山西司 ○ 嘉庆二十年

晋抚咨:杨尚青与无服族妹杨慎慎子通奸败露,致伊母杨史氏逼令伊子杨存真,将杨慎慎子帮同勒死。杨尚青应比照“本妇有服亲属捉奸、非登时而杀”,将奸夫杖一百,徒三年。杨史氏应比照“本妇之母如有捉奸、止杀奸妇者”,不必科以罪名。杨存真听从伊母帮同将伊妹勒死,应比照“杀奸案内听从加功之亲属、照共殴馀人”杖一百。

奉天司 ○ 嘉庆二十二年

吉林咨:李荣才之女李凤儿许配赵国洪为子媳,童养过门,尚未成婚,赵国洪屡向李凤儿调戏图奸。嗣复黉夜赤身向李凤儿调戏,李凤儿喊叫,拔针刺扎,致伤赵国洪茎物。李凤儿连夜奔回母家,向李荣才哭诉。赵国洪亦尾随跟至诬赖,李荣才不依,用刀将其截伤身死。该将军将李荣才依"擅杀罪人绞罪"上,量减拟流。李凤儿依"妻殴夫之父母斩罪"上,减二等,拟徒。

经本部,以李荣才闻知伊女被赵国洪调戏图奸,将其戳伤身死,应改照"擅杀罪人"绞候。李凤儿系赵国洪聘定未婚之媳,既经过门童养,翁媳名分已定,应仍依"妻殴夫之父母本律"拟斩立决。该氏拒奸情急,确有证据,照例奏请免罪。

直隶司 ○ 嘉庆十九年

直督咨:邢二皂保与徐黑子之妻邢氏通奸,谋杀本夫,伤而未死。奸夫拟"谋杀伤而不死律"绞候。奸妇讯不知情,比照"奸夫自杀其夫、奸妇虽不知情绞罪"上,量减一等,满流。

江苏司 ○ 嘉庆二十一年

苏抚咨:张四听从捉奸,戳伤奸妇。查张四听从李潘氏,起意将前夫之女郑张氏致死,令张四相帮,用刀将郑张氏戳伤,复经李潘氏将郑张氏勒毙。例内并无非应许捉奸之人听从有服亲属捉奸、杀伤奸妇治罪明文,应比照"应许捉奸亲属起意杀死奸夫、案内听从加功不应捉奸之外人、依共殴馀人律"满杖。

安徽司 ○ 嘉庆二十一年

安抚奏:谷海与刘氏续奸,被氏翁杨林惊觉起捕,该犯持刀将其扎伤倒地,复起意杀死灭口。未便仅照"罪人拒捕"问拟,将谷海比照"奸夫起意杀死亲夫例"拟斩立决。

湖广司 ○ 嘉庆二十一年

南抚咨:外结徒犯内郭钲开因缌麻服侄郭景璞与伊妻通奸,当于奸所捕获,逐至门外,将郭景璞殴毙。例内并无本夫捉奸、登时逐门外、杀死犯奸有服卑幼治罪明文,惟例内捉奸非登时杀死犯奸卑幼于常人罪上减二等,则登时逐至门外杀死犯奸卑幼,亦应于常人罪上减等问拟。郭钲开依"应于奸夫已离奸所、本夫登时逐至门外杀之、应照不应重杖",减二等,杖六十。

河南司 ○ 嘉庆二十一年

河抚题:乔进玉因小功堂侄之妻李氏与朱全保通奸,纠人往捉,将朱全保奸所捉获,登时殴毙。李氏因奸败露,旋即羞愧自尽。该省将乔进玉照"非登时而杀律"拟绞,以奸妇畏累自尽,将乔进玉减等拟流。

经本部,将乔进玉改依"有服亲属捉奸、登时杀死奸夫例"拟徒。

奉天司 ○ 嘉庆十九年

吉林咨:刘中和强奸伊妻随带前夫之女大妞未成,致大妞将其致毙,依"殴继父致死律"斩候。惟大妞与刘中和服属缌麻,仍比照"有服尊长强奸卑幼之妇未成、如系外姻功缌卑幼减为杖流例"杖流。

安徽司 ○ 嘉庆十九年

安抚咨:孙万仁因小功服兄孙惟仁与伊大功堂兄孙广仁之妻通奸,孙广仁邀同该犯帮捉致毙。原拟比照"听从下手殴本宗小功兄至死、尊长仅令殴打而辄迭殴致死例"斩候。

部议,改依"本夫有服亲属捉奸、杀死犯奸本宗期功尊长",皆照本律拟罪,夹签声明。请旨改斩监候。

安徽司 ○ 嘉庆二十年

安抚题:于有栋因于应节与伊妻刘氏通奸,迫于强悍,力难制缚,欲将于应节毒毙,以致快毒族侄孙女于文姐身死。查该犯置毒时,稔知于应节只身独处,初只料其一人取食,并未逆计于应节麦面转交各居之于葛氏,烙馍与于文姐同食。如于应节因毒毙命,该犯应拟满徒。今因谋杀奸夫而误毒旁人,若照"常人谋杀而误杀旁人"拟以斩候,似无区别,应比照"本夫捉奸误杀旁人例"拟绞监候。于应节应从重依"奸缌麻以上亲"发附近充军。

陕西司 ○ 嘉庆二十年

陕抚咨:樊文明因樊文用与伊母通奸,该犯于奸所撞获揪殴,经人劝散,该犯忿激,越日寻获樊文用,殴伤毙命。例内并无母犯奸淫、子于奸所获奸、非登时殴死奸夫作何治罪明文,查子杀母之奸夫,其义忿之状,较夫杀妻之奸夫为尤切,自未便等于本夫、本妇之寻常有服亲属,将樊文明比照"本夫于奸所获奸非登时而杀例"拟徒。

河南司 ○ 嘉庆十九年

河抚题：敬二妮因与小功弟妻通奸，谋杀纵奸本夫，原拟依"谋杀小功卑幼"绞候。部议，亲属相奸，杀死并纵容之本夫，例不以服制论。则杀死纵奸本夫，应照平人科断，依"谋杀造意者"斩候。

山西司 ○ 嘉庆十九年

晋抚题：张刘氏因夫亡守志，经夫兄张俊科调奸不从，致伤张俊科身死。查妻殴夫期亲尊长至死，罪应斩候。若照本律拟罪，是以守贞不污之妇为奸淫罪人拟抵，应照"奸卑幼之妇未成、被本妇登时忿激致毙、系缌麻尊长随案减流例"拟流。

陕西司 ○ 嘉庆十九年

陕督题：朱兴贵因与冯氏通奸，谋杀纵奸本夫张先胜，尸兄张先简受贿私和。冯氏虽不知杀死本夫情事，但事后既经告知，并不赴告，未便仍照"纵容本律"科断，比照"夫为人所杀、妻妾私和律"满徒。

四川司 ○ 嘉庆十八年

川督题：萧综举因见义母萧庞之媳萧王氏与廖洪智通奸，被其撞获，殴伤廖洪智身死，将萧综举比照"非应许捉奸之人为本夫纠往捉奸、杀伤奸夫、照擅杀罪人科断例"拟绞监候。

四川司 ○ 嘉庆十八年

川督咨：朱贵文与刘思正之女刘么姑通奸，经刘思正撞见，当即捉拿。朱贵文逃走，刘思正将刘么姑殴伤，经刘思潼劝住。旋因拿获朱贵文，刘思正气忿，用绳将刘么姑勒毙。朱贵文比照"本夫本妇有服亲属捉奸、非登时杀死奸妇、奸夫拟徒律"拟徒。

山东司 ○ 嘉庆十八年

东抚题：小张张氏与张成中通奸，张成中起意将本夫张湛掐死灭口，向小张张氏商议，该氏不敢允从，复又拉劝。张成中将该氏摔跌倒地吓禁，将张湛立时掐毙。该氏不独未与同谋，且有救夫之心。迨事后听从隐讳，因心慌畏惧所致，亦非甘心事仇，未便照"同谋杀死亲夫之律"拟以寸磔，将小张张氏比照"奸夫临时拒捕、奸妇在场并不喊阻救护、事后又不首告者、照奸夫自杀其夫、奸妇虽不知情律"拟绞监候。

四川司 ○ 嘉庆二十二年

川督咨：杨周氏瞥见夫妾杨赵氏产生私孩，即邀周李等前往盘诘。杨赵氏俯首认错,复因其未肯说出奸夫姓名,致将杨赵氏殴伤殒命。例无正妻因妾产生私孩、忿激致毙作何治罪明文,将杨周氏比照“本夫闻奸数日杀死奸妇确有实据者、将本夫照已就拘执而擅杀例”拟徒收赎。

直隶司 ○ 嘉庆二十二年

直督咨:魏九杀死与伊童养未婚妻高氏通奸之缌麻服侄高风光。查高风光出继高姓,例应归宗。魏九系高风光缌麻服叔,因见高风光与童养未婚妻高氏通奸,前往捉拿,致被挣脱,并不鸣官究治,辄将高风光擅行杀死。获奸既离奸所,杀死又非登时,魏九合依“童养未婚之妻与人通奸、本夫捉奸、照已婚妻例”问拟。本夫捉奸、杀死犯奸有服卑幼之案,如卑幼罪不至死、捉奸已离奸所、非登时而杀者,于常人绞罪上减二等,满徒。高氏给魏九童养为妻,名分已定,其与伊缌麻服侄通奸,例无治罪明文。惟既将捉奸杀死奸夫之魏九照“已婚例”问拟,高氏亦应照“奸缌麻以上亲之妻律”拟徒。

湖广司 ○ 嘉庆二十五年

南抚题:颜太先与方连生未婚之妻刘大儿通奸,嗣该犯起意将本夫杀死,图娶刘大儿为妻,商同刘得三将方连生戳伤毙命,将颜太依“奸夫起意杀死亲夫”拟斩立决。刘得三从而加功,绞候。刘大儿依“军民相奸”枷杖。

山东司 ○ 嘉庆二十四年

东抚咨:刘相林因郭连仲诱约伊妻吴氏在家奸宿,该犯与伊岳父吴会元及刘汝庆等前往捉拿,将郭连仲于奸所捆缚。迨因郭连仲辱骂,该犯令刘汝庆等揿按,自用竹签挖出郭连仲两眼,越日身死。除刘相林依“奸所获奸非登时而杀例”拟徒外,刘汝庆等系刘相林有服亲属,例许捉奸,听从揿按,合依“馀人杖一百律”上,减二等,杖八十。

直隶司 ○ 嘉庆二十四年

直督咨:史骡子先与郭边氏通奸,继因郭边氏与冯墨锭奸好,经氏子郭凤鸣嘱令帮拿。该犯妒奸怀恨,主使郭凤鸣将冯墨锭两目剜瞎成笃。虽该犯并未下手,但罪坐所由,应以史骡子为首。除史骡子依“凶徒忿争、剜瞎人眼睛例”发近边充军外,将郭凤鸣比照“应许捉奸之人、如有致伤奸夫例”勿论。

河南司 ○ 嘉庆二十一年

河抚咨:李青凤致伤小功叔李均明成笃。查李均明私娶大功堂弟李兴业之妻凌氏为妻,按律应以奸论。李青凤系凌氏嗣子[②],例许捉奸,因捉拿李均明送官不服,随剜瞎其两目,实属激于义忿。李青凤合依“本夫本妇有服亲属捉奸、杀死犯奸尊长、如止杀伤者”,照律勿论。

直隶司 ○ 嘉庆二十三年

直督题:韩大因张壬水与伊母通奸,登时捉获,嘱令缌麻服兄韩忠大帮殴,将张壬水殴伤身死。韩大揉瞎张壬水两眼,系激于义忿,且子与母情切,天伦不得与有服亲属并论,应予以勿论。

江苏司 ○ 嘉庆十九年

苏抚题:向顺汉于嘉庆八年娶妻,旋即外出佣趁未回。其妻李氏求乞度日,于嘉庆十二年九月初十,找往向顺汉佣工处所,赁房同住。李氏于次年三月初十,产生一子。维时向顺汉受雇在外,经伊戚李春拔告知产子情由。向顺汉以与妻同房仅止六月,何以产子即能成活?明系伊妻与人有奸,即赶回。见李氏抱子在门首乘凉,向顺汉查看婴孩身躯长大,并非血气不足,忿激莫遏,即取菜刀向妻盘问奸夫,李氏支吾不吐。向顺汉用刀连戳,致伤李氏,并误伤婴孩,立时殒命。原题内称:查《洗冤录》载“胎形六月毛发生,七月动右手,八月动左手”。今李氏之子,如果系向顺汉所生,则怀胎仅止六月,两手未能举动,断无存活之理,其为奸生子无疑。向顺汉自外回归,目击伊妻手抱奸生之子,向询奸夫不吐,迭戳致毙。虽无奸夫到官,而奸情已有确据,抱孩之地即同奸所,入门之顷即属登时。揆其情势,实与奸所获奸、杀死奸夫无异。其因杀奸妇以致误伤奸生之子,律内并无明文。盖奸生之子,即属奸夫玷辱本夫确据。本夫之视奸生子,与视奸夫情无二致,比照“本夫于奸所获奸、将奸夫奸妇登时杀死者”勿论。

部驳:向顺汉因疑奸致死李氏,并将所生幼子一并戳毙。既据讯明,犯邻尸亲佥称李氏平日并无不端,是奸情并无确凿,奸夫不知系属何人。如谓李氏仅止怀孕六月,因奸而生,查该犯与妻同房之时距生子之日,计已满足六月,即应以七月论,其骨节毛发俱成。《达生》篇内原有七八个月生产之说,果系因奸而生,计该犯出门之时,李氏所怀身月应已数月。该犯性非痴呆,何竟茫无知觉?该犯初到案时,据供伊因疑奸盘问,被妻嚷骂气忿,将其妻戳死。既无生供证据,又未拘获奸夫,正与“非奸所获奸、将奸妇逼供而杀、以殴妻至死论之例”相符。即究出奸夫,到官审认不讳,按例亦应拟徒等情。

题驳去后，嗣据该抚将向顺汉依“非奸所获奸、将奸妇逼供而杀、审无奸情确据者、依殴妻致死论”拟绞监候。

校勘记：

①王：据上文应作“汪”。

②于：据《续四库全书》本应作“子”。

《刑部比照加减成案》卷十四

刑律人命

杀一家三人

造畜蛊毒杀人

斗殴及故杀人

刑律人命

杀一家三人

贵州司 ○ 嘉庆二十五年

提督奏送：李六因恨伊堂嫂马氏屡次欺压，起意将马氏杀死。因马氏之媳张氏欲与拼命，复将张氏迭砍多伤。意料因伤身死，总须抵命，又将张氏生甫八月之幼子套儿一并杀死。查马氏系李六大功堂兄之妻，服为缌麻，至死应同凡论，罪应斩候。套儿系马氏之孙，于该犯服属缌麻卑幼，律止绞候。该犯杀死马氏一家二命，均属故杀。除故杀张氏未死轻罪不议外，合依“杀一家非死罪二人者”斩决枭示。该犯杀一家二人，内套儿一命系该犯缌麻卑幼，与故杀二命均与凡人有间，应免其枭示。

湖广司 ○ 道光元年

南抚题：钟仰科受雇巡更，因刘永空等连日伙窃，事主勒令该犯赔偿。该犯邀允蔡明喜等，同将刘永空等捉获。因被辱骂，该犯起意致死，将刘永空等三人一并推入河内淹毙。致死三命，俱系窃匪，仍照“擅杀本律”拟绞监候。

湖广司 ○ 道光元年

北抚题：徐会庭因无服族叔祖徐千里并妻魏氏与伊父争闹，将伊父殴跌倒地，该犯瞥见，用木棍殴伤徐千里。魏氏拢护，用棍向该犯连殴。该犯用担格抵，致魏氏、徐千里旋各身死，系一家二命。细核案情，徐千里、魏氏本系同殴伊父之人，该犯仓猝救护致毙。援照“十七年山东省朱福之案”改为绞监候，入于秋审情实办理。

陕西司 ○ 嘉庆二十三年

陕抚题：黎朝武因陈启明偏护同伙，向伊讥诮，致相争殴，被其取刀向砍。该犯气忿，起意致死，夺刀连扎，陈启明倒地身死。陈芳太欲控送官，该犯忿恨，复刀扎陈芳太致毙；并伊子黎长娃、伊妻李氏赶拉，将妻及子一并扎伤致毙。查陈芳太、陈启明并非一家，讯明均系故杀，应从一科断，律应斩候。其故杀妻李氏，亦律止绞监候。惟该犯逞忿，连杀四命，若因故杀妻罪止绞候，略而不议，仅以杀非一家二命从一科断，问拟斩候，似不足以惩凶残。黎朝武应比照“杀三人而非一家例”拟斩立决，奏请旨定夺，毋庸断给财产。

四川司 ○ 道光元年

川督题：王伸入赘再醮妇杨王氏为妻，嗣杨王氏因该犯游荡，欲将其逐出。该犯起意杀死，用刀扎伤杨王氏跑走。该犯心疑杨王氏之母王周氏刁唆，故杀王周氏身死。时邻人王新林、王公弟、王余氏往捉，该犯用刀戳伤王新林、王公弟身死。复因王余氏喊救，一并砍杀。查该犯故杀妻母周氏，罪应斩候。其王新林、王公弟系同胞弟兄，均属斗杀，系一家二命。律例内并无斗杀一家二命，故杀非死罪二命作何治罪明文，比照“杀一家三命以上例”斩决。

安徽司 ○ 道光元年

安抚奏：潘士和因向小功服兄潘士杰索分故祖遗产未给，挟嫌迁怒，杀死潘士杰年未十岁之子潘银受孜、潘拴住孜二命。该犯与潘银受孜等服属缌麻，例内功服以下尊长挟嫌杀害卑幼十岁以下一命，应以“凡人谋故杀本律”问拟，比照“杀一家非死罪二人例”斩枭。

贵州司 ○ 道光元年

贵抚咨：吕潮湘因口角争殴，致伤大功堂弟吕潮周、吕潮成弟兄二命，与“有心杀死卑幼一家二命绞决之例”不符。例内并无殴杀同堂大功服弟一家二命作何治罪明文，应酌量依“殴杀大功服弟杖一百、流三千里律”上，加一等，发附近充军。

广东司 ○ 道光元年

广抚题：林阿永强奸家长之妾未成，起意将该氏杀死，经同主服役之陈红氏瞥见，该犯复一并致死灭口。查强奸家长之妾未成，杀死本妇，律无明文。惟该犯又将雇工之陈红氏杀死，系杀一家二命，依“杀一家非死罪二人例”斩枭。

四川司 ○ 道光二年

川督题：康贵安殴砍小功堂叔康济阳等身死一案。查康贵安因小功堂叔康济阳重索赌欠打闹，起意将其致死。康济阳之子康定安等先后拢拿，均被该犯砍毙。康定安等均系该犯小功堂弟，该犯致死康济阳父子三命，系故杀一尊属，殴杀两卑幼。例无明文，将康贵安比照“杀一家三命、分均卑幼、内有一人按服制应同凡论者、斩决枭示例”拟斩立决，枭示。

四川司 ○ 道光元年

川督题：萧沅周因索欠争闹，故杀小功弟妻，并殴杀小功堂弟萧沅湘。例内并无一故一斗、一系小功卑幼、一系凡论作何治罪明文，应从重依“故杀律”斩候。

直隶司 ○ 道光二年

直督题：李发听从田有谋毒胡四发等一案。查李发与田有均欠胡四发赌钱，因其逼讨，田有起意将胡四发毒死，随将信末交给李发。至胡四发家，李发复起意将胡四发同居之母舅孙士仁一并毒毙。胡四发之死系田有造意，李发听从加功，罪应绞候。其孙士仁系李发临时起意，罪应斩候。胡四发与孙士仁系外姻甥舅，同居共炊，即属一家。例无谋杀一人而行者杀一家二命治罪明文，惟李发应得罪名系属一斩一绞，核与致死一家二命、一故一斗者罪名相同，将李发比照“致死一家二命、一故一斗例”拟斩立决。田有仅止起意谋杀胡四发一命，应依“谋杀律”拟斩监候。

贵州司 ○ 道光二年

贵抚奏：韦阿留谋杀小功伯母韦石氏等一案。查韦阿留听从伊父谋杀小功堂伯母韦石氏，律应斩决。谋杀已出嫁缌麻堂姊唐韦氏，亦应斩决。唐韦氏现依伊母韦石氏同居，即属一家，律例内并无听从谋杀一家二命、一系小功尊长、一系缌麻尊长作何治罪明文。惟谋杀缌麻以上尊长，律应不分首从，将韦阿留比依“谋杀缌麻尊长一家二命例”拟斩立决，枭示。

广东司 ○ 嘉庆二十四年

广东抚题：梁广贤谋毒叶荣华身死，复误毒张广德、张亚厂二命。查张广德等俱雇与叶荣华船内帮工，饮食与共，系属一家，将梁广贤比照“谋杀人而误杀旁人一家三命例”拟以斩枭。

直隶司 ○ 嘉庆十九年

直督题：董九儒因争闹故杀小功服婶崔氏，并缌麻服侄兰香二命，又砍伤小功服兄董思诚，平复。该督以崔氏系该犯小功服婶，律应斩决。董兰香系该犯缌麻服侄，律止绞候。与故杀一家二命俱系亲长、及杀平人非死罪二人均拟斩者不同，从重依“卑幼殴本宗小功尊长死者斩、故杀亦斩律”拟斩立决。

部议：尊长之于卑幼，其律应拟抵者，无论谋故，概止绞候。故杀一家二命之案，亦与凡人有所区别。惟是死者二命，如果服制较疏，内有一命系凶犯至亲，则疏不间亲，自不得以一家论。若死者系至亲，而于凶犯较疏，即不得以因系凶犯有服卑幼，皆置死者之一家于不议。今董兰香系该犯堂侄，服止缌麻，其于董崔氏分属祖孙，若仍斩决，不惟与杀功服尊长一命者无别，且较之杀一家二命转轻。董九儒改依“卑幼殴死小功尊长律斩决、仍照杀一家非死罪二人例”，加拟枭示。

安徽司 ○ 嘉庆二十二年

安抚题：谢柱孜谋毒姑母朱谢氏、以致误毙朱谢氏之女并童养媳一家三命一案。查谢柱孜因私将绿豆卖钱花用，被姑母朱谢氏向伊父告知责打。该犯怀忿，起意将朱谢氏谋害，潜用土信放入磨眼。朱谢氏前往磨面做面饭，同子朱尚仁等先后食毕毒发，致朱谢氏之女绕女、二丫头及童养媳被毒殒命，朱谢氏、朱尚仁伤而未死。查该犯杀死卑幼三人，内有一人应同凡论，按例应拟斩枭。惟并非有心惨杀，应比照“外姻尊长缌麻卑幼一家非死罪、三人内有一人按服制应同凡论者斩枭例”，该犯系属误杀，免其枭示。毋庸酌断财产。

安徽司 ○ 嘉庆十九年

安抚奏：韩锁挟韩冠英斥逐之嫌，谋杀韩冠英年仅十二岁之孙韩黑，并年甫五岁之韩成。该犯杀死功服卑幼一家二命，应拟绞决。其逞忿杀死十岁以下幼弟，应以凡论。该犯惨杀二命，致韩冠英绝嗣，仍比照“杀一家非死罪二人例”斩决，免其枭示。

湖广司 ○ 嘉庆十八年

南抚奏：张长林杀死小功兄妻张陈氏，并该氏幼子张乔娃、张再娃一家三命。张乔娃、张再娃系张长林缌麻服侄，张陈氏系张长林小功兄妻。至死，律同凡论，援引“杀死期服卑幼一家三人、内有功缌卑幼、应仍从杀死功缌卑幼三人例”比核，将张长林比照“杀死凡人一家三命律”凌迟处死。

湖广司 ○ 嘉庆十八年

南抚题：刘士进杀死缌麻服兄刘士奇夫妇二命，系一故一斗，例无专条，将刘士进仍比照“致死一家二命、系一故一斗例”拟斩立决。奏请旨定夺。

广东司 ○ 嘉庆二十二年

广东抚题：石黄毛因恐大功堂弟石复欣疯毒传染，将其殴毙，并向石复欣之兄石门石贿嘱私和。嗣石门石索银无给，称欲告究，该犯复起意致死灭口，用竹铳将石门石放伤身死。该省以石复欣等虽系同胞弟兄，并不同居，被杀又非同时，且一系尊长，一系卑幼，与谋杀一家二命迥殊，并与实在谋杀缌麻尊长一家二命亦属有间，将石黄毛依“谋杀缌麻以上尊长律”拟斩立决等因具题。

经本部，查一家二命，如系五服至亲，即不论是否同居，并不计谋杀之先后，均应以一家论，律注已为明晰。至已死二命，内虽有一人系该犯卑幼，而死者则为期亲弟兄。一家二命，若仍拟斩决，既与杀死尊长一命无别，且较之杀死凡人一家二命转轻，未为平允。石黄毛合依“谋杀缌麻尊长已杀者”斩决，仍照“杀死一家二命”加以枭示。

四川司 ○ 嘉庆二十年

川督奏：赵帼柱砍伤小功堂婶赵张氏、未出嫁小功堂妹赵长妹母女一家二命，将赵帼柱比照“故杀缌麻尊长一家二命”拟斩立决，枭示。

河南司 ○ 嘉庆二十年

河抚咨：王庭陇行窃王小章家铁斧等物，被王小章事后搜获原赃，殴打致死，并将王庭陇之妻马氏殴毙。固系一家，惟致死一家二命问拟绞决之例，是指死者系平人而言。王庭陇行窃王小章家什物，赃证明确，则王小章系擅杀罪人，与寻常斗杀不同。而马氏虽知窃情，并未同窃，因帮护其夫，亦被殴死，亦未便一律科为罪人。自应以斗杀从一科断，将王小章依“斗杀律”拟绞监候。

广东司 ○ 嘉庆二十二年

本部奏：李白氏因与安然通奸，被本夫李二知觉打骂，起意商同安然，欲将李二谋害。安然主令朱有和下手，即将李二谋毙。复因李二之兄李进帮护，朱有和复起意将李进一并杀死。除李白氏依“谋杀本夫律”凌迟处死外，将朱有和比照“杀一家非死罪二人例”斩决枭示。安然比照“本欲谋杀一人而行者杀三人、案内其造意不行之犯例”拟斩立决。

四川司 ○ 嘉庆二十二年

川督奏：汤万年因与马沅俸之妻马朱氏在房行奸，马沅俸闻知，邀同其兄马潮喜捉拿。该犯拒捕，将马沅俸、马潮喜均各砍伤毙命。查律例，并无因奸拒捕杀死一家二命作何治罪明文，将汤万年比照“杀一家非死罪二人例”拟斩立决，枭示。

四川司 ○ 嘉庆十九年

川督题：刘银偷割吴文俸地内马草，捉捕，拒伤吴文俸身死。吕杨华与弟吕杨亮见而帮拿,致被刘银砍毙。查吴文倖与吕杨华等并非一家,例无罪人拒杀三命治罪明文,若照“杀一家二命或三命而非一家”拟绞立决,则置罪人于不问。若照“杀三命而非一家、内二人仍系一家”拟以斩枭,该犯拒由图脱,与谋故杀三命不同,比照“殴死一家三命例”拟斩立决。

贵州司 ○ 嘉庆十九年

贵抚题:韦老汉起意,商同闫老唐、闫老报弟兄,谋死闫老唐婶母潘氏,向杨士贤诈财。嗣杨士贤经该犯调处给银,该犯侵吞余银,致闫老唐等查知欲控。该犯商同伊子,将闫老唐等一家致死灭口。闫潘氏与闫老唐等系属一家,闫老唐、闫老报又系谋死婶母,罪犯应死,例无拟罪专条,比照“一家非死罪三人律”凌迟处死。

山东司 ○ 嘉庆二十一年

东抚题:李八等同谋杀死苏于太等一家三命一案。查李八仅止同谋,并未加功。惟该犯挟仇助恶,致杀一家三命,即无加功情事,亦难宽贷,将李八比照“杀一家非死罪三人为从加功律”拟斩立决。

奉天司 ○ 道光元年

盛刑奏:鲍进财因鲍二炮年之小功服弟鲍七偷伊衣物,同子鲍文升将鲍七谋杀。维时鲍二炮年之子鲍白音在旁不依,被鲍文升殴伤殒命。被获解审,路经该屯,鲍进财央允解官松开锁铐,与鲍文升回家探望,鲍二炮年虑恐鲍进财、鲍文升脱逃,子命无偿,起意纠约鲍成等将鲍进财父子四人一并杀死。查鲍进财与其长子鲍文升谋杀鲍七,与殴死鲍白音,均属罪犯应死。鲍二系其小功尊长,罪止满杖。其杀死鲍文功、鲍文先二命,依“杀一家非死罪二命例”应绞决。鲍成听从大功服兄鲍二炮年谋杀非死罪之卑幼鲍文功、鲍文先,俱系轻罪不议;应以谋杀小功服兄鲍进财为重,依“谋杀缌麻以上尊长律”斩决。系听从尊长下手加功,应准其量减,斩候。解官吴元杰于押解人犯中途,听许酬谢,纵犯回家探望,被人杀死,照“故纵罪囚至死减一等律”满流。

安徽司 ○ 道光二年

安抚题:余良田听从余幅礼纠殴王中和,王中和亦邀李洪道等十二人抵御,事经和息。因李洪道等在渡船喊骂,余良田喝令余芳春等掷砖吓唬。余芳春等未经动手,该犯辄自拾砖抛掷,将李洪道等六人掷伤。李洪道等避砖侧闪,船重侧覆,以致李洪道等十九人一齐落河溺毙。死由于溺,而渡船究由避掷砖块而覆,与殴杀无异。惟内有钱文广等一家三命,应按例问拟,将余良田照“聚众共殴、原无必杀之心”,将率先聚众之人拟斩立决。余芳春等讯无掷砖情事，惟帮同回骂，拍手叫喊，亦属助势。例无聚众殴死三命以上、为从未经伤人之犯作何治罪明文，将余芳春等均照“为从下手伤重至死绞监候例”上，量减满流。

奉天司 ○ 嘉庆二十年

盛刑题：陆春与伊子陆全海、民人王和因贾二、贾四、贾五、贾士义父子弟兄四人寻殴，陆春将贾二、贾四殴伤身死，贾五将陆春殴死，陆全海与王和将贾五、贾士义弟兄殴死一案，系一家二命，按例将陆全海拟绞立决。稿尾声明，贾五系殴毙伊父之人，与无故逞凶连毙二命者有间。恭候钦定，王和将贾四、贾五殴伤不致命而伤轻，依“共殴馀人”拟杖一百，

奉旨：九卿定拟具奏，量减为拟绞监候。

江苏司 ○ 嘉庆二十一年

江督奏：江兴远等支解陈大观案内之申且，于江兴远等谋死陈大观时，被李凤禄逼令同行。追杀死陈大观后，又被吓逼摘心。核其情节，该犯实因畏罪，不敢不从。若一律拟以加功之罪，与甘心听从下手者无所区别，应于“加功斩罪”上，量减一等，拟以满流。惟该犯平素贩私，殊非善类，从重发新疆为奴。

安徽司 ○ 道光元年

安抚题：彭仓海图奸胞弟妻未成，经氏告知族长，纠邀彭大广等，往捕送官。该犯图脱拒捕，用枪戳死缌麻服叔彭大广、无服族叔彭大涌、小功堂弟彭万里。查被杀之彭大涌，虽与彭仓海无服，而彭大广与彭大涌、彭万里均服属缌麻，照律注以一家论，依“殴死一家三命例”斩决。该犯图奸弟妻，逞凶拒捕，连毙三命，内有一命系缌麻尊长，加拟枭示。

造畜蛊毒杀人

浙江司 ○ 嘉庆二十二年

浙抚咨：潘美安因挟徐燕翼不给新谷之嫌，用桃椿私钉徐燕翼祖坟，图破风水，令其疾苦，迹近魇魅，应比照“魇魅书符咒诅欲令疾苦者、减谋杀已行未伤二等律”杖八十，徒二年。

斗殴及故杀人

直隶司 ○ 嘉庆二十年

直督题:孟步云砍伤王大眼身死案内之王五成,因见胞弟王大眼被孟步云砍伤待毙,一时痛忿,携枪将孟步云扎伤,并无治罪明文。自应衡情酌减,于“凶器伤人拟军例”上,减一等,拟以满徒。

本部以有服亲属殴死凶手,系得听减二等,将王五成改依“凶徒执持凶器伤人近边军例”上,减二等,杖九十,徒二年半。

奉天司 ○ 嘉庆二十二年

奉尹题:田治陡患疯病、殴死韩升一家三命、覆审供吐明晰一案。例内并无因疯殴死一家三命、到案供吐明晰作何治罪明文。检查嘉庆十四年,四川陈正儒因疯砍死徐李氏一家二命,到案供吐明晰,将陈正儒改拟绞监候,声明秋审时入于情实,题准在案。今田治殴死一家三命,较陈正儒为重,惟其殴死人命时同一疯发无知,若照“殴死一家三命”拟以斩决,与寻常殴死一家三命之案未免漫无区别。田治一犯,可否衡情拟斩监候,秋审时入于情实之处,恭候钦定。

奉旨:田治改斩候,秋审时入于情实。

山东司 ○ 嘉庆二十年

东抚题:王月与伊子王大雨在地看守棉花,齐复兴在地经过,顺手将棉花拾看,王月喝骂。齐复兴不依,争吵,用拳殴伤王月左腮颊。王月喝令伊子王大雨帮殴。王大雨拢护,齐复兴揪扭王大雨发辫,王大雨拔刀扎伤齐复兴右肋,倒地歇手,至晚殒命。王月闻知,虑恐到官治罪,心生畏惧,投缳殒命。查王大雨之扎毙人命,究由伊父喝令帮殴,并非该犯首先肇衅,应比照“原谋畏罪自尽、准其抵命”,将下手应绞之人减等拟流。

四川司 ○ 嘉庆二十年

川督题:樊清与杨唐氏行奸,杨唐氏将一龄幼女长姑放在身旁。樊清奸毕起身,失手将长姑肚腹撳伤殒命。该督将樊清比依“斗杀”拟以绞候。

本部改依“因斗殴而误杀其人之女”拟绞监候。

陕西司 ○ 嘉庆二十年

喀喇大臣题:刘伏因高佐廷等向伊詈骂、用刃误伤旁人杨勇金身死一案。查刘伏因欠宋振英钱文未偿，宋振英主使高佐廷等詈骂，刘伏欲出争论，被杨勇金抱住。刘伏情急，拔刀自戕图脱，失手扎伤杨勇金殒命。除将刘伏依“误杀旁人照凡斗律”拟绞监候外，宋振英虽欲谋殴而未曾下手，又未与高佐廷等同行詈骂，究属起衅之人，宋振英应比照“同谋共殴之馀人不曾下手律”杖一百，再加枷号一个月。高佐廷等于己毫不干涉，听从寻闹，与刘伏虽未下手相殴，究由詈骂酿成人命，均应照“同谋共殴人不曾下手又非原谋律”各杖一百。

山东司 ○ 道光元年

东抚题：王日臣殴死小功堂侄王九案内，在场用石块帮殴成伤王幅安系王九小功堂兄。例无共殴案内馀人系死者有服尊长作何治罪明文，惟律内殴伤小功卑幼，系照“凡人”减二等，王幅安应于“凡人馀人杖一百”上，减二等，杖八十。

山西司 ○ 嘉庆二十一年

晋抚题：陈玉故杀妹夫武七来并殴死伊妹武陈氏一案。查陈玉故杀伊妹夫武七来，并殴死伊妹武陈氏，武七来与武陈氏系属一家二命。惟武陈氏系该犯胞妹，殴杀罪止拟流，未便依“杀一家二命、一故一斗”拟以斩决，将陈玉仍依“故杀律”拟斩监候。

直隶司 ○ 嘉庆二十二年

直督题：刘二娶大功堂弟之妻白氏为妻、嗣因张文与白氏通奸、将张文共殴身死、白氏畏惧自尽一案，经该督将刘二依“有服亲属擅杀奸夫、奸妇畏累自尽”，将擅杀之犯减一等，满流等因咨部。

经本部，以刘二娶大功弟妇白氏为妻，伊胞叔主婚，应罪坐主婚之人。惟白氏究非该犯应娶之人，按律应行离异。是该犯既不得为白氏后夫，而其甘心收娶大功弟妇，罔顾服属，即亦不得为白氏大功夫兄。该犯因张文与白氏通奸，纠弟将张文共殴毙命，不得以擅杀定拟。

咨驳去后，旋据该督将刘二改同凡斗科断，依“共殴律”拟绞监候。

陕西司 ○ 嘉庆十八年

陕抚题：冯海林因挟樊太简充当行头，不代伊邀人算账。迨经向索肉钱时，被村斥之嫌，辄迁怒其子樊陈保子，临时起意杀死，用刀扎划其咽喉等处，伤而未死，比照“谋杀人伤而未死律”量减拟流。

本部查“故杀律”内既不言伤而未死，即应照“斗伤”定拟。且参观故用蛇蝎蛊伤人致死，并谋故杀而误杀旁人以故杀论各条，其伤而不死，俱载明以斗殴伤论。则是故杀之案，其伤而不死，应照“斗伤”科罪，更属显然。将冯海林驳改，照“刃伤人律”杖八十，徒二年。

贵州司 ○ 嘉庆十八年

贵抚题：萧登选因萧登相商同萧登元将其族中地内柴薪茅草窃割，卖银分用，邀同族众萧俸文等十二人，将萧登相殴打泄忿，以致被纠之萧名扬等殴毙四命。虽死者均系罪人，该犯主谋起衅，酿成四命重案，未便稍有轻纵，萧登选应照“原谋”杖一百，流三千里。

陕西司 ○ 嘉庆二十二年

陕督题：陈习会因任丑个儿等夜间听从雇主连基发赴该犯木筏，查认冲失木植。陈习会疑贼，掷石追殴，致任丑个儿、任六单代失跌淹毙。查任丑个儿等均系雇与连基发庸工，固属一家。惟系疑贼追殴，致失足毙命，与斗殴致死一家二命有间，将陈习会依“疑贼致毙人命之案、照斗杀定拟例”绞候。

陕西司 ○ 嘉庆二十二年

陕督题：马林主使马文广殴伤王宗身死，并马文广畏罪自尽一案。查已死王宗系马林亲姊之子，服属小功卑幼。马林主使马文广将王宗殴毙，自应以主使之人为首，照“殴死外姻小功卑幼例”绞候。马文广为从，减等拟流，嗣马文广因本案畏罪，在监坠链自尽。将马林比照“共殴案内下手应绞抵之人、遇有馀人内殴、有致死伤重之人实因本案畏罪自尽例”减等满流。

山东司 ○ 嘉庆二十二年

东抚题：捕役杨殿魁等带同眼目赵成访缉逆匪，因闻知苏三行窃，前往堵拿。苏三图脱，施放铁铳，将赵成打死。在苏三固属行窃贼犯，而赵成并非应捕之人，将苏三依“擅将竹铳施放杀人者以故杀论律”斩候。张保于听从苏三施放铁铳，并未伤人，比照“聚众执持凶器未伤人例”杖一百。

贵州司 ○ 嘉庆十九年

贵抚题：张大朋因与苏体春争闹被殴，纠同家奴母格等往拿苏体春送官，并非预谋纠殴。苏体春持棍向争，母格等将其按地。该犯因苏体春漫骂，复殴两伤，致母格随殴致毙，比照“原谋律”量减一等，拟徒。

河南司 ○ 嘉庆二十年

河抚题：刘本四因魏三殴死刘三，经刘三之父邀同该犯追拿，将魏三殴毙，比照“两家互殴致毙一命、其律应拟抵之正凶当时被死者无服亲属殴死例”，将殴死凶手之人拟以满徒。

陕西司 ○ 嘉庆二十一年

陕抚题：梁兴殴伤窃贼郭万明身死一案。查梁兴因郭万明偷窃伊邻佑唐添禄家，被唐添禄捉获，令该犯看守，自往投约送官。该犯忆及伊家从前曾经被窃，亦疑系郭万明所窃，向其追问不认，将其殴伤身死。该抚将该犯依“邻佑因贼犯黑夜偷窃、迭殴致毙、照擅杀罪人律”绞候。

经本部，以梁兴心疑拷问、殴打致死郭万明并非偷窃该犯家正贼，将梁兴改依“疑贼致毙人命、悉照谋故斗殴问拟、斗杀者绞律”拟绞监候。

直隶司 ○ 嘉庆二十四年

直督奏：张银等共殴陈景善身死。案内之张桐目击伊子张居儿用棍殴伤陈景善，并不喝阻，乃因陈景善牵骂张姓祖先，辄行喝殴，与父兄助势同行无异，照“馀人”加一等，杖六十，徒一年。张元厮询知张银与陈景善争殴滋衅，并不婉为理释，辄以无须服礼并有我相帮之言阻止，以致张银倚恃逞凶，酿成人命，且又帮同殴打，实为首祸之人，应于“馀人律”上，酌加一等，杖六十，徒一年。

浙江司 ○ 嘉庆二十四年

浙抚咨：卢大挑共殴卢大廉身死，正凶在逃。查卢大挑在场共殴，应照“馀人”问拟。卢大廉系卢大挑缌麻服兄，例无治罪明文，若照“殴伤本宗缌麻兄及寻常馀人之律”，二罪相等，从一科断，仅拟满杖，似与凡人无所区别，将卢大挑依“共殴馀人杖一百律”上，加一等，杖六十，徒一年。

贵州司 ○ 嘉庆二十四年

贵抚题：韩俊坤施放鸟枪致伤缌麻服兄韩立坤，并韩寓坤放枪致伤缌麻服弟韩先坤、各平复一案，例内并无有服亲属施放鸟枪至伤尊长卑幼明文，将韩俊坤照“凡人用鸟枪伤人例”上，加一等，发近边烟瘴充军。韩寓坤照“鸟枪伤人例”上，减一等，满徒。

山东司 ○ 嘉庆二十一年

东抚题:赵喜砍死赵王氏等三命。查该犯故杀弟妻赵王氏,应同凡论;故杀弟妻之母王刘氏,应照平人科断。二罪均应斩候。其故杀大功弟赵宣,罪止绞候,自应从重问拟。惟连毙三命,情殊凶残,将赵喜依“故杀律”拟斩监候。请旨即行正法。

河南司 ○ 嘉庆二十五年

河抚题:焦登科殴死患疯之荆黑儿一案。二十五年七月初六日奉旨:荆黑儿一案,朕详加批阅。荆黑儿疯病复发,赤身持棍,跑入县堂,击鼓跳舞。焦登科、卫万林二人因系直堂皂役,若不行拦阻,或被闯入署内,殴伤本官,应得守卫不严之罪。该役等向前拦阻,因被荆黑儿持棍乱殴,一同捕御。焦登科举脚向踢,适伤荆黑儿心坎右乳,伤重殒命。焦登科与荆黑儿素不认识,并非有心致死,照“共殴下手伤重律”拟以绞监候,似觉过重。著刑部详查律例,量为轻减,另行核议具奏。钦此。

经本部核议,将焦登科量减一等,满流。卫万林依“手足殴人成伤”笞三十。

四川司 ○ 道光元年

川督题:贺绍文因彭悰智踩坏伊妹夫戴正馨菜园蒜苗向斥。彭悰智谩骂,贺绍文拾棍殴伤其胳膊。经戴正馨喝阻,贺绍文住手。彭悰智挣起,碰在板凳上,致伤右额角殒命,系自行碰伤致毙,罪坐所由。固未便仅科伤罪,若竟照“斗杀”拟绞,究与殴伤致毙者有间,于“斗殴拟绞监候罪”上,量减一等,满流。

山东司 ○ 嘉庆二十四年

东抚题:白玉宗因与出嫁胞姊吵闹,经王述先趋劝,致相争殴。迨白玉宗将王述先推跌倒地,适王小相踵至,王述先喊令帮护。王小相用木扒柄迭殴白玉宗臁肕,骨断倒地。白玉宗混骂,王述先复殴,伤其手腕等处。除下手伤重之王小相依律拟绞监候外,查王述先被白玉宗推跌倒地,喊令王小相帮殴,致将白玉宗殴毙。虽无预谋纠殴,究由该犯喊令帮护所致,将王述先依“原谋满流律”上,减一等,满徒。

江苏司 ○ 嘉庆二十年

苏抚题:李伦因闻黄洵欲在曾经结讼断明所画地内收稻,恐其越界多收,该犯因病在家,辄即主使伊侄李体虔纠人阻截,致被纠之李万举施放火枪,致伤王建德身死,将李万举依“故杀律”拟斩监候。李忝沅放枪致伤王兴池等三人,依“鸟枪伤人”拟军。李伦肇衅酿命,实为首祸之人,应照“原谋”拟以满流。李体虔听从纠人,致酿人命,非寻常馀人可比,应于原谋上量减一等,拟以满徒。陈连峰听从转纠,李映波、尹怀玉、倪说和、刘贵各携枪棍同行,未伤人,照"共殴馀人"各拟满杖。

安徽司 ○ 嘉庆二十二年

安抚咨:文幅听从文士聪起意,谋殴许胜孜。越二十五日,因风身死。查许胜孜被文幅枪扎左乳一伤溃烂,越二十五日,因风身死。文幅例应声请改流。第原谋文士聪于到官以后、未结之前,监毙在狱,似未便仍科文幅以满流之罪,应照"原殴致命之处而伤轻、因风身死在十日以外、满流本罪"上,再减一等,满徒。

陕西司 ○ 嘉庆二十一年

陕抚题:赵仁陇殴伤谭辉庭身死案内之孙策仕,愚弄赵仁陇种伤图赖,虽讯无主使殴打情,惟教诱种伤图赖,致赵仁陇殴毙人命,实属阴谋狡诈。若照"教诱人故自伤残",律止拟杖,将孙策仕比照"同谋共殴、殴死非其所欲谋殴之人、将起意纠殴之犯照原谋律"减一等,满徒。

《刑部比照加减成案》卷十五

刑律人命

屏去人服食

戏杀、误杀、过失杀

夫殴死有罪妻妾

杀子孙及奴婢图赖人

弓箭伤人

庸医杀伤人

窝弓杀伤人

刑 律 人 命

屏去人服食

直隶司 ○ 嘉庆二十一年

热河都统咨：阿齐尔卜尼因那木萨赖在伊所管山内伐木，将其拿获捆缚，脱去皮袄，覆盖其身上，将其衣襟压住，称欲送究，并非欲其受冻。那木萨赖畏死潜逃，在途冻毙。受冻由于潜逃，死由自取，将阿齐尔卜尼照"屏去人服食致死绞罪"上，减一等，拟流。

直隶司 ○ 道光二年

直督咨：彭洛万因向陈花子索讨赌欠无偿，辄逼其脱衣抵欠，以致陈花子因冻投井身死。惟陈花子系自行脱衣掷地，并非彭洛万用强逼取。且陈花子之死由于自尽，与实在冻死者不同，将彭洛万比依"屏去人服食致死绞监候律"上，量减满流。

直隶司 ○ 嘉庆二十四年

直督咨：李中林向开歇店营生，因住客杜治邦病剧，虑恐在店病毙受累，将杜治邦赤身抬放野地，以致杜治邦因病受冻身死。第杜治邦身穿衣服系自行脱去，并非该犯故屏，且病已垂危，亦非专因受冻身死，将李中林依"故屏去人服食绞候律"上，量减一等，满流。

戏杀、误杀、过失杀

福建司 ○ 道光二年

福抚题：吴金寿系营兵，随同外委拿获花会案犯刘伊耕，押至中途，被姜弗盛纠众赶抢，吴金寿情急抵御，点枪吓放，以致误伤路过之邓壮图身死。该抚将吴金寿依"鸟枪杀人斩罪"上，量减拟流。

经本部，以姜弗盛纠众夺犯系有罪之人，吴金寿情急点枪抵御，正与捕役与贼格斗情事相同。其误伤邓壮图身死，应将吴金寿比依“捕役拿贼与贼格斗、误杀无干之人例”，照过失杀人，收赎。

四川司 ○ 道光元年

川督咨：李俸儿在地割草，因闻年甫九岁之魏勋钊被蛇咬住手指喊叫，李俸儿用刀将蛇乱砍，因蛇向魏勋钊头上爬去，李俸儿慌急，掉转刀口，向魏勋钊砍蛇。魏勋钊手扯茅草将脸遮蔽，李俸儿不能审视，误伤魏勋钊囟门致毙，比照“民人向城市及有人居止宅舍施放枪箭杀伤人、仍依弓箭伤人致死律”杖一百，流三千里。部改照“庸医为人针绒刺因而致死、如无故害之情者”，以过失杀论，收赎。

江苏司 ○ 道光元年

苏抚题：戴邦稳因苫盖草屋尚未完工，与妻并其母在墙外麦草堆中居住。该犯在草堆边煮饭，因闻伊兄与人争殴，未及撤火，前往帮护，致遗火吹入草堆延烧。伊母年老，不能走避，被烧身死，依“子孙过失杀父母例”绞决。仍夹签声请。

广西司 ○ 嘉庆二十二年

广西抚咨：刘庭任染患风寒病症，陡因热极发狂，致将赖大安杀死。查病狂杀人，例无明文，将刘庭任比照“陡患疯病、猝不及报官、以致杀人者、旋经痊愈、讯取尸亲切实甘结例”拟绞监候。

湖广司 ○ 嘉庆二十二年

南抚咨：黄钲遥因疯戳伤柳太陇一案，例无因疯伤人未死作何治罪明文，将黄钲遥比照“过失伤人准斗杀伤罪收赎律”，照刃伤人杖八十、徒二年之罪，收赎银五两三钱二分二厘。

夫殴死有罪妻妾

陕西司 ○ 嘉庆二十年

东城移送：脱五与伊妻杜氏因细故口角，掌批杜氏腮颊，以致杜氏被殴投河身死。未便以殴非重伤竟予免议，将脱五比照“妻与夫口角以致妻自缢、若殴有重伤例”杖八十。

四川司 ○ 嘉庆二十四年

川督咨：张开鹏因伊妾王氏撒泼，用棍将其殴伤，复用绳将其拴在房内，冀其改悔,旋闻王氏在房咒诅该父母,该犯生气,不给饮食,以致王氏气痛旧病复发身死。查王氏死由于病,未便科以殴妾至死问拟满徒。惟殴责后复行拴缚,又闻咒诅伊亲,屏绝饮食,以致病发身死,亦未便以死由于病,殴非折伤,律得勿论。置屏食于不议,将张开鹏比照“妻妾因殴骂夫之父母而夫擅杀律”杖一百。

杀子孙及奴婢图赖人

江苏司 ○ 嘉庆二十五年

顺尹奏:周帼珍因调奸次媳小王氏不从,屡加磨折,并诬指与工人葛旺有奸。翁媳之义已绝。嗣疑小王氏捏造伊与长媳大王氏有奸之言,益加怀恨,起意贿嘱小王氏胞叔王兆兴,并喝令次子锁儿,帮同将小王氏活埋致死。应以凡人论,周帼珍依“谋杀人”拟斩监候。

王兆兴因误信周帼珍诬指伊侄女王氏与葛旺有奸,贪图周帼珍贿嘱,帮同活埋,讯系口许虚赃,实与图诈图赖人财物致死卑幼无异。该犯系小王氏胞叔,出嫁降服大功,帮同下手,应比依“大功尊长图诈人财物、谋故杀死卑幼绞罪”上,为从减一等,满流。

周锁儿并未商同活埋,临时勉从父命,帮同铲土,照“为从”减一等,满流。惟该犯畏父威吓,铲土旋即手软中止,实属势非得已,应再量减一等,满徒。俱系附近居住庄屯旗人,应照民人定拟,交顺天府定地发配。

浙江司 ○ 嘉庆二十二年

浙抚题:王承明因挟王必兆劝典祭田之嫌,抢割田谷不遂,欲与王必兆拼命。伊母声言前去死在王必兆家,该犯即以如果寻死,必为母伸冤之言怂恿,致伊母吴氏服卤身死。详核案情,该犯于伊母声言寻死时在旁怂恿,其居心固不可问。惟怂恿究止空言,伊母至王功元家服卤时,该犯并未随往,其所服卤系王功元之物,亦非该犯付给。核与嘉庆二十二年六月蔡允光之案情事相同,将王承明拟斩立决。

福建司 ○ 嘉庆二十三年

福抚咨:林存照勒死乞养于[1]林增弟,移尸图赖。查林增弟生时甫一月,即经林存照抱养为子,雇人乳哺,已经恩养七年。林存照因向庄德泰批佃不遂,又被拔毁麦子,一时气忿,将林增弟故杀图赖。例无明文,林存照比依“故杀侄图赖人例”发附近充军。

四川司 ○ 嘉庆二十四年

川督咨:李沅抚养童春酉为义女,恩养已及七年,不为不久。惟李沅向徐均复赎银不遂,将童春酉致死图赖。若仅依“故杀乞养异姓子本律”拟流,置图赖于不议,较之故杀子孙图赖者反轻,将李沅比照“故杀子孙图赖例”发附近充军。

福建司 ○ 嘉庆二十五年

闽督咨:张橘古因小功堂叔张惠周私放田水,彼此争扭,伊父张宏佳前向理论,又被张惠周推跌。迨后张橘古见父病垂危,希图张惠周出钱埋葬,将父背至张惠周家内,旋即病故,与藉尸图赖无异。张橘古应比照“子孙将已死父母尸身图赖人”杖一百,徒三年。

安徽司 ○ 嘉庆二十五年

提督咨:马亮因游荡失业,贫苦难度,商同伊妻黄氏投河自尽。该犯并起意将长子、幼子一同撩弃河内,致黄氏并二子俱各殒命。该犯复因赴水气闷,挣扎旁岸得生。查该犯游手好闲,花费伊父母钱文,于仰事俯畜,毫不过问。伊妻黄氏之死,固属贫极无聊,自愿轻生。惟因该犯游荡失业之故,致无辜幼子二人沉河立毙,实未便以该犯曾经自行投河遂宽其故杀之罪,将马亮依“故杀子”杖六十,徒一年。

贵州司 ○ 嘉庆二十五年

贵抚咨:王兴贵系王登幅乞养义子,配有妻妾,恩养多年,王登幅将王兴贵杀死图赖。查故杀乞养异姓子孙,与故杀子孙之妇罪同,应比照“故杀子孙之妇图赖人者”发附近充军。

贵州司 ○ 嘉庆二十二年

贵抚咨:文礼故杀义女子姑图赖一案。查已死子姑系该犯抱养为女,惟律内并无故杀乞养女图赖人治罪明文,将文礼比照“故杀子孙之妇图赖人例”发附近充军。

四川司 ○ 嘉庆二十一年

川督咨:李碧勒死义子李娃儿图赖,例无治罪明文,将李碧比依“故杀子孙之妇图赖人者”发附近充军。

直隶司 ○ 嘉庆二十三年

直督咨:外结徒犯内万希文因见伊父尸棺拴盖秫秸均已朽烂,棺木显露,忆及万河家承买伊家祖遗庄基，起意邀同万顺德将父尸棺抬至万河家讹诈。例无专条，将万希文比照“子将父尸图赖人”杖一百，徒三年。

弓箭伤人

四川司 ○ 道光二年

川督咨：冯正顺于偏僻山中，黑夜听闻树株林内声响，疑兽放铳，误伤正在行窃之胡狗身死，究与误杀平人有间，将冯正顺依“竹铳在深山旷野施放、误伤人因而致死满徒例”上，量减一等，杖九十，徒二年半。

四川司 ○ 道光元年

川督咨：邹三易赴竹园砍竹，适闻园内响动，疑系野兽，拾石向掷，适伤邹三刚身死，依“无故向有人居止宅舍投掷砖石、伤人因而致死者满流律”上，量减一等，满徒。

四川司 ○ 道光二年

川督咨：蔡徐氏因煮蛋给伊婿刘显德吃食，将毒鼠药末误作胡椒末入汤，以致刘显德中毒毙命。律内并无尊长误毒卑幼身死作何治罪明文，将蔡徐氏比依“无故向有人居止宅舍放弹射箭因而致死律”拟流。

河南司 ○ 道光二年

河抚咨：张世太因黹夜看视不清，疑系狼兽践食谷苗，施放鸟枪惊吓，不期误伤行人王姓身死，实非意料所及。例无治罪明文，将张世太比照“鸟枪在深山旷野施放、误伤人因而致死例”拟徒。

山东司 ○ 道光二年

东抚咨：平三因牛只践食高梁，与宋始一同赶牛。平三撩掷木棍打牛，以致误伤宋始身死，将平三比照“无故向人居止宅舍投掷砖石因而致死”拟流。

江苏司 ○ 道光元年

苏抚咨：赵邦因被窃，疑系丐匪唐三窃取，向询被斥，纠人往殴泄忿。至丐棚门首，唐三闻知逃脱。赵邦令拆毁丐棚，使丐匪无可栖身，未及进棚查看，即在棚外推塌墙屋。尚有乞丐阿二，因病蒙盖草荐侧卧墙下，致被压身死，比依“无故向有人居止宅舍投掷砖石因而致死律”拟流。

直隶司 ○ 嘉庆二十五年

直督咨:张生成因打牲携带鸟枪,于赵登林隔窗留饭之时,系因口含烟袋,未能言语,摇头回复,以致烟火掉落枪门,误伤赵登林身死。杀虽近于过失,第赵登林隔窗留饭,与该犯相距不过咫尺,既非耳目所不及,且枪内装有火药,口中烟袋内有烟火,鸟枪近火即发,人所共知,该犯亦必深悉,又非思虑所不到。乃该犯手持杀人利器,并不加意提防,以致失火误将赵登林放伤身死,应比照"鸟枪向有人居住宅舍施放、伤人致死例"满流。

江苏司 ○ 嘉庆二十五年

苏抚咨:捕差秦玉同许祥等奉票缉拿贼匪,因贼犯何二拒伤许祥,由常学端门首跑走,秦玉追捕不及,点放铁铳,以致轰伤常学端身死,应比照"鸟枪向有人居住宅舍施放、误伤人致死拟流例",量减一等,满徒,追埋银一十两。

河南司 ○ 嘉庆二十一年

河抚咨:王费物因撩弃木橛,将地旁躺卧之王丑掷伤身死,将王费物比照"无故向有人居止宅舍投掷砖石、伤人因而致死律"拟流。

直隶司 ○ 嘉庆二十二年

直督咨:宋自强往唤缌麻服弟宋居义,因犬只上墙狂吠,该犯虑恐呼唤不应,拾石向掷。时宋居义之妻马氏出视,不期被石掷伤殒命,该督将宋自强依"过失杀律"收赎问拟。

经本部,改依"向有人居止宅舍投掷砖石因而致死律"拟流。

庸医杀伤人

江西司 ○ 嘉庆二十四年

江西抚咨:吴东周将鳌头通书所刊镇煞符录及丁甲形像照样画出,为人治病,借此诓惑骗钱。将吴东周依"作为异端法术医人、未致死者满流例"上,量减一等,满徒。

直隶司 ○ 嘉庆二十四年

顺尹咨:丁沙氏谎称蛇精附身,图骗钱文,为人治病,近于邪术医人。惟仅止焚香,给人茶盏煎服,并无符咒,与圆光画符者有间,将丁沙氏依"端公道士人等作为异端邪术医人、未致死满流例"上,量减一等,满徒,收赎。

奉天司 ○ 嘉庆二十二年

提督咨送：赵王氏供奉鬔髻山神像，诡托神语，为人治病，近于邪术医人。惟该氏止将茶叶给人煎服，并无符咒，亦无搀用别项药末，与圆光画符等类有间。赵王氏应于"端公道士人等作为异端邪术医人、未致死满流罪"上，量减一等，满徒；虽系妇人，不准收赎，定地安插。

江苏司 ○ 嘉庆二十五年

苏抚咨：僧悟禅因寺宇坍塌，欲图修整，见朱长化痰迷病发，捏称有神附体，哄人医病，求药得财，应比照"端公道士作为异端法术医人未死"拟流。

山东司 ○ 嘉庆十八年

东抚咨：赵炳图骗钱文，捏造男女阴阳，令人朝天磕头数日，唱歌治病，即与画符无异，将赵炳比照"端公道士及一切人等作为异端法术医人、未致死者例"拟流。

四川司 ○ 嘉庆二十一年

川督咨：刘武受误卖药材致刘士庚等中毒身死一案。查律内并无铺户辨认不真、误卖致毙人命治罪明文，将刘武受比照"庸医为人用药、误不如本方因而致死、以过失杀人论"，准斗殴杀罪，依律收赎。

窝弓杀伤人

浙江司 ○ 嘉庆二十三年

浙抚咨：陈继国等见山北冈下堆有松树十一段，欲行取回。因家住山南，由山北转运道路较远，起意将树段抬至山冈，滚落山南，运回较便。当将树段抬至山冈放落，因是日下雾，陈继国以地处深山，向无人走，先行声喊，无人答应，后同黄云廷将树抬动，随势滚下。不期楼熹走至，被树压伤身死，将陈继国比照"捕户于深山旷野安置窝弓、不立望竿、因而伤人致死律"拟徒。

陕西司 ○ 道光元年

陕抚咨：陈巡幅住居深山，行人稀少，于黑夜听闻犬吠，疑狼往捕。适董泳幅在于该犯门前山坡自下而上，彼处树阴深浓，该犯见有黑影，心疑是狼，而不知是人，用棍向殴致毙。虽非耳目所不及，究属思虑所不到，比照"窝弓不立望竿因而伤人致死律"拟徒。

直隶司 ○ 嘉庆十八年

直督咨:王月增看守御道,因蒙古三嘎哈当嘎拉驱赶马群践行,王月增拾石掷马,误伤三嘎哈身死,将王月增比照"捕户安置窝弓、不立望竿因而伤人致死律"拟以满徒。

奉天司 ○ 嘉庆二十二年

盛刑咨:遇财防兽施放鸟枪,以致误伤雇工隋果身死。遇财应照"民人于旷野放枪打兽不期杀人者、比照捕户于深山旷野安置窝弓、不立望竿因而伤人致死例"满徒。

校勘记:

①于:据《续四库全书》本应作"子"。

《刑部比照加减成案》卷十六

刑律人命

威逼人致死

刑律人命

威逼人致死

四川司 ○ 嘉庆二十五年

提督咨送：禄儿因伊姑夫都凌阿将伊姑母辱骂，该犯抓伤其腮颊，劝息后复至其家嚷骂，并称欲将都凌阿殴打，以至都凌阿气忿自戕身死。查禄儿系都凌阿妻侄，并无服制。其所抓都凌阿腮颊，虽非致命，亦非重伤，但与仅止威逼致死并非殴伤者，情节较重，将禄儿依"因事用强殴打、威逼人致死、其致命而非重伤满徒例"上，量减一等，杖九十，徒二年半。

直隶司 ○ 嘉庆二十五年

直督咨：外结徒犯内武玉因与武满仓戏谑，辱及张成之[1]，致张成羞忿自缢身死，自当罪坐所由。惟张成究系本妇之子，核与本妇听闻秽语羞忿自尽者，情稍有间，将武玉比照"并未与妇女觌面相谑、止与其亲属互相戏谑、妇女听闻秽语、羞忿自尽满流例"上，量减一等，满徒。

江苏司 ○ 道光元年

苏抚题：马绍堂因与小功侄女马氏之母口角，因马氏帮护其母，该犯用秽语辱骂，致马氏气忿自缢，依"因事与妇女口角、彼此詈骂、妇女一闻秽语、气忿轻生满流例"上，量减一等，满徒。

直隶司 ○ 道光元年

直督咨：李泰华因胞兄李泰荣辱骂其媳，该犯听闻往劝。李泰荣嗔其多管，向殴。该犯用手招架，适伤李泰荣腮颊。李泰荣欲控，该犯畏惧，即邀人解劝，不期李泰荣投缳自缢。讯无逼迫情状，依"卑幼因事逼迫期亲尊长致死绞候律"上，量减一等，满流。

浙江司 ○ 道光元年

浙抚咨：袁新献等行窃陈义荣家衣物质当，被事主妻父朱成三查知。该犯令事主出钱赎取,并许所存原赃交还。因尚有衣料二件当票遗失,称俟迟日交给。嗣朱成三复对众向索,该犯起意翻赖,至朱成三家吵闹,冀其不敢复索,致事主之妻朱氏以该犯等措赖余赃,复累伊父受气,情极自尽。该犯等系为讳窃起见,并非与事主之妻觌面逞威,与实在威逼者有间,依"因盗威逼人致死律"量减一等,满流。

四川司 ○ 嘉庆二十四年

川督咨:金世重因向其弟金世成强借不遂,互相殴打,嗣见金世成伤重,畏惧自尽。查金世成系被殴情急格殴,尚非用强殴打。即金世重之自尽,亦因闻知该犯伤重畏惧所致,更非逼迫可比,将金世成照"期亲卑幼逼迫尊长自尽、殴有致命而非重伤拟绞例"上,量减一等,满流。

四川司 ○ 嘉庆二十四年

川督咨:汪潮相因被小功服叔汪家宛用柴向殴,一时情急,掌殴其腮颊,以致气忿自尽。并非致命重伤,亦无用强逼迫情状,第究由被殴所致。若照律拟军,与实在逼迫、殴有致命重伤、致令自尽者无所区别,将汪潮相依"因事用强殴打、逼迫尊长、致命而非重伤功服、发边远充军例"上,量减一等,满徒。

山东司 ○ 嘉庆二十四年

东抚咨:刘昌志因王志荣无理寻衅,致相争殴。迨王志荣向伊揪扭,该犯情急,用刀吓截,适伤王志荣致命额颅骨损。王志荣赴县具控,后复萌短见,自缢殒命。查刘昌志被揪情急,用刀吓扎,并非用强殴打。且王志荣既经控告,尽可听官究治,乃辄萌短见自尽,亦与威逼不同。惟究有致命重伤,亦未便竟照"刃伤本律"科断,将刘昌志依"因事用强殴打威逼人致死、果有致命重伤、虽有自尽实迹拟军例"上,量减一等,满徒。

四川司 ○ 道光二年

川督咨:饶刘氏与盛万幅通奸,经本夫饶悰芳撞见捉拿,盛万幅逃跑。次日,饶悰芳因找寻奸夫无获,复被伊父训斥,气忿投缳殒命。较之一经见闻、杀奸不遂因而羞忿自尽者情事有间,将饶刘氏于"妇女与人通奸、本夫并未纵容、一经见闻、杀奸不遂因而自尽者、奸妇拟绞例"上,量减一等,满流。盛万幅应于"奸夫满徒例"上,亦减一等,杖九十,徒二年半。

直隶司 ○ 道光二年

直督咨:程二厚脸与郭赵氏通奸,被本夫知觉,欲将赵氏休弃,辄敢主令原媒王史氏往向本夫郭洛有索取休书，以致郭洛有气忿自缢身死，实属情同威逼。惟该犯并无挟制窘辱情事，未便科以因奸威逼致死之条，应酌减问拟，将程二厚脸依"因奸威逼致死斩监候律"上，量减满流。

贵州司 ○ 嘉庆二十年

贵抚咨：外结徒犯内安发祥因被窃银两，诬指保戈为窃，令工人安波、禄外友捆缚，送官追究。经家奴安登元以保戈并非贼犯代为分辩，安发祥不依，将安登元詈逐。安登元即在安发祥门外叫骂，安发祥气忿，令安波、禄外友捉拿，一并送究。安登元逃跑，安波用石掷伤安登元左眼下流血，禄外友用石掷伤其后臀。安登元畏罪情急，跳河自尽。查安登元叫骂其主，系属罪人。安波用石掷伤其左眼下，系重伤，非致命。安波应照"威逼人致死、重伤非致命满徒例"上，量减一等，杖九十，徒二年半。

贵州司 ○ 嘉庆二十二年

贵抚咨：罗二苗因李登甲图利，纵容卖休复经赎回之妻余氏，与伊通奸。嗣无力资助，李登甲阻止。该犯将其打骂，并逼令退还资助钱文，以致李登甲被逼自尽，将罗二苗比照"因奸威逼人致死律"析[②]监候上，量减一等，满流。

奉天司 ○ 嘉庆二十二年

吉林咨：贵林偕妻乌苏氏借住伊妻弟景运家房屋，乌苏氏与景运之妻觉罗氏同房分炕睡宿。夜间，贵林欲与乌苏氏说话，进房至炕推拉，不料觉罗氏与乌苏氏同炕睡宿，以致误将觉罗氏拉醒。觉罗氏羞忿莫释，服粉意欲自尽，经氏姑查知劝息。因景运追问前事，觉罗氏触忿自缢身死。查觉罗氏之抱忿轻生，在业经劝息月余之后，与业经和息、因人耻笑、追忿自尽者情节相同。惟觉罗氏虽则疑其图奸，在该犯实无图奸之心，贵林于"调奸妇女未成、业经和息之后、如有因人耻笑、本妇追忿自尽满徒例"上，量减一等，满徒。

陕西司 ○ 嘉庆二十五年

陕抚咨：王克成因胞侄王三才子向徐过娃之妹徐女娃拉手调戏，畏罪脱逃。该犯外归，询知以调奸无据，主令王三才子之母叶氏同往吵嚷要人，并跳崖撞命图赖，致徐女娃因被逼难堪，潜出投窖。徐过娃赶救，亦被随跌，同时淹毙。该犯王克成既非调奸本人，自未便坐以因奸威逼致死斩候之条，应比照"凶恶棍徒"发极边足四千里充军。叶氏应照"为从"减一等，杖一百，满徒。王三才子调奸肇衅，致酿二命，未便仅照"寻常肇衅酿命"拟杖，致滋轻纵，应比照"调奸妇女未成、和息后因人耻笑、复追悔抱忿自尽致死二命者、将调奸之犯改发边远充军例”上，量减一等，满徒。

山东司 ○ 嘉庆二十五年

东抚题：鲁克广向张大贵之妻张刘氏拉手调戏，致本夫、本妇羞愧莫释，一同自缢身死，将鲁克广照“但经调戏本妇羞忿自尽例”拟绞监候。

陕西司 ○ 道光二年

陕抚题：李泳成调奸杜杨氏不从，杨氏声喊，被氏姑杜万氏拦殴。该犯拒捕，立时将万氏殴砍身死。律例内并无调奸妇女不从、杀死本妇有服亲属治罪明文，将李泳成比照“强奸人妻女、其亲属闻声赴救、奸夫逞凶拒捕立时杀死者”拟斩立决。

湖广司 ○ 嘉庆二十五年

北抚咨：寇成陇调奸尚乔女未成，业经官为责惩。后因寇成陇之妻郝氏与伊戚谈及尚乔女年轻，不知自爱，致被取辱之言，经尚乔女听闻，追悔抱忿自尽，将寇成陇比照“调奸妇女未成、业经和息之后、因被人耻笑、本妇复追悔抱忿自尽、致死一命例”满流。郝氏减一等，拟徒。

陕西司 ○ 嘉庆二十五年

陕抚题：沈俭系已死刘氏之夫沈大元胞叔，与刘氏服属大功。该犯因索欠，被刘氏顶撞，辄以娼妇秽语詈骂卑幼之妇，致令自尽，应比照“与妇女口角詈骂、妇女一闻秽语、轻生自尽满流例”上，量减一等，满徒。

江苏司 ○ 嘉庆二十五年

苏抚咨：僧广伏与胡王氏通奸，潜往续旧，撞遇亦与该氏有旧之胡有凤，彼此争奸。广伏将胡有凤砍伤肇衅。胡王氏因奸败露，羞愧自尽，将广伏比照“和奸之案奸妇因奸败露羞忿自尽、奸夫满徒例”，仍照僧道犯奸加二等，杖一百，流二千五百里，先于本庙门首枷号两个月，还俗发配。胡有凤杖一百，徒三年。

江苏司 ○ 嘉庆二十五年

苏抚题：时奎因伊弟时景全与王太之女王三子并王太之媳王李氏口角争殴，时奎护弟，即以王三子等均非正经女人等语秽詈，以致王三子、王李氏一同自缢殒命。是该犯一言致毙二命，与嘉庆二十年三月二十五日四川民人李潮敦之案相同，应比照“手足勾引例”拟绞监候。

奉天司 ○ 嘉庆二十五年

吉林咨:冯文宽向邻人韩文良之妻吴氏求奸未允,旋乘吴氏夫外出,复携刀前往,吓逼求奸,吴氏不允。越日,复往吴氏家内,即拉住吴氏,吴氏挣脱。冯文宽见吴氏之子拴住儿在炕,遂抱回家中,冀图至家追讨,以便拉住成奸。吴氏喊嚷追索,至中途往向伊夫韩文良及伊翁韩荣告知。韩荣等持棒至冯文宽门首喊嚷,冯文宽将拴住儿抱至门首,向韩荣等摔去。韩荣等接抱不及,致拴住儿落地磕伤殒命。该将军将冯文宽比照"罪人拒捕杀所捕人"拟斩监候。

经本部,以冯文宽系强奸未成罪人,辄敢因奸不遂,将本妇甫过满月幼子摔毙,实与强奸、将本妇亲属逞凶杀死无异,应改依"强奸人妻女、其夫与父母亲属闻声赴救、奸夫逞凶拒捕、立时杀死者"拟斩立决。

安徽司 ○ 嘉庆二十五年

安抚咨:张明因陈礼辱骂,用树枝殴伤其右腿,并非致命,亦非重伤。第欺陈礼年老,于殴打后复拉往抹粪,致令气忿莫释,自戕身死。核其殴辱情形与威逼无异,张明应比照"因事用强殴打威逼人致死、重伤而非致命例"满徒。

陕西司 ○ 嘉庆二十五年

陕抚咨:杨萃华本系已死杨唐氏之夫杨怀美胞侄,因杨怀美出继与伊胞伯杨多谟为嗣,降服一等。该犯与杨唐氏应照律图所载,随夫所降之等,递减降服小功。该犯因拆修房屋,不期尘土撒落唐氏饭碗内,当唐氏诉詈之时,并不婉言劝慰,辄敢出言顶撞,以致唐氏气忿追殴,自行失跌。磕伤额颅后,因风身死,应比照"卑幼因事逼迫小功尊长致死、于逼迫期亲尊长致死绞罪上递减二等律"满徒。

河南司 ○ 嘉庆二十五年

河抚咨:赵二听从逸犯张拐𢓭行窃苏建通家,赵二在外接赃,张拐𢓭窃得衣物,递交赵二接收,张拐𢓭慌忙逸出,致所遗火煤将住屋延烧,焚毙事主三命。该抚声明将来缉获张拐𢓭应比照"因盗威逼人致死律"问拟斩候。赵二应于斩罪上减一等,拟以满流,监候待质等因。

本部查在逃之首犯张拐𢓭烧毙事主三命,核与二十二年奉天省李老屋等成案相同,将来缉获自应比照"因盗威逼致死一家三命例"拟斩立决。赵二应如所咨,拟杖一百,流三千里。

江苏司 ○ 道光元年

苏抚咨:陈玉盛因与丁潘氏通奸,见陈玉瑰与该氏说笑,猜疑亦有奸情,妒忌争殴,说破奸情,致丁潘氏羞忿自缢。较之寻常和奸败露酿命者为重,比照"因奸威逼人致死斩候罪"上,量减一等,满流。

安徽司 ○ 道光元年

安抚题:谈全纹纠窃潘三元家,潘三元闻声趋捕,该犯等携赃逃走。因伙犯落后被获,该犯护伙拒捕,用铁撬致伤潘三元臁肕逃走。潘三元因伤痛难忍,自缢身死。例无贼犯拒伤、致事主因伤痛自尽明文,比照"因盗威逼律"斩候。

直隶司 ○ 道光元年

直督咨:曾兴儿因向梁兴旺续奸不允,用言吓唬,致梁兴旺服毒自尽。查梁兴旺系因索钱不给拒绝,并非悔过自新,比照"因奸威逼人致死斩候律"上,量减一等,满流。

直隶司 ○ 道光元年

直督咨:贾三有图奸贾王氏未成,求息后,经氏夫贾连城疑奸村辱,致氏气忿抱子投井自尽。例无正条,比依"图奸妇女未成、业经和息之后、如有因人耻笑、本妇复追悔自尽、致死二命例"改发边远充军。

直隶司 ○ 道光元年

直督题:刘三因知王皋赶集未回,起意冒奸其妻郭氏未成,致氏羞忿自尽,比照"强奸未成、本妇羞忿自尽例"绞候。

山东司 ○ 道光元年

东抚题:林大因强行鸡奸王三不从,致王三羞忿自尽。例无明文,比照"强奸未成、本妇羞忿自尽例"绞候。

江西司 ○ 道光元年

江抚题:林逸远与严刘氏通奸败露,致氏并本夫先后羞忿自尽,比照"因事威逼致死一家二命例"发近边充军。

部议,和奸败露致氏羞忿自尽与本夫杀奸不遂羞忿自尽均罪应拟徒,二罪相等,应从一科断,改依"奸妇因奸败露羞忿自尽例",奸夫杖一百,徒三年。

山东司 ○ 道光元年

东抚题：张逢源因张耀外出，向其妻曾氏调戏，致氏羞忿自尽。张耀回归亦因痛妻情切，服毒身死。例无图奸未成、致本妇本夫自尽作何治罪明文，应从一科断，依“但经调戏、本妇羞忿自尽例”绞监候。

陕西司 ○ 嘉庆二十四年

陕督题：赵德刚因图奸岳赖狗子不从声喊，该犯虑人听闻，顺用镰刀吓砍，致伤岳赖狗子，越八日身死，将赵德刚比照“强奸未成将本妇殴伤、越数日后因本伤身死例”斩监候。

广西司 ○ 嘉庆二十四年

镶蓝旗呈报：聂杨氏之女大妞在赵那思图家自行抹脖身死一案。查赵那思图与大妞通奸，先系其母聂杨氏知情纵容，迨聂杨氏因大妞业已受聘，恐丑声外扬，即将赵那思图拒绝。赵那思图登门辱骂，聂杨氏无奈将大妞送至伊家，嘱令为其留脸，任伊奸宿三日，以后断绝往来，赵那思图应允。嗣大妞因恋奸情热，声言三天已满，以后不能再会，并因嫁期已近，腹怀私孕，必致败露，不如寻死之言，向赵那思图商谋，赵那思图用言安慰。讵大妞乘间用刀自抹毙命，赵那思图畏罪，亦用刀自抹，经救得生，将赵那思图比照“奸夫与奸妇因奸情败露商谋同死例”满流。

陕西司 ○ 嘉庆二十四年

陕督咨：朱世元因马重幅窃伊柴薪，将马重幅查获捆殴，以致马重幅被辱难堪，挣脱投崖自尽。查律例并无事主拴殴窃贼自尽作何治罪明文，将朱世元比照“因事用强殴打重伤而非致命例”满徒上，量减一等，杖九十，徒二年半。

河南司 ○ 嘉庆二十四年

南抚奏：差役安振兴藉差滋事，致令杜端姐自缢身死。查安振兴因赵成法心疑杜方传赖婚涉讼，经县审明，以赵成法贫苦，断令杜方传帮给钱文。该役奉差至杜方传家催缴，与杜方传之妻尹氏争角，以无钱即传尹氏之女端姐到案，使其丢脸之言向詈，以致端姐畏累自尽，将安振兴比照“因事与妇女口角、彼此詈骂、妇女一闻秽语、气忿轻生例”满流。

直隶司 ○ 嘉庆二十四年

直督咨：王得幅因与张玉堂之妻张胡氏通奸，致张玉堂被张胡氏殴伤，气忿自尽。

查张胡氏与王得幅通奸，被张玉堂看破不依，欲行休弃，该氏并不悔过拒绝，辄敢肆行悍泼，将张玉堂摔殴多伤，致令气忿自尽。除张胡氏依“妻妾悍泼逼迫其夫致死例”拟绞立决外，将王得幅比照“妇女与人通奸、其本夫并未纵容、一经见闻、杀奸不遂、因而羞忿自尽例”满流。

直隶司 ○ 嘉庆二十四年

直督题：马二磣因见张张氏独处，即起意图奸，上前向摸胸膛，张张氏嚷骂。该犯恐人听闻，用手叉伤张张氏咽喉，走出院外，张张氏尾追，称欲出街喊嚷。该犯情急，顺拾木柴吓打，致伤张张氏囟门。该犯回家，令妻前往，向张张氏赔礼寝息。嗣张张氏因伤殒命，将马二磣比照“强奸未成将本妇殴伤、越数日后身死者、照因奸威逼人致死例”拟斩监候。

福建司 ○ 嘉庆二十三年

福抚咨：曾河纠同曾石殴伤无服族人曾举广，致曾举广气忿自尽。查曾举广被殴各伤，惟被曾河用刀柄殴伤左肋，色至青紫，实属致命重伤。将曾河依“因事用强殴打、威逼人致死、果有致命重伤例”发近边充军。曾石帮殴有伤，应照“为从律”，于军罪上减一等，满徒。

云南司 ○ 道光二年

云抚咨：李发殴伤刘袁氏，致令自尽。查李发因向曾经犯奸之袁氏调戏，不从争殴，该犯将袁氏殴伤，致氏气忿自缢身死。律无调奸犯奸之妇未成、将本妇殴伤致令自尽明文，应仍照“因事殴打威逼本例”问拟，将李发依“因事用强、殴打威逼致死、果有致命重伤例”发近边充军。

直隶司 ○ 嘉庆二十四年

直督题：张百幅向张刘氏调奸未成，业经服礼寝息，张刘氏气亦稍释。嗣因伊翁斥责伊姑外出，以致媳被欺辱，张刘氏追悔抱忿，投缳殒命，将张百幅比照“调奸妇女未成、业经和息之后、如有因人耻笑、本妇复追悔抱忿自尽、致死一命例”满流。

江苏司 ○ 嘉庆二十四年

苏抚咨：钱三因疑蒋易如与张潘氏有奸，向蒋易如取笑盘问，以致张潘氏闻知，自刎身死，将钱三比照“并无与妇女觌面相谑、止与其夫亲属互相戏谑、妇女听闻秽语、羞忿自尽例”满流。

江苏司 ○ 嘉庆二十四年

苏抚题：宋薛氏因与李单氏口角，辄以秽语辱骂，以致李单氏气忿自尽，将宋薛氏比照"因事与妇女口角、彼此詈骂、妇女一闻秽语、气忿轻生例"满流收赎。

河南司 ○ 道光二年

河抚咨：邓立杰秽言耻辱，致骆文宗气忿，扎伤伊子骆瑞林，并自戕各身死。查邓立杰因与骆文宗之子骆瑞林同演弓马，该犯因骆瑞林弓马平常，用秽言当众讥诮，致骆文宗气忿，用弓将其子骆瑞林扎伤，并自戕先后身死。例无明文，将邓立杰比照"威逼人致死一家二命例"发近边充军。

直隶司 ○ 道光二年

直督咨：黄随群调奸张九经之女孙张氏未成、寝息后复因别故、致张九经自尽一案。查黄随群始则调奸张九经之女孙张氏未成，寝息后，因张九经之子张明珠为伊妹报复，摔跌伊媳黄姜氏，当街羞辱。该犯不自引咎，纠邀黄春成等赴张九经家寻闹，打毁器具，以致张九经气忿自尽。虽张九经之死，衅由别故，第究由该犯调奸其女、又被砸坏家具所致。律例内并无恰合正条，应比附问拟，将黄随群比依"调奸未成、和息后如有人耻笑、其夫与父母亲属追悔自尽例"满流。

河南司 ○ 道光元年

河抚咨：熊振唐手拉董项姐胳膊、致令自尽一案。查熊振唐因见董项姐在井汲水，该犯口渴，即就罐吸饮。董项姐以水被饮污向骂，该犯以水可另汲，不应骂人，用手拉其胳膊，欲与其母理论。董项姐因熊振唐不分男女拉伊胳膊，挣脱走回，气忿投水殒命。该犯不避嫌疑，混拉妇女胳膊，与秽语詈骂无异，将熊振唐比照"因事与妇女口角、彼此詈骂、妇女一闻秽语、气忿轻生例"满流。

山西司 ○ 道光二年

晋抚奏：武九徵因奸杀死刘瀔元夫妇二命一案。查案内之刘珍子系刘瀔元之妹，因与武九徵通奸，被伊嫂庞氏撞见，向刘瀔元告述，致奸夫武九徵羞忿，将刘瀔元、刘庞氏一并杀死。该氏因奸致兄嫂被杀，未便仅科奸罪，将刘珍子照"因奸酿命例"满徒。

四川司 ○ 道光三年

川督题：王简秀因调奸弟妻王刘氏不从，用刀将其戳毙。律例并无治罪明文，将王简秀比照“强奸未成将本妇立时杀死例”拟斩立决。

河南司 ○ 嘉庆二十三年

河抚咨：朱元信因王景姐偷伊地内豆禾，将其衣裤撕破，致王景姐气忿投缳陨[3]命。王景姐固有窃盗之非，究系年轻处女，该犯辄撕衣羞辱，实属非理逞强，将朱元信比照“因事与妇女口角、彼此詈骂、妇女一闻秽语、气忿轻生例”满流。

河南司 ○ 嘉庆二十三年

河抚题：卢二妮行窃乔典家，并未得财。迨事隔多日，彼此口角，致被殴打，嗣因伤处溃烂疼痛，至乔典门首嚷骂。并以图奸乔典媳妇女儿未成，不该如此重打，信口秽詈，致乔典之媳胡氏女文姐气忿投缳殒命，将卢二妮援引二十二年三月四川李潮敦案内谕旨，照“手足勾引例”拟绞监候。

山西司 ○ 嘉庆二十五年

晋抚咨：乔邓氏与乔金保则通奸，被房主乔李氏窥破，令搬出另住。即嘱乔金保则觅房，并令资助，嗣因乔金保则未给钱物，又未为觅房，不允续奸，并非悔过拒绝。其投井自尽，系由乔金保则与之争吵、欲张扬奸情、被乔李氏听闻所致。惟乔金保则因续奸不遂吵嚷，并称张扬奸情，致乔邓氏愧忿自尽，若仅依“因奸酿命例”拟徒，情浮于法，应照“和奸之案奸妇因奸情败露羞愧自尽者、奸夫满徒例”上，量加一等，杖一百，流二千里。

山东司 ○ 嘉庆二十二年

东抚咨：王法廷、王孝绪先后与路氏有奸，王法廷瞥见王孝绪走至路氏屋内，即心怀妒忌，踢门进内，王孝绪逃逸。王法廷见路氏赤身在炕，复欲行奸，路氏声言踢门吵闹，定被邻佑知觉，令伊无颜见人，向王法廷哭泣。王法廷走回，路氏旋即投井自尽。查路氏之死固由于王孝绪之行奸败露，羞愧莫释，实由于王法廷踢门肆闹，忿迫难堪。王法廷并无挟制窘辱情事，固不得科以因奸威逼之条，而因奸肆闹致奸妇愧迫自尽，亦未便照“寻常奸妇羞愧自尽例”满徒。王孝绪若非与路氏续奸，王法廷无所用其妒奸肆闹。今该氏既因奸情败露，投井身死，正与因奸败露自尽之条吻合。乃该抚以例无奸夫妒奸致奸妇羞愧自尽治罪明文，将王法廷拟徒，王孝绪仍科奸罪，均觉轻纵。王法廷应改依“和奸之案奸妇因奸情败露、羞愧自尽、奸夫满徒”上，酌加一等，杖一百，流二千里。王孝绪依“和奸之案奸妇自尽例”满徒。

云南司 ○ 嘉庆二十四年

云抚咨:李荣先与蒋氏通奸,嗣因蒋氏复与徐进贤奸好,被李荣撞见,向蒋氏挟制恐吓,致令蒋氏愁急,自缢身死,将李荣于"奸妇因奸败露、羞愧自尽、奸夫满徒例"上,量加一等,杖一百,流二千里。徐进贤依"奸妇羞愧自尽例"满徒。

直隶司 ○ 嘉庆二十四年

直督奏:任秉衡因子媳任张氏患病,嘱令其母张孟氏领回调治,嗣病痊愈,张孟氏嘱令接回。该犯嫌任张氏性情执拗,坚执不肯领回,始则勒索无事字据,继又逼写许令伊子重定另娶字样,层层威逼,以致张孟氏母女冤苦无伸,忿激难堪,同时自刎身死。查任张氏与任秉衡有翁媳名分,未便竟照"一家二命"科断。惟该犯身充总商,恃财倚势,任意威逼,挟制窘辱,致张孟氏母女同时自尽,将任秉衡依"豪强凶恶之徒恃财倚势、因事威逼、挟制窘辱、贫民冤苦无伸、情急自尽、致死一家二命绞监候例"上,量减拟流,尚属情浮于法。请旨从重加发乌鲁木齐,充当苦差。

安徽司 ○ 嘉庆二十四年

安抚咨:张文召与顾倪氏通奸,本夫顾泳林奸所撞获,张文召当时逃逸,顾泳林追寻无获,羞忿自尽。顾倪氏亦因奸情败露,羞愧自缢殒命,将张文召依"奸妇与人通奸、本夫并未纵容、一经见闻、杀奸不遂、因而羞愧自尽者、奸夫满徒例"上,酌加一等,杖一百,流二千里。

校勘记:

①张成之:据《续四库全书》本应作"张成之母"。

②析:据《续四库全书》本应作"斩"。

③陨:该字应为"殒"。

《刑部比照加减成案》卷十七

刑律人命

威逼人致死

刑 律 人 命

威逼人致死

奉天司 ○ 嘉庆二十三年

奉尹题:李老屋商同王亮行窃事主刘成章家,王亮挖窟伸头试探,因墙内复有柴薪未能钻入,向李老屋告知,劝令走回。李老屋不信,即取身带火链开火,用纸煤点燃,伸手入内照视,不期火煤烧及柴薪,以致延烧房屋,烧毙事主一家四命,将李老屋比照“因盗威逼人致死”拟斩监候。

本部以李老屋因窃烧毙事主一家四命,若仍拟斩候,未免与致死一命者无别,将李老屋改照“因奸威逼人致死一家三命者”拟斩立决。

云南司 ○ 嘉庆二十一年

云督奏:余有伦因刘小五与妹卯儿通奸,起意将刘小五杀死,致砍伤伊母贺氏身死,并将伊妹砍毙一案。查案内之刘小五与卯儿通奸,致酿逆伦重案,将刘小五从重发新疆为奴。

直隶司 ○ 嘉庆二十三年

直督咨:谢琥与任宋氏通奸,因其拒绝复与王老奸好,该犯喝破奸情,挟制羞辱,以致宋任氏[①]愧忿自尽,将谢琥依“和奸之案奸妇因奸情败露、羞忿自尽、奸夫满徒例”上,量加一等,杖一百,流二千里。王老拟徒。

直隶司 ○ 嘉庆二十二年

北城移送:唱戏之朱在明因街邻赵崐在院斥伊不行回拜,出言蹧蹋,朱在明即以赵崐家来历不明,男女混杂之言回詈,彼此争吵涉讼而散。嗣该犯虑恐赵崐仍向不依,嘱令江文榜向其恐吓,欲其迁移,以致赵崐自戕殒命,朱在明合依“威逼人致死律”杖一百。惟该犯以优伶下贱恐吓平人致死,情殊可恶,应酌加枷号一个月。

江苏司 ○ 嘉庆二十三年

苏抚咨:朱顺成因宋明远行船误碰鱼罾,索赔不遂,纠同潘位高等追赶拉船逞凶,致雇乘船只之郑三观并水手之陈玉令商同走避,失跌溺毙二命,情同威逼。郑三观、陈玉令同在一船,应比照一家问拟,将朱顺成应比照“因事威逼人致死一家二命例”发近边充军。潘位高等听纠追赶,致酿事端,照“不应重律”杖八十。

山东司 ○ 嘉庆二十年

东抚题:杨拾来因与孙张氏之夫雇工夏耀秸之弟夏石包戏谑,言及孙张氏貌美,夏耀秸好与睡宿。夏石包回告伊兄,被孙张氏听闻,致孙张氏赶向哭闹后,气忿自缢身死,应比照“并未与妇女觌面相戏、止与其夫及亲属互相戏谑、妇女听闻羞忿自尽例”满流。孙张氏请旌,夏石包毋庸议。

山东司 ○ 嘉庆二十年

东抚咨:刘霜诱奸刘辛氏未成,当时刘辛氏本无轻生之心,后因伊夫刘生唐将刘霜之父刘远殴伤控告,刘霜又未就获。既不能泄己之忿,反致贻累其夫,忿激轻生,应比照“调奸未成、业经和息之后、本妇复追悔抱忿自尽例”满流。

山东司 ○ 嘉庆十九年

北城移送:许升自缢身死,讯系许升过继与俞广财之姊许俞氏为嗣,俞广财嘱许俞氏给许升娶亲,令其搬出另住,俞氏不允,俞广财以俞氏必有与许升不清楚之言秽骂,致许升抱忿自尽。例无辱骂小功卑幼以致气忿轻生明文,比照“因事口角致妇女听闻秽语轻生例”满流。

浙江司 ○ 嘉庆十九年

浙抚题:王大因行窃遗火延烧事主床帐致毙幼孩,比依“因盗而致死律”斩候。

广西司 ○ 嘉庆十九年

广西抚奏:刁吕氏系官媒,因看守逃走妇女,纵令与人通奸,致奸夫、奸妇情密,商谋同死,奸夫经救得生。复听从奸夫嘱托,捏报奸妇畏罪自行毒毙,比照“故纵律”,与囚同罪,与奸夫均杖一百,流二千里。

山东司 ○ 嘉庆十九年

东抚题:高可因父将扁担卖钱,该犯声言无计营生,致伊父气忿赶殴,失跌身死。例无专条,比照“审无触忤、但行为违犯、致父抱忿轻生例”绞候。

湖广司 ○ 嘉庆十九年

北抚咨:刘先容因与陈宗华之妻通奸怀孕,经陈宗华盘出奸情,将奸妇致死,并恐二子长大,被人耻笑,一并砍杀,酿成一家三命,比照“威逼致死三命例”发边远充军。

山西司 ○ 嘉庆二十二年

晋抚咨:朱有向王普索讨赌钱,将王普推跌倒地,因其嚷骂,辄用狗粪塞入口内,以致王普抱忿自尽,将朱有比照“因事用强殴打威逼人致死、致命而非重伤、重伤而非致命例”拟徒。

广西司 ○ 嘉庆二十二年

广西抚咨:梁禄欲将妻父黄登所给田亩卖银清欠,屡向求讨原契不给,复向逼索,以致黄登被逼不甘,服毒自尽,将梁禄比照“逼迫期亲尊长致死递减三等律”杖九十,徒二年半。

陕西司 ○ 嘉庆二十二年

陕抚咨:王兴图奸王甘氏未成,业经该犯之伯将伊责处,复向氏翁赔礼认罪,转向甘氏说明应允,事已寝息。嗣因其夫王二虎儿回家查知,向甘氏抱怨和息之非,以致甘氏追悔自尽,将王兴比照“调奸妇女未成、业经和息之后、因人耻笑、本妇追悔自尽例”满流。

山西司 ○ 嘉庆十八年

晋抚奏:彭胜明因殴打伊妻,经伊父彭彦蓁喝阻,次日复因细故将妻殴打,伊父气忿,持杖追殴。该犯并不俯首受责,辄先逃避,以致伊父失跌受伤殒命,将彭胜明比照“子孙违犯教令、致父母抱忿轻生例”拟绞监候。

山东司 ○ 嘉庆二十二年

东抚咨:薛维东调奸李氏未成,业经和息之后,李氏因被本夫斥骂,悔忿自尽。例内并无调奸妇女未成、和息后被本夫斥骂、追悔自尽作何治罪明文,将薛维东比照“调奸妇女未成、和息后因人耻笑、本妇追悔抱忿自尽例”满流。

河南司 ○ 嘉庆十八年

河抚咨:刘楞恸纠同刘锁轮奸沈熊氏未成,致氏自尽,将刘楞恸比照“强奸未成、本妇羞忿自尽例”拟绞监候。刘锁比照“同谋未经同奸例”发遣。

陕西司 ○ 嘉庆十八年

陕抚咨:杨士启与小李氏通奸,被本夫当场捉获,致氏奔逃,自跌身死,将杨士启比照“奸妇因奸败露羞忿自尽例”拟杖一百,徒三年。

四川司 ○ 嘉庆二十一年

川督题:杨磕头等抢夺刘思连钱文,致刘思连凫水溺死。查杨磕头等虽无追赶落河情事,惟刘思连凫水溺毙究由该犯吓唬所致。例内并无在野拦抢致事主自行凫水淹毙治罪明文,将杨磕头比照“因盗威逼人致死”拟斩监候。

陕西司 ○ 嘉庆二十一年

塔尔巴哈台奏:兵丁翁阿太侵用木官侍卫福清太银两,并不清还。追福清太致伊寓索讨,又延不付给,致福清太穷之窘迫,自戕殒命。翁阿太并无逼迫情状,应将翁阿太比照“军民人等因事逼迫本管官致死、依逼迫期亲尊长致死绞监候律”上,量减一等,满流。

陕西司 ○ 嘉庆二十一年

陕督题:文进有因买孀妇范氏欲给伊兄文进德为妻,该犯行至中途,向范氏图奸不从,因被斥骂,将其两脚割落,越四日殒命。范氏与文进德尚未成婚,应同凡论,惟例内并无图奸不从、殴伤本妇、越日身死治罪明文,将文进有比照“强奸未成、将本妇殴伤、越数日后因伤身死例”拟斩监候。

江西司 ○ 嘉庆十八年

江西抚题:熊文杰主令被伊鸡奸之熊荷珠,向伊妻小张氏调奸不从,殴打逼勒致氏自尽,将熊文杰比照“妇女令媳卖奸不从、折磨殴逼致媳情急自尽例”拟绞监候。熊荷珠系听从图奸,照“为从”减等,拟流。

安徽司 ○ 嘉庆十八年

安抚题:陆简图奸无服族侄女现姐未成,致现姐羞忿自尽,将陆简比照“强奸未成、本妇羞忿自尽例”拟绞监候。

直隶司 ○ 嘉庆十八年

直督咨:赵六儿刁奸犯奸妇女赵王氏未成,致氏因奸情败露,羞愧自尽,将赵六儿比照“强奸犯奸妇女未成、致本妇羞忿自尽满流例”上,量减一等,满徒。

奉天司 ○ 嘉庆二十一年

奉尹题:张均滏因向宋克勤求奸,被其嚷骂扑殴,该犯用刀将其戳死。衅起调奸,戳由被殴，且死越二旬，自应比照“强奸未成、将本妇殴伤、越数日身死例”斩监候。

浙江司 ○ 嘉庆二十一年

浙抚题：蒋金氏毒死本夫蒋正友。案内之许昌智因向蒋金氏续奸不从，经本夫撞遇查问。许昌智心妒蒋金氏与蒋春男奸好，即以前往捉奸之言向本夫蒋正友抵饰，致蒋金氏受责怀恨，毒死本夫，身罹极刑，将许昌智比照“因奸酿命例”满徒。

奉天司 ○ 嘉庆二十一年

奉尹题：王壬氏与高吉诚通奸，本夫王大知觉，遂携王氏迁居他处。王氏中途潜逃，寻觅无踪，致伊夫自缢身死，将该氏比照“妇女与人通奸、本夫并未纵容、杀奸不遂、羞忿自尽例”绞监候。

奉天司 ○ 嘉庆二十一年

奉尹题：靳三强奸张黄氏未成，立时将本妇杀死。案内之张殷氏与靳三奸好，并抑媳黄氏亦与靳三通奸不允，殴打逼勒，致靳三强奸黄氏未成，将黄氏杀死，将该犯妇比照“抑媳同陷邪淫、致媳自尽例”实发为奴。

江西司 ○ 嘉庆二十二年

江西抚题：彭氏因夫曾德仁央邻妇龚氏摘梨完毕，送给梨子二个。嗣彭氏取梨自食，曾德仁不许，彭氏不依，即以自己妻子吃不得，他人反吃得，莫非与龚氏有奸等语争嚷。龚氏听闻，气忿自缢殒命，将彭氏比依“因他事与妇女口角、彼此詈骂、妇女一闻秽语、气忿轻生例”满流收赎。

安徽司 ○ 嘉庆二十年

安抚题：董三纠伙行窃事主马廷爽家，屋后挖洞，取火煤伸入洞内照看，适事主惊醒咳嗽。该犯害怕逃逸，掉落火煤，烧着秫秸，致将马廷爽烧死，董三应比照“因盗威逼人致死”斩监候。

江苏司 ○ 嘉庆二十二年

苏抚题：老徐纠伙行窃事主周富阮家，被追拒捕，殴伤事主逃逸，因火煤烧手，当即撩弃事主门首。适堆有稻草，被风吹着，以致延烧房屋，将事主十岁养媳范氏烧死，将老徐比照“因盗威逼人致死律”斩候。

江苏司 ○ 嘉庆二十二年

苏抚题：朱茂堂误认杭翁氏以为与伊通奸之曹王氏，上前搂抱，被杭翁氏声喊，旋经邻人劝令复礼寝息。嗣杭翁氏之子杭有禄闻知,往向朱茂堂不依,被朱茂堂之子将杭有禄殴伤。杭翁氏因被人戏谑,又其子被人殴伤,追悔自尽。例无误认调奸、致本妇追忿自尽作何治罪明文,将朱茂堂比照"调奸未成、业经和息、本妇复追悔抱忿自尽例"满流。

奉天司 ○ 嘉庆十九年

吉林咨:修土得因伊父修连升嗔其懒于工作,持刀赶杀。该犯闪至修连升身后抱住,致修连升往后向扎,自行误伤身死,比照"子孙不肖致父自尽之案、审有触忤、以致忿激轻生例"斩决。

奉天司 ○ 嘉庆十九年

盛刑咨:刘添贵因酒后至李发家,向李发之妻调戏,被氏斥骂,该犯用刀恐吓。次日复往,声言给钱奸宿,逼令李发将氏唤至,经邻人劝走,李发抱忿自缢。原依"棍徒扰害例"拟军,部驳依"但经调戏致其夫羞忿自尽例"绞候。

奉天司 ○ 嘉庆二十年

盛刑咨:旗人张万有因伊母张氏外出,将房间借与龚喊发放赌,该犯同赌,输欠无偿躲避。龚喊发连次向伊母逼索房间抵欠争吵,以致张氏气忿自尽,尚无触忤违犯别情。查张氏自尽,实由龚喊发威逼所致。惟龚喊发逼索房间,实由该犯赌欠起衅,将张万有比照"子孙不孝致父母抱忿轻生自尽拟绞例"上,量减一等,满流。

直隶司 ○ 嘉庆二十二年

直督咨:孟益谦因见外孙李盛德之妻李刘氏光赤上身睡卧,该犯顿萌淫念,即向拉裤图奸,李刘氏喊嚷,经该犯之女李孟氏听闻,嘱令隐忍。嗣李孟氏携子李盛德归至母家,经该犯之妻孟刘氏查知,孟刘氏以李孟氏等自不谨饬所致之言向斥,李盛德听闻,气忿自缢殒命。查例内并无图奸外孙之妻未成寝息后、外孙因闻外祖母斥辱、追忿自尽作何治罪明文,孟益谦应比照"调奸妇女未成、和息后因人耻笑、其夫追悔抱忿自尽者满流例"上,量加一等,发附近充军。

直隶司 ○ 嘉庆二十二年

直督咨:辛花子与魏东贵之母韩氏通奸,经魏东贵窥破,羞忿莫遏,服毒殒命。该省将辛花子比照"威逼人致死律"上,量减一等,满流。

经本部,以既无逼迫情状,自应比照"奸妇父母及本夫羞忿自尽之例"定拟,辛花子应改照“本夫杀奸不遂、因而羞忿自尽例”满徒。

直隶司 ○ 嘉庆十八年

直督咨：丁五被王耿氏撕破布褂，将王耿氏之裤撕破，并提起两脚腕踢伤王耿氏左臂等处，致王耿氏气忿自缢，将丁五比照“与妇女口角彼此詈骂、妇女一闻秽语、气忿轻生例”拟以满流。

直隶司 ○ 嘉庆十九年

直督咨：丁智陇因与陈王氏夫嫂陈张氏通奸，经陈王氏之夫陈凤窥破，斥阻不令往来。嗣丁智陇向往陈张氏索欠，陈王氏瞥见拉捉，丁智陇情急图脱，拳殴陈王氏偏右，并掌批腮颊。陈王氏被殴不甘，气忿投井身死。讯无挟制窘辱情状，惟衅起捉奸，比照“威逼人致死斩监候律”上，量减一等，满流。

四川司 ○ 嘉庆二十年

川督咨叙汞厅审详：罗允应至杨郑氏房内奸宿，被郑氏之夫妹杨么妹撞破。杨郑氏诱令杨么妹一同奸宿，杨么妹止以恐人知觉为词，虽未成奸，而同坐共语，其意业已允从。迨被杨邹氏撞获奸情，以致杨郑氏、杨么妹各怀羞愧，同时缢死，均由罗允应与该氏通奸所致。惟例无因奸致奸妇自尽二命治罪明文，应从一科断，依“和奸之案奸妇因奸情败露、羞愧自尽例”拟徒。

山东司 ○ 嘉庆十九年

东抚奏：王集子因窥破李苏氏与陈诲通奸，挟制刁奸，致苏氏羞愧疚自尽。原拟王集子依“强奸未成、致本妇羞忿自尽例”量减拟流。陈诲依“因奸败露、致本妇羞忿自尽例”满徒。

部议，王集子挟制图奸，已有威逼情形，惟苏氏已属犯奸之妇，改照“因奸威逼致死斩罪”上，量减满流。苏氏之死系王集子威逼致死，与陈诲无尤，改只科奸罪。

河南司 ○ 嘉庆二十二年

提督咨送：时俊因与小功服侄时喜争种地亩，以致时喜气忿自尽，情同威逼。律例并无尊长威逼卑幼致死作何治罪明文，应按服制照“平人递减”问拟，时俊应于“威逼人致死满杖例”上，递减二等，杖八十；并不同居，仍追埋银十两。

山东司 ○ 嘉庆十八年

东抚咨：徐孝堂因田氏翁夫外出，欺其女流，拦门筑墙，侵越宅基，经田氏出阻，辄与吵嚷,以致田氏忧忿交迫,抱子投井身死。声明田氏幼子,襁褓无知,被母怀抱投井淹毙,究与被逼甘与同死者有间,将徐孝堂照"威逼一家二命军罪"上,量减一等,拟杖一百,徒三年。本部仍改依"威逼二命本例"发近边充军。

陕西司 ○ 嘉庆二十一年

陕督咨:范纪勋将银寄存廖得胜铺内,被伊弟廖得禄挪用。范纪勋将廖得胜具控催追,廖得禄恐兄受累,自行投首,恳限日交还。因措备不出,即持刀至范纪勋寓所,适范纪勋外出,廖得禄即自戕身死,该督将范纪勋依"威逼人致死律"拟杖。

经本部,以例应控追之案,并非指控之人畏罪自尽,不应将原控人律以威逼,且廖得禄自戕之时范纪勋并非在寓,亦无威可畏。所有该督将范纪勋拟杖之处,应毋庸议。

山西司 ○ 嘉庆二十一年

晋抚咨:梁计光与梁任氏通奸败露,同食毒饼,梁任氏旋即身死,梁计光因毒成笃。查梁计光与任氏通奸败露,决欲寻死,潜造毒饼。该犯因奸情热,亦欲同死,遂将毒饼各食一枚,任氏因毒殒命,梁计光因毒归入四肢,致成笃疾。该抚以任氏系自起短见,该犯并未起意,将该犯照"奸妇因奸情败露自尽例"拟徒,实属错误。梁计光应改依"奸夫奸妇商谋同死、奸妇当即殒命、奸夫业经自戕、因人救阻医治伤痊例"满流。

江苏司 ○ 嘉庆十九年

都察院咨送:千总佟荣麟因马儒锦被窃马嚼,赴官厅讨要赃物,将马儒锦锁押。迨马儒锦控告送部,佟荣麟捏供马儒锦将伊辱骂揪扭,因把总王廷桂不肯扶同捏供,用言威吓,逼令改供,致王廷桂忿极自缢身死,将佟荣麟照"威逼人致死律"杖一百,

江苏司 ○ 嘉庆十九年

苏抚题:史景成因罗幅沅托管船只被患疯之陈继淋摇去,经史景成追获,疑其偷窃,将陈继淋殴伤致死。原拟依"擅杀罪人律"拟绞。

部驳,擅杀之条必死实系罪人方百[②]援照办理,其衅起疑贼,以致捆殴平人致毙,应按照"威力制缚人"科断。旋据该抚遵驳改正。

直隶司 ○ 嘉庆十八年

直督咨:张郭氏因程玉环与伊女张玉儿通奸,商同与伊奸好之袁喜,向程玉环讹诈银两未给,袁喜殴伤程玉环额颅等处,致程玉环情急自缢,将袁喜照"威逼人致命而

非重伤例”拟徒。

浙江司 ○ 嘉庆二十年

浙抚题:平锦三因向缌麻侄媳平许氏索欠,秽语詈骂,致氏自尽。例无减等明文,仍依凡论,拟以满流。

江苏司 ○ 嘉庆二十一年

苏抚咨:赵虎与周大姐彼此调戏,正欲行奸,被周大姐之继母撞见,致周大姐羞愧自尽。该犯与周大姐彼此戏谑,虽未成奸,实与和奸无异,将赵虎照“和奸之案奸妇因奸情败露自尽”满徒。

浙江司 ○ 嘉庆二十年

浙抚咨:沈正荣向郑曹氏索欠,用刀划伤该氏右额角,致氏自尽。因伤有抵划,伤不及分,照“致命而非重伤”拟以满徒。

直隶司 ○ 嘉庆十八年

直督咨:外结咨销案内梁中殴伤母舅白文林,因被殴忿激,痰壅气闭身死,将梁中照“逼迫功服尊长自尽、伤重而非致命拟军例”量减一等,拟以满徒。

本部以梁中系白文林外姻小功卑幼,所殴并非致命,又非重伤,改照“逼迫小功尊长应徒三年罪”上,量减一等,杖九十,徒二年半。

校勘记:

①宋任氏:据上文应为“任宋氏”。

②百:据《续四库全书》本应作“可”。

《刑部比照加减成案》卷十八

刑律人命

尊长为人杀私和

同行知有谋害

刑律斗殴

斗殴

刑律人命

尊长为人杀私和

安徽司 ○ 道光元年

安抚题:刘添培与佘蒋氏口角,秽语辱骂,致氏气忿自尽。案内氏翁佘凤岐,受贿私和。例无子妇被辱自尽、夫翁受贿私和作何治罪明文,比照"子孙被杀、父母受贿私和律"杖一百。

江苏司 ○ 嘉庆二十年

苏抚题:张秀红致死朱兴富。案内顾章咬肇衅酿命,照"不应"重杖。顾张氏因事由伊子顾章咬起衅,虑及连累,以财行求。查顾章咬罪止拟杖,例无明文,应比照"凶犯罪止拟徒、以财行求之父母减二等、杖八十例"减一等,杖七十。

浙江司 ○ 道光二年

提督奏送:宋谢氏殴伤夫胞兄宋六后自尽。案内之宋八于伊兄宋六被伊妻殴伤后自缢身死,并不报官,辄自私行殓埋。例内并无胞兄被弟妻殴伤自缢身死、其弟私埋匿报作何治罪专条,将宋八比照"期亲尊长被杀而卑幼私和者"杖八十,徒二年。惟宋六死于自缢,与殴杀不同,应于"杖八十、徒二年"上,酌减一等,杖七十,徒一年半。

广西司 ○ 嘉庆二十四年

广西抚咨:覃廷恩与韦氏通奸败露、致氏羞愧自尽、氏夫韦帼彦受贿私和一案。除覃廷恩依例拟徒外,韦帼彦当伊妻韦氏自尽毙命,并不报官,辄受贿钱十二千文私和。查例内并无妻妾因奸情败露、羞愧自尽、本夫受贿私和明文,将韦帼彦比照"期服以下亲属受赃私和例"计赃准枉法论,十两以上杖九十,无禄人减一等,杖八十。

陕西司 ○ 嘉庆二十年

陕抚题:邱愊起谋杀邱洪潮一案。查案内之邱世华并无知情同谋情事,其事后听从抬埋匿报,情同私和。邱世华系已死邱洪潮缌麻服叔,将邱世华比照"尊长被杀、卑幼私和、缌麻减期亲三等律”杖一百。

江苏司 ○ 嘉庆二十一年

苏抚题:王莺踢伤王董氏身死,犯父王现恐子问罪,许钱求和未成。照本律量减问拟,王现合依“以财求和系凶犯之父母杖一百例”上,减一等,拟杖九十。

山西司 ○ 嘉庆二十二年

晋抚题:韩王氏与狄得良通奸,经伊夫韩金佃利资纵容。嗣韩金佃被狄得良谋死,该氏并未同谋,迨事后知情,被狄得良用刀吓唬,扎伤手心,并以如敢张扬、定即扳起意之言向吓,该氏无奈隐忍,将韩王氏比照“夫为人殴伤妻妾私和律”满徒。

安徽司 ○ 道光元年

安抚咨:吴勇刚因李景幅行窃,登时追捕殴打致死,李景幅胞婶陈氏受贿匿报。查“私和”律文系指私和应行抵命者而言,吴勇刚登时致死窃贼,罪止拟徒,与应抵者不同,依“卑幼被杀尊长私和律、于期亲尊长被杀卑幼私和杖八十、徒二年律减一等、杖七十、徒一年半罪”上,再减二等,杖一百。

陕西司 ○ 道光二年

钦差文西等奏:吴集元扎伤族侄吴凤翔身死。案内之监生吴贞元于伊兄吴集元扎伤吴凤翔时,并未在场。惟因伊兄在县捏供,虑及尸亲质证,致干刑责,许给尸父银五百两,教令捏供迁就。虽凶犯业已坐罪,究属恃富妄为,但无治罪明文,应即依例量减,将吴贞元照“尸亲人等私和人命、如凶犯期服亲属用财行求者计赃准枉法论、罪止满流例”上,减等满徒。

同行知有谋害

河南司 ○ 嘉庆二十三年

河抚奏:张镇川呈控伊母坟冢被刨,开棺剥衣。案内之王立功于张五锁检获尸衣,不即首告,辄商同烧毁灭迹,比照“知人谋害他人不行首告”杖一百。

四川司 ○ 道光二年

川督题:曾秀奇谋杀缌麻叔曾万令。案内之曾万瑾系曾万令小功堂弟,既知曾秀奇谋杀情事,并不力阻。未便照“凡人”问拟,将曾万瑾依“知人谋害他人不即阻挡杖一百律”加一等,杖六十,徒一年。

浙江司 ○ 嘉庆二十四年

浙抚题:杨七观因贫教令伊子杨大窃牛宰卖,经事主查知禀究。杨七观之妻王氏斥责杨七观之非,杨七观生气詈骂,王氏忿恨,起意致死,令出嫁之侄女陈杨氏相帮,陈杨氏害怕逃回。王氏乘杨七观睡熟,即将其勒死。除王氏依律凌迟处死、杨大因伊父教令行窃败露致父被母谋杀、罪止拟流、应依"盗杀牛只例"枷号一个月、发附近充军外,陈杨氏系杨七观之出嫁侄女,依"知人谋杀不救护律杖一百罪"上,加一等,杖六十,徒一年。

湖广司 ○ 道光二年

南抚咨:胡癞子因丐伴陈添明懒惰,又时向斥骂,商同丐伴萧士杰等戳瞎其两目使之不能寻害,即取铁钉戳伤陈添明两目成笃,依"瞎人两目律"拟流。

刑律斗殴

斗殴

山东司 ○ 嘉庆二十年

东抚奏:郭允法用腰刀背殴伤刘健。郭允法本系河兵,腰刀乃常佩之物,并非因斗殴携取。该犯仅用刀背行殴,与凶徒因事忿争、执持腰刀伤人者有间,应量减满徒。

山西司 ○ 嘉庆二十年

晋抚咨:张添禄因赌输钱,挟苗添富等不与再赌之嫌,纠邀刘原,各持腰刀,将傅五砍伤。及差役往拘,复喝令拒捕,砍伤差役。张添禄应依"凶器伤人"发近边充军,加拒捕罪二等,发极边充军。刘原用腰刀砍伤傅五,并用刀砍伤差役,并未成伤,惟同恶共济,应于张添禄罪上减一等,发边远充军。张添佑听从伊弟同行助势,刃伤差役,应依"刃伤人"杖八十,徒二年;加拒捕罪二等,为从减一等,同行助势,应加一等,满徒。

直隶司 ○ 道光元年

直督咨:回民王六等听纠夺犯,伙众十人以上执持器械在场助势,并未帮殴伤人,于“回民结伙十人以上、虽无执持凶器、但伤人者充军例”上,减一等,满徒。

奉天司 ○ 嘉庆二十二年

吉林咨:魏安纠约李发川等各持凶器,将李玉斌殴伤。李发川等各持凶器殴打一下,因见李玉斌受伤,即未动手,尚知畏法。李玉斌伤经平复,若依“凶器伤人”拟军,未免情轻法重。李发川等应减魏安重罪一等,满徒。

安徽司 ○ 嘉庆十九年

安抚咨:王富玉因吴畛将伊妻诱去与吴三孜朋奸,王富玉向询被斥,将吴畛捆缚,追出踪迹,因吴畛辱骂,擦伤吴畛两目成瞎。吴畛与吴三孜朋奸其妻,又复窝藏奸宿,与逞凶争殴者有间,于“殴人成笃满流罪”上,量减一等,满徒。

河南司 ○ 嘉庆二十三年

河抚题:卢文等殴死胡振邦。案内王峨听从卢文刃伤胡振邦,应照“光州所属凶徒结伙三人以上、执持凶器伤人”拟军。惟闻拿自首得免,所因结伙伤人之罪应仍照本殴伤法,依“刃伤人”拟徒。

直隶司 ○ 嘉庆二十三年

长芦盐政奏:回民穆国玉将单广玉摔跌倒地,回民穆明海用木棍迭殴多伤。未便仅照“他物成伤律”科断,比照“回民伙结三人以上共殴之犯充军例”上,量减一等,各杖一百,徒三年。

直隶司 ○ 嘉庆二十三年

按察使奏:回民刘祥芝等结伙持械殴砍张中奎之父张泳,限外身死。案内刘维华系刘祥芝堂叔,刘维华先被张中奎等殴伤,其用铁串铤殴伤张添和。事出还殴,情稍可原,应于“回民结伙三人以上执持凶器殴人之案、共殴之犯拟军例”上,减一等,满徒。

江苏司 ○ 嘉庆二十四年

苏抚咨:胡进三因子胡奎违犯教令,纠约何二等将胡奎殴伤身死。除胡进三依“子孙违犯教令、父母非理殴杀律”杖一百外,何二用铁手套帮殴有伤,应依凶器论,但死系违犯教令罪人，该犯经尸父纠令帮殴，与凶徒执持凶器伤人者有间，将何二于“凶器伤人军罪”上，减等满徒。

陕西司 ○ 嘉庆二十四年

陕抚题：李得因与薛元功之妻范氏通奸，被薛润德将范氏刁奸霸占，李得起意纠同纵奸本夫薛元功帮殴，随将薛润德推跌，欲断其脚筋成废，令薛元功按捺，李得用刀割断其脚筋身死。除李得依“共殴律”拟绞外，查薛元功听从按捺割断薛润德脚筋，即不至死，亦必成废，将薛元功依“殴人成废律”，为从杖九十，徒二年半。

云南司 ○ 嘉庆二十五年

云抚咨：回民马均俸听从马小四纠往殴打，后闻马小四声喊打毁门户，该犯畏惧，潜回，并未助势共殴，尚知畏法。若与执持凶器共殴之犯一律拟军，似无区分，马均俸应于“回民结伙执械共殴军罪”上，减等满徒。

安徽司 ○ 嘉庆二十五年

提督咨送：李黑子刃伤同主家人勒里。查李黑子系庆纶已故家人李四所娶之妻随带前夫之子，其在主家服役，固历多年。惟本非李四所生，与旗下家奴有间，虽据伊主送呈，自未便拟以发遣，应按“刃伤本律”交顺天府充徒。

贵州司 ○ 嘉庆二十五年

贵抚咨：郭心贵因欠粮不纳，粮差畏比垫完，向其催索不偿，致相争斗，辄令其弟郭包三等各用例禁军器将粮差黎贵等殴戳受伤，应以主使之人为首。郭心贵依“凶器伤人”拟军。郭包三等拟徒。

直隶司 ○ 嘉庆二十五年

直督咨：程七用锄头殴伤常春光顶心。查锄头系属农具，并非有刃之物，应依“他物殴人成伤律”笞四十。

直隶司 ○ 嘉庆二十五年

直督咨：张七用铁把刀砍伤连五一案。查张七因索讨赌欠，将连五砍伤。该督将张七依“凶器伤人例”拟军，声明该犯孀妇独子准其留养，照例枷号四十日。

经本部，以张七因索赌欠凶器伤人，准其留养，照例枷号，仍尽“赌博本法”再枷号两个月，满日折责发落。

直隶司 ○ 嘉庆二十四年

直督咨:王虞龄因张聚与人争殴,该犯在旁理论,张聚疑其偏护,用棍向殴,该犯以铁锄吓砍,致伤张聚手指。查铁锄系有刃之物,将王虞龄依“刃伤人律”杖八十,徒二年。

河南司 ○ 嘉庆十九年

河抚咨:臧寅因疑贼殴伤郭勇亮两腿骨折,照“凶徒故折人肢体”发近边充军。

直隶司 ○ 嘉庆二十年

直督咨:崔舞凤戳伤刘容两目成笃。查刘容系共殴致死崔舞凤之兄崔金鸣身死案内逃走金刃伤人之馀人,并非奸盗罪人,崔舞凤亦无应捕之责,应照“平人”拟流。

直隶司 ○ 嘉庆二十二年

直督题:王玉林充当县役,因刘志会抗粮不纳,禀官拘比。因其站立不行,用练拉跌倒地,复因被詈,用脚踢伤其左后肋,内损身死,并非衅起吓诈,仍照“斗殴”拟绞。

直隶司 ○ 嘉庆二十二年

直督奏:封邱县革役申全因头役给差票,嘱伊代传买赃人赵振,辄起意商同黄文彩等五人假充差役,先将赵振之弟拴住,索讹钱文。嗣因钱未送交,复又添纠李守信等十人,各持器械黉夜潜往赵振家,跳墙开门进内,追赵振起捕,胆敢逞凶砍殴。查封邱县系豫省卫辉府属,于匪徒滋事大加惩办之后,犹敢纠众越境吓诈滋事,申全等应比照“豫省南汝陈光四府州属凶徒聚众至十人以上、执持凶器、无论曾否伤人”,不分首从发新疆为奴。

安徽司 ○ 嘉庆二十一年

安抚咨:徒犯解添佼在配脱逃、被获拒捕、致被解心荣等砍伤成废一案。查解心荣系解添佼无服族侄,解添佼先因刃伤张守义拟徒,在配脱逃,饬缉查拿。嗣解添佼潜回,被解添辅撞遇捕捉,解添佼拔刀拒捕,解心荣帮捕,用刀砍伤解添佼左手成废。该署抚以解添佼系逃回徒犯,解添辅曾经具结,即有应捕之责。解心荣帮捕将解添佼殴伤成废,照“擅杀罪人至折伤者”以斗伤定拟。并声明解心荣虽系解添佼无服族侄,若照“亲属相殴、卑幼犯尊长”加等拟流,是其帮捕有罪之人与寻常斗殴漫无区别,解心荣应照“折人肢体律”杖一百、徒三年等语。

查例内脱逃人犯,传令原籍亲属邻佑取结侦缉,系专指军流而言。今解添佼系寻常徒犯，该署抚辄引保邻具结侦缉，又谓解添辅有应捕之责，将帮捕之解心荣照“擅伤”定拟，已属牵引。且即以擅伤而论，该抚既称此案如解添俊当时因伤身死，解心荣应照“斗杀”拟绞，则其殴至折伤亦应照“斗杀律”科以满徒，仍按卑幼犯尊长加一等定拟。今于解心荣即以“斗伤律”定案，复援引该犯为帮捕有罪之人，宽其犯尊加等之罪，殊未允协。解心荣系解添俊无服族侄，应于“折跌人肢体满徒”上，仍尽卑幼犯尊长本法，加一等，杖一百，流二千里。

山西司 〇 嘉庆十八年

晋抚咨：任忠用枪扎伤郑怀子受伤后因冻身死，比照“斗殴之案因患他病身死、与本伤无涉者、虽在辜限之内、仍依律从本殴伤法之例、依凶器伤人本例”拟发近边充军。

安徽司 〇 嘉庆二十一年

安抚咨：余鳌因向杨占魁索欠被骂，纠邀冷珠等十一人，寻殴杨占魁未遇。疑其在杨傅氏家躲藏，即赴彼家搜寻，打毁器物，以致同去各犯攫去衣物，并冷珠遗火烧房。查余鳌目睹各犯抢取衣物，即与同抢无异，应比照“聚众执持凶器抢检家财、弃毁器物、徒罪以上不分首从例”发边远充军。

安徽司 〇 嘉庆二十二年

安抚咨：年如恒听从主使共殴姚逢年身死一案。该犯所砍姚逢年右膝八伤，检查原验，俱至筋骨碎断，自应照“殴人成废律”从重定议，该抚将该犯照“刃伤人”办理，殊未允协。年如恒应改依“折人肢体律”满徒。

河南司 〇 嘉庆二十二年

河抚题：赵二殴伤陈书贵身死一案。查陈书贵假充捕役，屡向赵二讹索，虽系有罪之人。赵二曾经犯窃，亦非平人可比，应按“斗杀”问拟。

陕西司 〇 嘉庆二十年

陕督咨：回民马文世因见陶富全年轻，向其戏谑，彼此争吵而散。迨数月后，陶富全在茶馆坐歇，该犯见而冷笑，陶富全触起前嫌叫骂，并欲揪拉到官，该犯情急，拔刀划伤陶富全，限内平复。该督将该犯依“棍徒扰害例”拟军咨部。

经本部，核其起衅情节，是否马文世有意图奸，抑止于语言戏谑，如果衅起图奸，又刃伤陶富全，罪已不止拟军。倘仅止戏谑，应即照“刃伤本律”科断，与棍徒扰害之例未符等因。咨驳去后，续据该督复讯，马文世实止戏谑，并非有意图奸，将马文世改依“刃伤人律”杖徒，限内平复减二等发落。

河南司 ○ 嘉庆十九年

河抚咨：王金万等拦截过客妇女，并迭次讹诈，照“豫省凶徒聚众十人以上、执持凶器、无论曾否伤人”发新疆为奴。

浙江司 ○ 道光二年

提督咨送：宗室金策与觉罗兴安互殴成伤一案。查律例内并无觉罗与宗室斗殴作何治罪明文，自应照“寻常斗殴”定拟，兴安、金策均依“手足殴人成伤律”笞三十。

陕西司 ○ 道光元年

陕抚咨：外结徒罪内道士郭元成用剑砍伤韩泳幅。查剑本道士所有之物，并非例禁凶器，且夺自韩泳幅之手，仍依“刃伤人本律”徒二年。

直隶司 ○ 嘉庆二十四年

直督咨：康坐扎伤任自平两目成笃一案。查康坐因任自平砸毁伊子康孟秋铺内车轮，令其赔偿不允。该犯起意商同康孟秋用铁锥将任自平两眼扎瞎成笃，将康坐比照“凶徒因事忿争瞎人两目例”发近边充军。康孟秋为从，减等满徒。

浙江司 ○ 嘉庆二十四年

盛京将军咨：庄头许元彝拖欠租银，经伊主将庄头革退，另放许勇明充当。许元彝不服纠殴，以致许连太将许勇明殴伤成废，复撕毁伊主谕帖，并将许勇明之子一并殴伤，实属情凶势恶，若仅照“折跌人肢体成废例”拟徒，殊觉轻纵。除许元彝发遣外，将许连太比照“凶徒因事忿争、故折人肢体例”发近边充军。

陕西司 ○ 嘉庆二十四年

陕抚咨：衡伏义子原犯折人肢体拟徒，在配脱逃，强分乞丐陈志幅饮食不遂，恃强殴伤陈志幅右眼失明。查陈志幅左眼旧瞽，该犯拳殴其右眼失明，致令成笃。若仅依“旧患致令笃疾本律”拟流，殊属轻纵，将衡伏义子比照“凶徒忿争、剜瞎人眼例”近边充军。讯无财产，无可断结。

浙江司 ○ 嘉庆二十三年

浙抚咨：童炳立因蒋阿六诬伊为窃，斥詈其非。蒋阿六回詈，童炳立气忿，起意挖瞎其两目，纠令林帼黄相帮，将两脚揿按，童炳立用手挖瞎蒋阿六两目。与凶徒忿争瞎人两目者不同，依“瞎人两目律”满流。林帼黄照“为从”减等，满徒。

湖广司 〇 嘉庆二十三年

南抚题：邝滐倡等戳死陈善善等。案内邝幅太点放空枪，并未伤人。查鸟枪与凶器无异，应照“执持凶器未伤人例”杖一百。

直隶司 〇 嘉庆二十二年

直督咨：于八先与田叶氏通奸，旋经纵容之氏母叶年氏拒绝，于八用铁尺将叶年氏等殴伤，以致叶年氏羞愧自尽。于八合依“凶器伤人近边军例”加等，边远充军。

直隶司 〇 嘉庆二十二年

本部奏：工部司库巴珠尔因伊戚锡纶向伊索欠争论，伊父富尔松阿嗔其不顾亲谊，将锡纶揪殴，巴珠尔护父，亦用拳殴脚踢。职官斗殴，未便依“手足殴人成伤例”拟笞，富尔松、阿巴珠尔均照“不应重律”杖八十，杖不满百，交部议处。

安徽司 〇 嘉庆二十一年

提督咨送：佛光保扎伤海庆。查佛光保又与富氏通奸，若仅照“刃伤人”折枷，该犯应得杖数反少于犯奸本律。佛光保仍尽犯奸本法，杖一百，枷号一个月；连“刃伤人”徒二年，应折枷三十日，共枷号六十日，满日鞭责发落。

河南司 〇 嘉庆二十二年

本部奏：司銮塔那保派往随围，向庆福索讨赌欠，央缓争闹，塔那保顺用虎枪扎伤庆福，系在热河，距行宫二里，应照“午门以外照常律”办理。虎枪与凶器无异，将塔那保革去司銮，依“凶器伤人例”拟发近边充军。因索讨赌欠于行宫地方逞凶，应遵旨加等，发边远充军，实发驻防当差。奏奉上谕，塔那保着再加枷号两个月，发往乌鲁木齐。钦此。

《刑部比照加减成案》卷十九

刑律斗殴

保辜限期
官内忿争
宗室觉罗以上亲被殴
殴制使及本管长官
殴受业师
威力制缚人
良贱相殴
奴婢殴家长

刑律斗殴

保辜限期

奉天司 ○ 嘉庆二十四年

吉林将军奏：谭成修踢伤张泳安越十三日未愈、因患疔毒身死一案。查谭成修开立典铺，于发票时不给现钱，因此与张泳安互行争斗。迨将张泳安推跌倒地，即用木柴殴击致命囟门成伤，又踢伤其项颈等处。铺伙周起等踵至，各踢张泳安成伤，情近强横。虽张泳安死由疔毒而原伤究未痊愈，将谭成修比照“斗殴之案、原殴如当致命之处、而伤轻因风身死、在十日以外”声请改流。

陕西司 ○ 嘉庆二十四年

陕抚咨：樊瞒儿因并无主仆名分之雇工解辰儿牧放牛只，践食麦苗。该犯斥责不服，用镰柄殴伤解辰儿右胳膊等处，解辰儿被殴之后，饮食行动如常。嗣睡热炕，火毒入内致伤痕溃烂，越二十二日身死，将樊瞒儿比照“他物伤、正限馀限内因风身死例”满徒。

陕西司 ○ 嘉庆十八年

陕督题：马均富殴伤田盛义手背，并非致命，又非重伤。因田盛义睡卧热炕伤口中受火毒，溃烂身死，将马均富比照“原殴伤轻、不致于死、越五日因风身死例”拟流。

山东司 ○ 嘉庆十八年

东抚咨：徐希曾擅杀贼犯正限外馀限内身死，照例减为杖一百，流三千里。

四川司 ○ 嘉庆二十五年

川督咨：林文幅殴伊妻赖氏于正限外馀限内因风身死一案。查律例内并无夫殴妻至馀限内、因风身死作何治罪明文，惟殴妻致死，律应绞候，与凡人情罪相同。其殴妻因风身死，自应即照“凡斗”问拟，将林文幅依“他物伤、正限外馀限内因风身死例”满徒。

直隶司 ○ 嘉庆二十五年

直督咨:杜华平殴伤雇工人夏大,越十日因风身死,将杜华平依"家长期亲殴死雇工人杖一百、徒三年、仍照凡斗之案、因风身死在十日以外、声请减流之例"于满徒上,减一等,杖九十,徒二年半,追埋葬银二十两。

陕西司 ○ 道光二年

陕督题:李丙成殴伤骆王家招溃烂身死一案。查李丙成殴伤骆王家招左胯等处,后骆王家招因卧热炕,伤受火毒溃烂,越十六日身死。核与因风身死情事相同,将李丙成比照"原殴并非致命之处、又非极重之伤、越五日因风身死例"拟流。

陕西司 ○ 嘉庆二十三年

陕督题:王玉春用针戏扎张招保子,伤口溃烂身死。查扎右臁肋伤,并非致命处所,伤止紫血一点,又非极重之伤。张招保子行动如常,用水洗腿,以致伤口浸湿肿烂,越十二日身死,将王玉春比照"原殴并非致命之处、又非极重之伤、越五日后因风身死例"拟流。

陕西司 ○ 道光二年

陕抚咨:贼犯刘幅英拒伤事主因风身死一案。查刘幅英因窃事主孙百会钱搭,被孙百会捕获,咬伤手指。该犯情急,用柴殴伤孙百会偏左等处,越十一日因风身死,按例罪应斩候。该犯闻拿投首,得免所因,仍依"斗杀"科断。原验孙百会致命偏左等处,伤仅皮破,并非重伤,自应按例问拟,将刘幅英依"斗殴之案原殴致命伤轻、因风身死在十日以外"声请改流。

河南司 ○ 道光二年

河抚咨:谢风台与申兆位争殴,后申兆位因伤溃烂身死。查谢风台见申兆位在伊地内用铁镬刨砍树根,该犯不依,抢夺铁镬。申兆位跌倒地,树根扎伤左腿等处,越二十三日因伤口进水溃烂身死。核与因风身死情事相同,将谢风台照"斗殴之案、原殴并非致命、又非重伤、因风身死在正限外馀限内者、照殴人致废疾律"拟徒。

福建司 ○ 嘉庆二十一年

福抚咨:李有照过失致伤陈良海,因风身死。查李有照举斧劈柴,斧头脱落,致过失伤陈良海右太阳穴,越二十一日因风身死,已在他物伤正限二十日之外。惟过失伤因风身死并无专条,将李有照依"过失杀人者准斗殴罪、斗杀之案、他物伤正限外馀限内因风身死、照殴人致废疾律”杖一百，徒三年，仍依律收赎，追银七两九分七厘。

山东司 ○ 嘉庆二十五年

东抚咨：陶德因王二饮酒吵嚷，恐滋事端，推其进屋，手势过重，致将其推跌倒地，在石上碰裂旧患疮痂，已有争斗情形。王二受伤溃烂，越十九日因风身死，系在五日以外，确有抽风情形。惟受伤之处系属旧患疮痂，若与殴伤之案一例拟流，未免无所区别，应照“斗殴之案、原殴并非致命、又非重伤、越五日因风身死杖流例”上，减等满徒。

宫内忿争

江西司 ○ 嘉庆二十二年

领侍卫内大臣奏：二等侍卫和敏随围至热河因患痰气病症，在寓所用刀自戕，讯明犯事地方，距宫门半里之外。惟该犯系随扈人员，辄因病气忿，用刀自行抹伤，未便仅照“故自伤残本律”拟杖，致滋轻纵。和敏应比照“行营地方卡门以内、金刃自伤例”杖一百，徒三年，系旗人照例折枷鞭责。

安徽司 ○ 嘉庆二十二年

本部奏：护军乌勒希春在紫禁城内箭亭该班，该犯辄因买物之便在外沽饮，回至该班处所恃酒嚷骂。复因同班护军往禀该管参领，辄敢砸碎茶碗，自行划伤，冀图诬赖，应比照“常人在紫禁城内、金刃自伤杖流例”上，减等满徒。惟在禁地该班处所，倚醉嚷闹，未便照例折枷，致滋轻纵，从重发驻防当差。

奉旨：著枷号一个月，满日发青州驻防当差，钦此。

陕西司 ○ 嘉庆二十五年

景山值班大臣咨送：护军倭克精额素有气逆心迷病症，在西安门内景山围墙以外值班。因同班护军舒明哲陈嗔伊造饭不好，出言村斥，气忿病发，自行抹伤，按“平常在该处犯事例”上，杖八十。惟现在景山系切近观德殿，较常尤为应严，应于本例杖八十上，酌加二等，照“违制律”杖一百。

浙江司 ○ 嘉庆二十五年

提督咨送：步甲广福在西华门内造办处该班，系属禁城重地，用磁片将萨凌阿殴伤，应照“紫禁城内各处当差人等、他物殴人者”杖一百，流三千里，枷号三个月，系旗人折枷,共枷号五个月。萨凌阿照"不应"重杖,枷号一个月。

安徽司 ○ 嘉庆二十五年

步军统领奏:护军赛沙布与护军海昌在昭德门该班,赛沙布因闻该管值班大臣查差,误将海昌纬帽带上,因被海昌讨取詈骂,将海昌殴伤。赛沙布应革去护军,依"常人在紫禁城内斗殴手足伤人例"拟流,系旗人,发驻防当差,仍先枷号一个。海昌并不善为讨取,辄向詈骂,迨被赛沙布殴打,亦复用拳回殴。虽验明赛沙布无被殴伤痕,未便以"殴人不成伤"拟笞,海昌应照"违制律"杖一百,枷号一个月。

贵州司 ○ 嘉庆二十二年

本部奏:侍卫达灵阿奉派充当西安门管门差使,辄于不应进内之时,不服拦阻,依醉吵骂,将副参领揪扯,撕破衣服,尚未成伤,将达灵阿比照"奉派在圆明园大宫门大东大北等门以外、手足他物伤人例"杖一百,徒三年,从重发往伊犁当差;仍先枷号一个月,满日重责三十板,再行发配。

宗室觉罗以上亲被殴

湖广司 ○ 嘉庆十八年

提督咨送:吉馨与觉罗海勇西拉布互相斗殴。查海勇西拉布身系觉罗,轻入酒肆,与人争斗,未便仅拟轻笞,均照"违制律"杖一百。吉馨照"常人斗殴"拟笞。

奉天司 ○ 嘉庆二十五年

盛刑题:民人吴铭太故杀宗室双成身死,依"殴宗室本律"拟斩监候。

山东司 ○ 嘉庆二十年

提督咨送:王会儿前因奸拐何胡氏,并用刀砍伤二格拟军,折枷号九十日。该犯旋因患病,疏枷交旗领回调养,辄复以口角细故,将觉罗之妻闰氏两次殴伤。例无治罪明文,应照"不应"重杖,枷号两个月,尚有应补枷号六十四日,共应枷号一百二十四日。

殴制使及本管长官

广西司 ○ 嘉庆二十五年

广西抚题:邱老七纠抢拒伤事主,因伙犯被获,商同曾老三等中途打夺,拒伤官弁。邱老七应比照“部民犯罪、不服拘拿、逞凶杀本官已伤者”，为首斩立决。曾老三仍依“夺犯为从本例”拟流。

奉天司 ○ 嘉庆十九年

盛刑咨：宗室吉康酒后殴伤本管族长绍昌，与殴首领官无异，比照“军士殴首领官律”拟徒。

云南司 ○ 嘉庆二十五年

云抚题：王和尚前因犯窃拒捕刃伤事主，拟绞减军。兹复在配所行窃，经典史起赃，嘱令责惩。厅差将其拉责，该犯抢取木棍，将厅差殴伤。该典史出堂吆喝，以致将棍误伤该典史。核与不服拘拿、不遵审断者无异，固未便照“部民逞凶、杀害本官伤者、照光棍例”拟斩立决，应将该犯照“原犯绞罪”改为拟绞立决。

广东司 ○ 嘉庆二十三年

广东抚咨：陈炳借给试用盐知事郝兴安银一千两，违禁九扣先收回银一百两。嗣郝兴安已还过本银七百二十两，余欠央缓，该犯辄欲即日归还，不许回寓。复经郝兴安措还银一百两，实止欠银八十两，恳求宽缓。该犯犹不允许，斥骂疲赖无耻，并称元旦坐索吵闹，令其没脸，以致郝兴安被逼难堪，忿恨自缢。该员系粤东试用职官，虽非本管官长，究未便仅同常人威逼科以杖罪。且其违禁取利，计赃已罪应满杖，未便置人命于不问，将陈炳比照“军民人等、因事逼迫本管官致死者绞例”上，量减一等，满流。

奉天司 ○ 嘉庆十九年

盛刑咨：王坤跟随觉罗召保，与该管知县争闹，该犯帮同殴踢，比依“部民殴知县者”杖流。

山东司 ○ 道光二年

东抚咨：外结徒犯内缆夫张丑儿刃伤运弁一案。查张丑儿充当缆夫，并不慎重，竟至断缆五根。乃因赵外委理言申斥，辄行不服分辩。迨经庆千总饬令赶紧接缆，将其往前一推，复敢持刀招架，致将庆千总右额角划伤，实属不法。查律例并无缆夫刃伤运弁治罪明文，惟受雇管缆即同吏卒无异，漕委、运弁均有约束之责，将张丑儿比照“吏卒殴六品以上长官、减五品以上罪三等律、于殴五品以上长官折伤者绞罪”上，减三等，杖九十，徒二年半，再加枷号两个月。

福建司 ○ 道光二年

福抚咨:陈焕章违制演戏、扭结巡检一案。查陈焕章于国丧期内演戏,经巡检谕阻不遵,嚷闹又复不服拘拿,喊同陈康吉将该巡检石声扬扭结。但尚未逞凶伤官,应比例酌减问拟,将陈焕章比照"部民犯罪在官、不服拘拿、逞凶杀害、无论本官品级、于已伤斩罪"上,量减一等,满流。陈康吉依"为从"减等满徒。

湖广司 ○ 嘉庆二十一年

南抚咨:差役卢超等误伤典史袁梓贤一案。查典史袁梓贤因知县公出,代拆代行,有管束之责与本官无异。卢超等均系县役,与军士相同。今卢超与卢亮争斗赶殴,因值昏夜,不期该典史走至,误将其殴伤,应比例问拟,将卢超比依"军士殴本管官伤者"杖一百,流二千里。武襄等将该典史顶帽碰落,与殴打无异,均比依"军士殴本管官律"满徒。

山东司 ○ 嘉庆十八年

东抚咨:外结徒犯内生员郑廷瑸殴伤本管教官,比照"吏卒殴六品以下官长律"杖八十,徒二年。本部改依"殴伤受业师、业儒弟子、照殴伤期亲尊长律"满徒。

四川司 ○ 嘉庆二十二年

川督奏:任冲添炮听从肆窃,追见官往拿,该犯首先刃伤兵丁,复喝令众贼拒伤外委。查该犯虽非该外委部民,究系该外委奉派查拿之贼,胆敢不服拘拿拒抵,将任冲添炮比照"犯罪在官、不服拘拿、逞凶杀害本官已伤例",为首拟斩立决。

湖广司 ○ 嘉庆二十一年

本部奏:步甲舒成在官厅嚷闹,经该管步军校立柱欲将舒成鞭责。舒成之母舅赵三帮同分辩,立柱向伊村斥,赵三与舒成同将立柱殴踢成伤。该二犯厥罪惟均,若仅照律拟流,不足示惩,俱请发往黑龙江为奴。

奉旨:赵三首先肆横,实属藐法,赵三著加枷号三个月,游示各旗堆拨,满日发往黑龙江。舒成著即发遣等因,钦此。

江苏司 ○ 嘉庆十九年

提督奏送:步甲凌桂先因殴死妻拟绞,减流折枷,嗣挑充步甲。醉后又与人斗殴,经官责释,今复乘醉殴本管五品官。若仅按"军士殴伤五品长官律",罪止流二千里,仍依"旗人酗酒滋事、怙恶不悛例"发黑龙江当差,先于犯事官厅前枷号三个月。

奉旨:著永远常川,游示九门儆众。嗣后有步甲凶殴本官,即照此办理。

福建司 ○ 道光元年

提督奏:步甲吉幅保殴伤本管步军校一案。讯明吉幅保先因争殴刃伤人拟徒,遇赦减杖,鞭责发落。嗣挑充步甲误差,被本管护军校将其革退,该犯理论被斥,致向揪扯,并未成伤。与十九年先因殴死妻拟绞、援减后复逞凶殴伤本管官、奉旨永远枷号、游示九门之凌桂一案,情节稍轻。惟该犯先因刃伤拟徒,得邀宽典,兹复殴及本管官,若仅照"殴官本律"拟徒,不足示惩,应从重发往驻防当差。

奉天司 ○ 道光二年

吉林咨:梅克宽等开场聚赌,经官兵查知往捕。梅克宽恐被获治罪,喝令拒殴,致伤官役,依"部民犯罪、不服拘拿、挺身哄堂、逞凶杀害本官已伤者、为首照光棍例"斩决。

部驳,梅克宽喝令拒捕,系因畏罪起见,并非有心逞凶杀害。其在庙会,地亦与公堂迥别,不得谓挺身肆闹,行令妥议。

嗣据该将军咨称:该犯听纠聚赌,本属违例,于该管官缉拿。目睹戴有翎顶,并不畏罪,胆敢喝令拒殴,实属目无官长,仍照原拟斩决。本部改依"殴伤本管官杖一百、流二千里罪"上,加拒捕罪二等,从重发往新疆充当苦差。

直隶司 ○ 嘉庆二十一年

直督咨:马兴滦以田土细故,向本管知县顶撞,因被责不甘,挟嫌拾砖,将该县掷伤,并拒伤该县家人,将该犯依"部民殴本属知县伤者杖一百、流二千里律"上,酌加枷号三个月,从重发往新疆给官兵为奴。

安徽司 ○ 嘉庆二十二年

提督奏送:何大因马匹惊逸,被副都统额勒精额迎面将鞭拦赶,以致马往北走。何大因马被轰跑,即上前拦住索马,喝令郭三等将额勒精额揪扭,撕破衣服。复将蓝翎侍卫贵成揪拉下马,并碰伤鼻孔流血。何大系明知二品大员,胆敢喝众撕揪,未便仅照"殴非本管官律"问拟,应于犯事地方,枷号一个月,满日重责八十板,发黑龙江为奴。郭三、侯六听从逞凶,实属同恶相济,均应于犯事地方,枷号一个月,满日各责四十板,发遣为奴。

江苏司 ○ 嘉庆二十一年

苏抚咨:外结徒犯内魏校书拧伤巡检手指骨折,应以"殴伤佐贰首领官递减一等、于部民殴知县折伤绞罪”上，统减五等，杖一百，徒三年。该抚将魏校书统减五等，杖七十，徒一年半，与例不符，魏校书应依律改为满徒。魏贻书将巡检踢伤，应依“为从”减一等，杖九十，徒二年半。

福建司 ○ 嘉庆二十二年

闽督题：营兵罗汉州因典史俞国陈买肉故短发价，复因斤两短少，差传查问，遽将兵丁薛桂奉掌嘴杖责。该犯忿激不平，纠兵拦殴。是该典史任意凌虐，自取侮辱。罗汉州等中途拦殴，亦与挺身哄堂有间，罗汉州等应于“部民军士、怀挟私仇、挺身哄堂、殴伤本官斩绞例”上，量减一等，满流。

云南司 ○ 嘉庆二十二年

提督咨送：韩彭氏系已故三等侍卫巴林之妻，即属五品命妇。因向王三索讨地价，在街行走并向王三扑殴，被王三回殴，并未成伤，将王三比依“殴非本管官、五品以上杖六十、徒一年例”上，量减一等，杖一百。

殴受业师

奉天司 ○ 嘉庆十九年

盛刑咨：侯克让因学生孙有幅书不娴熟并挟忿迭殴致毙，与弟子违犯以理教责不同，依“弟子违犯教令、以理殴责致有杀伤、儒师照尊长殴死期亲卑幼满徒律”上，量加一等，杖一百，流二千里。

威力制缚人

贵州司 ○ 嘉庆二十二年

贵抚咨：刘华山与王胜文争殴，经并不干己之王明甫纠令李麻子将刘华山捆缚，以致刘华山失跌河内淹死。李麻子并未将刘华山殴打，亦未威逼，死由失跌，并非自尽，将李麻子比照“威力制缚人、因而致死者绞监候律”上，量减一等，满流。王明甫并不干己，辄起意邀约李麻子，将刘华山捆缚酿成人命，应于李麻子流罪上，减一等，满徒。

陕西司 ○ 嘉庆二十年

陕督咨：快役李珍主使散役罗大林，拷问贼犯陈杰，致令垫伤身死。查李珍充当捕役,拿获贼犯陈杰,并不送官,辄令散役罗大林拷问。致陈杰被拷情急,自往下蹲,以致垫伤肾囊毙命,罪坐所由,自应将李珍按"主使为首本法"拟绞,业已病故,应毋庸议。罗大林听从私拷,本应照"威力主使下手之人为从"拟流。但死系行窃罪人,与平人有间,将罗大林于满流上,量减一等,满徒。

山西司 ○ 嘉庆二十三年

晋抚奏:散役林逢太擅将被告之张山带至私寓看押,口角细故,辄敢锁其颈项,栓于门槛之上,不令起立自由,实属依仗威力肆意凌虐。后虽开锁,仍复散押数日,始行禀到。迨张山患病,又不交亲属领回,以致在押病死。现经讯明,死由于病,与威力制缚、私拷致死者有间,应将林逢太比照"威力制缚私加拷打、监禁致死绞候"上,量减一等,满流。

安徽司 ○ 嘉庆二十一年

安抚奏:陈天秩京控韦尧文等霸地。案内之陈凤竹因挟韦尧文讼仇,拉捉韦位贤至家关锁,勒写钱票,且于差役往拿时,胆敢纠人捆缚拒捕伤差。陈凤竹应比照"无籍之徒、捆缚平民、胁骗财物例"枷号一个月,发烟瘴充军。

良贱相殴

贵州司 ○ 嘉庆二十一年

贵抚咨:吴应明殴伤傅茂贤婢女桂兰,致令气忿自尽,将吴应明依"良人殴伤他人奴婢、减凡人一等律",于因事用强、殴打威逼人致死军罪上,减一等,满徒。

奴婢殴家长

奉天司 ○ 嘉庆二十四年

本部奏:已革兵部主事刘肇坦因婢女绒花赃污衣服,不肯浣洗,喝令仆妇李氏并妾赵氏等责打。复因绒花哭泣,该革员又自行殴打致死。因恐伊妾赵氏等到官,有伤颜面,即向坊书面许银两,尚未给付,旋即破案。查已死绒花系该革员白契所买婢女,恩养未及三年,应依"家长殴雇工人致死律"满徒。惟身系职官,恐伊妾到官,面许坊书银两,应请旨发往军台效力赎罪。

直隶司 ○ 嘉庆二十年

直督咨:朱玉用铁尺殴伤周玉章。查朱玉之祖系周玉章堂伯契典家奴,该犯系生于放出之后，并不服役，应照“雇工殴家长小功亲、于凶器伤人近边军”上，加一等，发边远充军。

江苏司 ○ 嘉庆二十五年

苏抚题：吴周因图奸叚六拔姐不从，用刀吓逼。因其喊骂，将叚六拔姐立时杀死。查吴周系叚六拔姐之父叚文知契典奴仆，例无奴仆强奸家长之女不遂、逞凶杀死作何治罪明文，应仍依“故杀”定拟，将吴周依“奴婢故杀家长尊卑期亲律”凌迟处死。

直隶司 ○ 嘉庆二十二年

直督咨：李双喜殴伤义祖母沙李氏平复一案。李双喜之父李起富，自幼经沙明远收为义子，抚养成人，娶妻生子，即李双喜已历四十余年。迨沙明远因己子长成，遂令李起富归宗，复分与地亩房屋，同村居住。李双喜向沙明远之妻沙李氏借粮不遂，辄将沙李氏推殴，例内并无义子之子、与义祖母有犯作何治罪明文。惟义子有故归宗义父母，与义父之祖父母无义绝之状，遇有违犯，以雇工人论，则义子之子亦可一律问拟。李双喜应照“雇工人殴家长伤者律”满流。

江苏司 ○ 嘉庆二十一年

苏抚题：卢幅因疯砍伤家长蔡鸣等一案，并殴死家长期亲卑幼蔡喜姐等二命。该抚将卢幅依“婢殴家长期亲至死例”拟斩立决，声明疯狂无知，且年甫十四，情有可原，听候部议。查该犯系奴仆犯尊，殴死二命，又另伤三人，情无可悯。所有声请听候部议之处，应无庸议。

《刑部比照加减成案》卷二十

刑律斗殴

妻妾殴夫

同姓亲属相殴

殴大功以下尊长

殴期亲尊长

刑律斗殴

妻妾殴夫

直隶司 ○ 嘉庆二十年

直督咨:史卢氏因义子史幅贵屡窃家中衣物,并偷人庙内木头,向其斥责。不服顶撞,气忿莫遏,起意揉擦史幅贵两目,逼令伊媳王氏帮同捆按。自应以该氏为首,史卢氏合依"非殴打乞养子律"杖九十,收赎。史王氏听从捆按,致史幅贵不能动展,被史卢氏揉瞎两眼,系迫于姑命,勉从下手,应照"为从于妻殴夫致笃疾绞罪"上,减一等,满流收赎。

云南司 ○ 嘉庆二十三年

云抚题:蒋李氏因误用田契纸垫晒药末,经伊夫蒋常青瞥见,用柴块乱殴。蒋李氏负痛,情急图脱,用头吓撞,误伤蒋常青胸膛殒命。蒋李氏依律拟斩立决,声明究系口角起衅,被殴图脱,吓撞适伤身死,并非有心欲杀。

奉旨:九卿议奏,改为斩候。

奉天司 ○ 嘉庆二十三年

盛刑题:王高氏因夫王岁屡次向童养媳小英图奸,经该氏阻斥。嗣王岁又向小英剥拉中衣,小英喊嚷,王高氏听闻拉阻,被王岁拾棒殴打。王高氏将棒夺获,王岁用头向撞,该氏连殴数下,致伤王岁囟门等处殒命,将王高氏拟斩立决,叙明情节具题。

奉旨:九卿议奏,改为斩候。

江苏司 ○ 道光二年

提督咨送:张赵氏本已改嫁,而薛明太之妻张氏系其亲生之女,实为薛明太之妻母。薛明太将张赵氏误踢成伤,未便竟照"殴妻之父母本律"科断,将薛明太依"殴妻之父母、杖六十、徒一年律"上,量减一等,杖一百。

山东司 ○ 嘉庆二十五年

东抚题:李二胖与妻李王氏素睦,是晚李二胖外出闲逛,李王氏因困乏,又右膝下患疮疼痛,先将房门虚掩,和衣横睡,旋即睡熟。二更时李二胖进房,并无灯亮,走至炕前,手摸李王氏下体。李王氏于梦中猛然惊醒,疑为他人,用脚踢伤李二胖小腹,一面喝问。李二胖答应,并拉其两腿求欢。李王氏被拉疮处,负痛难忍,两脚猛伸,误行踢伤李二胖小腹,倒地殒命,将李王氏拟斩立决。随案声明,九卿议奏,改为斩候。

湖广司 ○ 嘉庆二十五年

北抚题:石李氏因伊夫石潮科骂其不应责打幼孩,并用烟袋殴伤该氏手指,该氏分辩。石潮科复取木扁担向殴,该氏接夺过手走避。石潮科又赶向夺担,该氏恐被夺殴,将担向上扬起,石潮科两手捏住木担中截,对面扳夺。该氏力乏手松,石潮科拔去力猛,致木担边楞碰伤囟门,跌地殒命,将石李氏拟斩立决。引"卑幼误伤尊长致死之例"夹签,奉旨改斩候。

湖广司 ○ 道光元年

北抚咨:李有得因疑柳幅兴与王开科之妻王李氏有奸,随口向王李氏戏谑,致被斥骂。嗣王开科闻知其事,向李有得查问。李有得捏造柳幅兴与王李氏有奸情形,冀将李氏责打泄忿。王开科误信为是,向妻查问不认,殴戳毙命。王李氏之被诬、被杀皆由李有得捏奸污蔑所致,较之本妇忿激自尽者其情更惨,罪坐所由,应以李有得拟抵。王开科误听人言殴妻致死,若以捏奸之李有得问拟绞抵,又将王开科依"殴妻至死本律"拟罪,一命断难两抵,于殴妻至死绞罪上,量减一等,满流。

贵州司 ○ 嘉庆二十二年

贵抚题:杨其申与人争殴,误将伊妻戳伤身死,将杨其申比照"夫殴妻致死律"拟绞监候。

湖广司 ○ 嘉庆二十五年

提督咨送:丁十听从陈王氏怂恿,屡次逼妻得氏欲令卖奸,夫妇之义已绝。复因得氏不从,殴打磨折,以致因伤身死,丁十应依"斗殴杀人律"拟绞监候。陈王氏商同丁十劝令得氏卖奸,捏称得氏与胡二父子有奸,希图挟制,应照"奸赃污人名节"发近边充军,实发驻防给兵丁为奴。得氏年甫十七,逼勒卖奸,坚心守正,备遭毒殴致死,洵属贞节可嘉,奉旨旌表。

同姓亲属相殴

山东司 ○ 嘉庆二十五年

东抚咨:王继功因树株被伊伯王喜托刘玉价卖,向刘玉抱忿争吵,用刀扎伤刘玉成废。王继功系刘玉妻侄,虽无服制,分属尊亲,应比照"同姓服尽亲属相殴卑幼犯尊、于折人肢体成废满徒"上,加一等,杖一百,流二千里。

殴大功以下尊长

江西司 ○ 嘉庆二十一年

江西抚咨:阳从魁殴伤小功堂侄阳克仔、阳克励各身死,将该犯依"殴杀小功堂侄满流"上,加等附近充军。

安徽司 ○ 嘉庆二十年

安抚题:高善住系已死高善六缌麻服弟,该犯夺棍殴伤高善六脑后左耳根二伤,均已平复。其偏左一伤业已结痂,因洗面自将血痂抓落,于他物伤余限外因风身死,较之余限外因伤身死者更轻。仍照"因伤本律"问拟满流,似无区别,应比照"卑幼殴伤缌麻尊长、在余限外身死、按其所殴伤罪在徒流以下者、杖一百、流三千里"上,量减一等,满徒。

奉天司 ○ 嘉庆二十年

吉林咨:冯添起殴伤孙现身死。案内孙才、孙发系孙现之小功堂弟,因见孙现被殴受伤,即用木棍将冯添起两腿脚面殴伤。例无死者有服之人、殴伤应抵正凶治罪专条,将孙才、孙发依"他物殴人成伤律"上,酌减二等,各笞二十。

山东司 ○ 嘉庆二十二年

东抚咨:刘类氏因期亲胞弟类广清屡向硬借钱文,复因讹借不遂,辄欲砸锅放火,肆行扰害。该氏嘱令伊夫将其捆缚,致类广清受冻身死。查类广清系刘类氏期亲胞弟,出嫁降服大功。若将该氏按律拟流,与殴死无罪卑幼无所区别,刘类氏应于"殴杀大功弟妹满流律"上,量减一等,满徒。

山东司 ○ 嘉庆二十二年

东抚咨:刘孝则因小功堂侄刘大德窃麦放火,讹诈寻殴将其殴伤殒命,系属致死有罪之人。刘孝则于“殴杀小功堂侄满流律”上，量减一等，满徒。

江西司 ○ 嘉庆十九年

江西抚咨：韩祖泰因口角争闹，致死小功服侄韩日荣、韩日开一家二命。例无明文，依“殴杀同堂小功服侄杖一百、流三千里”上，量加一等，发附近充军。

直隶司 ○ 道光二年

直隶咨：二十五年冬季分外结徒犯内谭三砍伤缌麻服侄谭凤仪等、限外平复一案。查谭三因挟小功堂兄谭维翰曾与争殴之嫌，辄将谭维翰子侄谭凤仪诱出殴打，用刀砍伤谭凤仪等三人。若仅照“寻常刃伤缌麻卑幼”问拟，殊觉轻纵，将谭三应依“尊长殴卑幼至折伤以上、缌麻减凡人一等律、于凡人刃伤人杖八十、徒二年律”上，减一等，杖七十，徒一年半；仍于本罪上量加一等，杖八十，徒二年。

直隶司 ○ 嘉庆二十五年

直督题：何维立欲将门楼地基拆卖，因小功服叔何益然不允。该犯扒上门楼，搬拆砖瓦，因搬拆不动，用脚蹬踢，不期蹬落瓦片。适何益然走至，误被砸伤囟门，越日身死，拟斩立决。夹签改斩候。

湖广司 ○ 嘉庆二十四年

北抚题：姜帼科殴伤缌麻兄姜帼恺、越十七日因风身死一案，将姜帼科比照“卑幼殴伤缌麻尊长余限内、果因本伤身死、仍拟死罪、奏请定夺例”减为边远充军。

湖广司 ○ 道光二年

南抚题：范王氏殴伤刘喻氏身死一案。查已死刘喻氏系该氏外孙刘润泽童养之妻。例内并无外祖母殴死外孙之妻治罪明文，惟服制图内载为外祖母小功五月、妻于夫外亲降服一等推类比观，自应照“殴外姻缌麻卑幼”问拟，将范王氏依“外姻尊长殴缌麻卑幼至死律”拟绞监候。

山东司 ○ 嘉庆二十四年

东抚题：赵荣因挟大功侄媳吴氏素无资助，并相待刻薄之嫌，即起意将吴氏故杀毙命。后因吴氏八岁之孙女银姐在旁哭喊，复迁怒将其故杀。查吴氏与银姐系该犯功缌卑幼，若照“尊长致死卑幼一家二命”拟以绞决，则银姐年止八岁，该犯迁怒故杀，罪应斩候。若竟拟斩候，则吴氏与银姐分属祖孙，其服制较该犯为亲，亦未便置一家于不问，将赵荣依“功缌尊长将十岁以下幼女迁怒故杀、图泄私忿例、照凡人故杀律”

斩候。请旨即行正法。

江苏司 ○ 嘉庆二十一年

苏抚题：邵坤沅戳伤缌麻侄邵士坤等身死一案。查邵坤沅殴死缌麻侄邵士坤、邵士盘二命，衅起一时，并无谋故别情。该抚将该犯照"杀死缌麻卑幼一家二命绞决例"上量减绞候，罪无出入，引例未协，既无加重治罪之条，自应从一断拟，邵坤沅应改依"尊长缌麻卑幼至死律"拟绞监候。惟系一家二命，秋审时入于情实。

安徽司 ○ 嘉庆十八年

安抚题：王凤祥因缌麻表兄万洪章挟仇放火延烧，将其推入火内烧毙，于"故杀外姻缌麻兄斩罪"上，量减拟流。本部以卑幼无擅杀尊长之条，驳令改照本律拟斩监候。

广西司 ○ 嘉庆二十一年

广西抚题：陈科砍伤缌服叔陈日胜、越十四日因风身死一案。查例内并无卑幼殴缌麻尊长、十日以外因风身死治罪明文，陈科比照"卑幼殴缌麻尊长、余限内因伤身死之案"，奏请减边远充军。

山东司 ○ 嘉庆二十年

东抚题：董魁清因小功服兄董兴让误打伊地内树枣，该犯经见拦阻，董兴让用木杆向殴。该犯顺用挖菜小刀抵格，划伤董兴让左腮颊连舌吻。董兴让复用木杆殴打，该犯夺获殴其左臁肋一下，经劝而散。嗣因左臁肋伤处发痒，自将痂抓破溃烂，越二十五日因风身死。核其情节，伤由夺杆还殴，死系因风，且在二十日之外，应照例夹签声明，改斩候。

江苏司 ○ 嘉庆二十年

苏抚题：朱华年碰伤大功堂兄朱昌年余限内因风身死一案。此案朱华年手持瓦茶壶出外冲茶，顺向大功堂兄朱昌年索讨应给工本钱文。朱昌年斥其催逼，朱华年理论，朱昌年不依，揪住朱华年衣领殴打，并用头向撞，致在该犯所执瓦茶壶底上，碰伤额颅连右额角，越二十一日因伤处进风身死。核其情节，伤由自碰，死系因风，且在正限之外，朱华年并非有心干犯，情实可悯。夹签声明，改为斩候。

山西司 ○ 嘉庆二十二年

晋抚题：范泳兴因范泳昌强奸伊媳张氏未成，起意纠同范小五殴打，以致范泳昌被范小五殴伤身死。除范小五依"擅杀罪人"拟绞监候外，查范泳兴系范泳昌胞弟出继降服大功,应依“同谋共殴致死之案、其原谋如系大功卑幼、加凡人三等例”发边远充军。

殴期亲尊长

福建司 ○ 道光二年

福抚题:颜云贤因胞兄颜笃贤向余谢氏索诈,致余谢氏忿恨服毒身死。颜笃贤畏罪情急,自愿寻死抵制,解下腰带绕项躺地,嘱令该犯帮同拉勒,致颜笃贤气闭立时身死。该犯并非蓄谋致死,未便科以谋杀期亲尊长之罪。惟伊兄颜笃贤之死,究因该犯下手拉勒所致,将颜云贤依“弟殴胞兄死者”拟斩立决。

奉旨:九卿议奏,改斩监候。

浙江司 ○ 道光元年

浙抚咨:陈其树因患瘫病,赖胞弟陈希九佣趁养赡。嗣陈希九因米缺,嘱陈其树吃粥。陈其树不依向殴,陈希九回殴致伤,经邻劝息。嗣陈其树因贫怨命,短见轻生,讯非逼迫所致,究由争殴起衅,于“弟殴胞兄伤者满徒”上,加一等,杖一百,流二千里。

云南司 ○ 道光二年

云抚咨:胡腾奉因与胞伯胡灿口角,将胡灿殴伤,胡灿欲控。该犯之母胡杨氏闻知不服,前往吵闹,籍端逼索胡灿从前私用公存银两,以致胡灿被逼身死,杨氏亦畏罪自尽。是胡灿系杨氏一人逼毙,该犯并未在场。而杨氏之死,亦因逼毙夫兄畏罪所致,并非因该犯殴伤胞伯气忿戕生。惟胡杨氏逼毙夫兄畏罪自缢身死,究由该犯起衅,应将胡腾奉依“侄殴胞伯伤者杖一百、流二千里律”上,酌加一等,杖一百,流二千五百里。

安徽司 ○ 嘉庆二十年

安抚咨:田怀万殴死胞侄田大望、田二望一家二命,将田怀万比照“期亲伯叔殴杀胞侄满徒”上,量加一等,杖一百,流二千里。

湖广司 ○ 嘉庆二十一年

北抚咨:陈士信听从伊父谋勒胞侄陈之学、陈之亲身死,陈士信应照“为从加功之尊长、各按服制、依为首之罪减一等例”,于故杀侄杖一百、流二千里上,减一等,杖一百,徒三年。该犯加功,致毙二命,应加一等,杖一百,流二千里。

安徽司 〇 嘉庆二十一年

安抚题:赵转因胞兄赵六三见伊借钱祭祖詈骂,该犯答以轻祖重钱,赵六三拳殴该犯左太阳,并揪辫拾柴殴伤伊肩甲。该犯情急,夺柴打伤其偏左。赵六三生气,该犯向其磕头服礼,赵六三悔忿交迫,投缳殒命。该抚将该犯照"逼迫期亲尊长自尽"量减拟流。

本部以赵转借钱祭扫,其礼正。赵六三因礼曲受亏,悔忿轻生,并非由赵转殴打所致。该犯既无可畏之威,未便遽引逼迫尊长自尽之律,自应衡情定拟。赵转应改依"殴伤胞兄律",于徒三年本罪上,加一等,杖一百,流二千里。

陕西司 〇 嘉庆二十二年

陕抚咨:李全幅因伊兄李全升讨钱未给口角,被其拳殴,用手架格,致指甲抓伤李全升咽喉。李全升欲行喊禀,该犯认错求饶。李全升不允急走,被石绊跌,内损身死,将李全幅于"弟殴胞兄伤满徒律"上,量加一等,杖一百,流二千里。

直隶司 〇 嘉庆二十三年

直督咨:张成久因胞弟张成远平日吃酒游荡,不务正业,屡经伊父教训不悛。迨因恃酒顶撞其父,经伊父嘱令张成久殴责,张成远持刀拼命,向张成久扑殴。张成久将其殴伤身死,将张成久依"殴期亲弟致死拟流例"上,量减一等,满徒。

直隶司 〇 嘉庆二十三年

直督咨:郑生听从伊父主使,用铁尺殴伤胞叔,应以为从论,于"凶器伤人军罪"上,减一等,仍按服制递加四等,尊属又加一等,发近边充军。

陕西司 〇 道光元年

陕抚题:马印虔窃当马田氏衣服,致马田氏御寒无衣,气忿自缢身死。该犯系田氏故夫马契胞侄,服属期亲。例无行窃伯叔父母财物、致令自尽作何治罪明文,若照"事主失窃窘迫自尽"拟徒,则与凡人无所区别。如竟照"逼迫期亲尊长致死"拟绞,则该犯究无逼迫情状,比照"卑幼逼迫期亲尊长致死绞候律"上,量减一等,满流。

奉天司 〇 嘉庆二十四年

吉林咨:王仁因向胞侄王立增斥责,王立增不服回詈,该犯用锥戳瞎其两目。虽非挟仇有心致瞎,究与依理训责致成废疾不同,将王仁依"卑幼并无干犯、尊长非理毒殴故残卑幼致成笃疾者、期亲伯叔杖九十、徒二年半例"上,量减一等,杖八十,徒二年。

陕西司 ○ 嘉庆二十五年

陕抚咨:张兴因伊子张全禄在伊胞兄张顺铺内佣工,追酗酒滋事,经张顺辞逐。张兴疑系胞侄张全义唆使,起意毒殴泄忿,临时复吓逼张全义之胞弟张全兴,刀砍张全义成废。除张全兴依"弟刃伤胞兄为从"满流外,将张兴比照"卑幼并无干犯、尊长挟嫌毒殴故残卑幼致笃疾者、期亲伯叔徒二年半例"上,量减一等,杖八十,徒二年。

陕西司 ○ 道光元年

陕抚咨:候补知州刘允炘雇袁欣在寓服役,袁欣不服约束,恃酒逞凶,于伊主欲行捆缚之时,辄有持刀赶戳情状。若仅照"雇工殴家长未经成伤"拟徒,殊觉情浮于法,比照"卑幼殴期亲尊长、执有刀刃赶杀、情状凶恶者"发近边充军。

山东司 ○ 道光二年

东抚咨:韩悦颜误伤胞叔韩孟刚成废一案。查韩悦颜因被堂兄韩连元揪发揿按,情急用铁尺乱殴,不期伊胞叔韩孟刚忽至其前,以致误伤韩孟刚骨折成废。例内并无误伤期亲尊长骨折治罪明文,惟金刃误伤期亲尊长拟以绞候,则误伤期亲尊属骨折应比例问拟,将韩悦颜比照"卑幼刃伤期亲尊属系误伤例"拟绞监候。

山东司 ○ 嘉庆二十四年

东抚题:刘元因弟妇金氏与葛思明通奸,捉拿捆缚,复主使奸妇、奸夫之父兄葛思聪等,先后将奸妇、奸夫勒死活埋。除刘元依"擅杀例"拟绞监候外,查葛思聪因弟葛思明与金氏通奸被获,听从刘元先经绳勒未死,复听从活埋。例无治罪明文,惟葛思明奸淫酿命及其被勒复苏,不思求释,犹复喊骂,亦系怙恶不悛,将葛思聪比依"听从杀死罪不至死之卑幼、果系怙恶不悛例",依"馀人律"杖一百。

山西司 ○ 嘉庆二十四年

晋抚题:赵元儿因期亲伯母赵解氏与雇工崔喜贵通奸,丑声外扬。该犯向劝被骂,并持刀欲砍,该犯情急,夺刀回砍。赵解氏声称定将该犯处死,该犯因其败坏门风,向劝不听,一时激于义忿,起意将赵解氏砍伤身死,将赵元儿依"侄殴伯母故杀律"凌迟处死。查该犯因伯母犯奸,败坏门风,屡劝不听,忿激故杀,与捉奸杀死有服尊长、准子夹签声明之例相符。惟死者究系淫荡无耻尊长,该犯并非无故逞凶干犯,其情尚可矜原,比照"殴死期亲尊长情轻之例",于疏内叙明,恭候钦定。

奉旨:九卿定议,改为斩监候。

湖广司 〇 嘉庆二十五年

北抚咨:王兆锐因被王忆湖抓伤怀恨,自欲服毒拼命,央胞兄王兆烘买给砒霜,吞服身死,将王兆烘照"谋杀卑幼、为从加功、依故杀期亲弟妹、照故杀大功弟妹绞候"上,减一等,拟流。

贵州司 〇 嘉庆二十五年

贵抚题:陈近六系已死陈近易胞弟,服属期亲,听从陈近祥谋殴,并未下手,与共殴致死期亲尊长不同。但因向胞兄陈近易索欠被殴,辄敢听从共殴,在场助势。虽未执有刀刃,已有逞凶情状,伦纪攸关,未便轻纵。虽例无听从同谋共殴期亲尊长并未下手之犯作何治罪明文,应比照"卑幼殴尊长、执有刀刃、赶杀情状凶恶者、虽未伤"发近边充军。

江苏司 〇 嘉庆二十五年

苏抚题:童连祥之胞兄童在祥詈骂伊母,致母气忿自尽。经族长童大潮逼令童连祥,将童在祥推河溺死。死系应死罪人,童连祥依律凌迟夹签,改为斩候。童顺祥听从捆缚胞兄童在祥,两足有伤,其推河致死之时,该犯并不在场,应照"弟殴胞兄为从满徒"上,减一等,杖九十,徒二年半。童大潮系童在祥族祖,并无服制。因童在祥灭伦不孝,致母自尽,该犯激于义忿,起意逼令童连祥推河溺毙。核与擅杀别项应死罪人迥别,且童在祥并无至亲期功缌麻尊长,只系童大潮为辈分最尊之人,未便仅照疏远亲属一例问拟,童大潮应比照"有服尊长致死卑幼罪犯应死者、为首之尊长照擅杀罪人律、杖一百例"上,加一等,杖六十,徒一年。

江西司 〇 嘉庆二十年

提督咨送:刘连佐因胞侄刘涌霞向伊顶撞,辄敢起意喝令家人,将其两眼揉瞎成废,情殊凶狠,未便照"伯叔殴侄笃疾至折伤以下律"勿论,应照"不应"重杖。

云南司 〇 嘉庆二十五年

云抚咨:赵来用系赵辅堂胞叔,赵法堂系赵辅堂胞兄,均服属期亲。今赵来用主令赵法堂,将赵辅堂勒死。赵来用应照"伯叔杀侄"杖一百,流二千里。赵法堂应依"为从加功之尊长、按服制为首之罪减一等、故杀期亲弟绞罪"上,减一等,满流。被获脱逃,应加逃罪二等,罪至满流,无可复加。

直隶司 ○ 嘉庆十九年

热河都统咨:喇嘛嘎勒弟致死已收为徒之胞侄吹巴勒藏,原拟依“弟子违犯教令、以理殴责”,喇嘛照“尊长殴死大功卑幼律”拟绞候上,酌减问拟。

部议,嘎勒弟以胞侄吹巴勒藏为徒,名为师徒,谊属至亲,恩养教诲依然犹子。且嘎勒弟年未四十,例不敢收徒,应仍按“服制期亲伯叔殴侄致死者”满徒。

四川司 ○ 嘉庆二十年

川督咨:魏玉元砍伤胞侄魏秀儿图赖,致魏秀儿因伤身死,仍按“殴胞侄律”满徒。

贵州司 ○ 嘉庆十九年

贵抚题:黄凯听纠共殴期亲尊长致死,该犯徒手往殴,亦未下手,但该犯因挟嫌助势。虽未执有刀刃,已有逞凶情状。例无同谋共殴致死期亲尊长明文,比照“卑幼殴期亲尊长、执有刀刃、赶杀情状凶恶、虽未伤”发近边充军。

河南司 ○ 嘉庆二十年

河抚咨:王雪妮起意商同张随成,谋杀张惠成图诈。查已死张惠成年仅八岁,起意谋杀,例应斩决。为从加功之人,在平人罪应绞决。今张随成系张惠成期亲胞兄,谋杀卑幼,为从加功,得依“为首之罪”减等问拟。该张随成系听从外人谋杀卑幼,固与尊长起意谋杀者稍有不同。惟尊长听从外人谋杀卑幼,与尊长听从尊长谋杀卑幼,同一为从加功,自可比附定断。今该抚将张随成照“谋杀妻之案、如系外人起意、本夫听从加功、于杀妻绞罪上减一等拟流之例”,依“故杀期亲弟妹绞罪”上,量减一等,拟流。罪名虽无出入,比附究属支离。张随成应改照“谋杀卑幼为从加功之尊长、各按服制减一等例、于故杀期亲弟妹照故杀大功弟妹律绞罪”上,减一等,满流。

河南司 ○ 嘉庆二十三年

河抚题:李大魁因疯发砍伤伊叔李万厢并伊妻张氏各身死,复刃伤伊婶董氏并族人,李大孝等伤平复。虽二死四伤,惟疯病之人并不知殴杀何人,亦不知所伤之多寡。核其情节,系属犯时不知,并非有心逞凶干犯,将李大魁依“侄殴伯叔父死者斩律”拟斩立决,夹签声请。

奉旨:九卿议奏,改为斩候。

《刑部比照加减成案》卷二十一

刑律斗殴

殴祖父母父母

妻妾与夫亲属相殴

殴妻前夫之子

父祖被殴

刑律骂詈

骂制使及本管长官

刑律斗殴

殴祖父母父母

山东司 ○ 道光二年

东抚咨：孟廷持刀赶扎伊子，误伤伊媳张氏殒命。该抚将孟廷依“非理殴子孙之妇至死律”拟以满徒，而置误伤于不问，与实在非理殴死者漫无区分。应酌减问拟，将孟廷于“非理殴子孙之妇至死满徒律”上，量减一等，杖九十，徒二年半。

直隶司 ○ 嘉庆二十年

顺尹奏：李赵氏违犯教令，致伊姑李陈氏自尽。李赵氏之夫李禄平日不能管教其妻，事后又听从妻兄匿报，固未便仅拟枷责。惟尚无贿和情事，且伊母究因伊妻违犯教令，自行轻生，亦与殴毙翁姑之案、犯夫应拟绞决者不同，应比例酌减问拟。该府尹将李禄于赵氏绞候上，减一等，拟流。是以夫为妻从，罪名尚属持平，拟议究未妥协，应将李禄改照“子妇殴毙翁姑、犯夫贿和匿报绞决例”上，量减一等，拟以满流。

奉天司 ○ 嘉庆二十年

吉林奏：民人范自重之妻范周氏因无子嗣，过继胞侄范秉礼为子，娶媳李氏，实与亲生子媳不同。辄因李氏懒惰，不能以理教训，任意凌虐殴毙，情近于故。周氏合依“故杀子孙之妇律”杖一百，流二千里。请旨将该氏发往回城，监禁一年释放，以抑其强悍之性。范自重于殴毙后，不即报官，应照“不应”重杖。

广东司 ○ 嘉庆二十五年

广督奏：谭亚九因母陈氏与董学试争殴，并拉夺竹挑。该犯喊令董学试放手不理，虑母受亏，拾石吓掷。董学试避闪，以致误伤陈氏身死，将谭亚九依“子殴父母杀者律”凌迟处死。援照白鹏鹤之案，恭候钦定。

奉旨：谭亚九因见伊母与人争殴，情切救护以致误毙母命，较之白鹏鹤一案，情节又轻。谭亚九改为斩监候，钦此。

贵州司 ○ 嘉庆二十年

贵抚奏:龙文榜致死伊母张氏,伊妻向氏并未在场。迨夫兄龙文友归家,向氏即行哭诉,与始终讳匿者有间,将向氏比照"子妇致毙公姑、匿报贿和、拟绞立决例"上,量减一等,满流,实发驻防为奴。

四川司 ○ 嘉庆二十三年

川督奏:邓光维因戚兴将伊父邓逢违扑按在地,用膝抵住两腿,拾石欲殴。该犯用刀将戚兴戳伤,戚兴仍抵住不放。该犯情急,复用刀向戳,不意戚兴将右膝挪开,该犯收手不及,误将邓逢违右腿肚戳伤毙命。核其情节,刀在该犯手内,既与白鹏鹤掷石不同。伊父近在身前,亦不能诿为不知,与白鹏鹤之案固不相符。惟该犯因父被殴,势在危急,因救父而致误伤伊父,实非意料所及。较之曾因秀将妻迭戳多伤,以致误毙母命者,情稍有间。若竟处以极刑,似属情可矜悯,邓光维应照"子殴杀父律"拟以凌迟处死。可否量减为斩立决之处,恭候钦定。

奉旨:改为斩立决。

山东司 ○ 道光二年

东抚题:翟小良误伤伊父翟玉阶平复一案。查翟小良因买备鱼酒,用刀破鱼,欲行饮食。伊父翟玉阶见而气忿,揪住发辫殴打。该犯情急图脱,用刀割辫,不期误将翟玉阶手腕割伤,将该犯依"子殴父母律"拟斩立决。声明伤由失误,并无忤逆情形,并据伊父翟玉阶以伊弟兄三人,止有该犯一子,具呈恳留一线,以承三祧。叙明情节,恭候钦定。

奉旨:翟小良着从宽免死,照例枷责,准留承祧。余依议。

浙江司 ○ 道光二年

浙抚题:姜聚添因疯砍死伊父姜志洁、旋即被母周氏砍死一案。查该犯虽被伊母姜周氏立时砍死,究未明正典刑,将该犯比照"殴父致伤"问拟斩决后,其父因伤身死,将该犯照"锉尸之例"锉尸示众。

贵州司 ○ 嘉庆二十四年

贵抚咨:李文忠因见龙张氏与子龙文榜愚懦可欺,前向诬指为窃,讹得银两。嗣因银色低潮,复往讹诈,强拉耕牛。龙张氏拦阻,李文忠将其推跌,牵牛而回。龙张氏气忿难堪,令龙文榜将伊致死,向李文忠图赖,免致再被讹诈。龙文榜允从,将龙张氏勒死，即向李文忠诈赖。经李文忠看破勒毙情形，随彼此商允寝息。龙文榜复威吓伊妻龙向氏，帮同殓埋。除龙文榜拟以凌迟处死外，将龙向氏比照“子妇殴毙翁姑、犯夫匿报贿和、拟绞立决例”上，量减一等，满流，实发驻防为奴。李文忠屡向讹诈，致酿成逆伦重案，应依“棍徒扰害拟军例”改发新疆为奴。

奉天司 ○ 嘉庆二十年

吉林咨：民人邱发用刀扎伤刘发之妻张氏并将奸生子满仓儿扎死一案。查邱发与刘张氏通奸，本夫刘发贪利纵容。嗣因奸生一子，名满仓儿，迨年甫三周，邱发欲行抱回自养。张氏因子幼不能离乳，不允给付，邱发不依，将满仓儿抱走。张氏赶向拉夺，邱发用刀吓扎致伤张氏，后畏罪欲行自戕。复忆死后满仓儿仍被刘发携去，遂将满仓儿扎死，用刀自戕。查奸生子，例准奸夫抚养则与子孙无异，然奸生究与子孙不同，将邱发比照“故杀子孙”加一等，杖七十，徒一年半。

经本部，以已死满仓儿系邱发奸生之子，即属该犯亲子。其将满仓儿扎死，应依“故杀子孙律”拟杖六十，徒一年。其用刀扎伤张氏，应从重，依“刃伤人”杖八十，徒二年。

直隶司 ○ 嘉庆二十二年

直督题：周三儿用柳条殴责伊妻，因伊母上前遮护，致误伤左腮颊，饮食行动如常，并未嚷称疼痛。嗣因身体受寒，下炕出恭，失跌喘发，病剧殒命。原验伤甚轻浅，实系死由于病，与白鹏鹤误伤其母致死之案死由于伤者不同。惟业已误伤，伦纪攸门[①]，仍拟斩决具题。九卿定议，改斩候。

陕西司 ○ 嘉庆十八年

陕抚题：杨胡存系孙明德自幼抚养义子，配有妻室。嗣孙明德分给地亩，令其归宗。因向孙明德索分地亩不允，出言顶撞，致孙明德生气向殴，自跌身死。声明该犯并无推殴情状，将杨胡存比照“雇工人殴家长死者斩律”上，量减拟流。

广西司 ○ 嘉庆二十二年

广西抚奏：韦梁氏因被夫兄韦绘英在翁姑前屡道其非，并挟查出取钱买布被责之嫌，起意谋毒毙命。随拔断肠草，捣汁和入菜内，以致误毒夫之祖父母、父母毙命，将韦梁氏依“殴故杀夫之父母死者律”凌迟处死。

贵州司 ○ 嘉庆二十一年

贵抚奏：王阿保因伊父王大才与雷金氏通奸，被获捆缚，虑及到官问罪，吓逼该犯代割咽喉，装伤搪抵，冀免送究。该犯被逼勉从，将伊父喉下之皮割破成伤。嗣伊父愧恨自戕殒命，例内并无子听父命、代为伤残治罪明文，将王阿保比照“子殴父者”拟斩立决。惟王阿保年甫十二，幼稚无知，被逼勉从，只图脱父罪，与有心干犯及年已成岁罔知名义者有间，声明恭候钦定。

山西司 ○ 嘉庆二十一年

晋抚题：李陈氏因伊家长李德淳之父妾李张氏与周之翰通奸，窃给衣饰，被李德淳查知禁阻。周之翰起意商同李张氏，将李德淳谋害。李张氏向该氏告知，同将李德淳谋毙，将李陈氏依“妾谋杀夫律”凌迟处死。周之翰依“谋杀律”拟斩监候。李张氏系李德淳父妾，应同凡论。该氏因奸将李德淳谋毙，致令家长绝嗣，应比例问拟。李张氏应比照“因奸将子女致死灭口、无论是否起意、嗣母继母例”拟斩监候，均请旨即行正法。

妻妾与夫亲属相殴

山东司 ○ 道光二年

东抚咨：刘效文用枪扎伤嗣祖妾翁氏一案。查刘效文用枪将嗣祖之妾翁氏扎伤，例无殴伤祖妾明文，惟殴伤庶祖母，例得减庶母一等，则殴伤祖妾应减父妾一等可知。查殴伤父妾律，止照“凡人加一等”定拟，则减殴父妾一等，自应以凡人同论。仍照“凡人凶器伤人”问拟，将刘效文依“凶器伤人例”发近边充军。

四川司 ○ 嘉庆二十四年

川督题：樊新沅戳伤胞侄樊添辅并侄媳谭氏各身死一案。查例内并无杀死期亲卑幼一家二命作何治罪明文，自应照本律从重科断，将樊新沅除殴死胞侄、罪止满徒不议外，依“期亲以下尊长、殴卑幼之妇至死律”绞监候。

殴妻前夫之子

山东司 ○ 嘉庆二十年

东抚题：路张氏因被夫婶路曹氏屡次詈骂，将路曹氏故杀身死。伊夫路景德闻知，虑恐受累，投缳自尽，依“妻妾殴夫期亲以下尊长至死、故杀亦斩律”拟斩监候。

贵州司 ○ 嘉庆二十一年

贵抚题：刘文城殴伤伊妾朱氏前夫之女子英并故杀朱氏各身死一案。查刘文城故杀伊妾，罪止满徒，其殴伊妾带养前夫之女身死，例无正条，将刘文城比照“殴妻前夫之子至死律”拟绞监候。

父祖被殴

安徽司 ○ 嘉庆二十一年

安抚题：赵得寅扎伤杨三位身死一案。查该犯之父赵幗祥被杨三位枪扎右肋倒地，该犯赶护夺枪，回扎杨三位右胁。其时杨三位已属徒手，因其扑殴，复枪扎其肚腹殒命，固与事在危急、救亲之例不符。惟伊父赵幗祥因被杨三位枪扎右肋伤痛难忍，自缢身死。若将该犯又抵于法，是以二命抵杨三位一命，情堪矜悯，将赵得寅比依“父母被人殴打、事在危急、救护情切因而杀死人命之例”，声明请旨改为杖流。

云南司 ○ 道光二年

云抚题：何小二等殴死殷奉。案内之何布重因殷潮将伊子何明殴死，该犯约人往拿，将殷潮砍伤毙命。例内并无子孙被杀、父祖擅杀行凶罪人治罪明文，惟律注亲属被人杀，其擅杀行凶人者罪止拟杖。而父之于子，较之亲属，尤为关切，自可援照问拟，将何布重比照“亲属人等被人杀而擅杀行凶人、依罪人本犯应死而擅杀律”杖一百。

四川司 ○ 道光元年

川督题：余开甲因大功堂兄余开书向伊伯母王氏争殴，伊母喊救。该犯闻知，用铳吓放，致伤余开书右膝等处，依“竹铳伤人发烟瘴少轻地方充军例”上，量加一等，实发烟瘴充军。

江苏司 ○ 道光元年

苏抚题：何如松因何万全殴打伊父，该犯趋救，致伤何万全身死。伊父于何万全死后，越日亦因伤身死。查何如松殴伤何万全时，伊父尚存，未便引“其父先被人杀、其子擅杀行凶罪人例”拟以杖罪。而救亲情切，声请减流之例，又系指父母未被殴死者而言。何如松应照“父母被人殴打危急、其子救护情切、因而致死、声请减流例”上，再减一等，满徒。

刑律骂詈

骂制使及本管长官

云南司 ○ 嘉庆二十一年

北城移送:王升闯入本城寓中谩骂,并将家人岳三等殴伤。查王升因该城御史编查保甲,饬令跪地回话,该犯不服,忍气跪答。嗣因酒醉,忆及前嫌,走至该御史宅内,呼名嚷骂,将该御史家人岳三等殴伤,并将木签折断,乱摔刑具,情同拒捕,将王升照"部民骂五品以上长官杖一百律"上,加拒捕罪二等,杖七十,徒一年半,再加枷号二个月。

浙江司 ○ 嘉庆二十三年

浙抚咨:蔡芷事不干己,匿票殴差,经该县戒饬不甘,纠约多人将周安扭至宅门,肆行喧嚷。迨经该县谕禁,犹敢出言顶撞,实属目无官长。查蔡芷出名具控捕役,事与扛帮作证不同,其恃符滋事亦非平民詈官可比。若照"非所勾捕之人伤差"以凡斗论,予以轻笞,转置吵闹宅门、顶撞官长重情于不问。例无治罪专条,查《学政全书》内开生员纠众扛帮,聚至十人以上,詈骂官长,肆行无礼,为首照例发遣等语。惟蔡芷纠众不及十人,照例发遣,与纠众十人者无所区别,蔡芷应照"生员纠众扛帮,聚至十人以上发遣例"上,量减一等,满徒。

云南司 ○ 嘉庆十九年

南城移送:卢凤在该城喊告王大,寻衅辱骂。该城传讯,王大不服顶撞。例无专条,比照"部民詈骂本属州县例"杖一百。

校勘记:

①门:据《续四库全书》本应作"关"。

《刑部比照加减成案》卷二十二

刑律诉讼

越诉

刑律诉讼

越诉

奉天司 ○ 嘉庆二十五年

奉尹咨:已革武举王瑶因抗粮不完,咆哮公堂。先据该府尹比照“包揽粮石过期不完军罪”上,减等拟徒咨部。

经本部,查包揽钱粮之例,必银至一百两、粮至二百担以上,责限三个月以内。过期不完者,始按例治罪。今王瑶与王继德等均系同族,其钱粮皆不及三两,正与“畸零小户因便凑数附纳勿论之律”相符,驳令复审。兹据审明王瑶将本年应完二十一年米豆钱粮,迟至二十二年奏销以后,全未完纳。按欠粮本例,已应斥革满杖,经州当堂催比,复自摘顶帽掷于公案,大肆咆哮,出言无状,应改照“刁徒直入衙门、挟制官吏军罪”上,量减一等,满徒。

江苏司 ○ 嘉庆二十五年

苏抚咨:僧照兴出典之地,本与僧善成毫不相干,因其出银回赎,已分给地一顷五十亩乃犹谓未足。复图觊觎未赎之地,赴京越控,并牵砌史宗周索欠当地及沙全中已结命案,希图拖累。惟所控均非重事,且词列被证仅止九人,将僧善成依“蓦越赴京、告重事不实,并同诬十人以上拟军例”量减一等,满徒。

湖广司 ○ 嘉庆二十二年

南抚奏:熊和清因完纳漕粮米色不净,与差役嚷闹,被县查拿。辄挟嫌起意诬告,拖累泄忿,即捏称左观澜等串通县令浮收勒折,致粮户情急自尽各重情,赴京诬控。惟未经提案之先,业经据实呈悔,与始终诬执有间。熊和清应于“蓦越赴京、告重事不实、发边远充军罪”上,量减一等,满徒。

湖广司 ○ 嘉庆二十五年

南抚奏:王扬镐原充来阳县贴写,因事责革,复禀求充吏。该县不准,该犯投充彬州缮书。适该县委署彬州，闻知差查，该犯虑难存身，辄怀忿摭拾款迹，赴京具控。查所控浮收勒折及浮买仓谷，均系重情，审属全虚。惟于未审之先据实首悔，应照"蓦越赴京、告重事不实军罪"上，量减一等，满徒。

直隶司 ○ 嘉庆二十四年

直督题：杨士碌之女杨氏嫁与孟解氏为儿媳，姑媳素不和睦。杨士碌向邻人孟六谈及伊女常被孟解氏殴詈，孟六答称曾见孟加升时至孟解氏家走动，想是因奸碍眼之故。嗣杨士碌往接伊女，适见孟加升在彼，杨士碌益加疑惑，致与孟解氏争殴，故杀孟解氏毙命。除杨士碌依律拟斩监候外，孟六当杨士碌向伊诉述时，辄以想是因奸碍眼之言答复，虽系怀疑猜度，并非有心污蔑。第信口妄谈，致酿成人命，将孟六依"将奸赃事情、污人名节、发附近充军例"上，量减一等，满徒。

陕西司 ○ 嘉庆二十三年

陕抚咨：闫有成因侄妇闫梅氏听从伊夫闫俊英寄书毁骂，闫有成气忿，令婿万五儿代写污辱闫俊耀、闫梅氏有奸字帖，并照抄多张，散布泄忿。例无期亲尊长将暧昧不明事情、污蔑卑幼及卑幼之妇作何治罪明文，将闫有成照"凡人拟军罪"上，量减一等，满徒。

江西司 ○ 道光元年

江西抚奏：生员杨元本因图奸余陈氏被县详革，该犯挟嫌诬指官吏受赃枉断，并捏砌余仰太奸占余陈氏等情，写就呈词，欲行叩阍。因系虚捏，未敢呈递，遂作庆祝万寿诗册，希图进呈。开复衣顶，经直督拿获，解回审办。该犯挟嫌捏砌奸赃，污人名节。第至京后，恐审虚尚未呈递，依"将奸赃事情、污人名节、报复私仇、发附近充军例"上，酌减一等，满徒。

湖广司 ○ 嘉庆二十三年

北抚咨：田经魁代黄清万作中，谋买卢姓祭田，与卢世趣争斗揪扭。因被萧奎文村斥挟嫌，亦妄告萧奎文串商该县，诈索萧应升银两。虽系袁齐建先控有案，非其起意架捏，究属藉以牵诬。田经魁应比照"将暧昧不明、奸赃事情、污人名节拟军例"上，量减一等，满徒。

浙江司 ○ 嘉庆二十三年

浙抚咨：外结徒犯内陈咏挟王润祖控欠之嫌，辄因王润祖曾被许观盛控告买休。

倪敬修控告图诈，即妄指王润祖奸占淫妇卖奸分肥，包揽词讼，讹诈撞骗。并因王国柱有将来安知无打骂父母之言，指为王润祖骂父推母，忤逆不孝，遍写揭帖，刻印张贴。姑念并未呈告到官，且事出有因，尚非平空捏造。陈咏即陈汉书，应照“将暧昧不明、奸赃事情、污人名节、发附近充军例”上，量减一等，满徒。

直隶司 ○ 嘉庆十四年

直督题：张洛花被魏洛仁诱奸未成，嗣魏洛仁另挟别嫌，欲使张洛花无颜，将张洛花被奸未成之事，向张金和告知，致张洛花砍伤张金和身死。将魏洛仁比照“奸赃事情、污人名节、报复私仇拟军例”上，量减一等，满徒。

山东司 ○ 嘉庆二十一年

提督咨送：王四因酒醉捏说玉庆之妻那氏素不正经，向伊素与鸡奸之吉勒杭阿告知，致吉勒杭阿听信图奸，致滋事端。该犯与那氏素无嫌隙，并非报复私仇，应酌减问拟，将王四依“奸赃事情、污人名节军罪例”上，量减拟徒。

山西司 ○ 嘉庆二十二年

晋抚咨：武耀元因与李升闻有嫌，嗣李升闻为母建坊，该犯欲附名字，修好不允，即托名揭帖骂詈，复书写匿名字帖张贴。惟先后字帖止系挟仇侮辱，尚未指有奸赃实据，将武耀元应照“将暧昧不明、奸赃事情、污人名节、报复私仇拟军例”上，量减一等，满徒。

湖广司 ○ 嘉庆二十一年

北抚咨：程才珙以钱债细故赴京呈控，并以该州贪财好色浮词捏砌，与奸赃款迹、有心污蔑者有间，将程才珙照“将暧昧不明、奸赃事情、污人名节、报复私仇军罪例”上，量减满徒。

江苏司 ○ 嘉庆二十一年

苏抚咨：窦金荣先与葛存义争控标业，断结后辄以葛存义串通马龙图，馈送扬州府金银等词翻控。该犯旋知冒昧追悔具结，情同自首。核与平空污蔑、始终诬执者有间，将窦金荣依“暧昧不明、奸赃事情、污人名节军罪例”上，量减拟徒。

江苏司 ○ 嘉庆二十二年

江督咨：沈渭滨指告银匠王宏士等浮收钱粮，现已审明，多科费用得实。惟所控匿灾不办，系属子虚。且该犯妄冀免完旧欠，上控之后复做就词状，分送各庄，纠令多人,扶同冒告,应照"积惯讼棍发遣例"上,量减一等,满徒。方序于山阳县复审时,事不干己,直入衙门,咆哮不服,应照"刁徒直入衙门、挟制官吏、系不干己事"发附近充军;闻拿投首,减一等,满徒。卞福庆附和挺撞,应于方序军罪上减一等;闻拿投首,再减一等,杖九十,徒二年半。

江苏司 ○ 嘉庆十八年

江督咨:徐文晋因检出祖遗充商运监根卷,疑未卖出具控。经藩司查系废卷,向徐文晋比追应缴旧卷认状。徐文晋堂兄徐文曦主令徐文晋,架出藩司听受人情,赴京控告,将徐文晋依"越诉"拟笞。

本部以徐文晋系乏商之后,当其检出旧卷,岂不知久经卖出之卷?特以未行涂销即作被人欺占凭据,籍词具控,是其意图讹诈,情事显然。迨官为清查册卷不能遂欲,两次京控,刁健已极。其二次呈内,并有藩司受情纳贿之语,是徐文曦等肆意污蔑,相商有素,不得谓为无心,应照"教唆词讼诬告"定拟。除教唆词讼起意、罪应拟军之徐文曦病故勿议,徐文晋应改照"奸赃污人名节例",于徐文曦军罪上,减一等,满徒。

安徽司 ○ 嘉庆十八年

安抚咨:李从宜案内之李惇沅因讼被州官责处,又被李从宜诬控盗卖坟山,呈催未结。李惇沅含怨,风闻该州违例收漕等事,写成八款,藏于家中,并未传播,欲于俟查实具控。后被惠见中窃去,送交李从宜写入照内,未便坐以遣戍,将李惇沅照"奸赃污人名节、报复私仇军罪"上,量减一等,满徒。

直隶司 ○ 嘉庆二十二年

直督奏:学正罗禹源因到任后,各生未送贽见,旋查欠考各生红案册,指为弊窦,籍端禀揭,冀复规礼。复拟奏稿送州阅看,并嘱代筹盘费,殊属卑鄙。仅照"假以建言为由、挟制官吏例"予以革职,不足示惩。惟查欠考册籍,究系教官应分之事,与平空禀揭、挟制图诈者有间。罗禹源应照"刁徒口称奏诉、挟制官吏、近边军例"上,量减一等,满徒。

云南司 ○ 道光二年

云抚咨:文生张猷箴因亏空社谷并为人代作呈词,被革挟嫌,架词上控,株累多人。嗣经迤东道两次审虚掌责后,凭空捏砌该州赃款,并以迤东道私铸钱文,列词诬告,实属有心污蔑。例无挟嫌将奸赃污蔑大员作何治罪明文,应将张猷箴依"奸赃污人名节、附近军例"上,量加一等,发近边充军。

安徽司 ○ 嘉庆二十一年

安抚咨：武生陶勇因挟该县催征之嫌，辄捏告该县浮收漕米等情，该抚将该犯依“诬告人死罪未决、拟流加徒罪”上，从重改发新疆为奴。不惟越等增加有违定例，而该犯究系武生，未至行止败类，未便加以为奴，陶勇应改依“蓦越赴督抚处、告重罪不实例”发边远充军。

山东司 ○ 嘉庆十九年

东抚咨：外结徒犯内武生徐清泰因雨泽愆期，纠人预为报灾，妄冀邀赈。至抚辕投呈，经委员接收，复向夺呈逞殴，情同挟制，比照“假以建言为由、挟制官府例”军罪上，量减一等，满徒。

贵州司 ○ 嘉庆十八年

贵抚咨：杨开贤与黄田氏通奸，被本夫黄红太撞获，因顾惜颜面，经劝寝事。乃该犯辄因此挟嫌，计图报复，平空诬指黄红太为窃，情殊险恶。惟该犯并无捉拿拷打情事，固未便竟照“诬良为窃、捉拿拷打例”拟军。若于军罪上量减拟徒，尚觉情重法轻，杨开贤应改照“将奸赃事情、污人名节、报复私仇例”发附近充军。

安徽司 ○ 嘉庆二十年

山西抚咨准刑部咨：段幅玉因李文楷等欠钱不给，又闻伊妻王氏与段六斤儿通奸细事，辄敢来京擅入钟楼禁地，击钟鸣冤。未便仅照“突入鼓厅例”拟徒，应比照“擅入午门长安等门、叫诉冤枉例”发边远充军。该犯现患疯未痊，应递交山西巡抚锁锢，俟病痊再行发配等因。今审明所控各情，均系因疯混供，咨复到部。

浙江司 ○ 嘉庆二十一年

浙抚咨：金品章将需索之外委汪昌麟割辫诬奸一案。查金品章开场赌博，送给在村缉匪之外委汪昌麟洋钱。该外委因不遂所欲，前往查拿，籍端讹索。金品章不甘，喊同伊妻吴氏等，将该外委发辫割下，诬奸挟制。是该外委与本管官不同，且由需索取辱，将金品章比照“奸赃事情、污人名节例”发附近充军。

浙江司 ○ 嘉庆二十一年

浙抚咨：诸葛康等妄攻冒籍、挟制官长一案。查张学华并非冒籍，例准考试。该犯等辄妄攻张学华为冒籍，恃众挟制。例内并无入场后挟制试官治罪明文，将诸葛康比照“刁徒直入衙门、挟制官吏例”发近边充军。

浙江司 ○ 嘉庆二十一年

浙抚咨:张应如欠粮殴差并赴征场滋闹挟制一案。查张应如延欠钱粮,拒殴伤差。复虑禀究,赶赴该县驻扎之乡厂,用言挟制,并将该县轿夫殴伤。未便仅依“拒殴追摄人本律”问拟,将张应如比照“刁徒直入衙门、挟制官吏例”发近边充军。

安徽司 ○ 嘉庆二十二年

安抚咨:刘东霞欲思佔垦官岗,乃装砌民买卫田、派催民粮、求免津银等词,冒充副丁,赴京呈控。其所控俱非确实,应比照“击登闻鼓、申诉不实律”杖一百。

直隶司 ○ 嘉庆二十年

直督咨:武生王颇牧以文生张参两代姪保甲张货,馈送典史郭鹏飞寿礼,因家人刘升等不收,辄敢怀挟该典史不能说情面斥之嫌,邀同张参两直入衙署,索看账簿,以为挟制凭据,并向家人刘升揪扭撕衣。王颇牧应照“刁徒直入衙门、挟制官吏、其系不干己事、别无冤枉例”发近边充军,亲老不准留养。文生张参两始则代送寿礼,已属多事。继复听从进署吵闹,与家人李兴揪扭,应照“为从”减一等,拟以满徒。刘升、李兴于张参两代送寿礼之时,并不婉为辞复,辄敢图得随封。李兴又私收郭云山礼钱二千文,计赃一两,李兴应与刘升均照“不应”重杖。郭云山照“不应”轻笞。张货馈送大钱五百文,皂役刘顺私令乡地送礼,均照“不应”轻笞。典史郭鹏飞因值生辰,恐人干谒,即下乡查看庄稼,并嘱家人有人拜寿概行回复。惟失察家人得受寿礼,并皂役私令乡约送礼,应照“溺职例”革职。

直隶司 ○ 嘉庆二十年

直隶咨:李松冒领赈银一案。查李松因堂兄李法外出遗有赈票,浼朱兰起顶名代领。经该委员查出,欲行责处,辄敢闯入赈厂,将朱兰起拉出,并令众人不许食赈,冀图挟制。且委员赈厂,即与衙署无异,将李松比照“刁徒直入衙门、挟制官吏例”发近边充军。屈马等随同喧闹,照“为从”减等拟徒。朱兰起虽无随同喧闹,听从冒领赈银,应照“不应”重杖。

直隶司 ○ 嘉庆十九年

直督奏:李良必因差役陈大章等催造户册,该村地保躲避。差役将村民锁带送县,查问地保下落。该犯鸣锣聚众,前往追赶,将另案差役拴回关禁,比照“刁徒挟制官吏”发近边充军。陈大章等因查地保无踪,将不应拘摄之人锁拿,比照“捕役籍端骚扰、越境妄拿平人”发边远充军。

浙江司 ○ 嘉庆二十年

浙抚咨：外结徒犯内林良文等乘勘哄闹一案。查林良文因木青年等被蔡连岳等拉去，情急喊冤。虽非有心阻挠，惟是时府县将次莅临，尽可随至勘场，从容申诉，乃敢率同妇女，迎前声喊。又令夏连春泥面装伤，复扳舆遮路。迨经本管官吩咐，尚执词挟求旁人从而喧闹，因致官府不能即时饬丈。虽非阻挠，情近挟制，应比照“刁徒直入衙门、挟制官吏军罪”上，量减一等，满徒。夏连春用泥涂面，照“为从”减一等，杖九十，徒二年半。蔡连岳等将木青年拉回关禁，依“威力制缚人、私家监禁律”杖八十，再加枷号两个月。

山西司 ○ 嘉庆二十五年

西城移送：麦二因被恒明禄诬赖欠钱，差传管押。于质讯后，复被索讨，一时情急，将公案推倒，致将印箱等物摔坏。核其情节，虽与刁徒挟制官吏有间，惟于质讯后，辄敢在公堂摔坏官物，实属藐法，应比照“刁徒直入衙门、挟制官吏军罪”上，量减一等，杖一百，徒三年。

浙江司 ○ 嘉庆二十五年

浙抚题：金炳金诬良为窃，拷打致死。案内何光魁向金炳金讹诈不遂，主令尸妻闭匿尸身，及县不能相验。又以停尸不验，嘱令陈昌旦等赴府喊控。抗官藐法，未便轻纵。查例无讹诈不遂、复抗官阻验治罪专条，应比照“直入衙门、挟制官吏、审系不干己事”发近边充军。

浙江司 ○ 嘉庆二十五年

浙抚咨：显庆寺系外委栖止办公之所，即与衙门无异。乃徐刚因徐庆澜犯赌被拿，恳放不允，辄在公所用言挟制嚷骂。复因典史不许进监酬神，在监外顶撞咆哮，应比照“刁徒直入衙门、挟制官吏”发近边充军。

江西司 ○ 嘉庆二十五年

江西抚咨：外结徒犯内卢镇俨于伊弟聚赌不能约束，辄因该巡检借住伊家空房，直入公所求情，出言顶撞。虽公所与衙署无异，而求情与挟制有间，应比照“刁徒直入衙门、挟制官吏例”军罪上，量减一等，拟徒。

四川司 ○ 嘉庆二十四年

川督咨:兵丁朱文彩因技艺生疏,被本管总兵考降。该犯即以同充兵役之杨文蔚不为签注免操等情捏禀,又不听候查办,带刀往寻杨文蔚生事。直至本管都司大堂,持刀喧闹,将朱文彩比照"刁徒直入衙门、挟制官吏、别无冤枉例"发近边充军。虽亲老丁单,不准查办。

山东司 ○ 嘉庆二十四年

东抚咨:胜魁主唆彭兰清捏告欠项一案。查胜魁充当承差,系在官人役,辄敢主唆捏欠妄告,冀图得钱分用,将胜魁比照"申诉不实"杖一百;系衙役加一等,杖六十,徒一年。彭兰清听从捏告,应于胜魁杖一百罪上,减一等,杖九十。

浙江司 ○ 嘉庆二十四年

浙抚奏:武生叶绍棻因将董氏推跌被控,经训导张慧同知县戒饬释放。该犯心怀不甘,赶至学署,用棒殴伤训导张慧手指。时有该犯戚好陈东之等闻闹先后赶至帮护,将张慧推跌倒地。查例内并无武生殴伤教官治罪明文,若仅照"部民殴六品以下长官律"减等拟徒,尚觉轻纵,将叶绍棻比照"刁徒直入衙门、挟制官吏例"发近边充军。陈东之等事不干己,擅进学署,将训导推跌,应于叶绍棻军罪上,减一等,满徒。

直隶司 ○ 道光二年

直督题:于大和图奸皮四姐未成,致其母皮吴氏羞忿自尽。案内之孙华亭明知伊甥于大和图奸皮四姐未成,致皮吴氏羞忿自尽,辄恐于大和问罪,起意捏串奸情,贿嘱教供。几致凶徒漏网,居心险恶,应比例问拟,将孙华亭比照"将奸赃事情、污人名节"发附近充军。

江苏司 ○ 嘉庆十八年

苏抚咨:王怀文图谋孀居缌麻姪妇张氏财产,逼令改嫁不从。嗣欲将伊孙捱继张氏为子不遂,辄心怀忿恨,乘张氏与佃户王平贵商卖秫秸,纠众将张氏等捆缚殴伤,诬奸污辱。未便仍按服制减等科罪,将王怀文照"奸赃事情、污人名节、报复私仇例"发附近充军。

安徽司 ○ 道光元年

镶红旗咨送:马甲百顺冒食钱粮欲行自尽挟制一案。讯明百顺因子佛保住故后,复匿报冒领钱粮。迨该佐领查出,欲行禀究,该犯复持刀直入该佐领院内,假装自刎,冀图挟制。验明该佐领因向夺刀致划破衣袖。查该佐领系在家办公，其宅第即与衙门无异，比照“刁徒直入衙门、挟制官长例”发近边充军，系旗人不准折枷。实发驻防当差。

安徽司 ○ 嘉庆十八年

长芦监政奏：张文龙因石元璞不代为推荐盐务作伙，又向张宏谟借贷不遂，令伊子张廷赓捏写呈词，诬告石元璞等串谋隐匿抄产、张宏谟父子违例捐职等情。赴天津县砌控审虚，究出张廷赓屡次捏写呈状，将张廷赓掌责。张廷赓因受责气忿，复捏写呈词，主谋唆令其父赴京控告，并添捏知县刑逼取结，株连二十七人之多。恳求提京审办，希图拖累泄忿。若照“一家人共犯止坐尊长”，使造意刁健之徒陷其父于诬告之罪，转得安然脱身事外。惟例内并无子起意主令其父诬告之条，张廷赓应照“蓦越赴京、告重事不实例”发边远充军。张文龙听从其子教唆，于军罪上，减等拟徒。

《刑部比照加减成案》卷二十三

刑律诉讼

投匿名文书告人罪

诬告

刑律诉讼

投匿名文书告人罪

奉天司 ○ 嘉庆二十年

顺尹奏:举人王璋投递匿名书信。查王璋捏写书信,隐匿姓名,赴州呈首,即与投递匿名文书无异。惟该犯捏书图诈意在恐吓取财,其所捏信内胪列罪款,与告言人罪不同。若仅照"恐吓取财准窃盗"加等拟杖,不足蔽辜。如遽照"匿名文书告言人罪"拟以缳首,未免过重,将王璋酌量比依"匿名文书告言人罪例"拟绞,量减一等,满流。

诬告

安徽司 ○ 道光元年

安抚咨:梁士俊因疯误控素有嫌隙之郑平伙抢妇女,并刘锦等抢占妻妾,假官吓诈。如果属实,刘锦等罪应斩绞,第该犯系因疯所致,究非有心妄控,与平人挟嫌诬陷有间。例无因疯妄告明文,比照"因疯杀人例"递籍,永远监禁。

直隶司 ○ 嘉庆元年

热河都统奏:赤峰县差役马得山奉派缉贼,因张自明行迹可疑,禀县往拿互斗,同伙役共殴致伤,越二十八日身死,系在他物正限二十日以外。张自明素行不端,未便科以吓逼致死,拟以骈首。亦未便照"共殴伤限外身死"拟流,比照"诬良为窃、吓诈逼认、因而致死律"绞候。刘文举于张自明死后,受贿硬证,于"诬指良民为强盗、发边远充军例"上,量减一等,满徒。

广西司 ○ 嘉庆二十四年

广西抚题:荣庭艾诬告无服族孙荣斌仑抢劫,致荣斌仑被诬告不甘自缢身死一案。查诬良为盗,因而致死,例内并无治罪明文,将荣庭艾比照"诬良为窃、因而致死例"拟绞监候。

陕西司 ○ 道光二年

陕抚题：李尚元因刘正东拾获该犯行窃赃衣，给主认领。嗣该犯被获，称刘正东伙窃。刘正东被诬不甘，赶同赴县剖白。该犯在途畏罪跳崖，刘正东向拉，致被带跌，落崖殒命。该犯跌伤平复，刘正东被跌身死，系由该犯诬良起衅。惟该犯并无吓诈逼认及诬控到官情事，应比例问拟，将李尚元比照"诬良为窃、吓诈逼认、因而致死绞罪例"上，量减满流。

河南司 ○ 道光二年

河抚咨：张狗儿误疑张驹儿行窃致其母张张氏气忿自缢。查张狗儿于黑夜回家，撞遇一人从屋内跑出，追赶不及，误疑为张驹儿模样，诬指为窃，前往喊骂，以致张驹儿之母被诬不甘气忿自尽。实属妄疑酿命，与平空诬告者有间。律例并无疑窃以致其人父母自尽治罪明文，应比照酌减问拟，将张狗儿比照"诬告人因而致死随行有服亲属一人、绞监候律"上，量减一等，杖一百，流三千里。

河南司 ○ 道光二年

提督咨：官图氏自缢身死一案。查卢虎儿起意谋娶伊主扎隆阿小功侄媳，曾向谋奸被斥，辄恃伊妹卢氏系扎隆阿之妻央令代说，复捏称已与官图氏通奸，令卢氏屡向劝诱官图氏改嫁。官图氏被逼难堪，投缳殒命。该犯以家奴下贱，胆敢借诬奸之言为谋娶之计，以致官图氏忿激自尽。若将该犯照"平人用强求娶致令自尽例"拟军，转略其诬奸致死之罪，应比例问拟，将卢虎儿比照"捏造奸赃款迹、挟仇污蔑、致被诬之人忿激自尽例"拟绞监候。

湖广司 ○ 道光二年

北抚题：盗犯柴亮等行劫李其章船上衣物。案内之捕役廖升因王哈叭与盗犯熊三纲同在一处，又因事主仆人涂升曾向告知，被劫时有一年轻身材矮小贼人。伊见王哈叭适系身材矮小，该役心疑即系同伙，将其拿获送县，讯非有心诬陷。惟王哈叭究系平人，该役并不探查确实，辄怀疑误拿，将廖升比照"捕役缉贼、审非本案正盗、若其人素行不端"，将捕役照"诬良为盗例"减一等，杖一百，徒三年。

湖广司 ○ 道光二年

北抚题：李有得因向王李氏戏谑被骂，辄挟嫌捏造奸情，向其夫王开科告诉，致王开科忿激，将伊妻李氏杀死。罪坐所由，应将李有得比照"捏造奸赃污蔑、致被诬之人忿激自尽例”拟绞监候。王开科误信李有得污蔑之言,杀死其妻。既将李有得拟抵,应将该犯酌减科断,将王开科照“殴妻至死绞监候”上,量减满流。

四川司 ○ 嘉庆二十五年

川督咨:张贵玉诬窃吓诈致廖世珍自缢身死一案。此案张贵玉因赊欠廖世珍包谷银两,屡被逼索。追见廖世珍拾伊地内路旁烟叶,该犯起意诬窃吓诈,即将廖世珍拉住声言人赃现获,若非私和给钱,定须送究。廖世珍畏惧,情愿让免包谷。该犯不依,廖世珍令人许给钱文,始行释放,讵廖世珍气忿自缢殒命。查张贵玉究因廖世珍拾伊地内烟叶,与平空诬窃吓诈者不同,应比照“诬良为窃、吓诈逼认、因而致死、照诬告致死律绞候”上,量减一等,满流。

安徽司 ○ 道光二年

江督奏:吴恕恒诬控致徐行来京刎颈呈诉一案。查已革知州吴恕恒于族人与徐姓控争祖坟,经该府断归徐姓管业,并无偏枉。乃该革员坚执伊家远年荒谱,挺身干预控告,屡详屡翻,案悬六载。致徐姓族人徐行因案结无期,代叔徐华作抱,赴京控诉,一时呈未克递,忧急轻生。是酿命实由于吴恕恒屡次翻控所致,惟所控究系误于谱载失传,非同平空诬告。且徐行并非该革员所指控之人,与实在诬告人因而致死者有间,应比例量减定拟,将吴恕恒应照“诬告人因而致死、绞监候例”上,量减一等,拟流,从重发往新疆效力赎罪。

四川司 ○ 嘉庆二十二年

川督咨:文上进因同祖堂弟文仕举被文正贵殴伤身死,该犯图诈文有义钱文不遂,辄以文有义之父文仕榜统率子侄文正朝等朋殴致毙,嘱伊弟文上元控请启检,以致文仕举尸遭蒸检。遍查律例并无图诈不遂、诬告共殴馀人、致蒸卑幼尸身作何治罪明文,即照“挟仇诬告人谋死人命、致蒸检卑幼之尸例”拟绞,未免情轻法重。若照“共殴”拟徒,又属轻纵,将文上进比照“诬告人谋死人命、致蒸检卑幼之尸绞候例”减一等,满流。

湖广司 ○ 嘉庆二十五年

北抚咨称:李芝昌前曾行窃董元明牛只,经事主查获原赃,控县差拿,逃避未获有案,且现经其子供明可据。殷允缓以李芝昌曾经犯窃逃匿,现又潜回,致疑伊家失赃亦系李芝昌所窃,捉拿拷问。事出有因,尚非有心诬良,应比照“诬良为窃、因而致死绞罪”上,减一等,杖一百,流三千里。

广西司 ○ 嘉庆二十五年

广西抚咨：黄贤氏因夫黄长连误挖田坮，经李桐父子瞥见，将其拉到李德珍家理论，写立赔修字样。是夜回家，复发吐血病症，较前愈加沉重，指称腰腹疼痛，越日身死，业经殓理。黄贤氏悲痛莫释，疑系李桐父子殴伤吐血，以致毙命，赴案具控，以致检验。黄贤氏应比照"子孙误执伤痕、致父母尸遭蒸检、照诬告人死罪未决例"满流加徒。

江苏司 ○ 嘉庆二十五年

苏抚咨：秦得受雇看地，本有防守之责。渔池被药，适周维成黉夜在池旁洗足，携勺走回，实有可疑形迹，其令周泳康等具控。事出有因，况控汛移县，并未拘讯。而周宁氏误认地保张永发将其子周维成拘押送官，至张永发家拼命自戕，亦系怀疑所致。与平空唆使诬告、致毙人命者，迥不相同，应比照"诬告平人因而致死绞罪"上，量减一等，杖一百，流三千里。周泳康等系渔池业户，冒昧呈告，均照"不应"重杖。

陕西司 ○ 嘉庆二十五年

陕督题：刘李氏因见杨唐氏常与夫兄杨生元做饭洗衣，疑其有奸，向人谈论，以致唐氏听闻，气忿自戕身死。讯系因疑奸谈论，与挟仇污蔑者不同，应比照"捏造奸赃款迹、挟仇污蔑、致被污之人忿激自尽，照诬告致死绞监候例"上，量减一等，杖一百，流三千里。杨唐氏旌表。

广西司 ○ 嘉庆二十一年

广西抚咨：差役潘秀等滥押何岜钱致毙一案。查潘秀承票拿人，辄将票内无名之何岜钱据传到案，希图塞责，以致在押患病身死。虽无索诈情事，实属妄拿。例内并无差役妄拿平人、滥押病故治罪明文，将潘秀比照"案外之人拖累拷禁、致死一、二人绞罪例"上，量减满流。

山东司 ○ 嘉庆二十一年

东抚咨：张张氏误执伤痕、致伊夫尸遭蒸检一案。查例内并无误执伤痕、致蒸检伊夫之尸治罪明文，将张张氏比照"卑幼诬告、致蒸检尊长之尸、并非挟仇、止以误执伤痕、告官蒸检、照诬告人死罪未决律"杖流加徒。

陕西司 ○ 嘉庆二十二年

陕抚奏：邱戴氏并非挟仇，止以误执伤痕诬控，以致伊夫尸遭蒸检，将邱戴氏比照

"将父母死尸误执伤痕、告官蒸检者、照诬告死罪未决律"杖流加徒,收赎。

广东司 ○ 嘉庆十八年

广东抚题:罗亚四挟嫌诬指罗昌贤窝盗,带同叶亚带往拿。该犯刃伤罗昌贤,并主使叶亚带致伤罗昌贤身死,将罗亚四比照"捕役诬盗、拷打致死例"拟斩监候。

江苏司 ○ 嘉庆十八年

苏抚咨:王廷玉因闻蔡正凡家道殷实,女长未嫁,辄借厅差访拿无名伤尸命案,诬指蔡正凡家因奸致死工人,希图吓诈。与差役施成商同,将郭汰禾等非刑吊拷逼认,使其混行扳指。迨本官访闻饬查混指无名伤尸为黄添寿,因与蔡正凡之女通奸,被蔡阳春持刀戳死等情诬禀,将王廷玉、施成比照"奸徒串结衙门人役、假以上司察访为由、陷害善良、诈骗财物、该徒流者发近边充军例"拟军。

直隶司 ○ 嘉庆十八年

直督题:贺瑞查拿赌博,误拿张有发受惊身死,比照"诬告人因而致死绞罪"上,量减拟流。

奉天司 ○ 嘉庆二十年

西城移送:总甲安福于黄高氏因病身死,辄起意拦葬讹钱。因其不允,即以身死不明等词,向西城御史禀告。讯系得自传闻,与平空讹诈者有间。若照"蠹役诈赃"问拟,则赃未入手,又无确数,难以科断,应照"诬告律"定拟。如黄高氏实因他故自缢身死,其夫黄八商同妻父高九含糊入殓,复嘱看街兵刘四诈以病死报官,是黄八、刘四、高九均应照"不应"重杖。今审属子虚,应加诬罪三等,杖六十,徒一年。

陕西司 ○ 嘉庆十八年

陕督咨:差役陈喜有等诬拿良民向泳清为窃,因向泳清索看差票,并分辩从未为匪。陈喜有用刀砍伤向泳清额角等处,向泳清夺刀将陈喜有砍伤身死。向泳清比依"登时擅杀凶恶棍徒例"拟以满徒。廖贵等听从陈喜有往拿,当陈喜有用刀将向泳清迭砍致伤,情更凶于拷打,廖贵并不阻止,复先后入捕。是其同恶共济,情事显然,将廖贵等依"诬良为窃、捉拿拷打、不分首从例"发边远充军。

山东司 ○ 嘉庆十八年

东抚奏:生员乔峰青诬窃妄拿高大、高二,并主使乔廷俭等殴伤,捆缚两手,用水浇泼,致高大、高二冻落手指身死,将乔峰青依"故杀一家二命例"拟斩立决。乔廷俭等听从殴捆，用水浇泼，照"威力主使殴打致死、下手之人为从"减一等，拟流。

广东司 ○ 嘉庆二十二年

广东抚题：崔有池等诬指良民蒋亚河为盗，共殴致伤身死，将崔有池比照"诬指良民为窃、拷打致死例"拟斩监候。霍亚中等挟嫌听从诬指，并殴打有伤，均照"诬指良民为窃、有拷诈等情例"俱发极边烟瘴充军。

浙江司 ○ 嘉庆十九年

浙抚咨：何狗狗因被窃在王老四家认获原赃，并询知贼犯王小徽在王老四家，该犯疑王老四窝窃，拴吊勒赔。致王老四赔钱无措，情急自缢，比照"诬良为窃、吓诈逼认因而致死绞罪"上，量减一等，满流。

直隶司 ○ 嘉庆十九年

直督咨：许照英被窃，在王长功园后找获原赃，诬控王长功行窃。致王长功之母气忿自戕，抽风身死。原咨内称该犯疑贼有因，并非挟嫌诬陷，照"诬告人因而致死例、绞监候律"上，量减一等，拟流。

江苏司 ○ 嘉庆二十年

苏抚咨：周长发心疑陈正幅行窃，主令金大具控，以致陈正幅之母陈徐氏畏累自缢。应以主使之周长发为首。惟陈正幅平日游荡，不务正业，人所共知。周长发、金大屡次被窃，均经呈报有案。且金大失窃之夜，适庄山隆二言及是夜遇见一人形似陈正幅之语，怀疑本属有因。迨后四处找寻陈正幅，又无踪迹。核其原词，但称陈正幅形迹可疑，禀请缉究，并未确指其为行窃正贼，与平空主使诬良者情节不同，将周长发比照"诬告人因而致死绞候"上，量减一等，拟以满流。金大照"为从"满徒。陈正幅讯无行窃，免议。

江西司 ○ 嘉庆十九年

江抚咨：易焕彰诬告刘星煌纠众毙命，该犯于未经提讯之前，据实呈明，照"闻拿投首例"减一等，科罪。

江西司 ○ 嘉庆十九年

江抚咨：傅义潮因小功堂叔傅秀章欠租，曾经伊兄议让。该犯复主使傅英尚控追，致傅秀章被逼投河自尽，比照"诬告人因而致死律"酌减一等，满流；系革兵，加等发附近充军。

奉天司 ○ 嘉庆二十二年

盛刑咨:李文逼迫伊弟李烟身死一案。查李文以已卖之地图找地价未遂,捏称分产不明等情具控。并以李烟家道殷实,邀同革役陈潍等往拿图诈,以致李烟投井身死。未便仅照"凡人威逼致死律"拟杖,致滋轻纵,李文应改照"诬告人因而致死律"绞候;系期亲尊长,减三等,杖九十,徒二年半。

安徽司 ○ 道光元年

安抚奏:吴三因嫉奸捏造匿名揭帖,诬陷邱在义谋叛,应依"诬告叛逆未决例"斩候。该抚以该犯诬告叛逆散布揭帖,骇人听闻,请旨即行正法。

部议,该犯匿名诬帖,即行获案。被诬之人,当经讯明省释。若即行正法,与被诬之人已决者无所区别,应照浙江省蒋伯能之案,入于本年秋审情实办理。

江苏司 ○ 道光元年

江苏抚咨:王学诗诬控史廷贵等焚表结盟,该犯指控三四十人既无确数,而有名姓者仅止四人,与告重事不实者有间,照"申诉不实律"满杖。

奉天司 ○ 道光元年

盛刑题:番役杨存得因奉差缉拿盗犯,将寄藏盗赃之王五拿获,私行拷问致毙,依"擅杀罪人例"拟绞。散役刘思伦等在场目击拷问,并不劝阻,照"不应重律"拟杖。

部改照"捕役人等奉差缉贼、所获之人、不论平人窃盗、私行拷打、俱照诬良为盗例",分别强窃治罪。诬窃为盗,拷打致死,照"故杀律"斩候。刘思伦改依"诬良为窃例"减一等,拟徒。

奉天司 ○ 道光二年

吉林咨:番役王宽拿获贼犯随得祥私拷致死一案。查番役王宽途遇曾经犯窃之随得祥,见其面有刺字,锁拿究问,用鞭杆殴伤其臁肋等处,越五十五日因伤烂身死。该将军以例内并无番役私拷、死在保辜限外作何治罪明文,将王宽照"诬窃出于无心、死者又系旧匪、拷打致死例"拟绞监候。

部议,以随得祥死越五十余日,原验骨殖并未损伤,是其原殴伤轻。若依律拟绞,与伤重速死之案无所区别,将王宽照"诬指良民为窃、捉拿拷打例"发边远充军。

福建司 ○ 嘉庆二十五年

福抚咨:赖仙积与邢颜氏通奸,被邻人吴邢氏说破奸情,致颜氏羞忿自尽。吴邢氏被夫吴守明斥其不应多言生事致酿人命，致吴邢氏心生悔恨，亦即自尽。赖仙积因吴邢氏说破奸情，以致败露，到案捏供，与吴邢氏亦有奸情，希图污蔑。赖仙积应依"奸赃污人名节例"发附近充军。

贵州司 〇 嘉庆二十二年

贵抚咨：俞廷珍诬告胞兄俞廷瑛、殴毙李三弟一案。例内并无诬告期亲尊长死罪之文，自应以凡人诬告定拟，将俞廷珍依"诬告人死罪未决律"杖流，加徒役三年。

江西司 〇 嘉庆十八年

西城移送：高祥用刀自划，诬告董秀砍伤。高祥伤痕于限内平复，照"诬告人刃伤、限内平复、杖六十、徒一年律"上，加等，杖九十，徒二年半。

江苏司 〇 嘉庆二十一年

苏抚咨：职员韩汾诱奸桑张氏、谋娶为妾并诬告等情一案。查韩汾与张氏通奸，邀母氏面商，给与财礼，欲娶张氏为妾。并无恃强霸占，律应止科奸罪。乃该犯供认后，复诬控该州将伊刑逼囚禁、勒供奸占等情。该抚将韩汾比照"强夺良家妻女、奸占为妻绞监候律"上，量减拟流，舍诬告专条而引别条。韩汾应改依"诬告人流罪、止杖一百、流三千里律"杖一百，流三千里。

山西司 〇 嘉庆二十四年

晋抚题：柴长发商令李氏之夫温起江窝赃，李氏等均不知情。迨该犯被获，温起江潜嘱该犯不要供扳，许给饭食。嗣经究出窝留情节，获案押讯，温起江即不给与饭食。该犯气忿吵骂，捏称曾与温起江家妇女睡觉之言，随口糟蹋。李氏等闻知气忿，辄萌短见，先将未及周岁之孙女撩入水中淹毙，商同伊媳、伊女二人，同时投井身死。该省援引四川省李朝敦威逼致死一家二命之案，拟以绞候，入于缓决等因具题。

经本部，以柴长发忿恨其夫糟蹋其妻，既非与其夫互相戏谑，亦非觌面村辱妇女，即系挟嫌污蔑。其起衅之由，较李朝敦之案不同，酿命之情亦较彼案更惨。详核案情，柴长发因挟温起江不给食用之嫌，秽言詈骂，正与"捏奸挟仇污蔑之例"相符，将柴长发改照"捏奸污蔑、致被诬之人忿激自尽例"拟绞监候。惟因该犯一言，致李氏等母女四人同时毙命，情殊残忍，应加重改为立决。

《刑部比照加减成案》卷二十四

刑律诉讼

诬告

干名犯义

刑律诉讼

诬告

奉天司 ○ 嘉庆二十五年

吉林咨:皂役田文兴奉差缉犯无获,前往赵宗林家查寻,值赵宗林外出,该犯诡称奉差传唤,向赵宗林之妻赵臧氏索诈。赵臧氏出外借钱,该犯瞥见其女赵黑儿少艾,将赵黑儿按炕裂裤,强行奸污。第赵黑儿素与王起有奸,应比照"强奸已成绞罪"上,减一等,拟以满流。惟该犯另案私拷吓诈,应发边远充军。该犯籍端索诈,蠹恶异常,应加重发云贵、两广极边烟瘴充军。

河南司 ○ 嘉庆二十二年

河抚咨:刘渤呈控石首县知县王翰顶名投效、朦混得官等情。查王翰系考授八品吏员,赴军营投效得官,并非顶名。惟先经假名王彩孙冒籍入学,旋以投效补授府经,捏称王彩孙病故,以致滥升知县多年。王翰应依"官员为事问革、隐匿公私过名、以图选用、已除授者"发近边充军。惟节经提讯,坚不吐实,殊属狡诈,请旨发往伊犁当差。刘渤诬告王翰死罪未决,罪止拟流加徒。其诬告李化南等雇请代枪,律应反坐军罪,发极边足四千里充军。

湖广司 ○ 嘉庆二十一年

湖督奏:已革知县张昺因亏挪库项拟流,勒限监追,复在狱中呈诉诬告知府李经文索借银两。如果属实,李经文罪应拟绞,自应按律。反坐以诬告人死罪未决之律。即该革员于未经提讯之先旋具悔呈,未便如该督所奏免其治罪,自应酌量问拟。应令该督将该革员张昺照例监追,俟限满如能全完,即于例应减等满徒罪上,酌加为总徒四年。如不完缴,即依"原案拟流、仍照诬告律"加徒三年。

江苏司 ○ 嘉庆二十一年

钦差章奏:张丙南与张余容之妻邹氏通奸情密,起意商同奸妇诬陷本夫听从逆犯传给邪经，致张余容禁押拖毙，实由该犯诬陷所致，张丙南应照“诬告人因而致死”拟绞监候。该犯因奸起意诬陷本夫，情殊可恶，请旨即行正法。

江苏司 ○ 嘉庆二十五年

苏抚奏：李著灿因孟玉山将女大妮典给伊家为婢，该犯不知孟玉山将大妮许字王朋、复得财改许司学兴之子司元为妻情由。嗣孟玉山回籍，司学兴向该犯赎娶大妮为子完婚。该犯未允，同司学兴之妻邢氏向伊吵闹。迨孟玉山至该犯家告以一女两许、并王朋现在催娶各情，该犯因恨邢氏等吵闹，起意商同孟玉山诱令司元等来家领人。孟玉山装伤图赖，该犯当将司元等捆住，送县究治。司学兴因被差传，潜投该犯井内自尽。该抚将李著灿拟杖。

经本部，以王姓催娶大妮事与该犯无涉，即使司姓不肯干休，亦应令孟玉山自行呈县候断。乃辄起意诱令司姓领人，商同诬告，并将未经在场之司学兴牵控，致令差传，情急自尽，系属诬告平人致死。即谓司学兴尚未到官，亦应于绞罪上，量减科断等因。

奏驳，兹据遵驳，将李著灿于“诬告平人因而致死绞律”上，量减一等，满流。孟大妮先许王朋为妻，断令王朋完娶。

安徽司 ○ 道光元年

安抚咨：外结徒犯内章帼栋等因贫捏报盗劫，希图吓制官役赔赃。其所报船户行劫系随意捏说，并无指控姓名。且一经诘讯，即据实供明，尚无挟制情状。核与奸棍平空陷害平人、讹诈印捕官役者有间，照“棍徒平空捏报盗劫、籍以陷害平人、讹诈印捕官役者、照诬告人死罪未决律”量减一等，总徒四年。

浙江司 ○ 道光元年

浙抚咨：项邦钊等因被窃疑系素曾为匪之陈云山偷取，捆住殴打追问，并用艾纸燃火，炙伤其两脚心大指，经邻人劝息。陈云山被诬不甘，乘间自缢，于“诬良为窃、吓诈逼认、因而致死绞候”上，量减一等，满流。

奉天司 ○ 道光元年

吉林咨：捕役张玉等因伙役齐宽持票缉贼，辄诬指良民李成玉为窃，诈得钱文。该犯并未同行拷打，惟事后知情，分用讹诈钱文，于“诬良为窃、捉拿拷打、吓取财物例”量减一等，满徒。

山西司 ○ 道光元年

晋抚奏:王本志于伊子与杜锁子等赌输钱文,被逼无偿,自行投崖身死。该犯心疑杜锁子殴毙,赴京诬控,致尸遭蒸检。惟讯系怀疑所致,与平空诬告人命、致蒸检卑幼尸身者有间,照"诬告人死罪未决律"量减一等,满徒。

湖光司 ○ 道光元年

北抚咨:许维德因挟嫌诬指易万珍私宰,投甲欲控,致易万珍畏累自尽。例无起意诬告、尚未到官、致被诬之人自尽作何治罪明文,照"诬告人因而致死绞候例"上,量减一等,满徒。

山西司 ○ 嘉庆二十四年

晋抚咨:革役李大硕因魏文光向伊告知被窃情由,并称有贼遗马褂一件,似系李桂盛平日所穿之物。该犯即信李桂盛为此案正贼,希图拿获送官讨好,籍此恳求复役,即将李桂盛捉拿吊打。惟究因误信魏文光怀疑妄指所致,且并无索诈得财情事,将李大硕依""将良民诬指为窃、捉拿拷打拟军例"上,量减一等,满徒。

山西司 ○ 嘉庆二十四年

晋抚题:崔二娃先因崔伯枝偷伊土坯,欲行控告,崔伯枝央求寝息。嗣崔裕家被窃,托崔二娃访查。崔二娃疑系崔伯枝所窃,妄行指拿,以致崔伯枝畏累,投井身死。查崔伯枝前窃土坯,虽未报案,供证确凿,即属旧匪,将崔二娃依"诬良为窃、吓诈逼认因而致死绞候例"上,量减一等,满徒。

浙江司 ○ 嘉庆二十四年

浙抚咨:卢家带先经偷窃桑叶,其母卢王氏纵容。旋因卢丙寅被窃,亦疑卢家带所窃禀报。卢王氏虑恐伊子前窃桑叶败露,情急自尽。除卢家带依"子孙犯盗、父母纵容袒护、后经觉畏罪自尽例"拟军外,将卢丙寅照"诬告人因而致死绞律"上,量减一等,满流。

江苏司 ○ 嘉庆二十四年

江督咨:吴惠一京控尼僧通洪等与王允藏通奸。查尼僧通洪等虽无犯奸情事,第不闭户清修,任听游人来往,究属不守清规。吴惠一被打砌控,事出有因,将吴惠一依"奸赃污人名节军罪"上,减一等,满徒。

直隶司 ○ 嘉庆二十四年

直督题:董李氏因伊翁董善忠在日,曾向董文贵借屋收谷,闻伊翁有买银寄交董文贵生息之语。嗣董善忠病故,该氏向经手之董上宾等查询,董上宾等俱称年远不能记忆。该犯即捏称董文贵曾经还过大钱九千文,以为负欠实据,嘱子呈控。以致董文贵气忿,自缢身死,将该氏依"诬告人因而致死律"拟绞。

本部驳审,续据更正。董李氏所控董文贵寄存银谷未还,事非无因,其捏称董文贵还过大钱九千之语,亦因始终怀疑所致,将董李氏依"诬告人致死律"量减拟流。

陕西司 ○ 道光二年

陕抚题:薛述海因讹索无服族兄薛述印银两不遂,即诬指薛述印与伊妻周氏通奸,将周氏与薛述印捆缚,致周氏因被污蔑,忿急自尽。该犯污蔑其妻,与平人不同,将薛述海照"捏造奸赃款迹污蔑、致被诬之人自尽绞罪"上,量减满流。

江西司 ○ 道光二年

江西抚咨:洪兴顺捕获贼犯汤三玉等追问前失谷石,汤三玉诬认赃寄黄细老家。该犯忆及黄细老之母黄胥氏曾窃菜蔬,误信为实,即同洪进七往查不遇,搬取什物回归。黄胥氏屡讨不给,气忿服毒身死。汤三玉之诬窃寄赃,本由于洪兴顺拷问。且黄胥氏因被洪兴顺搬物不还,气忿自尽。应以洪兴顺当其重罪,但洪兴顺之误信寄赃,系由黄胥氏曾经窃菜所致。与有心诬良者不同,应酌减问拟,将洪兴顺照"诬告人因而致死绞罪"上,量减一等,满流。

江苏司 ○ 道光二年

提督咨:刘成翔因与赵氏通奸,嗣赵氏夫故改嫁。该犯挟嫌,遂以赵氏系伊聘娶之妻、窃物改嫁等情控告。如果得实,赵氏应依"妻逃而辄自改嫁律"拟绞。今讯系虚诬,应按律反坐。惟赵氏虽非该犯之妻,而该犯曾与奸好,与平空控告不同,将刘成翔于"诬告人死罪未决、满流加徒律"上,减一等,总徒四年。

直隶司 ○ 嘉庆二十五年

直督咨:李成元素不为匪,已据邻佑并李方翀供吐确凿。其给与伊子所穿马褂,虽系李方翀家被窃原赃,第其买自河南估衣摊上,邻佑咸知,并非李方翀家偷窃,亦属可信。李方成因马褂系李方翀家被窃原赃,辄疑为此案正贼,邀同汪解愁赴李成元家检搜余赃无获,起意将李成元拴住,欲行送官,以致李成元气忿自尽,实属诬窃酿命。

惟李成元所买马褂,实系李方翀家被窃原赃,则诬窃尚属有因,应于“诬良为窃、吓诈逼认因而致死拟绞例”上,量减一等,满流。

云南司 ○ 嘉庆二十年

云督奏:已革训导史纪周因计典劾参,本无屈抑。该革员摭拾款迹,私取预用空白联列己衔,以知府宋湘开复向朝卿衣顶之非,遣人投递意图挟制。惟该革员自行列名禀详,与隐匿姓名、置身事外者有间,于“隐匿姓名、告言人罪绞候”上,量减一等,满流。

陕西司 ○ 嘉庆二十年

陕抚咨:吕雁宾诬告吕定发母子通奸,罪应拟流加徒。惟该犯旋即据实具悔,究与始终诬执者有间,将吕雁宾于“诬告人死罪未决、满流加徒律”上,量减一等,总徒四年。

江苏司 ○ 嘉庆二十年

两江督奏:钱华春控案内之徐砚香控千总仲承恩侵吞工银三百余两,如果得实,仲承恩应照“因公科敛入己、以枉法论”罪应绞候。今该犯于提审时,以原控虚诬,赴府呈首,应照“诬告人死罪未决、满流加徒律”上,减一等,总徒四年。

安徽司 ○ 嘉庆十八年

江督奏:梁士秀因伊父梁际尧以库书龚得华等浮收勒折各款,赴京控告。解回审办认诬,旋因患病,取保病故。经县验明无故,惟两膝有跪伤,系久跪垫瘾所致。乃梁士秀捏砌委员非刑拷问致死等情,赴京具控,审明并无情弊。惟龚得华斥革后,又入原衙门应役,先后六易其名,实属盘踞衙门,比照“衙役犯罪后、复入原衙门应役例”满徒。梁士秀于“诬告监临官、因公非法殴打人致死满徒、加诬告罪三等满流”上,量减一等,满徒。

安徽司 ○ 嘉庆十八年

安抚咨:魏张氏听从潘连贵等唆使,呈控郑东和等殴伤伊夫魏怀恕身死,审明魏怀恕实系淹毙。惟潘连贵主唆词内,仅称魏怀恕身死不明,并未指实郑东和殴死,与诬告人死罪有间,将潘连贵照“诬告人死罪未决例”上,量减一等,总徒四年。

安徽司 ○ 嘉庆二十一年

安抚奏:张先诬控县差夏瑞拷毙伊兄张俊身死,致尸遭蒸检。查该犯听从母命具控，且张俊病故，该县眼同尸母相验。张俊生前究曾受有掌责伤痕，漏未填格，致张先因疑具控。与诬执伤痕、致尸遭蒸检者稍有区别，张先于"诬执伤痕、告官蒸检、照诬告人死罪未决、拟流加徒律"上，量减为总徒四年。

直隶司 ○ 嘉庆十九年

顺尹咨：王琛因私砍祖茔坟树，经小功服叔王旭旺查知控究。该犯诬叔私典祀产、挟嫌妄告等因，先后牵控。惟系被控后始行诬告，究与先行平空诬告有间，照"盗卖官田满徒、诬告小功尊长、加所诬罪三等满流律"上，量减一等，满徒。

直隶司 ○ 嘉庆二十一年

直督咨：崔江因与李芳茂挟有夙嫌，捏写匿名揭帖，以李芳茂等谋逆重情，希图陷害。事尚未成，即经该犯之弟呈首，例得免罪。惟所捏揭帖，悖谬已极。若竟照律免议，实属轻纵，应酌量问拟，于"诬告人叛逆斩罪"上，减一等，满流。

江苏司 ○ 嘉庆二十五年

北城移送：谭添淋先经伊父在籍典给产汉阳为徒，学习唱戏，复转典与郝攀月名下。俱立有典契年限，给与典价，讯系该优伶等学戏常规。兹谭添淋以被郝攀月霸占为徒等情诬控，查郝攀月系谭添淋学戏教师，均系下贱，并无受业名分可言，应以凡论。例无诬告被人霸占为徒治罪之条，应照"不应"重杖。

广西司 ○ 嘉庆二十一年

广西抚咨：韦希陇诬指雷均澍为窃、致雷均澍将邓刘氏殴死图赖、并雷均澍在监病故一案。查韦希陇被窃马匹，疑系雷均澍偷窃，随诱令至家查讯，勒写赔字。雷均澍虑伊告官，起意将帮工之邓刘氏殴死图赖。报验讯明，雷均澍亦瘐毙在狱。该抚将韦希陇照"诬窃致死绞罪"上，减等拟流。

经本部，以刘氏之被杀，实由该犯诬窃酿成，而雷均澍之拟斩监毙，亦由该犯平空陷害所致。律内既指明拖累平人致死，即应以"诬告致死"拟绞。今该犯诬窃致伤二命，较之拖累一命为重，应将韦希陇改依"诬良为窃、吓诈诬认因而致死律"拟绞监候。

江苏司 ○ 嘉庆二十年

江督咨称：无锡县革监嵇层云呈控职员张荣魁贱役朦捐灭母并吕珠控告嵇层云擅折先贤祠宇一案。此案嵇层云所控施鉴远衿监充牙系属得实，其私拆祠宇止应科以"不应"重杖。惟指告张荣魁贱役朦充及灭母改妾两款为重，历经详查案据，研讯众供，张荣魁父祖及伊叔张玉郎并无充役卯名，亦无顶凶图赖之事。其母姚氏系属再醮，例不请封。原无庸列入供结。追后被控换结，添载生母字样，正谓己所自出，并非灭母改贱。乃嵇层云挟控争房屋微嫌，辄捏朦捐灭母等词，迭次架诬，自应按律究坐。查诬控张荣魁贱役朦充，依"违制律"满杖反坐，罪止杖八十，徒二年。其告灭母改贱，虽无治罪专条，但所告得实，张荣魁应即比依"毁骂父母律"拟绞。今审属虚诬，依"诬告人死罪未决律"科断，罪应拟流加徒。惟研讯嵇层云供称伊并不知张荣魁之父继娶姚氏，系属再醮，因张荣魁捐封舟[①]结，不载姚氏。追后换结，添载生母。又见司坊饬查文内，有庶出之子谓其母曰"生母"字样，是以砌告，尚属事出有因，与平空捏诬者有间。嵇层云依"诬告人死罪未决、拟流加徒罪"上，量减一等，杖一百，总徒四年。事犯到官，在嘉庆十九年二月三十日恩旨以前，该犯挟忿讦告，屡诘屡翻，殊属逞刁健讼，应不准其援减。

已革生员嵇邦达即汪书绅，因店房典与张荣魁，我价不遂，辄串嵇层云等捏欠控争，致肇衅端，核其情节应拟重杖。其继与母舅嵇文起改姓冒考入学。查革生汪如杭系汪振基长子，不应忘宗出嗣异姓。且据供原籍徽州，并无钱粮坟基在锡，尤不应借称继嗣，朦混入籍，按"变乱版籍律"拟杖八十，二罪相等，从一科断。汪书绅即嵇邦达，合依"变乱版籍律"杖八十。陈德即陈周观，相沿积习，递顶祖名充役，殊有不合，应照"不应重律"杖八十。事犯到官，在嘉庆十九年二月三十日恩诏以前，各犯所得杖罪，应予援免。陈德仍除卯革役。施鉴远以捐职人员，籍父施锦文故帖，私开施锦丰牙行，例无治罪明文。惟于乾隆二十七年，奉禁有案，该职员违禁私充，自应酌拟重杖。但于嘉庆十四年，其子施益茂业缴故帖，且事犯到官亦在赦前，应请免议。

本部查此案嵇层云挟张荣魁控争房屋微嫌，辄以灭母改贱等情捏词妄控。查所控各款，惟指告张荣魁灭母改贱一款为重，如所告得实，张荣魁应比照"毁骂父母律"拟绞。今据该督审系虚诬，自应照"诬告人死罪未决、杖流加徒"定拟。该督以嵇层云所控，情出有因，量减为总徒四年。

本部查嘉庆十三年正月八日奉上谕：定例"诬告人罪者、照所诬告加等治罪"，立法之意，原以刁健之徒诬陷良善，致使无辜被累贻害身家。是以审明后，将诬告之人加等问拟，息讼端以安民业也。无如地方官未能平情确讯，因为调停迁就之计不惟不加等问拟，且曲为开脱，以致刁恶衿棍视为得计，讹诈平民，挟制官长，讼狱日烦，大率由此。嗣后架词诬告，或诬轻为重，虚者均照本律加等治罪，不得籍词开脱、从宽改拟等因，钦此。通行各省遵照在案。

今嵇层云挟张荣魁争屋之嫌，即诬告张荣魁蔑伦，使人负十恶不赦之嫌，立心最为狡险。况讦讼七年之久，旋结旋翻，罗织多人，挟制官长，更属刁健。虽控出有因，亦不得量为末减，致滋轻纵，庶足以惩恶衿而挽刁风。嵇层云应依"诬告人死罪未决"杖一百，流三千里，加徒三年。

干名犯义

直隶司 ○ 嘉庆二十五年

直督咨：刘云岳因挟族叔刘伟功不帮盘费之嫌，辄捏砌南道会等款迹诬告泄忿，如所告得实，刘伟功应照"左道异端、煽惑人民、为首"拟绞。系该犯无服族叔，律于绞罪上，减一等，满流。今审属虚诬，应照"诬告罪重于干犯本罪"加所诬罪三等，罪止满流，杖一百，流三千里。

直隶司 ○ 嘉庆二十四年

直督咨：谢克平因与胞叔谢明口角争扭，将谢明发辫揪落一绺。除谢克平依"殴叔加弟殴兄伤罪一等律"杖一百、流二千里外，谢明当伊母因病身死，辄敢挟嫌诬控胞侄谢克平殴死，如果属实，谢克平罪应凌迟。应将谢明依"诬告人死罪未决、杖流加徒罪"上，减三等，杖九十，徒二年半。惟该犯诬告人命，致母尸遭相验，情节较重，于应得罪上，量加一等，杖一百，徒三年。

云南司 ○ 嘉庆二十五年

盛京奏：吏部书吏王汉川听许银两，捏改文尾。因银未到手，将文书压搁两月，得银二十两，始将文书挪改月日封发。未便计赃仅拟杖责，应加重照"增减官文书者有所规避律"杖一百，流三千里。亲老丁单，准其查办。沈益友系佟姓契买奴仆，当伊主放其出户回籍，改名捏词诬告。惟系出户奴仆，应于"奴婢告家长与子孙同，但诬告者绞罪"上，量减一等，满流。

江苏司 ○ 嘉庆二十五年

苏抚咨：张维祥等与弟张遂雇与无服族弟张维扬家佣工，议定工价。嗣张维祥因家无粮食，向张维扬告借不允，将张维祥弟兄辞出。越日张维祥同兄张维礼、弟张遂往向张维扬父子硬要一年工钱，张维扬即令庄众将其兄弟三人捆住，兼令张维礼写立讹诈字据，欲行送究。张维祥之妻石氏闻夫被捆，带病往闹，因病重身死。尸父石兆盛央恳张维扬帮助棺殓，张维扬心生怜悯，允给棺殓钱文。张维祥以伊妻如果自行病毙，生前并未被殴受伤，张维扬何肯施给棺木并给钱殡殓，遂疑贿和，并捏张维扬托人许给石兆盛钱八十千文、不许告状等情赴控。审明张维扬等并无殴打石氏情事，取具尸父石兆盛切结。张维扬复控，检明石氏骨殖并无伤痕，实系病毙。例无疏远无服尊长诬告卑幼作何减等明文，将张维祥依"诬告人死罪未决、拟流加徒"量减一等，总徒四年。

陕西司 ○ 道光二年

提督咨送：李张氏在母家与郝庆宾通奸，嗣本夫李骡子将其迎娶过门。郝庆宾因不能续奸，起意教唆该氏捏造伊夫诱令卖奸，希图断离，仍续旧好。该氏听从捏造，实属干名犯义，按律罪应缳首。惟该氏究系妇女无知，听从教唆所致，将李张氏于"妻告夫诬告绞律"上，量减一等，拟流。郝庆宾实应依"抑勒妻妾与人通奸律杖一百罪"上，加所诬罪三等，杖八十，徒二年。

直隶司 ○ 嘉庆二十四年

顺尹咨呈：周张氏于伊夫病故之后，屡经伊翁周克明以该氏藏匿契据等情控告，讯明完结。嗣该氏被窃首饰等物疑系小姑七妞偷去，随浼人写就呈词。并因周克明曾唤七妞捶腿，口称姑娘二字，该氏疑系唤己，一并列入，算命人增添情节，该氏不知。冒昧呈控，事尚有因，且到案据实供明，若遽拟缳首，未免情轻法重，将周张氏依"妻妾告夫之父母、但诬告者绞律"上，量减一等，满流收赎。惟该氏既经呈控伊翁，则翁媳之义已绝。且周克明供称该氏时常外出，不安于室，教训不悛，实属违犯，自应断令离异。氏兄张勤勉不察事之轻重，听从抱告，应照"不应重律"杖八十，枷号一个月。

直隶司 ○ 嘉庆二十五年

直督奏：王刘氏因伊夫王玉送给伊母刘孙氏糕块，查看颜色不正，刘孙氏疑为有毒，劝令呈控，该氏即向劝阻。嗣刘孙氏决意主使控告，复经该氏央劝未允，刘孙氏并欲自尽。该氏被逼无奈，始行免从赴控，实系迫于母命，将王刘氏于"妻告夫但诬告绞律"上，减一等，满流。刘孙氏病故勿议。

山东司 ○ 嘉庆二十一年

东抚奏：已革候补典薄李熙文图产串嘱妄控。查王存系李熙文家奴婢，听从李熙文，将父妾所生之子李景文诬指为伊所生之子。讯系李熙文起意，与自行起意诬告家长者有别，将王存照"奴婢诬告家长绞罪"上，量减一等，满流。李熙文图得家产，转嘱家奴王存诬告,即与雇工人诬告无异,将李熙文依“主使雇工人诬告与犯人同罪律”满流。

校勘记:

①舟:据《续四库全书》本应作“册”。

《刑部比照加减成案》卷二十五

刑律诉讼

子孙违犯教令

教唆词讼

刑律诉讼

子孙违犯教令

福建司 ○ 道光二年

提督奏:张黑子因在韩幅被局帮伙,乘间与韩幅之女老儿通奸,嗣将韩幅被毯质当,被韩幅查知逼索。该犯忿恨,夜至其家与老儿续奸,乘间用斧将韩幅砍毙,并非因奸起衅,应照谋杀问拟,将张黑子依"谋杀律"拟斩监候。该犯既奸其女,复敢于奸所谋杀奸妇之父,请旨即行正法。老儿与张黑子通奸,迨张黑子挟嫌将韩幅谋死,该氏讯未与谋而回护奸情,商同伊母不将凶犯指出,应比例问拟,将老儿比照"子孙犯奸、父母并未纵容致被杀害",子孙拟绞立决。蒋氏于夫被杀,听从伊女不供出凶犯罪名,依"夫为人所杀、妻私和律"杖一百,徒三年。

湖广司 ○ 道光二年

提督咨送:谢王氏因伊子谢升儿不能养赡,复向索钱,气忿跳河。如果被溺身死,谢升儿应照"子贫不能赡养致父母自尽例"拟流。今捞救得生,应量减一等,拟以满徒。王氏现因年老独子,恳求免遣,将谢升儿依"留养例"枷杖。

山东司 ○ 嘉庆二十三年

东抚咨:林氏与林文密通奸败露,致伯母林王氏气忿自缢身死,例无专条。惟林王氏收养林氏,委因图得林氏地亩,为自资食用之计,并非实心抚养,较之教养成人者有间。兹林王氏之自缢,虽因林氏犯奸气忿所致,其恩义究与父母不同,将林氏比照"子孙犯奸、祖父母并未纵容、因子孙身犯邪淫忧忿戕生拟绞例"量减一等,满流,杖决流赎。

直隶司 ○ 道光元年

直督奏:小吴张氏因与夫弟争殴涉讼,节次翻控,经其姑训斥不服,呈送发遣。该督将小吴张氏改发驻防为奴,部议子孙之妇必与其夫一并呈送,始行实发。今小吴张氏系属孀妇,未便实发,改依"违犯教令例"满杖。既经触犯,应勒令归宗。

广东司 ○ 嘉庆二十五年

本部奏:宗室福群因责打伊母他他拉氏之使女兰花,以致他他拉氏生气,用刀自伤,旋即平复。例内并无违犯教令、致父母抱忿自伤平复作何治罪明文,将福群依"违犯教令、致父母抱忿自尽绞监候例"上,量减一等,满流,折圈。

直隶司 ○ 嘉庆十八年

直督咨:王得绳见窃分赃,伊母张氏纵容袒护,后因被控,张氏忿恨自缢身死,将王得绳照"子贫不能营生养赡、致父母自缢例"拟流。本部改照"子犯盗、致纵容之父母自尽拟遣例"上,量减一等,满徒。

陕西司 ○ 嘉庆二十年

陕抚题:杨成与黄余氏在室通奸,过门之后经氏翁黄大义禁阻,余氏亦即拒绝。该犯续奸不遂,将黄大义谋勒致毙。除杨成依"谋杀"拟斩候外,查黄余氏未嫁之先与杨成通奸,过门之后即行改悔拒绝,与过门之子孙妇犯奸、致翁姑被杀者有间,将黄余氏于"子孙犯奸、父母被人杀害、子孙之妇有犯、悉与子孙同科例绞罪"上,量减一等,满徒。

陕西司 ○ 嘉庆十九年

陕督咨:外结徒犯内张文秀纠伙行窃,伊父张成法知情纵容,张文秀犯案被传质讯,致张成法失足落崖身死,比照"子孙犯奸盗、父母纵容袒护、后经发觉畏罪自尽者、将犯奸盗之子孙发遣例"上,量减一等,满徒。

河南司 ○ 道光二年

河抚咨:狄风儿索欠酿命致伊父狄存礼自尽一案。查狄风儿因向狄五儿之妻马氏索讨私借钱文,出言秽亵,事经寝息。后因狄五儿查究因何借钱,将马氏斥骂欲殴,致氏羞忿投崖毙命。死由被夫责詈,并非因该犯秽语而起。惟该犯之父狄存礼因该犯秽语肇衅,虑及官治罪无人养赡,愁急自缢,应比例问拟,将狄风儿比照"子贫不能养赡、致父母自缢例"满徒。

陕西司 ○ 道光二年

陕督咨:严孙氏与夫大功堂兄严六娃通奸,伊祖姑刘氏前往捉奸,该氏不服顶撞,经伊祖姑刘氏恳请发遣。该督将严孙氏比照"呈送子孙及子孙之妇一并签发例",将该氏实发驻防为奴。

经本部，以父母将子孙呈送发遣之案，如有将子孙之妇一并呈送，始将被呈之妇一并签发。若子孙已故，其妇若有违犯事情，例无舅姑呈送实发之条。该氏系属孀妇，若因顶撞祖姑，辄令其只身远戍，与例不符。惟与伊夫堂兄通奸，应依“奸内外缌麻以上亲律”满徒，杖决，徒赎。该氏淫乱不贞，又复顶撞祖姑，已干七出之条，应勒令归宗。

直隶司 ○ 嘉庆二十三年

直督咨：吴栗氏听从义父栗三教令，与赵祥通奸败露，以致栗三愧迫自尽，将吴栗氏比照“教令子孙犯奸、后因发觉畏罪自尽、将犯奸之子孙拟徒例”满徒。

四川司 ○ 道光二年

川督题：陈贵因与家长婢女刘四喜通奸、致将家长之妻孙张氏砍死一案。查案内之刘四喜因与同主雇工陈贵通奸败露，致陈贵将伊主母张氏谋杀毙命。律例并无婢女与人通奸、致家长被杀作何治罪明文，将刘四喜比照“子孙犯奸、父母并未纵容、被人谋故杀害绞决例”上，量减满徒。惟奴婢因奸致家长之妻被奸夫杀害，情节较重，实发驻防为奴。

湖广司 ○ 道光元年

北抚咨：李许氏轮应供膳翁姑之期，因耕作事忙，一时忘记。迨翁姑来家，该犯妇记忆，赶回备办不及，仅炒茄子与姑下饭，伊姑嫌菜不好，向其斥骂。该犯妇自知错误，往找伊子另买荤菜。经伊翁埋怨伊姑贪嘴，致伊姑气忿自尽，比照“子贫不能养赡、致父母自缢”满流。

浙江司 ○ 道光元年

浙抚咨：万景奎因赵汝英等行窃赵首先家牛只，托该犯代为销售，经该犯之母图利，劝令销赃。旋经发觉，该犯之母因教令销赃获咎，欲行图赖，服卤自尽，比照“父母教令其子犯盗、后因发觉、畏罪自尽例”拟徒。

山西司 ○ 道光元年

晋抚咨：宋常孩因赌博输钱，欲当伊母冯氏衣服抵偿，经伊母训斥顶撞。冯氏抱忿自行碰伤，比照“父母呈首子、恳求发遣、及屡次违犯触犯者，”即将被呈之子实发烟瘴充军。

陕西司 ○ 道光元年

陕督咨:成明金讹诈王举钱文,致王举无钱措给,外出避迹。经王举之弟王甫闻知,因王举系该犯逼走,勒令找回,该犯随往汉中一带寻访。嗣该犯之母左氏希图抵制,捏以王甫将子逼走具控。迨该犯回家时,王举仍无下落。王甫递呈催审,将该犯差传,左氏虑及捏控,伊子到官治罪,服毒自尽。查该犯之母溺爱纵容于先,袒护饰捏于后,死由护子,而该犯之吓诈事犯与奸盗相等,比照"子犯奸盗、父母纵容袒护、后经发觉畏罪自尽",将犯奸盗之子改发极边烟瘴充军。

江苏司 ○ 道光元年

苏抚题:倪连沅因与俞袁受义子俞传宗鸡奸,被俞袁受撞破斥骂,倪连沅将俞袁受故杀,比照"奸夫杀死亲夫例"斩决。俞传宗因奸致义父被杀,该犯过继在十五岁以前,恩养已久,照"子孙犯奸、父母并未纵容、被人谋故杀害例"拟绞立决。

山西司 ○ 嘉庆二十五年

晋抚咨:李文青因欲贩煤渔利,将地出租,致伊母李古氏恐不能赚钱,致无食用,愁急自尽,应比照"子贫不能营生养赡、致父母自尽"杖一百,流三千里。

直隶司 ○ 嘉庆二十五年

直督咨:孟刘氏呈送伊子孟晚成发遣,奉准部覆,详请定地间。孟刘氏复以年老无依,呈请留养,查明实系母老丁单。查该犯原系伊母呈请远徒,与实犯遣罪者情事有间,今已追悔。又与始终桀骜者不同,此项人犯遇赦,例准查询犯亲,应将孟晚成照"触犯父母发遣之犯、遇赦查询、父母愿令回籍"准其减徒。其所减徒罪,照"亲老留养例"枷号一个月,满日,交伊母领回。

陕西司 ○ 嘉庆二十五年

陕抚咨:牛高氏煮豆送与伊姑萧氏食用,不虞豆内硬粒未能一律煮烂,致萧氏矼痛,摇动牙齿叫骂。嗣高氏做就面条送给萧氏,萧氏因牙痛难食,复向叫骂,该氏总未回言。萧氏气忿,拾棍向殴,被牛赵氏拦阻,忿激投井身死。严讯高氏并无触忤违犯别情,邻里周知,供证可凭。惟萧氏因矼伤牙痛,向殴被阻,忿激自尽,究由高氏未及煮烂硬豆所致,固非有心违犯。第法严伦理,未便竟置不议,高氏应比照"子贫不能营生养赡、致父母自尽例"满徒。

贵州司 ○ 嘉庆十八年

贵抚奏:秦思元、秦帼元因争继搜取秦蒋氏契约,并将其子秦泮元殴伤,被蒋氏控州管押。秦思元之妻吴氏起意谋毒亲姑李氏图赖,商同秦帼元之妻汪氏将李氏毒毙,逼令夫弟秦登元抬至蒋氏门首,假装自缢。秦登元即告知该犯秦思元等,联名呈首,将秦思元、秦帼元比依"子孙犯奸盗、致父母被人谋害例"拟绞立决。

本部以秦思元、秦帼元衅起争继,非身犯奸盗可比。吴氏等谋毒伊母之时,业已羁押在官,并非意料所及,较秦登元之明知其母被毒,吓逼帮同移尸者不同。惟伊母被毒身死,究由该犯等争继肇衅所致,核与如争财产致其母自行轻生者情事相同,将秦思元、秦帼元均改照"子贫不能养赡、致父母自缢例"满流。

河南司 ○ 嘉庆十八年

河抚奏:贾成赌博为匪,被祖母郑氏斥训,辄敢出言顶撞。复因李振输钱未给病故,即拉其兄李芳声驴头作抵,被控脱枷逃回,因挟贾凌云作证之嫌,将其砍伤。伊母宋氏恐该犯问罪,即将郑氏谋毙图赖,酿成逆伦重案。是该犯贾成所犯情罪,较之身犯奸盗、祖父母被人谋杀应绞决者为尤重。查该犯祖母郑氏虽死非自尽,而宋氏之谋杀其姑,亦非该犯意料所及。惟既致祖母死于非命,又陷其母于极刑,均由该犯之触忤干犯而起。罪坐所由,将贾成比照"子孙不孝致祖父母自尽、审有触忤干犯情节例"拟斩立决。

广东司 ○ 嘉庆二十五年

广东抚奏:小张氏被林翰等拐逃嫁卖未成,致伊夫捆差畏罪,将伊姑老张氏搭死诬告。讯明并无奸情,与犯奸致未纵容之姑被杀者不同,未便遽拟缳首。惟因该氏被诱拐逃肇衅,致酿蔑伦重案,若仅比例减流加等、拟军收赎,实属轻纵,应酌发驻防兵丁为奴,不准收赎。

江苏司 ○ 嘉庆二十五年

苏抚咨:鞫得里平日并无违犯情事,因殴伤伊嫂,致母顾氏虑其问罪,情急轻生,应比照"子贫不能养赡父母、致父母自缢死者"杖一百,流三千里。

江苏司 ○ 嘉庆二十一年

苏抚咨:武位纠众抗租被控,致母陶氏图赖,自刎身死。查武位纠众抗租被控押追,伊母陶氏因向颜大经求释不遂,图赖自刎身死。例内并无犯罪被控到官、父母向原告图赖自戕作何治罪明文,应将武位比照“子孙有犯奸盗、父母纵容袒护自尽例”发新疆为奴。

湖广司 ○ 嘉庆二十年

湖广督奏:吕李氏之翁吕文顺不欲食粥,令该氏出外寻找伊夫吕绍幅索钱买米,该氏违拗,被翁用刀掷伤。嗣吕绍幅回家查知前情,向父埋怨。吕文顺因子偏护向殴,吕绍幅回殴,致父因伤身死,将吕绍幅凌迟处死。吕李氏虽无触忤情事,实属违犯教令,应比照“子孙违犯教令、致祖父母抱忿自尽例”拟绞监候。

嘉庆二十年六月十二日,奉旨:此案吕绍幅之妻李氏因伊翁吕文顺令其做饭,该犯妇因家中只有碎麦,煮成稀粥,吕文顺气忿,用刀掷打。吕绍幅偏护其妻,致将伊父吕文顺棍殴毙命。是吕文顺之死及吕绍幅干犯极刑,全由该犯妇违忤起衅,除吕绍幅业经正法外,李氏着即处绞。钦此。

江苏司 ○ 嘉庆二十二年

苏抚咨:阚伦安听从伊母阚张氏抢夺无服族叔荞麦,计赃一两以下。阚张氏闻控,畏罪自尽,究因教令其子抢夺所致。例无正条,阚伦安应比照“父母教令子孙犯盗、后因发觉畏罪自尽例”满徒。

江苏司 ○ 嘉庆二十二年

苏抚题:姜氏与蒋荣通奸,伊姑刘氏利资纵容。嗣刘氏索钱不遂,即行拒绝,被蒋荣谋杀殒命。该氏闻知,喊告邻人将蒋荣指拿获案。该抚将姜氏比照“奸夫曰杀其夫、奸妇喊救首告例”,声请夹签等因具题。

经本部,将姜氏改拟“父母纵容犯奸、被人谋杀”,将犯奸之子孙绞监候,子孙之妇有犯,与子孙同科。

陕西司 ○ 嘉庆二十二年

挟抚咨:刘学礼听从伊母窝留何克富行窃被获,致伊母畏罪自缢身死,将刘学礼比照“父母教令子孙犯盗、后因发觉畏罪自尽例”,将犯盗之子孙杖一百,徒三年。

四川司 ○ 嘉庆十八年

川督咨:唐四观因赌博犯案,致母唐张氏因无食用,迁怒郭化先首告之非,投缳殒命,将唐四观依“子孙不能营生养赡父母、致父母自缢例”满流。

陕西司 ○ 嘉庆二十二年

陕抚题:张浩潜取伊父张起官糜谷推碾,张起官查知赶殴,因其走远转回,被砖绊跌,痰壅殒命。核其绊跌之由实因该犯取谷、气忿赶殴所致,将张浩比照"子不孝致父母自尽、无触忤情节、但其行为违犯教令、以致抱忿轻生例"拟绞监候。

河南司 ○ 嘉庆二十二年

河抚题:徐庚申因伊父徐士兴用木架烤火,该犯以材料尚好向阻。伊父未允,复令搬运木块,该犯不理,以致伊父生嗔赶殴,失足跌倒,因伤身死,将徐庚申比照"子孙不孝致父母自尽之案、本无触忤情节、惟其行为违犯教令、以致抱忿轻生自尽例"绞候。

四川司 ○ 嘉庆二十二年

川督咨:罗绍文听从伊义祖母罗郑氏行窃被获,致罗郑氏自抹身死。查罗绍文自三岁时,抱与罗成贵为义子,恩养已久,配有家室。于义父之父母有犯,例应同子孙取问,应即比照"祖父母教令子孙犯盗、后因发觉畏罪自尽者",将犯盗之子孙杖一百,徒三年。

陕西司 ○ 嘉庆二十年

陕抚题:杨思魁与任氏通奸、拒伤氏翁任克睿身死一案。查任氏与杨思魁通奸,因被氏翁任克睿撞破殴詈,立誓改悔。迨后杨思魁复图续奸,将氏翁拒杀身死,任氏即指名具报。除杨思魁依"罪人拒捕杀所捕人律"拟斩监候外,将任氏比照"子孙犯奸、祖父母父母并未纵容、被人殴死绞决例"上,量减一等,杖流。

四川司 ○ 嘉庆二十一年

川督咨:陈育美因向彭宗明借钱不遂,将伊父尸棺抬至彭宗明宅后埋葬,彭宗明不依控告,伊母黄氏畏累,自戕身死。该犯虽非犯奸犯盗,惟伊母之死究由该犯与彭宗明涉讼所致,将陈育美比照"子贫不能养赡父母、致父母自缢例"杖流。

教唆词讼

安徽司 ○ 嘉庆二十五年

安抚咨:外结徒犯内徐学传止做词五纸,皆系寻常案件,并无串通胥吏、播弄乡愚、恐吓诈财情弊,应于"积惯讼棍军罪"上,量减一等,满徒。系讼师为害闾阎,年逾七十，不准收赎。

安徽司 ○ 嘉庆十八年

安抚咨：外结徒犯内陈玉田代张鸣玉书写呈词，诬控孙用遂违例取息，系张鸣玉开略嘱写。惟先后为人代作呈词六次，将陈玉田依“积惯讼棍军罪”上，量减一等，满徒。

河南司 ○ 嘉庆二十二年

河抚题：夏芳觉因无服族祖夏耀魁受伤身死，报县缉凶。该犯得受尸子夏绍秀银两，顶名尸子，代控讯结。复明知案无可疑，必须另缉正凶，该犯复因无渔利，添捏情节，唆令夏绍秀京控，将夏芳觉比照“讼棍拟军例”上，量减一等，满徒。

奉天司 ○ 嘉庆二十二年

盛工奏：已革协领克兴额将补放兵丁赈钱私行扣留，始犹买米接济兵丁，继将卖米钱文开设粮房，即与侵欺入已无异。查所扣计银三百余两，应照“官项给付与人、已出仓库而未给付、若有侵欺、以监守自盗论”，例应拟流。惟该犯于被参后，复遣伊妻弟富克通阿，以协领福谦怂恿舞弊等词在京捏控，克兴额应加重照“将本状寄与人赴京奏诉例”发近边充军，请旨发往新疆效力赎罪，以示惩儆。笔贴式富克通阿系现任职官，乃以不干己事，与克兴额代递呈状，其所供俱属虚诬。应比照“将本状寄与人赴京奏诉”，并受寄之人发近边充军，系旗人，照例折枷。

湖广司 ○ 嘉庆二十二年

北抚题：冯彭氏听从奸夫秦学朋教令，割伤伊翁冯孔德茎物。查彭氏因与秦学朋通奸，经伊翁冯孔德管束严密，难以续旧。秦学朋教令冯彭氏将冯孔德茎物割伤，妄诬调戏不从，欲图挟制。除冯彭氏依“殴夫之父母律”斩决外，该抚将秦学朋照“教诱人犯法律”拟满徒，加等发往黑龙江等因具题。

经本部，改照山东张可习之案，将秦学朋比照“奸夫教令奸妇诬告其子不孝律”改为斩监候。

《刑部比照加减成案》卷二十六

刑律受赃

官吏受财

在官求索借贷人财物

因公科斂

刑律受赃

官吏受财

山东司 ○ 嘉庆十八年

东抚题:捕役孙久获贼私拷,盘知郑祥代卖窃赃,将郑祥之子捉拿,复向郑祥之妻郑张氏吓诈,致郑张氏情急,抱子郑付五投井毙命,将孙久照"蠹役诈赃毙命例"拟绞监候。该犯吓逼,致毙母子二命,情节较重,请旨改为立决。

直隶司 ○ 嘉庆二十年

长芦盐政奏:沧州壮役吴棠催办兵车,多收车价京钱五十八千。始因车辆尚无回期,迨后车辆已回,既奉本官示谕,并不遵照给还钱文,意图侵蚀,酿成控案。如仅照"多收车价计赃二十九两枉法赃"杖七十,徒一年半;无禄人减一等,杖六十,徒一年,未免轻纵。应毋庸减等,仍拟杖七十,徒一年半。知州议处。

安徽司 ○ 嘉庆二十年

提督咨:邵二因父邵四在县押追,该犯央求差役陈幅将伊父讨保,被陈幅讹诈钱文。迨后开给钱票,伙役孟端复向索添,该犯嗔其多管,彼此争殴,致伤孟端身死,将邵二依"斗杀"拟绞。陈幅乘机索诈,酿成人命,实为此案衅端,应于"蠹役诈赃杖一百"上,酌加一等,杖六十,徒一年。仍尽本法,加枷号一个月,刺字。

直隶司 ○ 嘉庆二十五年

直督奏:都司双福因藉生辰图收寿礼,写单交卫守备耿述明代为请客,敛银十一两。依"官吏非因事受财、坐赃致罪、通算折半、一两至十两律"笞三十。按私罪例,止罚俸六个月。惟平日罔知自爱,与地方绅士交结往来,虽告借未成,已属有逾闲检。复于醉后与耿述明互骂,喝令兵丁将其拉出,实属任性妄为,有玷官箴,业经革职,不准开复。耿述明系捐职卫守备,交结营员,逞醉回骂,未便因先经革去职衔,予以免议,照"不应重律"杖八十,折责三十板。

浙江司 ○ 嘉庆二十年

浙抚奏:华安幅开设钱铺,收纳钱粮,串通库书杨遇庆侵蚀钱粮,经州查讯,尚未承认。户书杨启进听从在逃之该州门丁刘四向诈多赃,许其从轻办理,华安幅以无力馈送多金,被逼自缢。查华安幅侵蚀钱粮,系属罪人,将来缉获刘四到案,应照"蠹役诈赃毙命绞罪"上,量减拟流。杨启进应照"为从"减一等,拟徒;系书吏加一等,流二千里,不准留养。库书杨遇庆并无监守之责,其商同华安幅串侵花户粮银,即属库项,计赃八十八两。该犯事发逃避,嗣因借钱不遂,挟嫌禀讦,并非畏罪自首,应依"常人盗仓库钱粮",不分首从,八十两,绞。杂犯,徒五年,系书吏加一等,流二千里,刺字。

浙江司 ○ 嘉庆二十五年

浙抚题:柳张明遗失带袜,陈光裕路过拾获,经柳张明查知交还,并斥陈光裕偷窃。陈光裕不服争闹,经任世宰以柳张明诬窃,罚令置酒服礼。柳张明被罚不甘,添捏失赃,仍称陈光裕行窃赴控。衙役陈良押带陈光裕投审,中途索诈差费,陈光裕许给钱文。因无处设措,欲行逃避,陈良尾追,陈光裕逃下渡船,情急跳河身死。陈良依"蠹役诈赃毙命"拟绞监候。柳张明应照"诬良为窃、捉拿拷打军罪"上,量减一等,满徒。

河南司 ○ 道光二年

河抚奏:州役王丙辰向党进来催讨代垫煤钱,尚非平空吓诈。惟党进来已付给一半钱文,其余央缓不肯。追给棉花作抵,又复不允。并令吏目衙门差役杨悦将其带进城内索追,以致党进来情急自尽,实属恃役逞威、致酿人命,将王丙辰比照"蠹役吓诈致毙人命绞罪例"上,量减一等,拟流;情节可恶,发新疆充当苦差。

陕西司 ○ 道光二年

钦差文等奏:差役缉拿罪犯,致将正犯亲属逼毙。案内之县役成英奉票缉拿吴克昌未获,惧干比责,起意商同伙役成玉等追拿吴克昌之弟吴应昌,希图获案。追问吴克昌下落,致吴应昌窘迫自尽,吴应昌系属无罪之人,该犯等将其逼死,未便照寻常威逼致死之例。而讯无吓诈婪索别情,未便照诈赃逼命之案拟绞,将成英比依"蠹役诈赃逼毙人命拟绞例"上,量减一等,满流。

直隶司 ○ 道光元年

顺尹奏:差役胡子成因里书孙铎浮收银两事发到官,奉派看押,将孙铎任意锁系窗楞，致孙铎坠链身死。门丁叶文于孙铎犯事后，乘机索诈。惟孙铎之死非叶文私嘱锁押，与吓诈致毙有间。胡子成止于看不如法，尚无非理凌虐，胡子成应于"非理凌虐罪囚致死"绞候。叶文于"蠹役诈赃致毙人命绞候例"上，各量减一等，拟满流。

奉天司 ○ 嘉庆十九年

奉尹咨：差役雷云因该典史究出买休人李花生租住李汝霖门房开铺，雷云拘传。李花生外出，雷云将李汝霖长子李玉生锁拘到官。李汝霖回归，询知伊子被差侮辱，投缳殒命。原拟比照"威逼人致死、殴有重伤律"拟徒。

部议，李玉生并非应缉之人，雷云辄行锁拘，致其父李汝霖气忿自缢，应照"蠹役吓诈致毙人命绞罪"上，量减满流。

福建司 ○ 嘉庆二十一年

南城移送：营兵王殿扬等向王七吓诈，致令自缢。案内之王玉等当王殿扬等籍端讹诈，既未用言恐吓许给钱文，亦未争论多寡。仅止多分钱文，尚无帮同吓诈情事，应于"为从满流"上，量改为满徒。

直隶司 ○ 嘉庆二十年

直督奏：阜平县长随孙义诈欺僧人如性银两，将孙义依"诈欺官司取财"拟流，加重发新疆。

经本部，以孙义充当长随，因僧人如性欲图住持金龙寺，接开官山煤窑，嘱托赵鼎图转，央该犯斡旋，愿送给银二百五十两。该犯因本县本有仍令寺僧接管之语，辄收受银两，怂令本官批准。按例应照"官吏受财"，今科以诈欺之条，与例不符，将孙义改依"不枉法赃"拟以满流。系长随得赃，朦官舞弊，从重发往新疆为奴。如性依以财行求，赵鼎图说事过钱，均应与受同科，俱拟以流三千里。如性还俗发配。赵鼎图系千总，业已咨革。康永吉以借项诬告诈赃，应照"诬告满徒"，加诬罪三等，应拟满流，量减一等，满徒。该县吴铨漫无觉察，革职毋庸议。

广西司 ○ 嘉庆十八年

广西抚咨：差役韦兴带同散役，传提葛世良，在葛世良家守候，供应饭食。虽讯无索诈勒逼情事，惟因葛世良不回，将葛韦氏用链套项，声称带县押交，以致葛韦氏畏累轻生，实属恃役作威。韦兴应照"蠹役吓诈毙命拟绞监候例"上，量减一等，满流。

云南司 ○ 嘉庆十九年

云抚题：张小诈因伊弟殴死夏汝香，听从母命顶凶认罪，已经成招。该犯系同案之人,例应减正犯罪一等。第系迫于母命,代弟顶认,与常人受贿顶凶有间,于应得流罪上,减一等,满徒。

江苏司 ○ 嘉庆二十五年

江督奏:已革从九品职员王仲渊明知王广壁被王广林纠抢,因王广壁乡愚可欺,反唆王广林声言欲以诬良等词抵捏。该犯乘机向王广壁串诈分肥,复独向吓诈,至王广壁自缢殒命。查该犯系退卯刑书,应比照"蠹役诈赃致毙人命例"拟绞监候。

江苏司 ○ 嘉庆二十五年

苏抚题:丁士行戳死蒋在潮。案内郭佩大、周八曾充县捕,误公斥革,复敢假冒索诈钱物,计赃二两。虽丁士行现系窃贼,并非平人,惟革役冒赃酿命,郭佩大应照"蠹役恐吓索诈者",计赃二两至五两,杖一百,加枷号一个月。周八应比照"为从"减一等,杖九十,枷号二十五日。

山西司 ○ 嘉庆二十三年

晋抚咨:外结徒犯案内临汾县门丁张八因向行户牛洪仁发换潮银三百余两未遂,私行锁押,与蠹役诈赃无异,未便因其赃未入手,稍为轻纵。张八即张林,比照"蠹役吓诈贫民、计赃十两以上、发近边充军例"量减一等,满徒。

陕西司 ○ 道光元年

陕督咨:外结徒犯内苗进幅充当清海衙门通丁,因办理会哨番案,曾蒙奏赏顶戴。嗣因蒙古讼案完结,向章京却达什需索谢银,所得茶封氆氇,计赃六十五两。恃役妄索,未便仅以事后受财折半科罪。第尚无恐吓情事,应比附加减定拟,将苗进幅革去顶戴,比照"蠹役恐吓索诈、计赃在十两以上、近边军罪例"上,量减满徒。

直隶司 ○ 嘉庆二十四年

直督奏:乡长梁喜承办递犯车差,因官给例价不敷,该村向有帮贴京钱一千文。该犯起意浮派渔利,始则向赵明索要京钱三千不给,将赵明殴伤。继则禀州差传,复诈京钱五千,以致赵明在店病毙。若仅计赃科罪,不足以惩衙蠹,将梁喜比照"蠹役诈赃毙命绞监候例"上,量减一等,杖一百,流三千里。

湖广司 ○ 嘉庆二十四年

北抚奏:已革知县顾焻忻失察丁役买食鸦片烟,及差役索取得赃,并于到任后添设红班房,均干例议。复于熊起和诬控张品元一案,审断后得受银六百两。家丁陈四既先以结案后张品元等出钱酬谢之言向告，即未便以事后受财论。查熊起和所控张品元聚赌等情，审明实系挟嫌诬控，张品元本无罪可科，于法尚无所枉。顾烺忻应照“不枉法赃一百二十两以上”绞监候。虽已将银呈缴藩库，惟官员营私婪赃，若照完赃减二等例，仅拟以满徒，实属轻纵，应请旨发往新疆，充当苦差。门丁陈四在署外居住，买屋娶妾，复因张品元许银恳嘱，该犯先向顾烺忻代为转恳，后又经手送交银两，将陈四照“长随怂恿本官妄为、如本官罪止流徒以上、与同罪例”，发新疆给兵丁为奴。

安徽司 ○ 道光元年

安抚奏：张帼珠因谢士安住屋与伊地毗连，疑系谢士安侵占。与素好之董耿五谈及，董耿五亦挟嫌唆使张帼珠控告，并允代为作证。张帼珠随赴县呈控。该县患病，委县丞往勘。该县丞饬差唐贵传讯未到，嗣谢士安欲为子毕姻进城买物，与唐贵路遇。唐贵令赴县呈契，谢士安本未带有契据，答以查勘时再行呈出。唐贵不依，扭至该县丞公馆，向管门家人应幅告知，应幅即回明。该县丞出堂讯问，谢士安不能呈出地契，令带出取保。唐贵请将谢士安管押，给其寻人取保，该县丞应允。唐贵将谢士安管押侧屋，谢士安因伊子婚期在即，被押情急自缢。除该县丞依“私押轻罪人犯致死”从重发往新疆外，差役唐贵、家人应幅讯无串诈情事。惟唐贵将谢士安扭带赴官，朦情管押以致忿急自缢。应幅于谢士安到案时，辄禀请该县丞讯问，实属怂恿干预，均比依“蠹役诈赃毙命绞候例”量减一等，杖一百，流三千里。董耿五挟嫌怂恿张帼珠控告，不知谢士安并未侵占，与主令诬告有间，且所控并非重事。惟主使唆讼，致肇衅端，照“诬告人因而致死律”，酌减一等，杖一百，流三千里。张帼珠因疑误控，应照“不应”重杖。

湖广司 ○ 道光元年

北抚咨：侯维甲撞获携带小钱之万之扬，将小钱搜获使用。嗣该地保张潮礼查知，起意向侯维甲索分，侯维甲不允，仅给小钱二百文，张潮礼嫌少气忿，即将小钱收受，作为凭据，禀官追缴。旋经饬差查拘，侯维甲畏累，乘间投河溺毙。查张潮礼身充地保，本系在官人役，与蠹役无异。惟肇衅虽由于诈赃致死，实出于畏累，与吓诈逼毙者有间，比照“蠹役诈赃毙命拟绞例”上，量减一等，满流。

湖广司 ○ 道光元年

湖督奏：均州差役朱魁因徐广业争控地亩，奉票传唤人证未齐。经官饬令，将徐广业发保。朱魁以曾代徐广业担欠饭钱，虑恐放回不给，辄将徐广业扣留，并吓称如再延宕,定禀官比追,致徐广业被逼自缢。该犯逼索欠钱,固与诈赃不同。惟徐广业之死,究由该犯传差恐吓所致,比照“蠹役诈赃致毙人命、拟绞监候例”,量减满流。

河南司 ○ 道光元年

河抚奏:差役潘其陇因王道行分居胞弟王金承买王金氏牛只,价值未偿。王金氏往向王道行索讨不允,赴官呈控。票差往传王道行质讯,时值天晚,不能进城。王道行欲俟次早进城,该役即以有钱即不进城、无钱总须进城之言向逼,致王道行虑及官司花费,愁急自尽。查蠹役诈赃毙命,虽不论赃数多寡,必实有赃数,方拟缳首。若意在索诈,究与诈赃毙命得有赃数可指者有间。而起意图诈致毙人命,例无治罪专条,比照“蠹役诈赃致毙人命例”上,量减一等,拟流。

安徽司 ○ 嘉庆十九年

安抚奏:马春因奉差查传汪期高无获,将其店伙汪位三带案。讯释后,该犯复向汪位三吓唬,逼令交出汪期高,致汪位三畏累自刎。讯无索赃,照“蠹役诈赃致毙人命绞罪”上,量减一等,满流。

奉天司 ○ 嘉庆二十一年

盛京将军奏:王君重因采办木植,招民人温盛山揽办。温盛山欲在无票山场偷砍,央恳该革员将旧存在家之铁烙印借用,以图影射。该革员贪利允从,又因陈添智等浮冒木价,起意分肥,该革员先后得受陈添智等京钱二百千,自应按律以枉法赃科断。该将军将该革员比照“身为财主雇请多人伐木例”拟流,从重发遣,殊未允协。王君重应改依“枉法赃三十两律”杖八十,徒二年,从重发新疆充当苦差。陈添智依“诈欺官司取财、准窃盗论、九十两”杖一百,徒三年。高占魁依“诈欺官司取财、准窃盗论、八十两律”杖九十,徒二年半。该二犯系旗人,非律应刺字销档者,向不实徒。该将军所拟实发驻防,与有禄之王君重无所区别。该二犯仍照例折枷,应各再加枷号一个月。查界领催苏成阿、幅兴受贿纵放偷木,实属枉法,惟所犯究与寡廉鲜耻有间。该将军将该二犯依“监守自盗”科罪,复请刺字销档,予以实徒,与例未协。苏成阿等均改依“枉法赃”,无禄人减一等问拟,从重加枷号一个月。

直隶司 ○ 嘉庆十九年

长芦盐政奏:郭林系德州知州长随,因吕文成被押,浼户书胡八向求周全和息。该犯乘机索银三千两,吕文成旋在押病故。赃虽未经接收,惟通同书吏招摇,赃数累百盈千。而吕文成旋又在押病故,即不得律以蠹役诈赃毙命之罪,亦未便因其赃未入手,致滋轻纵。郭林、胡八改依“蠹役诈赃十两以上”发近边充军。差役孟成等将吕文成擅加锁铐,严拷索诈,应照“押解人犯擅加锁镣、逼致死伤”发烟瘴充军。

山东司 ○ 嘉庆二十年

东抚题:赵泳祥身死。案内散役因王桐在县讦讼,向王桐索诈钱文。王桐不允,将王侗扎伤身死,应比照“蠹役索诈贫民、如系拷打身死、照故杀律”拟斩监候。

山西司 ○ 嘉庆十八年

晋抚题:周世财听从母命,代弟周世亮顶凶,照“不应”重杖八十,加枷号一个月。周世亮仍照“斗杀”拟绞。

广西司 ○ 嘉庆十八年

广西抚奏:差役欧盛奉票唤人,先与陈山向韦含章需索饭食银十两,并未到手。迨后欧盛拉其到县,韦含章咆哮公堂,致被掌责。韦含章愧忿轻生,原非欧盛索诈所致。惟欧盛等先曾诈银,究属玩法,将欧盛比照“恐吓诈赃致毙人命、不论赃数多寡、拟绞监候例”上,量减一等,满流。陈山听从勒索,合依“蠹役索诈六两至十两”满徒,赃未入手,量减一等,杖九十,徒二年半。

奉天司 ○ 嘉庆二十一年

吉林咨:田骊等殴伤王名身死。案内之戴存成因姜兆喜嘱令顶认正凶,并诓以无须偿命及事后帮助之言,辄出名顶认,屡审讳匿真情,几致正凶漏网。惟戴存成并非受正凶嘱托,律无明文,应比照问拟。戴存成应照“奸徒得受正凶贿赂、挺身到官顶认、审系案外之人尚未成招、顶凶人犯减正犯二等例”杖一百,徒三年。

山东司 ○ 嘉庆二十年

东抚咨:棍徒拟军解往配所之牛涟因身带刑具染疾难行,嘱令伊叔牛安邦顶替收禁,解役张魁徇情允许,均属不法。惟牛涟路越十余站,先后随行,并未脱逃,应比照“极边烟瘴军犯初次脱逃、改发新疆当差例”,衡情量减,免其调发,仍发原配枷号一个月。张魁讯未受贿,应于牛涟原犯军罪上,量减一等,满徒。牛安邦听从顶替,系牛涟胞叔,与外人受贿顶替者有间。查奸徒受贿顶凶,放而还获,例得照本罪减一等问拟。则亲属顶替,犯未潜逃者,应酌量递减,牛安邦应于解役张魁满徒上,递减一等,杖九十,徒二年半。其余兵役,讯不知情,均照“不应”重杖。

在官求索借贷人财物

直隶司 ○ 嘉庆二十四年

本部奏:理藩院员外郎佛尼音保因中差时收受与伊素有瓜葛之达尔汉王馈送,计赃在百两以内。复于达尔汉王来京,起意向其挪借银二百两。虽非挟势强索,惟该革员系理藩院司员,不顾闲检,辄向蒙古亲王借贷,实属胆大卑鄙,将佛尼音保比照"监临官吏求索借贷所部内财物、计赃准不枉法论、折半科罪",不枉法赃一百两,杖一百,流二千里。财未接受,应减一等,满徒。惟系现任职官,应加重发往乌鲁木齐效力赎罪,以示惩儆。

广西司 ○ 嘉庆十九年

广抚奏:都司杨冲凤欲卖当票,向当伙索看当货不允,令兵丁将当伙掌责。查所当衣服估值银五百余两,照"官吏求索借贷所部财物、强者准枉法论律"计赃拟流,量减一等,满徒。

因公科敛

湖广司 ○ 嘉庆二十三年

顺尹奏:宛平县县丞徐振璜借贺印为名,敛钱请分。据称收得银钱为添补改造衙署费用,第该县丞请分在先,未便以不入已论。查请分敛钱与因公科敛不同,自应比律问拟,徐振璜应照"官吏非因公务、科敛财物入己、计赃以不枉法论、折半科罪律"七十两,徒一年半。

《刑部比照加减成案》卷二十七

刑律诈伪

诈为制书
诈传诏旨
对制上书诈不以实
伪造印信时宪书等
私铸铜钱
诈假官
诈称内使等官
诈病死伤避事
诈教诱人犯法

刑律诈伪

诈为制书

江苏司 ○ 嘉庆二十三年

苏抚咨：革役芮华藏匿本县公文，改造差票，妄拿平人，冀图吓诈。虽赃未入手，而葛胜荣已被诈，情急投缳，设若无人解救，几致酿成人命。芮华应于"诈为州县衙门文书、诓骗财物近边军例"上，加一等，发边远充军。

云南司 ○ 嘉庆二十年

云抚咨：朱连贵向县书余上选买备官发缉拿逆犯文票，冒差吓诈。余上选因给印票粘单，漏钤缝印，恐补印致承差盘诘败露，即用文移印花粘贴，例无明文。第文票系由官发给，既与诈为不同，而印花系别项文内窃取，亦与盗用有间。余上选于"诈为州县文书杖流律"上，量减一等，满徒。系舞文作弊，加等流二千里。

直隶司 ○ 嘉庆二十五年

兵部奏：周恩绶将旧存检收印札私改营弁年岁，究系捡拾破损之件，与盗用印信有间，除计赃轻罪不议，将周恩绶照"盗用印信绞候"上，量减一等，满流。系书吏知法犯法，应从重发往极边烟瘴充军。把总郭廷元私求改换年岁，应照"以财行求计赃例"杖九十。

直隶司 ○ 嘉庆十九年

直督咨：何临阁因借欠孟兆升银两无偿，假造贼犯供扳传讯关文骗银，冀图还欠。惟该犯粘贴图记，并非印信，且赃未入手，依"诈为府县文书、诓骗财物军罪"上，量减一等，满徒。

广西司 ○ 嘉庆十八年

广西抚奏：幕友罗修远将陈姓荐与董邦本管理笔墨，询系董邦本情愿延请，尚非抑勒。惟以有印未用之官封，辄敢装入私札，荐卖娼之妇女。且系身为幕友，更属知法犯法。查例内并无幕友以有印未用之官封、装入私书作何治罪明文,将罗修远比照"诈为府州县衙门印信文书、杖一百、流三千里例"上,量减拟徒;系知法犯法,仍加一等,杖一百,流二千里。

诈传诏旨

河南司 ○ 嘉庆二十二年

提督咨:郭存恭先因盗卖地亩问拟杖徒,尚未论决。辄复冒写伊叔奉旨记名道府,刷贴请客,律应从重科断。惟该犯系因伊叔恒山[①]京察一等误会,即系[②]记名道府,冒昧缮写,于"诈传诏旨斩候律"上,量减一等,满流。

对制上书诈不以实

山东司 ○ 嘉庆二十五年

兵部奏送:川督解回逃旗国兴咨文面页、有添写字迹一案。查国兴系旗下家奴,私逃出京,胆敢妄拟奏章,条陈时事。追获案递解回京,复捏造荒诞不经之词,窃取递解咨文书写,冀图耸听陈奏,应比照"上书不系本职、条陈时务、诈妄不以实者律"杖一百,徒三年。

奉天司 ○ 嘉庆十八年

提督咨送:袁闻桂呈递条陈,恶棍刁民窃盗一概永远监禁,城垣筑高,拆毁城外附近房屋,城门出入人给铁牌,买卖俱官给执照等款,依"上书诈不以实例"拟徒。

福建司 ○ 嘉庆十八年

都察院奏送:骆长青呈递封章,条陈人心、风俗、河防三条,希冀见好,依"上书不系本职、条陈时务、诈妄不以实律"杖一百,徒三年。

伪造印信时宪书等

陕西司 ○ 道光元年

乌鲁木齐都统奏:步兵全幅等因指该管佐领之名,私向铺户赊物。该佐领查知欲责,该犯等商偷该佐领图记,复因该佐领找寻紧急,将图记毁坏,意冀陷害。经该都统,以偷盗印信与关防印记罪名悬绝,律无偷盗图记正条。因该佐领图记系奏明部颁，将全幅等依“盗各衙门印信、不分首从”皆斩。

部议佐领图记系属部颁，并不在例载钦给之列，自未便照印信拟斩。惟该犯挟忿盗取该管佐领图记毁弃，蓄意陷害，亦未便照“盗关防印记律”拟杖，应比照“盗各衙门印信斩候律”上，量减一等，满流。

湖广司 〇 道光二年

北抚咨：潘潮纲系已革清书，私造假券，诓骗花户粮银九两八钱，未便仅照“诓骗”科断，应比照“描摸印信、诓骗财物一两以下例”杖六十，徒一年。花户叶长发等将例应亲纳钱粮托完被骗，应比照“业户将契混交匪人代投、致被诓骗者、照不应重律”[③]。

四川司 〇 嘉庆二十四年

川督咨：孔继铭伪造衍圣公府执照木戳、诓骗银两一案。查执照非凭札可比，即私刻木戳，亦与关防印记不同。惟诓骗计赃一百二十余两之多，若仅照“诈欺官司计赃准窃盗”拟流，竟置伪造木戳于不论，未免轻纵，将孔继铭比照“伪造关防印记、诓骗财物为数多者例”，将为首雕刻之人发烟瘴少轻地方充军。

河南司 〇 嘉庆二十二年

河抚咨：满克功向在典史殴阳时鸣署内充当火夫，时受该典史斥詈。嗣因使女青莲亦被主母责打，向该犯哭诉，该犯怂令将该典史木印偷出，用刀劈碎。查伪造印信，与弃毁印信罪名相等，则弃毁钤记，自应比照“伪造关防印信律”满徒。青莲为从，减一等，该典史于所掌钤记，被使女窃出劈毁，事隔多日始行查出，殊为疏忽，咨部议处。

私铸铜钱

湖广司 〇 嘉庆二十五年

南抚咨：外结徒犯内郭长青贩卖布匹，沿途卖与客商及乡村小店，得钱间有小钱夹杂，不能过于挑剔，零星剔存三十余千。诚恐缴官发价无几，亏折本钱，起意售卖归本。并非有心买使图利，且未行使，应照“搀和行使拟遣例”上，量减一等，满徒。

江苏司 〇 嘉庆二十三年

苏抚咨：卢阿六等私铸小钱。案内俞元陇知情贪利，代租房屋，例无专条，于“房主知情容留满徒例”上，量减一等，杖九十，徒二年半。

江西司 ○ 道光元年

江抚咨：外结徒犯内刘忠汉向以贩卖杂货，陆续剔存小钱，讯无私铸私销及搀和行使情弊，照“经纪铺户搀和私钱行使发遣例”上，酌减一等，满徒。

直隶司 ○ 嘉庆十九年

直督咨：刘马驹明知任光才伪造假银，故买渔利。第未经行使，于“行使假银、枷号两个月满流例”上，量减一等，枷号两个月，杖一百，徒三年。

奉天司 ○ 嘉庆二十年

盛刑题：刘泳盛等销毁制钱。案内之李恒太等仅图利将钱送交代化，并未帮同销毁，与帮同烧毁装灌者有间，将李恒太等依“销毁制钱为从绞决例”上，酌改为绞候。

江苏司 ○ 嘉庆十八年

苏抚题：高名准私铸铜钱。案内之李三贪得张结巴谢礼钱文，领同向买私钱，将李三比照“知情买使私钱发遣例”上，量减一等，满徒。

云南司 ○ 嘉庆二十一年

云抚咨：曾衍罄等私铸未成。案内之杨红发既为曾衍罄照料账务，并代买铜铅，即属为从，未便仅依受雇之人，拟以杖八十，徒二年。杨红发应改依“为从”于曾衍罄满流上，减一等，满徒。孟如春等受雇挑水打炭，查此案方造器具，尚未铸钱，均应如“私铸未成、雇令挑水打炭之人杖八十、徒二年”上，减一等，杖七十，徒一年半。

浙江司 ○ 嘉庆二十二年

浙抚咨：张南枢收存私铸五十余千，并不随时呈缴，将制钱搀和，欲图行用，自应照“经纪铺户人等搀和行使遣罪”上，量减一等，满徒。

江苏司 ○ 嘉庆二十三年

苏抚咨：陈连私贩小钱，转卖渔利，例无专条，比照“经纪铺户人等收买剪边钱、搀和货卖至十千以上者、照搀和私钱行使例”发各省驻防为奴。

浙江司 ○ 道光二年

浙抚咨：李庭纠邀陈孔扬等合伙收运小钱一案。李庭起意合伙，收买小钱，陈孔扬等听从收运，虽非剪边，亦未搀和行使。第结伙同行，偷越关汛，收钱六十九千之多，运至数百里之外欲图销用，即与行使货卖无异。李庭应比照“收买剪边、搀和货卖、数至十千以上者、照搀和私钱行使例”发驻防为奴。陈孔扬等均依“为从”减等满徒。张有成等将剔出小钱，匿不呈缴，复敢远出图销；周松刚藏匿小钱，私行赊卖，计钱均不及十千，均比照“收买剪边钱、搀和货卖不及十千例”，俱枷号一个月，杖一百。

浙江司 ○ 道光元年

浙抚咨：外结徒犯内顾怀陆续收买私铸器具，出租与唐云私铸未成，例无明文，照“私铸为从例”满徒。

江苏司 ○ 嘉庆二十一年

苏抚咨：外结徒犯内丁正凤买使小钱一案。查丁正凤收买刘天选小钱，贪贱偶买，尚未行使即被拿获。例内并无未经行使治罪明文，丁正凤比照“私铸案内、贪贱买使遣罪”上，减等满徒。

山西司 ○ 嘉庆二十一年

晋抚咨：曹秉义等私铸铁钱仅止三百，虽未磨锉，形质已成，应比照“熔化些须铅斤、铸钱不及十千为首例”发黑龙江为奴。

河南司 ○ 嘉庆十八年

河抚咨：外结徒犯内周明珠私铸铅钱未成，余光泰等受雇打炭烧火磨钱。例无治罪明文，将余光泰等比照“房主人等依次递减例”，于私铸铅钱不及十千之房主人等杖七十、徒一年半罪上，递减一等，杖六十，徒一年。

河南司 ○ 嘉庆二十二年

河抚咨：张二向做铁铃生意，因忆胆矾煮铁，即似铜色，遂起意私铸铁钱渔利，随商允王添合铸成铁钱五千余文，将张二等比照“私铸铅钱不及十千为首及匠人例”俱发黑龙江为奴。

陕西司 ○ 嘉庆二十年

陕抚咨：武邦显制造赌具一案。查案内之杨步武伪造假银未成，较之已成者有间，例内并无治罪明文，将杨步武比照“以铜铁水银伪造金银满徒律”上，量减一等，杖九十，徒二年半。

诈假官

直隶司 ○ 嘉庆二十五年

顺尹奏:徒犯崔士玉诡捏庄亲王谕贴,骗得崔光山财物,又冒亲王府亲戚写信索助。查该犯所书谕贴信函,均以被押告助为词,是其捏写谕贴之时,已有诈冒之心。按该犯诡捏亲王谕贴,例无专条,应比照"诈伪一二品官言语、所犯已在徒罪以上、合依诈冒皇亲族属姻党挟骗财物者、徒罪以上"枷号一个月,发近边充军。

山东司 ○ 嘉庆二十三年

南城移送:杜长福冒戴金顶。该犯系太医院医士,并非职官,所戴金顶,即与生监无异。杜长福应照"假冒生监顶戴例"杖一百。

江西司 ○ 嘉庆二十二年

江西抚咨:攒典聂观光抄写小字文,于考试时随棚卖与考童夹带,及被获到官,又假冒职员,比照"未经考职书吏冒戴顶帽,照冒职官例"杖六十,徒一年。

诈称内使等官

奉天司 ○ 嘉庆二十二年

盛京将军咨:褚自敬与三妞通奸,后三妞患病,将旧有出殃镇宅药方给与服食。嗣因三妞之父崔添佑闻知奸情拒绝往来,辄复捏称伊系被谪大员、不日复职等语,吓娶三妞为室。褚自敬应比照"无官而诈称有官、并未造有凭札、但系图骗一人、图行一事、该犯徒罪以下"发近边充军。

直隶司 ○ 嘉庆二十三年

顺尹咨呈:崔士玉因怀王瑞祥借贷不遂微嫌,捏造王瑞祥魇魅咒诅、欲害周廷元子嗣之言,作札寄知,欲图交好觅馆,以致周廷元轻听呈告,今审属子虚。在周廷元系事出有因,而崔士玉又止图交好,未合告官,均未便以诬告问罪。惟崔士玉始则冒充选拔,图觅馆地,迨关查不符,又假冒现任卫千总。惟并非倚藉假官,有所求为,将崔士玉于"冒称现任官姓名并非造有凭札、但系图骗一人、该犯徒罪以下发近边充军例"上,量减一等,满徒。

河南司 ○ 嘉庆二十二年

河抚奏:李良甫明知伊弟李两儿系原任高唐营游击那尔太乞养之子,与臬司琦善旗分官职,迥不相同。乃误听李圣儒妄言,希图荣耀,辄敢代母出名投认。如果得实,该臬司系由荫生,洊膺三品,例应拟军。今讯属诬妄,应即坐诬。惟该犯以乡曲小民胆敢冒认大员为子弟,应从重发往新疆为奴。李俊堂代作认呈,于李良甫遣罪上,减一等,满徒。李圣儒首先捏造妄言,怂恿冒认,应于李俊堂满徒上,加一等,杖一百,流二千里。

四川司 ○ 嘉庆二十五年

川督咨:王俸因何三奇行窃李华升服物,该犯图得李华升钱文,即诈称差役,将何三奇捉拿捆缚,致何三奇情急投水毙命。查何三奇并非平人,该犯亦未向其索诈,究与妄拿平人诈赃致毙不同,将王俸依"诈充差役妄拿平人吓取财物、被诈之人因而自尽、拟绞监候例"上,量减一等,满流。

湖广司 ○ 道光二年

北抚咨:冉添幅纠邀陈国雄等假充差役,往向黄米氏家讹诈,致令情急自尽。惟黄米氏窝留张麻子行窃,并非平人,冉添幅应照"诈称差役吓诈、致被诈之人自尽、绞监候例"上,量减满流。

广东司 ○ 嘉庆二十四年

广抚咨:莫亚贵起意商同李亚藉等诈充差役,执持锁链,假以奉差缉贼为由,妄拿李广兴勒索番银四十员[4],尚未过手,将莫亚贵依"蠹役诈赃十两以上例"发近边充军,财未接受,减一等,满徒。

山西司 ○ 嘉庆二十二年

晋抚咨:代书武文斌假冒汾州府知府系属旧日至好,并在外扬言许伊戴顶,冀动人听,可图撞骗银钱,将武文斌比照"诈冒内官亲属等项名色、恐吓官司、诓骗财物军罪"上,量减一等,满徒。

四川司 ○ 道光元年

川督咨:李庭彩因见黄俸银在国制期内剃头,起意吓诈,令叶三元假差往拿,因黄俸银不允给钱,主使裂裤殴辱,致黄俸银气忿自尽。查黄俸银于国制期内剃头,并非无故之人,与妄拿平人吓诈不同,于"假充差役吓诈平人、致被诈之人因而自尽者绞候例”上，量减一等，杖一百，流三千里。

安徽司 ○ 嘉庆二十三年

安抚咨：张太因见谢维江窃其族叔驴头卖钱，该犯起意假充捕役吓诈，谢维江不允，棍殴谢维江右腿等处，因伤殒命。查捕役吓诈，拷打致死，既不分平人窃盗，俱照“诬良例”治罪。则其假充捕役吓诈拷打致死者，亦应不分平人窃盗，一例定拟，将张太依“诈充差役吓取财物、拷打致死例”拟斩监候。

贵州司 ○ 道光二年

贵抚咨：王得仁假差吓诈窃贼张老五、被张老五杀死伊伙袁老四等四命一案。查王得仁起意假充差役，纠同袁老四等前往吓诈窃贼张老五银两，张老五不肯出银，互相争闹，致张老五将袁老四、陈官保杀死。该犯复邀乡约土目等往拿，又被张老五放铳，致伤赵老大、安老霞毙命。虽被诈之张老五并非平民，该犯亦未得赃，惟张老五之先后致毙四命，皆由该犯吓诈所致。律例内并无作何治罪明文，应比附定拟，将王得仁比照“诈称各衙门差使、吓诈财物、扰害军民、犯该徒罪以上”，枷号一个月，发近边充军。

奉天司 ○ 道光二年

吉林咨：已革番役张玉喜因闻知巴图、巴雅尔等诈得窃贼牛只，并索取钱文。该犯随诈充差役，往拿巴图、巴雅尔等，吓诈牛马钱文。虽讯无捏造签票情事，但巴图、巴雅尔等并非平人，自不便以妄拿平人科断。惟例内并无革役诈充差役锁拿并非平人、吓取财物治罪专条，将张玉喜比照“诈充差役假以差遣为由、妄拿平人吓诈财物、照蠹役诈赃十两以上、发近边充军罪”上，量减一等，拟徒；系比例量减，免其枷号，并免刺字。

诈病死伤避事

四川司 ○ 嘉庆二十一年

川督咨：马马氏与冷严氏打胎，致令堕胎身死一案。查马马氏因冷严氏与吕万康通奸怀孕，倩伊用药打胎，以致堕胎毙命。律内并无奸妇自倩他人打胎身死、用药之人作何治罪明文，将马马氏比依“受雇为人伤残因而致死、减斗杀罪一等律”满流。

江苏司 ○ 嘉庆二十二年

苏抚咨：赵李氏因冯徐氏与人通奸，浼令买药打胎。该氏贪利允从，以致冯徐氏因此殒命。查堕胎事类伤残系属受雇,核与受雇情为人伤残因而致死之律相符,赵李氏应比照"受雇为人伤残因而致死者、减斗杀罪一等律",于绞罪上减一等,满流,系妇人,照律收赎。

诈教诱人犯法

陕西司 ○ 嘉庆二十五年

东城移送:杨振刚自幼跟伊故父杨玉书学习拳棒,赴京卖艺。张有仁因见杨振刚卖艺赚钱,随杨振刚学习拳棒,同赴各处卖艺,旋被提督衙门拿获,拟以"不应"重杖,递籍管束。张有仁复脱逃来京卖艺被获。查张有仁学习拳棒递籍后复逃来京卖艺,虽讯无自号教师情事,究属不遵例禁,合依"违制律"杖一百。杨振刚早年曾演弄拳棒卖艺,嗣即改悔,尚知畏法。惟该犯教令街邻孙胯子与伊幼子杨年儿在街摔跤并演说笑话,哄骗钱文,究有不合,杨振刚、孙胯子均照"不应轻律"笞四十。

四川司 ○ 嘉庆二十三年

川督奏:谭仁寿邀约赌博,屡改本名,往来各省。以卖药为由,惑人射利,情殊狡黠,未便轻纵,将谭仁寿比照"游手好闲、不务本业之流、轮叉舞棍、遍游街市、射利惑民例"杖一百,流三千里。

山西司 ○ 嘉庆二十三年

晋抚咨:刘银鼠强奸程廉氏未成。案内刘四则因见程廉氏在河滩洗衣,姿色尚好,向刘银鼠告知,引往看视。刘银鼠起意强奸,刘四则并不阻止,反许代为看人。是刘银鼠强奸之事,实因该犯引导怂恿所致,情同教诱犯法。惟强奸之意究起于刘银鼠,未便科以同罪,刘四则比照"教诱人犯法、与犯法人同罪律",于刘银鼠所得强奸未成满流上,量减一等,满徒。

直隶司 ○ 嘉庆十九年

直督奏:张三力因雇集村童,扮剧赛会,比照"自号教师、演弄拳棒、轮叉弄棍、遍游街市、射利惑民例"满流。

福建司 ○ 嘉庆二十一年

闽督咨:许加禄控告守备王得旺勒索等情一案。查案内之兵丁王得喜捏禀封雇渔船,得受许加禄番银,应比照"长随书役、倚官滋事、怂令妄为、累及本官至革职例"

杖六十,徒一年。

四川司 ○ 嘉庆二十一年

北城移送:李之任喊告胡文蒲代捐诰封一案。查李之任因王观清无据空言辄捏写假信,诓令胡文蒲代办,图诈银两。其诰轴虽系孟堃伪造,究因该犯诱令胡文蒲转托孟堃承办,致孟堃图利堕其术中,即与教诱犯法无异。王观清商同诈银分用,以致李之任误信捏告,该犯实系首先肇衅,王观清与李之任均比照"教诱人犯法、与犯人同罪例"满徒。

校勘记:

①此处原文即有缺漏。

②此处原文即有缺漏。

③此处原文即有缺漏。

④员:该字应为"圆"。

《刑部比照加减成案》卷二十八

刑律犯奸

犯奸

纵容妻妾犯奸

亲属相奸

刑律犯奸

犯奸

河南司 ○ 道光二年

河抚奏:苏勇木强奸苏逢甲九岁幼子苏丙仁未成,按例应发烟瘴充军。惟该犯因苏逢甲告知父母,将伊斥骂,复至苏逢甲门首辱骂,以致苏逢甲忿恨,将其子苏丙仁勒毙,实由该犯强奸起衅,将苏勇木从重发新疆给官兵为奴。

山西司 ○ 嘉庆二十一年

晋抚咨:田玉等将靳自来子等窝留卖奸渔利一案。查田玉等均雇觅良民靳自来子等引诱鸡奸,复窝留卖奸渔利,将田玉等比照"设计诱买良家之子为优例"各枷号三个月,杖一百,徒三年。

直隶司 ○ 嘉庆二十四年

直督咨:杨祥强奸无服族祖杨世信之妻李氏未成,拒伤本妇堕胎,例无治罪明文,自应仍照"强奸拒伤本妇例"定拟。该犯与李氏之夫虽无服制,但李氏究系该犯族祖母,尊卑名分犹存,将杨祥依"强奸拒伤本妇、伤非金刃凶器、未成奸者发边远充军例"上,酌加一等,发极边充军。

直隶司 ○ 嘉庆二十五年

直督题:李春楝强奸九岁幼女先姐已成,复因哭喊,用被按住其口,致气闭身死,将李春楝依"强奸十二岁以下幼女因而致死例"拟斩立决,加拟枭示。

山西司 ○ 嘉庆二十五年

南城移送:冠二与妞儿通奸,妞儿系冠二妻兄周二之女,虽系外姻无服亲属,而姑夫侄女名分尚存,究与凡人有间,应酌加枷号两个月,鞭一百,妞儿照"军民相奸"枷号一个月,杖一百。

山西司 〇 嘉庆二十年

提督咨送:李靠山与同主雇工二格同炕睡宿,乘其睡熟,即行鸡奸。二格惊醒不依,央求寝息,嗣欲续奸不允,喊告被获,将李靠山照“刁奸”杖一百,加枷号一个月。二格系睡熟被奸,嗣因李靠山向其续奸,即行拒绝,且年甫十五,应免置议。

四川司 〇 嘉庆十九年

川督奏:雷曾氏因奸谋杀伊翁,奸夫李允忠不知谋情,原议依“犯奸本例”枷杖。

部议,该氏之酿成逆伦重案,由与该犯通奸所致,死系奸妇之翁,较本夫名分尤重,比照“妇女与人通奸、致酿逆伦重案、奸夫发驻防例”,该犯系奸夫,发新疆官兵为奴。

福建司 〇 嘉庆二十四年

福抚题:吴奇绿哄诱陈氏行奸,陈氏喊痛,挣扎欲起,该犯揿住不放,恣意奸污,以致陈氏被奸受伤,越日身死,已有用强情形。惟查陈氏年已十三,与强奸十二岁以下幼女因而致死者有间。例无诱奸十二岁以上幼女已成、致被奸之人因伤身死作何治罪明文,将吴奇绿依“强奸十二岁以下幼女因而致死、照光棍斩决例”,量减斩监候。

湖广司 〇 嘉庆二十三年

北抚咨:卢嘉会身为儒师,罔顾名义,诱令从习儒业年甫十四岁之卢莲舫和同鸡奸,情节较重,作何治罪,律例并无明文。惟查儒师殴伤弟子,定例俱照期亲科断,诚以名义至重,故罪与凡人迥别,惟奸淫有谋故杀重情,始同凡论。今师弟相奸,情实重于殴伤,固未便仅同凡论。而师弟究以义合,与本宗服制有间,亦未便即照奸期亲服属一律治罪,将卢嘉会比照“奸兄弟妻、兄弟子妻各绞例”减一等,满流。

本部查儒师之为人师表,与本管官之为民父母相同。本管官奸所部民妻女,律加凡奸二等,则儒师鸡奸弟子,似亦只可比引此律,加凡人鸡奸二等科断。该犯卢嘉会系举人,诱奸习儒弟子,已属无耻。复因其另行从师,藉端呈控其父,异姓乱宗,希图挟制,仍与奸好,情同恶棍。卢嘉会应照“棍徒扰害例”拟军。卢莲舫照“和同鸡奸例”枷号一个月,杖一百,年未及岁,照律收赎。

奉天司 〇 嘉庆二十四年

提督咨送:吉林阿因扎布占等将伊奸好之广宁揪去,并向伊詈骂,遂忿恨捏词呈控扎布占等将伊钱票抢去等情。查扎布占因知广宁与人有奸,嗣见广宁与吉林阿在茶馆喝茶，即起意商同吉勒彰阿等将广宁揪出茶馆，吉林阿不依，扎布占嚷称殴打，将广宁带回家内，与陈虎儿三人轮奸，将扎布占比照“轮奸已经犯奸妇女已成例”拟遣。随同鸡奸之吉勒彰阿、陈虎儿均照“为从同奸例”满流，系旗人实发驻防当差。吉林阿因扎布占等将广宁拉去鸡奸，并向伊詈骂欲殴，即捏以抢夺具控，如所控得实，扎布占等罪应拟徒。今扎布占等罪应遣流，与诬轻为重不同，自未便以诬告定拟，应与广宁依“和同鸡奸例”枷号一个月，杖一百。广宁系正身旗人，屡次与人鸡奸，实属寡廉鲜耻，应销除旗档。

直隶司 ○ 嘉庆二十四年

直督题：段法祥始向刘耿氏图奸未允，逼欠挟制成奸，系属强合和成。继复探知张李氏在家独处，前往图奸，乘张李氏睡熟，冒奸已成，实与强奸无异，将段法祥比照“强奸已成律”拟绞监候。

山西司 ○ 嘉庆二十四年

晋抚题：郎洪斗因强奸无服族婶郎麻氏未成，用刀扎伤郎麻氏平复案。查律例并无强奸无服亲之妻未成、刃伤本妇作何治罪明文，自应仍照凡论，将郎洪斗依“强奸妇女、执持金刃、戳伤本妇、未成奸例”拟绞监候。

直隶司 ○ 嘉庆二十四年

直督题：张汶通见年甫十二之赵陶气儿面貌清白，商同石进才将其轮奸已成，将张汶通比照“轮奸良人妇女已成”，为首拟斩立决。石进才“为从同奸”拟绞监候。

贵州司 ○ 道光元年

晋抚题：罗岩生见田希红之妻李氏生有姿色，起意轮奸，商同杨老春将田希红致死，轮奸李氏已成，比照“轮奸良人妇女已成”，首犯斩枭，从犯斩决。

直隶司 ○ 嘉庆二十一年

直督咨：迟孙氏砍伤伊翁迟子礼。案内迟柱儿等与年甫十二之迟坤姐通奸，应照律虽和同强论。惟迟坤姐先与迟梦龙通奸，业已破身，与犯奸妇女无异，将迟柱儿等比照“轮奸犯奸妇女已成、为从同奸例”拟以满徒。

江苏司 ○ 嘉庆二十一年

苏抚题：张黄宝用言调戏杨陆氏不依，拦门喊叫，并将其衣服揪住。张黄宝情急图脱，刃伤本妇，比依“强奸刃伤本妇、未成奸者绞候例”上，量减一等，拟以满流。

江苏司 ○ 嘉庆二十一年

苏抚咨:丁全郎屡次生事行凶,今复率众扰害尼庵,胆敢将庵内之岳女阴户抠伤,肆行凌虐。核与轮奸良人妇女未成,为首发回城为奴。

福建司 ○ 嘉庆二十一年

福抚题:王笃来故杀黄刘氏身死。案内之丁黄氏与王笃来通奸败露,愧悔拒绝。伊母黄刘氏欲将该氏改嫁,王笃来图娶为妻,与黄刘氏争论财礼,致将黄刘氏杀死。黄刘氏之死,固非因该氏犯奸所致,而该氏既与王笃来和奸在先,与悔过后复被轮奸者不同。该抚因该氏悔过拒绝,牵混轮奸犯奸妇女之条,将该氏作良人妇女声请免议,系属错误。丁黄氏应仍依"军民相奸例"拟以枷杖。

浙江司 ○ 嘉庆二十一年

浙抚咨:外结徒犯内周三老知情纵容伊姊曹周氏与人通奸,并无治罪明文,将周三老比照"纵容妻妾与人通奸律",与伊姊曹周氏各杖九十。

经本部,以引律未协,将曹周氏改依"军民相奸例"枷杖。周三老改依"容止人在家通奸、减犯人罪一等律",于曹周氏满杖上,减一等,杖九十。

陕西司 ○ 嘉庆二十一年

陕督题:景路家女纠约姜进荣夤夜前往轮奸小段氏未成,误摸该氏夫妹杏香子,惊觉喝问,恐其认识败露,起意致死灭口,与姜进荣立扎毙命。例内并无轮奸未成、杀死妇女亲属治罪明文,将景路家女比照"轮奸良妇未成、杀死本妇",首犯拟斩立决。姜进荣应比照"帮同下手例"拟绞立决。

山西司 ○ 嘉庆二十二年

晋抚咨:路四科儿见李进宝铺内业徒高木林少艾,起意轮奸。随商允贾红桃将高木林拉至空地,按倒拉裤欲奸,经李进宝赶至喝散,将路四科儿比照"轮奸良人妇女未成、为首例"发回城为奴。

山西司 ○ 嘉庆二十一年

晋抚咨:辛映辰强奸冯茂之妻韩氏未成,被冯茂将伊女韩辛氏按炕报复,辛映辰逼女自尽图赖。查冯茂因辛映辰强奸伊妻未成,并不鸣官究治,辄将辛映辰之女韩辛氏按炕羞辱报复,例无治罪明文,应将冯茂照"强奸未成满流"上,减一等,拟徒。

云南司 ○ 嘉庆二十一年

提督咨送：智三强奸陈王氏未成。查智三见陈王氏独处，手持刀绳入门，迹近于强，旋将刀绳置放炕上，并未动手仅以言语调戏，俾该妇诡计得脱，情又类于调奸，原情定谳，将智三照"强奸未成满流例"上，减一等，满徒。

山东司 ○ 道光元年

东抚题：孙小连因同姓不宗之八岁幼女孙了姐独处，该犯顿萌淫念，诱令行奸。孙了姐负痛哭喊，该犯畏惧潜逃，验明孙了姐业已破身，应将孙小连依"将未至十岁幼女诱去强行奸污者、照光棍例"斩决。惟该犯与孙了姐甫经行奸，因喊即逃，尚知畏惧，与实在淫恶光棍有间。核与乾隆十年直隶省段四之案相同，据该抚援案声请，应将孙小连照例拟斩立决，请旨。

奉旨：九卿议奏，改斩监候。

安徽司 ○ 嘉庆二十四年

提督咨送：赵八稔知喜禄曾与蒋禄儿奸好，该犯亦欲将其鸡奸，嗣因喜禄不允，即起意强奸，将其摔跌倒地，拉裤尚未成奸，即被拿获。查律例并无强奸非良家子弟未成专条，将赵八依"强行鸡奸未成者满流例"上，量减一等，满徒。

奉天司 ○ 嘉庆二十五年

提督奏：豫亲王裕兴强奸伊府内使女寅格已成，致寅格羞忿自缢身死。但寅格系裕兴属下包衣之女，与强奸平人妇女者有间，应于"平人强奸已成、本妇自尽斩候"上，量减一等，满徒。系宗室亲王，乃于国服未除、亲丧未满之时，奸污婢女，致毙人命，应照"居丧犯奸例"加等问拟。应革去王爵，发吉林当差，折圈三年。寅格照例旌表。世禄因女被奸，具呈控告，应革去六品典仪官，依"奴婢告家长得实"满徒折枷。

再查礼亲王昭琏凌属下庄头程福海之案，曾奉上谕，此项地九顷六十亩，著即撤出，赏给贝子奕统。仍令程福海承充庄头，以示矜恤等因。应照程福海成案，将包衣世禄撤出，另行拨给别府当差。

山西司 ○ 嘉庆二十四年

晋抚咨：韩思伏因闻知李氏向与李添保有奸，该犯亦欲与其奸宿，随黄夜推门入室，向其调戏。李氏不依，扭住该犯撞头，该犯掌批其颊并嚷破奸情，讵李氏因奸情败露，又被欺辱殴打，羞忿自尽，将韩思伏比照"强奸犯奸妇女未成致令自尽例"杖一百，流三千里。查李氏之自尽,由于韩思伏之欺辱,并非奸情败露所致,将李添保仍科奸罪。

山西司 ○ 嘉庆二十年

晋抚题:李楞三强奸郭争气子已成,罪应拟绞。惟郭争气子先被赵学子奸污,业已自认不讳,与良人有间,应依"将良人强行鸡奸、并未伤人者绞候例"上,量减一等,满流。郭争气子依"和同鸡奸"枷杖。赵学子早经病故,勿议。

安徽司 ○ 嘉庆二十一年

安抚题:李申姐年甫十三,因被周虎强奸内伤,越十日身死。查奸伤例无正条,应比照"强奸已成、将本妇殴伤、越日身死例"定拟,将周虎照"强奸已成、将本妇殴伤、越日身死例"拟斩监候。

纵容妻妾犯奸

直隶司 ○ 嘉庆二十一年

直督咨:杨霍氏与郭起祥通奸,致纵容之父母自尽,将郭起祥依"纵奸杖九十律"上,加一等,拟杖一百。

直隶司 ○ 嘉庆二十年

宗人府奏:宗室图克坦令雇工家人闫三将妻闫张氏改扮男装,送入圈禁空房,与之通奸,审将闫三、闫张氏照"纵奸"拟杖九十,加枷号两个月。张氏杖决,枷赎。

福建司 ○ 道光元年

福抚咨:苏子德因贫将妻嫁卖,被苏贤用诓骗卖妻钱文匿逃,苏子德失财窘迫,服毒自尽,比照"窃盗逃走、事主失财、窘迫自尽、照因奸酿命例"满徒。

江苏司 ○ 嘉庆二十三年

北城移送:杨景荣喊告伊妻宋氏私自逃走等情。审明宋氏系伊夫杨景荣央媒将其嫁卖与李廷治为妻,李廷治并不知宋氏系有夫妇女,将杨景荣、宋氏依"卖休律"均拟杖九十。宋氏给与后夫李廷治领回完聚。

河南司 ○ 嘉庆二十三年

河抚咨:王黑狗将妻扈氏卖与李存敬为妻,讯因贫病交加,穷急无奈所致,与无故卖休者有间。扈氏系因前夫不能养赡，将其嫁卖，母家又无亲属可依，若照律离异，势必又将失节转嫁。且该氏在后夫李存敬家已生一女，尚在襁褓，自应衡情酌断。扈氏仍令后夫李存敬领回完聚，免追王黑狗所得财礼钱文。

江苏司 ○ 道光元年

苏抚咨：石周氏系本夫纵容与人通奸，本应离异，惟该犯妇父故母嫁，无宗可归，若将其断离，未免失所，应仍给领回。

浙江司 ○ 嘉庆二十二年

浙抚咨：孙阿小诱拉陈岑氏嫁卖。娶主郑阿如虽不知拐卖情事，第既认陈岑氏系孙阿小之妻，混行买娶，情同买休，应比照"买休律"杖一百。

亲属相奸

山东司 ○ 道光元年

东抚咨：张泳保与缌麻服弟张泳超之女白姐通奸败露，致白姐羞忿自尽，依"和奸之案奸妇因奸情败露、羞愧自尽"，奸夫杖一百，徒三年，仍尽奸同宗无服之亲本法，枷号四十日。

四川司 ○ 道光二年

川督题：刘腾位先因图奸子媳贾氏未成，越日令贾氏煮饭，被贾氏顶撞，该犯生气，将其殴伤殒命。讯明实因贾氏顶撞，将其殴伤致毙，并非因奸，与图奸不遂、立时殴毙子媳者有间。应照例加等问拟，将刘腾位照"亲属和奸律应死罪者、若调奸未成杖一百、流三千里例"上，量加一等，发附近充军。

直隶司 ○ 嘉庆二十四年

直督题：闫海因伊舅母权潘氏向其调戏，辄与成奸。迨后宣淫无忌，以致权潘氏之子权候保时向其母讥诮，致权潘氏将权候保致死，酿成重案，将闫海照"奸内外缌麻服以上亲之妻、奸夫发附近充军例"上，量加一等，发近边充军。

山东司 ○ 嘉庆二十一年

提督咨：张四屡次图奸伊媳么儿不从，捏称该氏懒惰，用火箸将其手指烙伤，即与强奸无异。若照"强奸未成例"拟军，尚觉情浮于法，将张四发往新疆给官兵为奴。

湖广司 ○ 道光元年

北抚咨:刘文灿聘娶已故小功堂兄刘文惠之妻吴氏,系其父刘文荣主婚。惟服制攸关,未便照寻常嫁娶违例科断。刘文灿应照“奸内外缌麻以上亲之妻、奸夫发附近充军例”上,量减一等,满徒。吴氏听从其姑改嫁,罪坐主婚。

山西司 ○ 嘉庆二十五年

晋抚题:姚宗库将年甫十一岁童养义子妇杨二女子强奸已成,应比照“强奸缌麻以上亲之妻”斩监候。义子赵八十六应令归宗。

安徽司 ○ 嘉庆二十三年

安抚咨:徐采蘩与小功服弟徐兰玉之妻章氏通奸,被徐兰玉撞获,欲行控告,经人劝息。后徐采蘩复往与徐章氏谈笑,又经徐兰玉撞见,徐兰玉将妻斥骂,经其堂叔婶老徐章氏劝解之后,徐兰玉气忿未息,即于是夜将章氏杀毙,复行自刎身死。例无专条,将徐采蘩比照“奸缌麻以上亲之妻、奸夫发附近充军例”上,酌加一等,发近边充军。

山西司 ○ 嘉庆二十三年

晋抚题:李喜成与降服缌麻服婶李张氏通奸,致氏服毒身死。例内并无为人后者与本宗小功服婶通奸作何治罪明文,查子之出继于本宗服制,皆降一等,与女之出嫁同。其于本宗亲属有犯,应照降服科罪,亦与女之出嫁,于母家亲属有犯同。律内指出奸从祖母各项,其服为大功小功,罪干内乱,故立予绞决。若出嫁之祖姑及从祖伯叔姑二项其服已降缌麻,律止减为绞候,并不照所降之服科以奸缌麻亲之罪。(奸幼麻亲,拟附近军。)至出继之子奸本宗小功叔母,本干十恶内乱之条,即在律载绞决之列,其服虽降缌麻,其分实为至亲,将李喜成比照“奸出嫁祖姑从祖伯叔姑律”拟以绞候。

直隶司 ○ 道光二年

直督咨:高彦调奸子媳周氏不从、砍伤周氏平复一案。查律内并无调奸子媳未成、刃伤本妇作何治罪明文,将高彦依“亲属和奸律、应死罪者调奸未成、依杖一百、流三千里例”上,加一等,发附近充军。

陕西司 ○ 道光二年

陕抚咨:赵金山与权氏通奸一案。查赵金山与妻前夫子媳权氏通奸,例无治罪明文,将赵金山比照“奸妻前夫之女例”发附近充军。

四川司 ○ 嘉庆二十四年

川督咨：徐礼向万徐氏冒奸未成一案。查万徐氏系该犯共曾祖侄女，该犯见徐氏在房睡卧，乘其本夫出外，于二更时分潜入卧房，意图冒奸。因徐氏瞥见喊叫，未被奸污，将徐礼比照"亲属和奸、罪不致死例"，若强奸未成，发近边充军。

奉天司 ○ 嘉庆十九年

奉尹咨：孙富有与大功弟妻通奸，经氏翁孙忠卖与孙富有为妻，孙富有照"奸缌麻以上亲之妻"拟军，系旗人，不准折枷。孙忠罔顾伦纪，应以凡论，比照"媒合人"减一等，满徒。

浙江司 ○ 嘉庆二十一年

提督咨送：邓五娶已故赵九之妻刘氏为妻，该犯与刘氏前夫赵九之外孙冯春儿之妻李氏通奸，冯春儿相依该犯抚养多年，称该犯为外祖。虽无服制，已有外姻小功尊长名分，将该犯比照"奸外姻缌麻以上亲之妻军罪例"上，量减满徒。李氏仍依"军民相奸例"枷杖。

山西司 ○ 嘉庆二十二年

晋抚奏：李张氏于夫故孀居多年，适听邻近有娶亲之家，顿萌淫念，随勾诱伊夫前妻之子李明则通奸。李明则幼为该氏抚养，因被诱勾，亦罔顾继母名分，均属淫乱蔑伦。惟例无子与继母通奸作何治罪明文，将李张氏、李明则均比照"奸伯叔母律"各斩立决，恭请王命，即行正法。

四川司 ○ 嘉庆二十四年

川督咨：潘怀年娶大功兄妻唐氏为室。查潘怀年娶大功兄潘怀全之妻唐氏为妻，应依奸论，将潘怀年依"奸缌服以上亲之妻例"发附近充军。唐氏依律拟徒，将本夫潘怀全依"卖休律"杖一百。

经本部，以潘怀全起意将妻嫁卖与大功弟，致伊弟伊妻均干内乱之罪，未便照平常卖休本律拟罪。律内又无卖休与亲属治罪专条，查纵奸本夫应与本妇、奸夫同罪，则潘怀全即应与本妇、奸夫同罪，将潘怀全改依"奸缌麻以上亲"满徒。

四川司 ○ 嘉庆二十一年

川督咨：张启文与出嫁缌麻堂妹通奸一案。查例内无奸出嫁缌麻堂妹治罪明文，自应仍依在室问拟，将张启文依"奸缌麻以上亲"，奸夫发附近充军。

《刑部比照加减成案》卷二十九

刑律犯奸

奴及雇工人奸家长妻

奸部民妻女

居丧及僧道犯奸

买良为娼

刑律杂犯

拆毁申明亭

赌博

失火

刑律犯奸

奴及雇工人奸家长妻

山东司 ○ 嘉庆二十四年

东抚咨：赵祥因伊父雇觅小郭张氏在家佣工，小郭张氏怀抱赵祥幼子睡卧，赵祥起意图奸。拉其裤腰，小郭张氏惊醒喊骂，经赵祥之母闻声趋劝。小郭张氏抱忿服毒身死，将赵祥比照"家长之有服亲属强奸雇工人妻女未成、致令羞忿自尽例"发近边充军，虽亲老丁单，不准留养。

山西司 ○ 嘉庆二十一年

晋抚题：宋谋小则强奸家长吴月恒之妻乔氏已成、致氏羞忿自缢身死一案，查雇工强奸家长妻已成，以致羞忿自尽，例内并无治罪明文，自应仍照本例定拟，将宋谋小则依"雇工强奸家长妻、无论已成未成例"拟斩立决。

奸部民妻女

山东司 ○ 嘉庆二十一年

东抚奏：张玉收留匪犯之女大萧大姐等通奸一案。查张玉系经历李俊文家人，该犯与匪犯之女大萧大姐等通奸，亦与在官吏役相同，将张玉比依"奸囚妇者"杖一百，徒三年。

浙江司 ○ 嘉庆二十五年

浙抚咨：陈邦太系衢镇左营把总，辄与民妇程方氏通奸，后复假名冒娶，实属有亏行止。惟律例并无职官假名冒娶民妇治罪专条，陈邦太冒娶之由，究由恋奸所致，自应仍科奸罪，合依"职官奸军民妻例"杖一百，加凡奸罪二等，杖七十，徒一年半。程方氏依奸妇枷号一个月，杖一百。

居丧及僧道犯奸

奉天司 ○ 嘉庆二十五年

奉尹咨:道士孙幅金吓逼屈张氏成奸,复殴吓本夫屈开林允从通奸,以便任意宣淫,实属无故扰害,应照"棍徒"拟军。该犯系属道士,应仍尽僧道犯奸本法,枷号两月。

浙江司 ○ 嘉庆二十三年

浙抚题:郭宗海殴死龚阿茂。案内僧源澄因胡徐氏至庵为伊故夫拜经追荐,是胡徐氏尚有不忘其夫之心,僧源澄向其调戏成奸,与奸有夫之妇无异,将僧源澄依"僧道奸有夫之妇、照律加二等治罪例",于"和奸有夫者杖九十律"上,加二等,杖六十,徒一年。仍照例于庵门首枷号两个月。

山东司 ○ 嘉庆二十三年

东抚咨:外结徒犯内僧人达朝因王家相之妾韩氏在逃,领至庙内奸宿。与在他处刁奸者情节稍重,未便照寻常僧人犯奸律加等科断,致滋轻纵。惟该犯并未诓骗财物,自应量减问拟。达朝除加凡奸罪二等、罪止杖七十、徒一年半、轻罪不议外,依"僧人于各寺观庙刁奸妇女而又诓财物拟军例"上,量减一等,满徒。

买良为娼

奉天司 ○ 嘉庆二十四年

提督奏送:陈大开设剃头软棚,先将学徒铺伙引诱鸡奸,复令其卖奸,分使钱文,将王玉兴、陈大均依"窝顿流娼月日经久满徒例"上,加一等,杖一百,流二千里。

浙江司 ○ 嘉庆二十四年

本部奏:已革吏部额外司务韩元培平时畜养素习拳棒匪徒,跟随游荡,嗣又与剃头之王二格鸡奸,复因妒奸挟嫌,纠众持械将范七迭殴多伤,情同凶恶。未便仅照"他物殴人成伤及和同鸡奸本律例"定拟,致滋轻纵,请旨发往乌鲁木齐充当苦差,以示惩儆。朱五等素习拳棒,本系匪类,听从韩元培将范七毒殴多伤,实属助势济恶,将朱五等于韩元培遣罪上,减一等,满徒,再加枷号两个月。开剃头铺之陈开等纵容王二格卖奸,比照"窝顿流娼月日经久例"各杖一百,徒三年。

浙江司 ○ 嘉庆二十四年

提督咨:柴四价买张太旺之妻于氏送至窑内卖奸。查于氏曾经张太旺纵令卖奸之人,不得以良人妇女论,将柴四于"买良为娼、枷号三个月满徒罪"上,量减一等,枷号八十五日,杖九十,徒二年半。

直隶司 ○ 嘉庆二十五年

南城咨:张五借给赵堃钱文,将毕张氏接往寓所,诱令卖奸未成,应照"买良为娼、枷号三个月满徒例"上,量减一等,枷号八十五日,杖九十,徒二年半。

奉天司 ○ 道光二年

盛刑咨:富玉扰害案内之张卢氏价买郎氏为娼。该侍郎以郎氏虽系良家之女,自幼聘给杜勤为妻,因不守妇道,伊夫将其休弃嫁卖。张卢氏买其为娼,甘心听从,碍难以良人妇女论,将张卢氏等依"买休例"分别杖责。

经本部,以郎氏因与伊夫杜勤不睦,杜勤将其休弃另嫁,郎氏并无犯奸实据,系属良人妇女。张卢氏托梁义等将其契买卖奸,即系买良为娼,将张卢氏改依"私买良家之女为娼例"枷号三个月,杖一百,满徒。梁义等改依"媒合人减一等"枷号两个月,杖九十,徒二年半。

广西司 ○ 嘉庆二十四年

提督咨送:李常开设剃头铺生理,雇李顺儿做伙,嗣李顺儿被人鸡奸,曾将卖奸钱文分给。李常图分钱文,容留李顺儿卖奸,将李常比照"无籍之徒窝顿流娼、月日经久例"杖一百,徒三年。

贵州司 ○ 嘉庆二十年

提督咨送:黄七鬼等开张客店,容留剃头人在店卖奸,即与窝顿无异,应比照"窝顿流娼系偶然存留"枷号三个月,杖一百。

山西司 ○ 嘉庆二十二年

晋抚咨:张添佩开设浴堂,商同刘珍等觅雇赵甫则等卖奸渔利。赵甫等本系良民,将张添佩比照"设计诱良家之子为优例"枷号三个月,满徒。刘珍等依"为从"减一等,枷号两个月,杖九十,徒二年半。

刑律杂犯

拆毁申明亭

江西司○嘉庆十九年

江抚咨:金冬生因邓开万买食私盐,被盐快截拿。该犯纠众往讨不给,喝令拒殴盐快,打毁卡房,欲使盐快不能在彼驻缉,比照“拆毁申明亭例”满流。

贵州司○嘉庆二十二年

本部奏:蓝翎长双福在东华门外大栅栏内该班,饮醉嚷骂,将队长额尔登布推搡。经本管前锋侍卫六十八听闻斥阻,双福不服,举拳欲殴,经人劝散。额尔登布因挟推搡之嫌,即将陈设枪杆踏拆图赖,复怂令六十八装伤捏告,并纠约该班众兵丁到官同声诬陷。查双福虽无伤官毁械情事,惟在附近禁门该班处所滋事,应照“旗人酗酒行凶滋事例”发黑龙江当差。额尔登布毁弃军械图赖人罪,应比照“拆毁申明亭板榜律”杖一百,流三千里,不准折枷,发新疆当差。六十八听怂装伤诬禀,应照“溺职例”革职。

奉旨:额尔登布著先在刑部枷号三个月,满日,重责三十板,再发伊犁充当苦差。侍卫六十八著即革职,发往盛京充当苦差。

赌博

山东司○嘉庆二十五年

东抚奏:李增等扎死郭在发。案内刘兴元出有赌具,邀令李占荣赌博,以致起衅酿命,又不能将造卖赌具之人供出。未便以骰子二颗并未成副稍为宽减,刘兴元应照“赌博人犯不将赌具之人据实供出、即将出有赌具之人照贩卖为从例”满徒。

直隶司○嘉庆十九年

直督题:许然案内刘得拾骰三颗聚赌并不成副,照“开场窝赌例”枷杖。本部仍将刘得改照"出有赌具例"拟以满徒。

河南司 ○ 嘉庆十九年

北城移送：吕四存有骰子，讯系买备希图乘便聚赌，尚未使用，依"出有赌具满徒"上，量减一等，杖九十，徒二年半。

直隶司 ○ 嘉庆十九年

直督咨：冯泰德价买骨骰欲图携回原籍掷赌，依"出有赌具之人照贩卖为从例"量减一等，杖九十，徒二年半。

直隶司 ○ 道光元年

提督咨：魏良吉于途间捡拾纸牌，欲行售卖，与贩卖有间，依"造卖纸牌、贩卖为首杖流例"上，量减一等。满徒。

湖广司 ○ 道光元年

北城咨：拿获贩卖赌具人犯韩二，讯得韩二携带宝盒，欲行来京售卖，即被拿获，系属贩卖未成，于"贩卖赌具为首杖流律"上，量减一等，满徒。

江苏司 ○ 嘉庆二十一年

苏抚咨：孙泳年造卖骰子。案内之姜受山向马大礼转买骨骰，尚未售卖，即被拿获，与业已转卖贻害者有间，应将姜受山照"贩卖为首杖流例"上，量减一等，满徒。

陕西司 ○ 嘉庆十八年

中城奏送：郑升向聂芝买获骨骰三副，希图转卖渔利，未经卖出，将郑升依"贩卖赌具杖流例"上，酌减拟徒。

云南司 ○ 嘉庆二十一年

南城移送：桂大诱拐宋四姐。案内之陈大窝留聚赌，应依"存留之人抽头无多者"枷号三个月，杖一百，该犯闻拿投首，例应减一等。惟例内并无枷号减等明文，应酌减枷号一个月，陈大应枷号二个月，杖九十。

江西司 ○ 道光二年

江抚咨：余时保因在荒货担上买有凭天倒骰子，辄行开场诱赌，并将其余赌具分给周组善等开赌，逐日领取摊场分得赢钱，即与贩卖无异，将余时保比照"贩卖纸牌骰子为首例"杖一百，流二千里。

江西司 ○ 道光二年

江抚咨:余绍连等局赌威逼余以幸自尽。查余绍连等串商局赌抽头,复因逼索赌欠,致余以幸被逼自缢,未便照“赌博威逼本例”科以枷杖。讯系余绍连起意于酒肆局赌,即与驾船诱赌无异,将余绍连比照“驾船诱赌一次”杖一百,徒三年。余绍魁照“为从例”减一等,杖九十,徒二年半。均系比例问拟,免其刺字。

奉天司 ○ 嘉庆二十一年

吉林将军咨:陈傻子造卖赌具一案。查陈傻子系造卖宝盒,比照“造卖纸牌例”拟军。

浙江司 ○ 嘉庆二十五年

浙抚咨:外结徒犯内应李氏制造竹牌,该氏以竹为牌,用色点染,实与描画无异,应比依“描画纸牌、照造卖纸牌军罪”上,减一等,杖一百,徒三年,收赎。

山东司 ○ 道光元年

南城移送:萧科白等赌博一案,讯得该犯用竹牌连赌二次,互有输赢。虽无竹牌例禁明文,惟既有输赢即属赌博,仍照“赌博例”枷杖。

江苏司 ○ 嘉庆二十二年

提督咨送:王三造卖赌具。案内买骰之史大希图赌钱使用,讯非图利贩卖,旋被拿获,聚赌未成,即将造卖之人据实供出,自应酌量问拟,史大依“违制律”杖一百。

直隶司 ○ 嘉庆二十一年

直督咨:刘顺恭制造宝盒,未便因其尚未出售稍为宽减,虽例内并无制造宝盒作何治罪明文,惟宝盒实系赌具,自应比照“民人造卖纸牌骰子例”发边远充军。

江西司 ○ 嘉庆十九年

江抚咨:深世坟开标纠众聚赌,比照“花会案犯、依造卖赌具例”发边远充军。

广西司 ○ 嘉庆十八年

广西抚咨:外结徒犯案内俸攀骥与俸卫邦始则串同合伙,将周粤兰局赌输钱三十千文,继又勒令周粤兰写契将田作抵,迨后索得钱文分用。虽勾诱赌博系俸卫邦起意,而勒契押田系俸攀骥作主,实与匪徒串党设局、诱赌折没客商货物者无异,将俸攀骥、俸卫邦比照“无赖匪徒串党驾船设局、揽载客商勾诱赌博折没货物、初犯仅止一次、照开场诱赌例”俱拟满徒。

贵州司 ○ 嘉庆二十二年

本部咨：罗文亮起意邀集抓金会，查律例并无民人邀集抓金会作何治罪明文，将罗文亮比照“旗人邀集抓金会例、照违制律”杖一百。

浙江司 ○ 嘉庆十九年

浙抚咨：杨廷因徐老五造卖纸牌，雇该犯雕刻牌板，讯未伙造分肥，比照“贩卖为从例”满徒。以绅衿交结地方官殊属藐法，将周汝桢依“民人附和结党、妄预官府之事者杖一百例”上，加一等，杖六十，徒一年。

失火

广东司 ○ 道光二年

内务府奏：内阁中书鲍唐轮应值宿，至夜未经熄烛睡熟，以致烛花爆燃柜纸，焚烧房屋。汉票签乃中书办事处所，系属公廨。惟在紫禁城内，仅依“公廨失火律”拟杖八十，徒二年，与在外衙署失火者漫无区别，将鲍唐革去中书，于“公廨内失火律”上，加二等，杖一百，徒三年。

陕西司 ○ 道光二年

内务府奏：御书处失火一案。查曾禄充当裱作匠役，因制造油纸不谙制法，以致油性发作，自行生火，延烧房屋，虽与遗失火种有间，亦应按律治以应得之罪。虽御书处非宫阙可比，惟在紫禁城内，与在外衙署不同，将曾禄于“失火延烧宫阙绞监候律”上，量减满流。

直隶司 ○ 嘉庆二十四年

本部奏：文颖馆失火延烧房屋一案。查厨役李海元于煤炉酥裂，烧透板壁，该犯不能先事预防。第文颖馆修纂书籍之所，非宫阙重地可比。惟在紫禁城内，与在外衙署不同，将李海元于“失火延烧宫阙绞监候律”上，量减一等，满徒，仍枷号两个月。

安徽司 ○ 嘉庆十八年

安抚奏：李建听从成志孔拆毁窑棚，不料棚上秫秸芳草落下窑口，被灯火延烧，以致熏毙四命。未便仍照“失火致伤人命律”拟杖，将李建应照“不应拟抵之人命、如至三命、于本罪上加一等、三命以上递加一等例”，首犯应于杖一百罪上加二等，杖七十，徒一年半;为从减一等,杖六十,徒一年。

宫大理以失火之案报为放火毙命,系属诬轻为重。惟烧棚属实,究与有心诬陷者有间,照"诬轻为重、致死罪未决杖流律"上,量减一等,满徒。

直隶司 ○ 嘉庆二十三年

直督咨:僧人昌玉住持灵雨寺,庙墙贴近行宫重地,并不加意防范,辄敢于上供后点放花炮,致火炮纸被风吹散,延烧行宫游廊值房。惟行宫为巡幸驻跸之所,究与宫阙稍有区别,且烧毁仅止游廊值房,将昌玉比照"延烧宫阙绞罪"上,量减一等,杖一百,流三千里。

四川司 ○ 嘉庆十八年

川督题:朱辐[①]俸至田洪佐家饮酒,与田洪佐口角争殴。田洪佐之妻田张氏取高粱旁所放锄柄向殴,朱辐俸夺过锄柄,殴伤田洪佐身死。因田张氏取锄柄时,误将旁边高粱碰倒火炉,被火引燃,延烧房屋,致将田张氏女田双儿、田躲庖等烧毙,田洪佐尸身亦被烧毁,将朱辐俸比照"殴死一家三命斩决例"量减为斩监候。

本部以田双儿等烧毙与朱辐俸无干,仍依"斗殴杀人律"拟绞监候。田张氏照"失火延烧自己房屋因而致死人命律"杖一百。

山东司 ○ 嘉庆二十年

东陵奏送:膳房失火一案。查于老于奉差打扫膳房,并不谨慎当差,辄因身子疲乏,点灯睡熟,以致失火延烧膳房五间。惟查此项膳房系在行宫大墙以外,尚非宫阙可比,照"失火延烧官府公廨者"杖八十,徒二年。

校勘记:

①辐:据《续四库全书》本应作"幅"。

《刑部比照加减成案》卷三十

刑律杂犯

放火故烧人房屋

不应为

刑律捕亡

罪人拒捕

刑律杂犯

放火故烧人房屋

贵州司 ○ 嘉庆二十五年

贵抚咨：王文秀因挟王文孝告官被责之嫌，向王文孝两次讹诈，并将王老二殴伤。嗣因索诈不遂，起意放火，故烧空闲草房，实属凶恶，无故扰害，应照"棍徒扰害例"拟军，仍照放火本例，加枷号两个月。郭庭玉等依"故烧空地闲房为从"，各枷号五十五日，杖一百，徒三年。

湖广司 ○ 嘉庆二十五年

东陵咨：和舍里氏因花尚阿系挑补伊翁五十五革退甲缺，心怀怨恨，起意向伊夫存福商允，俟花尚阿该班之时，乘空将礼部库放火，希图革退马甲泄忿。旋即乘空放火，尚未延烧被获。和舍里氏系一家共犯，应罪坐其夫存福，合依"故烧仓库、如挟仇放火、当被救息拟军加枷例"发驻防当差，仍加枷号两个月。

江西司 ○ 嘉庆二十二年

江西抚咨：李德向在县署派管杂务，嗣经查出该犯系捏籍投充撵逐。该犯因另无雇主，怀忿潜至署内放火，尚未延烧，合依"凶恶棍徒挟仇放火、当被救息、尚未延烧为首"枷号两个月，发近边充军。惟该犯敢于县署放火，情罪较重，应量加一等，发边远充军。

安徽司 ○ 道光元年

安徽奏：宋青挟仇放火延烧，致毙杨谭氏一家三命。案内杨花典被胁同行，并未下手燃火。查挟仇放火因而杀人从犯，罪止绞候，被胁同行罪止拟徒，案关一家三命，若仍照本律拟徒，尚觉轻纵，于从犯绞罪上加一等，满徒。（案例载：挟仇放火致死一家三命，首斩枭，从绞决。）

山东司 ○ 嘉庆二十二年

东抚咨:郭虎听从行窃高际昌家粮食未遂,商同放火烧毁,以致烧毙高际昌夫妇二命。查郭虎仅止同谋,并未帮同下手燃火,将郭虎于"挟仇放火因而杀人、及焚压致死、为从、商谋下手燃火者绞候例"上,量减一等,满流。

直隶司 ○ 道光二年

直督咨:外结徒犯内王大声等行窃事主伊进忠闲院草束、并放火灭迹一案。查王大声于行窃伊进忠草束得赃后,虑恐查知败露,辄起意放火,将草棚烧毁,希图灭迹,将王大声比依"图财故烧空地闲房及堆积柴草、首犯枷号两个月、杖一百、流三千里、当被救息尚未延烧、减一等例"拟徒。

山东司 ○ 道光二年

东抚咨:马二行窃尚未得赃,因事主惊觉,畏惧仓惶逃走,致失落火媒,延烧事主空房。该犯行窃,意在得赃,与谋财无异,而遗火则与放火有间,比照"恶徒谋财、放火延烧、尚未抢掠财物、首犯斩候例"上,量减一等,拟流。

广东司 ○ 道光元年

广抚题:关能举偷窃雇主当铺银两图掩窃情,放火延烧。核其情节与图财放火无异,惟该犯行窃在前,放火之时并未抢掠,依"恶徒谋财放火、已经延烧、尚未掠财又未伤人例"绞候。

四川司 ○ 嘉庆二十年

川督咨:陈三广子、宋老六等听从郭老么图窃张瑞图家财物,放火焚烧草房,旋即救息,尚未延烧。其三次放火,均系郭老么下手,陈三广子听从同行。例无听从图窃、放火三次均未下手治罪明文,惟该犯等意在图财,虽当时未经下手,而听从三次,情节较重。陈三广子、宋老六均比照"谋财放火、随即救息、尚未延烧、为从、商谋下手燃火者"杖一百,流三千里,照例刺字。

浙江司 ○ 嘉庆二十五年

浙抚咨:外结徒犯内翁景璜挟嫌故烧朱其追山种树木,应比照"挟仇故烧孤村旷野田场积聚之物"杖一百,徒三年。

直隶司 ○ 嘉庆二十五年

直督咨:二十四年春季,外结徒犯李春挟嫌故烧缌麻服叔李文焕田场积聚之物,例无卑幼犯尊明文，仍照“挟嫌故烧田场例”杖一百，徒三年。

不应为

浙江司 ○ 嘉庆二十三年

提督咨：王老儿聘娶觉罗之女赵氏为妻，照“不应重律”杖八十。

湖广司 ○ 嘉庆二十四年

本部奏：世袭三等轻车尉奇成额呈禀以伊师赵淳亮病故、伊欲缢死随侍一案。查奇成额因感赵淳亮平日教导，并为伊垫发帐务之恩，于赵淳亮病故之后，起意自尽，即为写具呈帖本旗投递，冀免死后相验。惟律例并无欲行自尽殉师作何治罪明文，将奇成额酌量拟以“不应”重杖，系有职人员，例得纳赎。第该员秉性愚拙，形类痴呆，未便仍令回任当差。请旨将奇成额交旗领回管束。

刑律捕亡

罪人拒捕

安徽司 ○ 嘉庆二十四年

安抚题：戴马川寄顿贼赃，被事主亲戚王大山、王大宽弟兄访知，邀同事主往查。戴马川起意纠同伊弟戴习广等拒捕，致被纠同业已病故之戴溪本将王大宽杀死，戴马川亦将王大山砍伤毙命。例无罪人拒捕致死一家二命、首犯作何治罪明文，将戴马川仍按本例斩候，该犯在逃十年，始行就获，改为立决。戴习广明知伊兄戴马川寄顿贼赃，听纠抗拒，用顺刀将王大宽砍伤，应照“凶器伤人军罪”上，加拒捕罪二等。惟拒捕为从仍应依律减一等，将戴习广于“共殴人执持凶器伤人、发近边充军例”上，加一等，发边远充军。

广西司 ○ 嘉庆十八年

广西抚题：何士信因子何大忠行窃，被事主吴得周获送。何士信率领子侄，持械赶夺,致吴得周惊慌跳走,失足落河溺毙。何士信不能禁约其子何大忠为窃,例应笞责。系属有罪之人,将何士信依"犯罪拒捕杀所捕人律"拟斩监候。何大忠于伊父何士信纠人赶夺,该犯并不知情,惟其父身罹法网,究由该犯行窃所致,照"子孙违犯教令杖一百律"上,加一等,杖六十,徒一年。

四川司 ○ 嘉庆二十四年

川督题:周老八因绺窃伙犯林九被事主胥在明捕获,起意打夺,约同周贵来等共十六人同往,见胥在明与堂叔胥庭祚及邻佑赵临先等押送林九行走,周老八令其放还不允,喝令殴打,以致周贵来与该犯各将赵临先并胥庭祚殴伤毙命,将周老八依"罪人拒捕杀所捕人律"斩监候。该犯起意聚众打夺,复当场喝众拒殴致毙二命,情节较重,请旨即行正法。周贵来听从夺犯,持刀拒捕,致毙事主邻佑二命,系周老八喝令所致。按律以主使之人为首,下手伤重,得减一等,惟系拒捕杀人从犯,较寻常斗殴听从下手者为重,将周贵来改发新疆为奴。

浙江司 ○ 道光二年

提督奏送:任二行窃六次应照"积匪猾贼"量减拟徒,其刃伤弁兵李长青等应加拒捕罪二等,杖一百,流二千五百里。惟该犯刃伤三人,情节较重,应酌加一等,满流。

浙江司 ○ 道光二年

浙抚咨:张遇高、董小老各贩私盐百十余斤,均用他物拒伤巡弁,应于"贩无引私盐满徒罪"上,加拒捕罪二等,杖一百,流二千五百里。惟伤系官弁,与寻常拒捕者,情节较重,应再加一等,满流。

浙江司 ○ 道光二年

提督咨送:赵二纠窃四次,独窃二次,应照"积匪"量减拟徒。惟该犯于千总毛康龄查拿之时,情急图脱,辄敢用梯木拒伤该弁,按例加拒捕罪二等,应杖一百,流二千五百里。第伤官弁,再酌加一等,满流。

江苏司 ○ 嘉庆二十五年

苏抚题:胡闹与魏三遇道贫难,胡闹起意扒窃,魏三允从,同在集上闲晃,欲图乘便下手。经快役朱顺窥破行迹,将其赶逐,并声言如再到集,定行送官究治。胡闹气忿,起意殴打泄忿,嘱令魏三纠人相帮。经各纠邀韩结巴等首从九人,各执凶器,至朱顺家将朱顺殴伤身死,将胡闹比依"犯罪拒捕伤所捕人者"斩监候。魏三等依"共殴之人执持凶器伤人例”拟军。韩结巴被纠同往,未经帮殴成伤,应于“杀所捕人为从流罪”上,量减一等,满徒。

江苏司 ○ 嘉庆十八年

苏抚题:路松观伙同沈百受行窃,经事主邻佑孙正潮出捕,路松观拒伤孙正潮身死,将路松观依“罪人杀所捕人”拟斩监候。沈百受在场助势,并未帮拒成伤,于为从帮拒之陈阿大等流罪上,量减一等,满徒。

直隶司 ○ 嘉庆二十一年

直督那咨:庞振德因乞丐黄大路窃去铁犁,强行索食未遂,挟嫌放火,被该犯捉获,欲行送官。因雨阻,将其捆缚树上,被雨淋濯冻饿身死,非该犯意料所及。且系放火凶丐,应衡情酌减,将庞振德照“凶徒挟仇放火、被害之人杀非登时、绞监候例”上,量减满流。

河南司 ○ 嘉庆二十年

河抚题:刘保全因素识乞丐刘三汉抢食筐内蒸馍,随用绳套其脖项拉走,欲告知其父,致刘三汉气闭身死,将刘保全依“擅杀”拟绞监候。

河南司 ○ 嘉庆二十年

河抚咨:杨骡娃殴死强奸伊母未成之申长富身死,将杨骡娃拟以满徒,馀人潘道、王寅娃俱拟满杖。

广东司 ○ 嘉庆二十二年

广东抚题:巡丁陈亚受等共殴贩私之李什晚身死一案,除将陈亚受依“罪人已就拘执而擅杀律”拟绞监候外,查共殴之巡丁黎亚二等各用刀石,将李什晚致伤,并无损折伤痕,系属擅伤罪人并非折伤,例得勿论,应毋庸议。

四川司 ○ 嘉庆十九年

川督咨:乐文学因张万赘先与其同居小功堂弟媳通奸,嗣经控官,该氏悔过拒绝。张万赘复往,持刀通奸,致被乐文学忿激致死,比照“强奸未成罪人、被本妇有服亲属登时致死例”满徒。

湖广司 ○ 嘉庆十八年

北抚咨:徐得万因无服族弟徐幅万强奸伊弟妇未成,登时用刀,将徐幅万砍伤,于

"刃伤人徒二年例"上，减二等；以尊犯卑，再减一等，杖一百。

江西司 ○ 嘉庆二十年

江西抚咨：朱庆沅伙窃陈惟才牛只，已据自认，实属有罪之人，被陈惟才擦瞎两目，已成笃疾，应以斗杀定拟。虽闻拿投首，系侵损于人，毋庸议减。

江苏司 ○ 嘉庆十九年

苏抚咨：张阎氏因李合年拉伊强奸，该氏不从喊嚷，适伊夫张起回归，将李合年捆缚。李合年秽语辱骂，该氏忿恨莫遏，刀砍致毙，原拟比照"强奸未成罪人、被本妇杀非登时例"满徒。

部驳：砍由忿激，杀在登时，改依"强奸未成罪人、被害之人登时忿激杀死例"满徒。

湖广司 ○ 嘉庆二十一年

南抚咨：杨宕保因夏老六与伊妻通奸，被该犯撞见气忿，邀同杨添保将夏老六诱至僻处捆缚，刺瞎夏老六两目。该抚将杨宕保依"擅伤罪人、以斗伤定拟例"，瞎人两目者，杖一百，流三千里。

经本部，以该犯见夏老六与伊妻在房说笑，实属奸所获奸。若夏老六因伤身死，该犯例止拟徒，将该犯改依"擅伤罪人减斗伤二等例"杖九十，徒二年半。

直隶司 ○ 嘉庆二十年

直督题：李进忠偷摘侯保地内南瓜被获，虑恐张扬贼名，起意将侯保勒死灭口，将李进忠依"罪人拒捕杀死所捕人者斩候例"拟斩监候。

江苏司 ○ 嘉庆二十一年

江苏抚题：任学秦捉奸，戳伤妻母尼普真身死。查该犯因伊妻母普真与僧人旭亮通奸，后教令伊妻与旭亮奸好，被该犯撞获，持剪捉拿，被普真抱住，致奸夫脱逃。该犯将普真戳伤身死，系普真教令其女犯奸，与任学秦实已义绝。即属有罪之人，将任学秦依"罪人不拒捕而擅杀例"拟绞监候。僧人旭亮与人母女通奸，致酿人命，一死一抵，应比照"本夫登时捉奸、误杀旁人、脱逃之奸夫例"拟以满徒。

浙江司 ○ 嘉庆二十四年

浙抚咨：陆吴氏与僧灿珍通奸，经本夫陆泳才捉获，僧灿珍挣扎不脱，该氏帮护奸夫，将陆泳才咬伤。律无治罪专条，将陆吴氏比照"奸夫拒伤应捉奸之人、刃伤以下加本罪二等例”，于军民相奸、奸妇枷号一个月、杖一百罪上，加二等，杖七十，徒一年半，杖决徒赎，交本夫领回。

云南司 ○ 道光二年

云抚题：戴金发殴死强奸未成罪人熊镇明一案。查戴金发因熊镇明强奸伊妻未成，该犯事后赶至理论，将其迭殴身死。例内并无本夫事后赶至理论、杀死强奸伊妻罪人作何治罪明文，将戴金发比照“强奸未成罪人、被本夫有服亲属杀非登时例”拟绞监候。

山东司 ○ 道光二年

东抚题：杜文玉勒死已休之妻孙氏。查杜文玉因妻孙氏与人通奸，将孙氏休弃。孙氏复至该犯家，央恳收留。该犯不允，因被辱骂，将其勒毙。核与一经离异，转嫁他人，应同凡论者有间。惟孙氏登门辱骂，实属罪人，该犯将其致死，情同擅杀，将杜文玉照“罪人已就拘执而擅杀律”拟绞监候。

山东司 ○ 嘉庆二十三年

东抚咨：庄仁因缌麻服侄庄寿强奸伊妻马氏未成，登时殴伤庄寿身死。查被杀之庄寿系该犯缌麻服侄，若问拟满徒，未免与平人漫无区别，将庄仁依“强奸未成罪人、被害之人及本妇有服亲属、登时忿激致死满徒例”量减一等，杖九十，徒二年半。

安徽司 ○ 嘉庆二十三年

安抚咨：居怀双抗粮，纠同居毛孜等拒伤差役缪相平复一案。居怀双应纳积年钱粮，抗欠未完，违限在一年以上，系属有罪之人。经该县差役比追，辄起意纠同居毛孜等多人，各持枪刀拒捕，并用枪扎伤缪相右臂，将居怀双依“凶器伤人军罪”上，加拒捕罪二等，发极边烟瘴充军。居毛孜虽未欠粮，惟明知居怀双欠粮不纳，差传比追，辄听从帮拒，持枪扎伤县役胡明脊膂，实属济恶，应以“拒捕为从”问拟，居毛孜依“凶器伤人边远军罪”上，加拒捕罪二等，为从减一等，发极边充军。居怀亮、居庭封各持枪刀，听从助势，尚未伤人，依“执持凶器未伤人杖一百例”，加拒捕罪二等，为从减一等，各杖六十，徒一年。居怀赐仅止附和同行，并未持有凶器，应照“不应”重杖。

江苏司 ○ 嘉庆二十三年

苏抚咨：外结徒犯内徐阿八与郑五姑通奸，因被本夫陆耀宗扭获，欲行送官，辄拒殴成伤，将徐阿八照“军民相奸杖枷罪”上，加拒捕罪二等，杖七十，徒一年半。

奉天司 ○ 嘉庆二十三年

盛刑咨：逃徒李发被获仍发原配，解至中途，复行逃走，后被差人隆保住窥破缉获。李发持刀恐吓，致将差人隆保住划伤，将李发依“犯罪逃走拒捕加二等律”，于原配满徒罪上，加二等，杖一百，流二千五百里。

河南司 ○ 嘉庆二十三年

东抚咨：贼犯王小喜等抢夺程广演鱼驴，拒伤事主逃逸。嗣经差役捕获，王小喜持棍拒伤差役，将王小喜依“抢夺伤非金刃、伤轻平复、首犯”改发极边烟瘴充军，被获时有拒捕例，改发回疆为奴。

本部查该犯于拒伤事主时，并未被获即行逃走，与被获到官、复又脱逃者不同。其于被获时持棍伤差，应于“本犯极边烟瘴罪”上，加拒捕罪二等，改发新疆当差。

山西司 ○ 嘉庆二十三年

晋抚咨：崔景僖因崔敦子谋杀伊出继胞侄崔曾鼎伤而未死，崔景僖将崔敦子捆缚送官，行至中途，因捆绳松开，崔敦子在车滚转，停车将其捆缚，被崔敦子辱骂不休，用刀将其砍伤致死，系属忿激一时，将崔景僖依“罪人本犯应死而擅杀律”拟杖一百。

山西司 ○ 嘉庆二十三年

晋抚咨：贼犯马九二子、马勺果子纠伙迭窃，持有器械，本罪应拟极边烟瘴充军。该二犯于窃后撞遇捕役马汉友盘诘，并不俯首就擒，辄起意拒捕。马九二子用刀砍伤捕役马汉友左脚腕，马勺果子用刀扑砍，被马汉友夺刀扎伤逃回。后因乡约马天成追拿，复敢施放铁铳，致伤马天成右肋等处，均在折伤以上，马九二子、马勺果子均依“罪人拒捕殴所捕人、至折伤以上律”拟绞监候。

山东司 ○ 嘉庆二十三年

东抚咨：外结徒犯内杨七起意行窃，护伙拒捕，刃伤纪成山平复。查纪成山系事主马昌熙家所觅泥瓦匠，偶尔寄宿，并非马昌熙家雇工，不能以事主论。杨七依“窃盗拒捕、伤非事主、但系刃伤、仍照律加本罪二等例”，于刃伤人杖八十、徒二年律上，加二等，满徒。

陕西司 ○ 嘉庆二十三年

陕抚咨：乡约杜泳增因孟多广与杜道儿等到处开场聚赌，输打赢要，均系积惯赌博匪徒。因向杜均秀索讨赌欠争闹，胆敢纠伙持刀逞凶，扎伤理劝之人，实属生事行凶、扰害良善恶棍。杜泳增身充乡约，本有应捕之责，主令杜年成等驾船往捕之时，孟多广业已凫水过河，尽可任意奔逃，乃恃其善于凫水复行下河，以致误入深潭溺毙。杜年成等船未近身，孟多广死由自溺，不得谓之擅杀。而案未到官不能称囚，又未便依"囚因追逐仓迫而自杀律"勿论，杜泳增应比照"棍徒扰害、被害之人登时忿激致死例"满徒。

江苏司 ○ 嘉庆二十五年

苏抚咨：贼犯魏中潍用铁鞭拒伤事主，依"凶器伤人"加二等，发极边充军。冯玉于魏中潍拒伤事主，该犯在旁目击，即属为从助势，应减一等，满徒。

贵州司 ○ 嘉庆二十五年

贵抚题：罗么么行窃马世法家放青猪只，经事主马世法等前往搜拿，该犯起意拒捕，将鸟枪点放。适该犯无服族婶罗喻氏闻闹出视，被枪误伤身死，应照"因斗殴而误杀旁人、以斗杀论"，故杀者斩监候。

广东司 ○ 嘉庆二十五年

广东抚咨：谢乌妒蜂戳瞎邓连生两目成笃一案。此案邓连生先因偷窃叶亚茂布衫，经叶亚茂查知，将邓连生剪辫割耳放走。嗣邓连生挟嫌撞遇叶亚茂，欲行殴打。叶亚茂走避，即邀同谢乌妒蜂前往捉拿，将邓连生捆缚，因其辱骂，谢乌妒蜂用铁钻将其两眼戳瞎。

查邓连生偷窃叶亚茂布衫，本属罪人。叶亚茂将其剪辫割耳，邓连生挟嫌寻衅，叶亚茂同谢乌妒蜂往捕，已经捉获。因其喊骂，将其两眼戳瞎系属擅伤，将谢乌妒蜂依"罪人已就拘执而擅伤律"，瞎人两目者，杖一百，流三千里，毋庸断付财产。

直隶司 ○ 嘉庆二十五年

直督奏：刘四混系商雇巡役，有巡缉之责。王朝臣系扒盐匪犯，即属应捕罪人。设该巡役当王朝臣扒盐时，上前拴拿，即被拒捕，因而格杀，原可照例勿论。乃于禀官差拘之后，因王朝臣持械凶殴，抵扎适毙。若仅照斗杀拟绞，似与不拒捕之罪人无所区别，将刘四混比依"罪人已就拘执及不拒捕而擅杀、照斗杀绞候"上，量减一等，拟以满流。

经本部，以王朝臣系偷盐被禀拘拿之犯，不知畏罪，辄敢持械至原捕人家门首凶殴，因刘四混携刀出御，王朝臣将刀格落，用担连殴，情凶势恶，实属扰害。刘四混拔刀抵扎适毙，核与被害之人登时殴毙棍徒者情无二致，应改拟"凶恶棍徒无故扰害、被害之人登时忿激致死例”满徒。

山东司 ○ 道光元年

东抚咨：孟永大图奸无服族叔祖母孟刘氏未成，因孟刘氏与之不依，并孟刘氏之母刘布氏子刘丙仁及邻居孟程氏闻声趋护。该犯情急乱划，将孟刘氏等先后砍伤。例无作何治罪明文，惟图奸与强奸不同。已成者为奸夫，未成者为罪人，则图奸未成罪人，不便与奸夫并论，应照“罪人拒捕”科断，依“卑幼犯尊长加一等”，于刃伤人杖八十、徒二年罪上，加一等，再加拒捕罪二等，杖一百，流二千里。

《刑部比照加减成案》卷三十一

刑律捕亡

狱囚脱监及反狱在逃
徒流人逃
主守不觉失囚
知情藏匿罪人
盗贼捕限

刑 律 捕 亡

狱囚脱监及反狱在逃

河南司 ○ 嘉庆二十一年

河抚咨：易良贵斗殴杀人拟绞监禁，秋审缓决五次。该犯因在监将饭食卖与康发祥等，起意乘机讹诈，将康发祥殴伤。经吏目将其锁铐，该犯将手铐砸开。经该州详办，该抚将该犯依"在监人犯强横不法"杖一百，严加锁铐，并声明赶入本年秋审情实。

经本部，以易良贵系已入秋审缓决五次之犯，与未入秋审人犯不同，将易良贵改照"斩绞人犯在监年久、有寻常过犯、酌量惩儆例"，将该犯重责四十板，在监枷号三个月，仍严行锁铐示儆。

奉天司 ○ 嘉庆二十年

盛刑咨：王属肚丁、崔明道因凶器伤人拟军折枷，收禁门监。该犯欲图出监，寻觅盘费，许贿兵丁带领出监，因而脱逃。固属藐法，核与自行逾墙脱逃者究属有间，崔明道应照"犯罪被囚禁而脱监在逃者、于本罪上加二等律"，于原犯近边军上加二等，发极边充军，不准折枷。贿纵之领催云保依"与囚同罪"，系旗人折枷。韩玉受海青额雇人替班，照"军人不亲出征、雇人代替律"杖八十。

广东司 ○ 嘉庆二十一年

广东抚咨：典史吴就三疏脱监犯、留缉限满一案。查该典史吴就三疏脱斩犯三名，已于留缉限内拿获二名，尚有一名未获。该抚将该革员依例拟徒，声称首伙已获二名，尚有一名未获，缉捕尚属奋勉，听候部议。

经本部，以例内并未载及弋获过半、得邀宽减明文，行令该抚将该革员照例拟徒。

江苏司 ○ 嘉庆二十一年

江苏抚咨：流犯吴朝玉在监图脱被获一案。查吴朝玉系原犯绞罪、奉文减流之犯，该犯起意越狱，甫将镣铐挣断，尚未扒出监墙即被获住。未便以越狱脱逃之例问拟绞候,但例内并无另有越狱未成治罪专条,应比例问拟。吴朝玉应比依“犯罪被囚禁而解脱锁杻越狱、于本罪加二等律”,于满流上加二等,发近边充军。

徒流人逃

安徽司 ○ 嘉庆二十四年

安抚咨:马二系听从捻匪纠抢案内拟发伊犁为奴之犯,于解配时在途脱逃被获,罪无可加,将马二酌加枷号一个月,仍发伊犁给官兵为奴。

湖广司 ○ 嘉庆二十二年

北抚咨:刘八儿前因命案拟绞减流,恭逢恩诏减徒。于未奉部覆之先,在配脱逃行窃犯案,计赃罪止拟杖,照准减军犯脱逃之例,拟以总徒四年之犯。该犯在配复逃,行窃计赃八十两。惟系逃徒二次犯窃,若仍发原配,似与寻常逃犯无所区别。刘八儿应比照“徒犯中途脱逃总徒者”,加为准徒五年。

贵州司 ○ 嘉庆二十四年

贵抚咨:乡保高功于收管军犯,在配脱逃,畏罪不报。每逢查点军流,该犯即捏以患病蒙混,将高功依“军犯在配脱逃、看守之保甲逾限不获一名例”杖八十,再加枷号两个月,革役。

直隶司 ○ 道光元年

直隶咨:金八因抢窃拟军,中途脱逃,改发新疆当差,系初次脱逃,枷号一个月,满日发配。

山东司 ○ 嘉庆二十三年

东抚咨:刘三因行窃拒捕拟军,在配潜逃,复伙窃二次,依“寻常窃盗”问拟军罪。在逃复窃二次,赃未满贯,发云贵、两广极边烟瘴充军。

江苏司 ○ 嘉庆二十三年

苏抚咨:拿获逃军蒙二原犯系边远充军,依“边远充军人犯脱逃、递加调发例”,调发极边足四千里充军。

河南司 ○ 嘉庆二十三年

南抚咨:拿获逃军牛大朋原犯系边远充军,依“充军常犯脱逃被获、系边远”,调发极边烟瘴充军。

河南司 ○ 嘉庆二十三年

河抚咨：拿获逃军周同原犯系边远充军，今脱逃被获，依“军犯脱逃、本犯边远者”，以次递加，调发极边充军。

河南司 ○ 嘉庆二十三年

河抚咨：徒犯赵二在配脱逃被获，计日加等，罪应杖八十，尚未论决。又复因病取保，脱逃被获，应照“犯罪事发逃走律”，于杖八十本罪上，加二等，杖一百，重新拘役。

安徽司 ○ 嘉庆二十三年

河抚咨：拿获遣犯郑敏，原犯系安省凶徒聚众毙命案内拟发新疆为奴，中途被抢，虽非知情预谋，其乘抢逃逸，即与为从无异。该犯原拟发遣新疆，罪无可加，应照“发往乌鲁木齐等处各犯、在途脱逃被获例”，在配所用重枷枷号三个月，杖一百。

直隶司 ○ 嘉庆二十四年

贵抚奏：王得意系传习邪教案内旗人，迁徙贵州安插，胆敢潜逃，应比照“极边烟瘴脱逃者”，改发新疆种地当差。

奉天司 ○ 嘉庆二十年

黑龙江咨：遣犯陈贵行窃拒伤事主郑再平复。查此案遣奴陈贵逃后行窃，拒捕刃伤事主郑再平复，先据该将军将陈贵依“盗窃临时拒捕刃伤例”拟斩监候，咨部。

经本部，以陈贵拒伤事主时业已逃至房后，实因被追图脱所致，罪拟绞候。惟该犯从主家逃出，系属逃后行凶、拒捕刃伤事主，应照原犯罪名拟以绞决，驳令复审妥拟。

兹据遵驳改正，应将陈贵依“平常遣犯逃后行凶为犯、拿获时拒捕、照现在所犯绞候者改为立决例”拟以绞立决。

陕西司 ○ 嘉庆二十年

乌鲁木齐奏：蒙古莫落莫特原犯偷窃马牛、拟发云贵两广极边烟瘴充军之犯，该犯于解配时中途脱逃，复窃骑山内牧放之马，例内并无蒙古遣犯中途脱逃复窃作何治罪明文，自应比照“在配脱逃调发之例”问拟。查莫落莫特原发云贵、两广极边烟瘴，脱逃调发亦至极边烟瘴而止，无可再加，仍发云贵、两广极边烟瘴充当苦差。

直隶司 ○ 嘉庆二十一年

河抚咨:张二小系巨盗张标之子,比例迁徙,发往口外安置。今逃后被获,将该犯照“遣犯逃走、并无行凶为匪例”,递回发遣处,枷号一个月,鞭一百。

直隶司 ○ 嘉庆二十年

直督咨:将实发烟瘴充军在配脱逃之李如陵调发黑龙江为奴,本部改依本犯极边烟瘴,调发新疆为奴。

奉天司 ○ 嘉庆二十二年

奉尹咨:乌力棍因行窃三次,犯赃至三十两以下,十两以上,拟发边远充军。即系由新疆改为内地之犯,在配初次脱逃,自应照本例加二等调发。该府尹既误引本犯边远脱逃加调发之例,而又将该犯依“附近充军犯三次脱逃之例”调发,罪名虽无出入,引断究属牵混。乌力棍应改依“停发新疆改发内地人犯、如有在配脱逃、照本例加二等调发例”,于边远罪上加二等,发极边烟瘴充军。

江苏司 ○ 嘉庆二十年

苏抚奏:军犯杨耀祖潜逃来京、呈控含冤莫雪等情一案。查军犯杨耀祖前犯抢窃勒赎凶诈,照“棍徒扰害”拟军。原案本无屈抑,因历次恭逢恩旨,未准减等,妄拟援减。辄敢在配脱逃,赴京捏词混控,如照“囚已决配、妄诉冤枉本律”及“蓦越赴京告重事不实之例”,罪止军流,自应仍照“军犯脱逃加等调发本例”酌加问拟。杨耀祖合依“烟瘴少轻人犯在配脱逃”枷号一个月,改发极边烟瘴,仍照名例以足四千里为限,再加枷号一个月。

浙江司 ○ 嘉庆二十年

浙抚咨:谢大升强奸年甫十二之幼女陶大姑未成,将谢大升依例发回城为奴。该犯到官脱逃,律应加等,本罪已发回城为奴,应到配加枷号三个月。

奉天司 ○ 嘉庆十九年

提督咨送:遣犯徐五在逃行窃二次,先经该衙门拿获,捏供民人,将该犯杖一百,枷号二十日发落。兹经访系逃遣获送,例应枷号两个月,鞭一百,因该犯业经犯窃枷号二十日,罪无重科,枷号四十日。业经决杖,免其鞭责。

主守不觉失囚

山东司 ○ 嘉庆二十年

东抚咨:押役马忠管押和诱从犯刘登云尚未定案,致令乘间潜逃。讯非贿纵,限外自行拿获,应比照"解审徒犯中途脱逃、减囚罪二等",于刘登云满徒上,减二等,杖八十,徒二年。

湖广司 ○ 嘉庆二十二年

北抚咨:疏脱递解贼犯许洪义系未经审明定罪之犯,例内并无短解兵役、疏脱未定罪名人犯专条,江太等应比照"审解军流人犯、中途脱逃、如依法管解偶至疏脱者、短解减二等例"杖八十,徒二年。

湖广司 ○ 嘉庆二十一年

北抚咨:徐能进越狱脱逃。查徐能进系该省盘获,与盗犯徐能进同名,监禁待质之犯越狱脱逃未获,该抚以徐能进尚在候质,罪名未定,将疏防之狱卒黄明等比照"军流人犯越狱、减二等定罪",咨请部示。

经本部,以徐能进罪虽未定,究与盗犯无异,将黄明等均依"盗犯越狱、狱卒并无贿纵、减囚罪二等",于逸盗徐能进斩罪减二等,拟杖一百,徒三年。

江苏司 ○ 道光元年

苏抚咨:解役陈俊等解审因奸谋杀亲夫案内奸妇高易氏、奸夫王春赴府。高易氏因身带刑具,吃饭不便,恳松刑具。该犯等辄行开放,各至船头乘凉,致高易氏复与王春乘间行奸怀孕,比照"解审斩绞重犯、解役在途开放刑具、以致脱逃、照故纵律与囚同罪、至死减一等例"上,再减一等,满徒。

湖广司 ○ 嘉庆二十年

湖南抚咨:王在添先将孀媳杨氏凭媒改嫁与邓得元为妻,后因所得财礼过少,复将杨氏抢回另卖,将王在添比照"将亲女嫁卖与人作妻妾、骗财后邀抢人财例"发近边充军,杨氏仍给邓得元完聚。差役陈忠管押人犯刘登言,致令脱逃失足溺毙,比照"狱卒失囚、减囚罪二等",于刘登言满徒上,减二等,杖八十,徒二年。

直隶司 ○ 道光二年

直督咨:监犯王端清越狱脱逃。查王端清经伊父王可昌呈请发遣,中途脱逃,系在大赦以前,查询犯亲王可昌已愿领回,罪应援免,本属无罪之人。遍查律例,并无疏脱无罪之人、越狱脱逃刑禁作何治罪明文,应酌量问拟,将禁卒范若昆等均照"不应"重杖。

奉天司 ○ 道光元年

盛刑奏:司狱时亮因进京缺乏盘费,向监禁斩犯在监饮酒索凑,复带监禁拟徒人犯出监,在街游荡,至晚始回,应照"故纵罪囚与囚同罪律"拟徒。该员贪鄙无耻,请旨发新疆充当苦差。

山东司 ○ 道光元年

东抚咨:差役谢玉等押解绞犯在途潜回,经车夫推送绞犯至下站交替,囚虽未失,实属胆玩。例无解役潜回、犯未脱逃作何治罪明文,惟该役等已置囚不顾,即情同故纵,比照"狱卒故纵罪囚与囚同罪、未断之前若囚自首、减囚罪一等律"上,量减一等,满徒。

福建司 ○ 嘉庆二十五年

福抚题:斩犯林别解审中途脱逃。解役黄芳、兵丁陈金幅各因遇雨,天色渐晚,恐犯无宿处致有疏虞,或先赴汛投报接护,或前往找寻饭店,与无故先后散行者不同。百日限内,经该兵役等各家属协同拿获,即与自获无异。讯系依法管解,并无贿纵情弊,黄芳等应照例于林别斩罪上,减二等,杖一百,徒三年。短解兵役陈金幅等护解罪囚,依法管押,中途不觉失囚,已于限内获犯。例无治罪明文,应照"押解罪囚中途不觉失囚、限内自能捕得例"免治罪。

直隶司 ○ 嘉庆二十五年

直督咨:看役张连月疏脱贼犯范士奎在押潜逃,将张连月照"狱卒不觉失囚、减囚罪二等"办理。

湖南司 ○ 嘉庆二十年

南抚题:绞犯喻三越狱脱逃,旋经被获。查喻三脱逃后,即据更夫报官,该县会管督率典史,带同兵役及禁卒、刑书家属人等跟踪追捕,于次早将该犯拿获。喻三系应入缓决之犯,入于情实办理。禁卒周松、钟义、刑书胡泽泳讯无贿纵情弊,且犯系各家属随同跟踪追获,与限内能自捕得无异,应依律免罪。惟究属疏忽,该三犯与更夫叶一、黄二均照"不应"重杖,革役。典史改为革职留任。

云南司 ○ 嘉庆二十五年

山海关副都统奏:兵役疏脱流犯顾进全,讯系该兵丁等押犯投店,西拉肯等四人看守前半夜,霍隆阿等四人看守后半夜。顾进全于四更时逃逸,系在霍隆阿等接班之后,应将霍隆阿等四人照"解犯中途偶致疏脱、短解减囚罪三等"各杖八十,徒二年。西拉肯等四人,应量减一等,杖七十,徒一年半。

知情藏匿罪人

江西司 ○ 嘉庆二十一年

江西抚咨:军犯张瞎子系双瞽,跟随乞丐徐文华逃走。律内并无带引在配军犯逃走治罪明文,将徐文华比照"知人犯罪、指引所逃道路、送令隐匿、减罪人一等"满徒。

直隶司 ○ 嘉庆二十四年

直督奏:孟广智致死伊父孟来真图诈钱文。除将孟广智依"子殴父杀律"陵迟处死外,查案内之萧大林明知孟广智杀死其父,不即到官呈报,反敢听从同往,讹诈得钱,私和匿报,将萧大林比照"知人犯罪不行捕告、减罪人所犯罪一等律",于孟广智死罪上,减一等,满流。

直隶司 ○ 嘉庆二十四年

直督奏:元大才保因牛讲在地割谷,伊妻元郝氏前往捡拾遗穗,被牛讲喝阻争詈,将元郝氏衣裤撕破。元大才保闻知往向理论,致将牛讲殴伤身死。时有王三拐询知缘由,即教令元大才保捏以强奸元郝氏扯破衣裤、气忿殴死等语。嗣经牛讲之子牛必显将元大才保用绳缚住呈报,元大才保欲行出恭,央恳王三拐解开缚绳,乘空逃走。除元大才保依"斗殴杀人律"拟绞监候外,王三拐先经教令捏称强奸,继复为其解绳,虽系元大才保欲行出恭,央其松解,并未主使逃走。惟元大才保乘空脱逃,究因王三拐解绳所致,将王三拐比照"知人犯罪指引隐匿者、减罪人所犯罪一等、满流罪"上,量减一等,满徒。

盗贼捕限

河南司 ○ 嘉庆二十一年

河抚奏:杨百勤杀死胡舒氏一家二命。案内之巡役侯勤因凶手无着,虑被比责,辄敢教令尸亲妄认,希图销案,将侯勤比照"捕役教供、妄认别案盗犯以图销案、照诬良为盗减等例"满徒。

《刑部比照加减成案》卷三十二

刑律断狱

故禁故勘平人
陵虐罪囚
与囚金刃解脱
主守教囚反异
狱囚衣粮
官司出入人罪
决罚不如法

工律营造

造作不如法
织造违禁龙凤纹段匹

工律河防

侵占街道
盗决河防
督捕则例
理藩院则例
蒙古则例
比引条例

刑律断狱

故禁故勘平人

广西司 ○ 嘉庆二十五年

广西抚奏:同知赵椿因丁庭浩在彭锦昌家吸食鸦片烟,饬差拿获。该革员并无应讯之责,乃不送地方官查办,辄即用刑审讯,复任听该差将无辜之彭莫氏拘案杖责,并拶其两手指,又打伤其两脚踝,实属滥刑拷讯。虽该氏之死由于气忿自缢,究因该革员滥责所致,赵椿比照"滥刑拷讯致毙人命、照非法殴死律"拟以满徒,追埋银十两。

福建司 ○ 嘉庆二十二年

福抚咨:已革叶坊巡检蓝澐擅受葛观德控词,滥枷追欠,致葛日受带枷跌毙。查葛日受之故父葛观发在日曾代张作材出名立票,向葛观德借钱。嗣葛观发故后,葛观德向葛日受追讨不认,即赴巡检处控告。该巡检蓝澐将葛日受传案,枷号限追,致葛日受带枷失跌身死。蓝澐应比照"问刑各衙门将无故干连之人滥刑拷讯、因而致毙人命者、照非法殴打致死律"拟徒。系佐杂擅受,滥刑酿命,情节较重,应加重一等,杖一百,流二千里。

福建司 ○ 嘉庆十八年

福抚题:县丞马士鸿带领胡荣拿赌,因赌匪陈文贵跑入游清怀所住瓦窑厂内,即从短墙扒出逃逸。胡荣等同民人刘观善进厂查拿,游清怀拦阻,并声称陈文贵业已逃逸,不容进内。刘观善将游清怀殴伤,该县丞将游清怀带回,行至署前,游清怀斥责刘观善不应帮同混拿,互相争骂。刘观善顺拾地上柴片,戳伤游清怀心坎倒地。胡荣等将其扶进署内,追县丞马士鸿回署。查讯游清怀不应拦阻搜查,游清怀伤重,含糊答应,语言不明。该县丞疑其逞刁笞责,游清怀旋因心坎被戳伤重殒命,将马士鸿于刘观善绞罪上,量减拟流。

本部驳令,改照"故勘平人致死、斩监候例"上,减一等,拟流,发往新疆充当苦差。

陵虐罪囚

直隶司 ○ 嘉庆十八年

直督咨:快役王明谦奉票查拿殴伤赵文林身死各犯。查知漆奎生系常德纵放逃走,并不禀明传讯,辄同翟殿邦等擅将常德锁铐,押带进城,以致常德气忿投井身死。律例内并无作何治罪明文,将王明谦比照"押解人役、擅加杻镣、逼致死伤例"枷号两个月,发烟瘴充军。

直隶司 ○ 道光元年

直督奉:快役温廷彦因牌头郑鸣同未经办差,奉票查传,辄将无干之郑鸣岗带县。迨郑鸣岗之子闻知,往探争吵。该犯复敢揪殴,自至县堂,反以嚷闹朦禀,致众情不服闹堂。未便稍事轻纵,比依"衙门人役擅加杻镣、非法殴打徒罪"以上,枷号两个月,发烟瘴充军。

安徽司 ○ 嘉庆二十四年

本部奏:县役张幅禄将奉官锁押抄写异字之闫文彬,夜则私加手铐,白日始行开放。迨明知次早即可保释,因恐逃走受累,仍复铐锁,以致闫文彬虑有重罪,情急自行坠链身死。查闫文彬之抄写异字,不过乡愚无知,准其讯明保释。而张幅禄身充贱役,未能深悉,疑为邪教重犯,私加严铐,致令愚民畏罪自尽,将张幅禄比照"狱卒非理陵虐罪囚、因殴伤致死者绞罪律"上,量减一等,满流。

与囚金刃解脱

云南司 ○ 嘉庆二十年

云抚题:高老四等听从行劫得赃,追经乡约王心和、保正曾友学盘获。行至中途,讵高老四乘间脱逃,王心和等追赶,高老四取出尖刀,自戳肚腹身死,将王心和等比照"失于检点致囚自尽律",狱卒杖六十。

福建司 ○ 嘉庆十八年

闽督奏:兵丁张宗海等押解罪应拟斩盗犯魏旺生,失于防范,致魏旺生自戕,比照"狱囚失于检点防范、致囚自尽律",狱卒杖六十。

直隶司 ○ 嘉庆二十一年

陕督咨:遣妇吴张氏在店自缢一案,将看役李盛等比照"失于检点致囚自尽律",狱卒各杖六十。

福建司 ○ 嘉庆二十年

闽督奏:绞犯陈印在监私服治疮药末,毒发毙命,较之狱卒以金刃他物与囚自杀者有间。惟任听犯父将治疮药末携送监内,应将狱卒吴再比照"狱卒以金刃他物与囚自杀者杖八十、徒二年律"上,量减一等,杖七十,徒一年半。犯父照"不应"重杖。

福建司 ○ 嘉庆二十二年

福抚咨:禁卒蔡溪讯无松放刑具情事,惟专司狱务,监内存有缸片,并不留心检除,致囚犯林民殴死同监人犯,蔡溪应比照"狱卒以金刃他物与囚致囚杀人律、绞候"上,量减一等,满流。提牢林忠虽非看守之人,惟不随时管束,应于蔡溪流罪上,减一等,满徒。典史孟兴业疏于防范,致酿人命,未便仅于革职,亦应于蔡溪流罪上减一等,满徒。解役王红管解重囚,明知蚊烟系砒信拌制,服之堪以杀人,乃竟买点笼旁,以致林民取服毙命。王红应比照"狱卒以金刃他物与囚、致囚自杀律"杖八十,徒二年。

福建司 ○ 嘉庆二十四年

福抚题:看役阮标等听从许钱文,私开枷犯,致被乘间自缢身死,将阮标等比照"狱卒以解脱锁杻之具与囚、致囚自杀律"杖八十,徒二年。

江苏司 ○ 嘉庆二十四年

苏抚咨:解役赵锋等管解递解犯人仝八在途服毒身死一案。此案仝八系屡次行窃关拘解审之犯,于中途欲逃,拒伤解役。赵锋将其拉回同行,讵仝八畏罪,乘间服食疮药,中途毙命。查律例并无差役解犯自尽作何治罪明文,若比照"狱囚失于检点防范、致囚自尽律",罪止杖六十,尚宽过轻,将赵锋等均照"不应重律"杖八十,各加枷号两个月。

安徽司 ○ 嘉庆二十四年

福抚咨:流犯陈炳贵因在安省殴死王在昌,拟绞减流。各解到闽,饬发安置之犯,派拨兵役杨世英等转递至中途,陈炳贵因患疯病,自戕身死,将兵役杨世英等比照"狱卒失于防范、致囚自尽律"杖六十,革役。

湖广司 ○ 道光二年

北抚咨:斩犯郝大儿自缢。查禁卒龚高因见郝大儿患病,辄将其手铐私行松放,以致郝大儿得以乘间自缢,非寻常失于检点可比,将龚高应比照"狱卒以可以解脱锁杻之具与囚、致囚自杀律"杖八十,徒二年。

山东司 ○ 道光二年

东抚咨:李世旺殴踢李世勇身死、在监自缢一案。查案内之禁卒石大亭因李世旺患病难支,徇情私放手铐,致李世旺得以乘间自缢。与仅止失于防范者不同,将石大亭比照"金刃与囚、致囚自杀律"杖八十,徒二年。

云南司 ○ 嘉庆二十三年

云抚咨:禁卒冯洒将小刀带进监内切菜,遗忘桌上,致监犯杨振先拾刀自戕。较之以金刃与囚者微有区别,将冯洒依"狱卒以金刃与囚、致囚狱中自尽杖八十、徒二年律"量减一等,杖七十,徒一年半。

直隶司 ○ 道光二年

直督题:监犯慕连生砍伤同监人犯贺清奇身死。案内之禁卒谷自起虽讯无私放刑具并与囚金刃情事,第将铁斧携至监内砸煤,并不谨慎收藏,以致监犯拾取砍死人命。虽非故给金刃,应酌量问拟,谷自起应照"狱卒以金刃与囚、致囚杀人绞监候律"上,量减一等,满流。

陕西司 ○ 道光二年

陕督奏:监犯苏娃子戳伤同监人犯孙奇身死。案内狱卒葛士熊将拆衣之小刀置放棚边,致被孙娃子摸取,戳死人命。律无治罪明文,将葛士熊比照"以金刃与囚杀人、绞监候律"上,量减一等,拟流。

主守教囚反异

浙江司 ○ 嘉庆二十一年

浙抚咨:刑禁费致淮等纵容差役教供等情一案。查差役俞烺等奉差承缉烧棺案内正贼无获,虑受比责,贿嘱旧匪俞瑞祥等承认收禁出入监门、教演烧棺供词情形。该刑禁费致祥[①]等不知俞瑞祥有诬认情事,惟纵容俞烺等进监出入教演,以致情罪变乱,将费致淮等比照"司狱官与狱卒通传言语有所增减、以故出入人罪论、故出入人罪、全入者以全罪论、因未决放、听减一等律”，于俞瑞祥军罪上，减一等，满徒。

狱囚衣粮

福建司 ○ 嘉庆二十四年

福抚咨：弓役周超因陈子瞻负欠周时敏番银，经周时敏赴巡检衙门控告，周超奉官带候。因虑陈子瞻脱逃，私加锁链，并不加意看守，致陈子瞻带链走脱，落水溺毙，比照“因犯患病、狱卒不请去锁杻而不脱去因而致死、司狱官典狱卒杖六十、徒一年律”上，加一等，杖七十，徒一年半。

官司出入人罪

山东司 ○ 嘉庆十九年

东抚奏：曹州府书吏李廷竹于奉到部覆缓决绞犯减流之胡添经遗漏转行，致胡添经淹禁多年，讯无挟嫌舞弊，原拟比照“制书传写失错”枷杖。

部改照“断罪应收赎而决配、依出入人罪、减故失一等律”，于胡添经绞罪上，减五等，杖七十，徒一年半。

福建司 ○ 嘉庆二十二年

本部议奏：福建改教知县朱履中禀揭原管道府收受陋规，并被控藩司李赓芸自缢身死一案。查已革知县朱履中诬告藩司李赓芸收受陋规等款，计共洋银四千一百余元，如所控得实，李赓芸照坐赃五百两问拟满徒。今审系子虚，自应反坐。惟该革员于李赓芸未经自尽之前，已即据实认诬，未便坐以诬告人因而致死绞候之律。若仅照诬告本律于满徒上加等拟流，又不足以示惩，应请发黑龙江充当苦差。

已革知府涂以辀于署道任内，奉委会审，辄敢自出己意，代李赓芸叙供，又复肆意逼诬，该省将该革员依寻常威逼律加发军台效力，殊属轻纵。涂以辀应改依“官司故入人罪、以全罪论律”，于故入李赓芸徒罪，从重发往黑龙江充当苦差。

决罚不如法

广西司 ○ 嘉庆十九年

钦差奏：临桂县知县田畹承审抚署窃案，并不虚心研鞫，辄将毫无指证之郑升等刑逼多伤,复押毙一命。若仅照"非法殴打至死律"拟以杖徒,尚觉轻纵,请旨发新疆效力赎罪。

奉天司 ○ 嘉庆二十年

盛刑奏:昌图厅通判全福将控案内牵连人证任绍业传案审讯,因其顶撞,辄行拴吊逼供,致任绍业受刑平复,越三十九日因病身死,将全福照"滥用非刑例"革职。

四川司 ○ 嘉庆二十四年

川督咨:守备杨英将贼犯杨贵捉拿,踩压殴打致死,将杨英比照"监临官因公事、于人虚怯处非法殴打至死律"杖一百,徒三年。

工律营造

造作不如法

江苏司 ○ 嘉庆十八年

伊犁奏:新疆当差革弁钱经当差三年期满,原犯系办理荷花塘堤工,妄行倡议,希图见长讨好,以致办理错误,比照"修造不如法杖徒律"上,加等拟发伊犁当差。

织造违禁龙凤纹段匹

江苏司 ○ 嘉庆十八年

江督奏:陈宏略自造生圹石兽牌坊亭以及造作池桥墓道、僧庵享堂,恢宏华侈,僭越逾分,并于坊柱石刻联句,引用绳武贻谋字样,供桌雕刻鳌鱼,系鱼身龙首,将陈宏略拟徒三年,加等拟流,声请发黑龙江充当苦差。

本部遵照奏准,不准加重章程,仍将陈宏略改依"僭用龙凤纹例"满徒上,加等拟流二千里。

工律河防

侵占街道

山西司 ○ 嘉庆二十五年

晋抚咨：闫旺年因修理铺房，垒砌护墙，侵及学宫东围墙，应比照“侵占街道、起盖房屋律”杖六十，酌加枷号一个月。

盗决河防

湖广司 ○ 道光二年

湖督奏：谢同敖等盗决州堤一案。查谢同敖等所挖之堤，虽系民间私堤，非山东、河南临河大堤可比。惟决口过水，致秋禾杂粮俱被淹没，小民终岁辛勤一旦化为乌有，且因此酿成十四命重案，未便轻纵，将谢同敖比照“故决河南山东临河大堤、漂没他人田庐财物例”枷号三个月，发云贵、两广极边烟瘴充军。

督捕则例

湖广司 ○ 嘉庆二十年

盛京将军奏：福清泰身系宗室，遵旨移住盛京，私行回京，讯因母病思念情切，尚无别情。且到京时，即向该学长投到，带同赴府禀知，即与自行投回无异，例准免罪。惟不向该管官据实呈请，私自回京，应比照“八旗兵丁前往各省、不领印票、私自前往例”鞭一百，折罚养赡银一年，系自行投回，毋庸开除玉牒，仍应送往盛京等因。

嘉庆二十年二月初三奉旨：此案移住盛京宗室福清泰因接受家信，知伊母年老多病，屡医未痊。若呈明给假，原可准令回京省视，乃私自潜回，实有应得之罪。今该堂官等拟以罚养赡银一年，仍令奕绍带往盛京。福清泰之母患病未痊，伊到盛京后，系念情切，心又思归，福清泰著罚养赡银一年，交宗人府堂官，责处二十板，以惩其私回之罪。即令在京侍奉伊母,俟养亲事毕,再行押往盛京居住。原情敕法,固并行不悖也,钦此。

奉天司 ○ 嘉庆二十四年

本部奏:宗室惠章私赴广东一案。此案惠章因欲向伊妻兄玉辂借贷,潜赴广东臬司署中。当经玉辂禀知巡抚,具奏解京。查惠章身系宗室,不自检束,辄因欲向借贷,私行逃出数千里之遥,未便因无滋事别情稍为宽纵。若仅照"满洲逃走被获例"拟鞭一百,折罚养赡,不足示惩儆,请将惠章革去四品顶戴,从重发往黑龙江管束。

奉旨:宗室惠章私赴广东,经宗人府会同刑部,拟发黑龙江管束。宗室向无发黑龙江之例,虽近来宗室顽钝无耻、不可教训、不知话言者多,朕终存议亲之念,惠章著改发吉林,严行圈禁空房,不许外出。至惠章于解京看守后,复敢突身走出,不听拦阻,实属强横藐法,著宗人府先行重责四十板等因,钦此。

理藩院则例

直隶司 ○ 嘉庆二十一年

热河咨:森盆儿等行窃拒捕一案。查森盆儿听从逸犯博彦图偷窃,并拒伤事主平复,系博彦图起意偷窃,森盆儿听从,临时拒捕。虽系森盆儿首先动手,惟起意在逃之博彦图亦曾共殴,自应将博彦图以为首科断。该将军将森盆儿照"拒捕首贼"拟斩监候,殊未允协,森盆儿应改依"伙众偷窃牲畜、事主追逐拒捕、伤而未死馀人例",发河南、山东充当苦差。

蒙古则例

直隶司 ○ 嘉庆二十二年

热河都统咨:蒙古叶达玛扎布先经听从偷马三匹,复又听从行劫银两等物。该都统将该犯拟发云贵、两广罪名,系照偷窃计赃科断,与强劫不计赃之案殊未允协。叶达玛扎布应照"强劫什物而未伤人从犯",并妻子产畜,俱发河南、山东交驿充当苦差。

比引条例

广西司 ○ 道光二年

提督咨送:张雪儿带同贾二妞逃走一案。查张雪儿聘定二妞为妻,乃于未过门之前私下通奸,追赵氏将二妞另配,又复相约私逃。律内并无与未婚之妻同逃作何治罪明文,即比照“女家悔盟另许、男家不告官司而强抢例”亦罪止拟笞。张雪儿、贾二妞自应仍照“男女定婚、未曾过门、私下通奸、比依子孙违犯教令律”杖一百。

广东司 ○ 道光二年

提督咨送:胡六五儿聘定戴张之女妞儿为妻,过门童养。该犯辄与妞儿行奸,惟妞儿究系已经过门童养,与未经过门者有间,将胡六五儿依“男女定婚、未曾过门、私下通奸、比依子孙违犯教令律杖一百律”上,减一等,杖九十。

校勘记:

①祥:该字据上文应为“淮”。

刑部比照加减成案续编

道光二十五年新镌

叙

往余叙是书初刻，以为律之所不能尽而有例，例之所不能尽而有成案，是书出而治狱者可以知所宗矣。虽然，未易言也。今之官刑曹者，大抵入而后学，近者或四三年、或五六年，远者至十余年，然后学成，学成而官亦以迁矣。而黠胥猾吏窟穴长子孙其间，凡狱之畸轻畸重，经前官反复出入而剂其平者，往往窃匿其案以为贿橐。其有意见偶歧，情事同而科罪异，则尤秘不轻出。时遇新官梼昧不事事，恒视其手而与之上下。间有忠信明决之士，奋然独断，取准于律例，自以为衡诚县矣。然彼黠胥猾吏旁立睨视，徐出成案，寘几上曰："某年某省某案，前官议如是"。则面赤唯唯不敢复言狱事。而不知某年某省某案又有不如是议者，他日遇某案相类，易以进，即官亦懵然不省。自非久于其职，博闻彊识，莫能诘也。夫汇天下之案而归于刑部，官此者专壹其事而难犹若此！况乎事非素习，而骤膺司臬之寄与，夫百里之任欲求爰书之无枉纵，得乎？今律例颁行天下，成案独藏刑部，此余与熊君璧臣所以有是书初刻，兹阅十年所矣。复辑近岁成案，其高又可数尺，因蚤夜研究，悉心去取，而于情之两歧者，尤慎之又慎，务取其平以归一是。凡续成三十二卷，复刻行世，其体例一遵前书。乌呼！余于此，盖踌躇者屡矣，益知上下比罪为不易。今夫衡之县，所以权轻重也，物之轻重不在衡而轻重由衡而定。然自石而斤、而两、而铢，易定也，至于忽微而目力所注，容有眩惑而不能定者。执无定之衡以权无定之物，心不专，视不审，失之于忽微，而曰："此衡罪。"岂衡罪哉！夫成案，固亦犹无定之衡也。

道光二十三年，岁在癸卯六月，杭州许梿叙于山左平度州署之行吾素斋。

《刑部比照加减成案续编》卷一

名例

常赦所不原
犯罪存留养亲
工乐户及妇人犯罪
徒流人又犯罪
老小废疾收赎
给没赃物
犯罪自首
犯罪事发在逃
亲属相为容隐
本条别有罪名
徒流迁徙地方

名　　例

常赦所不原

湖广司 ○ 道光五年

北抚咨：樊元因触犯伊母，呈送发遣，脱逃回家，再行触犯，复被呈送。较之遇赦释回，再行触犯者尤重，比照“触犯父母发遣之犯、释回后再行触犯、复被呈送例”，改发新疆给官兵为奴；照例刺字，仍尽脱逃本法，面刺“逃军”二字。

犯罪存留养亲

广东司 ○ 道光四年

广抚咨：嘉应州贼犯温阿春纠同伊子温阿岱，抢夺李彦老官铅被获，审依“抢夺人财物律”，赃至八十两，加等拟徒。据该抚查明温阿春之母梁氏年已七十，守节已逾二十年，惟在逃温阿岱年已十八岁，将来获日，尚可留养，请将温阿春发配。

本部查温阿春之母梁氏年已七十，守节已逾二十年，该温阿春因抢拟流，其罪不在不准留养之例，自应照例准其留养。今该抚以该犯有长子温阿岱，年已成立，现因同案犯抢在逃，将来弋获尚可留养，将该犯照例究拟，不行取结查办。是以衰暮待老之人，俟潜匿难获之犯，使老年嫠妇侍养无人，殊失法外施仁之意。且母子之恩较诸祖母与孙尤为迫切，揆情执法亦应将温阿春存留侍奉，以遂反哺之私。所有该抚将温阿春先行发配，俟温阿岱获日，再行留养之处，应即更正，将现获之温阿春照例枷责，准其存留养亲。

广东司 ○ 道光六年

广抚咨：南海县贼匪黄远启、黄远雄同胞兄弟各犯迭窃八次，罪应拟军。该犯等据供亲老丁单，虽系积匪猾贼，例应不准留养，惟是兄弟犯罪俱拟正法者，例内尚准留养一人养亲，今该犯等同时犯罪，罪止拟军，较例应正法之犯罪名轻重悬殊，若不准其留养，殊不足以昭平允。所有黄远启、黄远雄供称亲老丁单之处，应令该抚速饬查明，如果属实,即将该犯等分别发配枷责,准其存留一人养亲,仍取结送部。

陕西司 ○ 道光五年

陕抚咨:安康县棍徒陈生和等诓骗革盐毛中鹏代子营干入学一案内拟军之陈泳顺父老丁单,例得准其留养。该抚声称其父现在外出贸易,并无去向,无可留养,仍应将该犯发配。查向来办理留养之案。系本犯在外游荡、不顾养赡者,不准留养,并无因犯父出外未回不准留养之案。若因犯亲在外,将例应留养者即行发配,伊亲异日旋里无人侍奉,何以广皇仁而昭矜悯。陈泳顺一犯,应令该抚暂行监禁,确查伊父贸易去向、现在是否存亡,照例分别办理。

陕西司 ○ 道光十一年

陕抚咨:子婿殴毙妻之父母,服虽缌麻,伦纪攸关,遇有亲老丁单,似当不准留养,咨请部示。查殴毙妻之父母,服属外姻缌麻,秋审时例得分别情伤,定拟实缓。所有缓决案内,殴死本宗缌麻尊长之案,尚准声请留养,而殴死外姻缌麻尊长之案转不准其查办,殊不足以示持平。且外姻中尚有母之兄弟姊妹,分系母党服属,小功岂不较妻父母为重?即外姻缌麻亦尚有姑及母舅并两姨之子均与妻父母服制相同,何独于妻父母有犯加之厉禁?总之,此等留养之犯,该抚惟有认真提讯,俾无冒滥,不在多设科条。所称殴毙妻父母不准留养之处,应毋庸议。仍俟核定实缓后,分别办理。

陕西司 ○ 道光七年

陕抚题:长安县回民麇添锡等共殴贾得身死。案内之麇虫受见依"回民结伙三人以上、执持凶器共殴人之例",发云贵、两广极边烟瘴充军,在配杖一百,折责四十板,仍照例刺字。麇虫受见虽据供亲老丁单,惟系回民结伙,持械共殴,情节较重,应不准其留养等语。查回民结伙共殴,例应拟军,已属从严治罪,如系亲老丁单,并不在不准留养之例,自应仍准留养。应令该抚查明麇虫受见,如果系亲老丁单,即取结送部,照例枷责,准其存留养亲。

陕西司 ○ 道光九年

陕抚咨:石泉县审详逃军喻才私回原籍,经犯母喻方氏禀首。查军犯喻才在配脱逃,既据该抚咨称该犯甫经到家,即据伊母带同禀首,自应免其逃罪。应如所咨,将该犯仍发原配安置。事犯到官,在道光八年十一月初九日恩诏以前,原犯系差役贿纵罪囚拟军,应不准其援减,至原咨内称该犯之母喻方氏年老双瞽,应否准其留养,听候部议等因。查例载题结军流,未经发配以前,告称"父母老疾应侍、准留养亲"等语,系专指军流人犯尚未发配者而言，如已经到配，向不查办留养。若因其私逃回籍，犯亲老疾遽行准其留养，是安分在配者反不如脱逃之得以养亲，揆之情理，殊失平允，且恐各省军流人犯，皆得藉口亲老纷纷脱逃，更属不成事体。逃军喻才应令该抚即发原配安置，所有咨请留养之处，应毋庸议。

四川司 ○ 道光十二年

川督咨：安仁县安置军犯刘冕之父刘芳远、母罗氏均年逾七十，犯弟刘许实已病故，并无以次成丁。核与留养之例相符，照例递回原籍，准其存留养亲。查军流各犯留养之例，系指未经到配者而言，若业经到配，如有犯亲应侍，或本有次丁，嗣经病故，向不查办留养。此案刘冕因包揽说合、雇请枪手拟军，发安仁县安置，到配已历数年。今该抚查明犯亲均年逾七十，犯弟业已病故，并无以次成丁，准其递回原籍留养系属错误。刘冕应不准其留养，仍发原配安置。

江西司 ○ 道光七年

江西抚咨：周幅海等抢夺拒捕。案内徒犯阳幅希前经混供为李幅财，并称系孀妇独子。兹饬查明，该犯真名阳幅希，并非独子，将阳幅希仍照原拟满徒，该犯捏供之处，实属刁狡。应于到配后，再加枷号两个月。

工乐户及妇人犯罪

江苏司 ○ 道光五年

苏抚奏：李马氏之子李长标在娼妇陈金氏家睡宿，夜间被人唤出，即无下落。该氏因夫李天一怀疑甘玉科等控告，经县讯无杀害李长标情事，该氏不服。复屡次赴司院翻控，至其夫亦不能管束，实为女中悍泼之尤。核其情节于拦舆撒泼较轻，于哄堂藐法逞刁实重。惟所指凶首，究系李天一在本省告出之人，非比平空诬告，未便比照死罪未决科断，李马氏应比依“妇女挟嫌、图诈翻控原犯罪应军流监禁三年之例”，量减为监禁一年，候年限满日，如知改悔，照例释放。

云南司 ○ 道光十年

云抚咨：张陈氏犯案赎释后，复行逼勒王周氏等卖奸。查律例内并无妇人两次犯罪赎释、复行再犯作何治罪明文，将张陈氏比照“妇女挟嫌、图诈翻控之例”，酌量监禁三年，再行释放。

奉天司 ○ 道光十一年

东城察院移送：杨沈氏受雇于王楀家服役二年有余，因挟撵逐之嫌，辄捏造奸情，将王楀之生母王邱氏诬控，情殊刁诈，例应照“奸赃污人名节”拟军。惟系妇女，若照律收赎，未免轻纵，杨沈氏应比照“妇女翻控之案实系挟嫌挟忿、审系虚诬、罪应军流以上、监禁三年例”，酌量监禁二年，限满释放。

陕西司 ○ 道光十一年

陕抚咨：孀妇张王氏京控伊夫张来喜即张元魁身死不明、并刘杨生之子孙霸地平坟一案。查张王氏以夫祖出卖四十余年之业图赎未遂，迭次控争。历经府县讯断，又复赴京喊控。所称伊夫张元魁被人谋害系出自心疑，并未指实何人，无凭坐诬。惟称刘杨生之子孙将伊家地亩霸去，如果得实，刘杨生之子孙刘存喜应照“强占官民山场律”拟以满流。讯系虚捏，该氏应反坐所诬罪，止杖一百，流三千里。其控刘杨生之子孙平毁伊家祖坟数座，并未指明若干冢。现经饬县勘明，该氏祖坟三冢并无平毁形迹，按每三冢加等及诬告加等，罪仅拟徒，自应从重科断。查妇人有犯流罪，例得收赎，惟该氏控司控县，旋断旋翻，以致拖累多人。核其屡控呈内，俱言梁学善伪契占地，并未控及刘杨生之子孙。今赴京喊控，则又供指刘杨生之子孙霸地平坟，明系倚恃妇女得以赎罪，任意牵连翻控。似此逞刁，伊于胡底，未便准其收赎，致长刁风。应请照例问拟，张王氏合依“妇女翻控之案审系恃妇自行翻控、实系虚诬、罪应军流以上者、免其实发驻防为奴、监禁三年例”，监禁三年。俟限满，由有狱官察看情形，再行照例办理。

徒流人又犯罪

浙江司 ○ 道光十一年

浙抚咨：陈小毛前因听从钟三瑞结队强索，照“棍徒为从例”拟徒，发配在逃，复听从金十二行窃凌耀成，计赃六十二两零，按律罪应杖六十，徒一年。查该犯前犯满徒，在配脱逃，行窃计赃，又犯徒罪，自应按“已徒又犯徒本律”问拟。该抚以陈小毛前犯满徒，其在逃行窃计赃系属轻罪，将该犯依“逃徒律”拟杖一百，系属错误，应即更正。陈小毛合依“已徒而又犯徒、依后所犯杖数该徒年限、照数决讫律”，于原犯满徒上，改为总徒四年。

陕西司 ○ 道光五年

乌鲁木齐都统奏:遣犯钟区木因同配遣犯黄区古向伊搂抱欲行鸡奸,该犯情急,用刀扎伤黄区古左肋等处殒命,是拒奸供认可凭,及死者生供足据。惟该犯在十六岁以上,已死黄区古仅长该犯二岁,按例罪应绞候。该犯系粤省免死减等发遣盗犯,在配复犯绞罪,例应斩决。惟查已死黄区古亦系粤省免死遣犯,因向该犯图奸,致被该犯扎伤身死。核其情节系因拒奸擅杀,较之谋故斗杀,情稍可原。若仍拟以斩决,是与怙恶逞凶者无所区别。既据该都统据情声请,自应量减问拟,应如该都统所奏:钟区木合依"免死减等发遣盗犯、在配杀人、罪应绞候者、定拟斩决例"上,量减为斩监候。

福建司 ○ 道光四年

闽督奏:杨成听从在洋行劫,在本船接赃一次,照例发新疆给官兵为奴。查该犯前在盗船服役拟徒,在配脱逃,遇赦援免,复敢出洋伙劫接赃,实属怙恶不悛,应加等治罪。惟罪已拟遣,无可复加,应照"新疆人犯在配脱逃加等之例",于配所用重枷,枷号三个月。

河南司 ○ 道光九年

河抚咨:淮宁县殷德前因听从捕役张洪诬窃搜抢拟军,其情重于窃盗,该犯在配脱逃,复听从耿九子行窃得赃,应比例问拟。除逃军调发罪止极边充军,殷德应比照"寻常窃盗问拟军流徒罪、在逃行窃赃未满贯者、军流复犯、俱改发云贵两广极边烟瘴充军例",改发云贵、两广极边烟瘴充军,该犯系初次脱逃,仍尽本法,加枷号一个月。

四川司 ○ 道光十二年

川督咨:长寿县吕顾因盗开唐郭氏未埋尸棺为从拟徒,其情较寻常窃盗问拟徒罪者为重,虽恭逢道光十一年正月十二日恩旨,不准援减。今在配迭窃四次,内有一次虽在恩旨以前,破案在后,仍应并计,自应比例问拟。吕顾除窃盗再犯计赃一两以上轻罪不议外,应请比依"寻常窃盗问拟徒罪、其有在配所行窃犯至三次者、照积匪猾贼例"拟遣。积匪猾贼为害地方,改"发云贵、两广极边烟瘴充军例",改发云贵、两广极边烟瘴充军。

河南司 ○ 道光十三年

河抚咨:嵩县在配军流人犯杨继富等行窃部新盛等家。案内揭洋仔系抢夺拟流,在配行窃三次。例无抢夺拟流、在配行窃治罪明文，自应比例问拟，揭洋仔应即以“寻常因窃拟流、在配复窃至三次、照积匪猾贼拟遣例”，改发云贵、两广极边烟瘴充军。

河南司 ○ 道光十三年

河抚咨：石屏州军犯张宝在配纠窃后发有家尚未得财。案内陈大荣原犯窃盗拟军，今在配听纠行窃，尚未得赃。遍查律例内并无配军听从行窃尚未得赃作何治罪明文，自应比例定拟，陈大荣应比照“极边烟瘴充军之窃盗在配复窃、审系一时掏摸、计赃无几、即于遣所枷号三个月例”，仍在原配枷号三个月。乡保李万章讯无贿纵情弊，惟失查军犯在配行窃，殊属不合。李万章除主守不觉失囚一名轻罪不议外，应照“不应重律”杖八十。

贵州司 ○ 道光十三年

贵抚咨：镇宁州军犯顾小华子起意纠窃，尚未得赃，因见伙贼被获，用刀割衣图脱，以致刀尖误戳事主贺添恩右肋。讯非有心拒捕，例应于绞罪上减等拟军。该犯系已军而又犯军，虽与因窃拟军在配行窃、计赃复犯军罪者不同。然先后罪名，同一拟军，自应比例从重问拟，应比照“改发极边烟瘴充军之窃盗在配行窃、计赃复犯军罪、枷号三年例”，于配所枷号三年。董长儿、吕二、陈三听从行窃，并未得赃，亦未拒捕，罪止拟笞，均比照“改发极边烟瘴充军之窃盗在配复犯行窃、计赃无几、罪止杖责者例”，于配所枷号三个月。

四川司 ○ 道光十三年

川督咨：长寿县逃军何应禄原犯迭窃扰害，照“积匪猾贼例”拟军，系改发云贵、两广极边烟瘴充军。在途脱逃，例应仍发内地之犯。今在逃行窃与在配行窃无异，讯系一时掏摸，计赃在十两以下，罪止杖责，自应比例问拟，何应禄比依“改发极边烟瘴充军之窃盗在配复犯行窃、如审系一时掏摸、计赃无几、罪止杖责、即于遣所加枷号三个月例”，加枷号三个月，仍发云贵、两广极边烟瘴充军，到配再加枷号三个月，满日折责安置。

四川司 ○ 道光十四年

川督咨：梁山县军犯赖伸原犯因抢夺拟发极边烟瘴充军，起解在途，商同燕庭岱等行窃钱文并将兵牌烧毁。遍查律例并无作何治罪明文，自应比例问拟，赖伸即周贵，比依“改发极边烟瘴充军之窃盗在配复犯行窃、如审系一时掏摸、计赃无几、罪止杖责者、即于遣所枷号三个月例”，仍发云贵、两广极边烟瘴充军，枷号三个月。

湖广司 ○ 道光四年

北抚咨：李阿辉犯窃拟徒，限满释放，复迭窃勒赎得赃，审拟满流。又在配听从行窃，未经得财。该抚依寻常窃盗问拟流罪，在配复窃一二次，赃未满贯，于"改发云贵、两广极边烟瘴充军罪"上，量减为边远充军。部照徒流人犯杖罪以下，改依"窃盗未得财律"笞五十，酌加枷号一个月。

陕西司 ○ 道光四年

乌鲁木齐都统咨：陈区三本系东省盗犯，免死发遣新疆为奴，恭逢大赦，不准援免。该犯复在配行窃，逾贯拟绞，秋审缓决减军。该犯系为奴遣犯，在配复行窃犯罪，较内地商民仅在新疆地方犯罪为重，其在配虽逾十年，系前后接壤，亦与在配并无犯罪者不同，应令该都统将该犯陈区三照例调发伊犁等处，核其情节较重，应发往该处给驻防官兵为奴。

老小废疾收赎

奉天司 ○ 道光四年

北城察院移送：陈二因胞侄陈十素不务正，屡次酒醉在街混骂。该犯向其训诫，致被磕伤，该犯气忿用木棍将陈十殴伤身死，将陈二依"叔殴杀侄律"拟杖一百，徒三年。该犯两眼昏朦十有余年，些微见亮，并非两目俱瞽，未便与笃疾并论，而较之仅瞎一目尚能看视之人相去迥别，自应仍以废疾论，免其充徒，照律收赎。

安徽司 ○ 道光六年

安抚咨：临时行强案内待质人犯青黄妹在监染患笃疾，应否收赎。查例载监候待质人犯，强盗不准宽释，又笃疾犯一应死罪，俱各照本律本例问拟，毋庸随案声请各等语。又道光元年，本部核覆直隶省请示案内，以情有可原盗犯恭逢嘉庆二十五年八月二十七日恩诏，重责二十板释放，原指罪状已明者而言，至监候待质盗犯，若将来拿获逸犯，供系该犯为首或入室搜赃，罪在不赦，未便遽准责释。议令酌量监禁二十年，期满责释，其犯事在大赦以后监候待质者，仍不准宽释等因，通行在案。此案青黄妹听从胡六临时行强，据供并未入室搜赃，拒伤事主。因胡六等在逃，无可指证，照例监候待质，于嘉庆十九年题结在案。今据该抚咨称，该犯在监染患笃疾，事犯在大赦以前，应否收赎，咨部核覆。查该犯系例应免死减等发遣、因罪状未明监候待质之犯，倘将来拿获胡六等到案,供系该犯入室搜赃,拒伤事主,则该犯罪干斩决。虽事犯在大赦以前,且已成笃疾,亦系法无可贷,自应照本部前议章程,候监禁二十年限满应行责释之时,准予收赎,此时未便遽议宽释。

安徽司 ○ 道光七年

安抚咨:秋审缓决减等绞犯刘尚纹两腿成笃,查犯罪时未有笃疾,成招后致成笃疾,秋审缓决查办减等。虽无准其收赎明文,然亦并无不准收赎之例。今刘尚纹犯罪拟绞,于成招后染患风瘫,两腿成笃,秋审缓决减流。若因例无收赎明文,仍行解配,不但长途跋涉,苦累堪怜,即到配所,动履维艰,谋生乏术,殊堪悯恻。业既奉旨准其减等,自可推广皇仁,准其依律收赎。

广西司 ○ 道光五年

广西抚题:陈观佑因与叶广生在岭牧牛,叶广生戏将该犯牛只鞭打,该犯不依争闹,叶广生拳殴该犯顶心,并掌批其腮颊跑走。该犯追赶,因其拾石恐被掷打,用刀戳伤叶广生,越八日殒命。查年甫十一之陈观佑,虽被叶广生殴打,惟叶广生年止十四,仅长该犯三岁。核与十五岁以下殴毙人命,死者长于凶手四岁以上之例不符,自应仍照斗殴问拟绞候。

浙江司 ○ 道光八年

浙抚咨:杜花毛戳瞎周守道两目。查周守道前因犯窃拟流发配,该犯在配脱逃,应调发附近充军。惟脱逃回籍后,被殴致成笃疾,自应准其收赎后犯调发之罪,其原犯流罪概行收赎,殊未允协。周守道应准其收赎后犯调发之罪,将该犯仍发原配安置。

浙江司 ○ 道光十二年

浙抚咨:潘陈穷因窃拟流,在配脱逃,应调发附近充军。今于脱逃回籍后,被殴成笃,止应准其收赎后犯调发之罪。该抚将该犯原犯流罪概行收赎,系属错误。潘陈穷应准其收赎后犯调发之罪,其原犯流罪不准收赎,将该犯仍发原配。

陕西司 ○ 道光十二年

陕督咨:杜三娃因窃拟绞减军,在配脱逃被获,例应枷号三个月,仍发原配。惟该犯逃后,被伊兄划伤成废,自应准其收赎逃罪,其原犯军罪应不准其收赎。该督以该犯业已成废,请将该犯军罪上一并收赎,系属错误。杜三娃应准其收赎逃罪,免其枷号，仍发原配安置。

陕西司 ○ 道光十三年

陕督咨：洋县拿获逃军赵正科已成笃疾，查军流人犯老疾收赎之例，系指未经到配者而言，若一经到配虽成笃疾，即不在查办之例。此案赵正科前因索诈赵克昌钱文，审照"蠹役诈赃十两以上例"发近边充军，佥发山东恩县安置。该犯在配脱逃，例应调发边远充军。惟该犯脱逃回籍后，因染患目疾，致成笃疾，自应准其收赎后犯调发之罪，其原犯军罪应不准其收赎。赵正科一犯应仍发原配安置，其后犯调发之罪准其收赎。

广西司 ○ 道光八年

广西抚题：阎十三仔年仅十四，因年已七十六岁之阎正健向斥，该犯分辩，阎正健举掌向殴，该犯跑走，阎正健追赶，该犯拾石殴伤殒命。查阎十三仔虽年仅十四，惟阎正健年已七十六岁，系老幼相殴，应仍照"斗殴杀"问拟，阎十三仔应依"斗殴律"拟绞监候。

给没赃物

四川司 ○ 道光四年

川督题：绵竹县吴荣会因疯砍死王幺娃，复审供吐明晰。查吴荣会系拟绞抵之犯，毋庸著追埋葬银两，所有该督声明仍追埋葬银两、给领营葬之处，应毋庸议。

犯罪自首

广东司 ○ 道光七年

广抚题：朱敬善等共殴致伤黄松柏身死。案内之朱姜志用刀划伤黄松柏，经地保叶允安拉究，复用刀将其拒伤，嗣据闻拿投首。将该犯依"刃伤人加拒捕罪二等"拟杖一百，徒三年，声明损伤于人，律不准首。

本部以拒捕伤人加二等之处，不在不准自首之例，将朱姜志改依"闻拿投首、于本罪上减一等例、于刃伤人加拒捕罪二等、杖一百、徒三年罪"上，减一等，杖九十，徒二年半。

陕西司 ○ 道光九年

乌鲁木齐都统奏：济木萨县丞衙役戴作保等奉票访查失马，向户民盛大训诈赃，致令自戕身死。查吴尚文于事发逃逸，系在未经到官之先，按例不加逃罪，迨后闻拿投首，例应于徒二年半本罪上，减一等问拟。今该都统仍将该犯吴尚文于唐伏满徒罪上，减一等，拟杖九十，徒二年半，系属错误，自应依例更正。吴尚文闻拿投首，应于杖九十、徒二年半本罪上，减一等，拟杖八十，徒二年。

河南司 ○ 道光十三年

河抚咨：登封县流犯郝丙寅等因猺匪滋事，虑及受害，逃回投首。查流犯郝丙寅、王圪娃、王奉五因配所猺匪滋事，乘乱逃回投首，律例并无作何治罪明文。惟该犯等乘乱脱逃，旋回投首，与在监人犯因变逸出投归者事无二致，自应比例问拟，郝丙寅、王圪娃、王奉五应比照"在监遣军流徒人犯、如有因变逸出自行投归者、俱照原犯罪名各减一等例"，各照原犯流罪上，减一等，杖一百，徒三年。

河南司 ○ 道光十三年

湖南抚咨：新田县在配军流人犯王白等因变逸出，自行投归。查在配流犯王白、李三女、杜牛妮、军犯侯兴长实系因变，随同地方官堵御，被贼冲散逸出，今已各自投归，自应比例问拟，王白、李三女、杜牛妮、侯兴长均应比照"在监遣军流徒人犯、如有因变逸出、自行投归者、照原犯罪名各减一等发落例"，杜牛妮应于原犯流罪上减一等。侯兴长于原犯军罪上减一等，减为杖一百，徒三年。王白、李三女原犯流罪，业经减徒，应于满徒罪上再减一等，各杖九十，徒二年半。

广东司 ○ 道光十二年

广抚题：陈亚祥因缌麻服叔陈亚邻失去什物，心疑该犯所窃，向其查问，致相争闹。该犯陈亚祥殴伤陈亚邻身死，解审中途脱逃，于半年限内经伊父陈四英探知纵迹，首告拿获。查律例内并无拟斩监候人犯，解审中途脱逃、经有服亲属于半年限内拿获投首作何治罪明文，惟中途脱逃与在监越狱其情相似，自应比照"一人越狱、半年内如系有服亲属拿首者、照本犯自首、仍依原拟罪名完结例"，将陈亚祥应仍依"殴本宗缌麻尊属死者斩律"拟斩监候，秋后处决。

广西司 ○ 道光十二年

广西抚奏：盐犯许济川系起意行劫、审拟斩决之犯，先经陈亚平邀令同逃不允，并向阻止。嗣陈亚平等扭断镣铐，逸出笼外，该犯知觉，即行声喊，俾得登时全数擒获。核与自行投首之犯供出越狱同伙、于半年内尽行拿获者，尤知守法，自应比例减拟，以示矜全。许济川应比照"同伙越狱、一人投首、供出同伙、于半年内尽行拿获、将自行投首之犯照原罪减一等例”，减发云贵、两广极边烟瘴充军。

河南司 ○ 道光十年

河抚咨：外结案内汤阴县徒犯蔡允辉听从赵和纠抢杨唐氏，尚未奸污。查赵和与杨唐氏本有戚谊，因媒说未允，起意抢夺，并未奸污。即经其父赵殿沅于未经事发之前，将唐氏送回，律同自首法，惟查律例并无作何治罪明文。核与诱拐不知情妇女悔过自首者，情节相同，赵和应比照“诱拐不知情妇人子女、甫经和诱、尚未奸污、即经悔过自首、被诱之人给亲完聚者”，将自首之犯照例减二等；于聚众伙谋素有瓜葛之家、先经媒说未允、因而纠众强抢者，仍按“抢夺强奸未成本例”科断；强抢良家妻女、中途夺回及尚未奸污者，照“已被奸占律减一等、杖一百、流三千里本罪”上，减二等，杖九十，徒二年半。蔡允辉、高玉琢听纠帮抢，虽未一同自首，惟该犯等听纠抢夺唐氏与赵和为妻，无所贪图，惟系该犯各自允从，非人连累，究于强抢嫁卖希图分赃有间。况首犯赵和既已减等，则为从应酌减科断，蔡允辉、高玉琢亦应于赵和徒二年半上，再减一等，杖八十，徒二年。

犯罪事发在逃

广西司 ○ 道光五年

广西抚咨：李老六监禁已逾十年，逸犯无获，无凭质证。此等犯涉强盗，未经拟定罪名、待质并无年限人犯，律例内亦无作何办理明文，请咨部示。查李老六于到案后，或供入室搜赃，或供在外把风，均系游移无据之词。迨后讯明并未上盗，只因供证未确，将其监候待质，案经迭次覆审，据最后所讯供词，该犯竟系无罪之人。自未便照拟遣盗犯，监禁二十年始行发配，应照军流监禁十年之例，将李老六取具确保，暂予省释。

四川司 ○ 道光七年

川督咨：王学俸、万长寿、李小九、杨盛四犯，在湖北东湖县被获，均供曾听从徐大五等结伙抢劫。及解四川巴县审办，又称仅与徐大五等假差讹诈，徐大五旋即在监病故。其时同伙之郑小五等在逃未获，将该犯等监候待质。嗣经纠获郑小五，佥差胡升解往巴县质审，郑小五中途脱逃，亦将胡升监禁，将来纠获郑小五到案质审。如果王学俸等有结盟抢劫情事，胡升倘系受贿故纵，应与囚同罪，均应不准援免。惟检查原册，所有结盟抢劫及假差讹诈等情，均无事主报案，核与事主呈报、到官现犯避重就轻、狡供不承者不同。且该犯等从前均未拟定罪名,例无监禁年限。现在逸犯弋获无期,未便令其永远羁禁,应酌量比照军流人犯监禁十年之例,俟该犯等监禁届满,逃犯无获,即予结释,解役胡升亦与王学俸等一体办理等因。兹据详称胡升疏脱押解人犯郑小五,监候待质十年限满,犯无弋获,自应将该犯胡升遵照部咨,比照军流人犯监禁十年之例,届满逃犯无获,即予保释。

安徽司 ○ 道光十年

安徽抚咨:监禁待质人犯曹四十可否责释,咨请部示。查曹四十听从行窃,拒捕杀人为从、刃伤所得绞罪,业经恭逢大赦,应准援免,加责二十板释放。惟供系在逃之马三下手伤重,难保无避就情事,将该犯照例监候待质,如马三到案,供认属实,该犯即应责释。倘系该犯为首,拒捕杀人,是罪应拟斩之犯,虽在赦前,不准援免。固未便因马三日久无获,将该犯终身羁禁,亦未便将该犯遽照杖罪监禁三年之例,即行保释。查拒捕杀人为从刃伤拟绞之犯,如秋审入于缓决,即未遇大赦,于减等时亦应减军,自只可将该犯按照所减罪名查办。应将该犯曹四十比照军犯待质之例,酌限十年,逸犯有无弋获,再行照例办理。

四川司 ○ 道光十二年

川督咨:监候待质人犯毛老十因正法之朱九九与在逃之川匪铁大五等夺犯伤差,罪在不赦,不准保释,将该犯监候待质在案。兹该犯监禁已届二十年,提讯该犯并未随同抢场拒捕,可否将该犯毛老十保释之处,咨部示覆。查该犯毛老十系川匪抢场拒捕案内监候待质人犯,虽前经恭逢大赦,不准保释。惟现在监禁已届二十年,而逸犯尚未就获,未便仍行监禁,致令久滞囹圄,自应比照"直隶省监候待质盗犯曹七"一体保释,以昭平允。应令该督将毛老十即行取具的保释放,俟缉获逸犯铁大五等质讯明确,再行办理。

亲属相为容隐

湖广司 ○ 道光四年

南抚题:周均友因伊母与伊父口角致令伊父自尽,听从私埋匿报,周均友应依"父为母所杀、其子隐忍、于破案后供明者、照不应重例"杖八十。

湖广司 ○ 道光四年

北抚题:唐受羔因胞兄唐边方用木耙柄向殴,唐受羔夺过耙柄,唐边方扭住唐受羔胸衣，绊跌倒地，唐受羔亦被带跌，压仆身上，致手内耙柄误伤唐边方左太阳殒命。唐礼云系唐受羔之弟，听从私埋匿报，应比照“父为母所杀、其子容隐例”杖八十。

本条别有罪名

安徽司 ○ 道光十一年

安抚咨：汪探沅因小功服侄汪代九黑夜行窃，登时追捕，将其殴伤身死。如汪代九与该犯系属凡人，既非倒地迭殴，亦非拘执擅杀，按例罪止拟徒。今汪代九系该犯小功服侄，按亲属相盗致有杀伤，仍依服制问拟，不得比照“凡人擅杀”科断，则罪应拟流。惟该犯捕殴之时，本在黑夜，系属犯时不知，若遽照服制拟流，不特与明知擅杀者无所区别，且与平人捕殴致毙之案，更觉情重法轻。自应仍照“本应罪重而犯时不知者、依凡人论”，将汪探沅依“事主因贼犯黑夜偷窃、登时追捕、殴打至死者例”杖一百，徒三年。

徒流迁徙地方

贵州司 ○ 道光八年

贵抚咨：兴义县盐犯艾陇等越狱脱逃，前将府经历谢霎树革职，协缉五年，限满定地充徒，奏准在案。兹该革员于协缉限内，闻讣丁优，例应给假回籍。而接奉行知，适值协缉年限已满，将来假满之日，即应照例充徒，可否将谢霎树比照“民人流寓京外、犯该军流徒罪、有应追银两”，将该犯解回原籍。俟追交后，照应配地方发配之例咨明原籍，即在该省照拟发配，咨请核示。经本部照拟核覆。

陕西司 ○ 道光五年

伊犁将军咨称：闲散托灵阿前因酗酒滋事发遣，遇赦释回，理宜安分守法，痛改前非。乃敢仍复酗酒滋事，实属怙恶不悛，应请照例调发。惟该犯系赦后复犯，应加一等问拟，事犯在新疆，照例调发，无可复加，应请将托灵阿先行酌加枷号两个月，满日仍照例调发乌什叶尔羌等处充当苦差，以示儆戒。

河南司 ○ 道光五年

提督咨送：马安良系王府太监，辄行饮醉喧嚷，经首领等约束，复敢恃醉詈骂，实属酗酒不法。查王府呈送太监并无治罪专条，自应比例问拟，马安良应照“下五旗包衣人、经该王门上送部发遣者、即咨送兵部转发牲乌喇例”发打牲乌喇。

陕西司 ○ 道光十二年

镶白满咨：据镇国公奕奎门上，呈送家奴刘树德父子霸产抗租，恳求发遣。查刘树德之子刘廷玺自幼读书，并未种地当差，其霸地抗租，前经罪坐其父兄，自未便一律拟遣，应即酌量问拟，以示惩儆。刘廷玺应革退文生员，比依“下五旗包衣人、经该王门上送部发遣者、由部核准、即发打牲乌喇例”量减一等，拟以杖一百，徒三年。

《刑部比照加减成案续编》卷二

吏律职制

官员袭荫

贡举非其人

举用有过官吏

吏律公式

制书有违

弃毁制书印信

户律户役

人户以籍为定

立嫡子违法

收留迷失子女

禁革主保里长

卑幼私擅用财

户律田宅

盗卖田宅

典买田宅

盗耕种官民田

弃毁器物稼穑等

吏律职制

官员袭荫

四川司 ○ 道光十二年

川督题：丹棱县刘泳兴假冒阵亡外委刘应照之孙，呈请承袭世职，遍查律例并无作何治罪明文，自应比例问拟，刘泳兴比照“世职将抱养族属疏远之人、诈冒承袭、已经到官袭过者、照乞养子冒袭律、发边远充军例”拟发边远充军。

贡举非其人

陕西司 ○ 道光六年

陕抚奏：生员雷寅丙雇倩李印全等作文、商同号军贾世英等传递未成、审明定拟一折。查号军贾世英以在官人役，胆敢听许银两，包揽多卷，设法传递。既用红朱定为号数，又携鸽进场，传出题目，种种诡诈，实属积惯舞弊之人，未便以事尚未成稍从宽纵。贾世英一犯应即改照“夫匠军役人等受财代替传递本例”拟发近边充军，不准量为宽减。刘继铎、王廷献二犯受人怂恿，雇倩传递，原与被骗不同，且已甘心许财，场内见巡查严紧，始生后悔。该抚率引被骗未成之例，将该二犯拟以满杖，亦属宽纵。刘继铎、王廷献应改于“应试生儒用财雇倩传递例”上，量减一等，杖一百，徒三年。

举用有过官吏

浙江司 ○ 道光十年

闽督奏：已革职员王祚恺控告知县浮收勒折。案内之职员潘鸣皋向充山阴县库书，退卯后捐纳从九品职衔，复令伊侄潘玉辉充当库书，潘鸣皋仍在署隐身办事，干预征收钱粮事务，致招物议。较之役满不退者尤重，潘鸣皋应于“役满不退杖一百例”上，量加一等，杖六十，徒一年。

河南司 ○ 道光十四年

本部审奏:已革广东举人陈希之即陈晋三,前因删改呈词,斥革举人,乃不思悛改,复更名陈世基,冒籍直隶入学,已属有心弊混。又代乡人郝骏删削呈词,虽未增减情节,究属不安本分,自应比例加等问拟。陈希之除删改词状、并无增减情节、及冒籍入学各轻罪不议外,应革去生员,比依"斥革监生易名复捐杖一百例"上,加一等,杖六十,徒一年。

山西司 ○ 道光十三年

提督奏送:施云台交部审讯。查施云台原籍浙江山阴,由户部贵州司贴写,保送则例馆供事,得有议叙。自应遵照定例即回原籍,该犯捏称候选,潜匿京城十年有余。虽讯无包揽代交等弊,惟明知定例,胆敢任意逗留,实属玩法。若仅如该御史所奏驱逐回籍,殊不足以厘积弊而示惩儆,自应按例从重定拟。施云台即施国铨,应照"部院书吏役满潜留京师例",革去府经历职衔,杖一百,酌加枷号一个月。

吏律公式

制书有违

陕西司 ○ 道光四年

陕督咨:武殿魁向蒙古台吉索欠殴打。查武殿魁借给蒙古台吉货本银四百两,收利银四百三十二两,按一本一利,计余利银三十二两,罪止坐笞。且实止收银七百五十两,余银尚未入手,亦无违例情事。惟该犯借给蒙古台吉银两,意在重利盘剥,乃因索欠未偿,复恃强凌辱,更属藐法。边疆重地,岂可容此刁恶之徒,但台吉不过一有顶戴之蒙古,非有职守之官,若照"军民殴非本官例"问拟,殊无区别,应请将武殿魁照"违制律"杖笞,加枷号一个月。

安徽司 ○ 道光四年

安抚咨:马大贩卖私硝一案。查满三打造铁锉,需用火硝,因官硝价贵,辄嘱马大留心私硝,图省价值。马大听从贩卖获利,均属违例,惟该犯等买卖私硝,仅止十斤以上,并无作何治罪明文,将满三、马大均照“违制律”杖一百。

山西司 ○ 道光五年

晋抚题:宗四小子与田氏通奸,殴伤本夫身死。案内之宗崇义既盘出伊弟宗四小子殴死田泳然情由,律得容隐。第该犯明知田菁然听从伊弟诬告曹继幅等为正凶,向其索借盘费,虑其供出实情,即行借给银两,非寻常容隐可比,宗崇义应照“违制律”杖一百。

浙江司 ○ 道光九年

浙抚咨:外结徒犯内学识胡元枢听嘱舞弊,将革生谢遴冒顶故生谢祖申更名朦考。查买求选用已未除授者拟军、无关铨选者满杖、则起送之人知情受贿拟军之条,自系指起送选用而言,若生员则无关铨选,起送之人似亦应问满杖之罪。惟已革生员更名冒考,实有上进之阶,若仅拟满杖,似觉情重法轻,自应酌量加等问拟。胡元枢除得赃四两八钱、罪止杖七十不议外,应照“违制律”杖一百,酌加一等,杖六十,徒一年。系书吏舞文作弊,再加一等,杖七十,徒一年半。

陕西司 ○ 道光十年

工科给事中奏:崇文门税局差役杜瑞希图盘获漏税,藉可得赏,辄于距关二里外,将并不进城之家着车辆妄拿押送,并将跟车家人孙兴私行拴锁,事发后复敢逃匿。查崇文门税务曾经钦奉谕旨,饬禁滥行需索扰及行李,该犯胆敢妄拿滋扰,实属违制,应即按律加等问拟,杜瑞应依“违制律”杖一百,加逃罪二等,拟杖七十,徒一年半,加枷号两个月。

四川司 ○ 道光十一年

川督咨:酆都县革盐陈乐山捏控王兴报等私造违禁衣刀。案内之武生何玉生、民人秦仕万止听从陈乐山具呈请减盐价,不知陈乐山诬告私造军器之事,亦非扛帮可比。惟请减盐价非干已事,乃辄听从上控,实属狡诈多事。何王生请革去武生,同秦仕万均比依“军民人等告请之案、并不于己事、请将该原告照“违制律杖一百、再加枷号一个月例”,各加枷号一个月。

广东司 ○ 道光十一年

提督奏送:李世惠案内之已革宿州卫千总王勋用赴任凭札,向高焯押借银两,例无治罪专条,照“违制律”杖一百,业经革职,应毋庸议。

云南司 ○ 道光十二年

北城移送:官松亭向不识姓名人零星买获小本文章,在城内书坊售卖,例内并无治罪明文,将官松亭照“违制律”杖一百。

山西司 ○ 道光十二年

晋抚咨:相沅儿因无盐食偷刮盐土,尚非泡晒成盐,与修畦覆晒售卖者有间,未便即照“私盐律”问拟满徒。惟该州南北二滩,本系特奉谕旨查禁,乃该犯于特奉谕旨查禁之后有心违犯,当此立法之始,若仅照“违制律”杖一百,未免过轻,无以示惩创而杜滋蔓。查律例并无偷刮奉禁盐土、希图自食、尚未泡晒作何治罪明文,自应酌量加等问拟,相沅儿应于“违制律杖一百罪”上,加一等,杖六十,徒一年。

弃毁制书印信

安徽司 ○ 道光八年

安抚奏:刘介系受卷所承办书手,管理墨卷是其专责。乃因受卷时人多拥挤,不及清查,以致遗失汤镕等二三场墨卷各一本。例无治罪专条,惟墨卷收受在官,即与官文书无异,应比依“遗失官文书律”杖七十。

湖广司 ○ 道光十一年

南抚咨:解役蓝玉因奉派押解徒犯郝玉学,致郝玉学中途脱逃,该犯并不据实禀报,辄敢偷挖刑房旧存护票印花,粘贴回照销差,虽与诈为各衙门印信文书者不同。惟将官文书印信挖毁,与弃毁无异,该抚将该犯照“盗官文书律”量减问拟,未免轻纵。蓝玉除押解徒犯脱逃杖六十轻罪不议外,应改照“弃毁官文书杖一百律”杖一百。

江苏司 ○ 道光十四年

苏抚咨:浙江差弁所赍折匣,系关入告机密重件,王小麻子撬窃,固属犯时不知。迨经解看,见有黄绫拜匣夹板,即已非寻常公文,乃不即送还,辄敢撩弃他船,仍将黄绫包袱连带取去,情节较重。惟折匣已获,查无损失,应比照“弃毁官文书、事干军机绞候律”上,量减一等,拟杖一百,流三千里,仍尽窃盗本法刺字。

户律户役

人户以籍为定

安徽司 ○ 道光四年

安抚奏:六安州捐职州同余蟠呈控廪生周合等阻考一折。查该州绅士先后讦告余蟠之祖余通海抬轿营生及余单氏与人帮工之处,均系平民谋食之常,例不禁其捐考。惟所禀余蟠曾祖母余缪氏花鼓卖唱一节,查礼部及科场各例并无花鼓卖唱之子孙应否准予捐考明文。第以妇女而行歌卖唱,其托业已属卑贱,若使其子孙竟得滥厕士林,似无以别流品第。即照娼优隶卒之例,子孙永远不准捐考,究与实在娼优隶卒不同,衡情亦未平允。察核余缪氏之花鼓卖唱比之乐户、丐户,事属相类,余蟠应比照"削籍之乐户、丐户例",以改业之人为始,下逮四世,清白自守,准予报捐应试。余蟠系余缪氏曾孙,其祖余通海即经改业,现在本族亲支俱清白自守,逮至余蟠尚止三世,应与其弟余步蟾等均不准其捐考。所有原捐职员监生均请斥革。其余蟠之子已逮四世,寄籍六安,又在六十年以外。年例相符,应准其即在该州入籍捐考。

陕西司 ○ 道光七年

陕督咨:循化厅革生马文秀私雕学记,伪造假票书信,向新进生员吕凤鸣行诈。查吕凤鸣之父吕孟臣,迁居循化年久,于嘉庆六年置产纳粮,至今已逾二十年,例得入籍。吕凤鸣生长循化,年甫二十,讯无回籍跨考情事,其父吕孟臣前未呈明入籍,姑念循化地处边外,不知定例,新生吕凤鸣更属年幼,应请从宽,免其置议。

立嫡子违法

福建司 ○ 道光八年

提督咨:王二起意捏充民人,将子二成继与陆杨氏为嗣,复悔过领回。讯因生子不能抚养起见,情尚可悯。惟身系旗人,捏称民籍,将子继与民妇,虽称悔过领回,究干禁令,应照"不应重律"杖八十。

收留迷失子女

广西司 ○ 道光七年

提督咨：薛大收留马大姐儿，并不即时送官，辄因贫苦，将其卖身为婢，虽卖而未成。查律无减等明文，惟该犯将马大姐儿交与刘三给主瞧看，业经出门，即与卖成无异，自应按律问拟。薛大合依"收留迷失子女、卖为奴婢律"杖一百，徒三年。

河南司 ○ 道光七年

河抚咨：荥泽县张有亮听从伊妻张王氏，图卖收留逃妇李沈氏未成，张王氏畏罪自尽。查张有亮听从伊妻王氏图卖收留在逃之沈氏未成，仍应罪坐夫男。惟未卖与已卖有间，张有亮合依"收留在逃子女卖为妻妾杖八十、徒二年律"上，量减一等，杖七十，徒一年半。李沈氏合依"被卖在逃之人减一等律"，于张有亮杖七十、徒一年半罪上，减一等，杖六十，徒一年。

四川司 ○ 道光八年

提督咨：阎五等因同主使女玉梅逃出，经伊主令该犯等跟追寻见，辄敢起意藏匿，欲行聘嫁。惟玉梅系自行逃走，并非该犯等引诱，其起意聘嫁，尚未觅有娶主。迨伊主控发，该犯等即将玉梅送回，尚知畏法，自应按例减等问拟，阎五合依"收留在逃子女卖为妻妾者"杖八十，徒二年；若在逃奴婢，减良人罪一等，未卖再减一等，其闻拿投首，又得减一等，应于本罪上统减三等，杖一百。刘和尚、张二系属为从，应于阎五杖一百罪上，减一等，杖九十。该犯等均系玉梅同主雇工，伊主饬令追寻，辄敢商同藏匿，若仅照律拟杖未免轻纵，阎五、张二、刘和尚均酌加枷号一个月。

四川司 ○ 道光十二年

提督咨：曹三收留冯大在逃之义女黑妞，并不送官，辄即主婚，私聘与朱大为妻，业已成婚。讯无图得财礼情事，自应照律量减问拟，曹三应于"收留在逃子女卖为妻妾者杖八十、徒二年律"上，量减一等，杖七十，徒一年半。黑妞合依"被卖在逃之人减一等律"，于曹三杖七十、徒一年半罪上，减一等，杖六十，徒一年。

河南司 ○ 道光十三年

河抚咨：祥符县王沅因俞连成潜逃在外，收卖为优，即与卖为奴婢无异。第尚未立契交价，自应比照酌减问拟，王沅应比照"收留在逃之女卖为奴婢杖九十、徒二年半律”上,减一等,杖八十,徒二年。

禁革主保里长

河南司 ○ 道光七年

河抚咨:获嘉县已革武生王廷举捏写传单,希图设局包办钱漕杂差息讼,从中渔利。王廷举应比照“各处人民妄称主保、小里长、保长、主管、甲首等项各色生事扰民者杖一百、迁徒比流减半、准徒二年律”杖一百,徒二年。贺万超代改传单,另誊转递,即属为从,应于王廷举罪上,减一等,杖六十,徒一年半。

卑幼私擅用财

湖广司 ○ 道光六年

南抚咨:僧倡莲自幼投拜僧文元为师,系属同居共财,窃取伊师银二百七十两,比照“卑幼私擅用本家财物者、十两笞二十、每十两加一等、罪止杖一百律”杖一百。

户律田宅

盗卖田宅

四川司 ○ 道光十四年

提督咨:宗八雇给祥高氏家看守坟地,辄敢将坟后余地一亩私行盗卖。遍查律例并无看坟人盗卖坟后余地作何治罪明文,自应比例问拟,宗八应比照“子孙盗卖义田、照盗卖官田律治罪例、盗卖他人田一亩笞五十、官田加二等杖七十律”杖七十,酌加枷号两个月。

湖广司 ○ 道光十一年

湖督咨:枫林二湖淤出草坪,久已奉准部覆,断作官荒,只准业户及附近居民牧牛,毋许割草售卖。徐东青因柴草茂盛,起意占割,实属强横。惟究系徐姓有分私业,奉断入官,与平空强占官民湖业者有间,徐东青合依“强占官湖杖一百、流三千里律”上,量减满徒。

福建司 ○ 道光十四年

福抚咨:周泳开占住周果满房屋,又占收其租谷数年之久,且计田一百五十石之多,未便照“侵占他人田宅、罪止杖一百、徒二年”科断,应比照“侵占官民山场湖泊者杖一百、流三千里律”杖一百,流三千里。

浙江司 ○ 道光九年

浙抚咨:吴阿碌等在禁山凿石烧灰,例无在郡城禁山内、采石烧灰作何治罪专条,自应比照酌减问拟。王鹤林等前充县书,得赃包庇,若仅计赃科罪,尚觉轻纵,均应一律问拟。吴阿碌等与王鹤林等均比照“西山一带、密迩京师地方、私自凿石烧灰拟军例”量减一等,各杖一百,徒三年。

浙江司 ○ 道光九年

浙抚奏:庄耀贵明知南田系属禁山,辄敢主令伊侄庄良信等擅入该山洋面捕鱼,因庄良信等畏惧巡拿,该犯复亲往包庇,并敢于弁兵查拿时挺身抗拒,殊属不法。查律例内并无营兵包庇违禁采捕作何治罪专条,自应比例问拟,庄耀贵应比照“近边军民人等擅自入山、将应禁林木砍伐未得者杖一百、徒三年例”上,加拒捕罪二等,杖一百,流二千里。庄良信系庄耀贵之侄,其违禁采捕由庄耀贵主使,陈开佑等均系受雇水手,明知违禁,听从前往,均属不合,应各照“不应重律”杖八十,加枷号一个月。

安徽司 ○ 道光六年

安抚咨:张洪义雇给润昌看坟,润昌将坟旁祭田二十余亩给伊耕种,该犯因贫先后盗卖祭田十一亩。查看坟人盗卖坟地,律例内并无治罪专条,惟例内看坟人盗卖坟树与子孙罪同。今盗卖坟地,亦应比照“子孙盗卖祀产”定拟,将张洪义比依“子孙盗卖祀产、照盗卖官田律治罪、盗卖官田一亩杖七十、每五亩加一等律”杖九十,酌加枷号一个月。

山西司 ○ 道光十二年

户部咨:张文贵呈控杨汝潍争夺租地,将杨志文送部治罪。查杨志文收受杨汝潍定银三百两,当时并未回明伊主,辄即写给租字。迨经伊主派令偕同曾得喜前往天津,将地册付交张文贵,仍复隐匿不言,实属罪有应得。惟该犯仅止写立租字,并未将定银侵蚀，究与私自盗卖有间，自应比例问拟，杨志文应比照“盛京家奴人等私自盗卖伊主田产至五十亩者、发边远充军例”上，量减一等，应杖一百，徒三年。

典买田宅

江西司 ○ 道光六年

江西抚咨：景星描摹印信，伪造假串，诓骗汪祖芬等钱粮。查汪祖芬等应完钱粮，并不亲身赴柜投纳，混交景星代完，致被诓骗，比照“税契交匪人代投、致被假印诓骗例”杖八十。

盗耕种官民田

贵州司 ○ 道光五年

户部咨：张广泰呈控文生员金致中霸种地亩。查金致中分种郭玺田土，因郭玺病故，该犯冀图永远承佃，辄令地主佛尼音保写立准推不准留字据。讯无霸占情事，金致中应比照“盗种他人田者、一亩以下笞三十、每亩加一等、罪止杖八十律”杖八十，已革衣顶，不准开复。

弃毁器物稼穑等

安徽司 ○ 道光八年

安抚咨：罗泳发揽装商人引盐，中途盗卖，虑被查出，凿船进水，计图掩饰，以致盐被淹消。查该犯盗卖引盐估银九十三两零，又淹消盐斤估银一千三百五十六两零，系商人领引自行运销，与官物有别，应照“弃毁他人器物”计赃科罪。虽事后认赔，以船作抵，尚不及数，且系不可赔偿之物，应从重依“弃毁人器物、罪止满流律”拟以满流。

四川司 ○ 道光十三年

川督咨：巴县已革职员周子焘因挟邓发先不允借钱之嫌，辄敢同伊弟周子勋，将其过水灌田石坝堤埂打毁，复不遵伊父周贵教令赔修，并贿嘱工书李儒林少报打毁石堤丈尺，实属恃符不法，自应比律问拟。查邓发先石坝堤埂系在堰塘之外，周子焘等将其石坝堤埂打毁，并未损及堰塘，与故决陂塘不同，计邓发先修砌石堤工费钱一百六十五千三百余文，照例合库平银一百六十五两三钱零，坐赃折半科罪，应杖一百；违犯伊父教令,亦应杖一百;其用钱六千文贿求工书李儒林少报打毁石坝堤埂丈尺,计赃科断,罪止笞三十,自应从其重者论。已革考职未入流职衔周子焘即周攀桂,比依“毁损人房屋墙垣之类者、计用修造雇工钱坐赃论、折半科罪、八十两杖一百律”杖一百。周子勋听从伊兄将邓发先石坝堤埂打毁,系属侵强于人,应以几人为从论,周子勋应于周子焘杖一百罪上,减一等,杖九十。

《刑部比照加减成案续编》卷三

户律婚姻

男女婚姻
典雇妻女
逐婿嫁女
居丧嫁娶
娶亲属妻妾
娶部民妇女为妻妾
强占良家妻女
出妻

户律婚姻

男女婚姻

广东司 ○ 道光十二年

提督咨:田李氏因伊婿刘连元外出不回,辄起意将伊女刘田氏改嫁未成,例无作何治罪明文,自应比照问拟,田李氏应比依"许嫁女、若再许他人未成婚者、女家主婚人杖七十律"拟杖七十。

陕西司 ○ 道光十一年

陕抚咨:王杜儿聘定屈全经之女屈氏为妻,未及完婚,旋即远赴口外。虽逾十年未归,曾经寄信回家,云在北口伊伯王进毡房生理,并非逃亡无著。该前县段令并未关查,即照夫逃亡三年不还之例,断令屈氏别行改嫁,以致屈全经主婚,将屈氏另嫁王万春为妻,诚如部示,实属错谬。本应照律将屈氏断归前夫王杜儿,惟现据王杜儿以屈氏业已失身生子,不愿完聚,究诘再三,实系出于情愿,并非勉强,应请照"前夫不愿、倍追财礼给还之律"定断。查王杜儿原给屈全经聘礼银六十两,屈全经前已缴贮县库,今屈全经已故,应在王万春名下再追银六十两共银一百二十两饬给王杜儿具领,以便另娶。屈氏仍归王万春完聚,王万春承娶屈氏为妻,系在经官审断之后,讯无谋买占夺情事,尚可免其置议。

直隶司 ○ 道光十年

直督咨:李田氏呈控王君召将女悔婚另许,郝贵知情强娶。查郝贵明知例应断归前夫,辄敢抢先强娶成婚,若照"后定娶者知情与同罪律"问拟,未免轻纵,将郝贵比依"女家悔盟另许、其妇断归前夫、而女家与后夫夺回者、照强夺律"杖一百,徒三年。

典雇妻女

浙江司 ○ 道光五年

闽督奏:胡老满因贫将妻周氏捏为孀妇,托媒说合,卖与参革都司袁在煓为妾,应比律问拟,胡老满应比照“将妻妾作姊妹嫁人律”杖一百。

浙江司 ○ 道光十四年

浙抚奏:黄万安因贫将妻章氏捏作孀居弟妇,浼金文相辗转说合,卖与余姚县知县疏筤作妾。嗣欲往探借贷,因无人引领入署,该犯即串嘱妻叔章礼庆出名具控疏筤买娶有夫之妇,希图讹索,实属狡诈。黄万安应比照“将妻作姊妹嫁人杖一百律”上,加一等,杖六十,徒一年。

江苏司 ○ 道光六年

苏抚咨:宋添观将妻张氏卖休钱元吉为妾,因当日立据时嫌价不足,经原媒谈宝云言明,俟张氏生子后,再令钱元吉致送钱文,嗣该犯因闻张氏业已生子,往向钱元吉索借未允,辄起意纠同张赔观等将张氏抢回,希图勒赎。遍查律例并无将妻嫁卖生子、因向娶主索取钱文未允、复行抢回勒赎作何治罪明文,自应比例酌量问拟,宋添观除将妻卖休轻罪不议外,比照“将妻妾作为姊妹嫁卖、中途邀抢、发近边充军例”上,量减一等,杖一百,徒三年。

山东司 ○ 道光四年

东抚咨:秦所雁将义女秦氏卖与李同中为妾,骗财之后复敢纠邀杜臭等帮同抢卖,殊属不法。第秦氏系秦所雁夫妇自幼抚养成人,恩义无异亲生,与平人纠抢不同。遍查律例并无抢夺义女已成、为从帮抢之犯作何治罪明文,自应比例问拟,杜臭一犯应比照“将亲女嫁卖与人作妻妾名色、骗财之后聚众邀抢者、发近边充军、同谋邀抢者罪同例”拟发近边充军。

逐婿嫁女

浙江司 ○ 道光四年

提督咨:曾胜功之妻曾周氏因夫患病食用无资,起意商同阎王氏将伊女李曾氏嫁卖与郭振疑为妻。遍查律例并无父母嫁卖有夫之女、与人为妻作何治罪明文,自应比照问拟,曾周氏应比照“逐婿嫁女律”杖一百。阎王氏应照“嫁娶违律、媒人知情者、减主婚一等律”杖九十,均照律收赎。

四川司 ○ 道光五年

川督咨:蓬溪县陈冯氏听从已革武生何联海买娶伊女黄陈氏,逼令本夫黄贵德休弃,即与逐婿嫁女无异,陈冯氏应照"逐婿嫁女杖一百律"杖一百。

河南司 ○ 道光七年

河抚咨:柘城县王有与缌麻表兄辛士修之妻辛刘氏通奸,经辛刘氏之母刘三妞查知,并不将女送回夫家,辄因贫难度,即将刘氏许嫁与刘彦章为妻,尚未成婚。律无作何治罪明文,自应比照问拟,刘三妞应比照"逐婿嫁女杖一百、未成婚减五等律"笞五十。

陕西司 ○ 道光十年

陕抚题:罗西京殴伤申呼氏身死。案内之申洪将已嫁之女又令改适,例内并无治罪专条,应比照"逐婿嫁女杖一百律"杖一百。

居丧嫁娶

河南司 ○ 道光四年

河抚题:正阳县黄马氏以女杨黄氏少寡无子,先经劝嫁不从,嗣因其女孤独无依,辄托冯则周作媒,劝逼再醮,以致杨黄氏不甘失节,投缳自尽。黄马氏应比照"孀妇自愿守志、母家抢夺强嫁、不甘失节因而自尽者、不论已未被污、父母杖一百、徒三年例"上,酌减一等,杖九十,徒二年半。

浙江司 ○ 道光四年

浙抚咨:朱兆介图娶孀妇余胡氏为妻,逼令氏母胡吴氏收受财礼不遂,希图强娶,将氏伯余组喜关禁,勒写婚书,致胡吴氏气忿自尽。例无作何治罪明文,自应比照问拟,朱兆介应比照"孀妇情愿守志、如有用强求娶、逼受财礼、因而致令自尽者"发近边充军。

湖广司 ○ 道光十年

南抚题:黄德修因贫将妻陈氏强行嫁卖,致令自缢身死,比照"孀妇自愿守志、夫家强嫁、不甘失节因而自尽者、夫之父母杖一百、徒三年例"杖一百,徒三年。

安徽司 ○ 道光十一年

安抚题:曹玉书因贫病交迫,将妻曹陈氏嫁买,嘱令娶主王潮富抢回成婚,致氏羞忿自尽,律例并无恰合正条。惟因卖休,致被抢娶,不甘失节,因而自尽,与孀妇自愿守志、抢夺强嫁、不甘失节因而自尽者无异。夫有专制之义,与夫之祖父母、父母相同,将曹玉书比照“孀妇自愿守节、夫家抢夺强嫁、孀妇不甘失节因而自尽者、夫之祖父母父母杖一百、徒三年例”拟杖一百,徒三年。娶主王潮富应照“娶主知情同抢”,减亲属罪一等。媒合人王祥等应照“嫁娶违律、媒人知情”,减犯人罪一等,均于曹玉书满徒上,减一等,各杖九十,徒二年半。

河南司 ○ 道光十四年

河抚咨:浚县陈法禄等逼娶傅贤姐未成,致令服卤身死。查陈法禄央媒路居妮,向傅良仁聘娶其女傅贤姐为妻,虽经傅良仁之妻苏氏允许,尚未聘定。嗣傅良仁因陈法禄年齿不当,不肯许亲,陈法禄与路居妮声言控告,强纳财礼,致傅贤姐畏累服卤身死。核其情节,既与寻常因事威逼人致死者不同,而其母本已许亲,又与用强求娶、逼受财礼、致令自尽者有间。遍查律例并无作何治罪明文,自应比例量减问拟,陈法禄应比照“妇人情愿守志、别无主婚之人、如有用强求娶、逼受财礼、致令自尽者、发近边充军例”上,量减一等,杖一百,徒三年。

娶亲属妻妾

陕西司 ○ 道光九年

陕督咨:洮州杨宗德娶缌麻服弟之妻杨毋氏为妾,系氏翁杨锦椿主婚。查杨毋氏听从翁命,律得不坐,而杨锦椿系杨宗德缌麻服叔,即属馀亲,按律应分别办理。今该督以杨宗德娶缌麻服弟妻,系伊翁主婚,照例不坐,殊属错误,应即更正。杨宗德应改依“娶同宗缌麻亲之妻杖六十、徒一年律”,系馀亲主婚,该犯为从,应减一等,杖一百。惟事犯到官在恩诏以前,杨毋氏系控告故夫父母干名犯义,所得徒罪不准援减,仍照律收赎。杨宗德杖罪系属内乱,不准宽免。

河南司 ○ 道光十二年

河抚咨:王方第系张方氏故夫张方旭缌麻表兄,张方氏因夫故子幼,起意招赘王方第为夫。曾向张方旭之叔张鸣岗告知,央令主婚不允,自行作主成婚,应科以嫁娶违律之罪,均比照“娶同宗缌麻亲之妻律”杖六十,徒一年,并离异。

娶部民妇女为妻妾

贵州司 ○ 道光八年

贵抚咨:威宁州吏目刘芳晖买在配军犯之女作妾。查吏目有专管军犯之责,即与州县之干部民无异,应比照"州县亲民官任内、娶部民妇女为妾者律"杖八十。该参员身为职官,辄娶军犯之女为妾,实属有玷官箴,业经革职,应毋庸议。

强占良家妻女

云南司 ○ 道光十年

云抚题:刘连生听从伊父刘三长子强抢龚三妹,奸占为妻。遍查律例并无起意强夺良家妻女、尚未配与子孙、而其子孙强逼奸污作何治罪明文,将刘连生应照"强夺良家妻女奸占为妻律"拟绞监候。刘三长子于龚俸沅拦阻时,将其推按,即属拒捕,应照"抢夺拒捕、未经成伤之首犯例"发近边充军。

安徽司 ○ 道光十三年

安抚咨:黄三杰起意纠抢陈韩氏嫁卖未成。查陈韩氏夫故改嫁,与良妇无异,例无强夺良家妻女图卖未成作何治罪明文,惟抢夺嫁卖与占为妻妾罪名同一,拟绞。强夺奸占之犯既因并未奸污得以减等,则图卖未成之犯亦应比例减等科断,将黄三杰比照"强夺良家妻女、尚未奸污、照已被奸占律、减一等例",于卖与人为妻妾绞罪上,减一等,拟杖一百,流三千里。

河南司 ○ 道光七年

河抚咨:新蔡县高魁陇等强抢田周氏已成。查高魁陇欲娶田周氏为妻,先央田老虎向田万年媒说未允。嗣探知周氏出外探亲,起意强抢,纠同田老虎中途将氏强抢回家,尚未奸污。按照强夺良家妻女未被奸污,罪止拟流,惟该犯因田周氏哭喊,辄用铁条拒伤田周氏左胯平复,应依"抢夺伤人例"拟军,自应从重问拟。高魁陇合依"抢夺伤人、伤非金刃、伤轻平复之首犯",改发极边烟瘴充军。

河南司 ○ 道光十年

河抚题:郑州赵幅因图占已故胞叔赵庭柱产业,逼嫁赵庭柱之妾赵李氏未成,致氏不甘失节,忿迫自缢身死。该犯与李氏并无服制,又无尊卑名分,自应以凡人论。惟律例内并无图占产业逼嫁、致孀妇不甘失节、忿迫自尽作何治罪专条,赵幅应比照"强夺良家妻女、未被奸污、因而自尽绞例"拟绞监候。

山东司 ○ 道光十年

东抚咨:李三更因朱邵氏夫故,欲娶为妻。先央蔡明荣等媒说未允,纠邀刘孟田等强抢回家,并未成奸。旋因闻控畏惧,复央伊嫂李周氏等,将朱邵氏送还,按例减等,罪止拟徒。惟朱邵氏行至庄外,遇见李三更,触起被其强抢,一时羞忿,抱女投井,以致幼女淹毙。遍查律例并无恰合正条,第查强夺良家妻女未被奸污自尽,照"强奸未成、本妇羞忿自尽例"拟绞,其亲属羞忿自尽者,照"本妇自尽例"问拟。今朱邵氏幼女,虽非死于羞忿,究由朱邵氏被李三更等抢夺、羞忿投井所致,李三更应比照"强夺良家妻女、未被奸污而妇女自尽、照强奸未成、本妇羞忿自尽、拟绞监候例"拟绞监候。

陕西司 ○ 道光六年

陕抚咨:王运发图财强嫁弟媳王李氏,致氏自抹身死。查例载尊长图财、强卖卑幼、致妇女不甘失节因而自尽者、期功尊长发近边充军等语,例称不甘失节因而自尽者,系专指贞妇而言,如妇女业已犯奸,自不得与贞妇并论。此案王运发因图财强嫁弟妻李氏,以致李氏自尽。查李氏曾产私孩,而供内又有即欲改嫁、不便王运发主婚之言,是该氏既未尝无改嫁之心,即与不甘失节以致自尽者不同。该抚将王运发依"尊长图财、强卖卑幼、妇女不甘失节因而自尽例"拟军,殊与例义未协,自应比例酌减问拟。王运发应比照"尊长图财、强卖卑幼、如妇女不甘失节因而自尽、期功尊长发近边充军例"上,量减一等,拟杖一百,徒三年。

河南司 ○ 道光十一年

河抚题:鄢陵县丁驴系赵丁氏无服族侄,图得财礼,强逼赵丁氏改嫁不从,即将赵丁氏殴伤,致氏不甘失节,抱忿自缢身死。遍查律例并无卑幼强逼疏远尊长改嫁、致令自尽作何治罪明文,惟该犯强殴逼嫁,凶状昭著。且因图得财礼起见,实与图财抢卖情事相同,自应比例问拟,丁驴应比依"谋占资财、贪图聘礼、疏远无服亲族、抢卖尊长者"拟绞监候。如妇女不甘失节因而自尽者,疏远亲族仍照本例,拟绞监候。

浙江司 ○ 道光九年

浙抚咨:方主姑起意抢卖大功弟妾,例无治罪明文,将方主姑依凡人科断。本部查抢卖大功卑幼之妻,未被奸污,罪止拟徒,岂抢卖大功卑幼之妾,罪名转重?该抚将方主姑依凡人定拟,殊未允协。方主姑应比照"尊长图财、强卖卑幼、系期功杖二百、流三千里、未成婚者减一等例"拟杖一百,徒三年。

河南司 ○ 道光十二年

河抚咨:吴二老经听从许效曾纠抢王氏嫁卖。查王氏系许效曾已故胞弟许白孜之妻，吴二老经伙抢已成，尚未奸污。惟该犯于拉抢王氏之时，王氏挣抵失手，致伤手抱幼女足孜，跌地磕伤身死。罪坐所由，应以吴二老经拟抵。例无凡人听从有服尊长、抢嫁卑幼之妇、致毙人命作何治罪明文，吴二老经应依“罪人拒捕、杀所捕人律”拟斩监候。许效曾于吴二老经抢夺王氏，致伤足孜身死，殊非该犯意料所及，仍依“期功尊长、图财强卖卑幼之妇、未成婚者减一等例”拟杖一百，徒三年。

云南司 ○ 道光十一年

提督咨：康赵氏先将女卖给祥麟为妾，因祥麟患病，该氏起意将女转卖与宗室常山，伊女不允，该氏商同当由强抢，虽未成婚。惟例内并无亲母将嫁女强夺另卖明文，康赵氏应比照“尊长图财、强卖卑幼、系期功杖二百、流三千里、未成婚者减一等例”拟杖一百，徒三年。常山照“为从本律”问拟。

安徽司 ○ 道光十一年

安抚题：祁刘氏图得夫妾祁王氏所分财产，用强嫁卖，尚未成婚。查妾与正妻服属期年，将祁刘氏依“尊长图财、强卖卑幼、系期功杖一百、流三千里、未成婚者减一等例”杖一百，徒三年。

湖广司 ○ 道光四年

北抚咨：钱在桐等于郑老幺伙谋抢夺路行妇女贩卖，仅止事后知情，因郑老幺等未获，监后待质。该抚以该犯系未定罪名之犯，并无监禁年限，比照“强夺良家妻女奸占首犯”，罪应绞候，其被逼诱随行，止于帮同扛抬，减绞罪五等例，拟杖七十，徒一年半。俟五年限满无获，即照所拟罪名办理，以免久羁，请示照覆，以接准部覆之日起限。

安徽司 ○ 道光十三年

安抚咨：韩海纠同王效参等抢夺路行妇女姬焦氏已成。查在途抢夺妇女与入室抢夺妇女，情事虽有不同，强暴则无二致。例称入室抢夺妇女，一经抢获出门，即属已成，岂在路抢夺拉走、独得末减之理？应将韩海依“聚众伙谋抢夺路行妇女已成为首例”拟斩立决。王效参依“为从例”拟绞监候，均已监毙，应毋庸议。

山东司 ○ 道光四年

东抚题：张玉起等听从姜兴旺抢夺良妇张氏已成，该犯等临时畏惧逃回，并未同抢。遍查律例并无聚众伙谋抢夺路行妇女、同谋未经同抢之犯作何治罪明文，惟抢夺犯奸妇女条内,有同谋未经同抢者,于"为从满流罪"上,减等拟徒。今张玉起等虽经同伙同往,临时究未同抢,若遽照为从之例,概拟缳首,未免无所区别,自应比例减等问拟,张玉起等均应于"聚众伙谋抢夺路行妇女、为从绞罪"上,量减一等,杖一百,流三千里。

河南司 ○ 道光五年

河抚咨:虞城县革役齐保太纠众伙抢张张氏已成。查齐保太身系革役,胆敢纠众强抢良妇,较之平人纠抢妇女之案情节尤重,自应从严惩办。齐保太合依"聚众伙谋于素无瓜葛之家、入室抢夺妇女、一经抢夺出门、即属已成、审实不分得财与未得财者为首例"拟斩立决,应加拟枭示,以昭炯戒。姚成士虽讯无听纠同抢情事,第于邱志仁告知抢情,不即赴官指告,辄图分受身价,听从媒合。例内并无媒证知情说合作何治罪明文,自应酌核问拟,姚成士应比照"抢夺妇女已成、知情故买者、减正犯罪一等例"减一等,杖一百,徒三年。

河南司 ○ 道光十四年

河抚题:虞城县崔沨各、李三听从种五,纠同袁弟二等伙众五人,将素无瓜葛之李丙义婢女吴氏抢卖与师九舟为妾,应以抢夺良女论。李三系李丙义无服族侄孙,例无抢夺无服尊长婢女从犯作何治罪明文。但抢夺妇女嫁卖分肥,情节较重,应即与凡人一例科断,崔沨各、李三均合依"聚众伙谋于素无瓜葛之家、抢夺妇女已成、为从者绞监候例"均拟绞监候,秋后处决。

山东司 ○ 道光七年

东抚咨:郭全起意纠邀郭双林等抢夺张氏已成,闻控畏惧送还,复又闻拿投首。讯明并无奸污情事,自应按律减等问拟,郭全合依"聚众伙谋抢夺妇女已成、为首斩立决罪"上,比照"强盗人财物、知人欲告、于财主处首还、减二等律",该犯又闻拿投首,照例再减一等,共减三等,应杖九十,徒二年半。

奉天司 ○ 道光八年

吉林将军咨:阎庭幅等听从从犯刘文彩纠约,抢夺郭丁氏已成,惟该犯等于首犯刘文魁将丁氏抱出,该犯等同至门首,畏惧走回。核与入室帮抢架拉者不同,亦与知情听纠者有间,自应量减问拟,阎庭幅等于刘文彩抢夺妇女为从军罪上,量减二等,杖九十,徒二年半。

安徽司 ○ 道光十三年

安抚咨：蔡沨见马刘氏之女马文姐少艾，起意抢卖，即商允郑魁入室强抢，尚未出门，即被徐明敬等拦阻逃逸，系属抢夺未成。查该犯首从仅止二人，例无并非伙众抢夺未成治罪明文，自应比例量减问拟，将蔡沨比依"聚众伙谋于素无瓜葛之家、图抢入室、未将妇女抢获者、首犯拟绞例"上，量减一等，拟杖一百，流三千里。郑魁再减一等，杖一百，徒三年。

山西司 ○ 道光四年

中城察院移送：王牛子喊告秦大等进屋殴抢。查秦大起意图奸王牛子，邀同麻九儿往抢。适遇周顺儿向麻九儿讨取借衣，该犯等亦冀邀往助势，捏称至王牛子家取给，令其同往，即与聚众伙谋无异。惟王牛子曾与李大鸡奸，该犯等前往伙抢，尚未抢带出门，自应照"抢夺犯奸妇女未成例"问拟。秦大除与李大争殴、乘便抢夺绵被、及殴打坊役梁大、讯系口角起衅、轻罪不议外，应比照"聚众伙谋抢夺犯奸妇女未成、首犯杖一百、流三千里例"杖一百，流三千里。

安徽司 ○ 道光十二年

安抚咨：高士美纠抢被田梦奸拐之妇刘陈氏未成，致田梦、刘陈氏自戕身死。查刘陈氏、田梦系奸拐罪人，其自戕殒命，究因该犯纠抢所致，若仍照"抢夺未成本例"科断，未免与抢夺犯奸妇女未成、并未致酿人命者无所区别，将高士美依"聚众伙谋抢夺犯奸妇女未成杖流例"上，加一等，发附近充军。

河南司 ○ 道光四年

河抚题：洛阳县宋帼和纠抢犯奸妇女莺女，放枪致伤王松印身死。查宋帼寿、张来、马六、杨明、韦六听纠帮抢，殊属不法。第该犯等抢自霸留奸占之王松印家中，既与由奸妇家中抢出及中途强抢者不同，而该犯等抢出之后，仍将莺女送回原住空窑，亦与抢回已家及藏匿别处者有间，且不知宋帼和等争闹情事。遍查律例并无由奸夫家内抢夺犯奸妇女已成、仍送回奸妇家内治罪专条，宋帼寿、张来、马六、杨明、韦六均应于"聚众伙谋抢夺犯奸妇女已成、为从帮抢流罪"上，量减一等，杖一百，徒三年。

河南司 ○ 道光四年

河抚咨：永城县李合金起意纠邀韦广全等在途强抢张氏，欲图嫁卖渔利，实属不法。惟张氏被本夫孙布文嫁卖与王洪礼为妻，系卖休之妇，即与犯奸妇女无异，李合金应比照“聚众伙谋抢夺犯奸妇女已成例”，首犯改发云贵、两广极边烟瘴充军。

湖广司 ○ 道光九年

北抚咨：郑常纠抢陈潮畛卖休之妇夏氏已成，复因夏氏不肯行走，将其殴伤。夏氏甘心卖休，有夫更嫁，即与犯奸无异。郑常比照“聚众伙谋抢夺犯奸妇女已成、无论在途在室、首犯改发云贵两广烟瘴充军例”，加拒捕罪二等，仍改发云贵、两广烟瘴充军，酌加枷号三个月。萧辉祖于殴伤夏氏时，已先转回，仍照“为从帮抢例”杖一百，流三千里。杨幺中途畏惧转回，并未同抢，比照“同谋未经同抢例”仍杖一百，徒三年。

河南司 ○ 道光十一年

河抚咨：商邱县翟泳太纠同单广太等抢夺顾氏已成，顾氏本系刘仲一之妻，因贫卖休，张见得知情买娶为妻，已无夫妇名分，自不得以良人论罪。遍查律例并无抢夺买休之妇已成作何治罪明文，自应比例问拟，翟泳太应比照“聚众伙谋抢夺犯奸妇女已成例”，首犯改发云贵、两广极边烟瘴充军。

河南司 ○ 道光九年

河抚咨：汝州刘建沅先与曹李氏通奸，嗣见李氏在途行走，该犯起自卖①，商允袁思道强将李氏抢走。例首②并非伙众抢夺犯奸妇女已成作何治罪专条，自应比例酌减问拟，刘建沅应比照“聚众伙谋抢夺犯奸妇女已成、首犯改发云贵两广极边烟瘴充军例”上，酌减为杖一百，流三千里。

河南司 ○ 道光十四年

河抚咨：宋成魁纠抢卖奸之胡贵姐已成，同伙仅止二人，例无并非聚众抢夺犯奸妇女已成为首作何治罪明文。惟查并非聚众抢夺兴贩妇女已成为首，得于“聚众抢夺兴贩妇女为首绞罪”上，减等拟军，则并非聚众抢夺犯奸妇女已成，亦应于“聚众抢夺犯奸妇女已成军罪”上，量减拟徒。该犯尚有听从周运倡伙抢卖奸之郭花魁未成一案，亦应拟徒，二罪相等，从一科断。宋成魁应于“聚众伙谋抢夺犯奸妇女已成、为首罪”上，量减一等，拟杖一百，徒三年。该犯于抢夺胡贵姐之时，将胡贵姐之父胡添学拒殴倒地，并未成伤，应照律于满徒上，加拒捕罪二等，杖一百，流二千五百里。

河南司 ○ 道光六年

河抚咨：鹿邑县李得甫等强抢刘成玉之女刘卉姐已成。查刘卉姐系娼妇刘孙氏亲生之女，虽尚未卖奸，第素随伊母陪客饮酒，即属寡廉鲜耻，固不得比之良家妇女，亦不能与情非得已、被鬻于兴贩之手者一例而观。李得甫起意纠同刘锡庭等将刘卉姐抢卖,应即比照"聚众伙谋抢夺犯奸妇女已成、无论在途在室",首犯改发云贵、两广极边烟瘴充军。刘锡庭等即照"为从"杖一百,流三千里。

直隶司 ○ 道光十四年

直督咨:杜存理挟嫌纠抢娼妇范王氏之女金蕊已成,并拒伤范连城平复。查杜存理因娼妇范王氏相待冷淡,挟嫌纠抢金蕊,欲行价卖泄忿,并拒伤本夫平复。遍查例内并无其母当娼、其女并未犯奸、被人抢夺作何治罪明文,但金蕊既系娼妇之女,行同娼妓,即与犯奸无异,自应比例加等问拟。杜存理应比照"聚众伙谋抢夺犯奸妇女已成、无论在途在室、首犯改发云贵两广极边烟瘴充军例"上,加拒捕罪二等,改发新疆给官兵为奴。

山东司 ○ 道光六年

东抚咨:张彬等听从逸犯张令抢卖李氏已成,殊属不法。查李氏甫居夫丧,既非例得改嫁之妇,况其翁董哑叭尚在,李泳俭更非律得主婚之人,是该氏既属有亏妇道,即难与良妇同论。第该氏被抢之时当未失身,该抚前因例无明文,将张彬等比照"抢夺犯奸妇女例"问拟,殊未允协。若径依"抢夺良家妇女、分别首从"拟以斩绞,该氏究系律得离异之妇,张彬等因疑伙抢,又觉情轻法重,惟查现奉新例,抢夺兴贩妇女,将首从各犯问拟绞候充军,援引比拟。既不加妇女以犯奸之名,又与抢夺良妇有别,似觉两得其平。查张小诺系首犯张令之弟,侵损于人,应以凡人首从论,张彬、张小诺二犯均请比依"聚众伙谋抢夺兴贩妇女已成、为从律",实发云贵、两广极边烟瘴充军。

出妻

山西司 ○ 道光九年

晋抚咨:傅宋氏因婿王天增外出,三年未归,音信不通,贫难养赡,将其女王傅氏主婚改嫁,应比照"因夫弃妻逃亡、三年之内不告官司、擅自改嫁者"杖一百。若由期亲以上尊长主婚改嫁者,罪坐"主婚律",应杖一百。

四川司 ○ 道光十二年

川督题:灌县陈刘氏之夫陈德武出外挑脚不回,并非逃亡,陈刘氏因贫难度,辄自主婚,欲行改嫁,并无作何治罪明文,自应比律问拟。陈刘氏应比照"妻因夫逃亡、三年之内不告官司、而擅自改嫁者杖一百、未成婚减五等律”拟笞五十,系妇人,照律收赎。

福建司 ○ 道光十一年

提督咨:许那氏因夫出外未回,捏称孀妇改嫁,旋即托故转回。核与背夫改嫁者不同,惟该氏贪图财礼,捏情改嫁与成善为妻,复于成亲后四日,假称回门,脱身躲避。其诡诈贪淫,情殊可恶,若仅照“诓骗计赃及犯奸各本律”问拟,罪止枷杖,殊觉情浮于法,应于“妻背夫改嫁拟绞律”上,量减一等,拟杖一百,流三千里,系犯奸之妇,杖决流赎。

校勘记

①起自卖:据《续四库全书》本应作“起意抢卖”。

②首:据《续四库全书》本应作“无”。

《刑部比照加减成案续编》卷四

户律仓库

多收税粮斛面

冒支官粮

户律课程

盐法

户律钱债

违禁取利

费用受寄财产

户律市廛

私充牙行埠头

把持行市

礼律祭祀

禁止师巫邪术

礼律仪制

失仪

兵律宫卫

宫殿门擅入

兵律军政

擅调官军

激变良民

私藏应禁军器

从征守御官军逃

兵律关津

私越冒渡关津

诈冒给路引

盘诘奸细

私出外境及违禁下海

兵律厩牧

畜产咬踢人

兵律邮驿

多乘驿马

公事应行稽程

户律仓库

多收税粮斛面

贵州司 ○ 道光六年

仓场奏交：已革兴平仓花户李遇春呈控花户祁烈等改小官斛、包揽仓廒等情。查花户祁烈支放甲米，辄敢将官斛改小，克扣减米一百五十石，尚未出仓，赃未入己，计赃减等罪止满徒。以花户头役，胆敢私削官斛，克扣甲米，较之跟官伴当人等，夺斛行概者尤为藐法，应比照"跟官伴当人等、夺斛行概徒罪以上拟军例"发附近充军。董昆知情怂恿，应依"为从"减一等，杖一百，徒三年。

陕西司 ○ 道光七年

东城给事中奏送：明瑛因裕丰仓发放成色官麦，该宗室误听傅五传言，以成色麦为上麦，明瑛见麦内无上，即指为夹带好麦，拦车讹诈。因无人说合，喝令赶车入城，将麦袋强卸，仍冀讹诈得钱，将麦还给。查明瑛如果意在得麦，即应照"行劫漕船粮米例"办理，今审明实因讹诈起见，与行劫官粮不同。至其赴官投案，系狡饰虚词，不得以自首论，自应比例问拟，明瑛应比照"放粮去处、职官子弟、积年光棍三五成群、抢夺打搅挟诈、运纳财物者徒罪"上，发附近充军。该犯身为宗室，胆敢于辇毂之下率众拦截官麦七车，殴伤平民，实属藐法，应请旨实发吉林，由宗人府咨送兵部委员解交该将军严行圈禁，毋许出外滋事。据供亲老丁单，不准留养。傅五怂恿明瑛，拦住麦车讹诈，嗣明瑛将麦车强赶入城，截抢麦袋，该犯并未在场，应各科各罪，傅五应比照"擅入宗人府内、教诱为匪"发近边充军。据供亲老丁单，亦不准查办，咨交兵部定地发配，折责安置。

山西司 ○ 道光十三年

东城移送：马六喊告马八等不给伊股分钱文。案内之王永幅系告退花户，辄敢受雇进仓帮忙，虽讯无舞弊得赃情事，亦应比例问拟，王永幅应比照"已革花户、复在现充花户身后办事、尚未得赃、即在该仓门首枷号一个月、杖一百例"枷号一个月。

山西司 ○ 道光十一年

户科给事中奏:已革花户承五等积年在仓把持。案内之祁忠等讯非积惯滋事,惟于革役之后进仓扛米数次,其所得工钱,虽非勒索,而以不应进仓之人复行混入牟利,亦与勒索无异,未便因该犯等非在现充花户身后影射把持,稍从末减,致滋轻纵。查该犯等所得工钱各六七千文不等,计赃均在一两以上,祁忠等各依"勒索得财、计赃一两至五两、杖一百、徒三年例"拟杖一百,徒三年。夫头王三讯无听从承五等嘱托勾通作弊情事,其自向现充花户告令需索钱文,虽经韩杰等不允回复。第据该犯供明,先曾得过已故花户杨四分给京钱一千文,称系领米之人所给规费。若仅照"勒索得财、计赃一两以下例"拟杖六十,徒一年,似觉情浮于法,王三应于祁忠等满徒罪上,减一等,杖九十,徒二年半。

冒支官粮

山西司 ○ 道光十年

镶蓝满咨送:领催爱仁泰、舒贵庆、凌齐清、阿哲奎富新承领兵丁愿卖米石,除需用车价口袋扛夫工钱外,并不照原卖价值发给兵丁,辄将余钱入已花用,各得京钱十三千有零。查例内并无代卖兵米、短价发给侵吞入己作何治罪明文,自应比照"冒支军粮、计赃准窃盗论律"问拟。该领催所得钱文,计赃均在一两以上,爱仁泰、舒贵庆、凌齐清、阿哲奎富新均应革去领催,比照"管军官吏冒支军粮入已者、计赃准窃盗论、窃盗赃一两至一十两、杖七十律"各杖七十。

户律课程

盐法

江西司 ○ 道光十四年

江西抚咨:范瀤山节次贩私,巡役倪标受贿故纵一次,计盐在三千斤以上,本犯罪应拟军。但该犯照律与犯同罪,同律不同例,倪标合依"巡缉私盐、差人知情故纵、与犯人同罪、即照犯无引私盐者杖一百、徒三年律”杖一百，徒三年。惟该犯于正当缉私严紧之际，纵私至三千余斤，应请酌加一等，杖一百，流二千里。

河南司 ○ 道光十三年

河抚咨：息县张五听从李甫结捻护送私盐，虽无持械帮殴伤人，究属不法。张五应比照“无引私盐、道涂引领者杖九十、徒二年半律”上，量加一等，杖一百，徒三年。

湖广司 ○ 道光十二年

北抚咨：押运商厮顾明因负欠私债无偿，起意商同船户孙荣甲，沿途售卖引盐一千九百包，共值银六百一十两零。成组滏代为售卖，只知孙荣甲带有余盐，并不知盗卖商盐情事，比照“贩无引私盐、道涂引领人者杖九十、徒二年半律”杖九十，徒二年半。

直隶司 ○ 道光十二年

直督题：王黑随同贩私，用铁锤殴伤巡役，讯系听从张立业主使。查铁锤非民间常用之物，按“凶器伤人为从、并贩卖私盐及折跌人肢体均罪”上拟徒，若从一科断，与仅止贩私并未伤人之犯无所区别，自应按例酌加问拟。王黑合依“主使人殴打致伤者、以下手之人为从论、减主使一等例”，应于“凶器伤人军罪减等满徒例”上，酌加一等，杖一百，流三千里。蒋亮身充巡役，得钱许其入境兴贩，实与通同兴贩无异，应照“巡盐兵捕、通同他人运贩、照私盐加一等、犯无引私盐满徒”上，加一等，杖一百，流二千里；闻拿投首减一等，杖一百，徒三年。曹玉山明知越境贩私，辄因图销盐斤，加秤卖给，实属济私酿事。惟该犯开店，究系有引官盐，与灶户领课煎熬未经起运、卖与私贩者不同，未便与本犯一体科罪，自应比例酌加问拟。曹玉山应比“将有引官盐、不于拘定应该行盐地面发卖、转于别境犯界货卖者杖一百律”上，量加一等，杖六十，徒一年。

安徽司 ○ 道光十年

安抚咨：朱得名起意与朱同等同伙贩私，数至三千七百余斤之多，不将卖盐人姓名供出，已应加等科罪。该犯带有军器防身，实属罔顾法纪，未便仅科本罪。朱得名依“兴贩私盐三千斤以上、发附近充军例”上，加一等，发近边充军，仍再加一等，发边远充军。

湖广司 ○ 道光十一年

湖督奏：已革捐纳知府巴怡裕身充盐商，运售引盐，乃敢伙同张逢昌另开子店，藉官行私。兹据奏革，讯明巴怡裕收贩船户脚私七千余包，核计盐数至五万九千七百余斤，比照“越境兴贩官私引盐、至三千斤以上例”发附近充军，系职官骫法，应加一等，发近边充军。

湖广司 ○ 道光十二年

北抚咨：陈恕起意商令王学贵收买盐船脚私，希图转卖渔利，数至一千四百包，计一万余斤之多。复另买官盐，制票影射，实与兴贩无异，比照“越境兴贩官私引盐、至三千斤以上例”发附近充军。

湖广司 ○ 道光十三年

北抚咨：张学海因川盐价贱，商同李顺用钱在各处不识姓名人担上，收买零盐六千七百斤，假称包装粮食，雇船载往郧城售卖图利，即被拿获，张学海比照“越境兴贩官私引盐、至三千斤以上例”发附近充军。

湖广司 ○ 道光十三年

北抚咨：船户丁泳发夹带私盐一千余包，即属兴贩。何老三等仅止知情，并非同伙，惟经委员查获，辄持械拒伤官役五人，复鸣锣聚众，勒令委员写给字据，实属凶横。丁泳发比照“兵民聚众十人以上、带有军器、兴贩私盐、拒捕伤差三人以上为首例”拟斩立决。何老三听从拒捕伤人，拟斩监候。彭老满听从拒捕，未伤人，发近边充军。

广东司 ○ 道光十二年

广抚奏：曲江县王荣甫等雇坐邹亚三船只私贩，署曲江县县丞侯锡龄带同丁役捉拿，被王荣甫喝令拒捕，致水手余亚四用刀戳伤侯锡龄落水身死。案内之黄亚五等均伙同王荣甫等贩私，当王荣甫拒伤县丞侯锡龄身死之时，该犯等均在岸望见，事后始行跑走，并非不知拒伤情事者可比，自应照“兴贩私盐十人以下、拒捕杀人、不曾下手例”发近边充军。其于事后被拿，各拒伤一人平复，应按律加等拟以极边充军。该抚将王亚五等仍照“兴贩私盐本例”拟徒，加等拟流，系属错误，应即更正。黄亚五、邹亚礼、黄亚三、林亚石均应改依“兵民聚众兴贩私盐十人以下、拒捕杀人、不曾下手、发近边充军例”上，加拒捕罪二等，发极边充军，到配杖一百，折责安置。

浙江司 ○ 道光四年

浙抚咨：孙大毛贩买私盐四千一百余斤，未将卖盐人姓名供出，孙大毛合依“贩买私盐至三百斤以上、不将卖盐人姓名供出、于应得本罪上加一等定拟例”，于犯无引私盐满徒律上，加一等，杖一百，流二千里。孙大毛前经贩私问徒，在配脱逃，遇赦免罪免缉,又复犯法,应照部议加一等,拟杖一百,流二千五百里。

河南司 ○ 道光十三年

河抚咨:南阳县吴坤等纠伙打夺私盐,拒捕伤差。案内之崔珩被吴坤逼胁背负行李,与自愿入伙者有间,应于吴坤等军罪上,量减一等,杖一百,徒三年。

户律钱债

违禁取利

陕西司 ○ 道光四年

和阗办事大臣奏:遣犯孙尔男重利放债。查律载私放钱债,及典当财物,月利不得逾三分,年月虽多,不过一本一利。若违禁取利,以余利计赃,依不枉法论,并追余利给本,向俱遵照办理。该大臣因孙尔男系为奴遣犯,被控勒措众回子田产,即将该犯财产查抄。查该犯既非例应查抄之犯,则被抄资财自应照例追还,应令该大臣将该伯克及众回子所借银钱及房地契纸等物当押各项,一并追出,给该犯具领。

费用受寄财产

山西司 ○ 道光七年

晋抚咨:王从诚将王太明发交本银放债,辄假托字号,那借贩粮,希图渔利肥己,以致亏折本银三千两,无力偿还。遍查律例并无恰合正条,自应比律问拟,将王从诚比照"受寄人财物、而辄费用者、坐赃论减一等律"杖九十,徒二年半。

四川司 ○ 道光十三年

西城察院移送:范秀山经范居安托其代为报捐,因岁暮将捐项七百余两私那还帐,该犯已将那用情由向范居安告知,情非诓骗。惟受托报捐,辄将银两那用,较之盗用受寄财物者,其情尤重。遍查律例并无将受托报捐银两那用作何治罪明文,自应比例加等问拟,范秀山应比照"受寄他人财物、而辄费用者、坐赃论、罪止杖九十、徒二年半律”酌加一等,杖一百,徒三年。

江西司 ○ 道光十四年

江西抚咨:徐品怀经黄源发给与工资,将货物交伊领运发卖,辄将所卖货银侵用至七千余两之多,未便照“费用受寄财物、坐赃减等”问拟,将徐品怀照“费用受寄财物坐赃致罪之律、毋庸减等、坐赃五百两杖一百、徒三年律”拟杖一百,徒三年。

户律市廛

私充牙行埠头

河南司 ○ 道光六年

河抚咨:内黄县船行埠头陈超凡等争揽雇船,刃伤杜錞平复。查陈超凡虽无顶冒朋充,巧立名色情事,惟明知奉旨碾米运通,需船装载,辄因委员另投别行,胆敢纠邀张浩抬价阻雇,并将杜錞逞凶砍伤,情同光棍,即与霸开总行不许别投无异。陈超凡除刃伤人轻罪不议外,应比照“光棍霸开总行、逼勒商人不许别投、枷号一个月、发附近充军例”,先在犯事地方枷号一个月,发附近充军。张浩贪利党恶,依“为从”杖一百,徒三年。

河南司 ○ 道光八年

河抚咨:汤阴县傅桐与冯纯顶替赵祥周名帖,私充牙行,复又用强拦截客货,索诈得赃。若仅依“诈欺官私取财、准窃盗计赃”,罪止杖徒,傅桐应从重比照“光棍顶冒朋充、霸开总行、逼勒商人不许别投、枷号一个月、发附近充军例”枷号一个月,发附近充军。王占玉、吴元魁先因索诈杖责,不知悛改,复向王林等索诈,亦应照“光棍例”量减一等,杖一百,徒三年。

把持行市

四川司 ○ 道光十三年

川督咨:巴县张太和具控萧珖霭拖欠货银,详请监追。查萧珖霭收买花布,贩至各处发卖,并未领帖开行。其赊取花布,半系遭风被水漂没,半系分散客店,讯无诓骗侵吞情事。惟赊欠张太和等货银一万一千六百十五两七分,先后追缴银二千九百两,尚欠银八千七百十五两七分,屡追无偿,自应比例问拟,萧珖霭应比照"牙行侵欠控追之案、若系分散客店并无中饱者、一千两以上、监禁严追、一年不完、于负欠私债律上、加三等、杖九十例",俟一年限满无完,杖九十,折责发落。现缴之银给张太和等分领,余欠银两,在于该犯名下著追,如限内全完,即行省释。惟查牙行侵欠,例内监追一年不完,拟杖之后,所欠之银仍应追出给主,应令该督俟萧珖霭监追一年不完,即照所拟折责发落。

礼律祭祀

禁止师巫邪术

浙江司 〇 道光十二年

浙抚咨:已革教谕徐伟因王姓幼孩痘症甚危,起意商允赵昆伦请仙求方,书符扶鸾,旋因试祷无灵,悔惧中止。并无惑众敛钱重情,尚与实在左道异端邪术害正者有间,自应酌减问拟,徐伟应于"书符咒水、扶鸾祷圣、煽惑人民、为首绞监候律"上,量减一等,杖一百,流三千里。

福建司 〇 道光十一年

闽督奏:拿获结会匪徒罗青云等。案内梅月亮等先俱不允入会,因被吓曲从,与甘心入会者有间,应于"左道煽惑为从遣罪"上,量减一等,各杖一百,徒三年。

陕西司 〇 道光四年

步军统领衙门奏送:赵幅才因伊女患病糊涂谵语,自称菩萨庙内服役仙姑,求讨香火,辄许愿祈祷,书写仙姑牌位,供于该村观音寺内。该处男妇附会传说,赴庙烧香,施舍粮食钱文。现经讯明,该犯止系为女还愿,供设牌位,其粮食钱文皆系赴寺烧香之人自行施舍,该犯并无向人求讨情事。且所存布施钱文,均为修理观音寺起见,该犯并未侵用。惟赵幅才首先妄行祈祷,供设仙姑牌位,以至该处民人纷纷施舍,虽与例内所称聚众求讨布施者不同,究属妄生事端,自应照例酌量定拟,以示惩儆。赵幅才应于“称为善友、求讨布施至十人以上军罪”上,量减一等,杖一百,徒三年。

浙江司 ○ 道光五年

浙抚奏:粮船水手李明秀等滋事。案内之王世兰等入教拜师,并无传习咒语,与各项教会不同,应于“教匪为从遣罪”上,量减一等,满徒。

云南司 ○ 道光九年

云督奏:拿获邪教惑众匪犯陶月三等。案内之张有祥等因不能画符,均学习未成,与习教已成有间,应于“传习邪教遣罪”上,量减一等,杖一百,徒三年。

广西司 ○ 道光十三年

直督奏:李化告等习教传徒。查李洛振、田有政、张进幅均拜杜玉为师,入大乘教,各出钱文,给杜玉代为上供升单,即属习教为从。该督将该犯等量减拟徒,系属错误,应改依“传习八卦等邪教为从例”发回城为奴。李洛振年逾六十,改依“被诱学习、尚未传徒例”拟军,系书吏知法犯法,应加等。于到配后,酌加枷号三个月。

浙江司 ○ 道光四年

浙抚咨:高添宝、白文洪茹素诵经,止图治病邀福,并未兴立教会,亦不知邪教名目,未便照例拟遣。惟高添宝首先劝人茹素诵经,节次传徒敛钱。白文洪拜师传徒,复又聚众念经,骗取钱文,实属玩法,亦未便仅拟杖责,致滋轻纵。高添宝、白文洪均照“传习各项教会、但拜师授徒、发乌鲁木齐为奴例”上,量减一等,满徒。

直隶司 ○ 道光十二年

直督咨:郝添林等供奉无生老母木像募化。查无生老母系邪教神像,即与飘高老祖无异,自应比例问拟,郝添林合依“各项教会虽未传徒、或曾供奉飘高老祖者”发边远充军。徐金章听从抬像募化,骗人财物,照“供奉飘高老祖例”,为从罪止拟徒,自应从重问拟,合依“端公道士及一切人等、作为异端法术医人未致死者”杖一百,流三千里。徐建功董理庙事,抬像募化分肥,即属为从,应于郝添林军罪上,减一等,杖一百,徒三年。地方崔清标明知不报,照“不应重律”杖八十,革役。

直隶司 ○ 道光十二年

顺天府尹奏:李钱氏呈控李辅德合家习教。案内之李士功讯止茹素念经,并无传徒惑众,与各项教会不同。且家藏经卷因被人讹诈,久已烧毁,亦与执迷不悟者有间。惟究未到官投首,未便照改悔之例竟予免罪,应于“传习各项教会、收藏经卷拟军例”

上,量减一等,杖一百,徒三年。

贵州司 ○ 道光九年

贵抚奏:袁无欺传教案内之袁艾随同念经,叶于全等七犯拜从袁无欺为师,应于袁无欺军罪上,量减一等,各杖一百,徒三年。已革把总陈起龙、外委赵朝良、许天德讯明止邀袁无欺看地,听从茹素,并无拜师念经情事,均照"不应重律"杖八十;系在营官弁,与匪人往来,各加枷号一个月。

礼律仪制

失仪

山西司 ○ 道光十二年

御前大臣奏:常儿系二等侍卫伊勒栋阿家厮役,经伊勒栋阿令其在午门外接马。该犯于圣驾进内时,轧敢由东过西,并不敬谨躲避,实非寻常冲突仪仗可比,仅拟满杖不足示儆。常儿合依"凡圣驾出入、有厮役冲突者、杖一百例",酌加枷号两个月。

兵律宫卫

宫殿门擅入

山西司 ○ 道光十三年

提督咨送:拿获疯犯单钟一案。查核犯单钟持刀擅至东华门,欲行走入。虽讯系因疯,彼时若非步军郭兴额向其阻拿,业已闯入,情节较重。且现经医治痊愈,供吐明晰,未便仅照疯病锁锢之例,致滋轻纵。单钟应即从重比照"但持寸刃入紫禁城内者杖一百、发边远充军律"发边远充军。

兵律军政

擅调官军

陕西司 ○ 道光六年

陕督咨:把总刘光辉于所属回子聚众械斗,并不禀明上司,辄借巡哨为名,带兵一百名出营,既不能镇静弹压,任听兵丁争先趋喊,致毙二命,带伤三名。又不能设法擒捕,辄即畏缩退回,群凶逃窜无获,实属谬妄。查擅调军马,致兵丁因而被杀,律例内并无作何治罪专条,自应仍按律问拟。刘光辉应请照"将领擅调军马、杖一百罢职、发边远充军律"发边远充军。

激变良民

河南司 ○ 道光四年

河抚奏:阌乡县已革监生白济岱假托地方公事,煽诱乡愚,敛钱兴讼,牵砌栗自修已结之案,主使闫文明赴京具控后,复行出头向地方官图诈,实属刁恶异常。但其惑众翻控,系以旧案请示为由,与平空构讼及实在聚众联谋者有间,自应比例酌减问拟,白济岱应照"直省刁民假地方公事、强行出头、逼勒平民聚众联谋、敛钱构讼、照光棍为首斩决例"上,酌减一等,杖一百,流三千里。该犯敢于向本管知县讹诈不遂,怀挟查拿之嫌,捏砌浮词,涂写监照,冀图挟制,尤属谬妄,应从重发新疆充当苦差。

陕西司 ○ 道光十一年

陕抚题:杨成运商同萧玩年等传帖纠众,敛钱设局,保留总书,欲将出易仓粮,采买料豆归局领办。经该州批驳谕禁,该犯等辄敢硬行立局,屡次递禀挟制,实属目无官长。虽派钱俱未允从,核与已成者有间,固未便遽拟骈首,若竟照律减等拟流,又觉情浮于法。杨成运、萧玩年均应于"刁民假地方公事、强行出头、约会抗粮聚众敛钱、光棍斩决例"上，酌减一等，改发伊梨给种地兵丁为奴。

直隶司 ○ 道光七年

直督奏：生员王毓珍因与县役互詈，被县戒饬，辄敢挟忿书写阻考揭帖，嘱令逸犯粘贴。惟当时未经入场之童生全数补考，与合邑童生全行罢考者有间，自应衡情酌量减等问拟，将王毓珍于"刁民因事罢考、为首斩决枭示例"上，减发黑龙江等处充当苦差，照例刺字。

湖广司 ○ 道光十年

南抚奏：屈伸因该县戒饬生员，起意纠众二十余人阻考，冀将该县撤任以泄私忿，惟尚无哄堂塞署情事，与实在纠众罢考者有间。其张帖罢考传单，亦与匿名文书告言人罪者不同，屈伸应比依"刁民聚众联谋、借事罢考、聚众至四五十人为首斩立决例"量减满流。

私藏应禁军器

直隶司 ○ 道光六年

西城察院移送：开设官枪铺之王图利私造线枪，堪以打雀，与军器鸟枪不同。例并无造卖线枪作何治罪专条，自应比照酌减问拟，将王四比照"私造鸟枪杖一百、枷号两个月例"杖一百，免其枷号。

奉天司 ○ 道光十四年

步军统领衙门奏：马三等私造线枪售卖。查线枪梃长搪细，止堪灌贮铁砂，不能施放铅丸，自应于"私造鸟枪例"上，酌减问拟，仍计杆数加等示惩。马三私造线枪，应于"私造鸟枪杖一百、枷号两个月例"上，减为杖九十，枷号五十五日。该犯造有数十杆之多，仍照"每一杆加一等、罪止杖一百、流三千里例"拟杖一百，流三千里。郭二私造鸟枪三杆、线枪五杆，应以线枪杆数多者从重科断，应于私造鸟枪罪上，酌减为杖九十，枷号五十五日；仍照每一杆加一等，拟杖八十，徒二年。许三私买线枪四杆，武添成私卖线枪二杆，张忠私卖线枪一杆，查私卖例无明文，应即照私藏定拟。许三等应照"私藏鸟枪杖八十、枷号一个月罪"上，酌减问拟，许三、武添成仍各按件加等，且系欲图贩卖渔利，各再加一等。

河南司 ○ 道光九年

河抚咨:靳成林私造抬枪,虽讯系铁匠误打,但私造已成,未便轻纵。遍查律例并无私造抬枪作何治罪专条,自应比例加等问拟,靳成林应比照"应需鸟枪、如有不报官私造者杖一百、枷号两个月例"上,加一等,枷号六十五日,杖六十,徒一年。

江西司 ○ 道光六年

江西抚咨:李新庚贩运私硝不及百斤,并无作何治罪明文,但焰硝为军火之药,该犯贪利兴贩九十斤之多,应比依"私贩焰硝一百斤以上杖一百、徒三年例"上,减一等;囤贩尚未出卖,再减一等,杖八十,徒二年。

广东司 ○ 道光十二年

提督奏:杨二等向碾户祁瑞林等私买交官余剩火药贩卖,究出杨二已经贩卖五次,数在百斤以上。例内并无私买交官余剩火药、零星贩卖作何治罪明文,自应比例从重问拟。杨二应比依"私贩硫黄五十斤、焰硝一百斤以上者杖一百、徒三年例"拟杖一百,徒三年。碾户祁瑞林等知情私卖,虽系余剩火药,惟并不交官,私自售卖,亦应比照问拟,祁瑞林、辛日拱应革退碾户,比依"知情卖与私贩者、照私贩治罪例"均拟杖一百,徒三年。李泳随同杨二贩卖一次硝黄,例内不分首从,惟私贩火药六十五包,计数仅在三十斤以上,亦应比例问拟,李泳应比依"附近苗疆、兴贩硝黄在三十斤以上者杖八十、徒二年例"杖八十,徒二年。

从征守御官军逃

陕西司 ○ 道光十年

伊犁将军咨:随征民勇赵定邦在军营脱逃被获,讯无偷盗情事。该犯系招募民勇,与在伍食粮之兵丁不同,例无随征民勇脱逃作何治罪明文。惟查随征之民勇,与跟随之余丁相等,赵定邦应依"随征余丁脱逃、无偷盗情事、改发云贵两广极边烟瘴充军例",改发云贵、两广极边烟瘴充军。

兵律关津

私越冒渡关津

广东司 ○ 道光五年

广督咨:邓亚珍得受夷人工银,在船工作,随同出洋,例内并无内地民人得受夷人银两、在夷船工作作何治罪明文,将邓亚珍比依"民人无票、私出口外例"杖一百,流二千里。

陕西司 ○ 道光五年

陕督咨:张掖县民何全等在红石板地方,偷淘金沙。查何全等七名各不相谋,私赴昆连番地,潜行偷淘金沙。该犯住址昆连番地,究与无票出口者有间,例无私赴昆连番界、偷淘金沙作何治罪明文,自应比例问拟,何全、杨帼贞、杨帼秀、李太和、郭有忠、何其玉、郝有应等七犯均比依"无票私出口外杖一百、流二千里例"上,量减一等,均拟杖一百,徒三年。

诈冒给路引

陕西司 ○ 道光九年

陕督咨:贵德厅设立官渡船只,原系通济行旅,兼可盘诘匪类,嗣因办理番案,恐野番偷渡内地,凡过河北者,无论买卖民人,均由该厅衙门给帖验明,方准过渡其赴内地。寺院熬茶磕头之番僧喇嘛俱应由该厅详请照票,方准渡入内地,是照票图帖均与路引无异。今该番僧丹正等欲渡河北,赴内地寺院磕头,该书黄宗桂并不回明本官,详请照票,乃敢私给图帖,殊属玩法,查照票即同路引,自应比例定拟,董宗桂比依"应给路引衙门、不立文案、空押路引、私填与人者杖一百、徒三年律"杖一百,徒三年。

盘诘奸细

陕西司 ○ 道光九年

陕督咨:陈禄保潜住口外喀什葛尔回庄开赌,虽无骚扰情事,究属玩法。查该犯开场聚赌,经旬累月,及不能供出赌具纸牌来历,均罪止满徒。惟潜住军营附近回庄地面,引诱回子同赌,抽头得钱,与私通土苗、诓骗贻害无异。陈禄保即陈三,应比照"私通土苗、互相买卖借贷、诓骗财物、引惹边衅、或潜住苗塞贻患地方者、问发边远充军例"拟发边远充军。

陕西司 ○ 道光十年

哈什葛尔参赞大臣奏:杨生发以所贩之引茶图利,向私越开齐之布鲁特、胡达巴尔底等易换绸匹金线,实属违禁。查贩茶与外国夷人交易拟发烟瘴之条,系指兴贩私茶而言。该犯杨生发以引茶向越卡之布鲁特易换绸线,比照"私茶与外国人交易、拟发边远充军例",殊觉漫无区别,第例无专条,自应比例问拟,杨生发应比照"私通土苗、互相买卖、发边远充军例"发边远充军。布鲁特、胡达巴尔底、阿布都尔哈里携带绸匹金线偷越进卡,与杨生发货卖易换一律同科,罪止边远充军。其私越开齐应发烟瘴,自应从重问拟,胡达巴尔底、阿布都尔哈里应照"私越开齐、拟发烟瘴奏定章程",均发云贵、两广烟瘴地方充军。阿巴期窝藏胡达巴尔底私货,并从中说合换茶与杨生发,厥罪惟均,亦应改发边远充军。以上各犯仍于犯事地方,枷号三个月示众。

私出外境及违禁下海

广东司 ○ 道光五年

广抚咨:翟阿球私贩硝黄百斤以上,该县滨临大洋,与附近苗疆无异,将翟阿球比依"附近苗疆民人、兴贩硝黄百斤以上例"发近边充军。

四川司 ○ 道光十一年

川督咨:饶光俸纠伙多人在于楚陕各省交界地方煎挖硝斤,地主刘自韵邀同邻人沈启华等前往追拿,饶光俸辄敢用木棒将沈启华殴伤,沈启华系刘自韵邀往,即有应捕之责。查饶光俸等煎硝之处,虽非附近苗疆,系属三省交界,其私煎硝斤已在二十斤以上,例内并无治罪明文,自应比例问拟,饶光俸比照"附近苗疆民人煎挖硝黄事发、如在十斤以上杖六十、徒一年、二十斤以上按照五徒以次递加例”,拟杖七十、徒一年半罪上,加拒捕罪二等,应杖九十,徒二年半。

兵律厩牧

畜产咬踢人

四川司 ○ 道光四年

川督咨:陈二娃驱牛犁田,本有防制之责,乃因牛只不肯下水,辄用鞭扬打,以致牛只拖翻犁耙惊跑,撞伤傅三娃左太阳身死,虽非该犯意料所及,究属疏忽。惟查律例内并无牛只被打、连耙惊跑、以致杀伤人者作何治罪明文,自应比律问拟,陈二娃应比照“马牛拴系不如法因而杀人者、以过失杀人论”收赎。

河南司 ○ 道光八年

河抚咨:光州陈卯畜养猴狲,咬断系绳逸出,咬伤幼女李二妮身死。查猴狲性本不驯,正与马牛诸畜相等,陈卯应比照“马牛及犬拴系不如法因而杀人者、以过失杀论、过失杀人准斗杀罪收赎律”收赎,追银给领营葬。

兵律邮驿

多乘驿马

陕西司 ○ 道光七年

陕抚咨:彭禄儿系领兵官御前侍卫桂成跟役,于经过平凉县,住宿县署,藉差挑斥,索诈不遂、复捏称遗失马鞍,在于大堂喧嚷索赔,并向张令拦轿碰撞,损坏轿窗,脚踢家人,刀扎衙役右腿平复,实属藐法,自应比例问拟。彭禄儿应请比照"指称大臣近侍家人名目、虚张声势、扰害经过军卫有司驿递衙门、占宿公馆、索取人夫马匹车辆财物等项徒罪以上、俱于所犯地方枷号一个月、发近边充军例",于犯事地方枷号一个月,发近边充军。

公事应行稽程

江苏司 ○ 道光十年

苏抚题:吴县粮差徐洪承催钱粮,因本官比责严紧,倡众退役,金汉等听从禀退,以致别役金玉等二十四名效尤具禀。迨该县查讯欲将徐洪锁押,该犯辄敢首先逃逸,因而金玉等纷纷窜散,殊属玩法。既据该抚审明该犯等心系畏惧逃逸,尚无预谋挟制哄堂情事,并声明律无正条,援例酌减问拟。应如该抚所题,徐洪应比照"夫役工匠人等遇有紧要差使、不遵官长约束、逞刁挟制、率众飏散以致误差、为首斩监候例"上,量减一等,拟杖一百,流三千里,仍照例声明恭候钦定。

奉旨:徐洪著减等杖流,余依议。

《刑部比照加减成案续编》卷五

刑律贼盗

谋反大逆

谋叛

造妖书妖言

盗大祀神御物

盗印信

盗内府财物

盗园陵树木

监守自盗仓库钱粮

常人盗仓库钱粮

强盗

刑律贼盗

谋反大逆

广西司 ○ 道光五年

中城御史奏:盘获形迹可疑张浡一犯。查张浡系村野编氓,因患魔妄想,辄敢编造逆词,怀挟来京,置买黄袍试穿,妄冀天神接引,实属狂悖。未便以讯无纠党惑众,稍为轻纵,张浡应比照"大逆凌迟处死律"凌迟处死,家属免其缘坐。

谋叛

四川司 ○ 道光十三年

川督奏:王学中等虽不知方映川等有奔入深山,据险密谋,惟听从结盟入伙,辗转纠人,并知欲抗官兵,毫无畏惧,即属为从。王学中、侯作诏、罗万富、魏畛沅、侯建富、黄和尚六犯均应照"谋叛未行为从者"皆杖一百,流三千里。该犯等均系不法匪徒,未便容留内地,应请发往新疆给披甲人为奴。刘有忠、陈仕寅、刘成德、魏思盛四犯,虽曾转为邀人,究不知方映川有入山据险之谋,亦未悉抗拒官兵之议,较之王学中等明知欲谋抗敌者,情稍有间,亦照"谋叛未行为从律"俱拟以杖一百,流三千里,免其加发新疆。王有度等二十三犯,允纠时止知抢劫之事,不知有抗拒官兵,窜据山险,亦未代为邀人,应于刘有忠等流罪上,量减一等,均拟杖一百,徒三年。

福建司 ○ 道光十三年

福州将军奏:拿获从逆案内陈结、方愚等,讯系被迫入伙,并未抗官焚汛。除事后自行投首之陈结等,俱照"谋叛被胁入伙、并未随同焚汛抗官、闻拿投首例",改发极边足四千里充军。其方愚等犯系属拿获,应于陈结等军罪上,酌加一等,实发云贵、两广极边烟瘴充军。

贵州司 ○ 道光四年

贵抚奏:拿获吴有贵纠众立会序齿结拜,合依"异姓叙齿结拜、聚众至二十八以上为首例”杖一百，流三千里。该犯于苗疆重地，辄敢兴立边钱会，纠众二十二人之多，并编设坐令、行令名目，应从重发往新疆，酌拨种地当差。

广东司 ○ 道光十年

广抚题：香山县孙全有起意纠同吴亚带等共伙二十二人，议以不叙年齿，结拜弟兄未成。例无治罪专条，应酌量问拟，孙全有应于“异姓人结拜弟兄、年少居首、未及四十人者、为首拟绞监候例”上，量减一等，杖一百，流三千里。

安徽司 ○ 道光八年

安抚咨：杨潮与在逃之黄大汗孜等各自为首结党成群，把持抬送盐包，诈索盐船，并令伙犯等均穿大袖布衫阴作记认，律例并无作何治罪明文。查该犯等各自聚党，收入名下，即与结会无异，将杨潮比照“结会树党、阴作记认、凌弱暴寡者、不论人数多寡、照凶恶棍徒例”发极边足四千里充军。

贵州司 ○ 道光九年

贵抚题：王朴头、罗大武各自起意，叙齿结拜弟兄，聚众至二十人以上，罪应满流，俱有帽顶名号，应加一等，罪止附近充军。惟该犯等胆敢兴立边钱会名目，冀图抢窃，情节较重，应照“结会树党、鱼肉乡民、凌弱暴寡者、为首照凶恶棍徒例”，俱发极边足四十[①]里充军。

四川司 ○ 道光十三年

川督奏：峨边厅逆夷案内之呵木子被留服役，旋即逃匿，并未随其焚抢抗拒，第不赴官首报，究属藐法，罪应拟流。惟该犯本系熟夷，与汉民相同，未便仍留内地，自应从重问拟，呵木子应请发往新疆给披甲人为奴。

造妖书妖言

河南司 ○ 道光四年

河抚奏：陈铨抄写旧文，增改字义，捏造印文书册，并另用拜帖，捏名胡佑铨，假充外番遣使，向南阳府衙门告助，实属狂妄不法。虽讯无另有谋为重情，且经原籍查明该犯痰迷属实，惟书词狂悖，未便仅照疯病锁禁，陈铨应比照“妄布邪言、书写张贴、煽惑人心、为首者斩立决例”拟斩立决。查该犯书写狂悖字句，究因痰迷所致，既据该抚讯无另有谋为重情，与有心悖逆者不同，可否准予末减之处，恭候钦定。

盗大祀神御物

山东司 ○ 道光五年

提督奏：赵大先充坛户头役，因行窃本官碗碟被革，辄因贫苦难度，胆敢潜入先农坛内，偷拔三座门及庆成门门上铜钉、兽面等物，实属目无法纪。查先农坛系属中祀，例内并无盗中祀官物作何治罪明文，应照"盗大祀官物"减等问拟。惟该犯两次偷窃，情节较重，诚如谕旨，非寻常偷窃可比，自应加重科断，赵大应比照"盗大祀官物"杖一百，徒三年。

盗印信

河南司 ○ 道光九年

提督奏：辛荣图卖地亩，辄起意商同庆寿偷窃署佐领果多欢图记、钤用契纸，虽讯未行使，惟发觉后诿罪庆寿，并用言恐吓致庆寿到案混供，居心实属险诈，未便仅照"盗印记本律"拟以满杖，致滋轻纵。辛荣应销除旗档，于"盗印记杖一百律"上，酌加一等，杖六十，徒一年，仍尽窃盗本法刺字。

盗内府财物

山西司 ○ 道光四年

内务府咨送：太监石玉、张喜、孙禄、马升不知安分守法，乃以首领李进喜诱赌输钱，并以李进喜勒令作东，出城听戏请客，恣其挥霍，以致债负累累，辄敢商同私配锁钥，乘夜进殿，盗取库银至五百两之多。若因其非监守之人，仅以常人盗仓库之律分别拟绞、拟流，殊觉轻纵，将石玉、张嘉、孙禄、马升照"盗内府财物者、不分首从皆斩律"拟斩监候。

盗园陵树木

福建司 ○ 道光四年

本部奏：祁潮柱听从刘幅旺潜入孝陵大红门内，偷锯柏树。查所窃树株，据该处勘明，其地距隆恩门偏西八里八分，并非正南前列之树。惟系大红门内其地尤为严肃,该犯祁潮柱胆敢听纠,深踏风水禁地。若仅照“红椿以内盗砍树株为从例”拟近边充军,尚觉情浮于法,祁潮柱应请从重发往新疆给官兵为奴,仍照例刺字。

四川司 ○ 道光十四年

内务府大臣奏:双瀣纠允奎喜、西兰窃砍海地内松树枝叉,至正十根之多,实属罔不畏法。查海地内系在围墙以内,即与红椿以内无异。该犯等盗砍树枝,核与盗砍树株者不同,律例内并无盗砍树枝作何治罪明文。卷查道光六年倪添仓偷越围墙、盗砍树枝一案,审将倪添仓照“红椿以内盗砍树株、比照盗大祀神御物律”,于斩罪上减一等,酌发近边充军,加枷号两个月。今双瀣窃砍树枝,与倪添仓案情事相同,自应援案比照问拟,双瀣应销除旗档,照“红椿以内盗砍树株、比照盗大祀神御物律”,于斩罪上减一等,酌发近边充军。奎嘉、西兰听纠窃砍树枝,均属为从,均应销除旗档,于双隆军罪上,减一等,俱拟杖一百,徒三年。

河南司 ○ 道光六年

本部奏:马兰镇标已革外委崔思通奉派巡查地方,遇匪徒偷打牲畜,已有应捕之责,乃于风水重地,胆敢听信兵丁崔得王之言,属令杨大成招引李五等偷入红椿以内,打牲分肥,较之受贿故纵者,情节尤为可恶。未便仅照“与囚同罪律”拟以极边烟瘴充军,致兹[2]轻纵,崔思通除计赃轻罪不议外,应请旨发往新疆,酌拨当差,仍照“偷牲本例”,解交遵化州,在于犯事附近地方枷号两月。

浙江司 ○ 道光六年

浙抚题:徐道侃戳死徐庭孺。案内之徐庭光盗卖祖坟余地二分,得钱三十一千五百文,应比照“子孙盗卖坟茔之房屋、计赃准窃盗罪加一等例”,窃盗赃三十两杖九十罪上,加一等,应杖一百;业已成废,照律收赎。

广东司 ○ 道光十四年

提督咨送:僧人通和锯卖坟树。查通和系民人乔姓之子,自幼在庙内披剃,拜已故僧人乐添为师。乐添故后,通和之母李氏孤苦无依,跟伊在庙同住。该犯因贫历次私砍伊师坟上杨树十七株,查系坟旁高大株颗,僧道于受业师与伯叔父母同,自应酌量比例问拟,僧人通和应比依“子孙将祖父坟旁散树高大株颗、私自砍卖者、十一株至二十株杖一百、徒三年例”上,酌减一等,拟杖九十,徒二年半。据供母老,家无次丁,已经该犯侍养多年,查僧道拜父母、祭祖先丧服等第与常人同,则母老丁单自应一体准其留养,将该犯照例枷责,存留养亲。

监守自盗仓库钱粮

陕西司 ○ 道光五年

陕督奏:委员都尔松阿等呈解越界民人丁蒙幅等货物先侵后吐等情。查此案已革主事都尔松阿、署都司爱隆阿于民人丁幅[③]等私人番地贸易,本属违禁,例准查拿究办,惟该革员等将例应入官货物擅自分赏,并将变卖银两,以多报少,侵吞入己。既据该督等讯明该革员入己之赃三百六十两五钱九分五厘,该革员等系监守商同侵蚀,厥罪惟均,自应按例问拟,都尔松阿、爱隆阿除将入官货物擅自分赏、并未入己不议外,均合依"监守自盗钱粮、数致一百两以上至三百三十两杖一百、流二千里例"杖一百,流二千里。该革员等身系职官,奉派出口,乘机将入官之赃串通侵用,实属卑鄙,应如该督所奏,不应照完赃免罪。请旨发乌鲁木齐效力赎罪,以示惩儆。

广东司 ○ 道光六年

广抚奏:顺德县典史鲁炜奉委搭解吏部饭银一千两,因缺乏盘费并患病医药,私自那用,即与监守盗仓库钱粮无异,将鲁炜依"监守盗仓库钱粮例",其入己数至一千两者,杖一百,流三千里,勒限一年全完。俟限满能否完缴,照例分别办理。

江苏司 ○ 道光十四年

漕督咨:江淮头帮运丁沈朋远挂欠粮米六分以上,全行完缴,应作何发落请示。查江淮等帮运丁挂欠粮米,系因米受潮湿、盘闸剥浅、折耗抛洒所致,虽与监守自盗钱粮入己者稍殊,而核其亏短交项,依限全完,情无二致,自可仿照办理。沈朋远比照"监守自盗仓库钱粮入己、限内全完、死罪上减二等例"杖一百,徒三年。

常人盗仓库钱粮

安徽司 ○ 道光七年

安抚咨:方添沅、刘成才听从方霞祥窃得埠头堆贮铅斤,计赃三十七两零,该犯等明知官铅行窃,即与行窃仓库无异,合依"常人盗仓库三十五两律"各拟杖九十,徒二年半。

广东司 ○ 道光五年

广抚咨:番禺县邓亚保描模新会营参将关防,捏写伪领,冒领新会营养廉草,折银九十七两二钱四分。律例内并无描模关防、冒领库银作何治罪明文，自应比例定拟，邓亚保除描模关防轻罪不议外，应比依“匪徒窃盗库银一百两以下、不分赃数多寡、发云贵极边烟瘴充军例”发极边烟瘴充军。

陕西司 ○ 道光十年

陕督题：马萧氏谋谁[4]本夫马受受子身死。案内之马张子起意诱同马受受子偷窃义粮，诈赃一十六两。查义粮系封贮民房，虽属守掌在官，究与窃自仓库有间，应酌量问拟，马张子合依“窃匪之该穿定[5]壁封、窃盗仓贮漕粮、但经得财之首犯、一百两以下、不分赃数多寡、发极边烟瘴充军例”上，量减一等，拟杖一百，徒三年。

河南司 ○ 道光十一年

提督咨送：已革武生海祥等听从海保夺犯殴伤翟明守。案内之周四在贡院充当蒸饭夫头，辄敢偷窃官米，卖与海保，并昏夜勾通海保，由棘墙跳入围内，意图偷运米石，殊属不法。该犯所窃米三石，计赃六两，若仅照“常人盗及监守自盗律”拟杖，殊属轻纵。周四应比依“匪徒穿穴壁封、盗仓库漕粮、但经得财为首者、发云贵两广极边烟瘴充军例”上，量减一等，杖一百，徒三年，面刺“盗官粮”三字。

强盗

陕西司 ○ 道光四年

陕抚咨：杨增辉平空捏报被窃，希图讹诈捕役，例内并无作何治罪明文。惟捏造被窃，与捏报盗劫情事相同，自应比附减等问拟，杨增辉应于“捏报盗劫、藉以陷害平人、讹诈印捕官役者、照诬告人死罪未决律杖一百、流三千里、加徒役三年”上，量减一等，杖一百，总徒四年。

四川司 ○ 道光六年

川督咨：马沅挟嫌唆使牟学楷以斗殴捏报抢劫，希图讹诈泄忿。例内并无作何治罪明文，自应比照问拟，应以主唆之人为首，马沅应照“奸棍豪绅、平空捏报盗劫、藉以讹诈印捕官役、诬告人死罪未决律杖一百、流三千里、加徒役三年例”满流加徒。

贵州司 ○ 道光九年

东城御史奏：徐豹儿听从李混小子等行窃，当李混小子正行强之时，讯无同谋加功情事。惟目睹李混小子、刘三欲将孙三抬掷井内，并不立时喊阻，且在外看人，实与强盗案内了望之犯无异。若照"窃盗本例"拟徒,殊觉轻纵,应即照"强盗免死发遣例"发新疆给官兵为奴。

河南司 ○ 道光九年

河抚题:光州盗犯曹十等听从强劫袁吴氏家一案。案内盛添甲听从行强,在外接赃,行劫仅止一次,惟供指良民刘万一、刘小孩为盗,例不准以情有可原声请。第该犯系听从在逃之丁泳庆教唆所致,尚与自行起意诬扳者不同,自应仍依"情有可原之例"问拟,盛添甲合依"强盗免死发遣例"发遣新疆给官兵为奴。应照例监禁,俟缉获丁泳庆质明办理。

福建司 ○ 道光四年

福抚题:郭碧听从行劫一次,闻拿投首,该犯系随同搜劫赃物,法无可贷。其所犯罪名,本与曾经伤人及行劫二次以上之伙盗无异,未便因其未经伤人及闻拿投首,引照"未伤人之伙盗、行劫仅止一次例",于情有可原发遣本罪上,减等拟徒,应比照"伙盗行劫二次以上、闻拿投首、实发云贵两广极边烟瘴充军例",发云贵、两广极边烟瘴充军。

福建司 ○ 道光十二年

台湾镇奏:拿获强劫毙命盗首吴美。案内之许甚听从行劫搜赃,事主喊救,先行逃走,并未随同伤人,旋复闻拿投首,例无作何治罪明文。查入室搜赃,与未伤人之盗首均属法无可贷,该犯系闻拿投首,应比照"未伤人之盗首闻拿投首、实发云贵两广极边烟瘴充军例",实发云贵、两广极边烟瘴充军,照例刺字。

广东司 ○ 道光四年

广抚题:逸盗马春听从赖亚尖等行劫卢灿志耕寮,入室搜赃,系属法所难宥。罪应斩决伙盗,经伊母闻拿呈首,引差获送,与该犯自首无异。惟查例内并无入室搜赃、罪应斩决之伙盗闻拿投首作何治罪明文,自应比例问拟,马春应比照"伙盗曾经伤人、闻拿投首例",实发云贵、两广极边烟瘴充军。

广东司 ○ 道光五年

广抚咨:梁亚复听从行劫,过船搜赃,系属法所难宥。罪应斩决之犯闻拿投首,例内并无过船搜赃伙盗闻拿投首作何治罪明文,惟搜赃伙盗与曾经伤人伙盗均属法所难宥,将梁亚复比照"伙盗曾经伤人、闻拿投首例",实发云贵极边烟瘴充军。

浙江司 ○ 道光六年

浙抚题：顾阿大听从行窃，复商允行强入室搜赃，惟当僧德菖扪死僧士幅之时，该犯并未在场随同下手，不在不准自首之列。惟入室搜赃，闻拿投首，例无作何减等明文。查伙盗入室搜赃，与伙盗曾经伤人同一，法所难宥，自应比例问拟，顾阿大应比照“伙盗曾经伤人、闻拿投首例”，实发云贵、两广极边烟瘴充军。

四川司 ○ 道光十二年

川督题：富顺县贼犯萧长生等行劫案内之李猴子听从入室搜赃，律拟斩决，与伤人伙盗情罪相同。今闻拿投首，应比照“伙盗曾经伤人、闻拿投首例”，发云贵、两广极边烟瘴充军。

河南司 ○ 道光六年

河抚题：南阳县逸盗阎信闻拿自首。查阎信听从毕刚行劫得赃，虽未伤人，从劫亦止一次，惟系转纠伙党，入室搜赃，系属法所难宥。今闻拿投首，尚知畏法，应比照“伙盗行劫二次以上、闻拿投首例”，实发云贵、两广极边烟瘴充军。事犯在嘉庆二十五年八月二十七日恩诏以前，应准援免。

贵州司 ○ 道光十一年

贵抚题：镇远县苗人阿宋听从妹党行劫，入室搜赃，罪应斩决。该犯逃后，经伊父拿获禀首，与自首无异，律例无入室搜赃伙盗闻拿投首治罪明文。惟入室搜赃伙盗，与曾经伤人伙盗均罪应斩决，伤人伙盗投首既得免死减军，则入室搜赃伙盗投首，自应一体减拟。阿宋应比依“伙盗曾经伤人、闻拿投首例”，实发云贵、两广极边烟瘴充军。

广东司 ○ 道光五年

广抚题：贼犯万充奉用药迷窃船户戴泳初衣物，闻拿投首，合依“用药迷人已经得财之案、将起意为首及下手用药迷人之犯、照强盗律”拟斩立决。该犯闻拿投首，其原犯迷窃得财系比照“强盗律”问拟，并非实犯强盗，照名例于本罪上，减一等，杖一百，流三千里。

广东司 ○ 道光六年

广抚咨：李亚会商同陈亚五用药迷窃，致事主何七带受毒身死，未经得赃，查律例内并无用药迷窃杀人、尚未得财作何治罪专条。惟迷窃得财，既照“强盗律”问拟，则因迷窃而毙命,亦应比照"强盗杀人不分曾否得财、俱斩决枭示之例"定断,李亚会应比照"强盗杀人不分曾否得财例"拟斩立决枭示。陈亚五听从迷窃,并未下手用药,合依"用药迷人为从例"发回城为奴。据供亲老丁单,惟系听从迷窃毙命,情节较重,不准留养。

云南司 ○ 道光九年

云抚咨:贼犯马小六起意用药迷窃,致事主等被迷疯狂,失足溺毙两命,尚未得财。例内并无迷窃未得财而又致毙人命作何治罪明文,马小六应比照"强盗杀人不问曾否得财"斩决枭示。

广东司 ○ 道光十二年

广抚咨:李炳新起意用药迷窃叶添佐银两,尚未得财,致叶添佐受毒身死。例内并无用药迷窃杀人、未经得财作何治罪专条,惟迷窃得财已照"强盗律"问拟,则因迷窃而毙命,亦应比照"强盗杀人之例"定拟,李炳新应比照"强盗杀人不分曾否得财、俱照得财律"拟斩立决枭示。

浙江司 ○ 道光四年

浙抚奏:潘乌皮听从行劫过船二次,接赃二次,虽较行劫过船搜赃仅止一次、或接赃二次者,情罪较重。惟行劫过船一次,与接赃二次及过船二次以上同一,罪应斩枭。例内并无行劫数多加等治罪之条,是罪名既无差等,其闻拿投首即无二致,现据该犯闻拿投首,尚知畏法,潘乌皮应比照"洋盗接赃二次、斩决枭示",如投回自首,改发新疆给官兵为奴。

河南司 ○ 道光九年

河抚奏:泌阳县王三帽缨结捻。案内之秦毛、李四十儿被王三帽缨诱胁,背负行李,先自逸出,并未随同抢劫,核与洋盗案内被胁服役者相同。秦毛、李四十儿应照"洋盗案内被胁、止为盗匪服役、如被拿获者杖一百、徒三年例"俱杖一百,徒三年。

福建司 ○ 道光六年

福抚奏:拿获在洋行劫盗犯黄菁等。案内之吴包舵为盗把舵,较之服役为重,应于"服役满徒例"上,量加一等,杖一百,流二千里。

福建司 ○ 道光十四年

闽督奏:黄阿在与陈阿鹄合伙驾船捕鱼,陈阿鹄起意纠劫,该犯畏惧不行,事后分赃，应比照“洋盗案内被胁服役、并未随行上盗例”杖一百，徒三年。

四川司 ○ 道光八年

川督题：王馨棰行窃彭杨氏家赃物，将彭杨氏强奸已成，致氏羞忿自缢，实属淫恶。遍查律例并无因窃盗强奸妇女已成、致氏自尽作何治罪明文，自应仍照“强奸已成本例”问拟，王馨棰应照“因窃盗而强奸妇女已成者斩决例”拟斩立决。

广东司 ○ 道光十一年

广抚题：陈大源起意抢夺陈氏衣物，复轮奸本妇已成，致令羞忿自缢身死，实属淫凶。陈亚权、陈亚栋听从抢夺轮奸，同恶相济。遍查律例并无因抢夺财物而轮奸已成、致本妇羞忿自尽作何治罪专条，若仅照“轮奸已成、本妇自尽之例”首斩从绞，虽首犯罪无出入，而为从同奸之犯，转轻于窃盗强奸已成之罪，殊失情法之平。查抢窃事同一例，自应比例问拟，已死徐陈氏系各犯无服族妹，应同凡论。陈大源、陈亚权、陈亚魁、陈亚栋除抢夺计赃及拒捕伤人并目击拒捕、在场助势、各轻罪不议外，均比依“因窃盗而强奸人妇女、凡已成者拟斩立决例”拟斩立决。

四川司 ○ 道光十三年

川督题：巴州熊代保起意轮奸马井姑已成，辄复拒伤马井姑之父马有常身死，后复纠邀王老幺等行窃刘张氏家衣物，盗所拒捕，砍伤刘张氏毙命。遍查律例并无轮奸已成、殴死本妇之父作何治罪明文，查轮奸良人妇女已成因而致死本妇者，首犯罪应斩枭，则致死本妇之父情事相同。其行窃拒死刘张氏罪止斩决，自应从重比例问拟，熊代保应比照“轮奸良人妇女已成、因而杀死本妇者、首犯拟斩立决枭示例”拟斩立决枭示。李双喜听从轮奸，又帮殴马有常毙命，应比照“为从同奸、又帮同下手者、拟斩立决例”拟斩立决。

陕西司 ○ 道光十二年

陕抚咨：贼犯孟洛盛携赃逃逸，经事主蒙妇葳卜哈追及，揪衣喊捕，辄拒殴推跌，应以临时护赃拒捕科断。惟虑及告官，送还赃物，应依例减等问拟，孟洛盛应照“窃盗虽离盗所、而临时护赃格斗拒捕、未经成伤者、首犯发近边充军罪”上，减二等，拟杖九十，徒二年半。

贵州司 ○ 道光十二年

贵抚题：卢彦恒偷窃郭乔二家赃物跑走，郭乔二看见，拿住夺赃，该犯用脚拒伤郭乔二肾囊，倒地后恐窃情败露，起意致死灭口，将郭乔二搭住咽喉，立时殒命。例无贼犯故杀事主治罪明文，卢彦恒仍应照“本例窃盗虽离盗所、而临时护赃格斗杀人者例”拟斩立决。

浙江司 ○ 道光七年

浙抚题：贼犯徐五大行窃王人义家，因王人义夫妇惊觉起捕，拉住不放，该犯情急拒捕，用刀将王人义夫妇一并戳伤身死。系属临时盗所拒捕，自应按例问拟，徐五大合依“窃盗临时盗所拒捕杀人者斩例”拟斩立决。拒杀事主夫妇二命，情殊凶恶，加拟枭示。

贵州司 ○ 道光四年

贵抚咨：贼犯周二等行窃拒捕，砍伤事主龙老六身死。案内之刘双喜刃伤龙老六左胳膊，又划伤其鼻准等处，罪应拟绞。该犯闻拿投首，律免所因，仍从本杀伤法。惟照“刃伤本律”拟徒，则减至二等，设伤非金刃与未经帮殴成伤应拟军流之犯自首，又将作何治罪。且与闻拿投首减一等之例未符，自应于本罪上减等问拟，刘双喜合依“闻拿投首之犯、于本罪上减一等例”，应于“为从帮殴刃伤绞监候”上，减一等，杖一百，流三千里。

贵州司 ○ 道光四年

贵抚题：贞丰州贼犯郑麻二等行窃尚未得财，护伙拒戳事主舒正礼身死。案内之伙犯彭周保与郑麻二出洞同逃，被事主追及，将彭周保发辫拉住，该犯挣扎不脱，先用刀背殴伤事主右额角，因其不肯放手，复用刀扎伤事主左血盆，系各自起意，应各科各罪，各以为首论。彭周保应改依“窃盗未经得财逃走、被事主追逐、拒捕伤人未死、如刃伤者、首犯拟绞监候例”拟绞监候，秋后处决。

福建司 ○ 道光六年

福抚题：贼犯陈悰仍等行窃拒伤事主邓仙旺身死。案内之姜允缘帮同下手，按住事主，用绵絮塞其口鼻，立时殒命，实与刃伤折伤无异，应比照“窃盗拒捕杀人、为从帮殴、如刃伤及折伤以上拟绞例”拟绞监候。

河南司 ○ 道光七年

河抚咨：偃师县贼犯李魁行窃杨魁法钱铺，拒伤巡役，将李魁依“窃盗虽离盗所、临时护赃格斗伤人、若伤非金刃、伤轻平复例”发边远充军。

本部查李魁行窃事主杨魁法钱铺，杨魁法惊觉喊捕，该犯携赃逃出街上。适巡役王大有等巡缉至彼，闻喊帮捕，该犯护赃拒捕，用绳鞭拒伤王大有左额角。查绳鞭应照"凶器伤人例"问拟近边充军，今李魁因行窃拒捕，用绳鞭将巡役王大有拒伤，自应按例于近边充军罪上，加拒捕罪二等，拟以极边充军。李魁应改依"凶徒执持凶器伤人者、发近边充军例"上，加拒捕罪二等，发极边充军，仍照名例，以足四千里为限。

贵州司 ○ 道光十四年

贵抚咨：贞丰州贼犯贾大五纠窃，临时护伙拒捕殴伤事主平复，合依"窃盗临时盗所拒捕、伤非金刃、伤轻平复"，首犯发边远充军。该犯有大五名号，应照例加一等，发极边充军。亲老丁单，例准留养，惟该犯平日有大五名号，不安本分可知。若仅照"军犯留养之例"枷责发落，是罪应拟军之犯转轻于罪止枷杖之人，应于枷责满日锁系铁杆，存留养亲。俟一年限满，察看如能改悔，再行释放。

福建司 ○ 道光十二年

台湾镇奏：盗犯李藏等商谋越狱，尚未脱逃，经同监盗犯詹岳首报被获。查詹岳系迭次行劫，例应斩枭之犯。兹因同监盗犯李藏等商同该犯越狱，即据实首报，将李藏等立即擒获。核与伙盗供出首盗逃匿处所、在限内拿获，情事相同，应比附定拟，将詹岳比照"首盗脱逃、伙盗供出逃匿地方、一年限内拿获、将供出之伙盗照例免死例"，实发云贵、两广极边烟瘴充军，请旨定夺。

校勘记：

①十：据《续四库全书》本应作"千"。

②兹：据《续四库全书》本应作"滋"。

③丁幅：据上文应为"丁蒙幅"。

④谁：据《续四库全书》本应作"推"。

⑤定：据《续四库全书》本应作"穴"。

《刑部比照加减成案续编》卷六

刑律贼盗

劫囚

白昼抢夺

刑律贼盗

劫囚

河南司 ○ 道光五年

河抚奏:陈文纠众寻殴,执持凶器,喝令拒捕杀人,在逃未获。乃因伊弟拟遣起解,辄敢纠众中途劫夺,捆殴兵役,又欲纵令同解人犯同逃,实属不法。其情较之官司捕获罪人、聚众打夺者为重,惟例内并无劫夺遣犯、殴伤兵役作何治罪明文,应即比例加等定拟。陈文合依“官司差人捕获罪人、聚众中途打夺伤差者绞监候律”拟绞监候,请旨即行处决,以昭炯戒。差役傅体义等管解周全位等辄敢中途潜回,致犯被劫夺,自应比例酌减问拟,傅体义、刘书林、刘凤仪均应照“故纵与囚同罪例”,于周全位遣罪上,减一等,各杖一百,徒三年。马克简不肯同逃,尚知畏法,马克简应照“因变逸出、自行投归之例”,于原犯流罪上,减一等,杖一百,徒三年。

广东司 ○ 道光七年

广抚咨:赖茂畛因误砍程启华山内青竹,程启华赴县控告差拘不服,喝令伊胞弟赖明畛等各用刀棍,拒伤差役文扬等跑走。该差禀县验明伤痕,改差邱鞍等带用引线黄亚初等将赖茂畛拿获,赖茂畛恐到官受罪,密嘱工人邀胞弟赖明畛、堂弟赖沅畛等同赴打夺。赖茂畛乘间挣脱锁链欲逃,邱鞍上前揪扭,赖茂畛拾石将邱鞍掷伤,赖明畛用刀将邱鞍戳伤身死。黄亚初向赖明畛捉拿,赖沅畛用刀戳伤黄亚初毙命,赖茂畛等闻拿投首,按例应将赖茂畛等分别拟以斩绞立决。该抚以该犯等拿获投首,得免所因,仍从本杀伤法,将赖茂畛照“共殴原谋”拟流,赖明畛依“共殴人至死”拟绞,赖沅畛依“斗杀”拟绞,首从罪名既已轻重倒置,复以赖茂畛在监病故,将赖明畛等均减等拟流,实属此拟不伦。查夺犯伤差致死二命,较寻常谋故杀人之犯为重,与强盗伤人情节相类,虽闻拿投首,亦无因可免。即因其稍知畏法,与始终抗玩者情节尚有一线可原,亦止可量减,贷其立决,酌照本律定拟,赖茂畛应照“官司差人捕获罪人、聚众中途打夺杀人为首律”拟斩监候。赖明畛、赖沅畛应依“尊长率领卑幼、夺犯致死差役、非一家二命、为从下手致死之卑幼、拟绞监候例”拟绞监候,均秋后处决。赖茂畛病故,应毋庸议。

河南司 ○ 道光九年

提督奏:李大因伊弟李五受雇与杨二背运私酒,被拿看押官厅,辄敢起意纠约扎拉芬等十一人,乘间夺回,实属藐法。李大合依“官司差人捕获罪人、聚众中途打夺、聚至十人为首律”拟斩监候,该犯闻拿投首,照例于斩罪上减一等,杖一百,流三千里。惟辇毂重地,胆敢纠众夺犯,聚至十人以上,情节较重,若仅拟以满流,殊觉轻纵,李大应发往新疆给官兵为奴。

四川司 ○ 道光十二年

川督咨:蓬州常钟成因窝留贼犯陈大金被差役拿获,虑恐到官供出破案,起意纠约多人前往,欲将陈大金夺回,殊属藐法。惟该犯纠人甫至场口,一经约保集众防拿,均即逃跑,并无抗拒情事,即复邀在途守候夺犯,究未将犯夺去,系属夺犯未成。核与中途打夺捕获罪人之律未符,若因其纠约人多,即照律拟斩,似觉情轻法重,且与已经夺获者无所区别。遍查律例并无夺犯未成作何治罪明文,自应按律量减问拟,常钟成应于“官司捕获罪人、聚众中途打夺、聚至十人、为首斩监候律”上,量减一等,杖一百,流三千里。惟该犯窝留积匪陈大金行窃,讯系造意分赃,例应拟军,自应从重科断。常钟成除聚众夺犯未成拟流轻罪不议外,合依“窝留积匪之家、果有造意及分赃代卖、改发极边烟瘴充军例”,改发极边烟瘴充军。

福建司 ○ 道光十年

台湾镇总兵奏:兵丁陈捷于事不干己,胆敢在郡城重地,纠同兵伙陈得盛等,将府差带押之王加升中途打夺,实属不法。惟犯时不知系属官差,情稍可原,应比例酌减问拟,将陈捷照“聚众中途打夺、虽未伤人首犯、亦照因而伤人律拟绞例”,量减一等,拟流,系海外戍卒横悍成习,应从重发往新疆充当苦差。陈得盛等听纠夺犯,依“为从减一等律”,罪止满徒,该犯等俱系戍兵,应请于满徒罪上,酌加为杖一百,流二千里。

湖广司 ○ 道光十二年

湖督奏:郭章洪夺犯殴伤外委常明纲身死。案内之杨六儿亦用铁锚殴伤常明纲右腿,比照“官司差人捕获罪人、聚众中途打夺、殴差致死、帮殴有伤例”拟绞监候。惟系汛弁,请旨即行正法。

陕西司 ○ 道光十四年

陕抚题:华阴县赵鼓繫系在配二次逃回被获、调发边远充军之犯,乃于押讯未禁之先,预向黄太升商允,于起解时纠众中途夺放,实属藐法。查律例内并无发配军犯、自行起意央人纠众夺放未伤人作何治罪明文,自应比附问拟,赵鼓繫应比依"但经聚众夺犯、虽未伤人首犯、亦照因而伤人律"拟绞监候。

广西司 ○ 道光十四年

广西抚咨:莫彩听从苏老志索诈不遂,诬告李时秀等殴伤伊子莫言坚身死,并毁尸图赖。迨经验明,该犯仍以李时秀等殴毙,具结请检。嗣经检验,该犯复敢纠众拦阻。查律例内并无诬告人命、聚众拦阻尸棺不容启作何治罪明文,自应比附定拟,莫彩应比照"官司差人捕获罪人、聚众中途打夺未伤人例",于首犯绞罪上,减一等,拟流。

直隶司 ○ 道光十一年

直督咨:果发随从伊父果秀如,夺犯拾石,向都司殴掷未中。该犯明知官长,胆敢拒敌,若仅照"夺犯殴差未伤人"拟徒,不足示惩,自应加等问拟,果发合依"尊长率领卑幼、殴差夺犯、随从之卑幼在场助势、并未伤人杖一百、徒三年例"上,仍照"拒殴追摄人律",所殴系职官,应加二等,杖一百,流二千五百里。

白昼抢夺

贵州司 ○ 道光六年

贵抚咨:沙海青等共殴徐耀瀧身死。案内之徐汉鳌先因京控沙海青隐匿地土,依"诬告人死罪未决律"杖流加徒。年逾之徐收赎一次,今复起意抢割沙海青地内包谷,罪应满徒,系属有心再犯,不准再行收赎。徐汉鳌应照"抢夺人财物律"杖一百,徒三年,定地充徒。

浙江司 ○ 道光九年

提督咨送:德兴两次剥脱刘三十儿衣服,卖钱使用,罪浮于窃,情类于抢。检查律例并无治罪专条,自应比照问拟,德兴应比照"抢夺人财物律"杖一百,徒三年。

广东司 ○ 道光十年

广抚题:李士英因亲戚陈金成被罗奉先伤毙,起意藉命纠抢,商同李孟常等赴凶犯罗奉先家,向犯父争闹勒令交出凶犯,即乘间抢夺牛只衣物,估值赃银十六两零,李士英仍依"白昼抢夺人财物律"杖一百,徒三年。

湖广司 ○ 道光四年

南抚咨:田老四等因鄢庭良等贩私并不禀究,辄行阻抢分食,实属玩法。但截抢私盐并无治罪专条,若照"抢夺平人财物"一律科断,似无区别,自应酌减问拟,田老四等照"抢夺平人财物满徒罪"上,量减一等,杖九十,徒二年半。

河南司 ○ 道光五年

河抚咨:汝阳县杨大山、杨大稞听从杨满江纠抢私盐转卖,例无治罪明文,应仍照"抢夺本律"问拟,杨大山、杨大稞合依"抢夺人财物杖一百、徒三年、为从减一等律"杖九十,徒二年半。

广东司 ○ 道光五年

广抚题:南雄州贼犯刘石萌等抢夺事主侯东山银两,拒伤事主身死。案内之麦陈林保听从刘老洪纠往伺抢,同伙仅止五人,虽三人执持木棍,惟抢夺时并未用械威吓得赃,后又均即逃走,实与倚强肆掠凶暴众著者不同。至刘石萌等被追拒捕,该犯麦陈林保业经先逃,并不知情。既据该抚疏称估计抢赃值银三十七两零,该犯系抢夺为从,自应照律拟徒。今该抚将该犯依"抢夺持械、倚强肆掠为从例"拟流,系属错误,应行更正,麦陈林保应改依"白昼抢夺人财物、为从减一等律"杖九十,徒二年半,照例刺字。

河南司 ○ 道光六年

河抚咨:杨满江等截抢汝阳县民张言等私盐。案内之从犯杨大才听从杨满江截抢私盐,即与抢夺财物无异,应即比照"抢夺人财物、为从减一等律"杖九十,徒二年半。

江西司 ○ 道光十二年

江西抚咨:涂洪济等求减平粜米价,赴县喧嚷挟制。案内之方本仕因见科房门外放有米箩,疑系乡民买粜之米,乘机抢夺,与明知衙署服物、有心肆抢者不同。惟科房究在大堂之左,贮有官米,该犯辄敢纠抢,方本仕应于"抢夺人财物、不计赃杖一百、徒三年罪"上,酌加一等,杖一百,流二千里。

湖广司 ○ 道光十四年

北抚咨：黄帼林等因索讨赌欠不遂，纠抢李生明家钱物，计赃不及二十两，究与平空抢夺有间，黄帼林照“白昼抢夺人财物杖一百、徒三年律”上，量减一等，杖九十，徒二年半，免刺。

贵州司 ○ 道光十四年

贵抚咨：仁怀县革役李忠乃藉阻开铅厂为由，纠众抢夺，计赃八十七两。若仅照“抢夺本律”，计赃加等拟流，不足示惩，应比照“总甲快手应捕人等、指以巡捕勾摄为由、抢夺财物者、犯该徒罪以上、不分人多人少、若初犯一次例”发边远充军。夏全等讯系为从，应减一等，杖一百，徒三年。

安徽司 ○ 道光六年

安抚题：回民常有探知沙汶沅等贩私，邀同方立冈前往抢夺，例无抢夺私盐作何治罪明文。惟贩私系违禁之盐，其事等于盗贼，探知兴贩私盐而于中途抢去，与探知窃盗人财而于中途抢去者情罪相同。常有应比照“探知窃盗人财物、而于中途抢去、准窃盗论、窃盗赃七十两律”杖八十，徒二年。艾狗孜、方三麻孜用铁枪戳伤沙汶沅，系闻喊往获、衅起一时，与回民预谋纠殴者不同，均依“执持凶器伤人例”发近边充军。

部查道光五年八月，河南巡抚奏称回民之习为匪者，其情固与捻匪殊，而其齐心党恶，不必谋而响应。是以乾隆年间纂定回民结伙之例，并无预谋事样、请复旧例等语，经部议准通行在案。此案回民艾狗孜等见常有被沙汶沅戳伤，携枪前往帮护，按现在通行，应照“回民结伙之例”问拟。惟该犯等事犯到官，均在未经奏改通行以前，自应仍照已行之例，按寻常共殴科断，照覆在案。

陕西司 ○ 道光十二年

提督咨：杨玉幅胆敢剥脱幼孩衣服，至九次之多，实属藐法，例无作何治罪明文。惟剥脱衣服与抢夺无异，自应仍照抢夺问拟，杨玉幅合依“抢夺八次以上例”，改发云贵、两广极边烟瘴充军。

山东司 ○ 道光四年

东抚咨：已革巡役尹善道因挟盐商江丰信裁撤之嫌，辄敢起意纠同于宗元等多人，持械往滩抢闹，殊属不法。惟抢闹只图泄忿，并非意在贩私，未便以私枭论断。而纠众多人，肆行抢殴，拒敌官兵，亦不便仅照“寻常抢夺之例”问罪，尹善道应照“粮船水手伙众十人以上、执持器械、抢夺为首、照强盗律”拟斩立决。

安徽司 ○ 道光十二年

安抚题:周幅喜剥取幼孩方洪贵衣服,将方洪贵推跌落水淹毙。该抚将周幅喜比依“谋杀十岁以下幼孩、若系图财、加以枭示例”拟斩加枭。部查图财杀死十岁以下幼孩拟斩加枭之例,系专指蓄意谋杀者而言,若得财之后临时故杀灭口,则无论死者是否十岁以下,均不在拟斩加枭之例。今周幅喜强剥方洪贵衣服,并无谋命之心,嗣因方洪贵声张回家告知其父,始行起意致死,系属抢夺得财临时故杀灭口。例内既无加重明文,自应即照本例定拟,将周幅喜改依“抢夺杀人例”拟斩立决。

江西司 ○ 道光五年

江西抚题:潘运樽等抢夺张明凡包袱,当被捻住不放,伙贼刘玉光先用木担拒伤,后被潘运遥推跌擦伤,携赃逃逸。潘运樽落后,被张明凡扭住,情急图脱,用刀背殴伤其顶心,致张明凡夺刀自划手指平复,该抚将潘运樽比照“抢夺被获图脱,用刀自割发辫衣襟、误行划伤事主例”减发新疆。潘运遥、刘玉光均依“为从例”,改发边远充军。

本部以潘运樽因被事主扭住,即用刀背殴伤其顶心,明系有心逞凶拒捕,以致事主夺刀被划受伤,自应仍按本例拟斩,未便轻减。至刘玉光等于拒伤事主后,业已携赃逃逸,与潘运樽之落后拒捕并不同场,例应各科各罪,各以为首论。驳令将潘运樽改依“白昼抢夺伤人未死、如刃伤者、首犯拟斩监候例”拟斩监候,刘玉光改依“抢夺伤人未死、伤非金刃、伤轻平复、首犯改发极边烟瘴充军例”,改发极边烟瘴充军。潘运遥改依“为从例”,于刘玉光军罪上,减一等,杖一百,徒三年。

山西司 ○ 道光四年

提督奏:王亮在籍丢包诓骗一次,抢夺四次,来京抢夺郭逢时银钱衣物,将事主捆缚,用土塞口,核与伤人无异。严讯实因恐事主声喊追赶所致,与行强者不同。第该犯于辇毂之下,胆敢起意肆行抢夺,将事主捆缚塞口,情殊凶恶。若仅照“抢夺伤人、伤非金刃、伤轻平复例”拟以极边充军,尚觉轻纵,应从重发往新疆,酌拨种地当差。吕贵听从王亮抢夺,帮同捆缚事主,因恐挣起追及,复用土压其胸膛,亦属不法,自应加重定拟,吕贵应于“抢夺伤人、伤轻平复、为从杖一百、徒三年例”上,加一等,杖一百,流二千里。

河南司 ○ 道光四年

本部奏:薛大、刘宝、李三、吉六抢夺时,或抓沙土堵塞事主之口,椒末揉擦眼睛,或帮同揿按捆缚殴打,虽未成伤,俱于事主有所侵损,与伤人无异。该犯等于辇毂之下,胆敢纠伙肆行抢夺,将事主捆缚塞口,情殊凶恶,均应从重发往新疆,酌拨种地当差。刘斗子、何九儿虽讯无捆殴事主情事,惟听从纠抢二次,亦属不法,应于“抢夺伤人、伤非金刃、伤轻平复、为从满徒罪”上,加一等,杖一百,流二千里。

山西司 ○ 道光九年

中城奏送:贼犯杨三等辄敢将事主六顺等捆缚,用土塞口,核与拒捕伤人无异,自应按抢夺伤人例定拟。惟该犯于畿辅近地,胆敢起意肆行抢夺,将事主捆缚塞口,情殊凶恶,若仅照“抢夺伤人、伤非金刃、伤轻平复”,发极边足四千里充军,尚觉轻纵,应从重发往新疆。仍照奏定调剂章程,发广西省极边烟瘴充军,加枷号三个月。田大、童六听从杨三等抢夺,田大帮同揿按事主,童六虽未帮殴,究系在场目击,均应加重定拟,田大、童六俱应于“抢夺伤人、伤非金刃、伤轻平复、为从杖一百、徒三年例”上,加一等,杖一百,流二千里。

河南司 ○ 道光十一年

河抚咨:罗山县张自志听从胞叔张恒抢夺,虽系侵损于人,惟该犯被胁勉从,并未拒捕分赃。若按律以凡人首从问拟,未免无所区别,应酌量减等问拟,张自志应于“白昼抢夺伤人未死、伤非金刃、伤轻平复、为从杖一百、徒三年例”上,酌减一等,杖九十,徒二年半。

江西司 ○ 道光十三年

江西抚咨:卢三林等抢夺古瑞达赃物,拒伤事主,致令失财窘迫,自缢身死。遍查律例并无作何治罪专条,惟例载窃盗逃走,事主失财窘迫因而自尽者,除拒捕伤人罪在满徒以上,仍照律例从重治罪。今该犯抢夺拒捕罪在满徒以上,抢窃事同一律,应仍按本律问拟,卢三林合依“白昼抢夺伤人、伤非金刃之犯例”,改发极边烟瘴充军。

陕西司 ○ 道光七年

陕抚咨:叶顺林听从逸犯赵积元行窃张大魁家银两,计赃九十七两零。查行窃银两,例应照抢夺财物办理。抢夺财物赃百八十两以上,按窃盗罪加二等;窃盗赃九十两,律应满徒,加二等,应杖一百,流二千五百里。该犯系属为从,应减一等,杖一百,徒三年。该抚将为首之逸犯赵积元拟杖一百,流二千里,系属错误,应行更正。

浙江司 ○ 道光十四年

浙抚咨:赵庭发因米价昂贵,辄敢捏贴散米知单,冀图招集穷民,忧[①]吾良善,实属不法。但谋尚未成,自应比例酌量问拟,赵庭发比照“不法之徒乘地方歉收、伙众抢夺、扰害良善、挟制官长者、照光棍例治罪”,于斩罪上,量减一等,杖一百,流三千里。

四川司 ○ 道光十年

川督咨:翟缺熥因行窃遗火延烧事主张泳柱草房,复乘机抢夺衣服,遍查律例并无作何治罪明文,自应比例问拟。张泳柱住房勘明系属旷野,并非场市人烟凑集之所,翟缺熥比依“川省匪徒、在野拦抢、数止二三人者、犯该徒罪以上、发极边足四千里充军例”,发极边足四千里充军。

四川司 ○ 道光八年

川督咨:罗二娃撬门行窃,听闻事主开门,即行逃跑,因心忙意乱,将火绳遗落草堆,以致失火,土坎左右后面俱系堰塘,无路可逃,暂匿树林。后见延烧草房,张二太等将钱文衣物搬出,始见财起意,乘机抢夺,委无图财放火情事。遍查律例并无因窃遗火、延烧事主房屋、乘机抢夺钱物作何治罪明文,将罗二娃比照“川省匪徒、在野拦抢、数止二三人者、犯该徒罪以上、发极边足四千里充军例”,发极边足四千里充军。

四川司 ○ 道光十三年

川督题:涪州任沙钵邀允陈老五等抢夺入伙,夏得海先不允从,系被陈老五吓逼,无奈勉从。嗣张长保、陈老五跳上炭船,抢夺王典顺等钱文,拒伤事主,夏得海实无帮拒分赃,将抢夺并未伤人之任沙钵等依“川省匪徒、在野拦抢例”,不分首从拟军。夏得海应于任沙钵等军罪上,量减一等,杖一百,徒三年。

湖广司 ○ 道光四年

南抚咨:胡大春因挟文蔚春等帮同兵役协拿之嫌,纠同匡齐发等抢夺泄忿,聚众在十人以上,执持器械,倚强肆掠,实属凶暴。凌和中听从抢夺,临时不行,惟在场同谋,帮同纠人,与仅止听纠畏惧不行者不同,应于匡齐发等满流上,量减满徒。

贵州司 ○ 道光四年

贵抚奏:杨学训纠众抢掠。案内之杨学彬、杨芝寅、黄克华、刘小四、刘小七听从杨学训屡次抢夺得赃,又捉拿王居高等勒赎,复在场拒捕,均属同恶相济。若仅依为从满流,加拒捕罪二等拟军,尚属情浮于法,应均发往新疆给官兵为奴。杨学祥等听从杨学训持械抢夺,并未拒捕,俱依“为从例”,于杨学训斩罪上,减一等,各杖一百,流三千里。

江西司 ○ 道光十二年

江西抚题：帅进邦等各自纠伙二十余人，持械抢夺陈寿山等船上米石等物逾贯，均罪应斩决。迨闻县营亲督查拿，帅进邦辄敢鸣锣纠众至三十人之多，拒伤兵役多人，更属凶恶，应加拟枭示。

陕西司 ○ 道光十三年

陕督咨：平罗县王山因被马士陇殴抢并不报官缉究，辄纠约吴鑑等还抢泄忿，各犯亦系回民，结伙在三人以上。惟核其情节，该犯先被殴抢，意在报复，与平空抢夺有间，若一律拟军，未免无所区别，自应酌量问拟，王山、吴鑑应请照"回民抢夺、结伙三人以上、不分首从、实发极边烟瘴充军罪"上，量减一等，各拟杖一百，徒三年。

湖广司 ○ 道光四年

北抚咨：刘中道系土著船户，因郑大琼船只遭风，起意乘危抢夺。若照"乘机抢夺本律"仅拟杖徒，不足示惩，自应比例问拟，刘中道照"边海居民以及采捕各船户、如乘危抢夺、但经得财者、照抢夺本律、加一等例"杖一百，流二千里。

校勘记：

①忧：据《续四库全书》本应作"扰"。

《刑部比照加减成案续编》卷七

刑律贼盗

窃盗

盗牛马畜产

盗田野谷麦

亲属相盗

刑律贼盗

窃盗

陕西司 ○ 道光七年

伊犁将军奏:布都奇纠窃马匹,拒伤事主武大云身死。案内之克奇克太仅止随同行窃,在外等候,并未拒捕,该将军照"拒捕为从例"拟遣,似觉情轻法重。惟蒙古例内并无明文,自应按照刑律办理,克奇克太应改照"窃盗未得财笞五十律",为从减一等,笞四十,免其刺字。

陕西司 ○ 道光十年

陕抚咨:郑帼泰行窃获案,因病交店看管,该犯乘间脱逃,复行偷窃。是该犯获案后,尚未刺字发落,又复脱逃行窃,系戴罪在身未经议结之犯,与初犯杖刺后复行为窃应以再犯科断者不同,自应仍照初犯论。郑帼泰合依"窃盗赃一两以上、杖七十律"上,加逃罪二等,杖九十。

山西司 ○ 道光四年

南城察院移送:杨升即杨翼之,系行文贴写,将办结应销各文案搀杂现办事件携回清理,未及送署即被起获,并非有心偷出,与盗官文书者不同。该犯先经行使假钱票,复行窃二次,应从重问拟,杨翼之依"窃盗赃四十两律"杖一百,刺臂。

湖广司 ○ 道光十四年

北抚咨:江长幅挖漏陈大举米船,捞摸湿米朋分,其余沉湿抛洒之米并因图财挖漏所致,罪坐所由,自应以折本一千七百余两之数为赃,未便仅计各犯所得之赃科断。江长幅比照"窃盗赃一百二十两以上、为首绞监候律"拟绞监候。

陕西司 ○ 道光七年

陕抚咨:大荔县贼犯丁八十等行窃未经得赃、拒捕刃伤巡役马馨泰一案。查例载回民行窃,结伙三人以上,但有一人执持器械,无论绳鞭、小刀、棍棒,俱不分首从,不计赃数,改发云贵、两广极边烟瘴充军;若结伙虽在三人以上,而俱徒手行窃者,于军罪上减一等,杖一百,徒三年等语。又本年四月间,本部将回民行窃未得财之案各于军徒罪上,量减一等定拟,通行在案。诚以回民行窃未得财,量予减等拟徒,已较寻常行窃未得财罪止拟笞者为重,故酌从轻减。若行窃未得财之犯复有逞凶拒捕伤人重情,自不得概从宽贷,致较回民结伙三人以上、执持器械殴人、及回民行窃结伙三人以上、持械行窃并未伤人各例转轻。此案回民丁八十纠允马双喜等行窃,同伙四人,行至事主伍开昌家墙边挖孔,正欲进内偷窃,被巡役马馨泰、马太瞥见喊捉,丁八十等跑走,马馨泰等追赶。各犯被追情急,丁八十喝令丁年成等一同拒捕,马双喜、丁年成、丁瞎三各就地拾石向巡役掷去,未经成伤。马馨泰赶上,将丁八十揪住,丁八十情急图脱,顺用柴刀扎伤马馨泰左腿,马馨泰仍未放手,马太上前帮同将丁八十拿获。经该抚将丁八十于“回民结伙行窃、未得财减等满徒罪”上,加拒捕二等,杖一百,流二千里。马双喜等依“为从”拟徒,马双喜系赦后复犯,应加一等,杖一百,流二千里,父老丁单,声请留养等因。

查丁八十等如仅止行窃尚未得财,自应遵照通行分别首从减等拟徒。今因被巡役马馨泰等追赶图脱,拒伤捕人,其情较结伙持械行窃、已得财之情为重,未便仅于未得财徒罪上加等科断,致滋轻纵,应将该犯等均仍照“结伙三人以上、但有一人执持器械、不分首从、不计赃数、改发云贵两广极边烟瘴充军例”拟军,照例加拒捕罪二等拟遣,仍照调剂章程,到配酌加枷号三个月,分别刺字,以示惩儆。马双喜系回民结伙持械行窃,例不准声请留养,虽父老丁单,应毋庸查办。并恐各省办理未能画一,应通行内外问刑衙门,嗣后遇有此等回民结伙三人以上、持械行窃未得财之案,除拒捕刃伤事主照例拟绞、及并未拒捕仍与减等定拟外,其余但经拒捕无论曾否伤人,悉照本例拟以军徒,不得轻议减等,相应通行各省画一办理。

陕西司 〇 道光九年

陕抚咨:也太平儿结伙三人以上,执持器械行窃,临时护赃,将事主徐从温推跌磕伤平复,自应照律加拒捕罪二等问拟。该抚声称拒伤事主,罪止边远充军,系属轻罪不议,是将回民伙窃拒捕之案,仅照结伙行窃之条,殊属错误,应即更正。也太平儿应改依“回民行窃结伙三人以上、但有一人执持器械、不分首从、改发云贵两广极边烟瘴充军例”上,加拒捕二等,应发新疆;业已停止发往,仍发云贵、两广,加枷号三个月,到配杖一百。

安徽司 ○ 道光十年

安抚咨：王三庆等伙众丢包掉窃银两，致事主谭准失财，窘迫自缢身死。查事主失财窘迫自尽问拟满徒，系指寻常窃案而言，至伙众掉包致事主失财窘迫自尽，例无治罪明文。若止依"丢包诓取本例、照抢夺律"问拟满徒，是置人命于不问，未免情重法轻，自应量加问拟。此案计赃十两零，讯系王三庆为首，戴玉等三人为从，将王三庆于"伙众丢包、诓取财物例"上，加一等，杖一百，流二千里；戴玉等均于王三庆流罪上，减一等，杖一百，徒三年。

山西司 ○ 道光五年

西城察院奏送：李砖儿伙同已获之王二等，两次在事主庄外挖洞偷窃。因更夫刘四等在外巡查瞥见，恐被喊拿，与王二等将更夫捆缚按吓，进内偷窃，事主喊嚷，即行走出，并未入室搜赃。若将该犯拟以骈首，未免与踹门入室，公然搜取赃物者无所区别，自应比律酌量定拟。惟该犯先后迭窃至十三次，内临时行强、捆按更夫两次，复于被获时持刀拒捕，未便照"强盗律"减等拟流，致滋轻纵。即按"积匪猾贼"拟军，亦觉情浮于法，李砖儿应于"积匪猾贼改发云贵、两广极边烟瘴充军罪"上，加拒捕罪二等，发新疆给官兵为奴。

陕西司 ○ 道光八年

步军统领咨送：高五儿等明知车运官铜，系属官物，胆敢肆行偷窃至十余次之多，实属目无法纪。若照"常人偷盗官物"，并赃科罪，律止准徒五年，是较寻常迭窃之犯罪名反轻，自应从重问拟。高五儿合依"积匪猾贼、为害地方、审实不论曾否刺字"，改发云贵、两广极边烟瘴充军。

陕西司 ○ 道光十二年

陕抚咨：乌良幅等改帖诓骗捏情诬告。案内之刘存成听从洗改图帖钱数，诓取铺户钱文，按诓骗得财计赃准窃盗论，罪止拟杖。惟该犯迭骗八次，情类积猾，刘存成应请比照"积匪猾贼、为害地方、发烟瘴充军例"上，减一等，杖一百，徒三年；为从又减一等，杖九十，徒二年半。

福建司 ○ 道光十三年

提督咨：周八十儿偷窃圆明园宫门外各朝房什物，至十七次之多，例内并无偷窃朝房什物作何治罪明文，即比照"偷窃衙署服物例"应拟军，与积匪猾贼罪名相等，应仍依"积匪猾贼例",改发云贵、两广极边烟瘴充军。

浙江司 ○ 道光七年

本部奏:贼犯姚大在京行窃多年,实属积猾,自应照例问拟,姚大合依"初犯之贼独窃八次以上者、照积匪猾贼例",改发云贵、两广极边烟瘴充军。该犯所窃赃物陆续当钱至一千余吊之多,应从重到配加枷号三个月,以示惩儆。

贵州司 ○ 道光十一年

提督咨送:班成系二等侍卫熙庆受雇家人,派令管理马号乏用,偷当伊主马鞍车围等物六十余次,共得京钱四百余千,核计前后赃数,虽已逾贯而每次得赃自数千至数十千及一百余千不等,并无满贯之数。若照"雇工人盗家长财物、照窃盗计赃一百二十两以上"拟以绞候,似与一时一事偷窃逾贯者无别。该犯行窃赃物至数十余次之多,情同积猾,应照"初犯之贼独窃至八次者",改发云贵、两广极边烟瘴充军,照例刺字。

四川司 ○ 道光六年

成都将军奏:拿获纠窃台兵递送御赐物件之夷民悬巴等。查悬巴、江错蚌见坡上放有匣驮,疑系客货,听从已被格杀之阿哄乘机行窃。惟时并不知系御赐物件,迨事后知觉,心生畏惧,不敢派分,惟不即首还,又将匣物弃入河内,殊属藐法。遍查律例并无作何治罪明文,自应比例定拟,悬巴、江错蚌均比照"贼匪偷窃衙署服物例",改发云贵、两广极边烟瘴地方充军。该犯等系土司所管夷民,仍照"名例",将该犯等枷责,同家口父母、兄弟、子侄发六百里之营县安插。

陕西司 ○ 道光十一年

提督咨送:养育兵张广受赴中城察院署内,行窃鲁太住房衣物。查偷窃衙署服物不计赃数、次数拟军,诚以衙署为办公之所,岂容宵小肆窃,故定例独严。兹该犯张广受赴中城察院鲁太自盖住屋内,偷窃衣物,系在私寓行窃,若竟照"偷窃衙署服物"一体拟军,未免无所区别。惟私寓究在衙署,又未便仅照寻常窃盗计赃科罪,致滋轻纵,自应衡情照例酌减问拟,张广受革去养育兵,于"贼匪偷窃衙署、不论初犯再犯、赃数多寡、俱改发云贵两广极边烟瘴充军例"上,减一等,杖一百,徒三年。

广西司 ○ 道光十三年

广西抚咨:秦俸达行窃藩署上库银两。查秦俸达系受雇缮书,并非典吏,行窃之时银未入库,应仍照“偷窃衙署服物例”,改发云贵、两广极边烟瘴充军。

广东司 ○ 道光十一年

广抚咨:袁亚跛行窃勒赎。查事主系该犯无服之亲,律例内并无亲属行窃勒赎作何治罪明文,惟亲属相盗,律得减等,则亲属勒赎亦应减等问拟,袁亚跛照“匪徒逼令事主出钱赎赃、不论赃数多寡、即照强盗窝主律”满流,系事主无服之亲,减一等,杖一百,徒三年。

江西司 ○ 道光十二年

江西抚咨:钟承仙纠抢袁泰杰木排,勒赎得赃,律例内并无治罪明文,惟抢窃事同一例,将钟承仙比照“匪徒逼令事主出钱赎赃例”拟杖一百,流三千里。

广东司 ○ 道光十四年

广抚咨:黄亚应纠同黄亚落窃匿同姓不宗之黄洮祖故父黄玉书尸棺,勒赎得赃银四两零。查律例内并无窃匿未埋尸棺、勒赎得赃作何治罪明文,自应比例问拟,黄亚应合依“匪徒逼令事主出钱赎赃、不论多寡、即照强盗窝主律”杖一百,流三千里,照例刺字。

安徽司 ○ 道光五年

安抚咨:陈大沅偷窃刘杨氏家山内树枝,砍伐将断,事主刘杨氏喊阻,该犯逃跑,刘杨氏追赶,从树下经过,被风将所砍树枝吹落,致伤身死。讯无拒捕情事,惟究因窃砍树枝追捕所致,即与失足致毙无异,将陈大沅比照“窃盗逃走、事主仓皇追捕、失足身死例”杖一百,徒三年。

湖广司 ○ 道光五年

南抚咨:孙进城偷窃兄妻王氏田产契据,致令窘迫自尽。查王氏系孙进城胞兄之妻,服属小功,至死应同凡论。孙进城比照“窃盗逃走、事主失财窘迫因而自尽例”杖一百,徒三年。

四川司 ○ 道光七年

川督咨:涪县汤元组路过汤沨华门首,见汤沨华地内包谷成熟,顺手偷摘两个,汤黄氏瞥见喊拿,汤元组携赃逃跑,汤黄氏随后追捕,因天雨路滑,自行失足仰跌锨下,垫伤左后肋等处,致震动胎孕,堕胎殒命。查已死汤黄氏系汤元组再从侄妇,并无服制,虽亲属相盗,无服之亲亦得减等问拟,而窃物逃走,致令无服之亲追捕失跌身死。

例无作何治罪明文，自应仍照凡人本例问拟，汤元组行窃汤沨华地内包谷，计赃一两以下，究无拒殴情事，汤元组合依“窃盗逃走，事主仓皇追捕失足身死、如赃少罪轻不至满徒者、照因奸酿命例”杖一百，徒三年。

贵州司 ○ 道光八年

贵抚咨：贼犯宋妹妹等听从李明海，伙窃李志成家牛只，致李志成追捕失跌，磕伤身死，将宋妹妹依“窃盗逃走、事主仓皇追捕失足身死、赃少罪轻不至满徒者、照因奸酿命例”杖一百，徒三年，为从减一等，杖九十，徒二年半，亲老丁单，枷责留养。查窃贼原不在不准留养之条，惟该犯因行窃致事主追捕失跌身死，与寻常犯窃者情节较重，若再予留养，未免轻纵，应不准其留养，行令发配。

江苏司 ○ 道光十一年

苏抚咨：郁天赏因行窃鲍孙氏布裤，因向查问，该犯不惟不认，并称鲍孙氏诬良争吵，以致孙氏气忿自缢身死，律例内并无治罪明文。惟事主失财属实，郁天赏应比照“事主失财窘迫因而自尽者、贼犯照因奸酿命例”杖一百，徒三年。

河南司 ○ 道光十一年

河抚咨：邓州管文旭开设歇店，窃取过客袁荣钱物，致令窘迫自缢身死，计赃五两四钱。管文旭应照“窃盗逃走、事主失财窘迫因而自尽、如赃少罪轻不至满徒者、将贼犯照因奸酿命例”杖一百，徒三年。仍尽店家行窃本法，枷号两个月。

河南司 ○ 道光十三年

河抚咨：上蔡县曹才偷挖张荣朋地内蔓菁，被张荣朋之子张绍林瞥见不依，该犯辄敢用拳拒殴，致被张绍林砍伤，向伊兄曹荒椿告知，赴县禀验，以致张绍林畏罪服毒身死。查曹才所窃蔓菁，为数甚微，其殴事主，亦罪止杖责。虽张绍林之畏罪自尽，由于曹荒椿禀验所致，而曹荒椿之据实禀验，并无诈赖别情，尚无不合。罪坐所由，应将该犯比例问拟，曹才一犯除行窃诈赃、拒伤事主轻罪不议外，曹才应比照“窃盗逃走、事主失财窘迫自尽、如赃少罪轻不至满徒者、贼犯照因奸酿命例”杖一百，徒三年。

安徽司 ○ 道光六年

安抚咨：陈志爽在途抢夺陈陈氏牛只，致陈陈氏窘迫自戕后缢死。查陈志爽本系陈陈氏小功堂侄，因出继陈元安为子，所后之家与陈陈氏并无服制，应依律服图降一等，照缌麻服侄科罪。律例并无缌麻卑幼抢夺逃走、致尊长失财窘迫自尽作何治罪明文,第“恐吓律”内卑幼犯尊长以凡人论,计赃准窃盗加一等。则卑幼抢夺逃走,致尊长失财窘迫自尽,应比照“凡人窃盗、事主窘迫自尽之例”加等问拟,将陈志爽比照“窃盗逃走、事主失财窘迫因而自尽者杖一百、徒三年例”上,加一等,杖一百,流二千里。

贵州司 ○ 道光十一年

贵抚咨:庞滦向僧智先借贷不遂,纠众抢夺其衣被田谷,致该僧因失财窘迫自尽,例无治罪明文。该犯抢夺本罪已应满徒,较窃盗为重,又致事主自尽,应比照“窃盗逃走、事主失财窘迫因而自尽者、将贼犯拟以满徒例”上,量加一等,杖一百,流三千里。庞茗、陈二听从抢夺,应于庞滦流罪上,减一等,各杖一百,徒三年。

湖广司 ○ 道光十一年

南抚咨:杨有章因黄调行窃,诬扳黄东汉为窝家,纠同往搜,被黄东汉辱骂,喝众抢夺,照抢夺科断,已罪应满徒。惟黄东汉之祖母因索讨抢赃不还,致令窘迫自尽,比依“窃盗逃走、事主失财窘迫因而自尽者、将贼犯杖一百、徒三年例”上,量加一等,杖一百,流二千里。

浙江司 ○ 道光十四年

浙抚咨:孙斗恺因向黄加能赊米不遂,辄行抢夺,致事主窘迫服卤自尽,计赃八两,例无抢夺酿命治罪专条。查抢窃事同一律,惟抢夺得赃,罪应满徒,若仅照因窃酿命科断,未免置事主自尽于不问,自应比照加等问拟,孙斗恺除抢夺计赃轻罪不议外,应比照“窃盗逃走、事主失财窘迫因而自尽、赃少罪轻满徒例”上,酌加一等,杖一百,流二千里。

湖广司 ○ 道光十四年

南抚咨:胡组德因樊氏住宅被水浸淹,搬往刘家口周泽中空屋借住,什物甚多,起意抢夺,致樊氏追捕失足溺毙。惟抢重于窃,比照“窃盗逃走、事主追捕失足身死满徒例”上,量加一等,杖一百,流二千里。

陕西司 ○ 道光十一年

陕抚咨:安童因与已死路冯氏算命,起意诓骗衣物,致路冯氏被夫训斥,愧悔自缢身死。遍查律例并无诓骗财物、致其人自尽作何治罪专条,自应比例问拟,查路冯氏被拐衣物赃数无多,计赃科罪,其罪不至满徒,安童应比照“窃盗致事主失财窘迫因而自尽、赃少罪轻不至满徒、照因奸酿命例”杖一百,徒三年。

河南司 ○ 道光十三年

河抚咨:确山县袁满图骗吴拴牛只,约其同往观戏,乘间牵牛逃逸,以致吴拴追捕失足落井身死。律例内并无骗牛、致事主落井身死作何治罪明文,惟诓骗系准窃盗科断,今吴拴骗牛逃走,即与窃牛逃走无异,自应比例问拟,袁满应照“窃盗逃走、事主追捕失足身死例”拟杖一百,徒三年。

河南司 ○ 道光十四年

河抚咨:商水县李继诓骗单王氏马匹,致氏愁急自缢身死。查诓骗本准窃盗科罪,今骗财酿命,自应比例问拟,李继应比照“窃盗逃走、事主失财窘迫因而自尽、赃少罪轻不至满徒者、将贼犯照因奸酿命例”杖一百,徒三年。

四川司 ○ 道光十四年

川督咨:李家童行窃牛只、致事主高张氏趋捕失跌、压伤幼女高桂英身死一案。此案李家童因行窃高万均牛只,经高万均之妻高张氏瞥见喊捕,自行失足跌地,致将手抱幼女高桂英掉落地上,压伤毙命。遍查律例并无事主追捕窃贼自行失跌、致误伤子女身死作何治罪明文,惟高桂英系高万均亲女,即属事主,其被高张氏压伤身死,究由李家童窃牛追捕所致,自应比例问拟。李家童除行窃尚未得赃轻罪不议外,应比依“窃盗逃走、事主追捕失足身死、如赃少罪轻不致满徒者、将贼犯照因奸酿命例杖一百、徒三年例”杖一百,徒三年。

四川司 ○ 道光十年

川督咨:酆都县黄大五等轮奸犯奸妇陈孙氏已成。案内之黄登珑听闻黄大五欲往占奸,即行走回,实未同谋。但听从该匪等纠伙行窃,跟随同行,究非善类,若仅照“窃盗未得财律”拟以笞责,未免轻纵。黄大五合依“窃匪并未窃物分赃、而随行服役、到处游荡者”枷号一个月,满日折责四十板,系带铁杆一年。

河南司 ○ 道光四年

河抚题:王泽本系革捕,因李奇先托卖赃,辄即挟制坐地分赃至八次之多,实与捕役豢窃无异。王泽应比照“捕役勾通窃贼、坐地分赃、豢窃一二名者”,改发云贵、两广极边烟瘴充军。

直隶司 ○ 道光六年

直督咨：李金升身充乡地，其巡捕之责无异捕役，该犯胆敢窝留贼匪，资助食用，指使行窃，自应比例问拟，将李金升比依“捕役勾通窃贼、坐地分赃、豢窃一二名者”，改发云贵、两广极边烟瘴充军，左面刺“改发”二字。

山东司 ○ 道光八年

东抚咨：刘登沅身充捕役，有缉拿盗贼之责，明知李二系属窃贼，辄敢索诈钱文，徇纵不缉，即与豢窃包庇无异。若仅照“蠹役诈赃十两以上例”拟发近边充军，似觉轻纵，自应比例问拟，刘登沅应比照“捕役勾通豢窃、坐地分赃例”，实发云贵、两广极边烟瘴充军。

江西司 ○ 道光十四年

安抚奏：已革捕役蒋沅窝留乞丐何三在家，复纠同行窃周履和家衣物。该犯系已革捕役，窝匪行窃，未便仅照平民窝窃科断，将蒋沅比照“捕役豢养窃贼、坐地分赃拟军例”上，量减一等，杖一百，徒三年。

浙江司 ○ 道光十四年

浙抚咨：捕役张麟得贿故纵贼犯王阿三等，照“受财故纵与囚同罪”律止满徒，计赃亦罪止满杖。惟该犯身充捕役，胆敢贪得窃赃全行纵放，其屡次卖法营私贻害地方，迥非别项在官人役贿纵罪囚、仅止一次者可比，实与豢贼分赃无异，自应比例从重问拟。张麟应比照“捕役豢养窃贼分赃例”，实发云贵、两广极边烟瘴充军。

盗牛马畜产

陕西司 ○ 道光四年

阿克苏办事大臣咨：回子王素普行窃回子固尔板马匹，照“偷窃蒙古牲畜例”拟遣。查例载偷窃蒙古四项牲畜三匹至五匹者，首犯发湖广等处；为从同窃分赃者，发山东等处驿地充当苦差。又律载盗马计赃以窃盗论，是偷窃蒙古牲畜与偷窃民间马匹，律例甚为明晰。该犯王素普在阿克苏所属哈拉木胡奇地方，偷窃事主回子固尔板马匹，查阿克苏所属哈拉木胡奇，并非蒙古地方，事主固尔板系属回子，亦非蒙古。王素普偷窃马匹，自应依“盗马”，计赃分别首从科断。该大臣将该犯等不分首从，率照“偷窃蒙古四项牲畜例”拟遣，均属错误，王素普应改依“盗马律”，计赃分别首从科罪。

陕西司 ○ 道光五年

喀什噶尔参赞大臣咨称:遣犯尼牙斯素皮纠约爱里木乌舒尔,在阿克苏所属偷窃回子马匹,照"偷窃蒙古牲畜例"科罪。

本部以尼牙斯素皮等均系回子,其所窃马匹并非蒙古牲畜,自应照律更正。去后旋据该大臣声称,回疆重地近来盗风日炽,若照刑律计赃科断,边境顽蒙回夷不足以示惩儆,请依"原拟偷窃蒙古牲畜例"发遣内地。既据声称该处近来盗风日炽,若计赃科断,边境顽蒙回夷不足以示惩儆等语,自应随时惩创,从严办理。

陕西司 ○ 道光四年

提督咨送:张二格与王二商同将无主之狗毒毙,卖钱使用,若照"盗民间犬只计赃以窃盗论",未免与入人家偷窃者无所区别,自应比照问拟,张二格应依"盗无人看守器物者、计赃准窃盗论、窃盗赃一两以下杖六十律"杖六十。

盗田野谷麦

湖广司 ○ 道光四年

南抚题:刘辉太听从潘文斗窃割潘亨先地麦,潘亨先自携铁锚向捕,刘辉太夺锚,将潘亨先拒伤,情殊凶暴。惟锚为例禁凶器,究于事主手内夺获,并非自执,刘辉太应依"夺获凶器、伤人满徒例"上,加拒捕罪二等,杖一百,流二千五百里。

湖广司 ○ 道光十一年

北抚题:周长美因纠窃杨文华雇主刘在元池鱼,适杨文华在彼看守,经见捕捉。该犯被追情急,用木杠拒伤杨文华身死,比照"盗田野谷麦、有拒捕者、依罪人拒捕杀人者斩律"拟斩监候。

河南司 ○ 道光十四年

提督咨送:季三承种朱玉虎山场地亩,延不交租,复起意将榆槐松柏大小树株盗卖,至一百七十余株,得京钱一百七十千,计赃已至八十两。惟地内并未葬有坟冢,核与盗卖坟树不同,自应仍按"准窃盗律"问拟,季三合依"盗田野谷麦、无人看守器物、计赃准窃盗论、若山野柴草木石罪亦如之、窃盗赃八十两杖九十、徒二年半律"杖九十,徒二年半。惟该犯以看守之人即系盗卖之人,情节较重,应于本律罪上,酌加一等,杖一百,徒三年,仍照律免刺。

福建司 ○ 道光十三年

山海关副都统奏:孙万资夹带私参进关,计参三两二钱,讯系为人医病受谢,意欲带回配药,给亲服食,尚与贩卖图利者有间,应依"偷刨人参一两至五两杖七十、徒一年半、私贩减一等治罪例",于私贩应得杖六十、徒一年罪上,量减一等,拟杖一百。

四川司 ○ 道光十四年

山海关都统奏:吕茂桢所带参枝二两八钱,并无官票,辄敢夹带进关,实属有干例禁。惟讯系该犯胞兄吕茂祥买给带回,给伊父配药医病,尚与贩卖图利者不同,自应按律酌减问拟,吕茂桢合依"偷刨人参一两至五两杖七十、徒一年半、私贩减一等治罪例",于私贩应得杖六十、徒一年罪上,量减一等,杖一百。

福建司 ○ 道光十三年

福抚题:刘旺旺等于已业洲田内种草卫田,被潘纪辉等擅行拔取。该犯等各自捕殴,致毙潘纪辉等五命,与争洲仇斗者不同,应比例问拟,将刘旺旺等均比依"民间农田、如于已业地内费用工力、挑筑池塘潴蓄之水、他人擅自窃放、被应捕之人杀伤者、各依擅杀伤罪人问拟、罪人不拒捕而擅杀以斗杀论、斗杀者绞律"拟绞监候。

陕西司 ○ 道光七年

陕督咨:陈亭河等偷淘金沙,分别治罪。查青羊沟系大通县所辖,地属旷野,界连蒙番,前因多匿汉奸匪类,于道光三年奏明严禁民人潜往滋事。乃该犯等于甫经禁止之后,胆敢接踵潜往,偷淘金沙,若仅照"内地盗掘金沙之例"定拟枷杖,不足示惩。但青羊沟究属内地,若照"新疆偷挖之例"问拟军罪,又属法重情轻,自应比例酌量问拟,陈亭河、张有明均比依"新疆地方偷挖金沙、无论人数沙数多寡、为首枷号三个月、发云贵两广极边烟瘴充军例"上,量减一等,枷号两个月,拟杖一百,徒三年。陈亭江、陈亭佑、陈尚元、张文贵、高万库、潘军禄六犯均属为从,应再减一等,各枷号一个月,杖九十,徒二年半。李廷蕤、马俊并在逃之阎太,各自纠众偷淘,尚未获金,若一律问拟满徒,以与获金者漫无区别,李廷蕤、马俊均于偷淘得金之陈亭河等满徒上,量减一等,各枷号一个月,杖九十,徒二年半。听从偷淘未经获金之刘生华等十二犯,均请于首犯李廷蕤等杖九十、徒二年半上,量减一等,各枷号一个月,杖八十,徒二年。

亲属相盗

山西司 ○ 道光六年

晋抚咨:严小毛行窃无服族兄严志家首饰等物,赃有起获,正贼无疑,该犯偷窃诰命,误行烧毁,例无作何治罪明文。惟查诰命与制书无异,但其因不识字,不知诰命,误行烧毁,应照"误毁制书"于斩罪减三等科断,罪止徒二年半,惟所窃逾贯,应从重论。严志系严小毛无服族兄,素无周恤,自应照"无服亲属相盗律"减等问拟,严小毛除误毁诰命轻罪不议外,依"窃盗赃一百二十两以上绞监候、无服亲属相盗减一等律"拟杖一百,流三千里。

广西司 ○ 道光十三年

广西抚题:盗犯莫五妹纠劫莫异相家银物,该犯系事主无服族兄,将莫五妹依"亲属相盗无服减一等、若行强盗者、尊长犯卑幼、亦依上减罪律",于强盗已行得财斩决罪上,减一等,拟流;该犯系起意为首盗犯,情罪较重,实发极边烟瘴充军。

山西司 ○ 道光四年

提督咨:宗人府理事官宗室存华呈送家人林玉窃物逃走等情。查林玉因雇与宗室存宅佣工,辄将伊主所给众家人公用衣物,私自当得京钱七千一百文花用,合依"奴仆盗家长财物、照窃盗律计赃治罪例、窃盗赃一两以上杖七十律"杖七十。该犯所当衣物,究系伊主业经赏给伊等穿用之物,与实在偷盗家长财物者有间,应免其刺字。惟该犯平日嗜酒懒惰,屡经伊主训斥不听,应酌加枷号一个月,以示惩儆。

陕西司 ○ 道光十二年

陕抚咨:魏太元藉端吓诈宋士积钱文,致宋士积窃用雇主刘调元铺存钱票。查宋士积在刘调元油店帮伙,并非同财共本,其窃用钱票,由于刘调元平日令其经管银钱信任所致,与实犯窃盗有间。宋士积应比依"雇工人盗家长财物、照窃盗计赃治罪例、于窃盗赃一百二十两满流律"上,减一等,杖一百,徒三年。

贵州司 ○ 道光七年

贵抚题:遵义县民刘淙荛殴伤刘正魁,越二十七日身死。查刘正魁盗砍刘淙荛树株,复强种包谷,固属罪人。惟刘淙荛系刘正魁无服族叔,其因抢窃将刘正魁杀死,应依"同姓服尽亲属相殴、至死以凡论律"问拟,不得照"凡人擅杀"科断。该省照"擅杀罪人”拟绞罪名，虽无出入，引断究未允协，刘淙荛应改依“同姓服尽亲属相殴、至死以凡论律”拟绞监候。

广东司 ○ 道光十二年

广抚咨：何阿安行窃无服族叔何腾高家衣物，何行高惊起喊捕，何阿安开门逃走。适无服族兄何幅鞍巡更走至，扭住喊拿，何阿安情急图脱，用刀扎伤其右胳肘等处，将何阿安依“刃伤人杖八十、徒二年律”，系卑幼犯尊长加一等，仍加拒捕二等，杖一百，流二千里。

本部以窃盗被追拒捕，伤非事主，在凡人只应加拒捕罪二等，何阿安拒捕刃伤服尽亲属，按卑幼犯尊长加凡斗一等，罪止杖九十，徒二年半，自应从重依“凡盗拒捕例”问拟满徒。该抚将该犯递加三等，核与相比从重之例不符，改依“窃盗拒捕、伤非事主、但系刃伤、仍照律加本罪二等例”，于刃伤人杖八十、徒二年罪上，加二等，杖一百，徒三年。

《刑部比照加减成案续编》卷八

刑律贼盗

恐吓取财

刑律贼盗

恐吓取财

陕西司 ○ 道光八年

步军统领咨送：清泰因赵七托伊占课应许酬谢钱文未给，辄购买春册，并抄録赵七之嫂赵庄氏八字庚帖，捏称赵七遣人送交、恳伊代下镇魔等情，向赵七吓诈京钱六十千，讯明赃未入手，实属不守学规，自应按例斥革问拟。惟清泰身系生员，辄敢捏造暧昧不明之事，讹诈愚民，已属行同无赖，且于赔礼寝息之后，又行捏情控告，以期先发制人，尤属阴险。若仅照"吓诈取财律"拟杖，犹觉情浮于法，清泰应革去生员，销去本身旗档，依"恐吓未得赃、窃盗未得财、笞五十律"上，加一等，拟杖六十，再加枷号一个月，不准纳赎。

山西司 ○ 道光十年

提督咨：张景元因知陈刘氏犯奸，辄起意邀同宗室惠遐等前往图奸，嗣因人多中止，事属未成，追见鸦片烟袋，复乘机讹诈钱文，实属恐吓取财。张景元合依"恐吓取人财者、准窃盗赃律、窃盗赃一两以上杖七十律"上，加一等，杖八十。该犯始而图奸，继而讹诈，情殊可恶，应酌加枷号两个月。

福建司 ○ 道光十四年

闽督奏：已革千总林荣彪因曾成发商船私带鸟枪，人照不符，辄即拿押舵水多人，并将所带番银一并搬取办理，已属乖谬。追查非盗赃发还之后，复听舵工黄士荣怂恿，嘱令转向吓索，得受番银五十元，折实银三十两，系属知人犯罪而恐吓取财，依"枉法赃三十两律"应杖八十，徒二年。惟以巡洋之弁，胆敢藉端诈扰，若仅按律拟徒，未免轻纵，应从重发往新疆充当苦差，仍先在河干枷号三个月，据供亲老丁单，毋庸查办。

舵工黄士荣本系该营兵丁，充当舵工，因林荣彪查明曾成发并非盗船，发还番银，辄以应令偿还饭食，怂恿林荣彪令其转向吓索，该犯得银独多，与林荣彪厥罪维均。

若仅计其入已番银一百二十元,折实银七十二两,按律无禄人减一等,罪止满徒,即比照"蠹役诈赃十两以上",亦止近边充军,应与林荣彪同罪,发往新疆给官兵为奴。已革外委曾超英将黄士荣分与番银三十元,赏给兵丁,赃已入手,律应满杖。该革弁于林荣彪商谋吓诈,并不以理劝阻,迨该管上司饬查,仍不据实举首,复砌词混禀,殊属狡诈,应于林荣彪遣罪上,量减一等,杖一百,徒三年。

浙江司 ○ 道光十四年

浙抚咨:周念祖因知周醇培与流娼沈王氏通奸,辄敢起意商同周幅员等,藉端恐吓,勒写凭票,计钱二百二十千,实属不法。周醇培系有罪之人,尚非凭空吓诈,且钱未入手,自应酌量问拟。周念祖系周醇培无服族侄,应同凡论,周念祖照"恐吓取财、诈赃准窃盗论、窃盗赃一百二十两以上满流律"上,量减一等,杖一百,徒三年。

广东司 ○ 道光四年

广抚咨:方阿久等听从在逃之李旺老掳捉邢廷杰一[①]赎,被亲属夺回,例无作何治罪明文。惟已掳捉出门,即属已成,将方阿久等均依"广东民人捉人勒赎、审无凌虐重情、止图获利关禁、从犯拟军例"上,量减一等,杖一百,徒二年。

广东司 ○ 道光十年

广抚咨:钟有纪因廖锦漳借钱未偿旋即身故,起意商同钟有幗等,将廖锦漳亲属廖沅漳捉回关禁,勒令代偿,并未拷打凌虐,随即放回。该犯与钟有幗等虽系一家共犯,惟捉人关禁较斗殴侵损尤重,应同凡论,将钟有纪比照"广东民人因细故逞忿、并非图利勒赎、止于关禁数日、追服礼即行放回、为首杖一百、徒三年例"杖一百,徒三年。钟有幗等听从掳禁,依"为从"减一等,杖九十,徒二年半。

陕西司 ○ 道光六年

步军统领衙门奏交:王二等假差吓诈等情。查王二抢夺赵振九钱票三十五千,罪应满徒,其冒充营兵,吓诈尚志、杨纲钱文衣物,计赃在一两上下,罪止枷杖。该犯以无赖匪徒辄敢于辇毂之下乘间抢夺一次,假差吓诈四次,实属生事行凶无故扰害,应从重照"凶恶棍徒"问拟,王二合依"凶恶棍徒屡次生事行凶、无故扰害良人例",拟发极边足四千里安置。

山西司 ○ 道光九年

晋抚奏:生员撤大瀛京控。案内之李添锐因贾君选心疑仓书,怂恿该县详请出借仓谷，希图侵蚀，起意拆毁张添幅房屋，祸及毗连无辜之张添贵等家，殊属藐法。虽系一时一事，较之棍徒生事行凶、无故扰害者，情节尤重，应即比照“凶恶棍徒属次生事行凶、无故扰害良人例”，发极边足四千里安置。贾君选首先倡言不领仓谷，复随同李添锐胁众拆房，自应按照“为从”问拟，贾君选应于“棍徒扰害良人军罪”上，减一等，拟杖一百，徒三年。马明德等随同滋闹，讯系被胁勉从，均照“不应重律”杖八十，加枷号一个月。

浙江司 ○ 道光十年

浙抚咨：金添爵始则包漕揽交，诬告漕书陈酉源等浮收刁难，并捆殴漕书关禁泼粪，吓诈黄鋆等钱文，继又挟忿纠众，迭毁黄鋆等家什物，致被观看之人抢去多赃，恣意扰害，实为棍徒之尤。查先获之沈俊德等，或仅止包漕诬告捆禁泼粪，或仅止听从捏诬迭次打毁，均照“棍徒”拟军。该犯系属主谋首恶，未便一律科断，致滋轻纵，金添爵应照“棍徒扰害例”，从重加一等，实发云贵、两广极边烟瘴充军。

河南司 ○ 道光十二年

提督奏送：庞十一儿听纠抢夺，拒伤事主耿四部，依“棍徒扰害例”拟军，在犯事地方枷号两个月。该犯不遵约束，讹诈行人，据河阳汛报，经本部饬坊派役看守。该营把总赵秉全带同兵役，将该犯送坊，该犯不肯前往，用头将守备衙署屏门撞下，用枷号碰伤赵秉全右手第四指，并将营兵王永福衣服撕破，实属悯不畏法。若仅比照“在配殴伤本管六品以下官、复犯徒二年例”，于配所枷号四十日，犹觉轻纵，应于“凶恶相[②]徒极边足四千里本罪”上，酌加一等，实发云贵、两广极边烟瘴充军。

直隶司 ○ 道光五年

直督咨：安勤因向缌麻服叔安振声图诈未遂，挟嫌栽贼诬窃，赴县呈告，冀图陷害。若照诬告加等问拟，罪止杖责，惟其情类棍徒，应比例酌减问拟，将安勤比依“棍徒扰害拟军例”上，减一等，杖一百，徒三年。

安徽司 ○ 道光十年

安抚题：翟守来伙窃王位锦家牛只，被管翌珀私拷勒罚，起意逼令弟妇王氏自缢图赖。查管翌珀因翟守来形迹可疑，即同事主王位锦等向其追问，并喝令拷打。翟守来虽行窃属实，而管翌珀事不于己，亦无应捕之责，辄肆强横，已属滋事，乃复藉端逼诈勒买田房抵罚，以致翟守来挟忿谋命图赖，实属生事扰害。惟翟守来究系窃贼，并非良人，例内并无向窃贼拷打逼诈、致被诈之人谋命图赖作何治罪明文，将管翌珀照

“棍徒扰害例”上，量减一等，杖一百，徒三年。

陕西司 ○ 道光四年

陕督咨：张添祥因赌博输钱，嘱兰明记帐不允，致相争闹，辄持刀连伤兰明等四人。若照律从一科断，似觉轻纵，第被伤之人均系赌匪，究与无故扰害挟嫌忿砍者有间，自应酌量问拟，张添祥应照“棍徒扰害例”上，量减一等，杖一百，徒三年。

陕西司 ○ 道光七年

陕抚咨：僧人王如禅不守法规，辄从史彦仓学习拳棒，当伊师祖张毓广禁止，胆敢用拳殴伤其腮颊倒地，虽系一时一事，实属情凶势恶。并复诱赌抽头，种种妄为，核其情节与棍徒扰害无异。王如禅除学习拳棒及出有赌具、殴伤师祖、各轻罪不议外，合依“凶恶棍徒生事扰害例”发极边足四千里，到配折责安置，照例刺字。

四川司 ○ 道光七年

提督咨：刘二无故向吴二讹索钱文，复将金六殴伤，攫取衣服，实系扰害。惟究系一事相因，自应量减定拟，刘二除殴伤金六平复及诬告、赌博各轻罪不议外，合依“棍徒生事、无故扰害拟军例”上，量减一等，杖一百，徒三年。

直隶司 ○ 道光九年

直督咨：刘洪生因向李幅安逼索赌欠，致李幅安被逼难堪，服毒身死。查刘洪生始则起意窝赌抽头，继因李幅安输欠，屡向逼索，出言恐吓，以致李幅安被逼难堪，情急自尽，情殊凶恶。若照“威逼人致死本律”问拟，未免轻纵，刘洪生合依“棍徒扰害例”上，量减一等，杖一百，徒三年。

浙江司 ○ 道光九年

浙抚咨：陶阿四将黄世洲邀回，索讨赌欠，虽属争殴，并未关禁。嗣因其父黄之润匿赌妄控，纠同邵金标将黄之润拉回，关禁三日，捆缚殴伤。虽衅起索欠，并非勒赎，而情殊凶恶，且陶阿四等本系赌匪，未便轻纵。陶阿四应比照“广东福建民人、因细故逞忿、并非图财勒赎、止于关禁数日、追服礼后即行放回，为首杖一百、徒三年例”拟杖一百，徒三年。邵金标听纠帮同下手，即属为从，于陶阿四满徒罪上，减一等，杖九十，徒二年半。

山西司 ○ 道光九年

晋抚咨：潘义向关喜讹诈赌欠，经杨添成等处结担保，嗣关喜向兄关富取钱归还，因关富称欲送究，央求不允，情急自缢。是其死由自行畏罪，已无疑义，似不便遽律潘义以讹诈酿命之罪，致涉情轻法重。惟潘义以因知关喜家道饶裕，为人懦弱，始则起意诱赌讹诈，继则强拉牛马作抵，且致关喜因兄欲控，畏罪捐躯，实属情近棍徒，自应比例酌减问拟，潘义除赌博轻罪不议外，合依“棍徒扰害拟军例”上，量减一等，杖一百，徒三年。

山西司 ○ 道光五年

晋抚咨：侯展展先因酒醉，将侯赵氏詈殴，经该前州讯责后，不思悛改，向侯赵氏之子侯思亮并侯兔娃先后借贷不遂，将侯赵氏等无故殴詈，实属屡次生事。第尚无扰害重情，自应酌减问拟，侯展展审依“棍徒屡次生事、无故扰害良人拟军例”上，量减一等，杖一百，徒三年。

山西司 ○ 道光九年

晋抚咨：郭鸣皋重利盘剥，讹诈尹积善等钱文，已属违禁，辄敢藉端讹诈，尤为不法。惟与无故扰害者不同，自应酌量问拟，将郭鸣皋除违禁取利轻罪不议外，应照“棍徒扰害拟军例”上，量减一等，杖一百，徒三年。

河南司 ○ 道光七年

河抚咨：段成寅因向庄邻白恭、李王氏等借贷不遂，屡次放火，烧毁场内麻杆谷草等物及空地闲房，实属屡次扰害，段成寅合依“棍徒扰害例”发极边足四千里安置。

河南司 ○ 道光七年

河抚咨：王松因挟借钱不遂之嫌，先后故烧王行腰砥柱、潘光曾场内堆积麦秸谷草及车棚等物，实属屡次行凶扰害。王松合依“棍徒扰害例”发极边足四千里，仍尽故烧场园堆积柴草等物本法，照例枷号两个月，在犯事地方示惩，满日发配。

河南司 ○ 道光七年

河抚咨：宝丰县蔡重因张文与陈石争殴向劝被骂，先则掌披其颊，继复商同陈石将张文按倒，脱裤耻辱，以致张文忿迫投窑自尽，其情较之因事强殴威逼、殴非致命又非重伤、以致其人自尽者为重。第遍查律例并无作何治罪明文，自应比例量减问拟，蔡重应比照“棍徒生事行凶扰害拟军例”上，量减一等，杖一百，徒三年。陈石听从帮按，应照“为从减一等律”，于蔡重杖一百、徒三年罪上，减一等，杖九十，徒二年半。

浙江司 ○ 道光五年

浙抚咨:杜绍美、王光沅因商伙索助香资不遂,辄敢逼胁稽凤飞等拆毁厂屋,藉图泄忿,实属无故扰害。第系一时一事,与实在情凶势恶者有间,该犯等系各自起意,应各科以为首之罪。杜绍美、王光沅应照"棍徒扰害拟军例"上,量减一等,满徒。夏功秀先向盐厂索助香资,致酿事端,稽凤飞等因被逼胁帮同拆屋,与为从不同,夏功秀、稽凤飞等应各照"不应重律"杖八十,各加枷号两个月。顾文荣等附和喧闹,应各照"不应重律"杖八十,各加枷号一个月。

河南司 ○ 道光四年

河抚咨:长葛县陈煤车屡向小功服叔陈珍逞强讹索,邻族皆知,复因强借不遂,辄即将伊祖坟土掀平,诬赖陈珍平毁,声言控究图诈,以致陈珍被逼轻生。该犯平治祖坟,扰害服亲,情殊凶恶,从重照"凶恶棍徒例"发边足四千里安置。

浙江司 ○ 道光四年

浙抚咨:马顺昌看管坟山,凡遇修造坟墓,辄向工匠索规不遂,即从中刁难,以致造坟各家畏其凶恶,俱令包工许给钱文,实属扰害。第与无故生事扰害者有间,马顺昌合依"棍徒扰害拟军例"量减满徒。

浙江司 ○ 道光五年

浙抚咨:倪宝芝恃强纠众,屡向韩介荣坐索饭食,吓诈洋钱,情类棍徒,未便因其赃未入手,仅拟杖责,致滋轻纵。倪实芝应照"棍徒拟军例"上,量减一等,满徒。

广西司 ○ 道光五年

广西抚咨:江木德因贫起意,纠邀曾子英等,向陈良怀等家索诈,虽仅止用言恐吓,尚无实在凶恶情形,但吓诈得赃,已至五次之多,未便仍照"恐吓取财"科断。查律例内并无吓诈多次作何治罪明文,自应比例问拟,江木德应比照"凶恶棍徒例"量减拟徒。

广西司 ○ 道光八年

广西抚咨:陈相世屡次向邓扬东强当,复纠邀潘水观等往向勒索压当钱文,实属扰害。但尚无行凶情事,与实在凶恶者稍有不同,自应比例酌减问拟,陈相世应照"棍徒扰害拟军例"上,量减一等,杖一百,徒三年。

浙江司 ○ 道光五年

浙抚咨:章茂林疑童聚兴议减柴价,主使郑志添等垭卖柴薪,打毁什物,情类棍徒,自应酌减问拟,章茂林应照"棍徒扰害拟军例"上,量减一等,满徒。

山西司 ○ 道光九年

晋抚题:郭迎喜、郭六蛮等共殴刘效基身死。案内僧人本立因郭家堡人在该村挑河引水入渠,该村重修社庙,郭家堡人亦摊银两,本立以公项不敷,向该堡人重募布施,希图肥已。迨募化未遂,即拦截水口,搭棚供俸神像,阻挠挟制。嗣因河涨,郭家堡人挑渠,致将席棚冲淹,本立不依,及郭双笔等送回神像央处,本立复欲扣留议罚。郭迎喜等生气,牵及村众嚷骂,互相械斗,本立亦用砖将郭常掷伤,以致酿成人命,实属生事行凶。惟尚无屡次扰害情事,自应酌减问拟,本立除他物殴人轻罪不议外,照"棍徒扰害拟军例"上,量减一等,杖一百,徒三年。

山西司 ○ 道光十年

晋抚咨:马全孝挟王太生等不允举充乡约之嫌,辄嘱同巷各户不摊戏价,并向王太生告知争闹,将王太生用刀砍伤,实属情近棍徒。若仅照"刃伤本律"问拟,殊觉情重法轻,自应酌量问拟,马全孝除刃伤人轻罪不议外,照"棍徒扰害拟军例"上,量减一等,杖一百,徒三年。

山西司 ○ 道光十年

晋抚咨:赵晋杰赴京呈控守备金铎送礼挟嫌,纵容兵丁王宽等拿戏吊打。查兵丁李长贵、赵庭堂听从王宽拉扣戏箱,并将赵晋杰等拴缚吊打,即属济恶。若仅依"威力制缚例"减等拟以枚[③]枷,未免轻纵,李长贵即李大功、赵庭堂合依"棍徒扰害例"发极边足四千里安置,系为从减一等,均拟杖一百,徒三年。

山西司 ○ 道光十年

晋抚咨:康碰子拾获阎仁遗失当票,赴程鉽当内赎取,因阎仁先已赎回,该犯藉票凶诈,砍毁当牌,索钱二十四千,嗣后向程鉽讹借未允,逞凶又欲索钱一千文。核其情节,实属情凶势恶,屡次扰害。惟前索之钱二十四千,尚未入手,情稍可原,自应酌量问拟,康碰子应照"棍徒扰害、发极边足四千里安置例"上,量减一等,拟杖一百,徒三年。

山西司 ○ 道光十年

晋抚咨:刘文汉始因图赖李章借钱,捏控搪抵,续欲讹诈钱文,混告不休,固非情凶势恶,已属扰害商旅。迨经批饬审办,辄敢抄写断案张挂大街,希冀吓唬钱行,更属刁诈,自应酌量问拟,刘文汉应照"棍徒扰害拟军例"上,量减一等,拟杖一百,徒三年。

江西司 ○ 道光十三年

提督咨送:王复兴屡次描画假钱票行使,犯案杖责,甫经因病疏枷,辄复描画假票,至八十余张之多,怙恶藐法,为害闾阎,比照"凶恶棍徒拟军例"量减一等,杖一百,徒三年。

陕西司 ○ 道光十年

陕抚咨:白日陇雇觅崔雨发牧放羊只,崔雨发因病转雇幼孩白虾子顶工,迨被水冲失羊只,崔雨发已央恳次日找寻,如有短数认赔。乃该犯先虑崔雨发工钱不敷扣赔,回家后又虑借人羊本亏缺,起意殴打泄忿,即将崔雨发迭扎多伤。迨崔雨发向外逃逸,该犯追及按到,复将左耳割落,并因崔雨发詈骂,后又扎伤其脚踝,并用绳将左脚踝穿过,欲图吊挂,令其受痛。并在旁拉劝之白得禄亦被吓扎,划破皮袄,实属凶恶。正与一时一事、实有情凶势恶拟发之例相符,未便仅照"刃伤本律"拟徒,致滋轻纵,白日陇应照"棍徒扰害例"发极边足四千里安置。

湖广司 ○ 道光十一年

提督咨:姜二、陶六听从小苗三至宋李氏家,将伊夫宋大鸦片烟袋抢获,并抢去衣物,吓诈嚷闹,实属生事扰害。惟宋大究系吸食鸦片烟之人,该犯等藉端讹诈,尚与无故扰害良人者有间。姜二、陶六应于"凶恶棍徒无故扰害良人军罪"上,量减一等,问拟满徒,系为从,再减一等,杖九十,徒二年半。

江西司 ○ 道光十三年

步军统领衙门咨送:赵五因雇主胡继昌吸食鸦片烟犯禁,欲令加增工价不允,辄勾串阿三等进内讹诈得赃。虽讯无凶恶情状,惟主仆名分攸关,究与寻常讹诈不同。且诱人犯法,阿三等皆由该犯勾引致罪,未便仅照"恐吓取财"科断,将赵五比照"棍徒扰害拟军例"量减一等,杖一百,徒三年。阿三等依"恐吓取财律诈赃"应杖九十。

四川司 ○ 道光十一年

川督咨:徐洪顺因贫忆及伊寄子朱世渌曾在罗得坤家帮工,起意重索工钱,扭碰拚命，索得钱二千五百文。又拿出金砂打开，向戴荣华抵借钱文，因被风吹散，勒令戴荣华赔偿，扭殴剥衣，索得钱九千二百文。又向彭子仲借猪还愿不允，将其殴打，强拉猪一只，藉端索借，虽数无多，惟屡次剥衣扭殴，非偶然挟诈逞凶可比，未便仅照"恐吓取财"计赃科罪，致滋轻纵，自应酌减问拟，徐洪顺合依"棍徒扰害拟军例"上，量减一等，杖一百，徒三年。

陕西司 ○ 道光十一年

伊犁将军咨：杨伏谦先於道光九年十月间，因酒醉在街混骂，经该管乡约禀送责惩。又於十年闰四月间赊欠杨三饭钱，向索不给，反将碗碟摔碎，控经枷责。兹复酒醉向外委白其玺索茶未给叫骂，白其玺回骂，该犯辄用刀将白其玺扎伤，限内平复，因病身死，实属屡次生事行儿[④]，无故扰害。杨伏谦除刃伤白其玺限内平复、罪止拟徒、轻罪不议外，合依"凶恶棍徒扰害例"发极边足四千里安置，照例刺字。

陕西司 ○ 道光十二年

西城奏：陈时暘因觊觎小功堂兄陈时薰家产，帮同韩氏争继，将房地契诓出，逼令陈时薰孀妾程氏至韩氏家就养，强搬家具，已非安分之徒。追涉讼后，经该城传讯，冒戴顶帽，复敢大声喧闹，抗不遵断，情殊不法。若照"假冒顶戴、自称官职"，罪止杖六十，徒一年，即照"不服听断、毁骂官长"，亦罪止枷杖，殊觉轻纵。自应比例酌量问拟，陈时暘合依"棍徒扰害、发极边足四千里例"上，量减一等，拟杖一百，徒三年。

山西司 ○ 道光十四年

晋抚咨：刘兴庆仔因众地户求地主让租不允，马逢岐控经委员讯明，断令照旧完租，出示晓谕。胆敢抗违不遵，率令张九如等抢夺告示，并因差役刘光德等拿获张九如送究，又复纠众前往夺犯，辄敢用钱尺凶器，将刘光德殴伤，殊属藐法。惟刘光德等追捕抢夺告示之张九如并非奉官票差拘拿之犯，因未便以"官司差人捕获、罪人打夺伤差之例"科断，即于凶器伤人罪上，加拒捕罪二等，应拟极边充军。该犯始则违断抗租抢夺告示，继则夺犯拒捕官差，复拆毁地主房屋，尤属生事扰害，自应从重问拟，刘兴广仔合依"棍徒屡次生事扰害例"发极边足四千里安置。

山西司 ○ 道光十四年

提督咨送：保山因护军校万通家犬将保山家犬只咬坏，保山邀同杜生儿向万通不依，并用砖片将万通殴伤，已属细故肇衅。迨由部保出后，复敢赴万通门首辱骂，实属藐法，情近棍徒。万通系六品护军校，若照"军民殴伤非本管六品官、于他物殴人成伤笞四十律”上,加二等,拟杖六十,殊觉轻纵,自应酌量问拟,保山应比照“棍徒扰害拟军例”上,量减一等,拟杖一百,徒三年。

河南司 ○ 道光六年

河抚咨:固始县职员叶承训因牛光照不肯认还欠项,辄即纠人持械将其园竹强行砍卖,殊属凶横。惟卖竹究系抵欠,并非无故扰害,叶承训应于“棍徒生事行凶拟军例”上,量减一等,杖一百,徒三年。

山西司 ○ 道光七年

晋抚咨:贾开坦因向任添赐赊米不遂,辄行辱骂,复用刀将任添赐扎伤,并将出劝之铺伙田玉淋等扎伤,实属凶横,情类棍徒。未便仅照“刃伤本律”从一科断,自应比例量减问拟,贾开坦应依“棍徒生事行凶、无故扰害、发极边足四千里例”上,量减一等,杖一百,徒三年。

山西司 ○ 道光七年

晋抚咨:韩道生先后向勾梦奎等讹诈,未经得赃,复因勾国玺看守村门之人未向通知,叫詈滋事,殴落勾国玺一齿,情近棍徒,自应酌减问拟,韩道生依“棍徒屡次行凶扰害拟军例”上,量减一等,杖一百,徒三年。

陕西司 ○ 道光十年

提督咨送:胡二因桂玉为人懦弱,先向借用钱文,并未偿还,兹又因借钱不遂,辄纠约徐六等帮殴泄忿。该犯用木棍迭殴桂玉右臁肕等处致成残废,实属一时一事,情凶势恶,自未便仅照“殴人成废律”问拟满徒。胡二合依“凶恶棍徒生事行凶、无故扰害良人、系一时一事、实在情凶势恶者、发极边足四千里安置例”,拟发极边足四千里安置。

陕西司 ○ 道光九年

陕督咨:河州回民周化瀼因张五十保逼妻郭氏投井身死,私殓匿报,该犯挟张五十保索欠撕殴之嫌,纠约周阿一的向张五十保藉端诈扰,因被张五十保斥骂,即赴州报验,以致张五十保畏惧到官,情急自缢身死。核其情节与无端肇衅、平空欺诈者有间,惟该犯事不干己,挟嫌控诈,图泄私忿,致酿人命,实属情凶势恶,自应比例问拟。周化瀼合依“凶恶棍徒生事扰害、系一时一事、情凶势恶者、发极边足四千里安置例”发极边足四千里安置。周阿一的、周必两力、马七十、马哈细木听从助恶,应照“为从例”减一等，拟杖一百，徒三年。

四川司 ○ 道光十二年

川督咨：秀山县颜如富因向伊妻前夫之子陈文贵借钱不遂，起意纠约彭光斗等，将陈文贵捆捉勒赎，虽系一时一事，而情凶势恶，实与棍徒扰害无异。惟颜如富系陈文贵先曾同居，今不同居继父，虽律例并无作何治罪明文，第查殴妻前夫之子，如系先曾同居今不同居，既律得咸[5]凡殴一等，则纠众捆捉先曾同居、今不同居伊妻前夫之子，希图勒赎，亦应照依“殴打之律”，酌减一等问拟，庶与凡人有所区别。颜如富合依“棍徒扰害拟军例”上，量减一等，杖一百，徒三年。

陕西司 ○ 道光十二年

陕抚咨：车罗娃因向车乘六借钱不允，起意商令车增汉捏词，往向车乘六讹诈，以致车增汉畏罪自缢身死，死非受害之人，吓诈亦未得赃。惟车罗娃起意串商吓诈，致酿人命，未便依“恐吓不得财、准窃盗加等律”拟杖，致滋轻纵，车罗娃应比照“棍徒扰害例”，于军罪上量减一等，杖一百，徒三年。

江苏司 ○ 道光十四年

苏抚咨：朱起枢因陈元泰逼伊堂兄朱起樉还租，致朱起樉自刎，并挟陈元泰向伊索欠之嫌，辄敢纠同朱起林等藉命打抢，将陈元泰家器物打毁，实属扰害。核计被抢之赃，数已逾贯，但该犯等所抢入已之赃仅止六两，其余俱系观看之人乘间携取，若照例科以缳首，与实在抢夺者无所区别。其所毁之物估银一百十六百[6]零，按律罪止满徒，即藉命打抢，例照“白昼抢夺”问拟，亦属罪名相等。该犯纠众打抢情势凶恶，自应比例酌量问拟，朱起枢合依“棍徒生事行凶扰害例”发极边足四千里安置。

浙江司 ○ 道光十四年

浙抚咨：应如宝因向杨文仪借米不允，起意商同鲍孝利等十四人，抢夺杨文仪船内食米等物，虽在十人以上，但衅越[7]一时，并未执持器械，遽照“粮船水手”问拟斩决，未免无所区别。然首从究在十人以上，赃至九十余两之多，若仅照寻常抢夺计赃，加等拟流，亦觉轻纵，自应比例问拟，应如宝合依“棍徒扰害例”发极边足四千里安置。

校勘记：

①一：据《续四库全书》本应作“勒”。

②相：据《续四库全书》本应作“棍”。

③枝:据《续四库全书》本应作"杖"。

④儿:据《续四库全书》本应作"凶"。

⑤咸:据《续四库全书》本应作"减"。

⑥百:据《续四库全书》本应作"两"。

⑦越:据《续四库全书》本应作"起"。

《刑部比照加减成案续编》卷九

刑律贼盗

恐吓取财

刑律贼盗

恐吓取财

四川司 ○ 道光四年

提督咨:广林向马赵氏借当未允,因见伊义女张纪氏年少,辄向调戏。马赵氏村斥带同藏避,该犯尾追吵闹,将马赵氏迭殴致伤,情近棍徒扰害,未便仅依"他物殴人成伤律"及"调奸未成例"拟以枷杖笞责。广林应依"凶恶棍徒、屡次生事行凶、扰害良民例"上,量减一等,杖一百,徒三年,系旗人照例折枷。

山西司 ○ 道光五年

晋抚咨:邱万金因先与李何氏恋奸毫无顾忌,嗣与李何氏同居因贫难度,见李何氏之媳李张氏少艾,辄起意吓逼卖奸不从,主使伊侄邱仓子将李张氏强奸未成,致氏情急自残,实属淫恶,邱万金合依"棍徒生事行凶、扰害良人例"发极边足四千里安置。邱仓子强奸李张氏未成,致氏情急自残,未便因其被逼勉从、系一家共犯罪、坐其伯即置不议,邱仓子合依"强奸妇女未成杖一百、流三千里律"上,减一等,杖一百,徒三年。

山西司 ○ 道光六年

晋抚咨:邢四子调戏杨郭氏不从,致被扭住喊骂,辄用铁杓将郭氏殴伤。因郭氏夺住铁杓,又揪郭氏头发,用拳足殴跌堕胎,实属情凶势恶,自应比例问拟,邢四子应依"棍徒生事行凶、扰害良人例"发极边足四千里安置。

河南司 ○ 道光九年

河抚咨:长葛县朱敬乘朱魏氏独处,夤夜持刀,前往图奸。若非朱魏氏假言应允,脱身喊救,难保无强逼奸污情事。然以强奸而论,究未损肤裂衣,以调奸而论,实属情凶势恶。朱敬应比照"凶恶棍徒无故扰害、发极边足四千里例"上,量减一等,杖一百,徒三年。

福建司 ○ 道光十二年

台湾镇奏:林黄氏拒奸误杀本夫。案内之何景星因向林黄氏之夫林阿接贿属图奸,致该氏忿激,拾柴向何景星掷殴,不期误伤本夫林阿接身死。原拟将何景星照"棍徒扰害例"发极边足四千里安置,部议该犯图奸酿命拟军,尚觉轻纵,从重发新疆给官兵为奴。

浙江司 ○ 道光五年

提督咨送:查幅受与关白氏通奸,氏子花连实不依,该犯将其踢伤被获,经该衙门鞭责交旗。该犯仍往奸宿醉闹,复嘱该氏将子殴打吓禁,实属逞凶滋扰,情类棍徒,自应酌量问拟。查幅受因革退步甲,照"棍徒生事扰害、发极边足四千里安置例"上,量减一等,满徒,销除旗档,照民人一例问拟。

湖广司 ○ 道光十一年

南抚咨:王日可与无服族人王高松之妻邓氏通奸,经氏姑罗氏知觉,该犯用言恐吓,罗氏畏其凶横,移居远避,该犯辄将邓氏留住奸宿,强占不放。迨氏夫王高松外归往接,犹敢殴打吓唬,实属凶恶,比照"棍徒生事行凶扰害例"发极边足四千里安置。

广东司 ○ 道光十二年

东城察院移送:李六与刘二之妻通奸,刘二贪利纵容,嗣因李六乏钱资助,刘二欲将其拒绝。李六辄敢藉端吵闹,将刘二赶跑,与胡氏奸宿,复于刘二互殴受伤之后,逼取刘二手模凭据,冀为挟制续奸地步,虽讯无强占重情,已属情凶势恶。惟究因刘二纵奸所致,与无故扰害良人者有间,将李六于"棍徒行凶扰害、发极边足四千里例"上,酌减一等,杖一百,徒三年。

河南司 ○ 道光十二年

提督咨送:袁丑儿随伊表兄王均良寄住福纳家,胆敢将福纳之女大妞奸淫,迨被福纳窥破逐出,复敢挟制大妞,跟同逃走,较之寻常和诱之案,情节尤为可恶。若即照"棍徒扰害例",拟以极边足四千里充军,亦觉轻纵。袁丑儿应从重发往新疆,酌拨种地当差。杨七即杨东辉,于福大妞十二岁时,向其调戏未允,复敢蓄意图奸,设计勾引,以致年甫十四岁之室女,被诱失身。曹太和经福纳容留居住,藉以谋生,乃探知福大妞素与杨七奸好,辄敢吓逼成奸。复因续奸不遂,怀妒挑唆,致令福大妞畏责私逃,均属生事扰害。杨七、曹太和除军民相奸轻罪不议外,均合依"棍徒生事扰害例"发极边足四千里安置。

贵州司 ○ 道光十四年

贵抚咨:戴伸欲与李何氏续奸不允,用刀背殴戳其偏左等处。经本夫李应才与杨之纪进房捉拿,因灯亮碰熄,该犯恐被拿获,用刀乱砍,致李应才、杨之纪均被戳伤。虽讯非妒奸起衅,究属凶恶,未便照"刃伤"从一科断,致滋轻纵,戴伸应比照"棍徒行凶扰害拟遣例"上,量减一等,杖一百,徒二[①]年。

陕西司 ○ 道光五年

陕督咨:山丹县回民蓝士才和诱何六五子鸡奸,复敢逞凶拒捕,将何兴悔殴伤,情类棍徒。若仅照"军民相奸例",加拒捕罪二等,似觉情浮于法,自应酌量问拟,蓝士才除诱奸拒捕轻罪不议外,应于"棍徒行凶扰害例"上,量减一等,杖一百,徒三年。

直隶司 ○ 道光六年

直隶咨:杨枝华强抢奸妇张黄氏至家奸宿,闻拿放回。查张黄氏与该犯通奸在先,并非良家妇女,且系该犯自行设计诱抢,并非聚众伙谋,自应比例问拟,将杨枝华比依"棍徒行凶扰害例"发极边足四千里安置。

山西司 ○ 道光七年

晋抚咨:灵石县革役胡全礼与李陶氏通奸,本夫李泳汰知情纵容。嗣因李泳汰向诉贫苦,无房居住,辄图便于行奸,即令搬止伊窑同住。迨见李泳汰向伊借钱未允,欲行搬回,胡全礼又复挟制欺辱,令其先还资助钱文,始许陶氏同回,致李泳汰气忿,用刀自划肚腹后,自缢身死。胡全礼应照"凶恶棍徒屡次生事行凶扰害、发极边足四千里例"上,量减一等,拟杖一百,徒三年。

江西司 ○ 道光九年

江西抚咨:胡安然与黄伍氏通奸,本夫黄金龄贪利纵容,后因无钱资助,黄金龄欲行拒绝另搬。胡安然藉以借项未还挟制,仍留奸宿,致黄金龄贫迫无奈,短见自尽。虽与奸占良家妻女不同,亦非迫于奸夫强悍、不能报复所致,惟迹近棍徒,未便仅科奸罪,将胡安然比照"棍徒生事扰害拟遣罪"上,酌减一等,拟杖一百,徒三年。

山东司 ○ 道光十一年

东抚咨:王昆先与董兆吉买休之妻张氏通奸,经董兆吉查知禁止后,复与张氏订期续奸,被董兆吉见而斥詈,辄敢用言向董兆吉村辱,致令气忿自缢身死,殊属不法。

惟张氏系董兆吉知情买休之妻,律应离异,与因奸威逼本夫致死不同,若照“寻常威逼”问拟,律止满杖追埋,即该犯应得奸罪,亦止枷杖。遍查律例并无作何治罪明文,自应比例酌量问拟,王昆应于“棍徒生事扰害、发极边足四千里安置例”上,量减一等,杖一百,徒三年,仍酌追埋葬银两,给尸亲具领。

山西司 ○ 道光九年

晋抚咨:乔朱氏教令伊媳乔郭氏与郭五则通奸,因郭五则后无资助,始向拒绝,迥非悔过可比。嗣郭五则因续奸不遂,恐吓乔朱氏跳崚自尽。核其情节固属凶恶,第究系纵奸,未便律以因奸威逼之条。若仅以因事威逼本律科断,殊觉轻纵,自应比例问拟,郭五则合依“棍徒生事扰害例”发极边足四千里安置。乔郭氏听从伊姑教令与郭五则通奸,致伊姑跳崚自尽,虽伊姑之死系由郭五则之缠扰恐吓,而其起衅之由究由该氏与郭五则通奸所致。核与祖父母教令子孙犯奸后,因发觉畏罪自尽者,事同一辙,乔郭氏应比依“父母教令子孙犯奸后、因发觉畏罪自尽、将犯奸之子孙杖一百、徒三年、子孙之妇有犯与子孙同科例”杖一百,徒三年。

山西司 ○ 道光十年

晋抚咨:李士顺与雇主之妾刘石氏通奸怀孕,被雇主之期亲服侄刘佑儿窥破,欲将刘石氏改嫁。刘石氏将胎揉落,以奸无凭据,向刘佑儿不依。刘佑儿忿激,将刘石氏砍扎身死,刘佑儿亦畏罪自尽。若将李士顺仅依“雇工人奸家长之妾、及因事威逼人致死一家二命例”拟以军流,殊觉情重法轻,自应比例问拟,李士顺应依“棍徒生事扰害例”发极边足四千里安置。

河南司 ○ 道光十年

河抚咨:刘六先后与戚敬之母田氏并其妹戚大妮、戚坡妮通奸,戚敬畏凶,不敢指告。嗣该犯与戚大妮等在房狎亵嬉笑,经戚敬撞获忿激,用刀向砍,该犯亦将戚敬殴伤,因戚敬报验,该犯辄听从奸妇田氏诬告戚敬殴母,扛帮作证。该犯既将其母妹奸污,又欲陷戚敬于死地,实属淫凶,刘六除犯奸拒捕、伤非金刃、轻罪不议外,照“棍徒生事行凶例”发极边足四千里安置。

河南司 ○ 道光四年

河抚咨:浙川县武生李振乾因挟任中清代叔索讨会钱之嫌,乘任中清在高周氏家坐歇,辄即诬指通奸,一并捆锁,藉图讹诈泄忿。虽未得赃,实属不法,应比照“棍徒扰害拟遣例”上,量减一等,杖一百,徒三年。

陕西司 ○ 道光十年

陕督题：贾廷杰因酗酒被刘栋喝禁，即挟嫌捏造其媳张氏与张九如通奸，编造歌谣，当众歌唱污蔑，以致张氏被夫殴伤殒命。查张氏当时并无忿激之情，被殴之由系因不服其夫管教所致，死由于殴，与实在被诬之人忿激自尽者究属有间，自未便将贾廷杰遽以绞抵。惟贾廷杰捏造歌谣，致人夫妇一死一抵，实属无故扰累，情殊可恶，贾廷杰应依“棍徒生事扰害例”发极边足四千里安置。

山西司 ○ 道光十二年

提督咨送：张玉芳因疑袁杰与周二之妻吴氏不端，起意向袁杰讹诈未遇。因被周二查问，该犯逞凶行殴，并捏与周吴氏有奸，实属无故扰害，情类棍徒，自应酌量问拟，张玉芳应照“棍徒生事扰害、发极边足四千里例”上，量减一等，杖一百，徒三年。刘宗文等听从同行，虽系误信张玉芳与周吴氏有奸所致，惟该犯等各将周二等推殴，复窃取衣服，应依“不应重律”杖八十，酌加枷号一个月。

陕西司 ○ 道光六年

陕抚咨：革生朱良佐令朱正邦等截抢改嫁孀妇黄氏，虽无奸污嫁卖情事，惟黎立仁既系凭媒正娶，黄氏即属良妇，按律罪应拟流。该犯又向王汝甲讹诈，持刀吓逼，写立“帮钱一千串”字样。因被王汝甲控告，致伊衣顶不能开复，即捏王汝甲令侄王宜选冒伊姓名抢夺黄氏等情，赴京具控。讯系虚诬，依律反坐，自应将该犯依“诬告人流罪”拟以满流。惟该犯不守卧碑，图分财礼，截抢改嫁孀妇，又因被控不甘，吓诈王汝甲，逼写帮钱字据，复屡次兴讼。核其情节与棍徒扰害无异，朱良仕应改依“棍徒屡次生事行凶、无故扰害例”发极边足四千里安置。

安徽司 ○ 道光十三年

安抚咨：许三沅因姚众三等携带女孩行走，口音各别，疑系稍贩，纠伙截留讹诈，持械逞凶，姚众三等畏凶，弃女逃跑。该犯复将女孩带回，希图勒赎，讯系起意讹诈，与伙谋强抢不同。第姚众三等均系良民，该犯无故扰害，虽系一时一事，实属情凶势恶，应依“棍徒扰害例”发极边足四千里安置。

直隶司 ○ 道光十四年

直隶咨：邵音和因许元尚偕妻张氏在饭铺门首坐歇，疑系诱拐，起意讹钱，既向询知，复欺其老实，逼勒休弃价卖，图分身价钱文。始则用言恐吓捏写休书，继复强执涂盖手模,作为凭据,实属情凶势恶。遍查律例并无治罪专条,若因张氏被奸,邵音和照"强夺良家妻妾中途夺回之例",罪止满流,尚觉情浮于法,自应比例问拟,邵音和应比依"棍徒生事扰害例"发极边足四千里安置。

河南司 ○ 道光十年

河抚咨:于显因孔陈氏等错走路径,疑系来历不明,纠同于鹏等拦回盘问,希图谢礼,复抓伤孔继有平复。衅起尚属有因,既非强抢,又与无故扰害情节稍轻,于显比照"棍徒扰害拟遣例"上,量减一等,杖一百,徒三年。于鹏、于昆、于鸾为从杖九十,徒二年半。

安徽司 ○ 道光五年

安抚奏:任连魁因养媳任曾氏见桃子被窃嚷骂,刘伯伶听闻,疑其詈己,亦将任曾氏辱骂。任连魁往寻刘伯伶不依,途遇其堂妹刘让姐,任连魁以刘伯伶辱骂伊媳,起意还辱其妹,遂将刘让姐推跌,剥脱下衣跑走。刘让姐羞忿莫释,投缳殒命。既据该抚讯明任连魁实止因媳被骂,剥脱刘让姐下衣,希图还辱,并无图奸之心。惟剥脱下衣较之出言狎亵致本妇轻生、例应拟流之案,情节为重,将任连魁比照"棍徒扰害例"发极边足四千里安置。

浙江司 ○ 道光六年

浙抚咨:金洪昌因孀嫂孙氏招赘闻友理为后夫,不邀吃喜酒,即挟嫌寻衅吵骂,并以孙氏业已改嫁,不应占居前夫房屋,逼令搬出,致孙氏气忿自尽。未便照"威逼人致死律"拟杖,致滋轻纵,金洪昌应照"棍徒扰害拟遣例"上,量减一等,杖一百,徒三年。

陕西司 ○ 道光五年

陕督题:鲁得元素与张周氏通奸,因白进瞰知奸情,先向周氏挟制调戏,嗣又欲周氏陪饮取乐,该犯乘机设计索诈,以致白进情急自缢身死。事出有因,尚非无端肇衅,自应比例酌减问拟,鲁得元应比照"刁徒无端肇衅、平空讹诈、致被诈之人因而自尽、绞候例"上,量减一等,拟杖一百,流三千里。

山西司 ○ 道光八年

晋抚题:郑三望因崔大柱调戏吴闹娃之妻程氏,被吴闹娃欲行控究,央伊说合,给银私和。嗣郑三望欺崔大柱胆小,节次向其挟制讹诈,致崔大柱气忿,投缳殒命。查该犯郑三望向崔大柱讹诈,尚非无端肇衅,自应比例酌减问拟,郑三望应比照"刁徒无端肇衅、平空讹诈、致被诈之人因而自尽、绞候例”上，量减一等，拟杖一百，流三千里。

四川司 ○ 道光十年

川督题：李得昆因陈清远与无服表妹奸好，将伊拒绝，起意纠约张玉堂等捉获陈清远，殴打讹诈，致令自尽。是死者亦系奸匪，未便照“平空讹诈例”拟以缳首，自应酌量定拟，李得昆应于“刁徒无端肇衅、平空讹诈、致被诈之人因而自尽、绞候例”上，量减一等，杖一百，流三千里。张玉堂、邓泳贵、王维敬应于李得昆流罪上，减一等，杖一百，徒三年。

四川司 ○ 道光七年

川督题：李文德因见刘幅爵与刘喜鸡奸，向刘幅爵索诈，实属事出有因，并非无端肇衅。第李文德并非例应捉奸之人，辄将刘幅爵殴打，肆行吓逼，致刘幅爵窘迫自缢身死。遍查律例并无治罪明文，自应酌减问拟，李文德应依“刁徒无端肇衅、平空讹诈、致被诈之人因而自尽、绞候例”上，量减一等，杖一百，流三千里。

陕西司 ○ 道光十年

陕督题：张三来子因族人张步蟾与邻妇张秦氏约奸，捉住讹诈，致张步蟾情急自戕身死。核其情节，事出有因，尚非平空讹诈，自应比例酌减问拟，张三来子应比照“刁徒无端肇衅、平空讹诈、致被诈之人因而自尽、绞候例”上，量减一等，拟杖一百，流三千里。

河南司 ○ 道光十一年

河抚题：唐县郝大贵因郝本瑚与其族姑李郝氏通奸，捉住讹诈，致郝本瑚情急自尽。查郝大贵本系李郝氏缌麻服侄，因李郝氏出嫁，降为无服，即非例许捉奸之人。惟郝本瑚究系与郝大贵族姑李郝氏通奸之犯，郝大贵尚非无端肇衅，自应比例酌减问拟，郝大贵应依“刁徒无端肇衅、平空讹诈、致被诈之人因而自尽、绞候例”上，量减一等，杖一百，流三千里。

四川司 ○ 道光十二年

川督题：王林因饶思贵之妻戴氏与梁映川通奸，报县责处后，饶思贵因欲外出，托王林代为防范。嗣梁映川复与戴氏续奸，王林瞥见，起意捉奸讹诈，致梁映川情急自缢身死。查王林并非例应捉奸之人，惟饶思贵托其防范，因而起意捉奸讹诈，与平空讹诈者不同，自应比例酌减问拟，王林比依“刁徒无端肇衅、平空讹诈、致被诈之人自尽、绞候例”上，量减一等，拟杖一百，流三千里。

浙江司 ○ 道光八年

浙抚题：李以文因朱潘氏夫故，先经潘氏之姑朱李氏托伊为媒改嫁，李以文即媒说李四林为婚。潘氏因李四林家贫不允，未向回复，另行凭媒，招赘吕阿四成亲。李以文闻知气忿，邀允李光言等，赴李氏家吵闹索诈，致潘氏被诈服卤身死。惟起衅尚非无因，核与平空讹诈者有间，自应比例酌减问拟，李以文应依“刁徒无端肇衅、平空讹诈、致被诈之人因而自尽、绞候例”上，量减一等，拟杖一百，流三千里。

河南司 ○ 道光十四年

河抚咨：舒文陇因姚文照将妻陈氏卖休，纠同周文秀等藉端讹诈，致令姚文照情急自尽。惟姚文照卖休其妻，本有可乘之衅，尚非平空讹诈，自应比例酌减问拟，舒文陇应于“刁徒无端肇衅、平空讹诈、致被诈之人因而自尽、绞候例”上，量减一等，杖一百，流三千里。周文秀听纠讹诈，杖一百，徒三年。

直隶司 ○ 道光四年

直隶咨：李成东因刘洛耀之媳刘张氏拔取伊地内山药，向刘洛耀讹钱未遂，将刘洛耀拴吊吓诈，致刘张氏情急服毒身死。惟刘张氏之自尽，究因拔伊地内山药所致，并非无端肇衅，自应酌减问拟，李成东照“刁徒无端肇衅、平空讹诈、致被诈之人因而自尽、绞候例”上，量减一等，杖一百，流三千里。

山西司 ○ 道光四年

晋抚题：董黑汉受雇村中看守田禾，因董俊赞错摘王幅瀗地内豆角，适王幅瀗走至，董俊赞告知交还，王幅瀗并未与较。嗣董黑汉询知，起意讹诈，声称虽非偷窃，亦应告知社首公议，如欲寝息，须给钱十千。董俊赞不允，董黑汉即将其拉赴庙内议罚，董俊赞因被送庙出丑，气忿投環[②]殒命。核其情节与诬窃吓逼致死者不同，自应比例酌减问拟，董黑汉应依“刁徒无端肇衅、平空讹诈、致被诈之人自尽、绞候例”上，量减一等，拟杖一百，流三千里。

安徽司 ○ 道光十三年

安抚题：祝怀因向无服族侄祝克信借贷，祝克信系毛伦亲属，懦弱怕事，祝怀冀其央人调处，随向毛伦扬言祝克信薄情，不允借钱，定欲属贼诬扳，使其到官受累。毛伦因与祝克信戚好，恐被扳害，即照祝怀之言往向转述，并劝祝克信给钱免累。祝克信畏惧许钱,约日交给,毛伦往向祝怀告知。讵祝克信许钱无措,愁急自缢身死。该抚以祝怀并未觌面吓诈,其向毛伦扬言,亦不过冀其从中调处,并非主令讹索,将祝怀于“刁徒平空讹诈、致被诈之人自尽、绞候例”上,量减拟流。

部查刁徒讹诈酿命之案,但当问其是否平空,不当问其是否觌面,如果事出有因,并非平空讹索,尚可衡情酌减。若吓诈虽非觌面,而肇衅实属无端,仍应照例问拟缳首,不得率请减流,致滋轻纵,驳令妥议。嗣经该抚遵驳,将祝怀改依“刁徒平空讹诈、致被诈之人自尽例”拟绞监候。

陕西司 ○ 道光十三年

陕督题:王凤仪因侄孙女改子病故,尸翁支严未候看殓,辄起意藉端讹诈,阻止抬埋,向索孝布钱文,书立文约,以致支严无力措钱,惧被逼辱,愁急自缢身死。核其情节并非事出无因,与平空讹诈者尚属有间,自应酌减定拟,王凤仪比依“刁徒无端肇衅、平空讹诈、致被诈之人因而自尽、绞候例”上,量减一等,杖一百,流三千里。

山西司 ○ 道光十四年

晋抚题:周四向冯添祜借米不遂,用刀自扎讹索,致冯添祜愁急自缢身死。惟查冯添祜平日曾向该犯那用钱物,该犯因而挟诈,与平空讹诈者有间,自应酌减问拟,周四应依“刁徒无端肇衅、平空讹诈、致被诈之人因而自尽、绞候例”上,量减一等,拟杖一百,流三千里。

山西司 ○ 道光十四年

晋抚题:李小璞因王有喜曾窃王士元干草,起意讹索,以致王有喜愧忿自尽。惟查王有喜系犯窃有据之匪,李小璞藉端讹索,究属事出有因,与平空讹诈者有间,自应酌减问拟,李小璞应依“刁徒无端肇衅、平空讹诈、致被诈之人因而自尽、绞候例”上,量减一等,杖一百,流三千里。

山西司 ○ 道光四年

晋抚题:张生幅见杨老启担卖猪肉,向讨数斤,欲与伊母食用,杨老启许俟卖剩再给。该犯因未见送肉,往向查问,杨老启之妻杨谷氏答称肉已卖完。经该犯寻出猪肉取走,杨谷氏拦阻嚷骂,该犯将其家具打碎,并将杨谷氏殴砍致伤。嗣闻杨老启欲控,辄以杨老启前曾逐子嫁媳,亦欲讦告之言挟制,致杨老启气忿自缢身死。惟杨谷氏系该犯同母异父之姊,经该犯之母随带抚养长大,嫁与杨老启为妻,杨老启素与该犯认亲往来,因细故争斗,欲行控告,计图抵制。核与刁徒无端肇衅吓诈者有间,自应酌减问拟,张生幅应依“刁徒无故肇衅、平空讹诈、致被诈之人因而自尽、绞候例”上,量减一等,拟杖一百,流三千里。

山西司 ○ 道光八年

晋抚题:襄陵县监生李得时因疑任金成窃伐坟树,主使伊子赴控,逼令任金成胞兄任来成写立字据不允,恐吓任来成自缢身死。查该犯因任金成砍取高姓坟内柏枝,疑系将伊坟树窃伐,主令伊子告究,尚属疑出有因,并非有心诬捏,自未便科以诬告之罪。惟当任来成畏累求息,辄藉端逼写字据,用言恐吓,致任来成短见自尽,实属欺压乡愚,致毙人命。若依“寻常因事威逼人致死本律”问拟满杖,殊觉轻纵,自应比例酌量定拟,李得时应革去监生,比照“刁徒无端肇衅、平空讹诈、欺压乡愚、致被诈之人因而自尽、绞候例”上,量减一等,拟杖一百,流三千里。

河南司 ○ 道光九年

河抚题:光山县王金位逼迫小功服婶王孔氏自尽,该抚将王金位依“卑幼逼迫期亲尊长致死、大功以下”递减拟徒。

本部以王金位始则诬告小功服弟,继复危言吓逼小功服婶,致令自尽。若在平人尚应照“刁徒平空讹诈毙命及诬告致死各例”问拟,其致毙尊长,未便办理转轻。且逼迫尊长之例系指衅起口角细故而言,该犯既系讹诈,又系诬告,不得仅科以寻常逼迫之罪,王金位合依“刁徒无端肇衅、平空讹诈、致被诈之人因而自尽例”拟绞监候。

四川司 ○ 道光七年

川督咨:田亨荛等因堂姑母宁田氏之夫宁嘉兴患病,令田氏往向宁亨泳找补田价,田氏亦已有病,前往宁亨泳家即故。田亨荛闻知,以宁亨泳为人刻薄,不肯周恤,致令田氏在外病故,起意藉尸打闹,邀同田亨华等赶至宁亨泳家内,将住房瓦片板壁打毁,以为死者泄忿。嗣经田氏堂叔田宗述因田亨荛等打闹回去,起意藉此吓诈,独自前往宁亨泳家,声称田亨荛等尚在,不肯干休,如肯给孝布五捆,令伊分散族众,伊当代为说息,若不给布,田亨荛等仍须转身打闹。宁亨泳许给布二匹,田宗述不依,宁亨泳因被田亨荛等打闹之后,复见田宗述藉命图诈,抱忿投缳自尽。

该督将田亨荛依“刁徒藉命打抢例”拟徒,将田宗述比照“事主失财紧迫因而自尽者、照因奸酿命例”拟以满徒。详加查核,田亨荛情罪尚属相符,惟田宗述因田亨荛藉尸打闹之后,复起意藉此吓诈,固与无端肇衅者不同。第宁亨泳之轻生究由该犯吓诈所致,田宗述合依“刁徒无端肇衅、平空讹诈、致被诈之人自尽、绞候例”,量减一等,拟杖一百，流三千里。

河南司 ○ 道光十四年

河抚题：禹州民侯景先因向小功堂叔侯玉林索找房价不允，自行划伤额颅吓逼，致侯玉林被逼自尽，固属事出有因，并非平空讹诈，未便照例拟以绞候。惟已死侯玉林究系该犯小功尊长，若照凡人一例减流，亦觉漫无区别，自应按服制递加问拟，侯景先应于“刁徒无端肇衅、平空讹诈、致被诈之人因而自尽、绞候例”上，量减为杖一百，流三千里，仍按服制递加二等，改发边远充军。

四川司 ○ 道光十四年

川督题：垫江县刘任因黄仕贵买业，空留月日，希图匿税，起意商同黄潮沅讹诈钱文，致黄仕贵虑恐告发，情急自缢。该犯藉端讹诈，究由黄仕贵自行舞弊而起，与无端肇衅者有间，自应比例酌减问拟，刘任应依“刁徒无端肇衅、平空讹诈、致被诈之人因而自尽、绞候例”上，量减一等，拟杖一百，流三千里。

陕西司 ○ 道光六年

陕抚咨：焦登岸藉端吓逼刘德自戳肚腹身死。查刘德之父刘招曾与焦登岸之祖父服役，积钱娶妻，刘德系在焦处生长，后经焦登岸之父令其出外另住，确有刘秉忠证据。焦登岸因贫前往借贷，尚非平空讹诈，其因刘德不允借钱，用言吓逼，以致刘德情急自戳肚腹身死。虽自尽由于诈逼，而诈逼究非无因，焦登岸应比依“刁徒无端肇衅、平空讹诈、致被诈之人因而自尽、绞候例”上，量减一等，拟杖一百，流三千里。

陕西司 ○ 道光十二年

陕抚题：周至县吕继魁因孀妇吕田氏被伊藉端逼闹，气忿自戕身死，该抚将吕继魁依“刁徒无端肇衅、平空讹诈、欺压乡愚、致被诈之人因而自尽、绞候例”上，量减拟流。

部议吕继魁系田氏家长吕文焕无服族叔，先经过继吕文焕为嗣，后田氏因该犯游荡，费用田产，控县逐令归宗。乃该犯心恨控逐，将母王氏等搬住其家，并将田氏欺凌逼索，实属无端肇衅。迨田氏畏凶躲避，该犯复揪回逼闹，致令窘迫自戕。核其讹诈欺压之情，难以曲为量减，自应依例拟绞监候。

四川司 ○ 道光十四年

川督咨：三台县范潮祥因邓舍松之妻承买伊妻木柜，起意讹诈，捏称柜内放有佃约,屡次勒赔钱文不遂,并以告官究追之言向吓,以致邓舍松情急,将幼女邓童女杀死明心。遍查律例并无作何治罪明文,惟邓舍松固属被诈之人,而邓童女究由邓舍松自行杀死,自应比例量减问拟,范潮祥比依"刁徒无端肇衅、平空讹诈、致被诈之人自尽、绞候例"上,量减一等,拟杖一百,流三千里。

贵州司 ○ 道光九年

贵抚题:李二误听杨添唇帮索赌欠,共殴陈淙身死。查杨添唇起意讹诈,致酿人命,若照"平空讹诈、致被诈之人因而自尽之例",罪应缳首。惟从犯李二系属下手伤重之人,业经拟绞,一命不能两抵,杨添唇应于"平空讹诈、致被诈之人自尽例"上,量减一等,杖一百,流三千里。

校勘记:

①二:据《续四库全书》本应作"三"。

②環:该字应为"缳"。

《刑部比照加减成案续编》卷十

刑律贼盗

诈欺官私取财

略人略卖人

刑律贼盗

诈欺官私取财

山西司 ○ 道光九年

晋抚奏:已革繁峙县典史陶仁因侯作肃拾获席玉炳胡麻,席玉炳疑窃喊控,该典史即行擅受差传,致侯作肃被诬畏累,投環[①]殒命。讯据陶仁尚无索诈威逼情事,惟身任典史,辄敢违例擅受,迨因酿成命案,复冀图规避处分,恳求该县达兴阿捏报公出。该县未肯扶同捏饰,辄即砌词禀揭,继复向达兴阿平空讹索银六百两,实属居心狡诈,行同无赖。若仅照"诈欺取财本律",殊觉情浮于法,将典史陶仁请旨发往新疆效力赎罪。

安徽司 ○ 道光九年

安抚咨:地保夏金玉于该县散发赈粟之后,因各灾民或有病故,或有不愿食赈,将赈票给予缴销,辄敢存匿冒领,计银六两零。例无地保冒领赈银作何治罪明文,惟查夏金玉匿票雇人冒领,侵吞帑银,情同诈欺,应比照"诈欺同监守之人、取所监守之物者、以监守自盗论、监守盗仓库钱粮五两律"杖一百,酌加枷号两个月。

陕西司 ○ 道光四年

陕抚咨:钱幅系应先烒长随,应先烒令将银两送回原籍,该犯中途起意携银逃走。系属乘便拐带,与将事主家中资财私行窃取者不同,自应按"拐带本律"问拟,钱幅应依"拐带人财物者、计赃准窃盗论",罪止杖一百,流三千里。

浙江司 ○ 道光七年

提督咨:刘振邦捏造汪镕假信,赴银号诓得汪镕原存银四百三十一两,将银三百六十两兑得赤金二十两携带回籍,被汪镕途遇盘诘,将赤金首还,律得免罪。余银七十一两并未首还,计其不尽之赃,罪应拟徒。嗣该犯复向汪镕诓取赤金十两,经汪镕令其写立字据,与平空诓骗者有间,自应酌减问拟,刘邦振应于"诓骗人财物、赃准窃盗论、罪止满流律”上，酌减一等，满徒。

陕西司 ○ 道光九年

伊犁将军咨：富金泰向张恩秀告借纸笔，出写押帖，即偷用张恩秀店号图记，情同诓骗，与行窃银钱者不同，自应照“诓骗律”，计赃准窃盗论。该将军将富金泰竟依“窃盗”问拟，罪名虽无出入，引断究未允协，应即据咨更正，富金泰应改依“诓骗人财物、计赃准窃盗论、窃盗赃二十两、杖八十律”杖八十。

浙江司 ○ 道光九年

提督咨：阎丹桂关闭钱铺，除报官后开发过存钱及到部缴出现钱外，尚有未完票存京钱，计赃一百十两零，罪应拟流。该犯于歇业后即赴官呈报，与有心关闭逃走者不同，自应量减问拟，阎丹桂应于“诓骗人财物、计赃准窃盗论、窃盗赃一百一十两杖一百、流二千五百里律”上，量减一等，杖一百，徒三年。

浙江司 ○ 道光十年

提督咨：王静书起意描造假钱票，诓骗财物，其已经行使者计赃在一两以上，罪止拟杖。惟该犯描就假钱票二百余张，共计京钱四百余千之多，虽未行使得赃，已有诓骗实据，自应酌量问拟，王静书应于“诓骗人财物、计赃准窃盗论、罪止满流律”上，量减一等，杖一百，徒三年。

奉天司 ○ 道光十二年

东城察院移送：邢幅雇与存善佣工，私将伊主铺房出倒，计赃一百两以上。遍查律例并无作何治罪明文，惟雇工盗家长财物，例应照“常人窃盗”计赃治罪，邢幅应依“诓骗人财物、计赃准窃盗论、窃盗赃一百两杖一百、流二千里律”拟杖一百，流二千里。

四川司 ○ 道光十四年

川督咨：内江县已革文生丁鹏皋等藉置文昌庙祀产，侵蚀余剩钱文，并刊布文札，实属玩法。例内并无刊布文札作何罪明文，自应按“诈欺取财”计赃科罪。查丁鹏皋等系诈欺众人之财肥己，即应以众人捐出之数并计论罪，除置买祀田用去钱文外，丁鹏皋等实入己钱八十二千文，折银八十二两。丁鹏皋合依“诈欺官私取财、计赃准窃盗论、窃盗赃八十两杖九十、徒二年半律”应杖九十，徒二年半。已革文生段涛即段翊清，听从丁鹏皋敛钱分用，并于札文后妄添语句，即属从为，应于丁鹏皋罪上减一等，杖八十,徒二年。

河南司 ○ 道光十二年

河抚咨:丁建勋等充当弥封书吏,诓令杨模等办理联号,冀图得受谢议,虽非买求中式,亦未接受财物,惟试卷业经印用联号,诓骗亦已议有定数。丁建勋、韩金镛、赵太初均应革役,比照"指称买求中式、诓骗监生生员人等财物、若诓骗未成、议有定数、财未接受"杖一百,徒三年,加枷号两个月。系书吏犯法,加一等,杖一百,流二千里,仍加枷号两个月。

四川司 ○ 道光六年

川督奏:三台县长随何政因孙廷芳在义冢建造生圹,被赖潮畛等控告,经该县勘验通详,差该犯赴省投文。适孙廷芳堂兄孙学良自省转回,与该犯途遇,言及孙廷芳犯事情由,该犯辄敢起意向孙学良诈骗银至六百八十两之多,实属玩法。虽赃未入手,未便照"蠹役诈赃"论罪,若仅照"平人诈欺取财及诓骗未成"科断,该犯究系长随,未免轻纵。何政合依"诓骗已成、枷号三个月、发烟瘴地面充军例"应发烟瘴地面充军,仍尽长随本法刺字。

四川司 ○ 道光十三年

川督咨:松潘厅九关番民日美他等呈控拆汝泥等包讼,诓骗银两。查拆汝泥等以控免采买青稞[②]为由,诓骗银二百三十五两,虽非一主之赃,实系一案之事。例内并无包讼诓骗作何治罪专条,若照"诓骗财物、准窃盗计赃",罪止满流。惟其向番众哄骗,曾有向各衙门呈递需银打点使用之言,即与指称各衙门使用名色、诓骗财物无异。拆汝泥等除诓骗银两、计赃轻罪不议外,应均照"指称各衙门打点使用名色、诓骗财物、计赃犯该徒罪以上者、不分首从"发近边充军。该犯等系土司所辖,胆敢煽惑番众,诓骗多赃,应请照例枷责,同家口迁徙六百里之外营县安插,以免别滋事端。

陕西司 ○ 道光四年

陕抚咨:张翰衢顶替入场代考,畏罪潜逃,被伊父呈首,与闻拿自行投首无异,应依"代请枪手顶名入场、照诓骗已成例、枷号三个月、发烟瘴充军例"上,减一等,杖一百,徒三年。

陕西司 ○ 道光十三年

陕抚咨:鄜州民人张树顶名入场被拿。案内之冯儒仁、李相清、李茂林听属在旁怂恿说合，并未预为包揽，情稍有间，冯儒仁、李相清、李茂林均于“包揽拟军罪”上，量减一等，各杖一百，徒三年。

贵州司 ○ 道光十四年

贵抚咨：林旭起意随棚撞骗，辄令钱张氏遣人赴学院衙门，缴约陈幅出署相见，试探口气，即欲指名撞骗。惟甫经起意，尚未向人撞骗议有银数，事属未成。且系初次犯法，亦非积惯棍徒，例无治罪明文，比照“虚词诓骗、事属未成例”杖一百，枷号一个月，递回原籍。

安徽司 ○ 道光八年

安抚奏：罗立堂开设钱铺，亏欠票会各钱，至二十余万串之多，外省虽无作何治罪明文，而积欠太多，故为关门歇业，应比照“京城钱铺闭门逃走、计赃准窃盗论、至一百二十两以上”，加一等，发附近充军。惟勒追年月，并嗣后开设钱铺，可否亦令五家互保之处，由该抚查看地方情形，酌量办理。

浙江司 ○ 道光九年

提督咨：杜企伦关闭钱铺，应追票存钱文，逾限未缴，计京钱二千零七十四千，计赃在一百二十两以上，按例罪应拟军。该犯于歇业后，即赴官呈报，与有心侵蚀逃走者不同，自应量减问拟，杜企伦应于“诓骗财物、计赃准窃盗论、至一百二十两以上、加一等、发附近充军例”上，量减一等，杖一百，徒三年。

略人略卖人

直隶司 ○ 道光九年

直督咨：管安山因臧史氏属伊代买官卖妇女，欲令为娼，该犯辄敢希图渔利，假以作媳为名，价买良女，转卖为娼。遍查例内并无略卖良女、转卖为娼作何治罪明文，惟为媳本系假名，为娼重于作婢，其与改改子通奸，亦属转卖后始与奸宿，自应比例问拟，管安山应比照“略卖良人为奴婢者杖一百、流三千里、假以乞养过继为名、买良家子女转卖者罪亦如之、仍尽买良为娼本例”枷号三个月，满日发配。

浙江司 ○ 道光六年

浙抚咨：王贵祥诱拐出嫁甥女王钱氏，卖与商博喜为妻。律无和诱缌麻亲、卖为妻妾治罪专条，惟卖大功以下亲为奴婢，既照凡人科断，则卖为妻妾自应亦照“凡人”

问拟，王贵祥合依“和卖良人为妻妾律”杖九十，徒二年半。

浙江司 ○ 道光十二年

浙抚咨：竹澄淮因大功堂弟竹澄祖外出生理未回，曾经伊兄竹澄云往找无著，声言在外病故，该犯信以为实，辄将竹澄祖之妻马氏诱卖。查和诱大功弟妻与为人妻，例内并无作何治罪明文，惟卖大功以下亲为奴婢既从凡论，则卖为妻妾似应亦照“凡人”科断，竹澄淮合依“和卖良人为妻妾律”杖九十，徒二年半。

福建司 ○ 道光十三年

提督咨：何贵因缌麻表弟韩振泰出外无音，辄将其妻李氏卖与叶天仁为妻，系和诱大功以下缌麻以上亲之妻。律内并无作何治罪明文，惟卖大功以下亲为奴婢既从凡论，则卖为妻者亦应照“凡人”科断，何贵依“和卖良人为妻律”，拟杖九十，徒二年半。

陕西司 ○ 道光四年

陕督咨：倪临福为伊子聘定孙古魁堂侄孙女为妻，虽未成婚，业已过门童养，翁媳名分已定。今该犯因贫将伊媳和卖与米得禄为妾，律内并无和卖子孙之妇为妾作何治罪明文。惟查凡人诱卖良人为妻妾，照“诱卖为奴婢律”得减一等，今该犯倪临福将子媳和卖与人为妾，亦应酌减问拟，倪临福应依“和卖子孙之妇为奴婢杖七十、徒一年半律”上，量减一等，拟杖六十，徒一年。

福建司 ○ 道光四年

南城察院咨送：陆成听从宋文忠将胞妹陆氏诱卖为妾，律内并无作何治罪明文，应比照“和卖弟妹为奴婢杖七十、徒一年律”上，量减一等，杖六十，徒一年。

安徽司 ○ 道光十一年

安抚咨：余郎游和诱出嫁之妹徐余氏，卖与申有贵为妾。该犯为余氏之父余粹中嗣子，虽服制内女适人，为兄弟之为父后者服仍期年，而为父后之兄弟应否报服期年，服图及服制总类并无明文，自应仍按服图出嫁姊妹降服一等，以同堂大功服妹论。律例并无和卖出嫁大功服妹为妾作何治罪专条，惟妹已出嫁，即与在室不同，应比照“和卖同堂弟妹为奴婢杖八十、徒二年律”上，量减一等，杖七十，徒一年半。

江西司 ○ 道光十四年

南城移送：程田氏告刘李氏将伊童养媳李氏拐卖。查刘李氏系李氏小功堂姑，出嫁降服缌麻,刘李氏和卖李氏与王四为儿媳,讯未成亲,亦未接受财礼,系属卖而未成。律内虽无和卖大功以下亲为妻妾作何治罪明文,第卖大功以下亲为奴婢既同凡论,则卖为妻妾亦应照"凡人"科断,刘李氏合依"卖良人为妻妾者杖九十、徒二年半、未卖减一等律"杖八十,徒二年。李氏听从引诱逃走,应照"被诱之人"减一等,杖七十,徒一年半。

河南司 ○ 道光十四年

河抚咨:李茂荣窝留乔姓等兴贩妇女。该抚照"兴贩为从",将李茂荣依"兴贩妇女转卖与他人为妻妾杖一百、徒三年例"上,减一等,杖九十,徒二年半。

本部以李茂荣贪利窝留乔姓等兴贩妇女,即属知情,律与犯人同罪,应改照"兴贩妇女、知情窝留、与犯人同罪律"杖一百,徒三年。

山西司 ○ 道光六年

步军统领衙门咨送:李二先因路遇年甫十岁之汪禄儿迷失道路,饥饿啼哭,将其收留,欲给与伊兄吉太为子,系属收留迷失子女。惟该犯将汪禄儿带回后,经汪禄儿之兄汪安子闻知找至,欲领汪禄儿回归。该犯辄敢不令领回,复将汪禄儿携带来京,情同诱拐,未便仅照"收留迷失子女律"拟徒,致滋轻纵。但该犯究因汪禄儿迷失所致,与有心诱拐者有间,若遽照"十岁以下虽和同略诱律"拟以缳首,未免与实在有心诱拐者无所区别,自应酌量减等问拟,李二即李德春,照"诱拐子女为子孙者、被诱之人若不知情、为首拟绞监候例"上,量减一等,拟杖一百,流三千里。

贵州司 ○ 道光八年

提督咨送:于六因知三妞系迷失道路,经杨氏收留,遂起意将三妞带出,暂时藏匿,欲寻伊父刘三送还,冀图酬谢。曾经往找刘三送信,刘三亦曾闻信往寻,俱未相遇。核其情节,止图索谢,并非有心拐卖,实与略诱不同,自应酌减问拟,于六应依"诱拐子女、不分良人奴婢、已卖未卖、但诱取者、被诱之人若不知情、为首拟绞监候例"上,量减一等,杖一百,流三千里。

山东司 ○ 道光九年

东抚咨:马沨有听从董洛然行窃事主崔琮家衣服,因见年甫七岁之幼女崔小焕妮在炕睡熟,该犯又听从董洛然窃抱价卖分肥。遍查律例并无治罪专条,第偷窃幼女与诱拐无异,崔小焕妮于被窃之时,既不知情,自应比照问拟,马沨有应比照"诱拐子女、被诱之人若不知情、为从杖一百、流三千里例"拟杖一百,流三千里。

河南司 ○ 道光十二年

河抚题：梅令举起意商同在逃之李大骡子设计诱拐席克太之女张席氏，并未奸污，亦未典卖。因闻张席氏之父席克太查知诱拐情由，即将张席氏送还，情尚可原，自应酌量问拟，梅令举应照"诱拐妇人子女、不分良人奴婢、已卖未卖、但诱取者、被诱之人若不知情、为首拟绞监候例"上，量减一等，杖一百，流三千里。

直督司 ○ 道光四年

直督咨：革生尚统奸拐业徒之妻，例内并无作何治罪明文，惟该犯身列胶庠，设馆课读，竟致不顾名教。若照"寻常奸拐"拟军，未免无所区别，自应按例加等问拟，尚统依"和诱知情拟军例"上，量加一等，发极边烟瘴充军，面刺"烟瘴改发"四字。该督声称毋庸刺字，系属错误，应行更正。

浙江司 ○ 道光五年

浙抚咨：方顺姐被后母蔡氏责打逃出，冯舜治前往寻获，因其不肯回家。且有伊母曾经许配为妻之言，中途起意诱逃，与无故在家和诱者不同，自应酌减问拟，冯舜治合依"和诱知情为首拟军罪"上，量减一等，满徒。方顺姐应于冯舜治满徒上，减一等，杖九十，徒二年半。

山西司 ○ 道光五年

晋抚咨：陈斌因见郭女在该庄外啼哭，询知被姑训责逃走情由，收留至家。次早属令郭女回归，因郭女惧责，不敢回归，即起意图卖，藏匿月余，始经史根成查知领回，殊属不合。第郭女究系自行走出，且收留到家后，因其不愿回归，始行起意图卖，与诱取子女图卖者有间。若照"和诱知情为首例"拟军，未免无所区别，亦未便援引"收留在逃子女未卖律"定拟，致滋轻纵，自应酌量问拟，陈斌于"和诱知情为首例"上，量减一等，杖一百，徒三年。郭女系被诱之人，亦应于陈斌满徒罪上，递减一等，杖九十，徒二年半。

河南司 ○ 道光五年

河抚咨：太康县郭万聚诱拐张克义之妻张王氏同逃，该抚将郭万聚依"和诱知情为首例"拟军，张王氏依"被诱之人"减等满徒。

本部查郭万聚诱拐张王氏同逃，至杨大科歇店投宿，意欲嫁卖，因探知张克义报县差缉，该犯心生畏惧，即将张王氏领出，令其自行回家。虽未赴案投首，究有畏法之心,且并无奸污情事,自应酌减问拟,郭万聚应改依"和诱知情为首拟军例"上,量减一等,杖一百,徒三年。张王氏应改依"被诱之人满徒例"上,减一等,杖九十,徒二年半。

陕西司 ○ 道光六年

陕抚咨:王泳娃因与郭奉禄之妻袁氏通奸拐逃,嗣袁氏欲回夫家,该犯即将袁氏送至郭奉禄门首,复行逃逸,袁氏据实告知其夫郭奉禄首报,该犯旋被拿获。详核情节,袁氏之仍回夫家,虽出于袁氏本意,而该犯若无悔罪之心,又焉肯送往?若仍科该犯诱拐之罪,未免情轻法重,且与始终未送还者无所区别,自应酌减问拟,王泳娃应于"和诱知情为首拟军罪"上,量减一等,杖一百,徒三年。

安徽司 ○ 道光六年

安抚咨:郑发因奸拐孙陈氏被本夫找获,声言控告,致孙陈氏羞愧自缢身死。例内并无奸拐败露、致奸妇羞愧自尽作何治罪明文,将郑发除与孙陈氏通奸、致氏羞愧自尽、罪止拟徒轻罪不议外,应依"和诱知情为首例"发极边足四千里充军。

河南司 ○ 道光七年

河抚咨:崔三诱拐杨仲之妻吴氏同逃,该抚将崔三依"和诱知情为首例"发极边足四千里充军。

本部查崔三奸拐杨吴氏同逃,按例罪应拟军。惟该犯欲将吴氏嫁卖,经吴氏不依吵嚷,欲自回家,该犯虑被张扬败露,即将吴氏送至县属交界地方,告知路径,令其回家。虽未赴官投首,究有畏法之心,与始终拐匿者有间,自应酌减问拟,崔三应改依"和诱知情为首军罪"上,量减一等,杖一百,徒三年。

陕西司 ○ 道光七年

陕督咨:赏豆喜等诱拐祁常氏同逃。查祁常氏因被伊翁责打,逃回母家,中途被赏豆喜起意纠允韩老五将该氏诱拐同逃,并先后与该氏调戏成奸。该抚以在途拐逃与在家诱拐者不同,将赏豆喜于"和诱知情军罪"上,量减一等,拟以满徒;为从之韩老五、被诱之祁常氏均拟杖九十,徒二年半。查向来办理诱拐各案,并无在途在家之分,今该督以赏豆喜等诱拐祁常氏,声称系在中途诱拐,遽将该犯减等问拟,殊与定例不符。赏豆喜应仍照"和诱知情为首例"发极边足四千里充军。韩老五、祁常氏均应于赏豆喜军罪上,减一等,杖一百,徒三年。

奉天司 ○ 道光八年

步军统领衙门咨送:郑太和因叶喜姐被舅母时常殴詈,受苦难堪,私自逃至该犯家，并非该犯诱拐，未便科以和诱之条。惟该犯既将叶喜姐收留成奸，称为夫妇，亦未便仅科奸罪，自应酌量问拟，郑太和应照“和诱知情为首拟军罪”上，量减一等，杖一百，徒三年。叶喜姐依“为从”减一等，杖九十，徒二年半。

陕西司 ○ 道光八年

提督咨：护军参领苏彰阿使妾玉兰被雇工李群儿拐带同逃。查李群儿以辞出雇工，辄敢诱拐旧主苏彰阿使妾同逃，例无作何治罪明文，自应即照“凡人诱拐例”定拟，李群儿合依“和诱知情为首例”发极边足四千里充军。

陕西司 ○ 道光十一年

东城察院移送：赵二因与邱王氏通奸，经邱王氏央其带回母家，辄将邱王氏带出藏匿，并商允逃后无人找寻，就可跟伊过度，即属有心诱拐。惟一闻邱王氏之姑田邱氏喊告，遂将邱王氏私自交出，尚知畏法，自应酌减问拟，赵二应于“和诱知情为首拟军例”上，量减一等，杖一百，徒三年。邱王氏系被诱之人，应于赵二满徒罪上，减一等，杖九十，徒二年半。

福建司 ○ 道光十一年

提督咨：保瑞因与大妞通奸，产生私孩，虑被查获，将大妞带出躲避，业已向大妞之母梅氏商允，核与诱拐者有间。惟该犯找有住所，雇车至梅氏家迎载大妞，正值梅氏赴厕未回，该犯虑恐耽延，竟不等告知住址，即将大妞拉回，旋经访获。若仅照“和奸本律”拟以枷号，究属情浮于法，应以“和诱知情军罪”上，量减一等，拟杖一百，徒三年。大妞于保瑞满徒上，量减一等，拟杖九十，徒二年半，系犯奸之女，杖决徒赎。

河南司 ○ 道光十三年

提督咨送：赵荣奸拐吴孔氏，复纵令与麻四通奸，被麻四查知来历，复将吴孔氏拐逃。虽与本夫纵容，致令诱拐者不同，究与起始诱拐者有间，麻四应于“赵荣和诱知情军罪”上，量减一等，杖一百，徒三年。

陕西司 ○ 道光十三年

提督咨：李二、张十先后与陈刘氏通奸，张十因陈刘氏相待冷淡，携刀寻衅。陈刘氏商允李二，逃至伊家躲避，李二恋奸，藏匿至十余日之久，即与和诱无异。惟一闻张十寻找，心生畏惧，即将陈刘氏送回，尚知畏法，与始终有心拐逃者不同，固未便仅科奸罪。若依例拟军，未免情轻法重，自应酌减问拟，李二合依“和诱知情为首拟军例”

上,量减一等,杖一百,徒三年。陈刘氏依"被诱之人减等满徒例"上,再减一等,杖九十,徒二年半。

河南司 ○ 道光十三年

提督咨送:周玉因张薛氏之母薛邢氏将张薛氏送至伊家寄住,该犯与韩三先后与之通奸。因韩三欲往通州贸易,该犯恋奸情密,商同韩三将张薛氏诱带同往。核与平空诱拐者不同,自应酌减问拟,周玉应于"和诱知情为首拟军例"上,量减一等,杖一百,徒三年。韩三听从诱拐,张薛氏被诱同逃,均于周玉满徒罪上,减一等,杖九十,徒二年半。

河南司 ○ 道光十四年

河抚咨:灵宝县谢学义系史添幅义子,虽已分产,带妻归宗,与义父母并未义绝,该犯图产强嫁史添幅之妾吕氏,自不得与义母同论。遍查律例并无义子归宗、并未义绝、强嫁义父之妾作何治罪明文,惟该犯希图史吕氏产业,辄捏称病重,往接看视,私将史吕氏嫁与程振有为妻,未经成婚。核与诱拐情事相同,自应比例问拟,谢学义应照"诱拐妇人子女、不分已卖未卖、但诱取者、被诱之人若不知情、为首绞监候例"拟绞监候。该犯闻拿投首,应于绞罪上,减一等,杖一百,流三千里。

广西司 ○ 道光十四年

提督咨:王赏儿途遇在逃幼女阎二妞,将其带走,送至沈六家寄住。嗣王赏儿因无处查找阎二妞亲属,起意商同杨赵氏将阎二妞诱允为婢,交与马氏辗转售卖,系属和诱知情。惟阎二妞自行逃出,究与勾引略卖者有间,自应按例酌量问拟,王赏儿应于"和诱知情军罪"上,量减拟徒。阎二妞再减一等,杖九十,徒二年半。

广东司 ○ 道光五年

广抚咨:陈亚桂起意诱拐生员邵春初家婢女春绮图卖。案内之林白毛始则知情留住,继复同觅娶主嫁卖,该抚依"窝主与犯人同罪律",与陈亚桂均照"和诱知情为首例"发极边足四千里充军。本部改依"和诱知情为从例"杖一百,徒三年。

浙江司 ○ 道光七年

浙抚咨:周开江听从伊妻章氏将前夫之媳周氏卖与戴长慎为婢,讯系知情和诱。查例内并无诱卖前夫子媳作何治罪明文,自应即照"凡人"定拟,周开江合依"和诱知情为从例"满徒。

河南司 ○ 道光九年

河抚奏:邢克全、李端听从邢克顺窝留人贩至数十人之多,所得房饭钱文,即与得赃无异,复敢护送拒捕,情节较重。如仅照"中途聚众打夺为从"拟流,转觉轻纵,邢克全、李端均应比依"窝隐川贩、护送分赃、不分首从、发近边充军例"均发近边充军。

四川司 ○ 道光十二年

川督题:李潮伸因借夷人作根钱文无偿,捏称李潮仲系伊胞弟,将其一家三口卖与作根抵欠。令作根纠约宜柤等黑夜往将李潮仲等绑抢,复因朱氏喊叫,恐人听闻截拿,商同作根将李潮仲勒死,藐法已极。例内并无汉奸串通夷人、捆卖民户、将被抢之人谋勒身死作何治罪明文,自应比例问拟,李潮伸比依"贵州地方、有外来流棍、勾通本地棍徒、将荒村民户用威力强行绑去、伤害至死者、为首拟斩立决例"拟斩立决。

河南司 ○ 道光七年

提督咨送:刘禄喊告郝二奸拐伊妻李氏同逃。查李氏系刘禄买休之妇,律应离异,固不得为刘禄之妻。惟郝二不知刘禄买休情由,其因刘禄纵奸,致被拐逃,自应比照"本夫纵奸例"问拟,郝二应依"本夫纵容妻妾与人通奸、致被拐逃者、奸夫于军罪上减一等例"杖一百,徒三年。

江苏司 ○ 道光九年

苏抚咨:黄冯氏因见岁歉民贫起意贩卖人口,该犯三次将孙王氏等八口转卖得财。查该犯之夫老病残废,讯不知情,自应罪坐本妇,黄冯氏依"兴贩妇女、转卖与他人为奴婢者"拟以满流,照例应准收赎。惟查该犯妇因地方偶遇偏灾,节次收买妇女,转卖渔利,实为女中棍徒,若援例收赎,不足示惩。黄冯氏比依"审理妇女、罪应军流以上、监禁三年例",监禁三年,年满察看情形,实知改悔,即予释放。

安徽司 ○ 道光十三年

安抚咨:陶大六孜等听从逸犯赵添才兴贩女孩,尚未出卖,是否卖与人为奴婢,抑卖与人为妻妾,事尚未定。惟据现犯佥供,欲卖与人为使女,应即据供定罪,将陶大六孜等于"兴贩妇人子女、转卖与人为奴婢例"上,照"为从"减一等,未卖又减一等,各杖九十,徒二年半。

福建司 ○ 道光十一年

提督咨:周六儿商同伊兄周二、伊妹周氏,诱拐雇主伊清阿之妾清安,嫁卖图利。

例无雇工人和诱家长之妾作何治罪明文，应比照“雇工人和卖家长期功以下亲属例”改发云贵、两广极边烟瘴充军，仍照“名例”以极边足四千里为限。周氏系伊清阿家奴之妻，听从诱拐主妾，应依周六儿拟军罪上，照“为从”问拟满徒。周二、讯非伊清阿雇工，惟听从伊弟周六儿诱拐，应依“父兄同行助势例”，于本犯和诱为从满徒上，加一等，杖一百，流二千里。

河南司 ○ 道光十二年

提督咨送：刘喜受雇与宗室兴麟家服役，与使妾凌儿通奸，被兴麟看破撵逐，复将凌儿和诱拐逃。刘喜除奸家长妾、罪止满流不议外，应比依“雇工和卖家长期功以下亲属例”改发云贵、两广极边烟瘴充军，仍照“名例”，以极边足四千里为限。

广东司 ○ 道光十一年

刑部奏提督咨送：骑都尉查隆阿因孀妇刘氏夫故无依，劝令该氏带同前夫所生四岁幼子四幅至伊家同住，与之奸宿。后因四幅时常啼哭，该犯心生憎厌，将四幅带至别处丢弃。查例内并无将他人寄养幼子丢弃作何治罪明文，自应比例问拟，查隆阿除与王刘氏通奸、罪止枷杖轻罪不议外，应比照“将受寄他人十岁以下子女、卖为奴婢例”发极边足四千里充军。系已革旗员，应从重发往新疆当差。王刘氏合依“军民相奸例”，枷号一个月，杖一百，系犯奸之妇，杖决枷赎。

广东司 ○ 道光十三年

提督咨：张镇因周尚文将妻陈氏托伊寄顿，找寻买主，辄私将陈氏卖与谭大为媳，收用身价。系属私卖受寄之妇，与起意诱拐有殊，惟例无治罪明文，应比照问拟，张镇合依“受寄他人十一岁以上子女、卖为子孙者”杖九十，徒二年半。

校勘记：

①環：该字应作“繯”。

②棵：该字应作“稞”。

《刑部比照加减成案续编》卷十一

刑律贼盗

发冢

夜无故入人家

盗贼窝主

共谋为盗

刑律贼盗

发冢

河南司 ○ 道光十三年

河抚咨：郭瀣基受雇起土，因李性坟墓年久失修，并无坟堆，以致误发李性坟冢，显露骨殖当即掩埋，与有心发冢见尸者不同。遍查律例并无作何治罪明文，郭瀣基应比照"发掘他人坟冢、开棺见尸绞罪"上，量减一等，杖一百，流三千里，并免刺字。

广西司 ○ 道光十三年

广西抚题：明胜河发掘明王氏坟冢，开棺见尸，窃取尸衣，旋将赃物于事主处缴还，畏罪自首。但系侵损于人，不在自首之律，仍应照律问拟。查该犯与明王氏并无服制，应同凡论，明胜河合依"发掘他人坟冢、开棺见尸律"拟绞监候。

陕西司 ○ 道光四年

陕抚咨：张烈因伊子媳李氏伤胎身死，惑于邪说，雇令张步时剖腹取胎，实属残忍。查律内并无残毁子孙之妇死尸作何治罪明文，惟"殴杀"、"略卖"各律内子孙之妇均与期亲卑幼同论，则残毁子妇死尸亦应照"期亲卑幼"问拟，张烈应照"毁弃缌麻以上卑幼死尸、各依凡人减一等律"，期亲应于"凡人残毁死尸流罪"上，减四等，伤者减一等，共减五等，杖六十，徒一年。

四川司 ○ 道光十一年

川督咨：泸州解庄独因被王邦综村斥，并挟其将解偊送官受责之嫌，适解偊病毙，起意割取尸头，欲向王邦综图赖。查解偊系解庄独缌麻服弟，遍查律例并无作何治罪明文，自应仍照"残毁死尸本律"定拟，解庄独合依"毁弃缌麻以上卑幼死尸、各依凡人递减一等律"，于残毁他人死尸杖流罪上，减一等，杖一百，徒三年。

浙江司 ○ 道光十四年

浙抚咨：祝岐山割取义子尸头，图诈未成。查毁弃乞养异姓子孙死尸，例无治罪专条，惟义父殴死乞养异姓子孙与兄姊、伯叔姑殴杀弟侄，律系同科满徒，自应比照问拟，祝岐山应请比照“毁弃缌麻以上卑幼死尸、期亲递减四等律”，应于“凡人残毁死尸杖一百、流三千里罪”上，递减四等，杖七十，徒一年半。

贵州司 ○ 道光四年

贵抚题：遵义县民周正沅违犯教令，致伊父周彬才气忿自缢身死。伊兄周正敖明知伊父自尽系由伊弟违犯所致，辄听从私埋匿报。律例内并无作何治罪明文，周正敖应比照“毁弃父母死尸斩监候律”上，量减一等，杖一百，流三千里。

江西司 ○ 道光十四年

江西抚咨：黄水保孜熏取蜜蜂，致烧曹周华棺木，应比照“于他人坟墓、为熏狐狸因而烧棺椁律”杖八十，徒二年。

贵州司 ○ 道光十二年

贵抚咨：徐学诗用火烧熏虫蛇，以致延烧李远志尸首，比照“于他人坟墓、为熏狐狸因而烧尸律”杖一百，徒三年。

四川司 ○ 道光四年

川督咨：冯其舟等捉奸，登时殴伤奸夫冯其顺身死，凶犯冯其舟脱逃，将冯其兴监候待质。案内之冯廷学主令私埋冯其顺死尸，且因埋藏不固，被兽拖食残毁。查冯廷学系已死冯其顺期亲胞叔，例内并无期亲尊长移藏卑幼死尸以致残毁作何治罪明文，自应比例问拟，冯廷学比照“地界内有死人、辄移他处残毁者杖六十、徒一年律”上，递减三等，杖八十。

贵州司 ○ 道光五年

贵抚题：婺川县民安俊才等奸所获奸，将奸夫安大元及犯奸之女二姑捆缚丢河溺毙，私埋灭迹。案内之安文才讯非知情纵容，其将犯奸之女推河溺毙私埋，例不科罪。惟将奸夫安大元尸身，起意私埋，究属不合。第与寻常殴故杀人、案内埋尸灭迹者不同，安文才应照“地界内有死人不报官司、私自掩埋律”杖八十，系贡生，照律纳赎。

陕西司 ○ 道光十年

陕抚题：席加积谋杀纵奸本夫路臣儿身死。案内之席加仁系该犯之弟，事后听从埋尸灭迹，情切同胞，律得容隐。例无治罪正条，席加仁应比依“地界内有死人不报官司而辄移他处律”杖八十。

广西司 ○ 道光八年

广西抚咨：陆扶秸等听从罗老三发掘韦怀瑾祖坟见棺，陆学奉听纠同行，旋即畏惧转回，并未在场亲见发掘。律无共谋发冢、临时畏惧不行作何治罪明文，应比照"窃盗已行而不得财笞五十、免刺、为从减一等律"笞四十，免刺。

河南司 ○ 道光十四年

河抚咨：祥符县王东妮盗发张氏坟冢，撬开离缝用砖垫起，摸取首饰，原验并未显露尸身。核与锯缝凿孔抽取者情事相同，王东妮应照"发冢见棺、锯缝凿孔、抽取衣服首饰、并非显露尸身、为首一次例"发近边充军。

湖广司 ○ 道光五年

北抚咨：杨绍汉等听从在逃之杨绍信，发掘李姓祖坟十五冢，内有五冢骨殖抛露，见尸已在三次以外。讯系被逼听从前往，已在杨绍信等动手掘坟之后，较之甘心听从、在场目击、及帮同掘挖者情稍可原，均应于"开棺见尸、为从三次以外、照窃盗三犯律拟绞例"上，量减一等，杖一百，流三千里，照例监候待质。

贵州司 ○ 道光十三年

西城察院移送：骡夫姚发受载毕以龄棺柩送京，中途因挟毕以龄家人冯兴相待刻薄之嫌，用钉凿破毕以龄尸柩。讯非图窃，例无治罪专条，比照"盗未殡未埋尸柩、锯缝凿孔、为首一次者例"杖一百，徒三年。

河南司 ○ 道光九年

河抚咨：罗山县董起莼因见熊发棉车载其父尸棺，行走沉重，疑系棺内装贮私钱，希图破获得赏，辄起意商同刘金太等将熊发棉父棺擅行开视，以致尸骨显露，殊属不法。遍查律例并无怀疑贪赏、开棺见尸作何治罪明文，自应比例问拟，董起莼应比照"盗未殡未埋尸柩、开棺见尸、为首一次者、发边远充军例"发边远充军。

河南司 ○ 道光五年

河抚咨：辉县革生牛三星欲图风水，在地旁挖土堆高，不料地内尚有坟冢，以致骨殖显露，并非有心发掘，牛三星应于"发年久穿陷之冢、开棺见尸、为首一次、发边远充军例"上，量减一等，杖一百，徒三年，免刺。

陕西司 ○ 道光五年

陕抚咨：商州民明成庭推溺无服族侄明魁锦身死，私埋匿报。该抚疏称明学宗、明锡锦、明锡耀帮同捉拿捆缚，各用棍戳伤明魁锦脊背，均应依“馀人律”杖一百。今听从明成庭埋尸不失，合依“故杀人案内凶犯起意埋尸灭迹、听从抬埋之人、在场帮殴有伤律、应满杖者杖一百、徒三年、不失尸者减一等例”杖九十，徒二年半。查明学宗系谢氏夫之胞弟，服属期亲，例许捉奸。明锡金[①]、明锡耀虽无服制，其被本夫有服亲属明成庭纠往捉拿，即属应捕，该犯等均系出于义忿，应请再减一等，杖八十，徒二年。

四川司 ○ 道光十四年

川督咨：夹江县袁帼友因袁潮澣行窃，向斥不服顶撞，饬子袁潮美将袁潮澣殴伤身死。查袁潮美系袁潮澣同祖大功堂弟，在场帮殴有伤，复又听从私埋，例无作何治罪明文。惟查毁弃缌麻以上卑幼死尸，律内有各依凡人毁弃、依服制递减一等之文，自应比照“依服制递加”问拟[②]，袁潮美除殴伤袁潮澣、罪止徒一年半轻罪不议外，合依“殴故杀人案内凶犯起意埋尸灭迹、听从抬埋之人、审系在场帮殴有伤者杖一百、徒三年、不失尸减一等例”，该犯系大功卑幼，于杖九十、徒二年半罪上，递加三等，杖一百，流二千五百里。

四川司 ○ 道光十二年

川督咨：岳池县胡大亮等听从胡大笼主使，共殴胡大林身死，私埋匿报。案内之胡大模系胡大林缌麻服弟，既在场帮殴有伤，复听从抬埋。虽例内并无作何治罪明文，惟查毁弃缌麻以上卑幼死尸，有各依凡人毁弃、依服制递减一等之文，则毁弃尊长死尸亦应比照加等科断。胡大模除殴本宗缌麻兄、罪已杖一百轻罪不议外，合依“殴故杀人案内凶犯起意埋尸灭迹、其听从抬埋之人、审系在场帮殴有伤律、应满杖者杖一百、徒三年、不失尸减一等例”，系缌麻卑幼，应于杖九十、徒二年半罪上，量加一等，杖一百，徒三年。

浙江司 ○ 道光十三年

南城奏送：贾大因弟贾四将张三殴打垂毙，起意用绳吊挂，装作自缢，贾大代为取绳拴套，并听从抬埋尸身。未便仅照“听从埋尸本律”科断，贾大应比照“殴故杀人案内凶犯起意埋尸灭迹、其听从抬埋、在场帮殴有伤者杖一百、徒三年、不失尸减一等”，兄助弟势加一等，仍拟满徒。

陕西司 ○ 道光七年

伊犁将军咨：张万年刀扎张花，越日因风身死私埋。案内之李中礼、雷普汉、苏汉、吴攀远等俱系听从私埋，该将军仅将该犯等照“私和人命律”杖六十，系属错误。

李中礼等应改依“殴故杀人案内埋尸灭迹、止于听从抬埋者、照里长地邻弃尸律杖六十、徒一年、不失尸减一等例”杖一百。

山西司 ○ 道光十年

晋抚题：张淋子殴伤信遐子身死，僧人普霞讯未在场帮殴，惟该犯起意将尸身移入土坑，该处系属山僻，人迹罕到，即与埋尸灭迹无异。查例内并无殴故杀人后、并非在场之人起意埋尸灭迹作何治罪明文，惟该犯因与张淋子鸡奸，起意移尸，几至凶徒漏网。普霞应比照“殴故杀人案内馀人起意埋尸灭迹、仍照弃尸为首律杖一百、流三千里、不失尸者减一等例”杖一百，徒三年。

河南司 ○ 道光四年

河抚题：商城县民雷传惠等砍伤罗阜亭身死，雷传珠并未在场，嗣经听从移尸，按例罪应拟徒。惟该犯系属本夫，听从抬弃犯奸罪人之尸，如照“凡人”一例科断，似觉情轻法重，雷传珠应照“致死奸盗之犯、罪本不应拟抵、将尸毁弃者、照地界内有死人不报官司、私自掩埋律、杖八十例”杖八十。

陕西司 ○ 道光十三年

陕抚题：大荔县赵得儿因伊父赵管棺柩板薄裂缝，无钱修整，起意抽取棺内浮盖尸衣，当钱买灰修砌。既据该抚审明，实系情切安厝，与盗窃不同，其棺柩板薄破裂，亦与盗开有间。例无作何治罪明文，赵得儿应比照“子孙盗父母未殡未埋尸棺、未开棺椁、事属已行、确有显迹拟绞例”上，量减一等，杖一百，流三千里。

奉天司 ○ 道光十二年

步军统领衙门咨：赵添碌因伊主穆春年甫二岁之幼子长宽坟冢被狐犬爬开，棺木显露，该犯起意揭开棺盖，偷剥尸衣。查长宽坟冢已被狐犬爬开，即与穿陷无异，遍查律例并无奴仆盗家长之期亲卑幼穿陷坟冢、开棺见尸作何治罪明文。若仅照“常人盗未殡未埋尸柩、及穿陷之冢、开棺见尸”拟发边远充军，殊觉轻纵，自应从重比例问拟，赵添碌应比依“期亲卑幼盗尊长未殡未埋尸柩、开棺见尸为首例”，实发云贵、两广极边烟瘴充军，系旗下家奴，酌发驻防为奴，照例刺字。

四川司 ○ 道光十三年

川督咨：马佶德盗取缌麻服叔马新明未埋尸棺衾物，仅止用凿撬开一缝抽窃，尚未显露尸身，与实在开棺见尸者不同。遍查律例并无有服卑幼盗尊长未殡未埋尸柩、锯缝凿孔作何治罪明文,查常人盗未殡未埋尸柩,锯缝凿孔,及未开棺椁者,同一杖徒,则有服卑幼盗尊长未殡未埋尸柩,锯缝凿孔,罪名亦当与未开棺椁者相同。马佶德应照"功缌麻卑幼盗尊长未殡未埋尸柩、未开棺椁者、发边远充军例"拟发边远充军。

浙江司 ○ 道光十三年

浙抚咨:高沅溥等起意开盗高钟氏石椁,浮厝尸棺,引火烧穿一洞,以致伤及尸头。查该犯等均系高钟氏缌麻服侄,例内并无盗开缌麻尊长未埋尸柩、伤及尸身、并未显露作何治罪明文,自应酌量加等问拟,高沅溥合依"缌麻卑幼盗尊长未埋尸柩者、为首发边远充军例"上,加一等,应发极边足四千里充军。高阿九亦照"为从发近边充军例"上,加一等,发边远充军。

广西司 ○ 道光十四年

广西抚咨:李全聚因李全章家另有便门出入,将其胞弟李全柱尸棺由公共巷门行走,向阻争闹,致将尸棺碰跌在地,露出尸身。例无作何治罪明文,李全聚应比照"功缌麻卑幼盗尊长未埋尸棺、开棺见尸为首例"发极边足四千里充军。

浙江司 ○ 道光九年

浙抚咨:张志瑞发掘张裘氏坟冢,意止图窃,因被更夫路过喝问,慌忙逃走,以致遗火烧棺,伤及尸之脚尖。虽非意料所及,究由该犯遗火所致,未便仅照"发冢见棺本例"问拟,致滋轻纵。张裘氏系该犯缌麻伯母,张志瑞合依"发掘尊长坟冢见棺椁为首、功缌卑幼发极边足四千里充军例",量加一等,实发云贵、两广极边烟障充军。

河南司 ○ 道光五年

河抚咨:熊恒贪图柯宜勋吉壤,先欲将故妻徐氏柩棺私葬不遂,辄行开棺,捡取骨殖用布包裹,以冀乘隙盗埋。例无夫开妻棺作何治罪明文,应以有服尊长盗开卑幼尸棺论,该犯于妻徐氏,律应报服期年,即属期亲尊长。熊恒合依"有服尊长盗卑幼未殡未埋尸柩、开棺见尸者、小功以上尊长各依律以次递减例、应于尊长发缌麻卑幼坟冢、开棺见尸杖一百、徒三年律"上,递减四等,应杖六十,徒一年。

广东司 ○ 道光十年

广抚咨:始兴县张庚元起意纠约黄向猪等共伙三人,挖掘事主林有朋故父骸罐勒赎,未经得财。查骸罐即与尸棺无异,自应照例问拟,张庚元合依"纠众发冢起棺、索财取赎、未经得财者、首犯比依强盗得财律”拟斩立决。黄向猪听从挖骸勒赎，合依“从犯比照强盗情有可原例”发遣。

广东司 ○ 道光十一年

广抚咨：曲江县贼犯何恒才用铁锹掘开赖承烈坟土，凿破骸罐，取出头骨，索财取赎，未经得赃。查破罐露体即与开棺见尸无异，惟盗骨勒赎，例无治罪明文。核其情节，实与发掘起棺、索财取赎无异，自应比例从重问拟，何恒才除开棺见尸、罪止绞候轻罪不拟外，应比照“纠众发冢起棺、索财取赎、未经得财者首犯、比依强盗得财律”拟斩立决。

云南司 ○ 道光五年

崇文门监督咨送：邢大搬取妻棺，回籍归葬，因棺木黲朽，将尸割截，装入箱内入城，与居心将妻尸残毁者不同，自应衡情酌减定拟，邢大应于“夫毁妻尸者、比依尊长毁弃期亲卑幼死尸律、于凡人杖流上递减四等、不失尸再减一等、徒一年例”上，量减一等，拟杖一百。至该犯将尸骨装载入城，照“违制律”亦应满杖，二罪俱发，从一科断，拟杖一百。

夜无故入人家

河南司 ○ 道光五年

河抚咨：商城县李顺江因陈矮孜先与伊妻李王氏通奸，被该犯撞遇逃逸，李王氏从此悔过。嗣陈矮孜复往求奸，李王氏拒绝喊骂，李顺江等回家撞遇，将陈矮孜缚住，欲行送究，陈矮孜辱骂，李顺江起意商同将其勒死。例无妇女与人通奸、后经悔过拒绝、奸夫复往图奸被本夫致死作何治罪明文，固不便援照“捉奸杀死奸夫之例”科断。若照“图奸未成罪人”问拟，死者又究系拒绝之奸夫，自应比例定拟，李顺江应比照“夜无故入人家、已就拘执而擅杀律”杖一百，徒三年。

四川司 ○ 道光八年

川督咨：名山县宋开贵系宋李氏之子，宋李氏与苟新喜通奸，宋开贵听从苟九昔捉拿，奸所亲获，将奸夫登时致死。例内并无子捉母奸、登时杀死奸夫作何治罪明文，盖以为子者彰母之秽行，致父有丑名，宽之不可，罪之不忍，故不明立专条。溯查乾隆五十七年本部议覆河南省尤贵登时杀死伊母奸夫之案，议令依“夜无故入人家本律”

拟徒，毋庸引用“亲属捉奸”字样，并于山东省王锦元案内声明通行各省，历久遵办在案。今该督将宋开贵援引“亲属捉奸、杀死奸夫例”拟徒，罪名虽无出入，引例究未允协，宋开贵应改依“夜无故入人家、已就拘执而擅杀者律”杖一百，徒三年。

河南司 ○ 道光九年

河抚咨：滑县刘起秀黉夜潜入刘泳清家，图奸刘泳清之妻王氏未成，被刘泳清殴死。查刘泳清黉夜闻喊，仓卒起捕，并不知其为奸为盗，与明知图奸罪人将其杀死及知其为窃盗倒地迭殴致毙者，情事不同。刘泳清合依“夜无故入人家、已就拘执而擅杀律”杖一百，徒三年。

四川司 ○ 道光十年

川督咨：韩世斌因图奸黄德志之妹，黑夜潜往，致被黄德志疑贼追捕落河致毙。死者本属图奸，而致死由于疑贼，遍查律例并无作何治罪明文，黄德志应比依“夜无故入人家、已就拘执而擅杀律”杖一百，徒三年。

四川司 ○ 道光十一年

川督咨：犍为县李荣超黑夜潜赴罗辛酉家拨门，欲与罗辛酉之妻林氏续奸，不特奸夫奸妇自认属实，即尸叔李世儒当场查问不讳，委无另有别故。惟李荣超意在续奸，而罗辛酉之戳伤李荣超身死，究由认系窃贼所致，李荣超被杀系在门外，尚未入罗辛酉之家，未便竟予勿论，自应比例问拟，罗辛酉应请比照“夜无故入人家、已就拘执而擅杀律”杖一百，徒三年。

四川司 ○ 道光十一年

川督咨：陈玉红黑夜捕贼，殴伤奸夫李尚沅身死。查李尚沅黉夜至陈玉红家，欲与其妻陈杨氏续奸，陈玉红登时追至门外，将其殴伤身死。陈玉红虽止知所殴系贼，而死者究非因窃被杀，自应比律问拟，陈玉红比依“夜无故入人家、已就拘执而擅杀律”杖一百，徒三年。

四川司 ○ 道光十三年

川督咨：眉州刘潮耀因黄泳在黉夜往刘陈氏家续奸，虽未入室，业已进院，站立刘陈氏卧房窗外，刘潮耀误疑为贼，将其殴伤致毙。该犯系刘陈氏雇工，本有捕贼之责，但死者究属图奸而至，并非行窃，未便科以捕贼致死之条，亦与疑贼致毙平人不同。遍查律例并无治罪明文，自应比例问拟，刘潮耀应比照“夜无故入人家、已就拘执而擅杀律”杖一百，徒三年。

四川司 ○ 道光十四年

川督咨：珙县刘洪迁因不知并无名分雇工杨开榜与伊妻刘李氏有奸，来图续旧，疑贼追捕，将其殴伤身死。该犯虽系疑贼而杀，而死者究系奸夫，与疑贼殴毙平人不同。惟杨开榜业经扑跌倒地，不难拘执送官，辄复迭殴致毙，即与就拘擅杀无异，自应比例问拟，刘洪迁比照“夜无故入人家、已就拘执而擅杀律”杖一百，徒三年。

山东司 ○ 道光四年

东抚咨：姜小踩因姜小安夤夜窃伊园内沙果，该犯闻响，顺携铁钩追捕，将姜小安不致命在膝盖钩伤，越七日抽风身死。例内并无事主临时追捕致伤窃贼、并非致命、又非重伤、越五日后因风身死作何减等治罪明文，惟查“斗殴律”应绞之案，原殴并非致命，又非重伤，越五日内因风身死减等拟流。则事主致伤窃贼抽风身死，自应比例量减问拟，姜小踩应于“事主因贼犯黑夜偷窃、登时追捕殴打致死杖一百、徒三年例”上，量减一等，杖九十，徒二年半。

陕西司 ○ 道光五年

陕抚咨：彭世智受雇贺丰年家佣工，因蒙古策拉布黑夜进圈窃马，该犯听闻起捕，见策拉布拉马出圈，持棍赶殴，适伤其囟门致毙，系在蒙古地方犯事。遍查蒙古律例并无雇工因贼犯黑夜偷窃、登时追捕、殴打致死作何治罪明文，该犯既系贺丰年雇工，即与事主无异，自应准照刑例科断，彭世智照“事主因贼犯黑夜偷窃、登时追捕、殴打致死杖一百、徒三年例”杖一百，徒三年。

贵州司 ○ 道光六年

贵抚咨：大塘州详李新弟等奸所获奸，登时共殴奸夫傅于珍身死。案内之石老六并非例得捉奸之人，但为李新弟所邀，既有应捕之责，其帮同共殴，例无治罪明文。查事主邻佑人等杀死窃贼，正犯拟徒者，共殴馀人俱杖八十，奸盗事同一例，吴老六比依“事主登时捕殴窃贼杀死、馀人杖八十例”杖八十。

安徽司 ○ 道光六年

安抚咨：李世聚因胡得聚黑夜窃瓜，登时追捕，用石掷伤其左臁肕骨损，越五十九日因伤身死，已在破骨伤保辜正限五十日之外、余限二十日之内。例无事主殴伤贼犯、辜限外身死作何减等明文，第凡人斗殴杀人罪应拟绞，限外身死尚得减等拟流，则事主殴死窃贼自应一体援减,以昭平允,将李世聚于"事主因贼黑夜偷窃、登时追捕、殴打致死例"上,量减一等,杖九十,徒二年半。

湖广司 ○ 道光六年

北抚咨:刘孝礼因姚士璜等夜至伊雇主家撞门抢亲,该犯疑为盗劫放铳,将姚士璜致毙。不惟与争斗擅放者不同,亦与疑贼致毙平人及擅杀罪人者有间,刘孝礼比照"事主雇工因贼犯黑夜入人家内偷窃财物、登时追捕、殴打致死例"杖一百,徒三年。

广西司 ○ 道光七年

广西抚咨:谭成基因被李持按乘火抢夺,登时追捕戳毙。例无作何治罪明文,惟查抢夺较窃盗情节尤重,自应比照问拟,谭成基应比照"事主因贼犯偷窃市野有人看守器物、登时追捕、殴打致死例"杖一百,徒三年。

四川司 ○ 道光七年

川督咨:江津县成家谟等殴伤刘乞丐受伤身死。查刘乞丐见成平广幼小,将其马褂抢夺逃跑,成平广喊叫,伊父成儒烈听闻,即邀成家谟并伊族兄成儒容帮同追捕。成家谟等追及,见刘乞丐手携马褂在前跑走,成儒容等赶上,殴伤刘乞丐殒命。惟被成家谟踢伤右腰眼,实属致命重伤,应以成家谟当其重罪。成儒容、成家谟均系事主成儒烈亲属,又经成儒烈邀同帮捕,即与事主无异。惟律例内并无因贼犯白昼抢夺、登时追捕、殴打致死作何治罪明文,自应比例问拟,成家谟比照"事主因贼犯偷窃财物、登时追捕、殴打致死者杖一百、徒三年例"杖一百,徒三年。

陕西司 ○ 道光八年

陕督咨:碾伯县许自仁缚殴窃贼史寅娃子送县禀究,中途受冻身死。查史寅娃子身受各伤,均非致命,伤甚轻微,死由受冻。律例内并无事主将贼犯已就拘执、殴打后捆缚、受冻身死作何治罪专条,自应比例问拟,许自仁应比照"事主因贼犯黑夜偷窃、登时追捕、殴打致死者杖一百、徒三年例"杖一百,徒三年。

湖广司 ○ 道光九年

北抚咨:王珩洸戳伤拒捕贼匪刘焕身死。查王珩洸受雇巡更,本有应捕之责,即与事主无异,比照"事主因贼犯偷窃、登时追捕、殴打致死者杖一百、徒三年例"杖一百,徒三年。

湖广司 ○ 道光十一年

南抚咨：周和玉因周云铎黑夜窃伊园内豆角，登时追捕，殴伤周云铎，于正限外余限内身死。查周云铎虽系周和玉无服族侄，惟黑夜事在仓卒，不及辨认，实属犯时不知。以凡论，应于"事主因贼黑夜偷窃、登时追捕、殴打致死满徒例"上，量减一等，杖九十，徒二年半。

山东司 ○ 道光九年

东抚咨：孙在宾因宋蒋氏黑夜行窃伊家麦穗，用木杈殴伤其右手腕，抽风身死，已在正限二十日之外、余限十日之内。宋蒋氏以黑夜行窃，被孙在宾登时殴伤，如果限内因伤身死，孙在宾例应满徒。今该氏系正限外余限内抽风身死，虽例无作何治罪明文，第斗殴之案如果死于正限外余限内，例得于殴杀绞罪上减二等拟徒。则事主登时殴伤窃贼，正限外余限内因风身死，亦应于本罪上减二等，杖八十，徒二年。

河南司 ○ 道光十一年

河抚咨：滑县张周扎伤窃贼杨成，越日因风身死。查杨成独窃张周家牛只，被张周登时追捕，用枪扎伤其左肋右乳，因风身死，已在十日以外。原验杨成口眼歪斜，确有由风形状，其被扎之致命右乳，并不致命，左肋仅止抵骨，并非重伤。查斗殴之案，原殴致命，伤轻因风身死在十日外，例准声请改流。而事主致伤窃贼，原殴致命，伤轻于十日外因风身死，例无作何治罪明文，自应酌减问拟，张周应于"事主因贼犯黑夜偷窃、登时追捕、殴打致死杖一百、徒三年例"上，量减一等，杖九十，徒二年半。

奉天司 ○ 道光十三年

盛京刑部咨：高恒瑞等于四更时分赶车进城，售卖粮石，行至中途，遇人拦抢。高恒瑞因黑夜不辨面貌，以为外来贼人，各用刀枪，将缌麻服叔高庆和、高庆荣戳伤身死，系犯时不知，应以凡论。律内并无贼犯黑夜在途抢夺财物、被事主殴打致死作何治罪明文，自应比例问拟，高恒瑞等应比照"事主因贼犯黑夜偷窃财物、登时追捕、殴打致死、不问是否已离盗所、捕者人数多寡、贼犯已未得财、俱拟杖一百、徒三年例"拟杖一百，徒三年。

陕西司 ○ 道光十三年

陕督咨：崇信县胡振川于正月十三日夜，因贼人王名访黑夜入室行窃，登时追捕，将其殴伤，讯无倒地迭殴情事。延至二月初六日，王名访因伤身死，系在保辜正限外、余限十日之内。事主殴伤窃贼，至辜限外余限内身死，虽例无减等明文，第凡人斗杀罪应拟绞，限外身死尚应减等拟流，则事主殴死窃贼，似当一体援减。胡振川合依“事主因贼犯黑夜偷窃、登时追捕、殴打致死者、不问是否已离盗所、贼犯已未得财杖一百、徒三年例”上，量减一等，拟杖九十，徒二年半。

广西司 ○ 道光十年

广西抚题：刘灼文等因韦铢明等强割田禾，致伤韦铢明等身死。查韦铢明等强割刘灼文等田禾，本属罪人，刘灼文等事后撞遇争殴，致伤韦铢明等身死，实属擅杀。例内虽无强夺人犯、被事主事后殴打致死治罪明文，惟抢窃事同一例，自应照事后殴打贼犯致死之例办理。该抚将该犯等均依“罪人不拒捕而擅杀律”拟绞，殊未允协，刘灼文、刘呈章均应改依“事主因贼犯偷窃、事后殴打致死例、照擅杀罪人律”拟绞监候。

广西司 ○ 道光十一年

广西抚题：廖甫昆等戳伤贼犯孔亚得身死。查孔亚得抢夺覃氏银簪，本系罪人，廖甫昆经覃氏胞兄覃胜得邀同，将孔亚得捕获送官，即与事主无异。该犯以孔亚得不肯行走，致将孔亚得戳伤身死，实属擅杀。查律例内并无擅杀抢夺罪人作何治罪专条，惟抢窃事同一律，自应比例问拟，廖甫昆应比依“贼犯已就拘获、殴打致死例、照擅杀罪人律”拟绞监候。

浙江司 ○ 道光七年

浙抚咨：周荣昌因李周氏家被严松窃去衣物，托其查访，将严松拿获，并起原赃，押带行走。严松中途脱逃，该犯追赶，严松凫水逃走，周荣昌落河捕捉，严松凫至深处溺毙。虽死由自溺，究系该犯追逐情迫所致，检查律例并无治罪专条。若照“罪人因追逐窘迫自杀律”论，未免情重法轻，自应比例问拟，周荣昌应比照“邻佑人等捕贼、登时仓卒殴毙例”杖一百，徒三年。

山西司 ○ 道光十二年

晋抚咨：捕役许成等殴伤窃贼杜二厮身死。查杜二厮同弟杜三厮行窃杜于春车上帽盒等物，业经缉获，杜三厮供认明确，且已起有原赃，给主认领，正贼无疑。其被殴各伤，验明实系因许成用铁通条所殴囟门一伤，骨损溃烂，越十九日身死，尚在破骨伤辜限之内，应以许成当其重罪。

惟杜二厮本属窃贼，捕役许成等奉票缉拿，原有应捕之责。杜二厮手携铁通条逃出房外，被捕役许创业拦住，辄敢用铁通条拒捕。迨被许创业用木棒殴伤左曲脷，格落铁通条之后,复敢接住许创业所持木棒,拉夺拒捕。核其情节,实属罪人持杖拒捕后,被许创业登时格杀,律得勿论。今被同捕之伙役许成见其接住许创业所持木棒拉夺,上前帮捕,拾起铁通条,殴伤其囟门身死。核与邻佑人等因贼势强横、不能力擒送官、登时仓卒殴毙者,情事相同,许成应依"邻佑人等因贼犯入人家内偷窃、携赃逃遁、直前追捕、或贼势强横、不能力擒送官、登时仓卒殴毙者"杖一百,徒三年。

河南司 ○ 道光十四年

河抚咨:浙川厅金狗子行窃鸡只,被事主追殴身死,获犯郭焕。该抚以并未动手,依"馀人例"杖八十。

本部查郭焕因金狗子窃伊鸡只携走,该犯撞见,喊同族叔郭群追捕,致郭群将金狗子殴伤身死。该犯供称仅止喊同帮捕,并未动手帮殴,自应予以勿论,惟逸犯郭群现未缉获,应照例监候待质。

盗贼窝主

江苏司 ○ 道光十三年

苏抚咨:李观化窝留在逃之贼匪高二等行窃徐效曾家牛驴,讯止代为变赃,经事主邀令刘玉在该犯家查获,辄敢勒令出钱回赎,复邀刘玉前往催讨,以致徐效曾忿急服毒身死。遍查律例并无作何治罪明文,应酌量加等问拟,李观化应比照"强盗窝主、造意不行、又不分赃杖一百、流三千里律",量加一等,发附近充军。

河南司 ○ 道光四年

河抚咨:封邱县孙先窝留张万三等四人行窃,坐家分赃,虽讯无造意同窃情事,究属不合。惟查例内并无窝藏窃贼四人作何治罪明文,孙先应比依"窝藏窃盗五名以上、坐家分赃、近边充军例"上,量减一等,杖一百,徒三年。

直隶司 ○ 道光十二年

直隶题:盗犯小王二行窃,临时行强,拒伤事主。案内之郑玉开设歇店,既经查知小王二等系属窃贼,人众赃多,贪利分赃,事后知情留容。惟与实在窝留匪徒、纵使偷窃者有间,自应酌量问拟,郑玉合依"窝留窃盗五名以上、发极边烟瘴充军例"上,量减一等,杖一百,徒三年,免刺。

湖广司 ○ 道光十三年

北抚咨:周恒富窝留李金斗等十二人行窃,仅止在家等候分赃,并不知李金斗等临时行强情事,后始知情分赃,周恒富比照“窝藏窃盗五名以上、坐家分赃例”发近边充军。

湖广司 ○ 道光十三年

南抚题:张金琢窝留李月林等七人,在家行窃,并未造意同行,亦未分受赃物,应照“窝藏窃盗五名以上、坐家分赃、发近边充军例”上,量减满徒。

河南司 ○ 道光十一年

河抚咨:新蔡县倪四秃听从张丑等扭捕伤差。案内之邻佑郑钟善系属监生,明知何士林窝留窃匪,不即呈首,致酿拒捕伤差重案,应从重比依“强盗窝主之邻佑知而不首、杖一百例”杖一百,监生业已斥革,应免折责。

直隶司 ○ 道光七年

直督咨:刘进珠节次收藏赃物,代卖分赃,情同窝主。若仅照“知窃盗后而分赃”计赃科罪,未免轻纵。第照“窝留积匪”一律拟军,该犯究未容留,又觉漫无区别,自应比例量减问拟,刘进珠应于“窝留积匪、分赃代卖者、改发极边烟瘴充军例”上,量减一等,杖一百,徒三年。

河南司 ○ 道光十年

河抚咨:祥符县王和尚迭次抢摘妇女幼孩首饰。案内之宋一眼知情买赃,至九次之多,若照“收买盗赃本例”科断,罪止枷杖。该犯胆敢于省垣重地,积惯收买抢赃,实属悯不畏法,应比照“窝留积匪之家、未经造意、又不同行、或止代为卖赃者、减本犯一等治罪例”,应于王和尚军罪上,减一等,杖一百,徒三年。

河南司 ○ 道光十一年

河抚题:考城县赵询等家被劫,获盗王椿等。案内之李明为王椿引路,行窃事主赵询家。该犯当即赶回,并不知强劫情事,未便即照“强盗窝线例”科罪,自应照“窝线如不上盗、又未得财、但为贼通线引路者、照强盗窝主不行、又不分赃杖一百、流三千里律”上,量减一等,杖一百,徒三年。

福建司 ○ 道光五年

闽督咨:江勉琅设立私牙盘踞海口,勒抽牙用八载之久,且知情接买盗赃,较沿海奸民暗地接销,情节尤为可恶。未便照本例拟徒,应于“洋盗案内知情接买盗赃、不论赃数多寡、一次杖一百、徒三年例”上,量加一等,杖一百,流二千里。

福建司 ○ 道光十四年

闵督奏:拿获迭劫盗匪乐承嬉。案内已革差役周亮于乐承嬉行劫后,需索分赃一次,窝留在家行窃一次。未便因其所窝之案尚非为盗,稍事宽纵,应比照"强盗窝主、若非造意、又不同行分赃、但知情存留二人例"杖一百,流三千里,系革役犯事,仍加重发往新疆给官兵为奴。已革兵丁林淙保等查知盗情,冒充兵丁,索诈得赃,即与兵丁分赃无异。惟究系革兵冒诈,应比照"兵丁分赃通贼、照本犯之罪治罪例",于乐承嬉斩罪上,酌减一等,杖一百,流三千里。

共谋为盗

山西司 ○ 道光五年

中城察院咨送:王二等伙同在逃之李砖儿在庄外挖洞偷窃,因更夫刘四等在外巡查瞥见,恐被喊拿,王二、张若儿帮同李砖儿将刘四等捆缚揿按,并向吓禁,系属临时行强。惟该犯等捆缚更夫先在庄外,随后由洞进内偷窃,并未搜劫赃物,且经事主喊嚷,即行畏惧,仍由洞口逃逸。若将该犯等拟以骈首,殊与踹门入室公然搜取赃物者无所区别,遍查律例并无作何治罪正条,自应比附酌减定拟。

惟王二迭窃十三次,内行强捆按更夫二次,固未便照"强盗减等律"拟流,致滋轻纵,即按"积匪猾贼本例"拟军,亦觉情浮于法,王二应从重发往新疆,酌拨种地当差。张若儿在大成庄行强一次,除行窃计赃不议外,照"共谋为窃、临时为强盗、不分首从斩罪律"上,量减一等,杖一百,流三千里。孙大成、王大系在外瞭望,并未帮同揿按,即比例拟以遣流,该二犯亦应于王二罪上,减等拟徒。惟孙大成伙窃八次,罪应拟军,自应从重定拟,孙大成应照"初犯再犯之贼、被纠迭窃至八次、照积匪猾贼例"改发极边烟瘴充军。王大除伙窃一次轻罪不议外,于王二等罪上,量减一等,杖一百,徒三年。

福建司 ○ 道光七年

福抚咨:邱幅生听从纠抢,临时畏惧不行,事后分赃。查例内止有"共谋为强盗伙犯、临时畏惧不行、而行者仍为强盗、事后分得赃物者"杖一百,徒三年。该犯听纠抢夺,究与强盗有间,应请于满徒上,量减一等,杖九十,徒二年半,免其刺字。

四川司 ○ 道光九年

川督咨:李小满听从易和尚等纠窃抢夺,临时走避,未经同抢,而事后知情分赃。

例无治罪明文,李小满应比照"共谋为盗伙犯、临时畏惧不行、但事后分得赃物者杖一百、徒三年例"杖一百,徒三年。

河南司 ○ 道光十四年

河抚题:宝丰县盗犯谢太等纠窃杨岚清家,临时行强。案内之贾狗为杨岚清旧日雇工,辄敢指引谢太路径,致谢太等得以入室行窃。该犯虽未分赃,未便轻纵,贾狗应照"共谋为窃、临时不行、为从满流"上,量减一等,杖一百,徒三年。

校勘记:

①金:该字根据上文应为"锦"。

②自应比照"依服制递加"问拟:据《续四库全书》本应作"则毁弃尊长死尸,自应递加问拟"。

《刑部比照加减成案续编》卷十二

刑律人命

谋杀人

谋杀祖父母父母

杀死奸夫

刑律人命

谋杀人

山西司 〇 道光四年

晋抚题:杨小九因李小法知伊与韩添六等伙窃得赃,屡向讹诈钱文,虑恐首出窃案,起意将李小法致死。随与韩添六商允,将李小法诱至窑边,韩添六将李小法推倒,杨小九取绳捆其两脚,韩添六亦用带缚其两手,一同抬放窑口,李小法辱骂,杨小九用力向推,致李小法滚跌下窑,被水淹毙。杨小九合依"谋杀人造意者斩律"拟斩监候。韩添六听从同谋,将李小法捆缚,抬放窑口,尚未置之必死之地,后杨小九因李小法辱骂,将其推跌下窑淹毙。维时韩添六并未帮推,若按律问拟绞候,与实在加功致死者无所区别,应于"谋杀人从而加功者绞候律"上,量减一等,拟杖一百,流三千里。

山东司 〇 道光六年

东抚题:靳卢氏因与大功兄靳崇之妻靳曲氏挟有素嫌,起意将信末放入面内,欲将靳曲氏毒毙,以致误毒靳崇身死,应依"谋杀本律"科断。查律例内并无妻谋杀夫之大功兄作何治罪明文,惟妻殴故杀夫之期亲以下、缌麻以上尊长应拟斩候,而凡人谋杀与故杀均罪应斩候,自应比例问拟,靳卢氏应依"谋杀人造意者斩律"拟斩监候。

河南司 〇 道光七年

河抚题:通许县王六因与大功兄王吉甫之妾王陈氏通奸,被侄媳王娄氏撞遇,王陈氏愧悔拒绝,该犯挟恨,遇事挑斥。嗣因王娄氏指奸斥骂,该犯气忿,起意致死,用刀狠割娄氏咽喉毙命。查已死王娄氏系该犯缌麻服侄王文之妻,虽无服制,究属卑幼之妇,按"谋杀卑幼依故杀法",罪止绞候。惟该犯奸通大功兄妾,因被缌麻侄媳王娄氏撞破奸情,致奸妇愧悔拒绝,辄即迁怒谋杀,非寻常谋杀卑幼之案可比,自应即照"凡人谋杀"定拟,王六合依"谋杀人造意者斩律"拟斩监候。

江西司 〇 道光八年

江西抚题:蔡廖氏与吴海华通奸,吴海华之母冯氏欲将吴海华带回原籍,该氏因不能续奸，起意向吴海华商允，将冯氏谋毒身死。该抚声明例内止有“子谋杀母、旁人助逆加功”拟以绞决，其旁人起意谋杀，酿成逆伦重案，例无加重治罪专条，将蔡廖氏仍照“谋杀加功本律”拟绞监候。

本部以子孙谋杀祖父母、父母案内助逆加功之犯，尚应照“平人谋杀加功”从重拟以立决。而旁人起意商同其子谋杀父母之案，较助逆之犯，情节尤为可恶，未便因例无明文，致滋轻纵，蔡廖氏依“谋杀人造意者斩律”拟斩监候，请旨即行正法。

四川司 ○ 道光八年

川督题：雷波厅恒白谋毙汉女黎贵姑身死。查恒白系夷人木植之妻，已死贵姑系汉民黎明榜之女，律例内并无夷妇谋杀良人作何治罪明文，自应按本律问拟，恒白合依“谋杀人造意者斩律”拟斩监候。

陕西司 ○ 道光十年

陕抚题：许登魁调奸汪有道之妻郭氏未成，被本夫查知不依，起意将汪有道谋死。律例内并无调奸未成、谋死本夫作何治罪明文，惟罪人拒捕杀所捕人，与谋杀人同一斩候，自应从一科断，许登魁仍依“谋杀人造意者斩律”拟斩监候。

陕西司 ○ 道光十一年

陕督题：王文庆因与李发荣等争垦荒地，起意许给雇工王存印地土银两，怂恿服毒毙命，以便藉尸图赖，王文庆应依“谋杀人造意者斩律”拟斩监候。

直隶司 ○ 道光十年

直督题：孙陇因与李孙氏通奸败露，致氏谋毒本夫身死，后因李孙氏畏罪欲图自尽，给与盐卤毒毙。例内并无作何治罪专条，惟查奸夫、奸妇商谋同死，若已将奸妇致毙，奸夫并无自戕伤痕同死确据，应按照“谋故本律”问拟斩绞。今李孙氏自欲求死，该犯给与盐卤，饮服毙命，即与谋杀加功无异，自应比例问拟，将孙陇应比照“谋杀人从而加功者绞监候律”拟绞监候。

贵州司 ○ 道光十年

贵抚奏：罗斛州民黄章美等谋死老杨一家六命。案内之罗阿温、韦阿南非事主邻佑，其听从罗幺帮同将老杨、老简推河毙命。例无谋杀一家二命、为从加功之犯作何治罪明文，仍照“谋杀本律”，依“谋杀人从而加功者绞监候律”拟绞监候。

……杖一百，流三千里。……拟绞监候。陈保富比

山东司 ○ 道光五年

东抚题：董思旺与邵田氏通奸，经邵田氏商同攻兆炳，欲将邵来子谋死，向该犯告知商允。该犯当时虽未同行加功，第既商允于先，又于事后帮同移尸，实属同谋。例内并无同谋不加功之奸夫作何治罪明文，应仍按律问拟，董思旺合依“谋杀人从而不加功者律”杖一百，流三千里。

湖广司 ○ 道光七年

北抚题：胡葛氏因伊夫胞叔胡文和纵伊与胡斯盛、胡均发通奸，致奸夫将胡文和谋杀身死。该氏仅止知情同谋，并未同行，未便遽照“谋杀缌麻以上尊长律”科以不分首从皆斩之罪。若依“谋杀人从者不行”拟徒，亦与凡人无所区别，比照“谋杀人从而不加功者律”杖一百，流三千里，系犯奸之妇，杖决流赎。

陕西司 ○ 道光四年

陕抚咨：高大理谋杀高士青未遂，杀伤其孙高新令儿、高舍儿兄弟二人，伤而未死。查该犯挟嫌谋杀其人未遂，复逞忿故杀其人之孙，连伤二人，情殊凶恶，应加等问拟，高大理应于“谋杀人已行、未曾伤人杖一百、徒三年律”上，加一等，杖一百，流三千里。

山西司 ○ 道光六年

晋抚咨：赵六儿因王二则输欠赌钱不给，反行揪殴，并欲投地保送究，气忿起意致死。将王二则抱弃入井，跌在坍塌砖上，未被水淹，亦无跌伤，经人救起，实属故杀行而未伤。遍查律例并无作何治罪明文，惟王二则若非落在坍塌砖上，无人捞救，必致淹毙。是赵六儿起意，乘王二则不防，将王二则抱弃入井，其情实同于谋，自应比例问拟，赵六儿合依“谋杀人已行未伤律”杖一百，徒三年。

河南司 ○ 道光九年

河抚题：阌乡县张北元儿因见年甫六岁之幼孩张保命儿独在河畔，辄起意将其鸡奸，胆敢将张保命儿抱至空窑，强行奸污，以致张保命儿被奸殒命，实属淫恶。核其残

四川司 ○ 道光十年

川督奏:王应名因挟夷人聋姑等索欠辱骂之嫌,辄即起意邀同伊父王万有及堂兄王应沅前往,欲将聋姑等一家杀死泄忿。因聋姑外出,将年居、老木月杀伤,携取钱文耳环。路过幺女子门首,因喜木开门瞥见,恐被说出破案,起意一并杀死灭口,即与王万有将其砍伤倒地。老木月当时身死,年居、喜木亦先后殒命。查年居、老木月系聋姑父母,系属一家二命,喜木系聋姑嫁姊幺女子使女,各自居住,并非一家。王应名所拿财物,系事后携取,并非因图财起衅,自应按例问拟,王应名依例拟斩立决枭示。王万有听从加功谋害,三人内二人仍系一家,并无作何治罪明文,应仍照"谋杀本律"问拟,王万有合依"谋杀人从而加功者绞监候律"拟绞监候。

河南司 ○ 道光十三年

河抚题:永成县屠尿等因抢夺致死事主秦辉等一家二命。案内之马仲、胡九成听从抢夺,并帮同将秦辉揾毙,马仲、胡九成均合依"谋杀人从而加功者绞监候律"拟绞监候。该二犯听从抢夺,致毙事主一家二命,情殊凶恶,请旨即行正法。

山西司 ○ 道光四年

晋抚题:李遇则挟嫌谋杀周骏身死。案内之李成斗系伊父李遇则吓逼勉从,该犯用铁简帮殴周骏未伤,因被周骏格落铁简扑殴,当即避出。迨李遇则将周骏扭出店外迭砍,该犯畏惧,先行逃回,并未帮同致死,自应酌量问拟,李成斗除执持凶器未伤人轻罪不议外,合依"谋杀人从而加功者绞监候律"上,量减一等,杖一百,流三千里。

山西司 ○ 道光九年

晋抚题:黄广娃因伊嫂黄高氏欲行自缢,该犯向劝不听,即怂恿黄高氏赴伊素有嫌隙之窦汰仓门首自缢,该犯代为携凳,致黄高氏投缳殒命。查黄广娃之嫂黄高氏因不得姑欢,屡被殴责,并欲嫁卖,在房悲泣,取绳上吊。该犯黄广娃窥见,再三劝阻,黄高氏决计寻死,该犯始行乘机怂恿至窦汰仓门首自缢,与听从谋杀人者不同。该犯虽先经携带板凳同往,旋虑被人看见,即行走回,研讯并无帮同

加功之罪,致与

忍情形,与因奸谋毙幼孩无异,未便仅依"强奸"拟斩,置人命于不论。张北元儿应比照"将十岁以下幼孩、逞忿谋杀者斩枭例"拟斩立决枭示。

四川司 ○ 道光十三年

川督题:巴州符开科因与任吴氏通奸,被任登池撞见驱逐,心怀忿恨,起意商同任吴氏将任登池致死,复拒伤救护之本夫任登礼平复。遍查律例并无因奸谋杀本夫之弟作何治罪明文,其刃伤任登礼,罪止于绞,若照"凡人谋杀本律"亦止斩候。惟该犯将任登池杀死之后,因素知任郑氏柜内装有衣物,即行取逃,自应照例问拟,符开科除犯奸及拒伤任登礼平复各轻罪不议外,合依"因他事杀人后、知有藏蓄而取去者、仍同强盗论罪例、强盗已行但得财者斩律"拟斩立决。

谋杀祖父母父母

江西司 ○ 道光九年

江西抚奏:饶锦盛因母借欠饶锦玉钱文未还,被饶锦玉索讨争殴,失跌抱忿,起意服毒诈赖,该犯向劝不允,被逼无奈,取砒交给,原冀暂顺母意,再行劝阻,不期刘氏即时吞服,以致毒发毙命。尚非有心致死其母,惟伦纪攸关,自应照律问拟,饶锦盛合依"谋杀母已杀律"凌迟处死。

查嘉庆二十二年湖督阮奏蔡允光怂恿伊母自缢图赖、将蔡允光恭请王命凌迟处死一折。奉上谕:蔡允光怂母拼命图赖,只系空言,问拟斩决,已当其罪。若即处以极刑,近日他省逆伦之案,尚有逼母自尽,并给凶器,从旁加功者,又将加以何罪?蔡允光业已正法,著毋庸议。嗣后此等案件,亦应详核情节,不得漫无区别,概拟重典等因,钦此。又本年陕西巡抚鄂奏黎长元因祖母黎董氏嗔冉添玉索讨赊欠包谷无偿,起意服毒图赖,该犯怂恿致死。该抚将黎长元依律拟以凌迟处死,声明止系空言怂恿,与下手加功实犯恶逆者有间,请旨敕部核覆。经部遵照嘉庆二十二年谕旨,声明恭候钦定。奉旨:黎长元著改为斩立决等因,钦此。各在案。

兹饶锦盛因伊母起意服毒,向劝不允,逼令寻取砒末,该犯被逼无奈,冀图暂顺母意,取砒交给,致母吞服毙命。既据该抚声明,并非有心致死,核其情节,该犯取砒由于被逼,并非实犯加功,与蔡允光等案之空言怂恿、并非逼母自尽,事异情同,可否量予末减,改为斩立决之处,恭候钦定。奉旨:饶锦盛著改为斩立决等因,钦此。

山西司 ○ 道光四年

理藩院咨库伦大臣咨:佐领衮布扎布挟嫌商令乌巴什作法,将本管哈斯巴咱尔咒

诅;山都布多尔济商同那旺尊对作法,将胞兄、继母及侄咒诅。既据乌巴什供明,止系诓骗牲口,并非真能作法,可以致人于死。那旺尊对于作法时,声言三个月内能令人死,今查山都布多尔济于十八年四月,商令那旺尊对作法,至十九年六月哈斯巴咱尔始行病故,相隔一载有余,则那旺尊对作法三个月能令人死之言明系虚诞。且衮布扎布商同乌巴什咒诅,并非造作自己,即谓衮布扎布等起意谋杀,乌巴什代为咒诅,事属已行。而乌巴什等假称咒诅,实无杀人之术,较之谋状显著、情真事确者不同。是此案符咒既非造自本人,而代行之人只属意图诓骗,未便以谋杀已行科断,衡情定谳,衮布扎布应照"谋杀已行律"量减问拟,除衮布扎布已监毙外,山都布多尔济应照"谋杀父母及期亲尊长、已行斩律"上,减一等,杖一百,流三千里。那旺尊对照"为从"于满流上,减一等,杖一百,徒三年。乌巴什照"谋杀本管官已行满徒"上,为从再减一等,杖九十,徒二年半。系蒙古事件,应照蒙古例办理。

安徽司 ○ 道光四年

安抚题:梅社样挟嫌诬捏梅帼翰与伊弟梅芝受之妻胡氏通奸,哄诱梅芝受将梅帼翰杀死,并帮同殴死,割落头颅。梅芝受误听兄言,信为奸情属实,听从谋杀。律例内并无误信诬奸、杀死尊长作何治罪明文,应各按"谋杀本律"问拟。查梅帼翰系梅芝受小功服兄、梅社样小功服弟,将梅芝受依"谋杀缌麻以上尊长、已杀者斩律"拟斩立决。梅社样依"尊长谋杀卑幼、已杀者依故杀法、于尊长殴小功卑幼至死者绞律"拟绞监候。惟查梅芝受被兄梅社样设计煽惑,误信杀奸,与寻常谋杀尊长者迥别;今已将遂意下手杀讫之梅社样照律拟绞,若又将意在杀奸、仅止致伤之梅芝受问拟斩决,似觉法重于情,声明恭候钦定。嗣经九卿核议,将梅芝受改为斩候。

安徽司 ○ 道光十三年

安抚奏:席悰彰因与族兄席悰训争骂互殴,席悰训将席受亭致死图赖,该犯因被诬指杀人,讼恐不胜,起意商令小功堂弟席悰悦将其母田氏致死,以图抵制。迨因席悰悦将田氏连扎倒地,手软不能再扎,该犯复夺过尖刀,扎伤田氏殒命,实属谋杀。查田氏系席悰彰小功伯母,按律罪应斩决,惟该犯起意商允席悰悦谋毙母命,致席悰悦罪干寸磔,情节较重,自应酌量加重问拟。除席悰悦依律凌迟处死、先行正法外,席悰彰合依"谋杀缌麻以上尊长、已杀者斩律"拟斩立决,加以枭示。

安徽司 ○ 道光十三年

安抚题:李自强因与朱自城有嫌,辄藉同姓不宗之李有向雇主朱自城预支工钱不允吵闹,朱自城欲将李有辞工,该犯起意怂恿李有将其父李壂致死图诈,按"谋杀人造意者"拟斩监候。惟该犯图泄私忿,酿成逆伦重案,非寻常造意杀人者可比。查谋杀父母案内旁人同谋加功,例应绞决,则旁人造意未便仅拟斩候,自应酌量加重问拟,李自强应请旨即行正法。

直隶司 ○ 道光六年

直督题:马有帮同伊妻马尹氏赴程海门首自缢身死。例内并无妻欲自尽、伊夫帮同加功作何治罪明文,若照"故杀律"拟以缳首,究非该犯起意,未免情轻法重,自应比例问拟,将马有比依"谋杀妻系他人起意、本夫仅止听从加功者",于绞罪上减一等,杖一百,流三千里。

山东司 ○ 道光六年

东抚咨:于六仁因伊母欲将于侯氏致死,代求未允,被逼勉从,帮同勒毙。例内并无听从母命、谋杀伊妻身死作何治罪明文,即核之本夫听人谋杀妻之例亦属有间,自应比例酌减问拟,于六仁合依"谋杀妻系他人起意、本夫仅止听从加功者、于绞罪上减一等、杖一百、流三千里例",应再减一等,杖一百,徒三年。

江西司 ○ 道光六年

江西抚咨:熊科周之妻戴氏抓伤夫之期服伯母,并非应死罪人,惟其畏罪寻死,先则吞服莽毒,继则用带自勒,经人解救,众证确凿。迨后逼令其夫熊科周下手勒毙,本非熊科周己意欲杀,若竟照"故杀律"拟以绞抵,与实在起意致死者无所区别。熊科周比照"谋杀妻系他人起意、本夫仅止听从加功者、于绞罪上减一等例"杖一百,流三千里。

四川司 ○ 道光十一年

川督咨:梁水县民妇杨曾氏逼令伊子杨文茗帮同将伊媳冯氏勒毙。杨文茗听从揿按,究系迫于母命,较之听从他人谋杀妻者有间,若仍照"听从谋杀妻",于绞罪上减等拟流,似觉漫无区别,自应酌减问拟,杨文茗应于"谋杀妻系他人起意、本夫仅止听从加功者杖一百、流三千里例"上,减一等,杖一百,徒三年。

安徽司 ○ 道光十三年

安抚咨:陶家盛之妻孙氏因伊婿谢正瀿将其女卖休,不能接回,悲忿莫释,起意寻死。先自用刀划伤咽喉项颈,负痛手软,央令陶家盛代割。该犯见其血流满颈,料想受伤已重，难以复生，与其痛楚难堪，莫若遂其所愿，听从用刀割伤孙氏项颈相连咽喉殒命。例无恰合专条，陶家盛比依"谋杀妻系他人起意、本夫仅止听从加功者、于绞罪上减一等例"杖一百，流三千里。

湖广司 ○ 道光四年

提督咨：杨氏憎嫌伊夫前妻之子年甫十四之二格，起意活埋致死，实因自已亲生一子而起。虽较之图占财产者有间，应照"继母为己子图占财产、故杀前妻之子例"拟绞罪上，量减满流。但其居心惨毒，若准其依律收赎，不足示惩，应比照"姑谋杀子妇例"，改发各省驻防给官兵为奴。

江西司 ○ 道光十年

江西抚咨：谢胡氏因怀疑子妇陈氏张扬伊女奸情，辄用竹篠铲柄迭殴，已属非理殴打。继因陈氏哭泣，欲诉母家办理，该犯妇复用烧红火钳殴烙多伤，起意致死，将其产门拉裂，以致陈氏立时毙命。若仅照"寻常故杀子妇"拟流，依律收赎，殊觉宽纵，谢胡氏应比照"姑谋杀子妇例"，改发各省驻防给官兵为奴。

杀死奸夫

直隶司 ○ 道光十一年

直督题：灵寿县民妇张氏与孙七通奸，以致纵奸本夫张老被杀，讯无同谋加功，按例止科奸罪。惟目击孙七将张老杀死，当场被吓，不能救阻，事后又因孙七缠绕，任其奸淫，实属恋奸忘仇。若仅照本例科杖，未免轻纵，例内又无奸夫自杀纵奸本夫、奸妇当场目击、并不救阻首告、复为续奸作何治罪明文，自应比律酌减问拟，张氏应比照"奸夫自杀其夫、奸妇并不知情绞律"上，量减一等，杖一百，流三千里。该氏恋奸忘仇，情节较重，未便仍行收赎，应实发各省驻防给官兵为奴。

山西司 ○ 道光六年

晋抚咨：徐大儒与毕张氏、毕全姐先后通奸，复谋娶毕全姐为妻，已据供认确凿。毕全姐与徐大儒同居之处，即属奸所，惟毕琮将毕全姐带回家中，始行勒毙，并非登时。律例并无奸妇之祖奸所获奸、非登时杀死奸妇作何治罪专条，自应比例问拟，徐大儒应比照"本夫奸所获奸、非登时将奸妇杀死、奸夫到官供认不讳、确有实据者"，将奸夫拟杖一百，流三千里。

山西司 ○ 道光七年

晋抚咨:赵宾五因佣工外出,伊妻郝氏与赵世业通奸。嗣该犯回家,见郝氏怀孕,向其究出与赵世业通奸情由,将郝氏斥骂,欲行休回,并向妻母郝郝氏告知。郝郝氏以伊女犯奸生气,属该犯或嫁或卖,自行作主。该犯即取麻绳,令郝氏赴赵世业家自缢,郝氏不走,赵宾五顺取小刀吓逼,郝氏哭泣未理,该犯用刀将其扎伤身死。查奸情事涉暗昧,必须目睹较耳闻为切,故定例有闻奸、获奸之分。至本夫外出而伊妻因奸怀孕,则奸情确有实据,是以从前成案内即有产所即奸所之断。今赵宾五见妻怀孕,究出与赵世业通奸,核与闻奸不同,其将伊妻杀死,实与奸所无异。该抚将赵宾五照"闻奸杀死奸妇例",与奸夫赵世业同一问徒,殊未平允,应行更正。赵世业应比照"奸所获奸、非登时将奸妇杀死、奸夫到官供认不讳、确有实据者",将奸夫拟杖一百,流三千里。本夫赵宾五拟杖一百。

贵州司 ○ 道光四年

贵抚咨:郎岱厅民徐阿二与刘玉茂之妻杨氏通奸,被本夫刘玉茂在奸所撞获,非登时殴伤奸妇身死。律例内并无治罪专条,将本夫刘玉茂、奸夫徐阿二比照"闻奸数日、杀死奸妇例"俱拟满徒。惟查本夫杀死奸妇例义,宽本夫义忿之情,严奸夫淫邪之罪。是奸所获奸,非登时杀死奸妇,本夫之罪自宜较非奸所获奸或闻奸数日杀死者为轻,奸夫之罪亦应于满徒上从严以示区别。且查本夫、本妇有服亲属捉奸,登时杀死奸妇,例应将奸夫拟流。本夫捉奸较之亲属尤为忿激,其奸所获奸,非登时将奸妇杀死,即比照"亲属登时杀死奸妇之例",将奸夫拟流,揆之情理,较为平允。徐阿二应改依"奸所获奸、非登时将奸妇杀死、奸夫到官供认不讳、确有实据者、奸夫拟杖一百、流三千里例"杖一百,流三千里。本夫刘玉茂改拟杖一百。

河南司 ○ 道光十二年

河抚咨:修武县刘顺与李维义之女李俊妮通奸,被父李维义听闻捉拿,该犯乘间逃逸,李维义找寻该犯不见,向李俊妮责詈忿激,喝令其子李同文等将李俊妮勒毙。该犯被获到案,供认不讳,实属确有实据。惟例内并无其女与人通奸、被父奸所获奸、非登时杀死奸妇、奸夫作何治罪明文,自应比例问拟,刘顺应比照"本夫奸所获奸、非登时将奸妇杀死、奸夫到官供认不讳、确有实据者、奸夫杖一百、流三千里例"杖一百,流三千里。

奉天司 ○ 道光四年

吉林将军咨:贺学因马成与伊妻李氏通奸,以马成强横淫恶,不能力擒送官。嗣闻伊女姐头告知马成商同伊妻谋害情由,心生气忿,用石将奸夫、奸妇杀死,实属奸所获奸,例应勿论。惟隐忍通奸年余之久始行杀奸泄忿,与实在登时奸所杀奸者微有区别,自应酌量问拟,贺学应比照"奸所获奸、非登时而杀、依夜无故入人家、已就拘执而擅杀律"拟杖一百,徒三年。

湖广司 ○ 道光十一年

北抚咨:张海陇先经撞获龚幅运与伊母赵氏通奸,投知伊祖张宗山禁止往来。嗣龚幅运复往续旧,该犯进房捕获,先欲拉其送官,后因被骂,起意勒毙泄忿。是获奸在于奸所,杀死已非登时,张宗山应比照"本夫奸所获奸、非登时而杀、依夜无故入人家、已就拘执而擅杀律"杖一百,徒三年。

安徽司 ○ 道光五年

安抚咨:汪仲玉因与李胡氏通奸,致本夫李添赐闻奸,将李胡氏勒死,复自缢身死。按"本夫闻奸数日、杀死奸妇及本夫杀奸不遂、忿激自尽各例",均罪止满徒,惟该犯因奸致酿二命,未便从一科断,将汪仲玉比照"闻奸数日、杀死奸妇、奸夫杖一百、徒三年例"上,量加一等,杖一百,流二千里。

安徽司 ○ 道光四年

安抚咨:孟开与孟小破和同鸡奸,经孟小破之父孟营传查出奸情,心怀忿恨。嗣见孟开复与伊子聚处密语,触起前忿,致将孟小破殴伤身死,业据孟开供认明晰。查律内并无殴死犯奸之子、将和同鸡奸之人作何治罪明文,将孟开比照"闻奸数日、杀死奸妇、奸夫杖一百、徒三年例"杖一百,徒三年。

山西司 ○ 道光四年

晋抚咨:任珽栋与萧张氏奸宿,被本夫萧文义于奸所捉获,业经讯明,已据供认不讳。将张氏交给领回后,致萧文义激于义忿,乘隙用刀将张氏扎死,复畏罪自扎致毙。未便因事已经官讯明详办,止科奸罪。遍查律例并无奸所获奸送官讯明、尚未发落、本夫将奸妇杀死、奸夫作何治罪明文,自应比例问拟,任珽栋合依"本夫闻奸数日、杀死奸妇、奸夫到官供认不讳、确有实据者、将奸夫杖一百、徒三年例"杖一百,徒三年。

四川司 ○ 道光五年

川督咨:射洪县黄卿有因妻谭氏先于嘉庆二十五年七月间与黄仕才通奸,被伊撞获,当欲送究,黄仕才赔礼寝息。至道光四年七月,黄仕才饮入醉乡,与谭氏口角,喊破奸情。黄卿有查知,斥骂谭氏,因谭氏不服叫骂,气忿将谭氏故杀毙命。该犯黄卿有将妻谭氏杀死,虽衅由黄仕才嚷破奸情而起,惟于获奸寝息后,已隔数年,与奸所获奸、仅止间隔须臾、非登时杀死奸妇者不同,未便依新例,本夫止拟杖一百,奸夫问拟满流,自应将该犯等比例拟徒,当经照拟咨覆在案。

今据该督以南川县民人卓明远奸所获奸,非登时殴伤奸妇卓梁氏身死,奉部改照新例问拟。此案黄卿有杀死犯奸之妇谭氏,亦系奸所获奸,杀非登时,应否照新例改拟等因,咨请部示。查本夫杀死奸妇,情事既属不同,则拟罪不能不示以区别。该犯黄卿有于获奸寝息数年后,因奸夫与伊妻口角争骂,嚷破奸情,向伊妻斥骂不服,气忿杀死,较之奸所获奸、杀非登时迥不相同,不得与新例相提并论。所有该督咨请部示之处,应毋庸议,应令该督仍将该犯黄卿有、黄仕才各照原议,比例拟徒。

安徽司 ○ 道光五年

安抚咨:许晓斋因知伊妻刘氏与王信怀通奸,忿激起意致死,于三日内将制就医疮信末拌饭,谋毒伊妻,致伊媳杨氏误食毙命。律例并无本夫闻奸数日、谋杀奸妇、误杀有服卑幼、本夫奸夫作何治罪明文,惟故杀子孙之妇罪止拟流。今因激于义忿,欲害其妻,而误杀其媳,情殊可原,将许晓斋比照"故杀子妇律",量减一等,杖一百,徒三年。王信怀比照"本夫闻奸数日、杀死奸妇杖一百、徒三年例"杖一百,徒三年。

山西司 ○ 道光七年

晋抚咨:韩沅成因妻庞氏与僧人澄住等通奸,砍伤庞氏身死。查韩沅成先因澄住由伊妻庞氏房内跑出,向庞氏盘出奸情殴责,因庞氏央求悔过寝息。嗣见澄住在院,疑往续奸,将庞氏砍伤致毙。遍查律例并无作何治罪明文,自应比例问拟,韩沅成应比照"闻奸数日杀死奸妇、奸夫到官供认不讳、确有实据者、将本夫照已就拘执而擅杀律"拟徒。

山西司 ○ 道光八年

晋抚咨:崞县民张幅幅因与张双双之妻王氏通奸败露,致氏翁张顺奇屡至张幅幅家打闹。张幅幅赴县呈控,张顺奇恐到县出丑,逼令王氏至张幅幅家自缢身死,自应比例问拟,张幅幅应比照"闻奸数日、杀死奸妇、奸夫到官供认不讳、确有实据者",奸夫拟杖一百，徒三年。

山西司 〇 道光十三年

晋抚咨：李聚孩与无服族姑李新姐通奸，经李新姐之母李韩氏闻奸数日后，向李新姐盘出奸情，忿激搭伤身死，已据李聚孩到官供认不讳。惟查律例并无父母闻奸数日后杀死犯奸之女、奸夫作何治罪明文，自应比例问拟，李聚孩除奸同宗无服之亲、罪止枷杖轻罪不议外，应照“本夫闻奸数日、将奸妇杀死、奸夫到官供认不讳、确有实据者”，奸夫拟杖一百，徒三年。

河南司 〇 道光五年

河抚咨：王景堂因撞遇王化占与伊母刘氏通奸，纠邀李广等于奸所将王化占捉获，拉至院内按倒，并不拘执送究，先与李广等共殴多伤，复因其辱骂不休，用刀连砍致伤身死，实属杀非登时。查子捉母奸，杀死奸夫，例无作何治罪明文。第思子之与母情切天伦，其忿激之情较别项亲属为尤，因而致毙奸夫自不得与寻常亲属同论。惟母子名义攸关，亦不便援引亲属杀奸之例，自应酌核问拟，王景堂应比照“夜无故入人家，已就拘执而擅杀律”杖一百，徒三年。

山东司 〇 道光九年

东抚咨：王孟周窥破李楚氏与马万奸好，亦向李楚氏调戏成奸，禁止李楚氏与马万往来。复向其女李爰嫚诱哄奸污，并因其义媳少艾，属令李楚氏引诱通奸，李小林畏凶不敢禁阻。嗣因李楚氏拒绝，不允续旧，即用竹火筒戳伤其产门，以致本克[①]李存玉究出奸情，其母女子媳四命，俱遭惨杀，核其情节，实属淫凶已极。若照“本夫闻奸杀死奸妇例”拟以满徒，未免情浮于法，遍查律例并无奸一家母女子媳三人、奸情败露、致畏凶不敢禁阻之本夫惨杀一家四命、奸夫作何治罪明文，自应酌量从重问拟，王孟周应比照“凶恶棍徒生事行凶、确有实据者、发极边足四千里安置例”发极边足四千里充军。

校勘记：

①克：据《续四库全书》本应作“夫”。

《刑部比照加减成案续编》卷十三

刑律人命

杀死奸夫

刑律人命

杀死奸夫

山西司 ○ 道光四年

晋抚奏:韩改门子与小高张氏通奸,辄敢起意将氏姑谋死,淫凶已极。例内并无奸夫起意谋杀本夫之母作何治罪明文,应与奸夫起意谋杀本夫一律科断,韩改门子合依"奸夫起意杀死亲夫例"拟斩立决。

广东司 ○ 道光六年

广督奏:傅三招因与曾刘氏通奸,起意商同奸妇谋毒本夫,以致误中本夫之父曾杜石身死。律例内并无作何治罪明文,惟本夫之父杀死奸夫,例与本夫同科,则奸夫谋杀本夫之父亦当与本夫并论。该犯因奸起意谋毒本夫,如将本夫谋毙,例应斩决,今误杀本夫之父,自应比例问拟,傅三招应比照"奸夫起意杀死亲夫例"拟斩立决。

安徽司 ○ 道光十一年

安抚奏:陈兴因与姜观女通奸,被姜观女之父姜万友撞破,该犯起意商同姜观女将姜万友致死,实属淫凶已极。例内并无奸夫起意商同奸妇、谋杀其父作何治罪明文,惟查本妇之父母捉奸杀死奸夫,其应拟罪名悉与本夫同科,则奸夫起意杀死本妇之父自应比照问拟,将陈兴比照"奸夫杀死亲夫例"拟斩立决。该犯奸污其女,又起意谋杀其父,致陷姜观女罪干寸磔,情节较重,应加枭示。姜吴氏明知伊夫姜万友被陈兴商同伊女姜观女因奸谋死,辄听姜观女跪求,殓埋匿报,即属私和。虽讯无受贿情事,第案关蔑伦重大,自应酌量从重问拟,姜吴氏应于"夫被杀而妻私和者杖一百、徒三年律"上,量加一等,杖一百,流二千里。

直隶司 ○ 道光十四年

直督题:卢三因与程李氏通奸,被氏翁窥破防范,起意杀害,立时将程五砍毙。遍查律例并无奸夫杀死奸妇之翁作何治罪明文,自应比例问拟,卢三应比依"奸夫起意杀死亲夫例”拟斩立决。

陕西司 〇 道光六年

陕督奏:张馨商同奸妇陈氏将本夫张始杰毒死,查例称二项罪名系指所犯两事俱应斩决者而言,是以加拟枭示。今张馨与小功服婶陈氏通奸,罪止拟军。其将本夫小功服叔张始杰毒死,按其所犯系属一事,与两犯斩决者迥不相同,自应照例更正,张馨应依“奸夫将本夫商同奸妇谋死者斩决例”拟斩立决。该督将该犯加拟枭示之处,应毋庸议。

山东司 〇 道光九年

东抚题:杜临因在李耿氏家佣工,与李耿氏通奸,被氏姑李邹氏撞见,贪利纵容。嗣因李邹氏索钱未遂,将伊撵逐,该犯心怀忿恨,独自起意将李邹氏谋杀毙命。律例内并无奸夫谋杀纵奸氏姑作何治罪明文,自应比例问拟。查杜临与李耿氏素无主仆名分,应同凡论,杜临应比依“本夫纵容妻妾与人遇奸、审有确据、人所共知者、被奸夫起意谋杀、奸夫拟斩监候例”拟斩监候。

河南司 〇 道光九年

河抚题:张仲魁谋勒纵奸本夫牛三桂身死。案内之牛秦氏讯非知情同谋,该氏于张仲魁告知,即向伊翁备述实情报验,牛秦氏合依“奸妇不知情、仍依纵容本条科断、于纵容妻妾与人通奸、奸妇杖九十律”杖九十。

广东司 〇 道光十三年

广督奏:童礼昆与大功弟妇卢氏通奸,听从同奸之童二平下手加功,将本夫谋毒后搭伤身死。律例内并无与大功弟妇通奸、谋杀本夫、听从同奸之人下手加功作何治罪明文,惟亲属相奸、起意谋杀本夫与凡人因奸起意、谋杀本夫,按例俱系斩首枭示,罪无等差。则与大功弟妇通奸、听从同奸之人谋杀本夫、下手加功,亦应与凡人并论,童礼昆应照“因奸谋杀本夫之案、除奸妇及起意之奸夫照例办理外、其为从加功之人亦系奸夫、拟斩监候例”拟斩监候。

河南司 〇 道光九年

河抚咨:滑县程良因班第三之妻班胡氏与冯化陇通奸,听从班第三胞侄班喜妮纠往捉奸,扎伤奸妇胡氏身死。例内无治罪明文,惟奸夫、奸妇均属罪人,该犯既为有服亲属纠往捉奸,则杀死奸妇与杀死奸夫均无二致,自应比例问拟,程良应比依“非应捉奸之人、为本夫有服亲属纠往捉奸、杀死奸夫、无论是否登时、照擅杀罪人律”拟绞监候。冯化陇与班胡氏通奸,致被纠往捉奸之程良登时殴伤奸妇身死,程良非有服亲属可比,自应量减问拟,冯化陇应比依“有服亲属捉奸、登时杀死奸妇者、奸夫杖一百、流三千里例”上酌减一等,杖一百,徒三年。该犯刃伤非应捉奸之程乃妮平复,依例加本罪二等,杖一百,流二千五百里。

四川司 ○ 道光九年

川督题:陈帼良听从张官贵纠往捉奸,将张官贵之妻苟氏殴毙。例内并无不应捉奸之人、为有服亲属纠往捉奸、杀死奸妇作何治罪明文,自应比例问拟,陈帼良合依“非应许捉奸之人、为本妇有服亲属纠往捉奸、杀死奸夫者、无论是否登时、俱照擅杀罪人律”拟绞监候。

安徽司 ○ 道光六年

安抚题:袁洛并监毙之袁乔孜因族人袁胳孜与族婶袁李氏通奸,经氏姑袁靳氏属邀帮捉送究,袁乔孜、袁洛将袁胳孜殴伤,并误伤袁李氏先后身死。袁胳孜系袁乔孜下手伤重致毙,袁李氏系袁洛误伤身死。例内并无应许捉奸之人、为有服亲属纠往帮捉、误杀奸妇作何治罪明文。第奸夫、奸妇同属罪人,杀死奸夫例应以擅杀科断,则杀死奸妇衡情亦应以擅杀问拟。查擅杀以斗杀论,因斗殴而误杀旁人亦以斗杀论,除致毙袁胳孜罪应拟绞之袁乔孜病故外,将袁洛依“擅杀罪人以斗杀论、斗杀者绞律”拟绞监候。

河南司 ○ 道光九年

河抚题:李泳康因刘得腊图奸伊义父李沅士幼子李僧子未成,听从李沅士寻殴刘得腊泄忿,该犯用铁锏殴伤刘得腊左右臁肕身死。该犯与李僧子系义合弟兄,虽不得与有服亲属同论,第为李僧子之父李沅士纠往下手致毙,自应照例问拟,李泳康应照“有服亲属杀死图奸未成罪人、无论是否登时、照擅杀罪人律”拟绞监候。

陕西司 ○ 道光十一年

陕督题:杜泳幅因陈吉太偕盖九宽,将伊邻人王悦青之妻杨氏揿按,强欲行奸,杨氏喊救,陈吉太用刀砍扎杨氏偏右等处,该犯闻声偕同邻人王万仓等赶至喊捕。陈吉太用库刀拒敌,该犯取柴棍格伤陈吉太右臂膊,将其推跌,垫伤脊膂,并夺获库刀,用背殴伤其右胳肘等处殒命。前据该督将杜泳幅依“罪人拒捕、其捕者格杀勿论律”拟以勿论等因咨部。

查杜泳幅等系杨氏邻佑，并无应捕之责，亦非官司差人可比，其将陈吉太殴跌倒地后复行迭殴致毙，亦与格杀迥别。若谓该犯等之前往追捕，系由本妇喊救所致，亦只可照"非应许捉奸之人、为本妇纠往杀死强奸罪人之例、照擅杀律"拟绞，岂能竟予勿论？行令该督另行妥拟具题。去后兹据该督遵驳改拟，杜泳幅依"非应许捉奸之人、如为本妇纠往、杀死强奸未成罪人、无论是否登时、俱照擅杀罪人律"拟绞监候。

山西司 ○ 道光六年

晋抚咨：汾阳县何成先经贪利纵妻高氏与孙淀祥通奸，后因丑声外扬，即与妻悔过拒绝，亦不受其资助，有尸母及房主供证确凿。嗣因孙淀祥持枪向伊妻逼奸，将其殴毙，该犯虽纵奸在先，后即知耻愧悔，与因纵奸需索不遂或衅起他故殴毙奸夫、应以凡斗定拟者不同，自未便遽行拟抵。惟查本夫悔过殴毙逼奸之奸夫，其知耻悔过与本妇悔过拒奸者事同一辙，自应即照"本妇悔过拒奸、杀死奸夫之例"减等拟流。该抚将该犯于流罪上再为量减拟徒，致较本妇之罪转轻，殊未平允，应行更正，何成因比照"妇女和奸之后悔过拒绝、将奸夫杀死者、照擅杀罪人律"减一等，杖一百，流三千里。

河南司 ○ 道光四年

河抚题：陕州赵小兵因贪利与刁思玉鸡奸后，因无钱资助，即向拒绝。嗣刁思玉与该犯续奸不允争殴，致被该犯推跌痰壅身死。例内并无男子贪利与人鸡奸后、无力资助、拒殴致死作何治罪明文，自应比例问拟，赵小兵合依"妇女贪利与人通奸后、因无力资助、拒殴致死者、仍依斗杀本律定拟、斗杀者绞律"拟绞监候。

山东司 ○ 道光十三年

东抚题：孙山因无服族叔祖孙佃与伊母尹氏通奸，登时追捕，孙佃逃回家内，该犯追及，黑暗中用刀将孙佃砍伤，孙佃之妻孙任氏在旁拦护，致被误砍伤顶心等处身死。查子捉母奸，误杀旁人，例内无治罪专条，自应比例问拟，孙山应比依"亲属捉奸误杀旁人、照误杀律科断、因斗殴而误杀旁人者以斗杀论、斗杀者绞律"拟绞监候。

孙佃与孙尹氏通奸，以致氏子孙山迫于义忿，持刀追捕，误砍孙任氏身死。是该犯既奸其母，又陷其子于死罪。若照"亲属捉奸误杀旁人例"，将该犯孙佃仅科奸罪，未免情浮于法，孙佃应比照"本夫捉奸误杀旁人、奸夫杖一百、流三千里例"拟杖一百，流三千里。

河南司 ○ 道光九年

河抚题：唐县安喜全与缌麻服弟安喜臣之妻周氏通奸，将安喜臣谋死，实属淫恶蔑伦。虽安喜臣纵奸无耻,第该犯奸通缌麻服弟妻,复将本夫谋毙,未便因系纵奸,本夫即依"凡人谋毙纵奸本夫例"问拟,致滋轻纵。安喜全应依"亲属相奸罪止杖徒者、如奸夫将本夫杀死、或与奸妇商通谋死者、奸夫拟斩立决例"拟斩立决。

江西司 ○ 道光十年

江西抚奏:刘辉汉与小功堂婶谢氏通奸,商谋致死本夫刘启乐身死,刘辉汉依"亲属相奸、奸夫与奸妇商同谋死本夫例"拟斩立决。查亲属有犯奸重于财定例,卑幼图财谋杀尊长各按服制依律分别凌迟斩决,均枭首示众。今刘辉汉因奸谋杀小功尊属,较之图财谋杀情罪尤重,应比例加拟枭首,以昭炯戒。

四川司 ○ 道光十四年

川督咨:邛州封维沅之妻封孙氏先与封维润通奸,经封维沅撞见脱逃,封维沅将孙氏殴责,欲行送究。封孙氏跪地求饶,立誓与封维润断绝往来,既有封世泷确证,应仍以良人妇女论。今封维沅因封维润复向伊妻封孙氏强奸,致将封维润殴伤致毙,实属事在登时。封维润系封维沅共曾祖小功堂弟,遍查律例并无本夫杀死强奸未成有服卑幼作何治罪明文。若将封维沅依"本妇有服亲属登时忿激、致死强奸未成罪人例"拟以满徒,似与平人漫无区别,自应比例问拟,封维沅应比照"本夫捉奸、杀死犯奸有服卑幼、或卑幼罪不应死、而杀系奸所登时者、均予勿论例",应照例勿论。

河南司 ○ 道光八年

河抚咨:祥符县李二黑因见孙荣与伊胞妹李四妮通奸,登时捉获殴伤,致李四妮因奸情败露,羞愧自缢,孙荣被殴伤重,越日殒命。查李二黑系李四妮胞兄,例得捉奸,因见孙荣与伊妹李四妮在床说笑,知有奸情,气忿喊捕,即将孙荣殴伤。李四妮因奸情败露自缢,孙荣例应满徒。今李二黑殴死罪应拟徒奸夫,较之殴死罪止枷杖之奸夫,情稍有间。且本妇有服亲属擅杀奸夫应拟绞抵者,奸妇畏罪自尽,例得减等科断,李二黑应依"本妇之兄弟捉奸、登时杀死奸夫者、依夜无故入人家、已就拘执而擅杀律杖一百、徒三年罪"上,量减一等,杖九十,徒二年半。

四川司 ○ 道光十年

川督题:犍为县唐正陇因并无名分雇工曾加富于黑夜欲与童英续奸,该犯疑贼,将其殴伤后盘出奸情,复因其不服嚷骂,起意将曾加富勒毙。获奸虽在奸所,杀死已非登时。惟查童英系该犯同居继女,例无明文,自应比例问拟,唐正陇应比照"本夫本妇伯叔兄弟及有服亲属皆许捉奸、如非登时而杀、依擅杀罪人律"拟绞监候。

四川司 ○ 道光四年

川督咨:巴州李如秀因张富与伊妻彭氏,并伊妻前夫之子魏成之妻徐氏通奸同宿,奸所获奸,登时将张富等一并殴伤身死。彭氏系李如秀之妻,致死律得勿论。惟徐氏系李如秀之妻前夫之子妇,与亲子之妇不同。遍查律内并无同居继父、奸所获奸、登时杀死伊妻前夫之子妇作何治罪明文,自应比例问拟,李如秀系魏成同居继父,本有服制,兹因魏成之妻与张富通奸,登时致死,即与本妇之有服亲属无异。李如秀比照"本夫有服亲属捉奸、登时杀死奸夫及奸妇者、并依无故入人家、已就拘执而擅杀律"杖一百,徒三年。

安徽司 ○ 道光十三年

安抚题:汪昭因李亮与伊义母汪郑氏通奸,该犯气忿,起意将李亮杀死。律例并无义子杀死义母之奸夫作何治罪明文,惟汪昭经汪郑氏恩养年久,配有童养妻室,例同子孙,取问如律,即与有服亲属无异。该犯杀奸并非登时,自应比例问拟,将汪昭比照"本妇有服亲属杀死奸夫、非登时而杀、依擅杀罪人律"拟绞监候。

陕西司 ○ 道光五年

陕抚题:郃阳县王均文因王哀稳与伊母张氏通奸,又乘间勾引张氏至家续奸,实属淫恶无忌。该犯因其诱奸伊母,一时忿恨,登时将其杀死,实属激于义忿。惟律例内并无子捉母奸、杀死犯奸有服尊长作何治罪明文,向俱比照"本夫捉奸杀死有服尊长之例"办理,王均文应即比照"本夫捉奸、杀系本宗缌麻尊长、仍照殴故杀本律"拟罪,夹签声请,减为杖一百,流三千里。

浙江司 ○ 道光十一年

浙抚题:缪慎保、缪谅孙听从缪云孙之胞叔缪慕勋,将缪云孙帮同勒毙。先据该抚以缪云孙将亲母老缪邵氏勒死,律应凌迟,惟缪慎保、缪谅孙俱系缪云孙缌麻卑幼,例内并无卑幼听从下手致死尊长专条,咨请部示。

查杀死缌麻尊长之案,如因尊长罪犯应死,即曲贷卑幼谋杀之诛,固与名分有乖。而缌麻服制最轻,若悉抵行同枭獍之命,亦与情法未协,自应仍依"服制本律"定拟。比例声请量减,庶情法两得其平,而名分益昭慎重。嗣据该抚以该犯等因缪云孙勒死其母同深忿激,听从缪慕勋将缪云孙勒毙,该犯等仅止帮揿手脚,实属情堪矜悯,应比照"有服亲属捉奸、杀系本宗缌麻尊长、仍照殴故杀本律"拟罪,随本声请,减为杖一百,流三千里,具题完结。

山东司 ○ 道光六年

东抚咨:赵二因出嫁胞妹刘赵氏与李三通奸,被夫撞遇,向该犯告知休弃,赵二央恳未允,忿激难堪,将刘赵氏致勒毙命。查该犯虽非捉奸而杀,实因本夫刘奇告述刘赵氏犯奸欲行休弃所致,律例内并无恰合正条,自应比例问拟,赵二应比照"本妇有服亲属捉奸、杀死犯奸卑幼、非登时而杀、无论谋故、按服制于殴杀卑幼本律例上减一等定拟、应于故杀大功堂妹杖一百、流三千里律"上,减一等,杖一百,徒三年。

贵州司 ○ 道光九年

贵抚咨:镇远县陈玉泽因李陈氏与李红茂通奸,邀同陈玉祥赶至李红茂家,将李陈氏拿获,系奸所获奸。追至中途,因李陈氏哭骂不肯同行,将其推入塘内溺毙,实属杀非登时。李陈氏系陈玉泽期亲侄女,出嫁降服大功,律内并无殴死同堂大功侄女治罪明文,自应比例问拟,陈玉泽合依"本妇有服亲属捉奸杀死犯奸卑幼之案、如非登时而杀、无论谋故、各按服制于殴杀卑幼本律例"上,减一等,应于殴死同堂大功弟妹满流罪上,减一等,杖一百,徒三年。

四川司 ○ 道光十三年

川督咨:名山县余含春因伊胞妹余氏与吴世全通奸,奸所获奸,将余氏殴伤倒地,出外找寻吴世全一并送官究治。查找无获,转回欲拉余氏回家,俟拿获吴世全再行送究,因其在地撒泼,不肯起走,起意将余氏勒伤身死。获奸虽在奸所,杀死已非登时。遍查律例并无非登时杀死犯奸卑幼作何治罪明文,自应分别比例定拟。余含春系余氏期亲胞兄,余氏出嫁与朱俸明为妻,因犯奸经朱俸明休退回家,与其夫家已属义绝,尚未另适有人,应仍依在室论。余含春比照"本夫本妇有服亲属捉奸杀死犯奸卑幼之案、如非登时而杀、无论谋故、按服制于殴杀卑幼本律例"上,减一等,应于殴期亲弟妹至死流罪上,减一等,杖一百,徒三年。

四川司 ○ 道光十四年

川督咨:熊汶沅因熊观姐与范帼选在熊刘氏家通奸,邀同熊应鹏捉拿。适范帼选正与熊观姐在房搂抱调笑,熊汶沅将范帼选殴伤,熊观姐亦被熊应鹏殴伤,俱各身死,实属奸所获奸、杀系登时。查熊应鹏系熊观姐同高祖缌麻族兄,因捉奸将熊观姐戳伤身死。遍查律例并无登时杀死犯奸卑幼之奸妇作何治罪明文,自应比例定拟,熊应鹏比照"本夫本妇有服亲属杀死犯奸卑幼、如系登时、按其殴杀本罪在满徒以上者、即于捉奸杀死凡人满徒上、减一等例"杖九十,徒二年半。

陕西司 ○ 道光十年

陕抚咨:西乡县民人李栋与张吴氏通奸,系本夫知情纵容,今被本夫小功叔祖张奉业奸所获奸,登时将奸妇杀伤身死,将李栋比照"本夫本妇有服亲属捉奸、登时杀死奸妇杖流例"上,量减一等,杖一百,徒三年。查李栋与张吴氏通奸,虽系本夫纵容,惟被夫小功叔祖张奉业登时奸所获奸,将奸妇杀死,该犯自应依例拟流。未便因系本夫纵奸,遽行曲为量减,致滋轻纵,李栋应改依"本夫本妇有服亲属捉奸、登时杀死奸妇者",奸夫杖一百,流三千里。

河南司 ○ 道光九年

河抚奏:邓州胡成章与王梁氏通奸,经氏子王惠太商同丁洪令纠抢,伊母被勒身死,酿成逆伦重案。胡成章未便仅科奸罪,应比照"有服亲属捉奸、杀死奸妇、非登时而杀例",奸夫杖一百,徒三年。

直隶司 ○ 道光五年

直督咨:杜张氏因夫侄杜红迪强奸其侄孙媳不从,撕破中衣,该氏向斥不服,辄主使胞侄将弟杜红迪掷河淹毙。例内并无因强奸有服亲属、被尊长致死作何治罪专条,自应比例问拟,将杜张氏比照"卑幼因图奸有服亲属、被尊长忿激致死、照擅杀罪人、于殴杀卑幼本律例"上,减一等定拟,应于殴杀夫之兄弟子杖一百、流三千里罪上,减一等,杖一百,徒三年,系妇人照例收赎。

贵州司 ○ 道光八年

贵抚咨:雷玉云因雇工吴三图奸其妻戳伤致毙,例无治罪明文,惟尊长致死图奸卑幼既应照"殴杀卑幼本例"减等定拟,则家长致死图奸雇工自应比例减等科罪。雷玉云应比照"卑幼图奸有服亲属、被尊长忿激致死、照擅杀罪人、于殴杀卑幼本律例"上,减一等定拟,应于家长殴雇工人致死满徒律上,减一等,杖九十,徒二年半。

河南司 ○ 道光五年

河抚咨:滑县孙小眼听从父命活埋胞兄孙刚,并孙光兴等因奸活埋妻女孙史氏、孙爱姐各身死。案内之孙苗柱听从伊父孙光林致死犯奸胞妹,孙羊妮听从伊兄孙光兴致死犯奸之嫂。查杀死奸妇与杀死奸夫同一激于义忿,孙苗柱、孙羊妮应各比照"斗杀馀人律"俱杖一百。

安徽司 ○ 道光八年

安抚咨：张三与王老姐通奸，被王老姐之母王李氏主令王保帼将王老姐勒死。查王保帼听从伊母将犯奸胞妹勒死，例无作何治罪明文。查杀死奸妇与杀死奸夫无异，将王保帼比照"杀死奸夫案内听从加功之尊长、照斗杀馀人律"杖一百。

山东司 ○ 道光六年

东抚题：董三因董如玉拉住伊母，强欲行奸，气忿莫遏，登时将其殴伤身死，实属激于义忿。在凡人强奸未成，被本妇之子登时杀死，例得勿论。今系缌麻尊属，遍查律例并无子杀强奸伊母未成有服尊长作何治罪明文，但子之于母，较本夫忿激尤为迫切，可否比照"本夫杀死强奸未成缌麻尊长之例"量减拟流，听候部议等语。

查该犯董三因董如玉欲强奸其嗣母，气忿莫遏，登时致毙，实属激于义忿。惟系缌麻尊属，究关服制，未便照"凡人致死强奸伊母未成罪人例"，竟予勿论。而子之见母被人污辱，其忿激较本夫尤甚，亦未便径拟骈首，自应酌减问拟，董三合依"有服尊长强奸未成、被缌麻卑幼登时忿激致毙"，随案减为杖一百，流三千里。

河南司 ○ 道光八年

河抚奏：李孙呢与李郑氏通奸情热，李郑氏被翁李吉察知喊骂，禁止往来，心怀忿恨。追郑氏往李吉地内摘梨，又被辱骂，郑氏气忿莫遏，起意将伊翁谋杀，密与伊子李二妮及该犯商允，该犯听从前往，将李吉推倒，致郑氏等将李吉迭扎毙命。李孙呢比照"奸夫听从奸妇、并纠其子谋杀本夫、奸夫斩决例"拟斩立决。

河南司 ○ 道光十一年

河抚咨：伊阳县李书唧调奸李余氏未成，致氏自尽，并本夫李政共殴李书唧身死，该抚将李政拟杖。

本部以擅杀应死罪人之律系专指官司差人捕亡而言，李书唧虽系图奸未成，致本妇羞忿自尽，罪应绞抵。李政系属本夫，非官司差人可比，不得照"擅杀应死罪人律"仅拟满杖，如为该犯之妻余氏羞忿自尽，罪应从宽，亦止可比照"擅杀调奸罪人应拟绞抵、本妇畏罪自尽之例"减等拟流。李政应比照"妇女被人调戏、本夫擅杀调戏罪人应拟绞抵、如本妇畏累自尽、将擅杀之犯减一等例"杖一百，流三千里。

陕西司 ○ 道光十三年

陕督咨：临潼县赵雄儿拒奸，用小刀戳伤王惟新，越二十九日零七时因风身死。

查王惟新年长该犯赵雄儿十岁以外，又有当场干证胡明供词确凿，尸弟王惟成转述伊兄生供可凭。该犯衅起拒奸，杀系登时，惟例无拒奸戳伤、因风身死在十日以外作何治罪明文，自应按例量减问拟，赵雄儿合依“男子拒奸杀人、如死者年长凶犯十岁以外、而又当场供证确凿、及死者生供足据、尸亲供认可凭三项兼备、无论谋故斗杀、凶犯在十六岁以上、登时杀死者杖一百、徒三年例”上，量减一等，拟杖九十，徒二年半。

刑律人命

杀一家三人

湖广司 ○ 道光十二年

北抚题：余立文因小功堂兄余特升行窃族人余陈氏家米物，同子余易发等搜获原赃，称欲送究，余特升畏罪自缢身死。其妻余李氏向该犯泼闹，该犯起意谋杀，主使余易发等将余李氏捆溺致毙，复恐后患，先后主令余易选等将李氏之子余沅幅、余年姊一并致毙。一系小功兄妻，应同凡论，两系缌麻服侄，比照"杀死一家三命、分均卑幼、内有一人按服制律、应同凡论者"斩决枭示。余易选仅止听从加功谋杀二命，仍从一科断，拟绞监候。

四川司 ○ 道光十三年

川督题：太平县张怀玉同弟张怀柱向姊夫王仁秀借贷，王仁秀因伊姊已死，亲戚断绝，不允借给。张怀玉商同张怀柱将王仁秀致死，取其包谷衣物，并将其女王寅女、王二女致死灭口。律例内并无作何治罪明文，张怀玉应比照"外姻尊长谋财杀小功卑幼一家三人例"凌迟处死，业已跳岩跌死，仍照例锉尸枭示。张怀柱照"杀一家非死罪三人、为从加功者斩律"拟斩立决。

四川司 ○ 道光五年

川督题：合州唐地瀧砍伤刘唐氏、刘冬姑一家二命身死。查刘唐氏系唐地瀧降服缌麻侄女，刘冬姑系刘唐氏亲女，与唐地瀧并无服制。例内并无殴死缌麻卑幼一家二命、内有一人应同凡论作何治罪明文，该犯故杀缌麻侄女刘唐氏，罪止绞候，其故杀无服甥女刘冬姑，罪应斩候。惟例内杀死缌麻卑幼一家二命，即应绞决，斩罪虽重于绞罪，立决实重于监候。刘冬姑与该犯虽无服制，究属卑幼，自应比例问拟，唐地瀧应照"杀死缌麻卑幼一家非死罪二合[①]者绞决例"拟绞立决。

河南司 ○ 道光十年

河抚题：确山县王得礼因子王应夏自缢身死，系由王孙氏不借酒壶争吵起衅，辄起意将王孙氏致毙泄忿，即持刀往将王孙氏砍伤，复因其姑王朱氏将该犯抱住喊叫，该犯挣不脱身，又将王朱氏扎伤，先后殒命。查王孙氏系该犯小功堂侄之妻，服属缌麻，王朱氏系该犯大功兄妻，至[②]死律同凡论。例内虽无谋杀缌麻侄媳后、殴毙其姑一家二命作何治罪明文，惟谋杀缌麻侄媳与殴死大功兄妻均应绞候，核与谋杀功缌卑幼一命绞候、二命应拟绞决者罪名相同。王得礼比照"杀功服缌麻卑幼一家非死罪二命者"拟绞立决，奏请定夺。

安徽司 ○ 道光十三年

安抚咨：丁惠悰听从何茂焕纠殴致毙夏耕堂等九命一案，该抚将丁惠悰依"火器杀人例"拟斩。部查火器为害最烈，故杀人之例独严，然必究死于火器之伤方可以故杀论，若火器伤轻，别因他物致毙应仍依"斗杀"定拟，不得概坐以火器杀人之条。今丁惠悰听从何茂焕纠殴，点放铁铳，致伤赵令应、郑越中落水殒命，原验伤俱轻浅，死由于溺，即与火器致毙人命者不同。惟已死赵令应、郑越中虽非一家，而何茂焕致毙之赵芒与丁惠悰致毙之赵令应系属小功弟兄，将丁惠悰依"聚众共殴、致死一家二命、为从下手伤重"拟绞监候。

浙江司 ○ 道光四年

浙抚题：赵里州砍伤缌麻服兄赵幅山、缌麻服弟赵金榜各身死，该抚以赵里州殴死赵金榜罪止绞候，其殴死赵幅山罪应斩候，从重将赵里州依"殴死缌麻兄律"拟以斩候等因。查殴死缌麻尊长一命，复殴死缌麻卑幼一命，如死者并非至亲服属一家，自应依二罪俱发，从重拟以斩候。死系一家二命，则以一家二命为重，惟例内并无殴死缌麻尊长、复殴死缌麻卑幼二家二命作何治罪明文。

本部向来核议此等案件，即比照"凡人殴死一家二命例"问拟绞决，诚以斩罪虽重于绞罪，而立决实重于监候，是以从重比例定拟。今赵里州殴死缌麻服兄赵幅山，复殴死缌麻服弟赵金榜，死系期亲弟兄一家二命。该抚将该犯照"殴死缌麻服兄律"问拟斩候，是置一家二命于不问，殊未平允，赵里州改依"殴死一家二命者绞立决例"拟绞立决。

江西司 ○ 道光五年

江西抚题：蒙老五仔殴毙何俊地一命，复听从抬烧何兰贵、何妹仔二命。其何妹仔与何俊地系同胞弟兄，系属一家。例内并无致使一家二命、及三命而非一家、一系斗杀、二系谋杀加功作何治罪明文，但斗杀与谋杀加功均应绞候，今连毙三命，情殊凶横,应比照“殴死一家二命、或三命而非一家例”拟绞立决。

四川司 ○ 道光六年

川督题:罗楚秀系已死罗沅礼等共高祖族叔,服属缌麻,其因罗沅礼之父欠钱不给,并挟罗沅礼等辱骂之嫌,辄即起意纠约多人,图殴泄忿,致被纠之陈洸武等将罗沅礼、罗沅智殴戳致毙。是罗楚秀纠殴酿命,实为首祸之人,死者既系一家,固未便照“殴毙一命、及二命而非一家例”内原谋从一科断。若照“聚众共殴致死一家二命之例”拟以绞决,而罗楚秀系罗沅礼等缌麻尊属,又觉过重。遍查律例并无缌麻尊属聚众谋殴致死卑幼一家二命作何治罪明文,自应比例减等问拟,罗楚秀应比照“聚众共殴、原无必杀之心、殴死一家二命者、将率先聚众之人、不问共殴与否、拟绞立决例”上,减一等,杖一百,流三千里。

陕西司 ○ 道光六年

陕抚咨:孙狼儿殴伤李发荣并出嫁之女李氏先后殒命,律例内并无其父与出嫁女被人殴毙、将凶犯作何治罪专条,咨请部示。查“杀一家三人律”注云:一家谓同居,虽奴婢雇工人皆是,或不同居果系本宗五服至亲亦是等语。又服制图内载:出嫁女为父母服期年。是殴死父女二命,虽其女业已出嫁,惟服制图内既载有“本宗”字样,自应即照“本宗五服至亲律注”,以一家二命论。孙狼儿应依“殴死一家二命者”拟绞立决。

河南司 ○ 道光五年

河抚题:王士春谋杀王进川,并故杀王进川之子王庚子一家二命。查王进川系王士春缌麻服侄,王庚子系王士春无服侄孙,律同凡论。例无杀死一家二命、一系缌麻卑幼、一系无服应同凡论者作何治罪明文,固不便因有一命应同凡论,即照“凡人杀死一家二命之例”问拟斩枭,置缌麻卑幼于不问。若遽照“杀死缌麻卑幼一家二命之例”问拟绞决,内有一命应同凡论,又觉情浮于法,自应比例酌核问拟,王士春应比照“杀一家非死罪二人斩决枭示例”拟斩立决,免其枭示。

河南司 ○ 道光五年

河抚奏:密县乔凤杀死缌麻卑幼乔年等一家三命。查乔年系乔凤缌麻服弟,年已十一岁,按律罪止拟绞,其乔甫成、乔群妮均系无服卑幼,按照凡论,罪应斩枭。至杀死卑幼一家三命内有二人应同凡论者,例内并无议及,自应就其应同凡论之命数按例办理。乔凤合依“杀一家非死罪二人例”拟斩立决枭示。

湖广司 ○ 道光七年

南抚咨:邓必同伙窃夏正榜牧放牛只,因见伙犯被获,帮护拒捕,致毙夏正榜、夏大耀父子一家二命,其时已离盗所,赃复丢弃。惟因行窃殴死一家二命,衅由拒捕并非谋故,若仅依"窃盗弃财逃走、因被追逐拒捕、及后逃护伙拒捕、殴死事主一命之例"拟以斩候,非特情重法轻,且置一家二命于不论,自应比例问拟,邓必同比照"杀一家非死罪二人例"拟斩立决,系比附科罪,免其枭示,毋庸断给财产。

四川司 ○ 道光七年

川督题:任思栋戳死穆王氏、任二姑一家二命。查任二姑系穆王氏童养子媳,名分已定,即属一家,惟任二姑系任思栋期亲侄女,出嫁降服大功。律例内并无杀死一家二命、一系平人、一系大功卑幼作何治罪专条,自应比例问拟。该督将该犯比依"殴死一家二命、一故一斗例"拟斩立决,拟罪虽无出入,援引究未允协,任思栋应比照"杀一家非死罪二人拟斩立决例"拟斩立决,免其枭示,仍酌断财产一半,给被杀之家养赡。

湖广司 ○ 道光九年

南抚奏:刘第恩因与缌麻服侄刘士孝之妻许氏通奸,被刘士孝之叔刘继凝撞见,殴打禁绝,该犯谋毒刘继凝,并误毒其妻身死。若按"谋杀缌麻以上尊长本律"问拟斩决,与仅杀尊长一命者无所区别,比照"杀一家非死罪二人例"斩决枭示,并酌断财产一半,给付死者之家。

四川司 ○ 道光十二年

川督题:新繁县杨里昭向妻前夫之子杨志才之妻钟氏调奸不从,恐其说出,起意将钟氏杀死,并误伤钟氏之子杨娃身死。遍查律例并无图奸本妇、又误杀其幼子一家二命作何治罪明文,应即比例问拟,杨里昭比依"杀一家非死罪二人斩决枭示例"拟斩立决枭示。

四川司 ○ 道光十四年

川督题:张吉先向胡光表索取允借钱文不给争闹,将其殴伤致毙,系属斗杀。因胡何氏、胡之贵、刘道华喊拿,起意一并致死,系属故杀。查刘道华系胡何氏姨甥,并非一家,胡何氏、胡之贵系胡光表妻子,虽系一家,惟例无杀一家三命、二故一斗作何治罪明文。查故杀一家二命与故杀三命内二人仍系一家均罪止斩枭,自应从一科断,张吉先除斗杀胡光表轻罪不议外，合依“杀三人而非一家、内二人仍系一家者斩决枭示例”拟斩立决枭示。

湖广司 ○ 道光十四年

北抚题：黎绳治因被黎绳美屡次欺凌，勒措地价，起意谋杀，将黎绳美毒死，并误毒樊柳氏、曾大汉毙命。该犯系黎绳美无服族弟，应同凡论；柳氏系邻居之妇，并非一家；曾大汉系黎绳美同居雇工，应照律注作一家二命论。惟曾大汉、樊柳氏均系误毒致死，按“误杀旁人一家二命、及杀人而非一家例”俱斩决。查该犯情节较重，自应仍依“杀一家二命”问拟，黎绳治合依“杀三人而非一家、内二人仍系一家者、斩决枭示例”拟斩立决枭示，仍将财产一半给黎绳美、曾大汉家养赡。

四川司 ○ 道光十四年

川督题：新津县张兴五因与陈友之妻陈胡氏通奸被获，将本夫拒伤身死，又因奸妇陈胡氏拉住喊叫，将陈胡氏戳毙。张兴五除与陈胡氏通奸轻罪不议外，合依“致死一家二命、系一故一斗、拟斩立决例”拟斩立决。

四川司 ○ 道光十四年

川督题：眉州游子兴与王雷氏在房续奸，被本夫王万舟偕堂弟王万良踢门进内捉拿，该犯辄敢逞凶拒捕，将王万舟、王万良一并戳死，实属淫凶。王万良系王万舟同曾祖小功堂弟，系属一家。遍查律例并无因奸拒捕、杀死本夫一家二命作何治罪明文，惟查罪人拒捕杀死捕人，律应拟斩，凡人谋故杀人亦应拟斩。今该犯因奸拒杀本夫一家二命，与凡人谋故杀一家二命罪无二致，自应比例问拟，游子兴除与王雷氏通奸轻罪不议外，应比照“杀一家非死罪二人、拟斩立决枭示例”拟斩立决枭示，酌断财产一半，给被杀之家养赡。

四川司 ○ 道光十四年

川督奏：城口厅贼犯王老三听从陈寅儿纠邀偷窃，因事主警觉起捕，辄敢临时起意行强，将事主张梁氏、张冷氏戳伤身死，殊属不法。张冷氏所受各伤应以王老三刀戳咽喉遂石[③]为重，该氏系张梁氏之媳，系属一家。虽律例内并无强盗杀死事主一家二命作何治罪明文，惟杀一家非死罪二人与强盗杀人罪均斩枭，无可复加，自应仍照“杀人本例”从一科断，王老三合依“强盗杀人”斩决枭示。

四川司 ○ 道光十三年

川督题：营山县吴潮周因司景泰之妻司罗氏带同子司小保在伊家借住不走，吴潮周用言吓逼，致罗氏自缢身死。吴潮周起意私埋，并将司小保活埋灭口，嗣经司景泰查问争殴，亦将其殴伤毙命。查吴潮周活埋司小保并殴毙司景泰父子一家二命，系一谋一斗，例内并无作何治罪明文。查谋故罪名相等，自应从一科断，吴潮周应照“杀死一家二命、一谋一斗者斩决例”拟斩立决，奏请定夺，毋庸断给财产。

湖广司 ○ 道光十四年

南抚题：邓虔会因宁畅庭与系[4]奸好之潘戴氏通奸，该犯被宁畅庭撞破，禁绝往来，心怀忿恨，起意谋杀，将宁畅庭杀伤身死。经邻人刘青闻闹趋劝，该犯疑护，将刘青亦戳伤殒命，白玉沅上前捉拿，又被拒戳致毙。杀三人而非一家，系一谋两斗，比照“杀非一家三命例”拟斩立决，奏请定夺，毋庸断给财产。

河南司 ○ 道光四年

河抚题：商城县倪莲友因挟夏自兴讦伊偷窃万帼良园竹之嫌，起意谋毒夏自兴致毙，并误毒其子夏贵喜身死，实属凶残不法。例内并无谋杀一命、复误杀其人之子一命作何治罪明文，固未便竟照“杀一家非死罪二人之例”科以斩枭，亦未便仅依“谋杀人本律”问拟斩候，置一家二命于不问，自应酌核问拟，倪莲友应照“谋杀人而误杀旁人、如系一家二命例”拟斩立决，免其枭示，毋庸断给财产。

河南司 ○ 道光七年

河抚题：商邱县王景堂因继母周氏被郝施氏殴詈，气忿自缢，该犯痛忿莫遏，起意谋砍郝施氏致毙，并误伤其子郝文驹身死，系属一谋一误死。虽母子二命，较之谋故杀一家二命，情节稍轻。第例无谋杀一命、复误杀其人之子一命作何治罪明文，固不便竟照“杀一家非死罪二命之例”科以斩枭，又不便仅依“谋杀人本律”问拟斩候，置一家二命于不问，自应酌核问拟，王景堂应照“谋杀人而误杀旁人、如系一家二命例”拟斩立决，免其枭示，毋庸断给财产。

湖广司 ○ 道光十一年

南抚题：赖洸横[5]谋毒赖得和身死，并误毒赖得和之母邱氏、弟赖六伢、妻颜氏，致毙一家四命。赖得和、赖六伢系该犯期亲服侄，颜氏系功服侄妇，邱氏系胞兄之妻，应同凡论。查杀死期亲卑幼一家三命，内有功服卑幼，例应仍从杀死功服卑幼三人法，则杀期功卑幼一家四人，内有一人应同凡论。分非卑幼者，应比照“杀凡人一家非死罪三人律”问拟。惟该犯谋杀一人，其三人系属误杀，与有心杀死者有别，赖洸标比照

“凡人谋杀而误杀旁人一家三命以上例”拟以斩枭，毋庸酌断财产。

江西司 ○ 道光十二年

江西抚题：谢周氏谋毒夫弟谢希伦之妻李氏身死，并误毒谢希伦及其子谢学魁、媳邓氏一家四命。查律例并无谋杀夫弟之妻以致误杀夫弟、及其子媳一家四命作何治罪明文，应比照“谋杀人而误杀旁人一家三命以上斩枭例”拟斩立决，系妇女免其枭示。

安徽司 ○ 道光四年

安抚奏：刘洪宽与刘洪玉之妻通奸，起意谋毒刘洪玉，误毒刘洪玉嗣母邓氏同时殒命。查刘洪玉系该犯大功堂兄，因过继与无服族婶邓氏为嗣，降服小功，邓氏与该犯并无服制。遍查律例并无因奸谋杀小功尊长之母作何治罪明文，惟细核谋杀人而误杀其人之母并误杀旁人一家二命拟斩各条，在凡人尚罪应斩决。刘洪宽因奸谋杀小功尊长本罪即应斩决，复误杀尊长之母，自应比例加拟枭示，以示区别，将刘洪宽比照“谋故杀缌麻尊长一家二命例”拟斩立决，加拟枭示，免其酌断财产。

刘韩氏与刘洪宽通奸，致本夫刘洪玉被奸夫谋杀，讯未知情同谋，罪止绞候。惟伊姑邓氏并未纵容，被奸夫误毒身死，该氏身犯邪淫以致伊夫、伊姑同时死于非命，自应比例问拟，将刘韩氏比照“子孙犯奸、祖父母父母并未纵容、被人谋故杀害者拟绞立决、子孙之妇有犯、与子孙同科例”拟绞立决。

四川司 ○ 道光六年

川督奏：邛州王全泗因从缌麻族叔祖王子林竹林边经过，见有绊倒竹笋，顺便拾取，王子林之雇工杨有林喊阻，该犯弃笋走回。经王子林查知，即以该犯窃笋至伊家叫骂，该犯之父王在泷将伊斥责而散。嗣该犯携刀赴山看守芋麦，路过王子林门首，王子林瞥见，又向辱骂，并声言送官究处。该犯因捡笋事小，屡被辱骂，且欲将伊送究，忿恨莫遏，起意致死，遂赶拢用刀连戳王子林肚腹等处倒地。王子林之子王在先赶来，该犯亦起意一并致死，用刀连戳，致伤其右腿等处，均各殒命。该犯跑出，适缌麻服兄王全贵闻声趋至捉拿，该犯持刀吓唬，王全贵挽住刀柄一拉仰跌倒地，该犯被拉带跌，因刀尖向下，致戳伤王全贵肚腹，亦即殒命。复有小功堂叔王在连追捕，该犯用刀戳伤王在连偏左后肋平复。

查已死王子林、王在先系属父子，均系该犯缌麻尊长。已死王全贵系该犯缌麻族兄，与王子林父子虽不同居亦系同宗五服至亲，即属一家，王全泗戳死王全贵系属斗杀。遍查律例并无致死缌麻尊长一家三命、内两谋故一斗杀者作何治罪明文,自应仍照"谋故杀缌麻尊长一家二命本例"问拟,王全泗除刃伤小功堂叔王在连、殴杀缌麻族兄王全贵各轻罪不议外,合依"谋故杀缌麻尊长一家二命者、斩决枭示例"拟斩立决枭示。

四川司 ○ 道光六年

川督咨:蒲江县王沅汤因缌麻族伯母王熊氏诬伊偷取地内王瓜,往向理论,被王熊氏用木棒殴伤左臂膊、左手指。该犯顺用尖刀回戳,致伤王熊氏左肩甲,并划伤左腮,王熊氏复用木棒行殴,该犯闪开,又戳伤其右后肋。王熊氏之媳王宋氏拢获,该犯用刀砍伤王宋氏左肩甲,并划伤左腮。王熊氏夺刀,该犯复戳伤其肚腹等处倒地,正欲跑走,被王宋氏携取铁锄殴打,该犯复戳伤王宋氏左后肋等处倒地,王熊氏、王宋氏同时殒命。

查已死王熊氏系该犯同高祖族伯王卯之妻,服属缌麻,王宋氏系王熊氏之媳,与该犯并无服制,应同凡论,死系姑媳二命。遍查律例并无致死一家二命、一系缌麻、一系凡人作何治罪明文,若照"致死凡人一家二命例"拟以绞决,则王熊氏究系该犯有服尊属。本律已拟斩候,较之殴死凡人一家二命为重,自应酌量比例问拟,王沅汤应比照"殴死缌麻尊长一家二命、拟斩立决例"拟斩立决。

校勘记:

①合:据《续四库全书》本应作"命"。

②至:该字应为"致"。

③咽唯遂石:据《续四库全书》本应作"咽喉近右"。

④系:据《续四库全书》本应作"伊"。

⑤横:据《续四库全书》本应作"标"。

《刑部比照加减成案续编》卷十五

刑律人命

造畜蛊毒杀人

斗殴及故杀人

屏去人服食

刑律人命

造畜蛊毒杀人

河南司 ○ 道光十三年

河抚咨:唐县王槐因挟王栋不允借马之嫌,起意毒毙马匹,令王栋花钱泄忿,潜将砒末拌入麸内,致王女及王振家误毒毙命。与寻常毒兽误毙人命情节较重,王槐应比依"毒药毒兽误毙人命、如置药之处在人常经处所、因而杀人者、依无故向有人居止宅舍、放弹射箭满流罪"上,加一等,发附近充军。

斗殴及故杀人

陕西司 ○ 道光四年

陕抚咨:马有得枪伤董克勤身死。查该犯枪系误触,并非擅行施放,似未便科以擅将鸟枪施放坐以故杀之罪,而董克勤之死究因先与马有得争詈追殴起衅,又与过失杀迥别。遍查律例并无与人争殴、被追负枪奔炮[①]、误触枪发、伤毙追赶之人作何治罪明文,若照"故杀"定拟,该犯究非擅将鸟枪施放。如竟照"斗杀"拟绞,又系火器杀人,例内既无明文,引断殊无依据,咨请部示。

查例载:因争斗擅将鸟枪施放杀人者、以故杀论故杀者斩监候各等语,诚以火器为害最烈,既经施放杀人,即难言非有心致死,故治罪独严。然此系指有心施放而言,若并未施放、因被追赶失跌震动火机、不期枪发致毙,即不得谓之擅行施放,自未便概拟骈首。此案马有得持枪打鸽,途遇董克勤索租,争詈拾石误掷,董克勤上前扑殴,该犯负枪跑避,董克勤尾追,该犯被绊闪跌坐地,以致震动火机枪发,适伤董克勤殒命。核其情节,该犯负枪逃跑、失跌震动,与有心施放因而杀人者不同。惟该犯先与董克勤拾石互掷,已有争闹情形,自应照"斗杀"科断,应令该抚将该犯马有得依"斗杀律"拟绞监候。

安徽司 ○ 道光五年

安抚题:乔喜壮因乔文浮黹夜图奸伊小功堂叔乔文亮之表妹戴杨氏,该犯闻戴杨氏喊嚷有贼,携刀出看,时已昏黑,未能看明面貌,料是贼人,用刀砍伤乔文浮殒命。乔文浮意在图奸,固属罪人,惟该犯非戴杨氏有服亲属,并无应捕之责,且因疑贼致毙,应照例仍以"斗杀"问拟,将乔喜壮依"斗杀律"拟绞监候。

陕西司 ○ 道光六年

乌什办事大臣奏:王仁用刀扎伤王伏身死,将王仁依"故杀律"拟斩监候。查王仁供招内仅称因买卖不公,欲将王伏等扎伤泄忿,并无有心致死之语。且该犯先扎伤赵建都右腿一下,因王伏扑拉,该犯回手亦向其腿上扎去,不料适伤其肾囊致死。详核情节,正与斗杀之律相符,办事大臣将王仁依"故杀律"拟斩监候,系属错误,应即照律更正,王仁应改依"斗杀律"拟绞监候。

山西司 ○ 道光七年

晋抚题:李懿青因向伊媳李曹氏调奸不从,被李曹氏赶殴,将李曹氏殴伤,复因李曹氏拢揪称欲拼命,李懿青用脚踢伤其肚腹,立时殒命。该抚将李懿青比照"强奸子妇未成而妇自尽例"加等拟军,经部驳以李懿青衅起调奸,蔑伦伤化,翁媳之义已绝,应同凡论,且恐有强奸已成情事。复据该抚审明李懿青实因调奸起衅,并无强奸已成情事,遵照部驳,比律改拟,应比照"斗杀律"拟绞监候。

广东司 ○ 道光十年

广抚题:赖朝孙因见朱氏在伊竹林挖笋,向阻争闹,殴伤朱氏身死。查朱氏年甫十五岁,挖笋戏耍系属童女无知,与实在行窃不同,赖朝孙仍依"斗杀律"拟绞监候。

广西司 ○ 道光十四年

广西抚题:萧老运因董汝英窃伊雇主董汝锡田内禾秧,捕殴毙命。查董汝英系董汝锡各居缌麻服兄,其相盗杀伤,例不得照"凡人擅杀"科断。该犯系董汝锡雇工,查律例内并无雇工捕殴雇主缌麻亲属作何治罪明文。第亲属相盗杀伤既各依"服制本律"问拟,则雇工捕杀雇主缌麻服兄,亦不得以斗杀科断,自应仍依"凡斗"问拟。该犯与董汝锡并无主仆名分,应同凡论,萧老运合依"斗杀律"拟绞监候。

河南司 ○ 道光十四年

河抚题:嵩县张喜成先在李九发家佣工,并无主仆名分,该犯与其孀媳李胡氏通奸,讯由李九发教令所致。该犯辞工以后,复往与胡氏续奸,被李九发撞见,斥骂揪殴,该犯将其扎伤致毙。在李九发先图该犯力作,教媳通奸,本属无耻之徒,不得仍以捉奸论。张喜成将其仓卒殴毙,亦未便与罪人拒捕同科,应仍以“凡斗”问拟,张喜成合依“斗杀律”拟绞监候。

陕西司 ○ 道光四年

陕抚题:孙崔娃因无服族叔祖孙昌泰屡次生事行凶扰害,该犯屡被欺侮,嗣后强借该犯蒸笼不还,嗔索寻殴,打斗肆詈,该犯登时忿激,起意将其致毙。孙昌泰之妻王氏护夫赶殴,该犯触其素日泼恶,起意一并杀死,夺斧砍伤毙命。查该犯登时忿激致死棍徒,罪止拟徒,与故杀平人一家二命者不同,其故杀王氏罪应斩候,自应从重问拟。应如该抚所题,孙崔娃合依“故杀者斩律”拟斩监候。

陕西司 ○ 道光四年

喀喇沙尔办事大臣奏:马农故杀连氏身死。查马农因续奸不遂,将奸妇登时杀毙,系属寻常故杀,自应钦遵谕旨,将马农按“故杀本律”拟以斩候,入于秋审办理。该办事大臣将该犯加等拟斩立决,殊与例应斩决之犯无所区别,马农应仍照“故杀者斩律”拟斩监候。

陕西司 ○ 道光五年

乌鲁木齐都统奏:兵丁王文因见无人跟随驴头,疑系走失,欲行宰杀,经事主赶至不依,声称首告。该犯恐到官受责,起意致死,用毛绳将事主项颈绕勒,登时毙命,已属不法。应如该都统所奏,王文合依“故杀者斩律”拟斩监候,请旨即行正法,以昭炯戒。

山东司 ○ 道光五年

东抚题:潘云祝等共殴无服族侄潘思收,越二十四日身死。潘思收身受各伤,惟该犯潘云祝踢伤肾囊并左肾子破损为重,应以该犯当其重罪。前据该署抚以肾子破损,律无保辜明文,因伤由足踢照手足伤保辜,将该犯拟以绞候,依律声请等因具题。

经本部,以肾囊系致命部位,肾子尤为要害,既至破损,即与踢人胁肋肚腹致内损吐血者无异,踢人胁肋肚腹内损向照“破骨伤”定拟,乃该署抚将该犯照手足伤保辜之处,有无依据,驳令查明另拟。

去后,兹据该署抚疏称:律无明文,亦无依据,遵照“破骨伤保辜”定拟,将潘云祝依“共殴人至死、下手致命伤重者绞监候律”拟绞监候。

陕西司 ○ 道光七年

哈蜜办事大臣奏:李仓等共殴马满提身死。查原验马满提被殴各伤,杨玉秀用镰刀柄戳伤左血盆等处,色仅青红,迨被李仓推跌倒地,鼻窍流血,委因推跌内损身死,应以李仓当其重罪。该犯等殴系同场,自应照"共殴本律"定拟。该办事大臣将李仓依"斗殴律"拟绞,罪名虽无出入,引断殊属错误,李仓应改依"共殴人致死、下手伤重者绞监候律"拟绞监候。

河南司 ○ 道光六年

河抚题:灵宝县何大进等共殴孟德科身死。查范南贵因被孟德科辱骂不甘,兹纠同何大营儿等寻殴泄忿,孟德科被解劝之何大进殴毙。范南贵固属首祸之人,第下手伤重拟抵之何大进并非该犯纠往,未便仍科该犯以原谋之罪。遍查律例并无作何治罪明文,范南贵应比照"同谋共殴人致死、原谋杖一百、流三千里律"上,量减一等,杖一百,徒三年。

陕西司 ○ 道光九年

陕抚奏:刘玉赴京控告宝沅挟仇谋杀伊父刘连升、改供捏详等情。查宝麟系宝沅堂弟,因与宝沅不睦,闻知宝沅与刘连升争闹后在家叫骂,辄赶刘连升家告诉,致刘连升闻知气忿,自行赴宝沅家寻殴,并非宝麟纠邀,与共殴人致死案内之原谋不同。况刘连升转被宝沅殴毙,即属纠殴亦不能科以原谋之罪。该抚以一死一抵皆由宝麟一言所激,依"原谋律"拟流,系属错误。惟宝麟肇衅,致酿人命,应照"不应重律"杖八十,酌加枷号一个月,事犯到官在恩诏以前,所议杖枷应予宽免。

贵州司 ○ 道光十一年

贵抚题:正安州王呈祥、邓得宽等听从王宇纠拿行窃之郭占银、郭得先送官,将郭占银等殴伤身死。查王宇因被郭占银、郭得先偷摘包谷,并将其女闵王氏与媳王何氏殴伤,纠邀王呈祥等往拿郭占银等送官,并非令其殴打,与原谋不同。惟该犯纠人往拿,以致王呈祥、邓得宽致死郭占银父子二命,例无治罪明文,应于"原谋满流律"上,减一等,杖一百,徒三年,该犯年逾七十,照律收赎。本部查擅杀罪人与凡斗不同,并无原谋之例。王宇因郭占银等偷窃包谷,并将伊女、伊媳殴伤,纠邀王呈祥等往拿郭占银等送官并无不合,即王呈祥等将郭占银等殴死尤非王宇意料所及,该抚将王宇依"原谋"量减拟徒之处,应毋庸议。

贵州司 ○ 道光十一年

贵抚题:大定府民宋沅沅点放鸟枪中伤张石保身死,并熊老幺、宋二互放鸟枪,中伤宋长淋、熊老四等平复。案内之熊沅纠约多人,往夺其子,并令宋沅沅等殴打,致其弟熊老幺用鸟枪将宋长淋中伤,纠往之张石保又被彼造鸟枪伤毙。遍查律例并无治罪明文,若照"原谋"拟以满流,其所纠之人究未致死彼造人命,应于"原谋不问共殴与否满流律"上,量减一等,杖一百,徒三年。本部查熊沅纠众共殴其弟熊老幺,枪伤彼造宋长淋平复,并未致死,其纠往之张石保被彼造宋沅沅枪伤毙命,系肇衅酿命,应改照"不应重律"杖八十,加枷号一个月。

陕西司 ○ 道光四年

陕抚题:王钩囊殴伤王云见身死,将案内之王成章照"原谋满流律"上,减一等,杖一百,徒三年。查王钩囊起意殴打王云见泄忿,向王成章告知情由,并言恐一人难敌,王成章令其纠约王苟子帮殴,是王钩囊系属造意之人,王成章仅系同谋馀人,并非原谋。今该抚以该犯用言相激耸恿王钩囊纠约,王成章于"原谋满徒"上减一等拟徒,是舍共殴馀人之正条,而牵引原谋之律复予量减,与律不符,王成章应改依"馀人律"杖一百。

陕西司 ○ 道光四年

陕抚题:伊莲戳伤打[②]服族弟伊林身死,将伊元法依"他物殴人成伤"拟笞。本部查伊元法因见伊林与伊子伊莲互殴,该犯见而喝禁不听,先后将伊莲并伊林用刀柄殴打,意在解纷,固与同行助势者不同。惟伊莲既以"共殴人致死律"科罪,伊元法即系馀人,应改依"馀人律"杖一百。

陕西司 ○ 道光六年

陕抚题:黄兆芳戳伤惠巳禄身死。查"斗殴律"注云:同谋殴人至死,虽不下手,依本律杖一百等语。兹黄光有儿等听从黄兆芳纠殴惠巳禄身死,该抚以听纠同往之黄光有儿等均未下手,将该犯等照"不应重律"拟杖八十,与律义不符,黄光有儿、黄燕青、陈定官儿均应改依"馀人律"杖一百。

陕西司 ○ 道光九年

陕督题:灵州官起受共殴官赐身死。案内之官梦元系官赐无服族兄,应照"馀人律"杖一百,尊长犯卑幼减一等,拟杖九十等语。查同姓服尽亲属相殴至死以凡论,是共殴馀人亦应改照“凡人”问拟满杖。今该督以馀人官梦元系尊长犯卑幼，于杖一百上减一等，拟杖九十殊属错误，应即更正，官梦元应依“馀人律”杖一百。

贵州司 ○ 道光十年

贵抚题：冯小牛追赶邓小玉失跌落河淹毙。案内之阿雄、朱红、李六受帮同追赶，例无治罪明文，比依“共殴馀人律”各杖一百。

广东司 ○ 道光六年

广抚咨：兵丁郑俊等疑贼共殴致伤林大科身死。案内之馀人梁升用铁枪戳伤林大科左臂等处，照“刃伤人”拟徒。本部查铁枪系例载凶器，营中则为军器，虽系兵丁所应用，然止以备巡防操捕，并非为兵丁逞凶伤人而设。若兵丁倚势滋事用以伤人，自应照“凶器伤人本例”定拟，将梁升改依“共殴之人、审系持枪伤人例”发近边充军。

河南司 ○ 道光九年

河抚题：扶沟县徐起蛟等共殴徐景乾身死。案内之徐东林用铁尺殴伤徐景乾左胯等处，查铁尺系例禁凶器，惟系其父徐起蛟携往喝殴，该犯听从殴打，自应照“为从律”问拟。徐东林合依“共殴人执持凶器伤人者、发近边充军例、为从减一等律”杖一百，徒三年。

四川司 ○ 道光八年

川督题：江油县赵文金因张老四之兄张思位患病，向赵文金借房居住，后张思位病故，张老四央赵文金代讨棺木，眼同装殓。张老四起意讹诈，商允张文斌同往赵文金处，即以其兄身死不明，赖称装殓时并未在场，并以给钱免得告官之言向吓，赵文金不理。张老四、张文斌逼令给钱，赵文金欲投人讲理，张老四即用铁锄向殴，赵文金夺锄殴伤张老四脑后左耳根倒地，张文斌赶拢夺锄，赵文金用锄吓殴，适伤张文斌右眉倒地，张老四、张文斌旋即殒命。查张老四等藉尸讹钱，实属凭空诈赖，均系有罪之人，张老四、张文斌同姓不宗，并非一家，自应比例从一科断。赵文金应比照“无赖棍徒凭空诈赖、若受害人有杀伤者、以擅杀伤罪人律科断、擅杀罪人者照斗杀律”拟绞监候。

河南司 ○ 道光五年

河抚咨：南阳县王相魁因父王亲贤被张二秃用铁通条殴伤倒地，该犯闻喊，携斧趋救，砍伤张二秃身死。核其所砍张二秃左臁肕一处，实系救父情切，嗣因张二秃回殴,该犯复将其砍伤倒地,后又连砍二伤,系属彼此互殴,未便援例两请。惟原验王亲贤被张二秃所殴之左臁肕一伤,重至骨损,王亲贤越六十九日因伤殒命,系在破骨伤保辜余限二十日之内,已死之张二秃系属应抵正凶。例无救父情切、致伤凶犯身死、其父旋亦因伤毙命作何治罪明文,自应比例定拟,王相魁应比照"两家互殴致死一命、其律应拟抵之正凶、当时被死者有服亲属殴死杖一百、徒三年例",杖一百,徒三年。

江苏司 ○ 道光十一年

苏抚咨:陈郑氏因郑高严殴伤郑熊氏倒地,致怀抱幼孙郑奴才同跌,受惊身死,郑高严按律罪应拟抵。陈郑氏系郑奴才出嫁亲姑,将郑高严还殴致死,将陈郑氏照"两家互殴致死一命、其律应拟抵之正凶、被死者有服亲属殴死例"杖一百,徒三年咨部。

本部以两家互殴致死一命、其应抵正凶被死者有服亲属殴死拟徒之例,系指本宗亲属而言,陈郑氏系外姻服尊,未便援引,驳令另拟。兹据该抚以亲属殴死应抵正凶条内,只论殴死凶手之人是否与死者有服,并无载明本宗外姻。且本宗服图内载:姑在室期年出嫁,大功侄之于姑为父之同怀。而姑之于侄为己父母所自出,非外姻可比,将陈郑氏仍照原拟咨报。查姑之于侄尚在本宗五服图内,究与外姻不同,犹可援照本宗亲属之例办理,陈郑氏合依"两家互殴致死一命、其律应拟抵之正凶被死者有服亲属殴死例"杖一百,徒三年。

陕西司 ○ 道光四年

陕抚咨:曹景玉续奸被拒,用火药烧伤万阮氏并其夫万泳通平复。查该犯供招,因阮氏悔过拒奸,购买火药,黄夜从窗内点烧,是该犯预谋放火,既与衅起斗殴以汤火伤人者不同。至该犯供称止图烧伤泄忿,并非意欲烧死。不知火药性甚猛烈,一经点燃,其曾[3]否杀人即放火者并不能操其权,而该犯何以能保所燃之火药止可伤人,断不至杀人?况火药卒发,室中烟焰交炽,虽当白昼未寝时尚可烧毁毙命,兹阮氏夫妇昏夜被烧多伤,其所以不至于死者亦系幸免。是该犯供称若有心谋杀,不肯及其未寝予以喊救之地,难保非事后避就碍难率复,应令该抚派委妥员,悉心研鞫,如有别情,另行定拟。设竟无他故,该犯用火药伤人,尚未延烧,例内虽无专条,而衡情比附,于火器伤人未死情节相类。若以"棍徒扰害例"比附,究未允协,统俟复审妥拟,到日再议。

湖广司 ○ 道光五年

南抚咨:丁载煌因丁宸灿欠钱不还,搬去烟叶作抵,并非平空抢夺。其点放铁铳中伤丁宸灿雇工王茂才身死,比照"因争斗擅将竹铳施放杀人者、以故杀论故杀者斩律”拟斩监候。

四川司 ○ 道光八年

川督题：永州县陈大沅屋后与陈有仪之子陈大謦等有公共柏树一株，陈大沅因有碍风水，欲将树株砍去，陈大謦阻止，斥伊不应私砍树株，拾刀向戳，陈大沅跑走。陈大謦随后追戳，陈大沅情急，顺携防夜竹铳，伪装点放，原冀吓退，不期火星碰燃门药，陈大謦躲避，适陈有仪正从陈大謦身后拢劝，误被陈大沅轰伤右腿倒地。扶回用药敷治，伤已结痂，嗣陈有仪染患寒病身死。该督因陈有仪系陈大沅胞伯，将陈大沅比照“卑幼刃伤期亲尊属、讯非有心干犯、或系金刃误伤、拟绞监候例”拟绞监候。查陈大沅系放铳误伤，律得以斗杀论，按汤火伤保辜，尚在折伤以下，原验陈有仪伤已结痂，死由于病，非死于伤，未便因陈有仪因病身死，即重科该犯以竹铳误伤，比照“期亲尊属例”拟以绞候。

题驳去后，该督遵驳更正，将陈大沅改依“弟妹殴兄姊沂④伤律”拟以满流，毋庸以尊属加等。查凡人擅放竹铳伤人及因争闹施放、误伤旁人，尚应依例拟军，今陈大沅因争斗携铳抵拒，误伤期亲尊属，自应于“凡人竹铳伤人按服制加等”问拟。该督将该犯比律拟流，系属错误，陈大沅应改依“因事争斗、擅将竹铳施放伤人者、发云贵两广烟瘴少轻地方充军例”，应按服制递加四等，罪止改发新疆，仍照奏定调剂章程，改为实发云贵、两广极边烟瘴充军。

山西司 ○ 道光九年

晋抚咨：彭应成等与胥金沅等因挑渠相争，同时互殴受伤，并无首从可分，亦未能分别某人打伤某人，自应一体按例问拟。彭应成比依“鸟枪竹铳伤人、发云贵两广烟瘴充军、系夺获施放、仍照夺获凶器伤人例”，量减一等，拟杖一百，徒三年。

湖广司 ○ 道光九年

南抚题：张先名点放铁铳，谋杀胞侄张组义，以致误伤胞兄张光发平复。该抚比照“刃伤期亲尊长例”拟绞监候，部以火器伤人拟军之例，本系律外加重，不加至死，改照“因争斗擅将竹铳施放伤人、发云贵两广烟瘴少轻地方充军例”，按服制递加四等，以加发新疆当差，无可复加，仍改发云贵、两广极边烟瘴充军，到配加枷号三个月。

河南司 ○ 道光十一年

河抚咨：祥符县满营蒙古闲散王多、郎阿哩布与马甲法兴争殴，辄用线枪打伤法兴平复。虽线枪为打雀所用，与鸟枪形式不同，究系火器伤人，自应比例问拟，王多应比照“因争斗擅将鸟枪施放伤人者、旗人发宁古塔等处例”发宁古塔等处安置。

广西司 ○ 道光十四年

广西抚咨：朱道经因与贼格斗，致铳沙误伤无干之朱一中平复。查朱一中系朱道经缌麻服侄，遍查律例并无有服尊长施放竹铳误伤卑幼明文，自应依“凡人竹铳伤人例”，按服制减等问拟，朱道经合依“竹铳伤人、发云贵两广烟瘴少轻地方充军例”，减一等，杖一百，徒三年。其因捕贼误伤，应照“过失伤人律”收赎，银数给付被伤之人，免其治罪。

安徽司 ○ 道光五年

安抚题：周容法听从周成志纠殴李应芳身死，原谋周成志在监病故。查周容法等先世习业低微，习俗相沿，称为细民，其依投李姓。既系年远难稽，而李姓之派别支分，其应以何人为周姓家长之处，又属无从查考，则主仆名分已难悬定。且所给田宅无几，尚须取租供赋，更不能养赡周姓合族之人，而李姓遇有婚丧等事，周姓之习业吹手抬轿者尚须前往承应，则以工计值，有亏无盈，较之常受主家豢养之雇工，又属迥然各别，至其素日不敢居于平等。

由于习业低微之故，即奉嘉庆十四年定例开豁，亦因沿于积习未经改图。在周姓等各自为生，原未以李姓为家长，而李姓以始于前代，遂视周姓为家奴。揆其实，不特无契券可凭，亦并未常川豢养，实非世仆雇工可比，自应遵照定例，准其开豁为良，彼此相犯，应以凡人科断。周容法合依“共殴案内原谋到官以后、未结之前、监毙在狱者准其抵命、将下手应绞之人减等拟流例”拟杖一百，流三千里。

再安徽徽州等处细民一项，久经钦奉雍正五年谕旨开豁为良，因或被大姓逼勒或系自甘污贱，致有仍执贱业之人。惟查例载：各省乐籍并浙省堕民丐户皆令确查，削籍改业为良，若土豪地棍仍前逼勒凌辱及自甘污贱者，依律治罪等语。该细民籍业微贱，与乐户堕民相同，自应仿照办理。应请嗣后该细民等，除有典身卖身文契可赁、并在主家常川服役受其豢养、实有主仆名分者、如与家长及家长之亲属有犯、悉照“奴仆例”分别问拟外，若无卖身文契又非朝夕服役受其豢养，虽佃大户之田、葬大户之山、住大户之屋、非实有主仆名分者，应除其贱籍一体开豁为良，彼此有犯并同凡论。如有土豪地棍仍前逼勒凌辱及自甘污贱者，依律治罪。庶久困之良民，得以振拔自新，而于习俗民风，似有裨益，均应如所题办理。

河南司 ○ 道光六年

河抚题：汝州顾进因陈士殿图奸其服婶顾乔氏未成，共殴陈士殿身死。查顾进所殴陈士殿致命脊背左等处为最重,且系最后下手,应以拟抵。第顾银良用木杆迭殴陈士殿脊背右,长至一尺二寸,色至青红,亦足毙命。今顾银良取保病故,律无殴有重伤之馀人取保病故、正犯应否减等明文,核其身故之由,本于因案牵连所致,与在监、在途病故同属因案身亡,自应准其一律抵命。顾进应照"共殴馀人殴有致死重伤之人、到官以后未结以前、监毙在狱、准其抵命、将下手应抵之人减等拟流、于有服亲属杀死图奸未成罪人绞候例"上,减一等,杖一百,流三千里。

陕西司 ○ 道光五年

陕督题:合水县何光扬因闻知衙役王凤等索诈庄人钱文,起意纠同张得等殴逐。张得将背负行李之刘汉德殴毙,是砍死并非所欲谋殴之人,亦非所欲谋殴之父母、兄弟、妻女、子孙及有服亲属,自应将起意纠殴之犯按例减等问拟。该督将该犯何光扬照"原谋律"拟以杖流,殊与例义未符,何光扬应改依"同谋共殴人致死、如被纠之人殴死非其所欲谋殴之人、亦非所欲谋殴之父母兄弟妻女子孙及有服亲属、将起意纠殴之犯不问共殴与否、照原谋律减一等例"拟杖一百,徒三年。

屏去人服食

山东司 ○ 道光五年

东抚题:徐经石因向伊妻刘氏求欢,刘氏贪睡不醒,该犯欲使刘氏不能安睡,辄取信末纳入刘氏产门,以致毒发溃烂身死。律例并无治罪专条,自应比例问拟,徐经石应比照"凡以他物置人孔窍中致死者绞监候律"拟绞监候。

安徽司 ○ 道光八年

安抚咨送:徐二因安张氏寄养伊家,贫难供给,复因安张氏患病不能带同寻房,先将安张氏抬放新庄村外野地,经人送回,嗣复欲带同安张氏借住傅二坟地闲房。行至中途,因恐安张氏病毙受累,起意商同傅二将其抬放土城坡下,以致安张氏因病受冻身死。律无治罪专条,自应比照"屏去人服食因而致死律"科断。惟安张氏身穿衣物,该犯并未脱下,且抬放时复将绵被搭盖其身上,与屏去者稍殊,若遽比律拟绞,殊与故屏者无所区别。该犯虽称安张氏为养母,第未蒙抚养,并非过房义子可比,应以"凡人"酌减问拟,将徐二比依"屏去人服食因而致死绞罪"上,量减一等,杖一百,流三千里。傅二照"不应重律"杖八十。

贵州司 ○ 道光十年

贵抚题:修文县林麻幺因与徐老四争取矿砂,用稻草辣子烧烟,冀其退避,致徐老四被烟熏入孔窍身死。原验口内有血流出,其为被熏致死无疑。惟律例内并无治罪明文,林麻幺应比照"凡以他物置人耳鼻孔窍中致死者律"拟绞监候。

广西司 ○ 道光八年

广西抚咨:钟卓辉起意商同李春魁等,用蔓陀罗药末给林乞丐食后昏迷倒地,装伤图诈黄立端家钱物,讵李春魁放药过多,林乞丐受毒身死。查《本草纲目》内载:"蔓陀罗,辛温有毒",即与毒物无异。惟律内并无用毒药给人服食图诈未成、致服药之人受毒身死作何治罪明文,自应比例问拟,钟卓辉应比照"故用毒蛊伤人、以斗殴伤论、因而致死者斩律"拟斩监候。李春魁听从图诈,下手用药,致林乞丐毒毙,应照"为从"减一等,杖一百,流三千里。

校勘记:

①炮:据《续四库全书》本应作"跑"。

②打:据《续四库全书》本该字为衍文。

③曾:该字应为"会"。

④沂:据《续四库全书》本应作"折"。

《刑部比照加减成案续编》卷十六

刑律人命

戏杀、误杀、过失杀伤人

夫殴死有罪妻妾

杀子孙及奴婢图赖人

弓箭伤人

车马杀伤人

庸医杀伤人

刑律人命

戏杀、误杀、过失杀伤人

陕西司 〇 道光九年

陕督咨:安定县孙有泉儿年甫八岁,与年甫十一岁之杨六六子邻居,常相顽耍。嗣该犯与杨六六子、孙小定儿赶山牧羊,抛掷土块戏耍。该犯将土掷去,杨六六子从旁抢拾,自掷土块,致被该犯掷土误伤右耳窍殒命。该抚将孙有泉儿依"过失杀律"收赎咨部。查孙有泉儿与杨六六子抛掷土块戏耍,致误伤杨六六子身死,正与戏杀之律相符,该督将该犯依"过失杀律"收赎,殊属错误,应令按律妥拟,到日再行核议。

河南司 〇 道光十三年

提督咨送:王大因徐五借伊当衣钱文,屡讨未还,致伊无钱取赎衣服,不能上工,心怀忿恨,起意杀死徐五,致误扎徐大心坎身死,并将徐五扎伤平复。例无谋杀人而误杀其人期亲尊长一命作何治罪明文,自应仍按"谋杀人而误杀旁人本律"问拟,王大合依"谋杀人而误杀旁人者、以故杀论故杀者斩律"拟斩监候。

陕西司 〇 道光四年

陕抚咨:高子儿因见雷欣潮欲向雷登幅扑殴上前拉劝,不惟与已死张庭茂并无斗情,即与雷欣潮亦无斗意,高子儿因踏麦禾失足滑跌,不知张庭茂在于背后弯身拾镰,将其压撞侧跌倒地,致地下所遗镰刀尖碰伤张茂庭额颅左,实属耳目所不及、思虑所不到。张庭茂所受碰伤原验并未损骨,业已结痂,因伤处发痒,自行抓落伤痂,以致伤口进风,越十八日身死。死虽因伤抽风,惟罪坐所由,核与足有蹉跌累及同伴、初无害人之意而偶致杀伤人之律注相符,高子儿应照"过失杀人者准斗杀罪",依律收赎。

陕西司 〇 道光七年

陕督咨:肃州吕学义因追殴服弟吕学正,自行绊跌内损身死。查"殴大功以下尊长律"注云:不言过失杀者,盖各准本条论赎之法等语。详参律注各字之义,系兼尊长与卑幼而言。本条论赎之法系指凡人过失杀者收赎而言,考诸过失杀伤收赎图内,并无大功以下卑幼过失杀伤尊长、暨尊长过失杀伤卑幼作何收赎明文,以法同凡论,故毋庸议。

此案吕学王[①]因引水灌溉己田,适伊大功堂兄吕学义趋至,属令堵塞沟口,让其先灌。该犯央俟少迟灌足再行堵闭,吕学义斥骂扑殴,该犯畏惧跑走,吕学义尾追,以致自行被石绊跌倒地内损殒命。该督以该犯并无抗争情形,吕学义自行失跌致毙,既出该犯思虑之外,尤非耳目所能及,将该犯于"过失杀期亲尊长满徒律"上,量减一等,拟杖九十,徒二年半,不准收赎等因咨部。

本部以吕学义因追殴服弟吕学正,自行绊跌内损身死。吕学正之奔跑自有畏惧尊长之心,并无抗争情形,吕学义之自行失跌致死,既出该犯思虑之外,尤非耳目所能及,正与"过失杀律注"相符,自应依"凡人过失杀准斗杀罪"依律收赎。该督将吕学正比依"过失杀期亲尊长"量减拟徒,系属错误,吕学正应改依"过失杀人者准斗杀罪",依律收赎,给付被杀之家。

安徽司 ○ 道光九年

安抚咨:武奉鸣过失伤陶咬住,越十日因风身死。该抚将武奉鸣于"准斗杀绞罪"上减等满流,事犯在道光八年十一月初九日恩诏以前,累减满徒,依律收赎。部查此系虚拟罪名,应行收赎之案向不援引恩诏,仍应在该犯名下,照"过失杀流罪",追取收赎银十两六钱四分五厘。

山东司 ○ 道光十四年

东抚咨:郑来礼因欲修筑墙垣,在墙上面向东首用锨拆掘,适郑来义自西走至郑来礼背后,郑来义并未眼见,因镢势往后,致掘落土块砸伤郑来义身死,实出郑来礼意料之外。核与耳目所不及、思虑所不到、初无害人之意、偶致杀人之律注相符。查郑来礼系郑来义小功堂弟,遍查律例并无过失杀小功尊长作何治罪明文。惟查乾隆十五年本部通行,"亲属过失杀兄律"内不载者以凡论收赎等语,自应遵照问拟,郑来礼合依"过失杀人者准斗杀收赎律",照例收赎银十两四钱二分,给尸亲收领茔葬。

安徽司 ○ 道光十四年

安抚咨:刘明雇令张五及李大等同往锯伐树株,嗣刘明、李大两人拉锯,树身将及倒下时已昏黑,不期张五赶往该处拾取衣服,躲避不及,被树砸伤身死,实出意料之外。刘明、李大两人既系一同拉锯,两人俱系过失杀人,原无首从可言,均合依"过失杀人准斗杀罪收赎律”,各追取赎银六两二钱一分,给尸亲具领营葬。

陕西司 ○ 道光十年

乌鲁木齐都统奏:幼孩冯存保子因戏误伤石庄娃子身死。该都统将冯存保子依“过失杀律”收赎,本部以该犯冯存保子与弟冯根娃子击扒戏要,误伤石庄娃子身死,正与因戏而误杀旁人之例相符,行令改拟。去后兹据照驳更正,将冯存保子改依“因戏而误杀旁人绞监候例”拟绞监候,惟冯存保子年甫十三岁,究系无心戏杀,请援照丁乞三仔例量予减等等语。

查幼孩殴毙人命之案,例准声请减等者,必死者年岁实长于凶犯四岁以上方可照此办理。兹冯存保子年甫十三岁,虽在十五岁以下,惟已死石庄娃子年仅十四,其长于凶犯并未及四岁以上,殊与定例不符,应毋庸议。

河南司 ○ 道光十一年

河抚题:归德营汛兵朱金峰操演连环鸟枪,误装铅弹点放,致将看视之民人潘贵容打伤身死。遍查律例并无兵丁因操演误伤平人毙命作何治罪明文,自应比例问拟,朱金峰应比照“围场内射兽兵丁因射兽而误伤平人致死者、照比较拳棒戏杀绞监候律”拟绞监候。

河南司 ○ 道光十四年

河抚题:滑县何孤垛因疯砍伤耿聚淋身死。案内之地保何学,该抚照“不应重律”杖八十,本部查地保何学于何孤垛患疯容隐不报,改照“疯病之人、亲属邻佑人等容隐不报、致杀他人、照知人谋害他人、不即阻挡首报律”杖一百,折责革役。

河南司 ○ 道光十四年

河抚咨:内黄县张常有殴伤王登高身死。案内之王奉来因义父王登高染患疯疾并不滋事,不即报官锁锢,致被人杀,应比依“疯病之人、其亲属容隐不报、以致疯病之人自杀者、照不应重律”杖八十。

河南司 ○ 道光六年

河抚题:获嘉县秦有祥因疯杀妻,本应永远锁锢,复又在监掷伤禁卒吴自立身死,前后致毙二命。遍查律例并无疯病杀人、收禁后在监因疯殴毙人命作何治罪明文,秦有祥应比照“疯病连杀平人二命例”拟绞监候。

山西司 ○ 道光十四年

晋抚题:郑有忠因病发狂,用砖块铁盆殴伤相登旺身死,到案时验系昏迷,复审时供吐明晰,取有尸亲切实甘结。惟例内并无病重发狂以致殴人致死作何治罪明文。查因病发狂与疯迷无异,自应比例问拟,郑有忠应比照"疯病杀人、到案验系疯迷、复审供吐明晰者、照斗杀律"拟绞监候。

河南司 ○ 道光五年

提督咨:刘二纪因染患热病昏迷,用刀将杨施氏砍伤殒命。查律例内并无因病发狂、砍死人命作何治罪明文,自应比例定拟,刘二纪应比照"疯病杀人、到案验系疯迷、复审供吐明晰者、准以斗杀定拟、斗杀者绞律"拟绞监候。

湖广司 ○ 道光五年

南抚题:陈得与王倖争詈,拾石向掷,不期误伤唐冬姑身死,唐冬姑系王倖义女,自应比例问拟,陈得照"因斗殴而误杀其人之女、依斗杀科罪、斗杀者绞律"拟绞监候。

浙江司 ○ 道光五年

浙抚题:胡长幅因向郭柔妹之翁郭沅发索欠争殴,该犯顺拾木棍折打,郭沅发闪避,适郭柔妹走拢郭沅发背后,以致误伤郭柔妹身死。查郭柔妹系郭沅发童养子媳,即与子孙无异,胡长幅应比照"因斗殴而误杀其人之子孙、依斗杀律科罪、斗杀者绞律"拟绞监候。

陕西司 ○ 道光十一年

陕督题:仇吕氏听从张可全,谋毒伊婿赵跟成伤而未死,误毒老吕仇氏及其幼孙吕牛牛、吕跟牛三命。该氏纵女赵仇氏与张可全通奸,听从谋命,造做毒馍,即属加功。查赵跟成系该氏女婿,伤而未死,罪止拟徒。其误毒老吕仇氏及外孙吕牛牛、吕跟牛身死,系一家三命,死者均非赵跟成有服亲属,例内并无谋杀人而误杀旁人一家三命、内有外姻小功卑幼二命、为从加功之犯作何治罪专条。若仅拟流收赎,似觉情浮于法,仇吕氏应照"谋杀人而误杀旁人一命案内从犯杖一百、流三千里例"上,酌拟实发驻防,给官兵为奴。

广东司 ○ 道光十四年

广抚题:张广信因向胞兄张广义借贷,屡被兄妾吴氏唆阻辱詈,该犯心怀忿恨,起意将其毒毙,即可望兄周济。嗣张广义外出,该犯乘吴氏蒸煮粉肉,乘间下毒,即潜往邻村躲避。不期张广义回家同食,致与吴氏一并受毒身死。该犯潜往探知,痛悔无及,据实向兄妻哭诉,属令赴县禀报,该犯亦自行投首。查律例内并无谋杀兄妾而误杀胞兄专条,惟例载谋杀子而误杀有服尊长者,仍依“故杀尊长本律”问拟,则谋杀兄妾误杀胞兄亦应比照“故杀胞兄本律”治罪。张广信除谋杀兄妾应同凡论、罪止斩候轻罪不议外,应从重比照“谋杀子而误杀有服尊长者、仍依故杀尊长律问拟、弟殴胞兄故杀者”,凌迟处死。惟该犯于误毒兄死后尚知悔恨,核与敖茂文谋毒兄妻、误毒胞兄之案情节相同,应援案声请,可否量从末减。

奉旨:张广信著从宽,改为斩立决。

夫殴死有罪妻妾

奉天司 ○ 道光五年

东城察院移送:麻大因伊妻傅氏不允当衣,将妻殴打,以致傅氏受伤后跳井淹死。查该犯所殴之处,虽均系手足他物等伤,惟伤多且重,自应比例问拟,麻大应比照“妻与夫口角致妻自缢、若殴有重伤缢死者、其夫杖八十例”杖八十,折责发落。

杀子孙及奴婢图赖人

四川司 ○ 道光十三年

川督咨:南川县张李氏因挟杨定江不允给还田价之嫌,起意将后夫张后升前妻之子张坤良殴毙图赖。张后升尚存一子,并未绝嗣。遍查律例并无继母故杀夫前妻之子图赖人作何治罪明文,第核其故杀本律,罪止杖七十,徒一年半,与亲母故杀其子虽有不同,而较诸伯叔故杀侄、罪应杖流者轻重悬殊。伯叔故杀侄图赖人,即得与亲母故杀子图赖同一拟军,则继母故杀前妻之子图赖,自可一例问拟,张李氏应照“故杀子图赖人者发附近充军例”发附近充军,系妇人照律收赎。

贵州司 ○ 道光七年

贵抚咨:李双甲系李庭标之子,起意将婢女蛮根致死,向周沧文图赖。律例内并无家长之子谋故杀奴婢图赖作何治罪明文,惟查家长之期亲谋故杀奴婢悉与家长同科,则家长之子故杀图赖亦应与家长一律问拟。李开[②]甲合依“家长故杀奴婢图赖人者律”杖七十,徒一年半。

湖广司 ○ 道光六年

北抚咨:叶奇璜挟嫌将病磨自行服毒之大功兄叶奇瑞扶送陈添会家图赖。查叶奇瑞病磨服毒身死之先,曾经同居伯母张氏问悉情由,迨叶奇璜将伊扶至陈添会家图赖之时,又经过路之张得文等向问,据将病磨自欲寻死缘由说明,其非叶奇璜怂恿服毒无疑。惟叶奇璜挟陈添会不允借贷之嫌,辄将自行服毒之大功堂兄扶送陈添会家图赖,情殊刁诈,比照"将已死期亲尊长尸图赖人者杖八十、徒一年、大功递减一等律"杖七十,徒一年半。

四川司 ○ 道光十三年

川督咨:广安州汪太阶因挟伊胞叔汪玉衡不给押钱、屡逼搬移、并将其妾殴伤、反欲告究之嫌,起意商同伊妻汪萧氏将汪张氏勒毙,捏告汪玉衡威逼汪张氏自勒身死,希冀图赖。例无作何治罪明文,自应仍按"杀妾图赖本律"问拟,汪太阶合依"故杀妾图赖人、无论图赖尊卑亲属、俱发附近充军例"拟发附近充军。

广东司 ○ 道光四年

广东抚咨:陈得蚬义子陈亚一太[③]系欧姓,自幼父母俱故,经陈得蚬抱为义子,抚养十一年之久,尚未婚配。陈得蚬向租分居大功堂兄陈得基等铺屋,开张米店生理。后因拖欠房租,陈得基等屡向讨索不给争闹,被陈得基等殴打,并声言日内如无钱文,定要赴官控追,经人劝散。该犯回店时,见陈亚一在外游荡,初更时候始行回店。陈得蚬向其训斥,陈亚一出言顶撞,陈得蚬用铁扁头禾枪,戳伤陈亚一脊背倒地,陈亚一滚地哭喊。陈得蚬气忿,忆及陈得基等索租殴辱,心怀不甘,良[④]恐无钱交给致被控追,并因陈亚一不听管束,素本憎恶,起意将其致死,捏指陈得基等殴毙图赖泄忿。即用禾枪连戳陈亚一左太阳等处,立时殒命,以陈得基等挟嫌殴伤伊义子陈亚一身死等语具报。

审悉前情,查陈得蚬因挟堂兄陈得基等索租殴辱之嫌,辄起意将义子陈亚一致死图赖。惟故杀恩养年久之义子,以故杀乞养异姓子论,照律罪止拟流,而杀子图赖罪应充军,自应从重问拟。陈得蚬合依"故杀子图赖人者、无论图赖凡人及尊卑亲属、俱发往附近充军例"发附近充军。

安徽司 ○ 道光十四年

安抚咨:吴廷章因胡有质与伊妻冯氏通奸,并向逼索欠钱争闹走散。适该犯幼子吴狗孜啼哭,该犯喝阻不理,一时气忿,起意将吴狗孜致死图赖,随用刀将吴狗孜咽喉割伤身死,欲将尸身背往胡有质家,经其妻劝阻而止。该抚将该犯依"故杀子孙图赖人例"拟发附近充军。部查该犯故杀伊子虽有图赖之心,惟并未将尸背往,尚系事属未成,与实在图赖已成者不同,将吴廷章改依"故杀子孙图赖人军罪"上,量减一等,杖一百,徒三年。

四川司 ○ 道光十四年

川督咨:通江县徐玉泷因向缌麻服叔徐富芝索欠无偿争闹,辄起意将徐喜儿叉死图赖。查徐喜儿系徐玉泷抚抱义子,业已五年,恩养不为不久,查律例内并无故杀恩养年久义子图赖人作何治罪明文。惟恩养既已年久,即与子侄无异。若仅依"故杀乞养异姓子本律"拟流,置图赖于不问,似觉情浮于法,自应比例问拟,徐玉泷应照"故杀子侄图赖人者、无论图赖系凡人及尊卑亲属、俱发附近充军例"发附近充军。

弓箭伤人

安徽司 ○ 道光四年

安抚咨:李如柏在宋邦正门首舞弄秤锤玩耍,适王廷辉从其身后走过,该犯听闻脚步声响,转身看视,不期所舞秤锤随势旋转,砍伤王廷辉额颅殒命。该犯于有人居止处所,以可以杀人之物任意舞弄,因而伤人致死,正与向有人居止宅舍投掷砖石、因而伤人律意相符,自应比例问拟,将李如柏比依"无故向有人居止宅舍、投掷砖石因而致死律"拟杖一百,流三千里;年未及岁,照律收赎,仍追埋葬银一十两。

山西司 ○ 道光四年

晋抚咨:宋光珠与徐思广等于黑夜同在何光德场地乘凉睡熟,宋光珠于梦中听闻徐思广喊叫有狼,惊醒坐起,见有黑影晃动,以疑是狼,即持巡田防身木柄铁头刀向扎,不期误扎徐思广身死。律例并无疑兽捕扎误伤人命作何治罪专条,自应比律问拟,宋光珠比照"无故向城市及有人居止宅舍、放弹射箭、投掷砖石因而致死人律"杖一百,流三千里,仍追埋葬银一十两。

四川司 ○ 道光七年

川督咨:江北厅龚顺奇黑夜赴田看守稻谷,路经车沅盛池边,听闻水响,因值黑夜看视不明,疑系野兽捕鱼,用矛刀驱逐向戳,误伤车沅盛毙命。衅起疑兽,究无另有别情。遍查律例并无作何治罪专条,惟查该处离车沅盛住宅不远,并非旷野,自应比律问拟，龚顺奇应比照“无故向人居止宅舍、放弹射箭、投掷砖石因而致死律”杖一百，流三千里，仍追埋葬银一十两。

江西司 ○ 道光十年

江西抚咨：周明照因程亚贱家狗只向其吠咬，该犯用木稍向殴，不期狗只跑开，程亚贱从门内跑出，该犯收手不及，适伤程亚贱囟门身死，实属伤由失误，杀出无心，应比照“向有人居止宅舍、放弹射箭、投掷砖石伤人因而致死律”杖一百，流三千里。

湖广司 ○ 道光十四年

北抚咨：翁万瀗因李三沅赴塘车水灌田，忘带挖土铁铲，喊令该犯将铲递给。该犯将铲掷交，致中伤李三沅偏左身死。杀固由于误中，衅非起于争殴，惟不走近递交，以致误伤毙命，自应比例问拟，翁万瀗比照“无故向有人居止宅舍、投掷砖石因而致死律”杖一百，流三千里。

四川司 ○ 道光八年

川督咨：盐源县黄文志将石往后丢弃，适值无名丐僧从道旁小路走出，致被掷伤身死。核其情节，固属耳目所不及，第该处既有人行小路，则黄文志即应虑及有人行走，乃并不留心，妄行抛石，致伤人命，实非思虑所不到。惟查受伤之地，系在旷野道旁，究与有人居止宅舍有间，若照律问拟满流，未免无所区别，自应酌减问拟，黄文志应于“无故向有人居止宅舍、投掷砖石因而致死杖一百、流三千里律”上，量减一等，杖一百，徒三年。

四川司 ○ 道光九年

川督咨：安岳县彭良山因闻包谷地内声响，虑恐有贼，拾石吓掷，因时值黑暗，看视不明，适伤岩下出视之陶万达致毙。虽系耳目所不及，惟岩下既有人居，即当虑及伤人，实非思虑所不到，不得诿为过失。第虑贼掷石究与无故掷石不同，自应比律量减问拟，彭良山应比照“无故向有人居止宅舍、投掷砖石因而致死杖一百、流三千里律”上，量减一等，杖一百，徒三年。

河南司 ○ 道光十一年

河抚咨：偃师县李豹因点放敬神铁铳，误伤许长义身死，李豹应比依“竹铳向有人居止宅舍施放、误伤人因而致死例”杖一百，流三千里。

安徽司 ○ 道光十三年

安抚咨：周泳太因家中疯犬逃出，三更时听闻犬吠，知系疯犬回村，即携竹铳开门出视。因天色黑暗，无从查见，向犬吠处施放，不期伊兄周泳春酒后在场上躺卧睡熟，致被铳伤偏右等处身死。该犯意图杀犬，本无害人之心，核与无故向有人居止宅舍、放弹射箭投掷砖石因而杀人、若所伤系亲属、依名例律本应重罪而犯时不知者、依凡人论之律注相符，将周泳太比照“鸟枪竹铳、向有人居止宅舍施放、误伤人因而致死例”杖一百，流三千里。

河南司 ○ 道光六年

河抚咨：许州胡稳成因见门外空地树上有鸟，架枪欲发，旋因鸟飞未放，提枪转身东走，不期衣挂火机，以致枪药触发，误伤王士贵身死。枪由衣挂误发与实在自行施放者不同，胡稳成应于“鸟枪竹铳、向有人居止宅舍施放、误伤人因而致死者杖一百、流三千里例”上，量减一等，杖一百，徒三年。

江苏司 ○ 道光七年

苏抚咨：夏安芝点放纸爆，被风吹在王春先裤上，以致烧伤溃烂身死，核与城市施放鸟枪竹铳情事相同。惟鸟枪竹铳本堪杀人之具，纸爆为民间常用之物，且王春先致被烧伤又非该犯意料所及。夏安芝比依“鸟枪竹铳、向城市施放伤人致死流罪”上，量减一等，杖一百，徒三年。

河南司 ○ 道光九年

河抚咨：灵宝县韩怪儿因刘根林邀伊携带鸟枪，赴地打鹊。该犯负枪在前行走，下坡滑跌坐地，不期震动火绳枪药触发，适刘根林尾后随行，误将刘根林打伤致毙。与实在旷野施放鸟枪误伤人者不同，自应按例量减问拟，韩怪儿应于“鸟枪竹铳、在旷野施放、误伤人因而致死满徒例”上，量减一等，杖九十，徒二年半。

车马杀伤人

福建司 ○ 道光六年

南城察院移送：刘句儿车骡惊跑，收勒不及，误将杨六轧伤，十日外抽风身死。律无因车马伤人、至十日外抽风身死作何治罪明文，自应仍按“车马杀伤人本律”问拟，将刘句儿依“车马因公驰骤杀人者以过失杀论”，依律收赎。

庸医杀伤人

陕西司 ○ 道光五年

陕抚咨:沔县施大奎之妻岳氏委系分娩逆生,张章氏不知达生之理,辄用手伸入产门,强将婴儿取出,以致母子两亡,自应比照问拟,张章氏应比照"庸医误不依方因而致死、如无故害人之情者、以过失杀人论",依律收赎。

河南司 ○ 道光八年

河抚题:延津县韩重与孙举妮医病,并不按方用药,妄照不经旧书,画符念咒针刺,复因孙举妮病体羸弱,令其妻孙李氏代受针刺,以致刺伤孙李氏身死。遍查律例并无为人治病、令人代受针刺、以致将代刺之人刺毙作何治罪明文,韩重应比照"端公道士及一切人等、作为异端法术、医人致死者、照斗杀律"拟绞监候。

陕西司 ○ 道光十三年

陕督咨:张掖县杨添贵因许苗氏邀伊算命,见该氏年轻图与通奸,妄为该氏画符魇镇,祈求子嗣。究无邪术煽惑情事,其符魇系为消灾求子,与画符治病情事相同,自应比例问拟,杨添贵应比依"端公道士、作为异端法术、医人未致死者"杖一百,流三千里。

贵州司 ○ 道光五年

提督奏送:刘庆会画符治病,讯止图骗钱文,并无邪言惑众情事。玉匣记系民间习用之书,不在例禁。该犯照书描画,与实在诈为异端法术、捏造符箓者有间,自应按例酌减问拟,刘庆会合依"端公道士、作为异端法术画符等类、医人未致死满流例"上,量减一等,杖一百,徒三年。

校勘记:

①王:据《续四库全书》本应作"正"。

②开:据《续四库全书》本应作"双"。

③太:据《续四库全书》本应作"本"。

④良:据《续四库全书》本应作"复"。

《刑部比照加减成案续编》卷十七

刑律人命

威逼人致死

刑 律 人 命

威逼人致死

山西司 ○ 道光四年

晋抚咨:姚大祥挟姚金兰逼索地租之嫌,唆令其继母姚薛氏逐继不允,辄向吵闹,并因姚金兰被伊子姚跟舍扎伤呈控,又将姚金兰具家打殴。姚薛氏被逼自缢,实属威逼,姚大祥依"因事威逼人致死律"杖一百,再加枷号两个月。

陕西司 ○ 道光六年

陕抚咨:杨帮才因向杨尚志索欠无偿,杨帮才用拳殴伤杨尚志左眼胞,经劝而散。杨尚志因被逼情急,次日投井殒命。查杨尚志被殴之伤,原验仅止红肿,不得谓之重伤,自应仍按"威逼致死本律"问拟。今该抚援引"重伤而非致命"拟徒,与例不符,杨帮才应改依"威逼人致死者"杖一百。

四川司 ○ 道光十二年

川督咨:巴县李贾氏因冉正俸向伊夫李光周逼索担保,李光才当价争角。冉正俸因李光周出外未回,疑其藏匿在家,与李贾氏争吵,将其神桌推倒,致李贾氏辄即气忿轻生,携抱年甫一岁之幼子李四一同自缢。李贾氏绳断坠地,经冉正爵瞥见解救,李四被缢气闭殒命。虽已死李四并非被逼之人,第李贾氏之情急短见,将李四缢毙,究系该犯逼迫所致。遍查律例并无威逼人因而故杀其子作何治罪明文,自应比例问拟,冉正俸请照"因事威逼人致死者"杖一百。

浙江司 ○ 道光四年

浙府咨:额外外委何胜沧威逼凌炤禄自缢身死。虽系闻闹往劝,并非滋事之人,其因巡弁吆喝,辄敢不服,出言顶撞,咨有应得,与平人不同。惟何胜沧并不即时送县,辄自私押,越日释放,以致凌炤禄被押不甘,气忿自缢,实与威逼致死无异。该犯系额外外委,藉巡混拿,私押酿命,未便仅照"威逼律"问拟满杖,致滋轻纵,何胜沧应照"因事威逼人致死杖一百罪"上,加一等,杖六十,徒一年。

四川司 ○ 道光五年

川督奏:渠县生员杨正常等赴京呈控该县黄之澜修庙科敛、私增盐价、并董杨氏等因讹索议罚、气忿自尽等情。案内之监生田蓍起于杨正常编控各款曾经劝阻,即其在京所供亦非本意,未便坐以为从之罪。其所告田莘起因议罚银两自缢身死,并罗飞泷等控争斗粮,事俱有因。惟已经田遇加在本省控告,讯明结案,复行至京,砌词翻控,实属健讼。该督将田蓍起拟革去监生,照"不应重律"杖八十,加枷号一个月。监生田星耀借给董文受钱文,辄令黄盛向中证董中立讨取,以致逼追酿命,应照"不应重律"杖八十,系监生,照律纳赎。

查举贡生监有犯除科场舞弊及犯奸犯赌方拟枷号,此外并无拟以枷号之例。今监生田蓍起以伊兄田莘起因议罚银两自缢身死,并罗飞泷等控争斗粮,业经本省讯结之案,复行赴京砌词翻控。核其所犯,与科场舞弊、犯奸犯赌、实在有玷行止者不同,自应照律问拟,田蓍起应照"不应重律"杖八十。所有该督将田蓍起拟加枷号之处,应毋庸议。黄星耀应照"不应重律"杖八十。田蓍起、黄星耀均系监生,礼部查监生田蓍起以伊兄田莘起自缢身死,并罗飞泷等控争斗粮,业经本省讯结之案,复行赴京砌词翻控,应革去监生。黄星耀借给董文受钱文,辄令黄盛向中证董立中讨取,以致董杨氏自缢身死,亦有不合。惟酿命之由,实因黄盛逞强逼索,该监生并未自行讨取,核与有心威逼者不同,所拟杖八十之处,准其照例纳赎。黄盛向董中立讨取借项,虽系伊叔黄星耀令伊代讨,第系该犯自行逼索。既将董中立之妻杨氏推跌,又勒令董中立携线赴场售卖,以致杨氏气忿缢毙,实属逞强威逼。该犯曾充差役,斥革之后犹敢滋事酿命,未便仅依"威逼本律"问拟,致滋宽纵,黄盛应于"因事威逼人致死杖一百罪"上,加一等,杖六十,徒一年。

直隶司 ○ 道光十年

直督咨:地方杨世奇因向王马氏索讨帮贴钱文不给争吵,致氏气忿自缢。查杨世奇所索帮贴钱文,系村众议明旧规,并非该地方创始纠敛。惟究系在官人役,未便因其并无用强威逼,稍为宽纵,将杨世奇比照"威逼人致死杖一百罪"上,加一等,杖六十,徒一年。

陕西司 ○ 道光四年

陕抚题:宋玉欣因胞兄宋玉德欲令赔还从前寄养倒毙之驴,该犯答称已赔给米谷,不应再向重讨。宋玉德忿骂扑殴,该犯跑避,宋玉德尾随赶殴,自行失跌,垫伤身死。讯无推殴情事,宋玉德死由自跌,与逼迫难堪、忿怒自尽者有间。律例内并无胞兄赶殴胞弟自行失跌身死作何治罪专条,自应比附定拟,宋玉欣应于"逼迫期亲尊长致死绞候律"上,减一等,杖一百,流三千里。

江苏司 ○ 道光六年

苏抚题:姚阿名因胞兄姚百受触犯伊母,经伊母逼令该犯将姚百受捆缚送官。行至中途,姚百受嘱其解放,姚阿名因母命难违,不敢解释。姚百受畏罪情急,投河殒命。查姚百受之死,虽由该犯不允解放所致,惟该犯究因惧母未敢释放,与威逼者有间,姚阿名比照"逼迫期亲尊长致死绞候律"上,量减一等,杖一百,流三千里。

陕西司 ○ 道光四年

陕抚题:井登科窃卖期亲服婶张氏松椽,因被拉往投约报官,挣脱逃避,致将张氏带跌磕伤,气忿投井身死。律例内并无卑幼行窃伯叔父母财物、致令自尽作何治罪明文,如竟照"逼迫期亲尊长致死律"问拟,该犯系因贫无度,窃卖松椽,委无干犯吵逼情事。依律拟绞,殊觉情轻法重,自应比例定拟,井登科应于"逼迫期亲尊长致死绞候律"上,量减一等,拟杖一百,流三千里。

河南司 ○ 道光十二年

河抚咨:洛阳县王合文先为期亲婶母王段氏嗣子,旋因王段氏生子,分产归宗,不得仍以母子论。惟该犯分得王段氏房地,坐视王段氏贫窘,不加周济;又因段氏索讨继产不还,致氏窘迫轻生,实属忘恩负义。虽当时并无争闹威逼别情,固未便即以"逼迫期亲尊长致死律"拟绞。第王段氏之自尽,实由该犯昧良窘迫所致,亦不得稍纵宽贷,王合文应照"逼迫期亲尊长致死绞候律"上,量减一等,杖一百,流三千里。

贵州司 ○ 道光十二年

贵抚题:黄平州石绍奎强拆园篱,致胞伯石毓玉赶殴失跌磕伤后,气忿自缢身死。石绍奎讯无逼迫情事,惟该犯系石毓玉期亲胞侄,服制攸关。律例内并无卑幼强横致期亲尊长自缢作何治罪明文,石绍奎应于"逼迫期亲尊长致死绞候律"上,量减一等,杖一百,流三千里。

安徽司 ○ 道光十二年

安抚题:陈斗章因窃取期亲伯母陈东氏铁锄押钱使用,致陈朱氏气忿自缢殒命。

查陈朱氏早有亲子，无须立继。即陈斗章自幼寄养陈朱氏家，系其兄按年贴钱，并非由陈朱氏抱养成人。是陈朱氏不特不能为陈斗章嗣母，亦与从幼过房之养母迥别，自应仍以期亲尊长论。惟陈斗章窃取陈朱氏铁锄，押钱使用，被陈朱氏查知哭骂，即行畏惧走避，并无逼迫情状。既未便拟以逼迫期亲尊长致死之条，而律例内又无期亲卑幼因窃取尊长财物、致令自尽作何治罪明文，将陈斗章比照"逼迫期亲尊长致死绞候律"上，量减一等，杖一百，流三千里。

陕西司　○ 道光十四年

陕抚题：武功县马春系马富胞兄，马富失去刳刀，疑侄马元浩取用向索，伊兄马春闻知，即与争角。马富不服顶撞，马春气忿扭拉跳崖拼命，马富拉阻不及，一同带跌落崖，马春因跌身死。查马富并无恃强逼迫情状，与实在卑幼恃强威逼、致令期亲尊长情迫自尽者不同。若照"卑幼逼迫期亲尊长致死"一律拟绞，似无区别，马富应照"逼迫期亲尊长致死绞候律"上，量减一等，杖一百，流三千里。

山西司　○ 道光十四年

晋抚题：丁祥汰因胞兄丁其汰欲卖住房，与伊嫂丁黄氏争殴，携妻丁李氏前往劝阻。复因丁其汰持刀扑扎，各用绳辫杖棒，将丁其汰殴伤。查验所殴各伤，均非致命，又不深重，且尚能跑走，不致戕生。殆经劝散后丁其汰往投乡约，失跌痰壅，气闭身死，并非该犯意料所及，且无追殴逼迫情事。若照"逼迫期亲尊长致死之律"问拟，未免情轻法重。惟丁其汰之失跌毙命，究由该犯拦阻卖房殴打起衅，亦未便止科伤罪，自应比例酌减问拟，丁祥汰合依"逼迫期亲尊长致死绞候律"上，量减一等，拟杖一百，流三千里。

陕西司　○ 道光十三年

陕抚咨：渭南县宋有财与宋有银本系同胞弟兄，服属期亲，宋有银自幼出继于族伯宋朋广为嗣，降服大功。因宋有财索取借用刳刀，宋有银答称未见，宋有财在宋有银家草堆内找获，宋有银詈其不应当贼搜赃，即向扑殴。宋有财畏惧走开，宋有银复向殴赶，宋有财闪避，以致宋有银自行失跌，磕伤身死。讯无推殴情事，惟衅由搜寻刳刀，死系大功尊长，未便照"凡人"拟杖，致滋轻纵。亦未便科以逼迫之条，致与实在逼迫者无所区别，宋有财应比照"逼迫大功尊长致死满流罪"上，量减一等，杖一百，徒三年。

陕西司 ○ 道光三十年

陕督咨:清远县朱荣因大功服叔朱满瑚向伊索帮,该犯应允后反悔不给,致令自尽。虽尚无逼迫情状,惟朱满瑚之死究因该犯许帮反悔所致,罪坐所由,应酌照"逼迫大功尊长致死之律"量减问拟。该督将该犯依"殴伤大功尊长律"拟以杖八十,徒二年,是仅科殴伤之罪,而置人命于不问,殊未允协,朱荣应改依"逼迫大功尊长致死满流罪"上,量减一等,杖一百,徒三年。

山西司 ○ 道光四年

晋抚咨:李青山于小功服叔李廷全争执走道,辄敢混骂,迨经人和处。适值农忙,并不即时往向服礼,以致李廷全气忿莫释,轻生自尽。第李青山仅止混骂,与实在逼迫致死者有间,若照律拟以满徒,未免情轻法重,自应量减问拟,李青山合依"逼迫小功尊长致死满徒罪"上,减一等,拟杖九十,徒二年半。

湖广司 ○ 道光十年

南抚咨:韩上望与小功服叔韩禄峻争闹,当即跑走,致令赶殴,自行失跌身死。讯无推殴别情,韩禄峻死由自跌,与逼迫难堪忿怒自尽者有间,将韩上望比照"逼迫小功尊长致死满徒罪"上,减一等,杖九十,徒二年半。

河南司 ○ 道光六年

河抚题:永城县杨亮与已故大功服弟杨书之妻匡氏通奸败露,经氏姑杨潘氏将匡氏逐回母家,令其另嫁。该犯希图续旧,逼令杨潘氏接回,潘氏不允,辄将潘氏用棍殴伤,致杨潘氏被逼难堪,气忿自缢毙命。例内并无因奸逼迫期亲尊长致死作何治罪专条,杨亮除殴伤期亲尊属并奸缌麻以上亲之妻各轻罪不议外,应比照"因奸威逼人致死律"拟斩监候。

河南司 ○ 道光十四年

河抚题:郾城县申年强奸十四岁之幼女李宜妮已成,致令内伤身死,律例内均无作何治罪专条,自应比例问拟,申年应比依"因奸威逼人致死律"拟斩监候。

河南司 ○ 道光十二年

河抚题:嵩县朱大财因见牛椿醉卧路旁,窃剥牛椿衣服,致令受冻毙命,既与平人屏人服食致毙者不同,亦与谋财杀害者有别。例无作何治罪明文,朱大财应比照"因盗威逼人致死律"拟斩监候。

广西司 ○ 道光十三年

广西抚题:卢士海起意纠抢陈开胜船上钱物,致事主雇工梅新连惊慌逃避,失足落河毙命。律例无治罪明文,惟抢重于窃,梅新连之惨遭溺毙,皆由该犯等抢夺惊避所致,与因盗威逼人致死无异,卢士海应比照"因盗威逼人致死律"拟斩监候。

西川司 ○ 道光八年

川督咨:王杨氏因与袁成青通奸,被伊姑王贺氏撞见,令伊子王启柏告知王杨氏之父杨维贵管教,既无杀奸之意,又无忧忿欲死之心。嗣因杨维贵之子杨应俸反称王贺氏捏奸污蔑,欲行控告,致王贺氏畏累自缢。王贺氏既非为伊媳犯奸轻生,若将王杨氏遽拟缳首,与实在杀奸不遂、羞忿自尽,并因子孙身犯邪淫、忧忿戕生者漫无区别。王杨氏合依"妇人与人通奸、致并未纵容之父母、一经见闻、杀奸不遂、羞忿自尽绞决例"上,量减一等,杖一百,流三千里,仍依"纵容通奸愧迫自尽例"实发驻防给兵丁为奴。袁成青于"奸妇杖一百、徒三年例"上,减一等,杖九十,徒二年半。

四川司 ○ 道光十年

川督咨:遂宁县田金贵与王长德胞婶王舒氏通奸败露,致王长德忧忿服毒身死。遍查律例并无作何治罪明文,若仅科以奸罪,置人命于不问,未免轻纵;如照"妇女与人通奸致本夫忧忿自尽之例"问拟满徒,亦觉漫无区别。田金贵应照"妇人与人通奸、本夫并未纵容、一经见闻、杀奸不遂因而羞忿自尽者、奸夫杖一百、徒三年例"上,减一等,杖九十,徒二年半。

陕西司 ○ 道光六年

陕抚咨:富平县董王氏纵容孙媳董权氏,与董春茂通奸生子,经其子董万春查知奸情,以伊母董王氏纵奸无耻之言任意抱怨,致董王氏愧迫自尽。董万春旋因触犯伊母,致母自缢,虑恐到官问罪,亦即投缳殒命。是董王氏之自缢,由于纵奸愧迫;而董万春之自尽,由于母死畏罪,并非因媳犯奸,忧忿戕生,即未便坐董权氏以身犯邪淫致父母戕生之罪。董权氏合依"父母纵容通奸后、因奸情败露、愧迫自尽者",妇女实发驻防给兵丁为奴。

四川司 ○ 道光十二年

川督咨:大足县陈喜秀与杨进成通奸,被伊继母陈栗氏查知,业已怀孕,并不向伊夫陈仕崇告知,辄即代为隐瞒,属令打胎灭迹,实属知情纵容。迨经陈仕崇查知奸私,将陈喜秀等送官，彼时陈栗氏亦无愧迫情状。嗣因杨进成之父杨仕先向其图索滋闹，陈栗氏被逼情急，自戕身死。罪坐所由，固不能谓陈栗氏之死非因杨进成与陈喜秀通奸起衅，而究其轻生自尽，实由于杨仕先逼迫所致。若竟照父母纵容通奸后，因奸情败露愧迫自尽，本例将陈喜秀实发驻防给兵丁为奴，似与父母纵奸败露、于未经到官之前、即愧迫自尽者漫无区别。惟例无明文，自应酌减问拟，陈喜秀应于“父母纵容通奸后、因奸情败露、愧迫自尽者、妇女实发驻防给兵丁为奴例”上，量减一等，拟杖一百，徒三年。系犯奸之女，杖决徒赎。该氏年未及岁，仍照例收赎，给伊父领回，其夫家愿否接取，应听其便。

湖广司 ○ 道光五年

北抚咨：李罗氏因伊翁纵奸败露，致伊翁愧悔自尽，实发驻防给兵丁为奴。在配脱逃被获，因妇女与男夫不同，毋庸加等调发，仍发原配，交原主严加管束。

陕西司 ○ 道光十一年

乌鲁木齐都统奏：杨秀因见甥媳马刘氏少艾，乘便调戏，致刘氏羞忿自尽。查刘氏系杨秀缌麻以上亲之妻，杨秀向刘氏调戏，以致刘氏羞忿自尽，自有调戏内外缌麻以上亲之妻羞忿自尽本条。乃该都统竟将杨秀仍从凡论，置服制于不问，办理殊多错误。旋据遵驳更正，将杨秀依“内外缌麻以上亲及缌麻以上亲之妻、但经调戏、本妇羞忿自尽者”拟斩监候。

山西司 ○ 道光八年

晋抚咨：盂县民郭玉均因见郭士瀥在郭士亮窑顶叫骂，劝解被詈，辄揪其发辫欲殴，致郭士瀥挣跌碰伤致命偏左骨损，抱忿跳窑身死，即属殴逼。惟郭士瀥偏左一伤，究系自行跌碰，若与殴打致命重伤者同科军罪，未免无所区别，自应酌减问拟。郭士瀥系郭玉均无服族侄，至[①]死应同凡论，郭玉均应照“因事用强殴打、威逼人致死、果有致命重伤、虽有自尽实迹、发近边充军例”上，量减一等，杖一百，徒三年。

江西司 ○ 道光十二年

江西抚咨：流犯钟遥椲由配逃回，差役刘富见而捕获。该犯情急图脱，用力拒伤刘富偏左等处，以致负痛自缢身死。例内并无殴差致令自尽作何治罪明文，惟该犯但系刃伤，死出意外，自应仍按“凡斗致令自尽例”加拒捕罪科断，钟遥椲应于“因事用强殴打、威逼人致死、果有致命重伤、虽有自尽实迹、发近边充军例”上，加拒捕罪二等，发极边烟瘴充军。

河南司 ○ 道光九年

河抚咨:祥符县李李氏价买权三姐,虽已养育多年,惟该氏本图将其养大卖奸,嗣以权三姐貌陋,又系石女,未遂其愿。复欲寻主鬻卖,与实在恩养义育者迥不相同。今因权三姐遗失钱票,辄即任意殴逼,致令情急自尽,应以凡人论罪。李李氏合依"因事用强殴打、威逼人致死、虽有自尽实迹、其致命而非重伤、及重伤而非致命例"杖一百,徒三年。

江西司 ○ 道光十年

江西抚咨:王佐光与蔡王氏通奸,被本夫撞获,禁绝往来。嗣复向王氏续旧,因王氏因恐夫回撞见,不允争闹,辄将王氏推跌致伤,以致抱忿轻生。较之寻常因事用强、殴打威逼人致死者为重,若仅拟杖徒,转与和奸之案奸妇羞愧自尽、奸夫拟徒之例无所区别,王佐比照"因事用强殴打、威逼人致死、致命而非重伤、及重伤而非致命满徒例"上,酌加一等,拟杖一百,流二千里。

河南司 ○ 道光五年

河抚咨:灵宝县王道行因梅起南往观夜戏,向阻争吵,辄夺竹竿,迭殴梅起南致命左乳心坎等处。嗣梅起南走回,王道行复行赶往,欲拉梅起南往见雇主理论,以致梅起南恐被雇主辞工,潜赴空房投缳殒命,实属用强威逼。惟查验各伤,均系紫红色,尚未深重,按例应照"因事用强殴打、威逼人致死、致命而非重伤"问拟杖徒。乃于讯明后又挟王思温等不允具保总催之嫌,捏以王思温等与梅起南同行吓使缢命等词,涂写监照,希图拖累,实属险恶,尤应严加惩治。王道行除诬告王思温等吓令梅起南拼命轻罪不议外,应于"因事用强殴打、威逼人致死、虽有自尽实迹、致命而非重伤杖一百、徒三年例"上,量加一等,杖一百,流三千里。

江西司 ○ 道光六年

江西抚咨:郭孟居修砍松枝,并未越界,袁世芸疑窃争闹,被郭孟居用锄柄殴伤后,自行服毒身死,与实在用强殴逼者有间。惟袁世芸服毒自尽,究因被殴不甘所致,将郭孟居比照"因事用强殴打、威逼人致死、致命而非重伤满徒例"上,量减一等,拟杖九十,徒二年半。

陕西司 ○ 道光七年

陕抚咨:蒋添贵与李有才之妻苟氏通奸,李有才利资纵容,嗣蒋添贵复往与苟氏续奸,李有才索钱未给,将该犯撵逐。该犯不走,李有才拿刀扑砍,该犯夺刀回砍李有才囟门等处,许给养伤钱六千文。嗣该犯未将养伤钱文送往,李有才因无食用,情急自缢。虽据验明李有才伤已结痂,渐次平复,惟李有才之死究因蒋添贵砍伤后又未送给养伤钱文以致自尽,自应仍照"威逼致死本例"问拟。该抚以李有才死系因贫,与伤无涉,将蒋添贵照"刃伤人律"杖八十,徒二年,引断既未允协,办理亦属错误。蒋添贵应改依"因事用强殴打、威逼人致死、虽有自尽实迹、致命而非重伤"杖一百,徒三年;仍在该犯名下,追出埋葬银十两,给付尸亲具领。

江苏司 ○ 道光四年

苏抚咨:萧廷模殴伤兄妻萧张氏,致萧张氏服毒身死。查萧张氏被萧廷模所殴右胳膊等处伤痕甚重,均非致命之处。该氏气忿轻生,服毒身死,例无弟殴兄妻、威逼致死作何治罪明文,萧廷模比依"因事用强、殴打威逼致死、重伤而非致命杖一百、徒三年例"杖一百,徒三年。

湖广司 ○ 道光五年

北府咨:徐顺远因与无服族叔徐以约争闹,用刀殴戳多伤,重至骨断。迨徐以约之母朱氏往向吵闹,磕伤额颅,该犯复将其推出门外,闭门不理,致朱氏回家抱忿自缢身死。实属系恃强威逼,未便仅科以刃伤加等之罪,徐顺远比照"因事用强殴打、威逼人致死、重伤而非致命杖一百、徒三年例"杖一百,徒三年,并追埋葬银十两。

山西司 ○ 道光十年

晋抚咨:李世众因贾马儿赊欠酒钱,屡讨无偿,查知贾马儿财产系其叔贾明智代管,往向贾明智索讨,贾明智不肯认还,该犯遂邀允素好之柴钳金帮同索逼。贾马儿央缓,李世众不依向殴,惟时贾明智外出,其妻贾李氏趋护,李世众将贾李氏推跌,并将贾李氏被褥携回典当,贾李氏气忿投井殒命。查李世众携取贾李氏被褥,由于李氏之夫贾明智代管贾马儿财产不肯认还欠钱所致,即推跌贾李氏亦因该氏帮护贾马儿起衅,与无故行凶者不同。且该犯推跌贾李氏并未成伤,律例内并无因事用强殴打、并未成伤、威逼人致死作何治罪明文,自应比例问拟,李世众应比照"因事用强殴打、威逼人致死、如非致命又非重伤例"杖六十,徒一年。

河南司 ○ 道光十四年

河抚题:浙川厅方际瀛锁逼侯亥驹服毒身死,将方际瀛比依"威力制缚人致死拟绞律"量减一等,拟流。

本部查“威力制缚人致死问拟绞候之律”，系专指死于制缚之伤者而言。若制缚之后，死由自尽，向系照“因事用强殴打、威逼人致死本例”分别定拟，不得概援制缚致死之条。方今方际瀛因侯亥驹诓骗伊布匹逃走，寻获后并不送官究追，辄用铁链将其栓锁逼索，固属威力制缚。惟侯亥驹系被迫情急，服毒殒命，并非死于制缚之伤，将方际瀛改依“因事用强殴打、威逼人致死、如非致命又非重伤例”杖六十，徒一年。

陕西司 ○ 道光五年

陕督题：阶州朱秀因胞兄朱和不应划分公地，该犯与朱德等各将应得公地分段立界，朱和之子朱学文向该犯理论，该犯用鞭殴打，朱和拢护，致被误伤左臁肕皮破。嗣朱和因该犯不向服礼，气忿不甘，自缢身死，并无另有逼迫情节。伤由误及，既非重伤，又非致命，自应比附酌减问拟，朱秀比照“逼迫尊长致令自尽、殴有致命而非重伤或伤重而非致命之处、期服卑幼仍照逼迫本律绞监候”上，酌减一等，拟杖一百，流三千里。

四川司 ○ 道光十二年

川督题：宜宾县侯尹氏系侯喜之妾，因被正妻侯田氏殴打，夺棍殴伤侯田氏左臂膊、左胳肘，致侯田氏气忿自缢身死。遍查律例并无妾殴正妻、致令自尽作何治罪明文，惟妾为正妻服属期年，自应比例问拟，侯尹氏应比照“逼迫期亲尊长致令自尽、若殴非致命又非重伤、期亲卑幼仍照逼迫本律”拟绞监候。

河南司 ○ 道光九年

河抚题：光山县曹洛因期亲婶母曹张氏与该犯之父曹高争殴，口咬曹高左胳肘不放，该犯救护情切，顺用木扒柄殴伤张氏左额角，致张氏气忿自缢身死。虽衅起救亲，而死由被殴气忿，即与逼迫无异。服制攸关，自应按例问拟，曹洛合依“因事逼迫尊长致令自尽、若殴有致命重伤、期亲卑幼仍照逼迫本律”拟绞监候。

四川司 ○ 道光四年

川督咨：乐至县杨滕交因杨滕万向伊索钱扑殴，情急回推，致杨滕万失跌磕伤额角，气忿投水自尽。据验额角伤痕，虽系致命，仅止皮破，并非重伤，亦无用强逼迫情状。惟其投塘自尽，究由被推跌伤气忿所致。查杨滕万系杨滕交同高祖缌麻族兄，若仅依“殴伤本律”拟以满杖，未免轻纵。如竟依“逼迫缌麻尊长致令自尽、殴有致命而非重伤例”拟军，则与实在用强逼迫者无所区别，杨滕交应照“逼迫尊长致令自尽、致命而非重伤者、缌麻卑幼发近边充军例”上，减一等，杖一百，徒三年。

河南司 ○ 道光四年

河抚奏:涉县刘张氏因伊姑赵氏向其夺碗,该氏出言顶撞,致相吵闹。经刘石氏等劝解,赵氏气已消释,迨归房就寝,赵氏旧患痰病复发,跌地气闭身死。查子孙触犯劝释之后,父母因旧病致毙,例无作何治罪明文,自应比例酌减问拟,刘张氏应比照"子孙触忤干犯、以致忿激轻生、窘迫自尽斩决例"上,量减一等,杖一百,流三千里。该氏平日屡次触忤,邻里咸知,未便按照"寻常过犯"准其收赎,应实发驻防给兵丁为奴。

河南司 ○ 道光十一年

河抚题:唐县刘继淙因伊妻造饭迟延,村斥争吵,经伊父刘衣青听闻,喝阻不理。刘衣青生气喊骂,该犯畏惧走避,以致刘衣青追詈,绊跌中风身死,实属违犯教令。例无作何治罪专条,刘继淙应比照"子孙本无触忤情节、但其违犯教令、致父母抱忿轻生自尽者"拟绞监候。

贵州司 ○ 道光七年

贵抚题:姜绍先因妻姜老仰未经舂米,斥詈向殴,杨老晚在房喝阻时姜老仰哭喊,杨老晚声音低小,致姜绍先未经听闻,杨老晚走出拦阻,失跌磕伤身死。例无治罪专条,比照"子孙本无触忤情节、但其违犯教令、以致抱忿轻生自尽者"拟绞监候,声明尚非有心干犯,即伊母失跌毙命,亦与抱忿轻生有间。

本部查姜绍先于伊母喝令不许殴打,声音低小,该犯未经听闻不即住手,非有心违犯。即伊母失跌毙命,事出不虞,并无抱忿轻生之意。核与该省田宗保之案,情节尤轻,援案量减拟流具题。

奉旨:姜绍先著减等杖流,余依议。

贵州司 ○ 道光七年

贵抚题:小何田氏训责其子,致伊姑老何田氏痛惜幼孙自缢身死。查老何田氏因伊媳小何田氏训责其子,轻生自尽,讯无触忤干犯情事。惟老何田氏自缢,究由伊媳责子所致,将小何田氏比照"子孙本无触忤情节、但其违犯教令、以致抱忿轻生自尽者"拟绞监候。声明该氏尚非有心干犯,而老何田氏之自尽,非该氏意料所及,与实在违犯教令者情节较轻。本部援照嘉庆十一年贵州省田宗保之案,将小何田氏量减拟流具题。

奉旨:小何田氏著从宽免死,照例减等收赎,余依议。

陕西司 ○ 道光四年

陕抚题:岳叶氏因伊夫久出不归,伊翁岳来英欲将该氏嫁卖不遂,即夺其应分之地抵欠,复禁次子岳金川资助,以绝其食,欲使该氏不能自存,希图嫁卖,如此待媳不仁,实属有乖父道。该氏守贞不从,与他事违犯不同。今岳来英因该氏欲赴县控诉,恶其讦己之过,心怀忿恨,轻生自尽。若将该氏遽照"子孙违犯教令"问拟绞候,殊觉情轻法重,岳叶氏应比照"子孙违犯教令、致父母抱忿轻生自尽者绞候例"上,减一等,杖一百,流三千里。

江西司 ○ 道光五年

江西抚题:汪细女因贫欲将山树砍卖,向在家侍养之嫁母杨舒氏告知。舒氏称俟树大再卖,该犯乘间私自往砍,舒氏查知赶阻,该犯弃斧走避。嗣舒氏因该犯不听教令,赴县呈究,经人劝回,中途卒发旧病,痰壅气闭身死,与违犯教令致父母自尽者不同。惟舒氏卒中痰壅,究由该犯违犯教令触发所致。舒氏虽已改嫁,第子无绝母之理,自应酌量问拟,比照"子孙违犯教令、致父母抱忿自尽绞候例"上,量减一等,杖一百,流三千里。

广西司 ○ 道光十四年

广西抚题:支戊辰崽因其父支含金斥其开门迟缓,恐被责躲避,支含金赶殴,用身靠门,不期过重,脱落木枋,致伤殒命,例无作何治罪明文。虽查伊父赶殴,不期门枋脱落,被伤殒命,虽非该犯意料所及,究因该犯躲避所致,已有违犯情形,自应比例问拟,支戊辰崽比依"违犯教令、致父自尽例"拟绞监候。

陕西司 ○ 道光十三年

陕抚题:黄五桂平日懒惰游荡,不听伊父黄泳林教训,已属违犯教令。迨伊憎恶逐出另度之后,该犯因伊父所许钱文未给,央潘九令转求,以致潘九令被骂不甘,主使陈一安等砍伤伊父毙命。虽伊父之死由于潘九令主使殴打,而潘九令之逞凶,究因代该犯索钱而起。例无违犯教令之子央他人求父给钱致父被人殴毙作何治罪明文,自应比例问拟,黄五桂应比照"子孙违犯教令致父母抱忿轻生自尽者"拟绞监候。

校勘记:

①至:该字应为"致"。

《刑部比照加减成案续编》卷十八

刑律人命

威逼人致死

尊长为人杀私和

同行知有谋害

刑律人命

威逼人致死

广东司 ○ 道光六年

广抚题:南海县犯妇钟黎氏因听从刘亚五诱拐同逃,嫁卖未成,经伊夫钟亚四因妻被拐,羞忿服毒自尽。先据该抚将该氏照"妇女与人通奸,本夫羞忿自尽绞监候例"上,量减拟流。部以钟亚四之羞忿轻生,实由于钟黎氏之听从诱拐,并无别故牵涉,自应罪坐所由。且妻背夫在逃,较仅止口角细故为重。其因在逃而致伊夫自尽,岂得转较口角细故致本夫自尽为轻?置伊夫自尽于不问,驳令另拟。

兹据遵驳改正,将钟黎氏比照"妇女与人通奸、本夫羞忿自尽例"拟以绞候具题。查钟黎氏被诱同逃,固非良妇。惟既未与刘亚五通奸,未便照"妇女通奸,本夫羞忿自尽之例"问拟,应改照"妻妾衅起口角并无逼迫情状、其夫轻生自尽者"拟绞监候。

陕西司 ○ 道光十二年

陕督题:葛穆氏因女喜姐被姑李邢氏凌责,纠殴邢氏泄忿,伊夫葛荣闻知邢氏伤重,惧被告累,轻生自尽。查律例并无妻妾殴人、其夫畏累自尽作何治罪专条,自应比附量减问拟,葛穆氏应依"妻妾衅起口角、事涉细微并无逼迫情状、其夫轻生自尽、拟绞监候例"上,量减一等,杖一百,流三千里。

河南司 ○ 道光十年

河抚题:上蔡县赵二孟乘无服族叔赵驴在赵九家饮酒,潜至赵驴家内,胆将赵驴之妻赵胡氏冒奸已成,致赵胡氏羞忿自缢身死。例无作何治罪明文,赵二孟应比照"强奸已成,本妇羞忿自尽例"拟斩监候。

四川司 ○ 道光五年

川督题:巴县胡大潆向袁引弟调奸未成,被控枷责。袁引弟审结回家,羞忿莫释,时常啼哭。事越两月,该犯枷满释放回家,袁引弟瞥见,触起前情,乘间投缳殒命。例无治罪明文,若照"但经调戏,本妇羞忿自尽例"拟绞,殊与未经控告审结及本妇即时殒命者无所区别,自应比例量减问拟,胡大潆应比照"但经调戏,本妇羞忿自尽拟绞例"上,量减一等,杖一百,流三千里。

安徽司 ○ 道光十年

安抚题:汝大成见无服族叔之妻汝李氏在房独处,用言调戏,汝李氏不依喊骂并扭衣不放,该犯挣不脱身,情急图脱,将汝李氏殴伤,致汝李氏羞忿自缢身死。例内并无调奸未成、拒伤本妇致令自尽作何治罪明文,自应仍照本例问拟,将汝大成照"但经调戏,本妇羞忿自尽例"拟绞监候。

河南司 ○ 道光十一年

河抚题:鄢陵县陈中良图奸王文运之妻张氏未成,致氏羞忿自尽,并致王文运亦因悲忿自缢身死。例无调奸未成致酿夫妇二命作何治罪明文,自应从一科断,陈中良合依"但经调戏,其夫与本妇羞忿自尽者"拟绞监候。

河南司 ○ 道光九年

河抚题:鹿邑县赵骆驼图奸同姓不宗之男子赵潮未成,致令羞忿自缢身死。例无治罪明文,惟图保名节被辱捐躯,男女情无二致,自应比例问拟,赵骆驼应依"但经调戏,本妇羞忿自尽例"拟绞监候。

浙江司 ○ 道光八年

浙抚题:僧楚良强奸汤呈武未成,致令羞忿自缢。例无治罪正条,自应比例问拟,僧楚良应比照"但经调戏,本妇羞忿自尽例"拟绞监候。

河南司 ○ 道光四年

河抚题:项城县张泳帼图奸小功服侄张成彩之妻张马氏未成,经张廷松等处令服礼息事,马氏气已消释。嗣被犯母袭氏耻笑,马氏听闻,追悔抱忿自尽。例无治罪专条,张泳帼应比照"调奸妇女未成、和息后因人耻笑、本妇追悔自尽杖一百、流三千里例"上,酌加一等,发附近充军。

四川司 ○ 道光十年

川督题:江油县李鳌向小功兄妻李唐氏调戏,唐氏不依叫骂,抓住衣服。适本夫李春听闻,回家查看,意欲送究,经李常帼等劝息。李卢氏向唐氏询及调戏之事,唐氏疑其耻笑,当即啼哭抱怨,是夜投缳殒命。李唐氏系李鳌同曾祖堂兄之妻,律例内并无作何治罪明文,自应比例问拟,李鳌应比照“调奸妇女未成、和息后因人耻笑、本妇追悔自尽杖一百、流三千里例”上,量加一等,发附近充军。

四川司 ○ 道光十年

川督题:彭县文思典向弟妻文吴氏调奸未成,和息后文吴氏因伊姑抱怨追悔抱忿,自抹咽喉身死。遍查律例并无有服尊属调奸未成、和息后本妇追悔自尽作何治罪明文,自应比例加等问拟,文思典应比照“调奸妇女未成、和息后本妇抱忿自尽杖一百、流三千里例”上,酌加一等,发附近充军。

四川司 ○ 道光十四年

川督题:綦江县李大魁调戏小功服婶小李杨氏,本妇自允和息,服礼寝事。迨一闻张李氏谈论私和恐人耻笑之言,复追悔抱忿,自缢毙命。例无作何治罪专条,如仅照“凡人调奸妇女未成、和息后追悔自尽”拟流,置服制于不论,未免轻纵,自应比例加等问拟,李大魁应比照“调奸妇女未成、和息后因人耻笑、本妇追悔自尽杖一百、流三千里例”上,加一等,发附近充军。

四川司 ○ 道光十年

川督题:酆都县秦仕仁调奸缌麻弟妻马氏未成,和息后因秦仕仁继母赵氏谈及前事,致秦马氏听闻追悔,投水毙命。该氏系秦仕仁有服亲属,未便照“凡人”拟流,自应比例加等问拟,秦仕仁应比照“调奸妇女未成、和息后因人耻笑、本妇追悔自尽杖一百、流三千里例”上,量加一等,发附近充军。

山西司 ○ 道光五年

晋抚咨:史起睹图奸无服族婶史任氏未成,隐忍后被本夫问知埋怨,致氏追悔自缢,自应比例问拟,史起睹应比照“调奸妇女未成、和息后因人耻笑、本妇追悔自尽例”拟杖一百,流三千里。

陕西司 ○ 道光六年

陕抚题:泉县郭盛儿调奸高武氏未成,业经服罪和息。嗣该氏独立门外,被夫训斥,追悔自缢身死。衅虽起于调奸,而死实由于训斥,与因人耻笑、追悔抱忿自尽者有间。例无治罪正条,自应比例量减问拟,郭盛儿应于“调奸妇女未成、和息后因人耻笑、本妇追悔自尽例”上,量减满徒。

河南司 ○ 道光七年

河抚题:裕州杨玥因见李中和侄媳李路氏少艾,起意图奸,央允贾长辉义母贾黄氏哄诱李路氏至家,该犯用言调戏,李路氏不依,喊骂逃回。李中和往向贾黄氏吵骂欲控,经劝寝息。嗣贾长辉捏以贾黄氏被李中和诬陷,在街喊骂,致被李中和等殴伤涉讼,李路氏因而追悔抱忿自缢,与和息后因人耻笑抱忿自尽者无异,罪坐所由,自应照例问拟,杨玥应照"调奸妇女未成、和息后因人耻笑、本妇追悔自尽者",将调奸之犯杖一百,流三千里。贾黄氏贪利,听从杨玥引诱李路氏至家调奸未成,致氏于和息后抱忿自缢,即属为从,贾黄氏应照"为从减一等律",于杨玥满流罪上减一等,杖一百,徒三年。

河南司 ○ 道光九年

河抚咨:泌阳县余得耀因向田黑汉调奸未成,业已服礼寝息。嗣张光修查知耻笑,适被田黑汉听闻,当时哭詈不依,旋即悔忿自缢身死。遍查律例并无调奸男子未成、和息后因人耻笑、致令悔忿自尽作何治罪明文,第名节所关,男女本无二致,自应比例问拟,余得耀应比依"调奸妇女未成、和息后因人耻笑、本妇追悔自尽例"杖一百,流三千里。

直隶司 ○ 道光七年

直督咨:郝韩氏因向胡阎氏辱骂,致胡阎氏抱忿自戕,越日身死。查妇女相骂,与男子出语亵狎不同,自应比例减等问拟,郝韩氏比依"因事与妇女口角、彼此詈骂、妇女一闻秽语轻生杖一百、流三千里例"上,量减一等,杖一百,徒三年,照例收赎。

直隶司 ○ 道光九年

直督题:蔚州家人王升秽语辱骂家长侄媳包陈氏,致氏气忿自缢身死。查已死陈氏系包牧出继子媳,服属大功。王升系包牧家人,虽无典卖字据,但服役业已八年,未便竟同凡论,自应酌量加等问拟,王升合依"因事与妇女口角、彼此詈骂、妇女一闻秽语轻生杖一百、流三千里例"上,加一等,发附近充军。

直隶司 ○ 道光十一年

直督题:蠡县崔黑见李汪氏与伊母舅汪希武争闹趋劝,李汪氏疑护不依,互相揪拉,致将李汪氏单裤撕破后,致氏气忿服毒身死。该犯虽非有心欺辱,第其致死之由,实因该犯不避男女嫌疑撕破单裤所致。是撕裤之辱其身,与秽语之污其耳情无二致,自应比例问拟，崔黑应比依“因事与妇女口角、彼此詈骂、妇女一闻秽语轻生者”杖一百，流三千里。

直隶司 ○ 道光十一年

直督题：唐县监生马枢因夤夜闻响疑贼，追至胞侄马诏升家，被马诏升撞见，究问争吵。该犯气忿，辄以图奸之言向答，以致马诏升之妻马张氏在屋听闻，气忿自缢身死。该犯虽未觌面指名秽辱，第马诏升家别无女流，仅止马张氏一人。该氏听闻自尽，究因该犯向其秽辱所致。例无作何治罪明文，若竟照“因事与妇女口角、彼此詈骂、妇女一闻秽语轻生”拟以满流，该犯究未与妇女觌面，殊觉无所区别，自应比例酌减问拟，马枢应革去监生，比依“因事与妇女口角、彼此詈骂、妇女一闻秽语轻生杖一百、流三千里例”上，量减一等，杖一百，徒三年。

贵州司 ○ 道光十一年

贵抚题：施秉县李彭氏因李杨氏将伊包谷踏毁，辄以不正经娼妇之言向詈，以致李杨氏气忿轻生。李彭氏系李杨氏缌麻夫婶，例无作何治罪明文，将李彭氏比照“因事与妇女口角、彼此詈骂、妇女一闻秽语轻生满流例”上，量减一等，杖一百，徒三年，系妇女，照律收赎。李杨氏附请旌表。

河南司 ○ 道光十一年

河抚题：河内县张泳吉与庞刘氏之夫庞士明戏谑，辄在庞士明背上印一龟形，旋被庞刘氏瞥见，致氏羞忿投井身死。核与妇女听闻秽语羞忿自尽之案相同，张泳吉应照“并未与妇女觌面、止与其夫互相戏谑、妇女听闻秽语、羞忿自尽例”杖一百，流三千里。

河南司 ○ 道光五年

河抚题：林县郭三调奸张郭氏未成，因人耻笑，致氏追悔自尽。案内之郭有辰，虽非有心耻笑，惟以业经寝息之事复向张治善告述，以致张郭氏听闻，追悔抱忿，轻生自缢，实属不合。例无作何治罪明文，自应比例定拟，郭有辰应比照“与亲属戏谑、妇女听闻秽语、羞忿自尽杖一百、流三千里例”上，量减一等，杖一百，徒三年。

河南司 ○ 道光七年

河抚题：灵宝县强兵儿等与冯金法语言戏谑，致冯金法之妻贺氏听闻气忿自尽。案内之贺增儿随同戏谑，应照“为从减一等律”，于强兵儿满流罪上减一等，杖一百，徒三年。

河南司 ○ 道光四年

本部奏:正黄满呈报步军统领衙门笔帖式奎明之妻图博特氏自缢身死一案。此案奎明与雇工伊览通奸情密,辄思诱令伊妻图博特氏亦与伊览奸宿,因其不从,两次逼勒,以致图博特氏抱忿轻生。遍查律例并无本夫陷妻邪淫致令自尽作何治罪明文,该犯以职官鸡奸雇工,已属有玷官箴,复商令伊览图奸主母,灭伦坏纪,莫此为甚。若因该犯并无殴打别情,仅照"奸妇抑媳同陷邪淫、致媳情急自尽之例"拟遣,尚觉情浮于法,实不足以儆官邪而维风化。奎明应比照"妇女令媳卖奸不从、折磨殴逼、致媳情急自尽者绞监候例"拟绞监候。惟事属创见,例无专条,是否仍恭候钦定。

伊览当奎明商令往与图博特氏奸宿,该犯虽未同往,并不立时阻止,即隐有图奸主母之心,照"奴及雇工人调戏家长之妻未成",应发云贵、两广烟瘴地方充军。查图博特氏由于奎明之逼勒而死,而奎明之逼勒图博特氏实因与该犯通奸情密所致。该犯以雇工人与家主通奸,致酿主母一命,情节较重,应请发往回城给大小伯克及力能管束之回子为奴,照例刺字。至图博特氏守正不阿,捐躯明志,洵属节烈堪嘉,相应附请旌表。

直隶司 ○ 道光十年

直督咨:张庭喜图奸弟妇孙氏不从,将孙氏立时致毙。查胞兄图奸弟媳未成,将本妇立时殴死,例无作何治罪明文。惟兄殴弟妻至死者,律同凡论,则图奸弟妻未成,立时致毙,亦应与凡人一律问拟,将张庭喜比依"强奸未成、将本妇立时杀死者"拟斩立决。

直隶司 ○ 道光十一年

直督题:深州郭飞朋图奸杨孝发之妻杨范氏未成,因杨范氏喊嚷情急,辄将该氏搭伤致死,假装自缢,殊属淫凶。遍查律例并无图奸未成、致将本妇立时致死作何治罪明文,自应比例问拟,郭飞朋应比照"强奸未成、将本妇立时杀死者"拟斩立决。

陕西司 ○ 道光十一年

陕抚咨:胡王氏因刘先魁往接胡刘氏回归,挽留不允争吵,辄以伊子胡七七子知刘俊升与女胡刘氏同炕之言,指为不端,先后斥詈,致胡刘氏与父刘俊升先后气忿自尽,实属秽语村辱。遍查律例并无妇人与妇人口角、秽语村辱、致父女二命同时自尽作何治罪专条,自应比例问拟,胡王氏合依"因事与妇文口角、秽语村辱、以致本妇气忿轻生、又致其夫痛妻自尽者”拟绞监候，业已畏罪自缢，应毋庸议。至胡七七子向刘俊升家借宿，因腾给房炕，刘俊升自与其女刘氏一炕将就睡宿，系属实有其事，并非胡七七子平空指造。惟胡氏[1]氏所称刘俊升父女不避嫌疑，恐有不端之言，究由胡七七子告知父女一炕同睡而起。若遽予免议，未免轻纵，胡七七子应照“不应重律”杖八十，酌加枷号一个月。

奉天司 ○ 道光六年

步军统领衙门咨送：张保儿与王换姐通奸私产，丑声外扬，致换姐之父王二闻知气忿，将换姐之母毕氏并伊妹六姐戳砍毙命。是毕氏、六姐之死，皆由张保儿奸淫所致，律例内并无和奸败露、致奸妇之亲属被杀二命、奸夫作何治罪明文，自应比例定拟，张保儿应比照“因事威逼人致死一家二命例”发近边充军。

安徽司 ○ 道光八年

安抚咨：刘继缮因见奕允幅之女生姐从伊家走出，适伊家被失钱文，疑系生姐所窃，属奕允幅转向查问，以致生姐气忿投缳自尽。奕允幅亦因痛女情切，自缢身死。查刘继缮仅止疑窃查问，并非诬窃捏指，又无吓诈逼认情事，未便遽照“威逼一家二命例”拟军。遍查律例并无疑窃、仅止空言查问、致令一家二命自尽作何治罪明文，将刘继缮比照“因事威逼人致死一家二命、发近边充军例”上，量减一等，拟杖一百，徒三年。

陕西司 ○ 道光九年

陕抚咨：富平县刘文义与路学勤之妻路李氏通奸，本夫初不知情，迨刘文义在李氏房内炕上同饮说笑，本夫瞥见斥骂，刘文义当即逃跑躲避，并无因奸威逼情事。第奸妇、本夫先后投缳殒命，实由刘文义与路李氏通奸所致，自应比例问拟，刘文义应比照“因事威逼人致死一家二命例”发近边充军。

江西司 ○ 道光十一年

江西抚咨：谢荣纠窃小功服兄谢象坤钱物，致事主夫妻窘迫自缢身死。查例内事主失财窘迫自尽，系指平人因窃致死事主一命而言，并无因窃致小功尊长一家自尽二命治罪专条，谢荣比照“因事威逼人致死一家二命例”发近边充军。

安徽司 ○ 道光十年

安抚咨：朱有光因佃户王恒发欠租无偿，将其地内大麦割取作抵，复令工人张玉